JN434787

命理學通論 Ⅱ

未來를 읽는 힘과 智慧

鄭昌根 著

장원 도서출판

머 리 말

인간(人間)은 자연(自然)에서 태어나서 자연에 의거하여 살다가 자연으로 돌아간다고 전제할 때에 누구나 한번쯤은 어디에서 와서, 무엇을 어떻게 하다가 어디로 가는 것일까, 오늘을 살고 있는 「나」라는 존재는 무엇일까, 하는 의혹을 품어 보기도 하고 생각해 보기도 한다.

그래서 일찍이 한(漢)나라 유향(劉向)은 「지명자불원천(知命者不怨天), 지기자불원인(知己者不怨人)」이라. "운명(運命)을 아는자(者)는 하늘을 원망(怨忘)하지 아니하고 자기(自己)를 아는자(者)는 남을 원망(怨望) 하지 아니한다"라고 했으며 유안(劉安)은 「지도자불혹(知道者不惑), 지명자불우(知命者不憂)」이라 "바른길을 알면 헤매일 것이 없고 자기의 그릇(器)을 알면 걱정할 일이 없다"고 하였다.

그러면 인간은 무엇 때문에 태어났으며 운명(運命)이란 과연 무엇인가, 인간은 어디로부터 왔느냐, 하는 것을 연구하는 것이 우주(宇宙)라고 하는 기공문제(氣空問題)이고 어떻게 살다가 어디로 가는가, 하는 것이 삶의 종착지(終着地)인 인생문제(人生問題)라고 할수 있다.

우주(宇宙)와 인생의 문제는 언제나 상관관계(相關關係)를 가지고 있으면서도 사실 이해하기 어렵다는 것이 공통된 견해이다. 그래서 동양(東洋)에서는 오래전부터 이 문제를 해결하려는 연구(硏究)가 있었으니 이것이 역(易) 또는 명리학(命理學) 이라고 한다.

명리학(命理學)은 운명을 예지(豫知)하기 위하여 선현(先賢)들에 의해 꾸준하게 인간의 생활속에서 함께 이어 나온 학문이다.

이 세상 우주는 창조 초기 때부터 눈에 보이지 않는 무형질(無形質)과 눈에 보이는 유형질(有形質)의 이원소(二元素)로 이루어 졌다.

그 이원소의 원천(源泉)을 알아내고자 하는 것이 음양(陰陽)의 학문(學問)이자 동양철학(東洋哲學)의 근원(根源)인 것이다.

명리학(命理學)은 약 5,000여년의 역사를 가지고 내려오면서 학문지리(天文地理), 의학(醫學), 약학(藥學), 인간운명(人間運命)의 길흉화복(吉凶禍福)등에 이르기까지 다양하고 깊은 뜻이 들어있지만 궁극적인 명제(命題)는 우주(宇宙)의 영원성(永遠性)과 인간의 유한성 (有限性)에 대한 갈등(葛藤)을 해결하려고 노력하는 전통적인 학문(學問)으로 선현(先賢)들에 의해 꾸준하게 이어왔다.

또한 명리학(命理學)은 일종의 기상학(氣象學)으로서 기후(氣候)에 따라 자연만상(自然萬像)은 물론 인간도 역시 계절(季節)에 따라 생노병사(生老病死)와 영고성쇠(榮枯盛衰)가 있게되어 전통적인 동양의학(東洋醫學)에 까지 접목시켜 인간의 수명(壽命)을 연장시켜 유한성(有限性)에 대한 갈등을 해소 시켜왔다.

오늘날 한의학(韓醫學)에서도 음양오행(陰陽五行)은 자연계(自然界)의 현상을 관찰(觀察)하는데서 시작하여 그 자연현상을 인체의 5장6부(五臟六腑)와 연관시켜 사상의학(四象醫學)까지 적용(適用)하였다.

한의학(韓醫學)의 성전(聖典)인 황제내경소문(黃帝內經素問)의 음양응상대론(陰陽應象大論)에 의하면 「하늘에 사시오행(四時五行)이 있어 이것이 생장수장(生長收藏)으로 풍서습조한(風暑濕燥寒)이라는 오운(五運)을 순환하게 하고 인간의 오장(五臟)에도 오기(五氣)로 작용하여 노희우비공(怒喜憂悲恐)의 감정을 나타낸다」

이와 같이 오행(五行)을 중심으로 계절의 변화, 오기(五氣), 오색(五色), 오미(五味)등에 결부시켜 인체와 자연을 우주적(宇宙的)인 통일체(統一體)로 인간을 축소된 소우주(小宇宙)로 보아 왔다.

그래서 황제내경소문(黃帝內經素問)에 「의자필구어음양(醫者必求於陰陽), 역지연후의술(易知然後醫術)이라고 논한 것을 보아도 의사가 환자의 정확한 질병원인(疾病原因)을 알아낸다면 병(病)의 치료는 훨씬 용이(容易) 하다는 것이다.」

동양(東洋)의 음양오행(陰陽五行)사상은 동도서기(東道西器)라는 말이 의미하듯이 서양의 기술(技術)보다 한 차원 높은 우주적(宇宙的)인 법칙이기에 구태여 과학적(科學的) 증명이 필요하지 않는 실생활의 기술이기도 하였다.

그러나 몇 천년의 세월이 흐르는 동안에 우리의 비전(秘典)을 제대로 발전(發展) 시키지 못하였을 뿐만 아니라 변질(變質)되고 왜곡(歪曲)되어 비제도권(非制度權) 내에서 겨우 명맥(命脈)을 유지하며 내려왔다.

지금 서양의 과학과 물질문명(物質文明)이 고도로 발달하고 있는 시기에 이러한 개념을 연구해야 할 필요성(必要性)이 있는 것인가, 하는 의구심(疑懼心)이 생길 수 있다.

그래서 선현(先賢)들은 주역(周易)을 풀이한 학문(學問)으로 명리학(命理學)이란 역서(易書)를 만들어낸 것이 약 1,000여 년전 중국의 서자평(徐子平)에 의해 지금의 음양오행(陰陽五行)을 응용한 명리학(命理學)을 정착시킨 최초의 사람이다.

명리학(命理學)은 태양을 중심으로 한 지구의 공전(空轉)과 자전(自轉)의 관계에서 생년(生年), 월(月), 일(日), 시(時)에 비장(秘藏)된 태양의 기(氣)와 땅의 질(質)을 음양오행의 이치에 준하여 인간의 운명(運命)을 추구하려는 상수학(象數學)이다.

과학문명(科學文明)이 발달하면서 명리학(命理學)에 대환 관심은 소외(疏外)되어 왔지만 최근에는 국내외 학계에서도 명리학을 학문적(學問的)으로 연구하고 현대적(現代的)으로 조명(照命)하는 작업이 활발하게 진행되고 있는 것이 다행이라고 생각한다.

이책을 완성하기 까지 지도하여 주신 김윤신(金潤信)교수님과 한국 명리학회 회원들게 감사드리고 임동명(林東明), 김상길(金相吉) 후배, 김화선(金花善) 교수, 장홍준(張哄準)에게도 감사를 드린다.

2008년 2월 26일

한양대학교 명리학 연구실 虛竹 鄭 昌 根

목 차

제14장 격국(格局)과 용신(用神)

제1절 격국(格局)의 의의

격국(格局)은 사주(四柱)의 틀이며, 그릇이나 가옥(家屋)의 구조나 형태에 비유하기도 하는데, 인간의 부귀빈천(富貴貧賤), 수요장단(壽夭長短), 직업(職業)과 육친(六親關係) 등 운명(運命)을 감정하는 데 가장 중요한 역할을 한다.

격국(格局)은 일주천간(日柱天干)을 기준으로 하여 주중(柱中)의 년월일시(年月日時)를 대비(對比)하여 오행(五行)의 과다(過多)와 부족(不足) 등을 먼저 살피고, 주중(柱中)의 형충파해(刑沖破害)와 길신(吉神), 흉신(凶神) 등을 판단하여 최종적으로 결론을 내리는 것이다.

뿐만 아니라 대운(大運)을 대비(對比)하여 미래(未來)에 찾아올 길흉화복(吉凶禍福)을 복합적으로 추명(推命)하는 데에도 기초가 되는 것이며, 타고난 소질(素質)을 바탕으로 자기 분수에 맞게 임무(任務)를 완수할 수 있도록 방향(方向)을 설정해 주어 자기 인생의 항로에 등대(燈臺) 역할을 하는 데도 일조(一助)하고 있는 것이다.

격국(格局)의 구성은 월지(月支)를 기준하여 육신(六神)에다가 격자(格字)를 붙이면 되는 것이다.

예를 들면 월지(月支)에 정인(正印)이 있으면 정인격(正印格), 편인(偏印)이 있으면 편인격(偏印格), 정재(正財)가 있으면 정재격(正財格), 편재(偏財)가 있으면 편재격(偏財格), 정관(正官)이 있으면 정관격(正官格), 편관(偏官)이 있으면 편관격(偏官格), 건록(健祿)이 있으면 건록격(健祿格), 양인(羊刃)이 있으면 양인격(羊刃格) 등 십정격(十正格)이 되는 것이다. 그 외에 변격(變格)으로은 전왕격(專旺格)돠 종격(從格), 화기격(化氣格)이 있고, 기타 잡격(雜格)으로 분류하기도 한다.

제2절 격국(格局)을 정(定)하는 원칙

격국(格局)을 정(定)하는 기준은 일반적으로 자평진전(子平眞詮)의 이론과 위천리(韋千里) 선생의 논법(論法)을 적용하고 그동안 강의를 통한 경험을 보완하였다.

자평진전(子平眞詮)에서는 「범간명자(凡看命者), 선관용신지하속(先觀用神之何屬), 연후혹순혹역(然後惑順惑逆), 이년월일시수간수지(以年月日時遂干遂支), 참배이권형지(參配而權衡之), 즉부귀빈천(則富貴貧賤), 자유일정리야(自有一定理也), 불향월령구용신(不向月令求用神), 이망취용신자(而妄取用神者), 집가실진야(執假失眞也)라」 즉 "운명(運命)을 판단하는 자는 무릇 용신이 어떤지를 먼저 살핀 후에 비로소 순용(順用)할 것인가, 아니면 역용(逆用)할 것인가를 살피면 부귀빈천의 이치가 자연히 드러날 것이다. 월령에서 용신을 구하지 않고 거짓으로 용신을 취하려 하면 거짓에 빠져 진실된 운명을 판단하지 못하는 것이다."라고 격국과 용신을 정(定)할 때의 중요성을 강조하였다.

(1) 격국(格局)은 일간(日干)을 중심으로 월지장간(月支藏干) 중에서 천간(天干)에 투출된 육신(六神)을 격국(格局)으로 정(定)한다.

월지(月支)는 계절(季節)을 나타내며 부모형제(父母兄弟)의 자리로서 부모(父母)의 영향을 가장 많이 받기 때문에 대운(大運)의 기준(基準)도 월주(月柱)로부터 정(定)하는 것이다.

(2) 월지(月支)의 지장간(支藏干) 중에서 정기(正氣)가 투출(透出)되어 있으면 우선 먼저 격국(格局)으로 정(定)한다.

예를 들어 갑일간(甲日干)이 진월(辰月)에 태어났다면 진(辰)중의 을계무(乙癸戊)가 암장(暗藏)되어 있기 때문에 천간(天干)에 무토(戊土)가 투출(透出)되어 있으면 목극토(木剋土)로 편재(偏財)가 되어 편재격(偏財格)이 되는 것이다.

(3) 만약 월지(月支)의 지장간(支藏干) 중에서 정기(正氣)인 무토(戊土)가 투출(透出)되지 않고 중기(中氣)인 계수(癸水)가 투출(透出)되어 있으면 정인격(正印格)이 되는 것이다.

(4) 만약 월지(月支)의 지장간(支藏干) 중에서 정기(正氣)인 무토(戊土)가 투출(透出)되지 않고 여기(餘氣)와 중기(中氣)가 동시에 투출(透出)되어 있다면 득근(得根)을 살펴 보고 생조(生助)를 파악하여 강(强)한 것으로 격국(格局)을 정(定)해야 한다.

예를 들어 을목(乙木)과 계수(癸水)가 투출(透出)되어 있다면 지지(地支)에 신유금(申酉金)이 있다면 을목(乙木)은 제극(制剋)을 당하여 약(弱)하고 계수(癸水)는 생조(生助)를 받아 강(强)하게 되어 계수(癸水)의 육신(六神)인 인수격(印綬格)이 되는 것이다.

(5) 천간(天干)에 지장간(支藏干)이 투출(透出)되어 있지 않더라도 주중(柱中)에서 가장 왕성(旺盛)한 것으로 격국(格局)을 정(定)하여야 한다.

예를 들어 갑목(甲木)이 진월(辰月)에 태어났는데 지장간(支藏干)인 을계무(乙癸戊)가 천간(天干)에 투출(透出)되어 있지 않다면 원국(原局) 전체에서 가장 강(强)한 것으로 정(定)하거나 정기(正氣)인 무토(戊土)로써 편재격(偏財格)으로 정(定)하게 되는 것이다.

(6) 왕지(旺支)인 자오묘유월(子午卯酉月)은 정기(正氣)가 투출(透出)되어 있지 않더라도 격국(格局)으로 정한다.

예를 들어 갑목(甲木)이 유월(酉月)에 태어나고 천간(天干)에 신금(辛金)이 투출(透出)되어 있다면 정관격(正官格)이 되는 것이고, 투출(透出)되어 있지 않다면 지장간(支藏干)의 신금(辛金)으로써 정관격(正官格)이 되는 것이다.

(7) 월지(月支)의 지장간(支藏干)이 천간(天干)에 투출(透出)되었더라도 합(合)이나 충형(沖刑)이 되어 세력(勢力)이 약(弱)할 경우에는 격국(格局)으로 정(定)하지 않고 용신(用神)으로 격국(格局)을 정(定)할 수 있다.

(8) 격국(格局)은 하나만 정(定)하여지는 것이 아니고 둘이나 셋이 될 수 있는데, 그 중에서 가장 왕성(旺盛)한 것을 골라서 격국(格局)을 정(定)하고, 지장간(支藏干) 중에서 정기(正氣)가 우선이고, 중기(中氣), 여기(餘氣) 순으로 정(定)한다. 그러나 일반적으로 여기(餘氣)는 격국(格局)을 정(定)하는 경우가 없다.

(9) 원국(原局)에서 육신(六神)의 정편(正偏)이 혼잡(混雜)되어 있으면 정편(正偏)을 구분하지 않는다.

예를 들면 정편재(正偏財)가 섞여 있으면 재격(財格)이라 하고, 정편관(正偏官)이 섞여 있으면 관격(官格)이라 하고, 식신(食神)은 일반적으로 길신(吉神)이지만 식신(食神)이 2~3개 있으면 상관(傷官)과 비슷한 작용을 하기 때문에 상관격(傷官格)이라고 부른다.

제3절 용신(用神)과 길흉신(吉凶神)의 의의(意義)

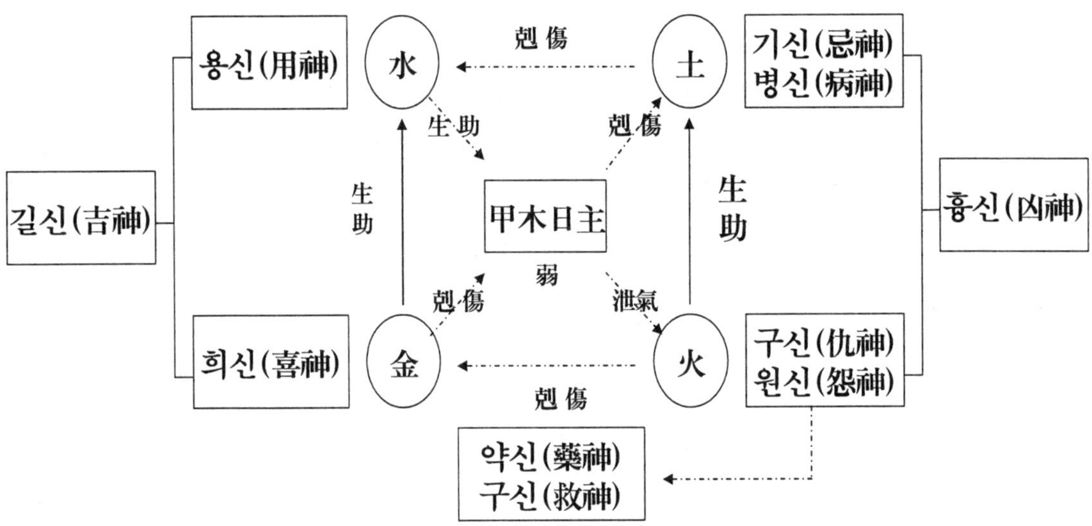

< 그림 14-1 > 용신(用神)과 길흉신(吉凶神)

용신(用神)이란 일주(日主)를 돕기 위하여 필요(必要)로 하는 길신(吉神)이다. 운명감정(運命鑑定)을 하는 데 있어서 용신(用神)이 관건(關鍵)이 되는 것이다.

용신(用神)은 원국(原局)의 오행(五行)을 견제(牽制)하거나 균형(均衡)을 잡아서 중화(中和)를 시켜주는 작용을 하는 것으로 인간의 정신(精神)과 마찬가지로 사주원국(四柱原局)의 중추적(中樞的)인 역할을 하는 것이다.

다시 말하여 용신(用神)이 득국(得局)을 하여 건왕(健旺)하면 운명(運命)도 건전(健全)하고 확실(確實)한 삶을 살아가고,용신(用神)이 허약(虛弱)하거나 피상(被傷)되어 있으면 일생을 살아가는 데 상대적(相對的)으로 고생(苦生)을 하며 살아가는 것이다. 운로(運路)에 있어서도 용신(用神)이 길신(吉神)으로 가거나, 반대로 흉신(凶神)으로 가느냐에 따라 길흉화복(吉凶禍福)과 영고성쇠(榮枯盛衰)가 달라지게 되는 것이다.

뿐만 아니라 용신(用神)에 따라 길신(吉神)이 흉신(凶神)이 되기도 하고, 흉신(凶神)이 길신(吉神)이 되기도 하는데, 귀인(貴人)이 흉인(凶人)으로, 흉인(凶人)이 귀인(貴人)으로 되거나, 승진(昇進)이 좌천(左遷)으로, 좌천(左遷)이 승진(昇進)으로, 취재(聚財)가 파산(破産)으로, 파산(破産)이 취재(聚財)로 잘못 판단할 수도 있고, 유년(流年)에서도 용신(用神)의 길흉(吉凶) 판단(判斷)에 따라 희비(喜悲)가 엇갈리에 되는 것이니, 용신(用神)의 변화(變化)에 대한 주의(注意)를 요(要)한다.

예를 들어 인수운(印綬運)이 용신(用神)을 도와준다면 문서계약(文書契約)이 잘 이루어지거나 귀인(貴人)을 만나거나 시험(試驗)에 응시하여 합격(合格)을 하는데, 만약 용신(用神)이 피상(被傷)된다면 문서계약이 파기(破棄)되거나 귀인(貴人)이 갑자기 원수(怨讐)가 되며 시험에 낙방(落榜)을 하게 되는 경우이며, 재운(財運)이 피상(被傷)되면 취재(聚財)가 오히려 부도(不渡)가 나고 관운(官運)이 피상(被傷)되면 승진(昇進)에서 오히려 퇴직(退職) 내지는 좌천(左遷)이 되거나 관재구설(官災口舌)이 발생한다고 통변(通辯)을 하면 되는 것이다.

용신(用神)이 갖추어야 할 조건(條件)은 다음과 같다.

첫째, 용신(用神)이 건왕(健旺)해야 한다. 즉 용신(用神)이 피상(被傷)되어 있지 말아야 한다.

둘째, 용신(用神)은 득국(得局)을 얻어야 한다. 즉 합(合)으로 세력(勢力)을 얻어 원조(援助)를 받아야 한다.

셋째, 용신(用神)은 지지(地支)에 있는 것보다는 천간(天干)에 투출(透出)되어 있는 것이 좋다. 즉 천간(天干)에 있으면서 지지(地支)에 득근(得根)을 해야 힘이 있는 것이다.

넷째, 용신(用神)은 년(年)이나 월(月)에 있는 것보다 일(日)이나 시(時)에 있는 것이 좋다. 즉 선조(先祖)나 부모궁(父母宮)에 있는 자리보다는 배우자(配偶者)나 자식궁(子息宮)의 자리에 있는 것이 좋다.

다섯째, 용신(用神)은 생조(生助)하면 길운(吉運)이 되고 피상(被傷)되면 흉운(凶運)이 된다.

여섯째, 용신(用神)이 없는 사주(四柱)는 없으며, 사주내(四柱內)에서 정(定)하는 것이 우선이나 사주내(四柱內)에 없으면 운(運)에서 용신(用神)의 작용을 한다.

일곱째, 용신(用神)은 대운(大運)과 세운(歲運)에서 병살(竝殺)되면 생명(生命)이 위태롭다. 즉 사주원국(四柱原局)에 있는 용신(用神)을 피상(被傷)시켜 천충지충(天冲地冲)이 되게 하거나, 또는 유년(流年)에서 용신(用神)이 오히려 피상(被傷)이 될 경우에는 「왕자충쇠 쇠자발(旺者冲衰 衰者拔) 왕자충왕 왕신발(旺者冲旺 旺神拔)」로 용신(用神)이 몰(沒)하는 것이다.

여덟째, 용신(用神)을 돕는 자(者)를 길신(吉神)이라고 하고, 용신(用神)을 피상(被傷)시키는 자(者)를 흉신(凶神)이라고 한다.

용신(用神)과 관련되는 용어는 이외에도 희신(喜神)과 기신(忌神), 약신(藥神) 또는 구신(救神)과 병신(病神), 구신(仇神)과 원신(怨神), 한신(閑神)과 보조용신(補助用神) 등이 있다.

예를 들면 <그림 14-1>에서 갑목일주(甲木日主)가 약(弱)할 경우에 일주(日主)를 도와주는 수(水)를 용신(用神)이라 하고, 수(水)를 생조(生助)해주는 금(金)을 희신(喜神)이라고 한다. 이 때에 용신수(用神水)를 극(剋)하는 토(土)가 흉신(凶神)이나 기신(忌神)이 되는 것이며, 토(土)를 생조(生助)해주는 화(火)를 구신(仇神)이라고 한다.

약(弱)한 갑목일주(甲木日主)에 수(水)가 없고 금(金)이 갑목(甲木)을 극상(剋傷)하는 경우에 화(火)가 금(金)을 제거(制去)해준다면 화(火)가 길신(吉神)이며 약신(藥神)이나 구신(救神)이 되는 것이다.

만약 갑목일주(甲木日主)에 신금(辛金)이 있는데, 일주(日主)에 아무런 영향이 없으면 한신(閑神)이라고 한다. 만약 대운(大運)이나 세운(歲運)에서 병화(丙火)를 만나면 한신(閑神)인 신금(辛金)은 병신합(丙辛合)을 이루어 수(水)로 변한다. 이 때에 수(水)가 갑목(甲木)에 길(吉)한 작용을 하면 신금(辛金)은 길신(吉神)이 되는 것이고, 흉(凶)한 작용을 하면 흉신(凶神)이 되는 것이다.

아홉째, 가용신(假用神)과 보조용신(補助用神)이 있는데, 가용신(假用神)은 임시로 사용하는 용신(用神)을 말한다. 원국(原局)에서 건왕(健旺)한 용신(用神)이 없을 때 대운(大運)이나 세운(歲運)에서 들어오면 대발(大發)하지만 그 운(運)이 지나가면 발복(發福)하기가 어렵다.

보조용신(補助用神)은 가용신(假用神)과 유사하나 사주원국(四柱原局)에 쓸만한 용신(用神)이 없어 지장간(支藏干) 속에서 용신(用神)을 취용(取用)하는 것을 보조용신(補助用神)이라고 한다. 가용신(假用神)과 같이 대운(大運)이나 세운(歲運)에서 용신(用神)이 나타나면 대발(大發)하는 것이다.

제4절 용신(用神)과 길흉신(吉凶神)의 예(例)

1. 용신(用神)

용신(用神)이란 앞절에서 설명한 바와 같이 운명감정(運命鑑定)에서 가장 중요한 관건(關鍵)으로서 사람에 비유하면 앞을 바라볼 수 있는 눈과 같고, 차에 비유하면 운전수와 같으며, 산악인(山嶽人)들에게는 지도와 같은 것이다. 그러므로 용신(用神)은 사주(四柱)의 정신(精神)이며, 용신(用神)에 의하여 길흉(吉凶)이 일어나는 것이다. 만약 사주(四柱)의 용신(用神)이 허약(虛弱)하면 용신(用神)을 돕는 신(神)이 흉신(凶神)을 제압하게 되어 발복(發福)을 하게 되는 것이다. 따라서 용신(用神)이 유력(有力)하면 자기 주관과 정신(精神)이 뚜렷하고, 용신(用神)이 무력(無力)하면 자기의 주관이 허약(虛弱)하고 인생을 살아가는 데 풍파(風波)가 많이 따르게 되며 남에게 천시(賤視)를 당하며 살아가게 되는 것이다.

甲	庚	丁	甲
申	申	丑	午

甲 癸 壬 辛 庚 己 戊
申 未 午 巳 辰 卯 寅

경금일주(庚金日主)가 축월(丑月)에 태어나 득령(得令)을 하고, 일지(日支)에 신금(申金)으로 득지(得地)를 하고, 시지(時支)의 신금(申金)에 득세(得勢)를 하여 신왕사주(身旺四柱)이다. 신왕(身旺)하면 일반적으로 관성(官星), 재성(財星), 식상(食傷)이 용신(用神)이 되고, 인수(印綬)나 비겁(比劫)이 흉신(凶神)이 된다. 정관(正官)인 정화(丁火)가 오화(午火)에 근기(根氣)하고 갑목(甲木)의 생조(生助)를 받으니 신왕관왕(身旺官旺)이 되어 귀격(貴格)이 되었다. 재성(財星)인 시간갑목(時干甲木)은 신금(申金)의 절지(絶地)에 있고 년간갑목(年干甲木)은 오화(午火)에 설기(泄氣)되어 무력(無力)하다. 따라서 정화(丁火)가 용신(用神)이 재성(財星)인 갑목(甲木)이 희신(喜神)으로서 길신(吉神)이 되는 것이다. 대운(大運)마저 목화운(木火運)으로 향(向)하니 더욱 길명(吉命)이 된다.

2. 희신(喜神)

희신(喜神)이란 일반적으로 용신(用神)을 도와주는 기쁜 신(神)이란 뜻이다. 그러나 희신(喜神)뿐만 아니라 일주(日主)를 도와주거나 약신(藥神)을 도와주는 경우도 있다.

丙	乙	壬	甲
戌	卯	申	申

己 戊 丁 丙 乙 甲 癸
卯 寅 丑 子 亥 戌 酉

을목(乙木)이 신월(申月)에 태어나고 임수(壬水)가 투간(透干)하여 한랭(寒冷)하다. 그러므로 시상(時上)의 병화(丙火)가 조후(調候)하므로 일주(日主)를 도와줌으로써 희신(喜神)이 되는 동시에 용신(用神)의 작용도 한다.

사주원국(四柱原局)에서 일주(日主)가 허약(虛弱)한데 설기(泄氣)하는 병화(丙火)가 흉신(凶神) 작용을 할 것 같으나 조후(調候)로써 을목(乙木)의 생기(生氣)가 되어 희신(喜神)이 된다.

일반적으로 신왕(身旺)하여 설기(泄氣)하는 용신(用神)의 경우와, 신약(身弱)한데 설기(泄氣)하는 용신(用神)의 경우를 비교하면 부귀빈천(富貴貧賤)과 청탁(淸濁)이 다르다.

3. 기신(忌神)

기신(忌神)은 길(吉)한 작용을 하는 용신(用神), 희신(喜神), 약신(藥神)을 파극(破剋)하거나 길신(吉神)의 작용을 방해하므로 역신(逆神)이라고도 한다.

戊	丙	己	乙
戌	寅	丑	巳

丙 乙 甲 癸 壬 辛 庚
申 未 午 巳 辰 卯 寅

병화(丙火)가 축월(丑月)에 태어나고 식상(食傷)인 토기(土氣)가 왕성(旺盛)하여 신약(身弱)하다. 그러므로 토(土)가 기신(忌神)이다. 을목(乙木)과 인목(寅木)이 있어 토기(土氣)를 파극(破剋)하지만 역부족이다.

원국(原局)에서 목용신(木用神)이 약(弱)하고

토식상(土食傷)이 왕(旺)하니, 시작은 있으나 결실(結實)은 적다. 그러나 대운(大運)이 목화운(木火運)으로 향(向)하여 대길명(大吉命)이다.

4. 병신(病神)

병신(病神)이란 용신(用神)을 극(剋)하여 무력(無力)하게 하는 흉신(凶神)을 말한다.

원국(原局)의 용신(用神)이 무력하고 병신(病神)이 강왕(强旺)하면 일주(日主)는 병(病)이 드는 것이다.

만약 사주(四柱)에 병신(病神)이 있는데 약신(藥神)이 병신(病神)을 극제(剋制)시키면 오히려 일주(日主)가 강왕(强旺)하여 군인(軍人)이나 법관(法官) 등 만인을 다스리는 명망(名望)있는 정치가가 될 수 있다.

乙	甲	戊	乙
亥	辰	子	未

乙	甲	癸	壬	辛	庚	己
未	午	巳	辰	卯	寅	丑

갑목일주(甲木日主)가 양을목(兩乙木)과 해자진(亥子辰)이 도우니 태왕(太旺)하다. 왕목(旺木)을 극제(剋制)하는 금관성(金官星)이나 설기(泄氣)하는 화기(火氣)가 없으니 무토(戊土)로써 용신(用神)을 취용(取用)해야 한다. 일주(日主)가 태왕(太旺)한데 왕목(旺木)이 용신(用神)인 무토(戊土)를 극(剋)하니 용신(用神)이 미약(微弱)하다. 용신(用神)을 돕는 화기(火氣)가 미중정화(未中丁火)에 있으나 역시 약(弱)하다.

따라서 일주(日主)의 갑목(甲木)이 병신(病神)이 용신(用神)인 무토(戊土)를 짓밟고 있다.

병신(病神)을 극제(剋制)하는 관성(官星)도 없으니 병신(病神)이 무법천지(無法天地)와 같다. 용신(用神)이 미약(微弱)하니 식복(食福)이 약(弱)하다.

5. 구신(仇神)

구신(仇神)은 원수같은 신(神)이란 뜻이다. 구신(仇神)은 원신(怨神)이라고도 한다. 구신(仇神)은 일주(日主)에 가장 흉(凶)한 병신(病神)을 생조(生助)해준다.

사주원국(四柱原局)에 병신(病神)이 강왕(强旺)한데 구신(仇神)까지 병신(病神)을 도와준다면 일주(日主)는 더욱 불길(不吉)하게 되는 것이다.

만약 병신(病神)을 제거(除去)하는 약신(藥神)이 있다면 약신(藥神)을 구신(仇神)이 극제(剋制)를 하면 약신(藥神)의 작용이 약(弱)하여 유병무약(有病無藥)이 되는 경우와 같은 것이다.

辛	辛	癸	丁
卯	丑	丑	未

庚	己	戊	丁	丙	乙	甲
申	未	午	巳	辰	卯	寅

신금일주(辛金日主)가 축토월(丑土月)에 태어나 득령(得令)하였는데, 년월지(年月支)에 축미토(丑未土)가 생조(生助)하고 시간신금(時干辛金)이 투출(透出)하여 태왕(太旺)하다.

그러나 신금(辛金)이 축월(丑月)이라 한습(寒濕)하므로 년상(年上)의 관성(官星)인 정화(丁火)가 조후(調候)로 용신(用神)이 되고 용신(用神)을 돕는 묘목(卯木)은 희신(喜神)이다.

그리고 정화용신(丁火用神)을 극(剋)하는 월상계수(月上癸水)가 병신(病神)이며, 병신(病神)을 돕는 일주신금(日主辛金)이 구신(仇神)이며 원신(怨神)이 되는 것이다.

원국(原局)에서 용신(用神)이 정계충(丁癸沖), 축미충(丑未沖)으로 천충지충(天沖地沖)이 되어 병신(病神)이 득세(得勢)한 형상(形象)이다.

6. 약신(藥神)

약신(藥神)이란 병(病)이 들어있는 사주(四柱)를 치료(治療)한다는 뜻에 비유(比喩)한 말이다. 약신(藥神)은 구신(救神)이라고도 한다.

원국(原局)에 용신(用神)이 있는데 용신(用神)을 극(剋)하는 병신(病神)을 극제(剋制)시킨다면 용신(用神), 병신(病神), 약신(藥神)이 함께 갖추어진 사주명국(四柱命局)이 되는 것이다.

그래서 사주(四柱)에 용신(用神)이 있는데 길운(吉運)을 만나면 발복(發福)하지만 약신(藥神)은 길운(吉運)을 만나면 약신운(藥神運)에 비약(飛躍)할 수 있으나 그 운(運)이 지나가면 다시 고난(苦難)이 따른다.

癸	辛	己	乙
巳	卯	丑	未

丙	乙	甲	癸	壬	辛	庚
申	未	午	巳	辰	卯	寅

신금일주(辛金日主)가 축토월(丑土月)에 태어나고 년지미토(年支未土)에 월간기토(月干己土)에 생조(生助)하여 신왕(身旺)하여 토(土)가 병(病)이 되었다. 그래서 병(病)을 제거(除去)하는 을목(乙木)이 약신(藥神)이 되는 것이다. 을목약신(乙木藥神)은 묘목(卯木)에 득근(得根)하고 계수(癸水)의 생조(生助)를 받으니, 원국(原局)은 을목(乙木)이 강왕(强旺)하여 유력(有力)하므로 용신(用神)도 가능하다.

따라서 을목(乙木)을 약용신(藥用神)이라고 할 수 있다. 계수(癸水)는 용신(用神)을 생조(生助)하니 희신(喜神)이면서 길신(吉神)이 되는 것이다. 또한 신금(辛金)이 축월(丑月)이라 한습(寒濕)하므로 사화(巳火)는 조후(調候)로 길신(吉神)이 되는 것이다.

7. 악신(惡神)

악신(惡神)이란 원명(原命)에서 어느 한 자(字)의 방해로 인하여 귀명(貴命)이 될 수 없는 경우를 뜻한다.

약신(藥神)은 천간(天干)에서도 나오지만 대부분 지지(地支)에 있어 제거(除去)하기 어려운 경우가 많다.

그래서 대운(大運)이나 세운(歲運)이 들어오면서 잠깐 제거(除去)했을 때 발복(發福)하다가 그 운(運)이 지나가면 다시 악운(惡運)의 작용을 한다.

己	乙	己	乙
卯	酉	卯	亥

丙	乙	甲	癸	壬	辛	庚
戌	酉	申	未	午	巳	辰

을목(乙木)이 중춘(仲春)인 목왕절(木旺節)에 태어나 해묘목국(亥卯木局)으로 곡직격(曲直格)이 되었는데, 유금(酉金)의 악신(惡神)이 있어 곡직격(曲直格)을 방해(妨害)하고 있다. 유금(酉金)의 악신(惡神)을 제거(除去)할 방법이 없었는데, 오대운(午大運)에 오화(午火)가 유금(酉金)을 화극금(火剋金)으로 악신(惡神)을 제거(除去)할 수 있었다.

본명(本命)은 여명(女命)으로서 오대운(午大運)에 결혼(結婚)을 하고 딸을 두었으나 오대운(午大運)이 지나면서 이혼(離婚)을 하였다.

8. 한신(閑神)

한신(閑神)이란 일주(日主)에 무해무득(無害無得)한 신(神)이라고 할 수 있다.

사주원국(四柱原局)에 나타나 있는 것은 대운(大運)이나 세운(歲運)에서 합(合)이나 충(沖), 또는 형(刑)을 하게 되었을 때 일주(日主)에 유리한 작용을 하면 길신(吉神)이 되는 것이고, 반대로 불리한 작용을 하면 흉신(凶神)이 되는 것이다.

戊	己	甲	丁
辰	酉	辰	丑

丁 戊 己 庚 辛 壬 癸
酉 戌 亥 子 丑 寅 卯

기토일주(己土日主)가 진월(辰月)에 태어나 득령(得令)하고 년지축토(年支丑土)와 시주(時柱)인 무진(戊辰)으로 방조(幇助)하여 신왕(身旺)하다. 기토(己土)가 월간갑목(月干甲木)과 갑기합토(甲己合土)로 합화토(合化土)가 되었고, 왕토(旺土)인 진월(辰月)이라 갑기합화기격(甲己合化氣格)이 되었다. 사주원국(四柱原局)이 토기(土氣)로 종세(從勢)하니 화기(火氣)가 용신(用神)이 되는 것이다. 일지유금(日支酉金)은 왕토(旺土)를 설기(泄氣)시키기에는 너무 약(弱)하여 일주(日主)에 도움이 되지 않는다.

이런 경우에 유금(酉金)을 한신(閑神)이라고 한다. 흉신(凶神)인 묘목대운(卯木大運)에 묘유충(卯酉沖)으로 묘목(卯木)을 제거(除去)하니 한신(閑神)이 약신(藥神)으로 역할을 함으로써 일주(日主)를 돕는다. 이런 경우에 유금(酉金)을 약신(藥神)이라고 할 수 있는 것이다.

9. 가용신(假用神)

가용신(假用神)이란 정용신(正用神)이 없어서 임시로 사용하는 신(神)을 말한다.

사주(四柱)를 간명(看命)할 때에 유력(有力)한 용신(用神)이 없어 용신(用神)이 나올 때까지 상요할 수밖에 없으므로 가용신(假用神)이라고 하는 것이다. 대운(大運)에서 용신(用神)이 나타나면 비약적(飛躍的)인 발전을 할 수 있지만 그 운(運)이 지나가면 발전할 수가 없다.

戊	丙	乙	戊
子	午	卯	子

壬 辛 庚 己 戊 丁 丙
戌 酉 申 未 午 巳 辰

병화일주(丙火日主)가 묘월(卯月)에 태어나 득령(得令)하고 좌하(坐下)에 오화(午火)로 득지(得地)하여 신왕(身旺)하다. 사주원국(四柱原局)에서 일주(日主)를 돕는 비겁(比劫)과 인성(印星)이 4개이며, 일주(日主)를 극제(剋制)하는 식상(食傷), 재성(財星), 관성(官星)이 4개로서 4 : 4가 되는데, 월령(月令)이 일주(日主)를 돕는 인성(印星)이 되어어 태왕(太旺)한 것이다.

시상(時上)의 무토(戊土)가 오화(午火)에 양인(羊刃)이 되어 있으면서 왕성(旺盛)한 병화(丙火)를 설기(泄氣)하니 가용신(假用神)이 된다. 정용신(正用神)은 금기(金氣)인데, 원국(原局)에는 없고 대운(大運)에서 경신(庚申), 신유(辛酉)에 대발(大發)하였다. 원국(原局)에서 자수(子水)는 자오충(子午冲), 자묘형(子卯刑)으로 수기(水氣)가 약화(弱化)되었다.

10. 보조용신(補助用神)

보조용신(補助用神)이란 가용신(假用神)과 비슷하다. 가용신(假用神)은 사주원국(四柱原局)에 정용신(正用神)이 없어 나타난 오행(五行) 중에서 임시로 사용하는 용신(用神)이다.

보조용신(補助用神)은 사주원국(四柱原局)에 정용신(正用神)이 없어 지장간(地藏干) 속에 숨어 있는 용신(用神)을 취용(取用)하게 되니, 이것을 보조용신(補助用神)이라고 한다.

다시 말하여 대운(大運)이나 세운(歲運)에서 용신(用神)이 나타나 보조용신(補助用神)을 도와주는 것을 말한다. 이 때는 비약적(飛躍的)인 발전이 있지만 그 운(運)이 지나가면 다시 원위치로 되는 것이다.

己	甲	己	甲
巳	午	巳	戌

丙	乙	甲	癸	壬	辛	庚
子	亥	戌	酉	申	未	午

갑목일주(甲木日主)가 갑기합화토(甲己合化土)로 화기격(火氣格)이 되어 종재격(從財格)으로 보인다. 갑목(甲木)이 화왕절(火旺節)이라 목(木)은 화다목분(火多木焚)이 되고, 토(土)는 화다토초(火多土焦)가 되어 편고(偏枯)한 명(命)이다. 그러므로 수(水)가 정용신(正用神)이 되는데, 사주원국(四柱原局)에 없으니 사중(巳中)의 경금(庚金)이 보조용신(補助用神)이다. 대운(大運)에서 임신(壬申), 계유(癸酉)에 대발(大發)하였다가 갑술(甲戌), 을해대운(乙亥大運)에는 고전(苦戰)하며 살아가고 있다.

제5절 용신(用神)을 결정(決定)하는 방법

용신(用神)은 사주원국(四柱原局)의 음양오행(陰陽五行)의 조화(調和)와 균형(均衡)을 위하여 필요(必要)로 하는 오행(五行)이나 육신(六神)을 말한다. 또 용신(用神)이라는 것은 조후(調候)와 절기(節氣), 격국용신(格局用神), 천복지재(天覆地載), 유정무정(有情無情), 청탁(淸濁) 등을 참작(參酌)해서 보아야 한다.

먼저 용신(用神)을 결정(決定)하기 위해서는 일주(日主)의 강약(强弱)을 구분할 줄 알아야 한다. 일주(日主)가 가왕(强旺)하면 극제(剋制)하는 관살(官殺)로서 용신(用神)을 정하고, 만약 관살(官殺)이 없으면 재성(財星)을 용신(用神)으로 정하고, 재성(財星)이 없으면 식신(食神)이나 상관(傷官)으로 용신(用神)을 정(定)하면 되는 것이다.

용신(用神)을 육신별(六神別)로 다시 설명을 하면 첫째, 원국(原局)에 인수(印綬)가 많으면 재성(財星)을 용신(用神)으로 정(定)하고, 재성(財星)이 없으면 관성(官星)으로 정(定)하고, 관성(官星)이 없으면 식상(食傷)으로 용신(用神)을 정(定)한다.

둘째, 원국(原局)에 비겁(比劫)이 많아서 신왕(身旺)하면 관성(官星)으로 정(定)하고, 관성(官星)이 없으면 식상(食傷)이 용신(用神)이고, 식상(食傷) 없으면 재성(財星)으로 용신(用神)을 정(定)한다.

셋째, 원국(原局)에서 식상(食傷)이나 관성(官星)이 많아서 신약(身弱)하면 인수(印綬)로 용신(用神)을 정(定)하고, 인수(印綬)가 없으면 비겁(比劫)이 용신(用神)이 되는 것이다.

넷째, 재성(財星)이 많아서 신약(身弱)하면 비겁(比劫)이 용신(用神)이고, 비겁(比劫)이 없으면 인수(印綬)로서 용신(用神)을 정(定)한다.

다섯째, 원국(原局)에서 식상(食傷)과 관살(官殺)이 같이 있을 때에는 식상(食傷)의 세력(勢力)과 관성(官星)의 세력(勢力)을 비교(比較)하여 판단해야 한다.

이 때 식상(食傷)이 많으면 제살태과격(制殺太過格)이라고 하여 인수(印綬)와 비겁(比劫)은 물론 관살(官殺)을 용신(用神)으로 정(定)해야 하고, 반대로 관살(官殺)이 많으면 인수(印綬)와 비겁(比劫)은 물론 식상(食傷)이나 관살(官殺)이 3개(三個)이상이 있는 경우를 말한다.

여섯째, 원국(原局)이 비겁(比劫)으로 태왕(太旺)하면 일주(日主)를 중심으로 한 종격(從格)이라고 한다.

이 때에 목일주(木日主)가 전지지(全地支)에 목국(木局)이 되면 곡직격(曲直格)이라고 하고, 파일주(火日主)가 전지지(全地支)에 화국(火局)이 되면 염상격(炎上格)이라고 하고, 토일주(土日主)가 전지지(全地支)에 토국(土局)이 되면 가색격(稼穡格)이고, 금일주(金日主)가 전지지(全地支)에 금국(金局)이면 종혁격(從革格)이며, 수일주(水日主)가 전지지(全地支)에 수국(水局)이면 윤하격(潤下格)이 되는 것이다.

일곱째, 원국(原局)의 일주(日主)가 의지(依支)할 곳이 없으면 태왕(太旺)한 세력(勢力)으로 종(從)하여야 한다.

전지지(全地支)가 재성(財星)이고 천간(天干)에 재성(財星)이 투간(透干)되어 있으면 종재격(從財格)이 되는 것이고, 또 전지지(全地支)가 식상(食傷)이 되고 천간(天干)에 상식(傷食)이 투간(透干)되어 있으면 종아격(從兒格)이고, 전지지(全地支)가 관국(官局)이 되고 천간(天干)에 관살(官殺)이 투간(透干)되어 있으면 종살격(從殺格)이 되는 것이다.

제6절 용신(用神)의 종류

용신(用神)은 억부(抑扶)용신, 조후(調候)용신, 병약(病藥)용신, 통관(通關)용신, 전왕(專旺)용신으로 구분(區分)한다. 용신은 이상(以上)의 방법에서 서로가 연관(聯關)되어 있기 때문에 2~3개의 방법이 중복되어 있을 수도 있으나 사주원국(四柱原局)의 특징에 따라 올바르게 정(定)하여야 한다.

1. 억부용신(抑扶用神)

억부(抑扶)란 일주(日主)를 기준으로 하여 억제(抑制)하거나 생조(生助)한다는 뜻이다. 사주원국(四柱原局)에서 신강(身强)과 신약(身弱)을 먼저 구분하고, 신강(身强)하면 일간(日干)을 식상(食傷), 재성(財星), 관성(官星) 등으로 설기(泄氣)하거나 극제(剋制)하여야 하고, 신약(身弱)하면 일간(日干)을 인수(印綬)나 비겁(比劫)으로 생조(生助)하여야 한다.

사주원국(四柱原局)에 비겁(比劫)이 강왕(强旺)할 때에는 관성(官星)이 용신이고, 재성(財星)과 식상(食傷)이 희신(喜神)이 되는 것이며, 인수(印綬)가 강왕(强旺)할 때는 재성(財星)이 용신이고, 식상(食傷)과 관성(官星)이 희신(喜神)이 되는 것이다. 또한 식상(食傷), 재성(財星), 관성(官星)이 많을 때에는 인수(印綬)가 용신이 되고, 그 다음으로 비겁(比劫)이 용신이 되는 것이다.

丙	丙	庚	丙
申	寅	子	辰

丁 丙 乙 甲 癸 壬 辛
未 午 巳 辰 卯 寅 丑

병화일주(丙火日主)**가 수왕절**(水旺節**인 경자월**(庚子月)**에 태어나 실령**(失令)**하였고, 년월시지**(年月時支)**가 신자진**(申子辰)**으로 삼합수국**(三合水局)**으로 수기**(水氣)**가 왕성**(旺盛)**한데, 경금**(庚金)**이 금생수**(金生水)**하여 재살태과**(財殺太過)**로 신약**(身弱)**하다. 다행하게도 일지인목**(日支寅木)**에 인수**(印綬)**로 의지**(依支)**하니, 인목**(寅木)**이 용신이다. 인목**(寅木)**이 없으면 병화비겁**(丙火己劫)**이 용신이다. 격국용신**(格局用神)**으로는 정관용인격**(正官用印格)**이며, 대운**(大運)**마저 목화운**(木火運)**으로 운행**(運行)**하여 대귀**(大貴)**한 길명**(吉命)**이다. 여기에서 주의**(注意)**할 것은 관살태왕**(官殺太旺)**으로 식상**(食傷)**인 조토**(燥土)**가 길신**(吉神)**이 되는 것이다.**

乙	乙	乙	癸
酉	巳	卯	卯

戊 己 庚 辛 壬 癸 甲
申 酉 戌 亥 子 丑 寅

을목일주(乙木日主)**가 목왕절**(木旺節)**인 을묘월**(乙卯月)**에 출생하여 득령**(得令)**하였고, 년주**(年柱)**인 계묘**(癸卯)**에 득세**(得勢)**하여 신왕**(身旺)**하다. 신왕**(身旺)**하면 억제**(抑制)**가 필요한데, 다행하게도 시지**(時支)**에 유금**(酉金)**이 있고, 일지**(日支巳火)**와 사유**(巳酉)**로 합금국**(合金局)**되어 관성**(官星)**도 왕성**(旺盛)**하다. 신왕**(身旺)**한 일주**(日主)**를 충분하게 극제**(剋制)**할 수 있으므로 유금**(酉金)**이 용신이다.**

만약 유금(酉金)**이 없으면 토재성**(土財星)**이 용신이고, 그 다음에 화식상**(火食傷)**이 되는 것이다. 격국용신**(格局用神)**으로는 건록용관격**(建祿用官格)**이며, 대운**(大運)**마저 토금군**(土金運)**으로 운행**(運行)**하여 대귀**(大貴)**한 길명**(吉命)**이다.**

甲	癸	辛	辛
寅	亥	丑	酉

甲	乙	丙	丁	戊	己	庚
午	未	申	酉	戌	亥	子

계수일주(癸水日主)**가 수왕절**(水旺節)**인 신축월**(辛丑月)**에 태어나 득령**(得令)**하였고, 일지좌하**(日支坐下)**에 해수**(亥水)**로 득지**(得地)**하고, 년주**(年柱)**인 신유**(辛酉)**와 유축금국**(酉丑金局)**으로 득세**(得勢)**하여 신왕**(身旺)**하다. 신왕**(身旺)**하면 관성**(官星)**인 축토**(丑土)**로 용신을 하여야 하나, 유축**(酉丑)**으로 합금국**(合金局)**이 되고 다시 해축**(해丑)**으로 합수국**(合水局)**이 되어 토관성**(土官星)**으로서의 역할이 무력**(無力)**하여 인중병화**(寅中丙火)**로 용신을 취용**(取用)**해야 한다.**

용신격국(用神格局)**으로는 편관용재격**(偏官用財格)**이다. 또한 계수**(癸水)**가 축월**(丑月)**로 천한지동**(天寒地凍)**이 되어 한습**(寒濕)**으로 병화**(丙火)**를 조후용신**(調候用神)**으로도 볼 수 있는 것이다.**

2. 조후용신(調候用神)

조후용신(調候用神)**은 관성**(官星)**, 재성**(財星)**, 식상**(食傷)**, 인수**(印綬)**, 비겁**(比劫)**을 연관**(聯關)**시키지 않고, 또한 일주**(日主)**의 강약**(强弱)**을 고려함이 없이, 오직 사주원국**(四柱原局)**의 한난**(寒暖)**과 조습**(燥濕)**의 조화**(調和)**를 고려하여 취용**(取用)**하는 것이다.**

사주원국(四柱原局)**이 한랭**(寒冷)**하면 화기**(火氣)**로 온난**(溫暖)**하게 하고, 조열**(燥熱)**하면 수기**(水氣)**로 한랭**(寒冷)**하게 하고, 한습**(寒濕)**하면 건조**(乾燥)**하게 하고, 건조**(乾燥)**하면 윤습**(潤濕)**으로 조화**(調和)**시키고 중화작용**(中和作用)**을 하는 오행**(五行)**이 조후용신**(調候用神)**이 되는 것이다.**

다시 말하여 춘하추동(春夏秋冬)**이 순환**(循環)**하는 기후조건**(氣候條件)**을 조절**(調節)**하는 신**(神)**이 용신**(用神)**이 되는 것이다.**

癸	辛	庚	辛
巳	丑	子	卯

癸	甲	乙	丙	丁	戊	己
巳	午	未	申	酉	戌	亥

신금일주(辛金日主)가 한랭(寒冷)한 수왕절(水旺節)인 자월(子月)에 태어나고, 년월간(年月干)이 경신금(庚辛金)이고, 일시지(日時支)가 사축금국(巳丑金局)인데, 시상(時上)의 계수(癸水)마저 투간(透干)하여 금수한랭(金水寒冷)이 태왕(太旺)하여 화기(火氣)가 필요하다. 다행하게도 시지(時支)에 사화(巳火)가 있어 용신(用神)이 되는데, 사축금국(巳丑金局)으로 금수태왕(金水太旺)으로 화식직전(火熄直前)에 있어 무력(無力)하다.

년지(年支)의 묘목(卯木)은 습목(濕木)이며 동목(凍木)이 되어 목생화(木生火)를 할 수 없어 안타까운데, 대운(大運)이 용신(用神)을 도와주는 남방화운(南方火運)으로 운행(運行)하여 길명(吉命)이다.

丙	庚	壬	壬
子	寅	子	子

己	戊	丁	丙	乙	甲	癸
未	午	巳	辰	卯	寅	丑

경금일주(庚金日主)가 한랭지절(寒冷之節)인 임자월(壬子月)에 태어나고, 년주(年柱)인 임자(壬子)와 시지(時支)의 자수(子水)로 금수태왕(金水太旺)하여 천한지동(天寒地凍)으로 화기(火氣)가 필요하다. 다행하게도 시상병화(時上丙火)가 일인목(日支寅木)에 득장생(得長生)하여 병화(丙火)가 왕성(旺盛)하게 되므로 용신(用神)이 되었다. 사주원국(四柱原局)에서 식상(食傷)이 태왕(太旺)하여 관살(官殺)을 용신(用神)으로 하는 제살태과격(制殺太過格)이라고 한다.

대운(大運)마저 동남방향(東南방降)으로 운행(運行)하여 대귀(大貴)한 길명(吉命)이다.

己	庚	己	壬
卯	寅	酉	申

丙 乙 甲 癸 壬 辛 庚
辰 卯 寅 丑 子 亥 戌

경금일주(庚金日主)**가 금왕절**(金旺節)**인 유월**(酉月)**에 태어나고, 년월지**(年月支)**가 신유금국**(申酉金局)**이 되고, 임수**(壬水)**가 투출**(透出)**되어 금수태왕**(金水太旺)**하다. 유월금**(酉月金)**이 하강**(下降)**되고 한습**(寒濕)**하여 화기**(火氣)**가 있어야 하나, 화기**(火氣)**는 없다.**

그러나 인중(寅中)**의 병화**(丙火)**가 있는데, 인묘목국**(寅卯木局)**이 목생화**(木生火)**할 수 있는 능력이 있으므로 조후용신**(調候用神)**이 되며, 대운**(大運)**마저 북동방향**(北東方向)**으로 운행**(運行)**하여 다행이다.**

격국용신(格局用神)**으로는 양인격**(羊刃格)**이라고 하며, 신왕재왕**(身旺財旺)**으로 부귀**(富貴)**한 길명**(吉命)**이다.**

3. **병약용신**(病藥用神)

고서(古書)**에 따르면 「유병방위기**(有病方爲奇), **무상불시기**(無傷不是奇), **격중여거병**(格中如去病), **재록희상수**(財祿喜相隨)」**라고 하였다. 즉 사주원국**(四柱原局)**에 병신**(病神)**이 있는데, 약신**(藥神)**이 있어 병**(病)**을 제거**(除去)**하거나 운로**(運路)**에서 약신**(藥神)**을 만나 병신**(病神)**을 제거**(除去)**하면 해충**(害蟲)**을 제거**(除去)**하여 병**(病)**들고 시들시들한 초목**(草木)**이 생기**(生氣)**를 얻는 것과 같아 대부대귀**(大富大貴)**할 수가 있는 것이며, 병**(病)**이 가벼운데 약**(藥)**도 가벼우면 소부소귀**(小富小貴)**하고 병**(病)**도 없고 약**(藥)**도 없으면 평범**(平凡)**한 명**(命)**이다.**

그런데 사주원국(四柱原局)**에 병신**(病神)**이 중**(重)**하고 약신**(藥神)**이 없는 경우에 운로**(運路)**에서 약신**(藥神)**을 만나면 대발**(大發)**하지만 약운**(藥運)**이 지나면 불길**(不吉)**하게 되는 것이다.**

예를 들어 수일주(水日主)가 토왕(土旺)하여 토극수(土剋水)로 신약(身弱)하니 토(土)가 병신(病神)이 되는 것이다. 이 때에 목(木)이 있으면 병신(病神)인 토(土)를 제거(除去)하여 약신(藥神)이 되는 것이다.

또한 금일주(金日主)가 토왕(土旺)하면 토다금매(土多金埋)가 되어 토(土)가 병신(病神)이 된다.

금(金)이 또 있다면 병신(病神)인 왕토(旺土)가 설기(泄氣)되어 길신(吉神)이 되는 것이다. 이 때 금(金)이 없고 목(木)이 있다면 목극토(木剋土)로 소토(疏土)하게 되니 약신(藥神)이 되는 것이다.

또한 목(木)과 금(金)이 모두 있는 경우에는 수(水)가 있다면 왕토(旺土)를 토생금(土生金)으로 설기(泄氣)하여 다시 금생수(金生水)하고 수생목(水生木)함으로써 목왕(木旺)을 하게 되어 목극토(木剋土)로 왕토(旺土)를 극(剋)하게 되니, 수(水)는 길신(吉神)이 되는 것이다. 그러나 수(水)가 없으면 금(金)이 목(木)을 극제(剋制)하여 약신(藥神)인 목(木)을 허약(虛弱)하게 하니 불길(不吉)하다.

따라서 병약(病藥)이라고 하는 것은 일반적으로 오행(五行)이 많은 것이 병(病)이 되고 있는데, 이 병(病)을 제거(除去)하는 오행(五行)이 약(藥)이 되는 것이다.

戊	丙	丁	丁
子	申	巳	未

庚	辛	壬	癸	甲	乙	丙
戌	亥	子	丑	寅	卯	辰

병화일주(丙火日主)가 정사월(丁巳月)에 태어나고, 또 년월간(年月干)에 정정(丁丁)과 지지(地支)의 사오미(巳午未)로 화국(火局)이 되어 견겁(肩劫)이 태왕(太旺)하여 조열(燥熱)하지, 화(火)가 병(病)이 되는 것이다. 다행하게도 시지(時支)의 자수(子水)와 일지(日支)의 신금(申金)이 신자합수국(申子合水局)하여 왕화(旺火)를 수극화(水剋火)로 제거병(除去病)하니, 수기(水氣)가 약(藥)이 되는 것이다. 그러므로 수관성(水官星)이 약신(藥神)인 동시에 용신(用神)이 되는 것이다.

일반적으로 신왕(身旺)하면 식상(食傷), 재성(財星), 관성(官星)이 용신(用神)이 되는데, 년지미토(年支未土)는 사미화국(巳未火局)이 되었고, 시간무토(時干戊土)는 신자합수국(申子合水局)에 토류(土流)가 되어 미약(微弱)하다. 그러나 대운(大運)에서 북방수국(北方水局)으로 운행(運行)하여 대부대귀(大富大貴)한 길명(吉命)이다.

丙	甲	戊	己
寅	辰	辰	未

辛 壬 癸 甲 乙 丙 丁
酉 戌 亥 子 丑 寅 卯

갑목일주(甲木日主)가 무진월(戊辰月)에 태어나고, 일지진토(日支辰土)와 년주(年柱)의 기미(己未)로 토재(土財)가 왕성(旺盛)하여 갑목(甲木)을 극제(剋制)하여 토병(土病)이 되었다. 시지인목(時支寅木)이 왕토(旺土)를 목극토(木剋土)로 제거병(除去病)하니, 인목(寅木)이 약(藥)이 이 되는 것이다. 그러므로 목비겁(木比劫)이 약신(藥神)인 동시에 용신(用神)이 되는 것이다. 일반적으로 재성(財星)이 왕성(旺盛)하여 일간(日干)이 약(弱)하게 되면 재다신약(財多身弱)이라고 한다. 그러므로 신약(身弱)이 되면 인수(印綬)와 비겁(比劫)이 용신(用神)이 되는데, 본명(本命)은 수인수(水印綬)가 진중계수(辰中癸水)에 암장(暗藏)되어 있어 미약(微弱)하다.

따라서 일간갑목(日干甲木)은 인목(寅木)이 녹지(祿支)가 되고 인진목국(寅辰木局)으로 부조(扶助)하여 아름답다. 대운(大運)도 수목방향(水木方向)으로 운행(運行)하여 대부대귀(大富大貴)한 길명(吉命)이다..

庚	甲	癸	戊
午	午	亥	午

庚 己 戊 丁 丙 乙 甲
午 巳 辰 卯 寅 丑 子

갑목일주(甲木日主)가 계해월(癸亥月)에 태어나 득령(得令)은 하였으나, 년일시지(年日時支)에 삼오화(三午火)로 설기(泄氣)가 태왕(太旺)하여 오화(午火)가 병(病)이 되었다. 다행하게도 계해수(癸亥水)가 시간경금(時干庚金)에 금생수(金生水)로 생조(生助)하고 있으나, 역부족(力

不足)이다. 그래서 화병(火病)을 수극화(水剋火)로 제거병(除去病)하는 해중임수(亥中壬水)가 약(藥)이 되는 것이다.

일반적으로 식상(食傷)이 태왕(太旺)하면 일간(日干)이 신약(身弱)하다. 신약(身弱)하면 인수(印綬)와 비겁(比劫)이 용신(用神)이 되는 것이다.

본명(本命)은 비겁(比劫)인 목(木)이 없으나 대운(大運)에서 수목방향(水木方向)으로 운행(運行)하여 길명(吉命)이 되었다.

그러나 기사대운(己巳大運)에는 기계충(己癸冲), 사해충(巳亥冲)으로 천충지충(天冲地冲)되어 약용신(藥用神)인 계해수(癸亥水)가 행운지병(行運之病)이 되어 불록지객(不祿之客)이 된 명조(命造)이다.

4. 통관용신(通關用神)

통관용신(通關用神)이란 사주원국(四柱原局)에서 오행(五行)의 강약(强弱)이 균등(均等)하여 서로 대립(對立)되어 있을 때 양대세력(兩大勢力)의 중간(中間)에서 소통(疏通)시켜 상극(相剋)의 관계를 상생(相生)의 관계로 화해(和解)시켜 통관(通關)시켜주는 오행(五行)을 말한다.

예를 들면 사주원국(四柱原局)에 수화(水火)가 상전(相戰)으로 상극관계(相剋關係)에 있을 때 그 중간(中間)에 목(木)으로 수생목(水生木), 목생화(木生火)하여 상극(相剋)을 소통(疏通)시켜 서로의 상생관계(相生關係)로 통관(通關)시켜주고, 목토(木土)가 상전(相戰)하면 화(火)가 목생화(木生火), 화생토(火生土)로 통관(通關)시켜주는 것이다.

또한 화금(火金)이 상전(相戰)하면 토(土)가 화생토(火生土), 토생금(土生金)으로 통관(通關)시켜주고, 토수(土水)가 상전(相戰)하면 금(金)이 토생금(土生金), 금생수(金生水)로 통관(通關)시켜주고, 금목(金木)이 상전(相戰)하면 수(水)가 금생수(金生水), 수생목(水生木)으로 통관(通關)시켜주는 오행(五行)이 용신(用神)이 되는 것이다.

일반적으로 통관(通關)은 약(弱)한 오행(五行)을 중간(中間)에서 소통(疏通)시킴으로써 상생(相生)이 되어 왕성(旺盛)하게 되므로 흉변위길(凶變爲吉)이 되는 것이다.

甲	丙	庚	癸
午	辰	申	亥

癸	甲	乙	丙	丁	戊	己
丑	寅	卯	辰	巳	午	未

병화일주(丙火日主)가 금왕절(金旺節)인 경신월(庚申月)에 태어나 실령(失令)하였고, 일지좌하(日支坐下)의 진토(辰土)와 년주(年柱)인 계해수(癸亥水)로 재살(財殺)이 태왕(太旺)하여 병화일주(丙火日主)가 화몰직전(火沒直前)에 있다. 시지오화(時支午火)가 병화(丙火)를 방조(幇助)하고 왕금(旺金)을 극제(剋制)시켜주니 길신(吉神)임에는 틀림이 없으나 금수(金水)에 대비(對比)하여 미약(微弱)하다.

다행하게도 시간갑목(時干甲木)이 금생수(金生水), 수생목(水生木)으로 금수(金水)의 기운(氣運)을 설기(泄氣)시켜주면서 병화일간(丙火日干)을 목생화(木生火)로 생조(生助)하여 주니, 시간갑목(時干甲木)이 수화상전(水火相戰)을 소통(疏通)시켜 통관용신(通關用神)이 된 것이다. 격국용신(格局用神)으로는 편재용인격(偏財用印格)이 되면서 식신제살격(食神制殺格)이 되는 것이다.

戊	戊	乙	癸
午	寅	卯	卯

壬	辛	庚	己	戊	丁	丙
戌	酉	申	未	午	巳	辰

무토일주(戊土日主)가 목왕절(木旺節)인 을묘월(乙卯月)에 태어나 득령(得令)하였고, 지지(地支)가 인묘묘(寅卯卯)로 목국(木局)이 강왕(强旺)하여 목토(木土)가 상전(相戰)하고 있어 무토(戊土)가 목극토(木剋土)로 목다토붕(木多土崩)되어 붕괴직전(崩壞直前)에 있다.

시지오화(時支午火)가 인오화국(寅午火局)을 이루어 수생목(水生木), 목생화(木生火)로 왕목(旺木)을 설기(泄氣)시켜주면서 화생토(火生土)로 일간무토(日干戊土)를 생조(生助)하여 주고 있다.

따라서 목토상전(木土相戰)을 오화(午火)가 목생화(木生火), 화생토(火生土)로 소통(疏通)시켜주어 통관용신(通關用神)이 된 것이다.

격국용신(格局用神)으로는 살인상생격(殺印相生格)이라고 한다. 그러나 대운(大運)이 초년운(初年運)은 화토운(火土運)으로 대길(大吉)하나 중말년운(中末年運)은 금수운(金水運)으로 대기(大忌)한 명조(命造)이다.

戊	丙	壬	壬
戌	子	子	申

己 戊 丁 丙 乙 甲 癸
未 午 巳 辰 卯 寅 丑

병화일주(丙火日主)가 수왕절(水旺節)인 임자월(壬子月)에 태어나 실령(失令)하였고, 지지(地支)가 신자(申子)로 합수국(合水局)이 되고, 양임수(兩壬水)가 투출(透出)되어 수왕(水旺)하고 있는데, 시주(時柱)인 무술토(戊戌土)가 병일간(丙日干)을 설기(泄氣)시켜 더욱 약화(弱化)시시키고 있다.

무술토(戊戌土)는 오아수(旺水)를 토극수(土剋水)로 분산(分散)시켜 오히려 일간병화(日干丙火)를 보호(保護)해주고 있으니, 수화상전(水火相戰)을 소통(疏通)시켜 길신(吉神)의 역할로 통관용신(通關用神)이 되는 것이다.

일반적으로 사주원국(四柱原局)에 식상(食傷)과 관살(官殺)이 병행(竝行)하여 있을 때 식상(食傷)의 세력(勢力)이 강왕(强旺)하면 관살(官殺)이 길신(吉神)이 되고, 관살(官殺)의 세력(勢力)이 강왕(强旺)하면 식상(食傷)이 길신(吉神)이 되는 것이다.

이러한 경우를 격국용신(格局用神)에서는 식신제살격(食神制殺格)이라고 한다. 따라서 본명(本命)은 관살(官殺)이 태왕(太旺)하고 식상(食傷)이 약(弱)하여 식상(食傷)인 토(土)가 용신(用神)이 된 것이다.

5. 전왕용신(專旺用神)

전왕(專旺)이란 사주원국(四柱原局)에 동일(同一)한 오행(五行)이 편중(偏重)되거나 상생(相生)하는 오행(五行)이 편중(偏重)되어 그 세력(勢力)을 억제(抑制)하기 어려워 오히려 편중(偏重)된 세력(勢力)에 순응(順應)하여 따라가는 오행(五行)을 용신(用神)으로 정(定)하는 것이다.

일반적으로 왕즉의설의상(旺則宜泄宜傷), 쇠즉희방희조(衰則喜幇喜助)라하여 오행(五行)의 중화(中和)와 조화(調和)를 기뻐하는 것이다. 그러나 사주원국(四柱原局)에 어느 오행(五行)이 극왕(極旺)하게 되면 오히려 극설(剋泄)하게 되면 왕신(旺神)이 노발(怒發)하기 때문이다.

그러므로 어느 오행(五行)이 전왕(專旺)하면 그 강세(强勢)에 종세(從勢)하여 생조(生助)나 방조(幇助)하거나 설(泄)해야 한다.

전왕(專旺)에는 종격(從格)아나 독상격(獨象格), 화기격(化氣格) 등이 이에 속하지만 격국용신론(格局用神論)에서 상론(詳論)한다.

일주(日主)가 극왕(極旺)하고 재관(財官)이 무력(無力)할 경우에 오직 일주(日主)의 왕세(旺勢)에 종세(從勢)하니 인수(印綬)와 비겁(比劫)과 식상(食傷)이 용신(用神)이 되는 것이다.

또한 일주(日主)가 인수(印綬)와 비겁(比劫)이 없어 무력(無力)하니 일주외(日主外)의 타오행(他五行)에 종세(從勢)하니 식상(食傷)이 태왕(太旺)하면 종아격(從兒格)이 되고, 재성(財星)이 태왕(太旺)하면 종재격(從財格)이 되고, 관살(官殺)이 태왕(太旺)하면 종살격(從殺格)이 되는 것이다.

일반적으로 종왕격(從旺格)이나 종강격(從强格)은 인수(印綬)와 비겁(比劫)과 식상(食傷)이 용신(用神)이 되고, 종아격(從兒格)이나 종재격(從財格)은 식상(食傷)과 재성(財星)과 관살(官殺)을 용신(用神)으로 기뻐하지만, 특히 종살격(從殺格)은 재성(財星)과 관살(官殺)을 희(喜)하는데, 인수(印綬)가 기신(忌神)이 된다는 것을 명심(銘心)해야 한다.

(1) 종왕용신(從旺用神)

乙	甲	乙	癸
亥	寅	卯	卯

戊	己	庚	辛	壬	癸	甲
申	酉	戌	亥	子	丑	寅

갑목일주(甲木日主)**가 목왕절**(木旺節)**인 을묘월**(乙卯月)**에 태어나서 득령**(得令)**하였고, 전지지**(全地支)**가 인묘묘**(寅卯卯)**와 인해**(寅亥)**로 합목국**(合木局)**되어 사주원국**(四柱原局)**이 수목**(水木)**으로 태왕**(太旺)**하여 천지**(天地)**가 목기세**(木氣勢)**로 되니, 종왕격**(從旺格)**이 되었다.**

강왕(强旺)**한 일간목**(日干木)**을 생조**(生助)**하는 인수**(印綬)**와 비겁**(比劫)**인 수목**(水木)**이 설기**(泄氣)**하는 식상**(食傷)**인 화기**(火氣)**가 용신**(用神)**이 되는 것이다.**

대운(大運)**에서 동북방향**(東北方向)**인 수목운**(水木運)**에 대발**(大發)**하였으나 경술**(庚戌)**과 기유**(己酉) **대운**(大運)**에 금목상전**(金木相戰)**으로 패망**(敗亡)**하였다.**

丁	乙	丁	甲
亥	未	卯	寅

甲	癸	壬	辛	庚	己	戊
戌	酉	申	未	午	巳	辰

적천수(滴天髓)**의 예시**(例示)**로서 본명**(本命)**은 을목일주**(乙木日主)**가 목왕절**(木旺節)**인 묘월**(卯月)**에 태어나 득령**(得令)**하였고, 전지지**(全地支)**가 인묘**(寅卯)**와 해묘미**(亥卯未)**로 합목국**(合木局)**이 되고, 년간갑목**(年干甲木)**까지 투출**(透出)**되어 강왕**(强旺)**하다.**

재성미토(財星未土)**는 묘미목국**(卯未木局)**이 되고 인수해수**(印綬亥水)**는 일간**(日干)**을 생조**(生助)**하니 종왕격**(從旺格)**이다. 그러므로 용신**(用神)**은 식신설수**(食神洩秀)**가 되는 정화**(丁火)**가 되는 것이다.**

초년(初年)의 기사대운(己巳大運)에 과거(科擧)에 급제하였고, 경오(庚午), 신미대운(辛未大運)은 남방화운(南方火運)이 되어 경신금(庚辛金)이 있다 하여도 체용(體用)을 극상(剋傷)하지 않으니 관직(官職)이 평탄하였고, 임신대운(壬申大運)은 정임합(丁壬合)으로 화용신(火用神)이 약화(弱化)되고 인신충(寅申冲)으로 피상(被傷)되어 군중(軍中)에서 사망(死亡)하였다.

(2) 종강용신(從强用神)

甲	甲	癸	壬
子	子	卯	子

庚	己	戊	丁	丙	乙	甲
戌	酉	申	未	午	巳	辰

갑목일주(甲木日主)가 목왕절(木旺節)인 묘월(卯月)에 태어나 득령(得令)하고, 일지좌하(日支坐下)에 자수(子水)로 득지(得地)하고, 년월간(年月干)의 임계수(壬癸水)와 시주(時柱)인 갑자(甲子)로 득세(得勢)하여 강왕(强旺)하다.

사주원국(四柱原局)에 수목(水木)으로 생조(生助)하니 모자(母子)가 유정(有情)한데, 목비겁(木比劫)과 수인수(水印綬)는 3 : 8로 수기(水氣)가 당권(當權)을 잡고 있기 때문에 종강격(從强格)이 된 것이다. 대운(大運)에서 식신(食神), 상관(傷官)인 화운(火運)이 들어왔을 때 수군(水群)과 수화상쟁(水火相爭)하다가 구사일생(九死一生)으로 살아나 신유금운(申酉金運)에 살인상생(殺印相生)이 되어 대발(大發)한 명조(命造)이다.

甲	甲	辛	壬
子	寅	亥	子

戊	丁	丙	乙	甲	癸	壬
午	巳	辰	卯	寅	丑	子

적천수(滴天髓)의 예시(例示)로서 갑목일주(甲木日主)가 수왕절(水旺節)인 해월(亥月)에 태어나 득령(得令)하고 일간좌하(日干坐下)에 인목(寅木)으로 득지(得地)하고, 전지지(全地支)가 수목(水木)으로 득세(得勢)하여 강왕(强旺)하다. 월간(月干)의 신금(辛金)은 금생수(金生水)로

수세(水勢)에 설수(泄秀)되어 안정되고 유정(有情)하다. 초운(初運)은 북방수운(北方水運)이니, 과거(科擧)에 급제하고, 갑인(甲寅), 을묘운(乙卯運)에는 왕세(旺勢)에 종(從)하여 재상(宰相)에 올랐으며, 병진운(丙辰運)은 병임충(丙壬沖)으로 수화상쟁(水火相爭)을 하여 낙직(落職)하였으나 자신합수(子辰合水)가 되어 흉액(凶厄)은 면하였다. 그러나 정사운(丁巳運)에 인사형(寅巳刑)과 사해충(巳亥沖)으로 충형(沖刑)이 중중(重重)되니 강왕(强旺)한 성질을 건드려 사망하였다.

본명(本命)은 인수(印綬)가 왕(旺)하고 식상(食傷) 없어 갑목일주(甲木日主)가 인수(印綬)의 생조(生助)와 비겁(比劫)의 방조(幇助)르 기뻐하고 식상(食傷)의 설기(泄氣)르 기(忌)하는 경우이다.

(3) 종재용신(從財用神)

丙	乙	丙	戊
戌	未	辰	戌

癸	壬	辛	庚	己	戊	丁
亥	戌	酉	申	未	午	巳

을목일주(乙木日主)가 진토월(辰土月)에 태어나 좌하미토(坐下未土)에 득지(得地)하고, 진토(辰土)의 을계(乙癸)에 득령(得令)하여 재다신약(財多身弱)인 것으로 보인다. 그러나 전지지(全地支)가 토국(土局)으로 일색(一色)되고 년간무토(年干戊土)가 투출(透出)되어 재성(財星)으로 로 구성되어 있으니 종재격(從財格)이 되었다. 춘토(春土)는 허토(虛土)라고 하지만 양병화(兩丙火)에 생조(生助)를 얻어 실토(實土)가 되었고, 또 일주목(日主木)의 설수(泄秀)가 되며, 토(土)는 화(火)의 설수(泄秀)가 되니 매우 아름답다.

일반적으로 종재격(從財格)은 식상(食傷)과 재성(財星)이 용신(用神)이 되나 재성(財星)이 왕(旺)하면 관살(官殺)을 보아도 통관(通關)이 되므로 불길(不吉)하지 않으나, 만일 식상(食傷)이 왕(旺)한데 관살(官殺)이 있을 경우 재성(財星)이 있으면 역시 통관(通關)이 되어 길신(吉神)이 되는 것이다.

본명의 대운(大運)은 화금방향(火金方向)으로 운행(運行)하여 대부대귀(大富大貴)한 길명(吉命)이다.

戊	庚	壬	壬
寅	寅	寅	子

己	戊	丁	丙	乙	甲	癸
酉	申	未	午	巳	辰	卯

경금일주(庚金日主)가 목왕절(木旺節)인 인월(寅月)에 태어나 실령(失令)하고, 전지지(全地支)가 인목(寅木)으로 재성(財星)이 왕성(旺盛)하다. 경금(庚金)은 의지(依支)할 곳이 없어 종재(從財格)이 된 것이다. 시상무토(時上戊土)가 인중무토(寅中戊土)에 착근(着根)하고 인중병화(寅中丙火)의 생조(生助)를 받아 화생토(火生土), 토생금(土生金)으로 인수(印綬)의 역할을 할 것 같으나 무토(戊土)는 왕목(旺木)에 목극토(木剋土)로 극제(剋制)되어 무토(戊土)가 붕괴직전(崩壞直前)에 있어 임무상실(任務喪失)이 되었다.

일반적으로 종재격(從財格)은 식상(食傷)과 재성(財星)이 용신(用神)이 되나 재성(財星)이 왕성(旺盛)하면 관살(官殺)도 용신(用神)이 되는 것이다.

대운(大運)에서 동남방향(東南方向)인 재살(財殺)로 운행(運行)하여 다행인데 화대운(火大運)에 일찍 등과급제(登科及第)한 길명(吉命)이다.

(4) 종아용신(從兒用神)

甲	癸	丁	甲
寅	卯	卯	寅

甲	癸	壬	辛	庚	己	戊
水	酉	申	未	午	巳	辰

계수일주(癸水日主)가 목왕절(木旺節)인 묘월(卯月)에 태어나 실령(失令)하고, 전지지(全地支)가 목국(木局)이 되고, 천간(天干)에 양갑목(兩甲木)이 투출(透出)되어 종아격(從兒格)이 성립(成立)된다.

일반적으로 종아격(從兒格)은 식상(食傷)과 재성(財星), 관살(官殺)이 용신(用神

)이 된다. 대운(大運)에서 화금방향(火金方向)으로 운행(運行)되어 초운(初運)인 사오미화운(巳午未火運)에는 대발(大發)하였으며, 신유금운(申酉金運)에는 상식목(傷食木)을 극제(剋制)하는 토금운(土金運)으로 불길(不吉)하다.

계유대운(癸酉大運)에 정계충(丁癸沖), 묘유충(卯酉沖)으로 천충지충(天冲地冲)되어 불귀객(不歸客)이 되었다.

癸	己	丁	辛
酉	丑	酉	丑

甲	癸	壬	辛	庚	己	戊
辰	卯	寅	丑	子	亥	戌

기토일주(己土日主)가 금왕절(金旺節)인 유월(酉月)에 태어나 실령(失令)하고, 전지지(全地支)가 유축(酉丑), 유축(酉丑)으로 합금국(合金局)하고, 월상정화(月上丁火)가 무근(無根)으로 최약(最弱)이 되어 종아격(從兒格)이 된다.

일반적으로 금수운(金水運)이 대길(大吉)하고 목화운(木火運)을 대기(大忌)하는데, 본명(本命)은 북동향(北東向)으로 운행(運行)하고 있어 중년(中年)까지 대발복(大發福)하여 귀부인(貴夫人)이 된 명(命)이다.

대운(大運)이 인묘운(寅卯運)에 들면서 계묘대운(癸卯大運)에 정계충(丁癸沖), 묘유충(卯酉沖)으로 천충지충(天冲地冲)되어 불귀객(不歸客)이 되었다.

(5) 종살용신(從殺用神)

乙	己	丁	壬
亥	卯	未	寅

甲	癸	壬	辛	庚	己	戊
寅	丑	子	亥	戌	酉	申

기토일주(己土日主)가 토왕절(土旺節)인 정미월(丁未月)에 태어나 득령(得令)하고, 전지지(全地支)가 해묘미(亥卯未)와 인해(寅亥), 인묘(寅卯)로 합국(合局)하고, 을목(乙木)이 투출(透出)되어 종살격(從殺格)이 된 것이다. 그러나 월간정화(月干丁火)가 미중정화(未中丁火)에 착근

(着根)하고 인묘목(寅卯木)이 목생화(木生火), 화생토(火生土)로 살인상생(殺印相生)되어 일주(日主)를 생조(生助)하니 종살(從殺)이 되지 않을 것 같아 보이나, 월간정화(月干丁火)는 년간임수(年干壬水)과 정임합목(丁壬合木)으로 변화(變化)하였다.

월지미토(月支未土)는 해묘미(亥卯未)로 합목국(合木局)으로 토변목(土變木)으로 변화(變化)하였다. 그래서 수목운(水木運)이 길(吉)하고 화토운(火土運)이 기(忌)하다. 종살격(從殺格)은 재성(財星)이 왕(旺)하면 식상(食傷)이 있더라도 두려워하지 않는다.

甲	辛	丁	丁
午	巳	未	未

庚	辛	壬	癸	甲	乙	丙
子	丑	寅	卯	辰	巳	午

신금일주(辛金日主)가 토왕절(土旺節)인 정미월(丁未月)에 태어나 실령(失令)하고, 전지지(全地支)가 사오미(巳午未)로 화국(火局)이 되고, 년월간(年月干)의 정화(丁火)가 투출(透出)되고, 시간(時干)의 갑목(甲木)은 목생화(木生火)로 설기(泄氣)되어 일주신금(日主辛金)이 의지(依支)할 것이 없어 오히려 화(火)에 종(從)하여 종살격(從殺格)이 된 것이다.

일반적으로 종살격(從殺格)은 관살(官殺)과 재성(財星)이 용신(用神)이 되고, 비겁(比劫)이나 인수(印綬)가 기신(忌神)이다. 그러나 재성(財星)이 왕(旺)하면 식상(食傷)도 두려워하지 않는다.

대운(大運)은 목화운(木火運)이 대길(大吉)하고, 토금운(土金運)이 대기(大忌)한데, 재성(財星)인 갑목(甲木)이 있어 식상수(食傷水)를 두려워하지 않는다. 본명(本命)은 목화운(木火運)으로 운행(運行)하여 길명(吉命)이다.

(6) 곡직용신(曲直用神)

己	乙	丁	己
卯	卯	卯	卯

庚	辛	壬	癸	甲	乙	丙
申	酉	戌	亥	子	丑	寅

을목일주(乙木日主)**가 목왕절**(木旺節)**인 묘월**(卯月)**에 태어나 득령**(得令)**하고, 연월일시**(年月日時)**의 전지지**(全地支)**가 묘목**(卯木)**으로 전목국**(全木局)**이 되어 을목일주**(乙木日主)**가 태왕**(太旺)**하여 곡직격**(曲直格)**이 된 것이다.**

일반적으로 곡직격(曲直格)**은 갑을일생**(甲乙日生)**이 지지**(地支)**에 해묘미삼합**(亥卯未三合)**이나 인묘진방합**(寅卯辰方合)**으로 구성되면 성립되는 것이며, 사주원국**(四柱原局)**에 천간경신**(天干庚辛)**이나 지지신유**(地支申酉)**가 없어냐 귀격**(貴格)**이다.**

본명(本命)**은 귀격**(貴格)**인 것 같으나 개체합**(個體合)**이 되고, 음지**(陰地)**의 습목**(濕木)**으로 동량지재**(棟樑之材)**가 될 수 없는 것이 안타깝다.**

사주원국(四柱原局)**에서 월간정화**(月干丁火)**가 습목**(濕木)**을 조목**(燥木)**으로 변화**(變化)**시키거나, 또는 왕목**(旺木)**을 설기**(泄氣)**시키는 데는 천격**(賤格)**이 되는 것이다. 대운**(大運)**에서도 금수운**(金水運)**으로 운행**(運行)**하여 불길**(不吉)**한 명**(命)**이다.**

癸	乙	乙	甲
未	卯	亥	寅

壬	辛	庚	己	戊	丁	丙
午	巳	辰	卯	寅	丑	子

을목일주(乙木日主)**가 수왕절**(水旺節)**인 을해월**(乙亥月)**에 태어나 득령**(得令)**하고, 해묘미**(亥卯未)**와 인해**(寅亥)**로 합목국**(合木局)**이 되고, 사주원국**(四柱原局)**에 토금**(土金)**이 방해**(妨害)**하지 않아 아름답다. 해수인수**(亥水印綬)**가 인해합목**(寅亥合木)**하여 을목일주**(乙木日主)**는 태왕**(太旺)**하여 강세**(强勢)**에 종**(從)**하여야 한다.**

일반적으로 전용용신(專用用神)은 인수(印綬)와 비겁(比劫)과 식상(食傷)이 용신(用神)이며, 재성(財星)과 관살(官殺)이 기신(忌神)이다.

운로(運路)가 병자(丙子), 정축(丁丑), 무인(戊寅), 기묘(己卯) 대운에는 순조롭게 지냈으며, 경진(庚辰), 신사운(辛巳運)에는 좌절(挫折)과 실패(失敗)가 많았으며, 임오(壬午), 계미운(癸未運)에는 현령(縣令)으로 시작하여 관찰사(觀察使)에 이르러 순풍에 돛단배와 같이 승승장구(乘勝長驅)하였다.

그래서 본명(本命)은 곡직격(曲直格)으로 비겁(比劫) 당권(當權)하고 동남북운(東南北運)에 대길(大吉)하였으나, 서방금운(西方金運)에 불길(不吉)하였다.

(7) 염상용신(炎上用神)

戊	丙	甲	丙
戌	寅	午	戌

辛	庚	己	戊	丁	丙	乙
丑	子	亥	戌	酉	申	未

병화일주(丙火日主)가 화왕절(火旺節)인 갑오월(甲午月)에 태어나 년월간(年月干)에 갑목(甲木)과 병화(丙火)가 투출(透出)하고,지지(地支)에 인오술(寅午戌)로 전화국(全火局)이 되어 병화일주(丙火日主)를 방조(幇助)하고 있으니, 주중화기(柱中火氣)가 극왕(極旺)하여 염상격(炎上格)이 되었다. 시지무술(時支戊戌)이 왕(旺)하여 목생화(木生火), 화생토(火生土), 토생금(土生金)이 되어 귀명(貴命)이 되나, 불길(不吉)하게도 대운(大運)이 서북방(西北方)으로 운행(運行)하고 있다.

일반적으로 염상격(炎上格)은 병정일생(丙丁日生)이 지지(地支)에 인오술(寅午戌)이나 사오미(巳午未)로 삼합(三合), 방합(方合)이 되고, 천간(天干)에 병정화(丙丁火)가 투출(透出)되어야 성립된다.

임계(壬癸)나 해자(亥子)가 없어야 귀격(貴格)이 되며, 목화토운(木火土運)에 길(吉)하고 금수운(金水運)을 기(忌)한다.

甲	丁	乙	丁
辰	巳	巳	未

戊	己	庚	辛	壬	癸	甲
戌	亥	子	丑	寅	卯	辰

정화일주(丁火日主)**가 화왕절**(火旺節)**인 을사월**(乙巳月)**에 태어나고 천간갑을**(天干甲乙)**이 방조**(幇助)**하니 화**(火)**가 극왕**(極旺)**하여 염상격**(炎上格)**이 된 것이다. 시지진토**(時支辰土)**가 방해**(妨害)**가 될 것 같으나 사월진토**(巳月辰土)**는 조토**(燥土)**로서 수기**(水氣)**가 약**(弱)**하여 수극화**(水剋火)**할 능력**(能力)**이 부족**(不足)**하고, 만약 수기**(水氣)**가 아직 남아 있더라도 시간갑목**(時干甲木)**에 수생목**(水生木)**으로 생조**(生助)**하여 목생화**(木生火)**하여 정화일주**(丁火日主)**에 아무런 방해**(妨害)**가 되지 않는다.**

일반적으로 염상격(炎上格)**은 목화토**(木火土)**가 용신**(用神)**이고, 금수**(金水)**가 기신**(忌神)**이다. 본명**(本命)**은 행운**(行運)**에서 계묘대운**(癸卯大運)**에 정계충**(丁癸沖)**으로 수관**(水官)**이 충발**(沖拔)**되어 관재송사**(官災訟事)**가 있었으며, 임인대운**(壬寅大運)**에는 인사형**(寅巳刑)**하였으나 인진합목**(寅辰合木)**으로 약간 길**(吉)**하였으며, 신축대운**(辛丑大運)**에 을신충**(乙辛沖)**되어 손재**(損財)**로 대흉**(大凶)**하였다.**

(8) 가색용신(稼穡用神)

甲	己	丁	壬
戌	未	未	辰

甲	癸	壬	辛	庚	己	戊
寅	丑	子	亥	戌	酉	申

기토일주(己土日主)**가 지지**(地支)**에 진술축미**(辰戌丑未)**가 있어 토국**(土局)**을 이루어 가색격**(稼穡格)**은 무기토일주**(戊己土日主)**가 전지지**(全地支)**가 진술축미**(辰戌丑未)**가 되어 있고, 일점**(一點)**의 수목**(水木)**이 없어야 귀명**(貴命)**이 되는 것이다. 가색격**(稼穡格)**은 대운**(大運)**에서서 화토금운**(火土金運)**이 들어오면 대길**(大吉)**하고 수목운**(水木運)**이 들어오면 대기**(大忌)**하는 것이다.**

다시 말해서 대운(大運)에서 화운(火運)인 병정사오(丙丁巳午)가 들어오거나, 토운(土運)인 무기진술축미(戊己辰戌丑未)가 들어오거나, 금운(金運)인 경신신유(庚辛申酉)가 들어오면 대길(大吉)하고, 대운(大運)에서 목운(木運)인 갑을인묘(甲乙寅卯)가 들어오거나, 수운(水運)인 임계해자(壬癸亥子)가 들어오면 대기(大忌)한 것이다.

본명(本命)은 대운(大運)이 금수운(金水運)으로 운행(運行)하여 불길(不吉)한 명(命)이다.

辛	己	丙	戊
未	巳	辰	辰

癸 壬 辛 庚 己 戊 丁
亥 戌 酉 申 未 午 巳

기토일주(己土日主)가 진월(辰月)에 태어나 득령(得令)하고, 천간(天干)에도 월간병화(月干丙火)가 화생토(火生土)로 일주(日主)를 생조(生助)하니 가색격(稼穡格)이 된 것이다. 진중을목(辰中乙木)과 미중을목(未中乙木)이 있으나 전지지(全地支)가 화토(火土)로 되어 있고, 신금(辛金)이 시간(時干)에 투출(透出)되어 있으니 목(木)이 생존(生存)하기에는 역부족(力不足)이다.

용신(用神)은 화토금(火土金)이고, 기신(忌神)은 수목(水木)이 되는 것이다. 다시 말해서 화운(火運)인 병정사오(丙丁巳午)와 토운(土運)인 진술축미(辰戌丑未)와 금운(金運)인 경신신유(庚辛申酉)가 들어오면 대길(大吉)하고, 수운(水運)인 임계해자(壬癸亥子)나 목운(木運)인 갑을인묘(甲乙寅卯)가 들어오면 불길(不吉)한 것이다.

본명(本命)은 행운(行運)에서 사오미운(巳午未運)에 대부(大富)가 되었고, 경신(庚申)과 신유운(辛酉運)에 왕토(旺土)가 설기순세(泄氣順勢)하여 명예(名譽)와 재물(財物)이 번창(繁昌)하였으나, 임술(壬戌), 계해운(癸亥運)에 손재(損財)로 대흉(大凶)하였다.

(9) 종혁용신(從革用神)

庚	庚	丙	辛
辰	申	申	酉

癸 壬 辛 庚 己 戊 丁
卯 寅 丑 子 亥 戌 酉

경금일주(庚金日主)가 금왕절(金旺節)인 신월(申月)에 태어나고 전지지(全地支)가 신유(申酉)와 진유(辰酉)로 전금국(全金局)이 되어 종혁격(從革格)이 된 것이다.

일반적으로 종혁격(從革格)은 경신일주(庚辛日主)가 지지(地支)에 신유술(申酉戌)로 방합(方合)이 되거나, 또는 사유축(巳酉丑)으로 삼합(三合)을 이루고 있으며, 천간지지(天干地支)에 병정사오(丙丁巳午)가 없어야 귀격(貴格)이 된다. 그러므로 용신(用神)은 비겁(比劫)인 경신신유(庚辛申酉)와 인수(印綬)인 무기진술축미(戊己辰戌丑未), 그리고 식상(食傷)인 임계해자(壬癸亥子)다 되는 것이다.

본명(本命)은 지지(地支)의 신진수국(申辰水局)이 금일주(金日主)를 설기(泄氣)시키는데, 월간병화(月干丙火)가 투출(透出)되어 방해(妨害)가 될 것 같으나, 병신합수(丙辛合水)로 흉화위선(凶化爲善)이 되어 아름답다. 그래서 토금수운(土金水運)이 길(吉)하고, 목화운(木火運)을 기(忌)하는데, 초중년(初中年)에 금수운(金水運)으로 운행(運行)하여 해외유학(海外留學)을 마치고 돌아와 대발(大發)하였으나, 임인대운(壬寅大運)에 병임충(丙壬沖)하고 인신충(寅申沖)되어 천충지충(天沖地沖)으로 불록지객(不祿之客)이 되었다.

甲	庚	甲	己
申	申	戌	酉

丁 戊 己 庚 辛 壬 癸
卯 辰 巳 午 未 申 酉

경금일주(庚金日主)가 술월(戌月)에 태어나고 전지지(全地支)가 신유술(申酉戌)로 금국(金局)이 되고, 천간(天干)에 병정(丙丁)이 없어 다행이다. 종혁격(從革格)은 경신일(庚辛日)이 지지(地支)가 신유술(申酉戌)이나 사유축(巳酉丑)이 되어 삼합(三合)이나 방합(方合)으로 금국(金局)

局)이 이루어져야 성립(成立)되는 것이다.

종혁격(從革格)과 유사한 종강격(從强格)이 있는데, 종강격(從强格)은 사주원국(四柱原局)에 병정화(丙丁火)나 갑을목(甲乙木)이 있어도 목화(木火)가 약(弱)하여 방해(妨害)가 되지 않거나 지지(地支)가 금국(金局)이 아니더라도 토금(土金)이나 개체합(個體合)으로 되면 성립(成立)된다. 그러나 종혁격(從革格)은 천간(天干)에 병정화(丙丁火)나 갑을목(甲乙木)디 없어야 이루어지며, 지지(地支)는 반드시 삼합(三合)이나 방합(方合)으로 금국(金局)이 이루어지면 성립(成立)되는 것이다.

본명(本命)은 용신(用神)이 토금수(土金水)이고, 기신(忌神)은 목화(木火)인데, 대운(大運)이 초년(初年)은 금수운(金水運)으로 대발(大發)하였으나, 중말년(中末年)은 목화운(木火運)으로 대기(大忌)한 명(命)이다.

(10) 윤하용신(潤下用神)

乙	癸	辛	丙
卯	亥	丑	子

戊	丁	丙	乙	甲	癸	壬
申	未	午	巳	辰	卯	寅

계수일주(癸水日主)가 수왕절(水旺節)인 신축월(辛丑月)에 태어나고 지지(地支)에 해자축(亥子丑)으로 수국(水局)하여 윤하격(潤下格)이 되고 있는데, 년간병화(年干丙火)와 월간신금(月干辛金)이 병신합수(丙辛合水)로 수기(水氣)를 방조(幇助)해주어 더욱 수기태왕(水氣太旺)이 되었다. 왕자의설(旺者宜泄)로 우선 설기(泄氣)가 필요한데, 다행하게도 시주(時柱)의 을묘목(乙卯木)이 있어 왕(旺)한 수기(水氣)를 설기(泄氣)하니 매우 아름답다.

일반적으로 윤하격(潤下格)은 임계일주(壬癸日主)가 지지(地支)에 신자진(申子辰)으로 삼합(三合)이 되거나 해자축(亥子丑)으로 방합(方合)이 이뤄지고 천간지지(天干地支)에 화토(火土)가 없어야 귀격(貴格)이다.

본명(本命)은 용신(用神)이 금수목(金水木)이고, 기신(忌神)은 화토(火土)가 되는데, 대운(大運)이 동남방운(東南方運)으로 운행(運行)하여 대길(大吉)하게 된 중국의 문장가(文章家)인 소동파(蘇東坡)의 명조(命造)이다.

사주원국(四柱原局)에서 년간병화(年干丙火)가 방해(妨害)가 될 것 같으나, 월간신금(月干辛金)과 병신합수(丙辛合水)가 되어 흉변위길(凶變爲吉)이 되었고, 형충파(刑冲破)가 없어 청격(淸格)이 된 길명(吉命)이다.

壬	癸	辛	壬
子	丑	亥	子

戊	丁	丙	乙	甲	癸	壬
午	巳	辰	卯	寅	丑	子

계수일주(癸水日主)가 수왕절(水旺節)인 해월(亥月)에 태어나고 전지지(全地支)가 해자축(亥子丑)으로 수국(水局)이 되어 윤하격(潤下格)이 된 것이다. 윤하격(潤下格)은 인수금(印綬金)과 비겁수(比劫水)와 식상목(食傷木)이 길(吉)하고 왕수(旺水)를 극제(剋制)하는 관살토(官殺殺土)와 재성화(財星火)가 기(忌)하다.

본명(本命)은 금수목운(金水木運)에 대발(大發)하고 화토운(火土運)에 대기(大忌)하는데, 행운(行運)이 임자(壬子), 계축대운(癸丑大運)에 부귀문중(富貴門中)에 태어나서 갑인(甲寅), 을묘대운(乙卯大運)에 설기(泄氣)가 순세(順勢)함으로써 부중귀명(富中貴名)하여 명성(名聲)이 높았으나, 병진운(丙辰運)에는 병임충(丙壬冲)으로 패가망신(敗家亡身)하였고, 정사대운(丁巳大運)에는 정계충(丁癸冲), 사해충(巳亥冲)으로 천충지충(天冲地冲)되어 불록지객(不祿之客)이 된 명(命)이다.

(11) 갑기합화토용신(甲己合化土用神)

갑일(甲日)에 출생(出生)하고 기월(己月)이나 기시(己時)에 태어나거나 기일(己日)에 출생(出生)하고 갑월(甲月)이나 갑시(甲時)에 태어나서 월지(月支)가 진술축미월(辰戌丑未月)에 해당되어야 하고, 전지지(全地支)가 토국(土局)이 되어야 하고, 갑을인묘(甲乙寅卯)가 없어야 성립되는 것이다.

화토운(火土運)**이나 설기**(泄氣)**하는 금운**(金運)**은 대길**(大吉)**하고 화기**(化氣)**한 토기**(土氣)**를 방해**(妨害)**하는 수목운**(水木運)**은 대기**(大忌)**한다.**

己	甲	壬	戊
巳	辰	戌	辰

己 戊 丁 丙 乙 甲 癸
巳 辰 卯 寅 丑 子 亥

갑목일주(甲木日主)**가 술월**(戌月)**에 태어나고, 지지**(地支)**가 전토국**(全土局)**이고, 시상기토**(時上己土)**와 갑기합화**(甲己合化)**하는데 사주원국**(四柱原局)**에 갑을인묘**(甲乙寅卯)**인 방해자**(妨害者)**가 없어 다행하다. 갑기합화토기격**(甲己合化土氣格)**은 화토금운**(火土金運)**이 길**(吉)**하고 수수금운**(水金運)**이 기**(忌)**하는데, 대운**(大運)**이 수목운**(水木運)**으로 운행**(運行)**되어 불길**(不吉)**하다.**

초년(初年)**인 갑자**(甲子)**, 을축운**(乙丑運)**에는 고생**(苦生)**하다가 축년**(丑年)**에 겨우 용신**(用神)**이 들어와 벼슬길에 오른 명**(命)**인데, 토금운**(土金運)**으로 운행**(運行)**하였다면 더욱 고귀**(高貴)**하게 되었을 것이다.**

甲	己	乙	癸
子	丑	丑	未

壬 辛 庚 己 戊 丁 丙
申 未 午 巳 辰 卯 寅

기토일주(己土日主)**가 축월**(丑月)**에 태어나고, 지지**(地支)**에 축축미삼토**(丑丑未三土)**가 있어 신왕**(身旺)**한데, 시상**(時上)**의 갑목**(甲木)**과 갑기합화토**(甲己合化土)**가 되고, 지지**(地支)**에서 자축합토**(子丑合土)**를 하니 가색격**(稼穡格)**으로 보이지만 파격**(破格)**이다. 년상**(年上)**의 계수**(癸水)**가 자수**(子水)**에 득근**(得根)**하고, 월상**(月上)**의 을목**(乙木)**이 미토중을목**(未土中乙木)**이 있어 수생목**(水生木)**을 하고 있으니 허약**(虛弱)**하다. 신왕**(身旺)**이 되어 극제**(剋制)**하는 목**(木)**이 용신**(用神)**이고, 수**(水)**가 희신**(喜神)**이며, 금운**(金運)**도 길신**(吉神)**이 된다. 토왕**(土旺)**함으로써 화토운**(火土運)**이 불길**(不吉)**하다.**

본명(本命)은 대운(大運)이 초년(初年)에 인묘목운(寅卯木運)으로 부모덕(父母德)에 길(吉)하였으나, 진사오운(辰巳午運)까지 고생(苦生)하다가, 신미대운(辛未大運)에 을신충(乙辛冲), 축미충(丑未冲)으로 천충지충(天冲地冲)되어 불귀객(不歸客)이 된 명(命)으로, 원국(原局)이 파격(破格)이고, 대운(大運)마저 불길(不吉)하여 일생동안 운(運)이 없는 명(命)이다.

(12) 을경합화금용신(乙庚合化金用神)

경일(庚日)에 출생하고 을월(乙月)이나 을시(乙時)에 나거나, 을일(乙日)에 출생하고 경월(庚月)이나 경시(庚時)에 태어나서 월지(月支)가 신유월(申酉月)에 해당되어야 하고, 지지(地支)에 사유축(巳酉丑)이나 신유술(申酉戌)의 금국(金局)이 있고, 갑을인묘(甲乙寅卯)나 병정사오(丙丁巳午)가 없어야 성립(成立)되는 것이다. 토금운(土金運)이나 설기(泄氣)하는 수운(水運)에 대길(大吉)하고 목화운(木火運)에 대기(大忌)한다.

庚	乙	丙	辛
辰	酉	申	丑

己	庚	辛	壬	癸	甲	乙
丑	寅	卯	辰	巳	午	未

을목일주(乙木日主)가 신월(申月)에 태어나고 시간(時干)의 경금(庚金)과 을경합화금(乙庚合化金)이 되어 있는데, 월간(月干)의 병화(丙火)가 화극금(火剋金)으로 파격(破格)이 될 것 같으나 , 년간(年干)의 신금(辛金)과 병신합(丙辛合)으로 병화(丙火)를 합거(合去)함으로써 방해(妨害)가 되지 않는다. 지지(地支)에 진유합(辰酉合), 신유합(申酉合), 유축합(酉丑合)으로 전지지(全地支)가 합금국(合金局)이 되어 을경합화금격(乙庚合化金格)이 된 것이다.

일반적으로 을경합화금격(乙庚合化金格)은 화금(化金)을 기준으로 인비(印比)인 토금(土金)과 식상(食傷)인 수(水)가 길(吉)하고 재관(財官)인 목화(木火)가 대기(大忌)한다.

본명(本命)은 목화(木火)인 동남방향(東南方向)으로 운행(運行)하여 대기(大忌)한 명(命)이다.

庚	乙	癸	甲
辰	丑	酉	申

庚 己 戊 丁 丙 乙 甲
辰 卯 寅 丑 子 亥 戌

을목일주(乙木日主)**가 금왕절**(金旺節)**인 유월**(酉月)**에 태어나고, 시간**(時干)**의 을경**(乙庚)**과 합화금**(合化金)**으로 화격**(化格)**이 성립**(成立)**된다. 지지**(地支)**에 유축**(酉丑), **진유**(辰酉), **신유합**(申酉合)**으로 금국**(金局)**이 되어 을경합화금격**(乙庚合化金格)**이 된 것이다.**

일반적으로 을목일주(乙木日主)**가 천간**(天干)**에 갑을목**(甲乙木)**이나 임계수**(壬癸水), **지지**(地支)**에 인묘목**(寅卯木)**이나 해자수**(亥子水)**를 만나지 아니하고 단일경금**(單一庚金)**으로서 지지**(地支)**에 사유축**(巳酉丑)**이나 신유술**(申酉戌)**의 금국**(金局)**이 있으면 성립**(成立)**되는 것이다.**

그러나 본명(本命)**은 을목**(乙木)**이 진중을목**(辰中乙木)**에 착근**(着根)**하고, 또 년상**(年上)**에 갑목**(甲木)**이 있는데 월간계수**(月干癸水)**가 생조**(生助)**하고 있고, 유금**(酉金)**이 다시 생수**(生水)**하게 되니, 토생금**(土生金), **금생수**(金生水), **수생몰**(水生木)**으로 순행**(順行)**하여 합화금격**(合化金格)**이 관인상생격**(官印相生格)**으로 변화**(變化)**되었다.**

(13) 병신합화수용신(丙辛合化水用神)

병일주(丙日主)**가 신월**(辛月)**이나 신시**(辛時)**에 태어나거나, 신일주**(辛日主)**가 병월**(丙月)**이나 병시**(丙時)**에 태어나서 월지**(月支)**가 신자진월**(申子辰月)**에 해당하고, 화기오행**(化氣五行)**을 극하는 병정사오**(丙丁巳午)**나 진술축미**(辰戌丑未)**가 없어야 한다.**

壬	丙	辛	壬
辰	申	亥	子

戊 丁 丙 乙 甲 癸 壬
午 巳 辰 卯 寅 丑 子

병화일주(丙火日主)**가 수왕절**(水旺節)**인 해월**(亥月)**에 태너나고, 월간신금**(月干辛金)**과 병신합수**(丙辛合水)**가 되어 일간병화**(日干丙火)**는 수기**(水氣)**로 화**(化)**하였다. 사주원국**(四柱原局)**에서 수기**(水氣)**를 극**(剋)**하는 진토**(辰土)**가 있으나 진토**(辰土)**는 습토**(濕土)**로서 신자진삼합**

수국(申子辰三合水局)이 되어 방해(妨害)가 되지 않고, 년시(年時)에 양임수(陽壬水)가 투간(透干)함으로써 진격(眞格)이 된 것이다. 병신합화수격(丙辛合化水格)은 금수목운(金水木運)에 대길(大吉)하고, 화토운(火土運)에 대기(大忌)한다.

대운(大運)이 수목북동방(水木北東方)으로 운행(運行)하여 대발(大發)한 명(命)이다. 본명(本命)은 병화일간(丙火日干)이 전지지(全地支)가 신자진(申子辰), 해자합(亥子合)으로 수국(水局)이 되고, 임수(壬水)가 투간(透干)되어 있기 때문에 종살격(從殺格)으로도 볼 수 있는 것이다.

丙	辛	甲	己
申	酉	戌	酉

丁	戊	己	庚	辛	壬	癸
卯	辰	巳	午	未	申	酉

신금일주(辛金日主)가 술월(戌月)에 태어나고, 지지(地支)가 신유술(申酉戌)로 금국(金局)을 이루고, 병신합(丙辛合)과 갑기합(甲己合)이 되니 묘격(妙格)이 되었다.

일반적으로 신금일주(辛金日主)가 전지지(全地支)에 신유술(申酉戌)이나 사유축(유축(巳酉丑)으로 전금국(全金局)이 되면 종혁격(從革格)이 되는 것이다. 종혁격(從革格)이 되면 금(金)이 용신(用神)이고, 토(土)가 희신(喜神)이다. 그리고 금왕(金旺)을 설기(泄氣)하는 수(水)도 길신(吉神)이다.

화(火)가 병신(病神)이고, 목(木)이 구신(仇神)이 되는데, 병신합수(丙辛合水)가 되어 병(病)이 없어진 것과 같이 되었고, 갑목(甲木)은 갑기합토(甲己合土)가 되어 일주신금(日主辛金)을 생조(生助)하니 역시 흉신(凶神)이 된 목(木)이 길신(吉神)으로 변화(變化)되었다.

따라서 본명(本命)은 초년(初年)인 신유금운(申酉金運)에 부모(父母)의 덕(德)으로 일본 유학을 하여 현재 좋은 직장에 근무하고 있으나, 대운(大運)이 남동방향(南東方向)으로 운행(運行)하여 불길(不吉)하다. 왜냐하면 화격(化格)이든 종혁격(從革格)이든 일주(日主)를 극제(剋制)하는 오행(五行)이 들어오면 흉신(凶神)이 되기 때문이다.

(14) 정임합화목용신(丁壬合化木用神)

정일(丁日)**에 출생하고 임월**(壬月)**이나 임시**(壬時)**가 되든지, 임일**(壬日)**에 출생하고 정월**(丁月)**이나 정시**(丁時)**에 태어나서 월지**(月支)**가 해묘미월**(亥卯未月)**이나 인묘진월**(寅卯辰月)**에 해당되어야 하고, 화목**(火木)**을 극제**(剋制)**하는 무기진술축미**(戊己辰戌丑未)**나 경신신유**(庚辛申酉)**가 없어야 한다. 그러나 설기**(泄氣)**하는 병정사오**(丙丁巳午)**는 대길**(大吉)**하다.**

丁	壬	辛	丙
未	寅	卯	辰

戊 丁 丙 乙 甲 癸 壬
戌 酉 申 未 午 巳 辰

임수일주(壬水日主)**가 묘월**(卯月)**에 태어나고, 지지**(地支)**에 인묘진**(寅卯辰)**으로 목국**(木局)**이 되고, 시간**(時干)**돠 정임합목**(丁壬合木)**으로 합화**(合化)**가 되어 정임합화목격**(丁壬合化木格)**이 되었다.**
일반적으로 임수일주(壬水日主)**가 주중**(柱中)**에서 정화**(丁火)**와 정임합목**(丁壬合木)**하고, 일간**(日干)**을 극제**(剋制)**하는 무기진술축미**(戊己辰戌丑未)**와 경신신유**(庚辛申酉)**가 없어야 성격**(成格)**이 되는 것이다.**

사주원국(四柱原局)**에서 일간목**(日干木)**을 극**(剋)**하는 신금**(辛金)**을 병신합거**(丙辛合去)**하여 더욱 아름답다.**

대운(大運)**에서 수목화**(水木火)**는 길**(吉)**하고, 토금**(土金)**은 기**(忌)**하는데, 본명**(本命)**은 초중년**(初中年)**은 목화동남방향**(木火東南方向)**으로 운행**(運行)**하여 대발**(大發)**하였으나, 말년운**(末年運)**은 금운**(金運)**으로 대기**(大忌)**한 명**(命)**이다.**

丁	丁	壬	壬
未	卯	寅	辰

己 戊 丁 丙 乙 甲 癸
酉 申 未 午 巳 辰 卯

정화일주(丁火日主)**가 인월**(寅月)**에 태어나고, 지지**(地支)**에 인묘진**(寅卯辰)**과 묘미**(卯未)**로 전지지**(全地支)**가 목국**(木局)**이 되고, 월간임수**(月干壬水)**와 일간정화**(日干丁火)**가 정임합목**(丁壬合木)**이 되어 화기격**(化氣格)**이 된 것이다.**
사주원국(四柱原局)**에서 년간**(年干)**의 임수**

(壬水)와 쟁합(爭合)이 될 것 같으나 일월간합(日月干合)하고 년시간합(年時干合)하여 유정(有情)으로서 아름답다.

정임합화목격(丁壬合化木格)은 수목화(水木火)가 대길(大吉)하고 토금(土金)이 대기(大忌)하다.

본명(本命)은 목화동남방향(木火東南方向)으로 운행(運行)하여 대길(大吉)한 명(命)이다. 무신대운(戊申大運)에 무토기신(戊土忌神)이 되고, 인신충(寅申冲)으로 왕자충쇠쇠자발(旺者冲衰衰者拔)되어 신금관(申金官)이 충발(冲拔)로 불록지객(不祿之客)이 된 명조(命造)이다.

(15) 무계합화화용신(戊癸合化火用神)

무일(戊日)에 출생하고 계월(癸月)이나 계시(癸時)에 태어나거나, 계일(癸日)에 출생하고 무월(戊月)이나 무시(戊時)에 태어나서 월지(月支)가 사오미(巳午未)나 인오술월(寅午戌月)에 해당되어야 하고, 화화(化火)를 극제(剋制)하는 임계해자(壬癸亥子)나 경신신유(庚辛申酉)가 없어야 한다.

戊	癸	戊	癸
午	巳	午	卯

辛 壬 癸 甲 乙 丙 丁
亥 子 丑 寅 卯 辰 巳

계수일주(癸水日主)가 년월일시간(年月時干)이 무계(戊癸)로 합화(合火)하고, 월일시지(月日時支)가 사오미화국(巳午未火局)이 되고, 년지묘목(年支卯木)이 목생화(木生火)로 생조(生助)하여 토조화왕(土燥火旺)하게 되어 무계합화화격(戊癸合化火格)이 되었다.

합화격(合火格)은 목화토(木火土)에 대길(大吉)하고, 금수(金水)에 대기(大忌)하는데, 본명(本命)은 대운(大運)이 수목동북방향(水木東北方向)으로 운행(運行)하여 대길(大吉)한 명(命)이다. 본명(本命)은 계수일주(癸水日主)가 타간지(他干支)에 임계수(壬癸水)나 경신신유(庚辛申酉)가 없어야 한다.

주중천간(柱中天干)의 무토(戊土)와 단일봉(單一逢)으로 합화(合化)해야 화기격(化氣格)으로 성립(成立)되는데, 사주원국(四柱原局)의 천간(天干)이 쟁합(爭合)과 투합(妒合)으로 파란(波瀾)이 예상(豫想)되며, 대운(大運)마저 말년(末年)이 불길(不吉)하다.

丁	癸	戊	戊
巳	未	午	子

乙	甲	癸	壬	辛	庚	己
丑	子	亥	戌	酉	申	未

계수일주(癸水日主)가 화왕절(火旺節)인 오월(午月)에 태어나고, 월간무토(月干戊土)와 무계합화(戊癸合化)하여 화기격(化氣格)이 성립(成立)된다. 그러나 계수(癸水)는 타간지(他干支)에 임계해자(壬癸亥子)나 경신신유(庚辛申酉)가 없어야 하고, 무토(戊土)을 단일봉(單一逢)하여 여야 합화(合化)하여 화기(火氣)로 종(從)하게 되는 것이다.

본명(本命)은 사주원국(四柱原局)에서 년주(年柱)에 무토(戊土)와 자수(子水)가 있어 염려가 되나 자중계수(子中癸水)와 무토(戊土)가 먼저 무계(戊癸)로 암합(暗合)하여 방해(妨害)가 되지 않아 묘격(妙格)이 되었다.

합화격(合火格)은 목화토(木火土)에 대길(大吉)하고 금수(金水)에 대기(大忌)하는데, 본명(本命)은 대운(大運)이 금수서북방향(金水西北方向)으로 운행(運行)하여 대기(大忌)하다. 초년(初年)부터 불길(不吉)한 재성운(財星運)이 들어와 몇 번의 사업실패(事業失敗)로 가산(家産)이 탕진(蕩盡)된 명(命)이다.

제15장 간명요결(看命要訣)

명리학(命理學)을 연구하는 데 가장 기초적이면서도 필수적인 요소로서 어학(語學)에 비유(比喩)한다면 단어(單語)나 숙어(熟語)와 같은 비중을 차지하고 있다.
우선 격국용신(格局用神)에서 가장 많이 사용(使用)하고 있는 용어(用語)를 발췌(拔萃)하였다.

제1절 유근원류(有根原流)

일반적으로 유근(有根)이란 뿌리가 있다는 뜻으로, 천간(天干)이 지지(地支)에 동류(同類)의 기(氣)가 있어 일간(日干)이 생조(生助)를 받는 다는 뜻이다.

원류(原流)는 사주원국(四柱原局)의 오행(五行)이 상생상극(相生相剋)하면서도 막힘이 없이 물이 흘러가듯 일주를 기준으로 하여 어느 지점에서 시작하여 어느 지점에서 그 오행(五行)의 기(氣)가 집결(集結)되고 있으며, 또 어느 곳으로 흘러가는가를 살피는 것이다.

유근(有根)에는 유사(類似)한 용어(用語)가 많은데, 예(例)를 들면 녹극(祿根), 착근(着根), 통근(通根)이 같은 뜻으로 사용(使用)되고 있지만 다소 차이(差異)는 있는 것이다.

녹근(祿根)은 건록(建祿)에 해당되는 지지(地支)로서 갑인(甲寅), 을묘(乙卯)와 같은 지지(地支)를 얻는 것이며, 착근(着根)은 일간(日干)과 일지(日支)의 오행(五行)이 동일한 것으로서 무진(戊辰), 무술(戊戌)과 같은 경우이며, 통근(通根)은 일지(日支)에 암장(暗藏)된 중기(中氣)의 오행(五行)으로서 병인(丙寅), 신축(辛丑)과 같은 경우를 말한다.

그러나 통상적으로 육신(六神)으로 활용하는 경우가 많은데, 인수(印綬)나 비겁(比劫)을 공통적(共通的)으로 뿌리가 있다고 하는 것이다. 예(例)를 들면 갑을목(甲乙木)은 인묘(寅卯)나 해자(亥子), 병정화(丙丁火)는 사오(巳午)나 인묘(寅卯), 무기토(戊己土)는 진술축미(辰戌丑未), 경신금(庚辛金)은 신유(申酉)나 진술축미(辰戌丑未), 임계수(壬癸水)는 해자(亥子)나 신유(申酉)가 되는 것이다.

적천수(滴天髓)에 의하면 「하처기근원(何處起根源), 유도하방주(流到何方住), 기괄차중구(機括此中求), 지래역지거(知來亦知去)라」, 즉 사주원국(四柱原局)의 왕신(旺神)이 시작된 근원(根源)은 어디이며, 어떤 방향으로 진행하여 어디에서 머무는지, 이것을 헤아려 구(求)해보면 미래도 알고 과거도 알 수 있다.

임철초(任鐵樵) 선생은 사주(四柱)의 왕신(旺神)을 말하며, 재관(財官), 식상(食傷), 인수(印綬), 비겁(比劫)은 물론 모두가 원두(源頭)가 될 수 있다.

만약 관성(官星)이 원두(源頭)에서 용신(用神)이면 명성(名聲)이 높을 것이고, 재성(財星)이 용신(用神)이면 재물(財物)이 많을 것이고, 인수(印綬)가 용신(用神)이면 자식(子息)이 잘되거나 기예(技藝)가 뛰어날 것이다.

癸	丙	庚	辛
巳	寅	子	酉

癸	甲	乙	丙	丁	戊	己
巳	午	未	申	酉	戌	亥

병화(丙火)가 수왕절(水旺節)인 자월(子月)에 태어나고 금수(金水)가 태왕(太旺)하여 신약(身弱)하다. 이 사주(四柱)는 금(金)을 원두(源頭)로 하고 있는데 금생수(金生水), 수생목(水生木)으로 유행(流行)하여 인목(寅木)에 이르러 인수(印綬)가 일주(日主)를 생(生)하고 있어 묘(妙)하다.

병화(丙火)가 사화(巳火)에 득록(得祿)하고 재성(財星)이 장성(將星)을 만나고 계수(癸水)인 관성(官星)이 천간(天干)에 투간(透干)되어 있으니 청수(淸水)한 정신(精神)이 들어 있어 중화(中和)도 순수하다.

용신(用神)**은 목화**(木火)**이고 기신**(忌神)**은 토금수**(土金水)**이다.**

대운(大運)**이 목화운**(木火運)**으로 운행**(運行)**하여 일생동안 험난을 겪지 않고 명리**(名利)**를 모두 얻었던 사주**(四柱)**이다.**

甲	丙	辛	辛
午	子	卯	卯

甲	乙	丙	丁	戊	己	庚
申	酉	戌	亥	子	丑	寅

병화일주(丙火日主)**가 목왕절**(木旺節)**인 묘월**(卯月)**에 태어나서 득령**(得令)**하였고, 시지**(時支)**에 오화**(午火)**에 득근**(得根)**하고 있어 신강**(身强)**한 사주**(四柱)**이다.**

용신(用神)**은 토금수**(土金水)**이고, 기신**(忌神)**은 목화**(木火)**이다. 이 사주**(四柱)**는 목**(木)**이 원두**(源頭)**인데 원국**(原局)**에서 토**(土)**가 없어 금**(金)**에 유행**(流行)**하지 못하고, 재관**(財官)**이 서로 떨어져 있고, 자오충**(子午冲)**과 자수생묘목**(子水生卯木)**으로 설**(洩)**하여 관성**(官星)**이 무력**(無力)**하여 생화**(生化)**의 정**(精)**이 없다.**

초년(初年)인 경인대운(庚寅大運)에는 경금(庚金)의 도움으로 윗사람의 도움을 받았고, 기축대운(己丑大運)에는 자축합(子丑合)으로 설화생금(洩火生金)하니 재물(財物)이 많았으나, 무자대운(戊子大運)에 이르러 자수(子水)가 목기신(木忌神)을 도우니 형상(刑喪)과 파모(破耗)가 대단히 많았고, 정해대운(丁亥大運)에는 정화(丁火)가 신금(辛金)을 극(剋)하여 패가(敗家)하였다.

제2절 통관소통(通關疏通)

통관(通關)**이란 오행**(五行)**이 서로 상극**(相剋)**이나 상충**(相沖)**되어 있을 때 중간**(中間)**에서 서로를 통**(通)**하도록 해주는 것을 말하는데, 서로가 대립**(對立) **관계에 있는 상태를 가운데서 연결시켜 서로의 기**(氣)**가 잘 통하게 되므로 소통**(疏通)**되어 있는 상태를 말한다.**

가령 수화(水火)가 상충(相沖)되어 있을 때 목(木)이 통관(通關)시켜 소통(疏通)되게 하는 것이며, 가령 임수(壬水)와 병화(丙火)가 병임충(丙壬沖)되어 있을 때 행운(行運)에서 갑을목(甲乙木)이 들어오면 수생목(水生木), 목생화(木生火)로 소통(疏通)되는 것이다.

목토(木土)가 상극(相剋)되어 있을 때 화(火)가 통관(通關)시켜 소통(疏通)되게 하는 것이며, 가령 갑목(甲木)과 무토(戊土)가 갑무극(甲戊剋)되어 있을 때 행운(行運)에서 병정화(丙丁火)가 들어오면 목생화(木生火), 화생토(火生土)로 소통(疏通)된 것이다.

마찬가지로 화금(火金)이 상극(相剋)되어 있을 때에는 토(土)가 통관소통(通關疏通)시켜주고, 토수(土水)가 상극(相剋)되어 있을 때에는 금(金)이 통관소통(通關疏通)시켜주고, 금목(金木)이 상극(相剋)되어 있을 때에는 수(水)가 통관소통(通關疏通)시켜주는 것이다.

임철초(任鐵樵) 선생에 의하면 통관(通關)이란 극제(剋制)하는 것을 인도(引導)하여 유통(流通)시키는 것을 말한다.

소위 음양(陰陽)의 두 가지 작용(作用)이 상호교류(相互交流)하는 묘(妙)함이 있다. 천기(天氣)는 하강(下降)하고 지기(地氣)는 상승(上昇)한다. 그래서 천간(天干)의 기운(氣運)은 동적(動的)이며 오직 하나인데, 지지(地支)의 기운(氣運)은 정적(靜的)이며 혼잡(混雜)되어 있다.

그러므로 지기(地氣)의 움직임은 어디로 운행(運行)할 것인지 상황에 따라 일정하게 변(變)하여 나아가니 천기(天氣)가 그것을 따르게 되는데, 천기(天氣)는 이리저리 변(變)하는 법(法)이 없으니, 지기(地氣)가 천기(天氣)에 응하여 움직여간다.

그래서 천기(天氣)는 위에서 동(動)하여 인원(人元)인 지장간(支藏干)에 감응(感應)하고, 인원(人元)은 아래에서 동(動)하여 천기(天氣)가 따르게 되므로 음(陰)이 승(勝)할 때 양(陽)을 만나면 멈추게 되고, 양(陽)이 승(勝)할 때 음(陰)을 만나면 머무는 것이다. 이런 까닭에 천지(天地)가 태평(太平)하게 만나야 간지(干支)가 유정(有情)하고 좌우(左右)가 서로 배반(背反)하지 않아야 음양(陰陽)의 기(氣)가 생육(生育)되면서 서로가 통(通)하게 되는 것이다.

丙	丁	甲	癸
午	卯	子	酉

丁 戊 己 庚 辛 壬 癸
巳 午 未 申 酉 戌 亥

정화일주(丁火日主)가 수왕절(水旺節)인 자월(子月)에 태어나서 실령(失令)하였으나 살생인(殺生印)하고 인생신(印生身)하며 시지(時支)에 귀록(貴祿)을 얻고있는데, 묘(妙)한 것은 지지(地支)가 자오묘유(子午卯酉)의 충(冲)이 반대로 상생(相生)이 되었다. 즉 유금(酉金)이 자수(子水)를 생(生)하고 자수(子水)는 묘목(卯木)을 생(生)하여 충(冲)의 작용(作用)을 하지 못하고 서로 도와주고 있는 것이다.

그러므로 일주(日主)는 약(弱)하지만 왕(旺)하게 변(變)하였다.

대운(大運)에서 수운(水運)을 만나서 목(木)을 생(生)하고 금운(金運)을 만나서 수(水)를 생(生)하게 되어서 인수(印綬)는 상(傷)하지 않게 되니, 일찍이 벼슬길에 올라서 관찰사(觀察使)에 이르렀다. 그래서 길신(吉神)은 금수(金水)이고, 기신(忌神)은 목화(木火)이다.

辛	丁	癸	戊
亥	未	亥	寅

庚 己 戊 丁 丙 乙 甲
午 巳 辰 卯 寅 丑 子

정화일주(丁火日主)가 해월(亥月)에 태어나서 실령(失令)하고 계수(癸水)가 왕지(旺支)에 있고 무토(戊土)와 무계합거(戊癸合去)로 화기(火氣)로 화(化)하여 일주(日主)를 돕고 있다. 지지(地支)에서도인해합목(寅亥合木)으로 생신(生身)하고 해미합목(亥未合木)으로 역시 생신(生身)하니, 인(寅)

의 위치에서는 일주(日主)와는 멀지만 해수(亥水)와 합(合)으로 가까운 관계가 되었다.

일래일거(一來一去)로 화협(和協)하고 일왕일회(一往一會)로 통관(通關)에 막힘이 없어 과거에 급제하여 벼슬이 황당(黃堂)에까지 이르렀다.

제3절 통변(通辯)

사전(辭典)에는 통역(通譯)과 같은 뜻으로 사용(使用)한다고 되어 있다. 즉 서로의 말이 달라서 통(通)하지 못하는 사람 사이에 그 두 말을 다 아는 사람이 말을 서로 옮겨 뜻을 전하여 주는 것으로 되어 있으나, 명리학(命理學)에서는 '통변(通變)'이라는 뜻으로 더 많이 활용되고 있다.

통변(通變)이란 '변화(變化)에 통(通)한다'는 뜻으로 음양오행(陰陽五行)의 생극제화(生剋制化)를 말하는 것이다. 먼저 변화(變化)에 통(通)하기 위해서는 음양오행(陰陽五行)의 기본원리(基本原理)뿐만 아니라 왕쇠강약(旺衰强弱), 육신론(六神論), 성격론(性格論), 직업론(職業論), 질병론(疾病論) 등을 올바르게 해석할 수 있어야 한다.

가령 여명(女命)의 사주원국(四柱原局)이 신강(身强)이라면 관살(官殺)이 용신(用神)이 되어 관살(官殺)이 혼잡(混雜)되어 있으면서 뿌리가 튼튼하면 길신(吉神)으로서 현부(賢夫)를 만나게 되고, 신약(身弱)하면 흉신(凶神)으로 작용하게 되는 것이다.

丙	乙	壬	壬
戌	卯	寅	辰

己	戊	丁	丙	乙	甲	癸
酉	申	未	午	巳	辰	卯

을목일주(乙木日主)가 목왕절(木旺節)인 인월(寅月)에 태어나서 득령(得令)하였고 지지(地支)가 인묘진목국(寅卯辰木局)으로 득지(得地)하고 양임수(兩壬水)가 투간(透干)하여 일주(日主)를 생조(生助)하니 신왕(身旺)하다. 신왕(身旺)하면 관성(官星), 재성(財星), 식상(食傷)이 길신(吉神)이 되고,

인수(印綬), 비겁(比劫)이 기신(忌神)이 된다.

사주원국(四柱原局)에서 금관(金官)이 없고, 또한 재토(財土)인 년지(年支)의 진토(辰土)는 목국(木局)으로 화(化)하였고, 시지(時支)의 술토(戌土)는 묘술합화(卯戌合火)로 화(化)하여 재토(財土)는 약(弱)하다. 다행히도 식상(食傷)으로 왕목(旺木)을 설기(泄氣)하는 병화(丙火)가 묘술합화(卯戌合火)로 생조(生助)를 받아 병화용신(丙火用神)이 건왕(健旺)하다.

그러므로 이 사주(四柱)는 관직(官職)이나 사업(事業)을 하는 것보다는 예능(藝能)이나 교육(敎育) 계통에서 종사하는 것이 유리하다. 실제로 언론계(言論界)에 종사하다가 최근에는 대학에서 교수(敎授)로 재직(在職)하고 있는 명조(命造)이다.

운행(運行)으로는 계묘대운(癸卯大運)은 수목(水木)으로 기신(忌神)이 되어 부선망(父先亡)하였고, 갑진대운(甲辰大運)은 진토(辰土)가 인묘진(寅卯辰)으로 목국기신(木局忌神)으로 화(化)하여 고전(苦戰)하였으나, 사오미화운(巳午未火運)에는 승승장구(乘勝長驅)하였다. 세운(歲運)인 병술년(丙戌年)에는 진술충(辰戌沖), 술미형(戌未刑)으로 관재송사(官災訟事)가 있었으나 금운(金運)으로 운행(運行)하여 말년(末年)이 행복(幸福)할 것이다.

庚	辛	庚	庚
寅	卯	辰	辰

丁	丙	乙	甲	癸	壬	辛
亥	戌	酉	申	未	午	巳

신금일주(辛金日主)가 진월(辰月)에 태어나서 득령(得令)하고 좌하(坐下)는 실지(失地)하였으나 토금(土金)이 왕성(旺盛)하여 신왕(身旺)하다. 신왕(身旺)하면 관성(官星), 재성(財星), 식상(食傷)이 길신(吉神)이 되고, 인수(印綬), 비겁(比劫)이 기신(忌神)이 된다.

사주원국(四柱原局)에서 수식상(水食傷)은 진중계수(辰中癸水)로서 약(弱)하고, 목재성(木財星)은 인묘진(寅卯辰)으로 목국(木局)이 되어 재성(財星)이 왕성(旺盛)하다. 그러므로 본명(本命)은 관직(官職)이나 예능계(藝能界)나 교육계(敎育界)에 종사하는 것보다 사업(事業)으로 적성(適性)이 맞는 것이다.

실제로 모자 사업으로 성공하여 현재는 특수차량 제조 및 판매사업을 하고 있다. 이것으로 보아 용신(用神)은 목(木)이고, 희신(喜神)은 수화(水火)이고, 기신(忌神)은 토금(土金)이다.

행운(行運)으로 볼 때 목화운(木火運)에 대발(大發)하였으며, 정해대운(丁亥大運)에는 정화관(丁火官)이 극제(剋制)당하여 관재송사(官災訟事)가 있을 것으로 암시(暗示)하고 있는데, 병술년(丙戌年)에는 병경충(丙庚冲), 진술충(辰戌冲)으로 천충지충(天冲地冲)되어 명예(名譽)에 손상(損傷)을 입었다.

제4절 조후(調候)

조후(調候)는 기후(氣候)를 고르게 해준다는 뜻으로, 계절적(季節的)으로 추운 것은 따뜻하게 해주고 더운 것은 시원하게 해준다는 의미가 포함되어 있으나, 용신법(用神法)의 하나로 조후용신(調候用神)으로 더 많이 사용한다. 그래서 너무 더운 것은 추운 것이 용신(用神)이 되고, 너무 추운 것은 더운 것이 용신(用神)이 되는 것이다. 또한 자연의 이치에 따라 난(暖), 한(寒), 조(燥), 습(濕)의 조화(調和)가 이루어져 있듯이 인간(人間)에게도 적용되는 것이다.

가령 더운 여름에 태어난 사람은 겨울에 해당하는 오행(五行)이 되는 것이고, 추운 겨울에 태어난 사람은 여름에 해당하는 오행(五行)이 용신(用神)이 되는 것이다.

예를 들어 먼저 10간(十干)과 12지(十二支)를 가지고 분류하면 먼저 천간(天干)은 갑을병정무(甲乙丙丁戊)가 조열(燥熱)하고, 기경신임계(己庚辛壬癸)가 한습(寒濕)하다. 지지(地支)에서도 인묘(寅卯), 사오(巳午), 미술(未戌)이 조열(燥熱)하고, 신유(申酉), 해자(亥子), 축진(丑辰)이 한습(寒濕)하다.

또한 한 해를 기준으로 할 때 인묘진월(寅卯辰月)이나 사오미월(巳午未月)은 조열(燥熱)하고, 신유술월(申酉戌月)이나 해자축월(亥子丑月)은 한습(寒濕)한 것이다.

己	丙	壬	庚
亥	戌	午	寅

己	戊	丁	丙	乙	甲	癸
丑	子	亥	戌	酉	申	未

병일오월생(丙日午月生)**은 양인**(羊刃)**으로 득령**(得令)**이 되고 화세**(火勢)**는 왕성**(旺盛)**하므로 임수**(壬水)**와 경금**(庚金)**이 사주원국**(四柱原局)**에 있으면 귀격**(貴格)**이다. 그런데 임수**(壬水)**의 조후용신**(調候用神)**이 있고 또 무기토**(戊己土)**의 식상**(食傷)**이 있고 경금**(庚金)**까지 있어 근원**(根源)**이 왕성**(旺盛)**하다.**

따라서 본명(本命)**은 병화일**(丙火日)**에 태어나 지지**(地支)**가 인오술**(寅午戌)**로 삼합**(三合)**이 되어 더욱 화기**(火氣)**가 염열**(炎熱)**하나 수토**(水土)**가 있어 염상격**(炎上格)**은 되지 않는다. 임**(壬)**과 경**(庚)**이 년월**(年月)**에 높이 투출**(透出)**하고 있으므로 부귀**(富貴)**의 명조**(命造)**이다.**

대운(大運)**으로 보면 금수**(金水)**인 서북방**(西北方)**으로 운행**(運行)**되어 더욱 아름답다.**

甲	壬	壬	壬
辰	子	子	子

己	戊	丁	丙	乙	甲	癸
未	午	巳	辰	卯	寅	丑

임수일(壬水日)**에 자월**(子月)**은 양인**(羊刃)**이 지지**(地支)**에 봉**(逢)**하여 과왕**(過旺)**하므로 무토**(戊土)**로 왕신**(旺神)**을제**(制)**하지 않으면 안된다. 자월**(子月)**은 엄한**(嚴寒)**이므로 병화**(丙火)**로 조열**(燥熱)**해주어야 한다. 그러나 본명**(本命)**은 수목식신**(水木食神)**이 되어 갑목**(甲木)**으로 용신**(用神)**을 취**(取)**한다. 삼위**(三位)**의 자자**(子字)**가 있어 비천용마격**(飛天龍馬格)**이 되어 귀격**(貴格)**이 되었다. 길신**(吉神)**은 목화토**(木火土)**이고, 기신**(忌神)**은 금수**(金水)**이다.**

행운(行運)**이 동남방**(東南方)**인 목화운**(木火運)**으로 운행**(運行)**하여 대발**(大發)**한 명조**(命造)**이다.**

제5절 병약(病藥)

고서(古書)에 따르면 「유병방위기(有病方爲奇), 무상불시기(無傷不是奇), 격중여거병(格中如去病), 재록희상수(財祿喜相隨)」라고 하였다. 사주원국(四柱原局)에 병(病)이 있어야 기이(奇異)하게 되는 것이고, 상(傷)함이 없으면 기이(奇異)하지 않게 되는 것이며, 사주원국(四柱原局)에서 병(病)을 제거(除去)하는 약(藥)이 있으면 재물(財物)과 관록(官祿)이 따른다는 것이다.

일반적으로 사주원국(四柱原局)에서 오행(五行)이 과다(過多)하거나 길신(吉神)이 되는 오행(五行)을 극제(剋制)하는 오행(五行)을 병(病)이라 하고, 병(病)을 극제(剋制)하여 주는 오행(五行)이나 조화(調和)를 시켜주는 오행(五行)을 약(藥)이라고 한다.

가령 목일주(木日主)가 동절(冬節)에 태어나고 주중(柱中)에 수기(水氣)가 태왕(太旺)하면 목일주(木日主)는 자연 많은 물에 의하여 부목(浮木)이 되니 많은 수기(水氣)는 병(病)이 되는 것이다. 이 때에 왕(旺)한 토기(土氣)가 있어 왕(旺)한 수기(水氣)를 제거(除去)하여 주거나 화기(火氣)가 있어 목생화(木生火), 화생토(火生土)로 소통(疏通)시켜 중화(中和)를 하게 해주는 토기(土氣)나 화기(火氣)가 약(藥)이 되는 것이다.

乙	甲	戊	戊
丑	申	午	子

乙	甲	癸	壬	辛	庚	己
丑	子	亥	戌	酉	申	未

사주첩경(四柱捷徑)에 의하면 갑일주(甲日主)가 오월(午月)에 출생하여 실령(失令)하고 좌하(坐下)에 실지(失地)하였는데 양무토(兩戊土)가 투간(透干)되어 신약(身弱)하다. 따라서 사주원국(四柱原局)에 재살(財殺)이 태왕(太旺)하여 방조(幇助)가 필요(必要)한데 시상을목(時上乙木)은 축중신금(丑中辛金)에 자좌살지(自坐殺地)하여 약(弱)하니, 식신제살격(食神制殺格)이 되어 식신(食神)인 오화(午火)가 용신(用神)이다.

그러나 오화(午火)를 극제(剋制)하는 자수(子水)가 용신지병(用神之病)인데 개두(蓋頭)가 된 무토(戊土)가 자수(子水)를 극병(剋病)하니, 자병(子病)과 무약(戊藥)으로 병약(病藥)이 상제(相濟)되어 아름답다.

운행(運行)으로 볼 때 을미대운(乙未大運)에 오미화(午未火)로 희신(喜神)이 되어 만인(萬人)의 모범(模範)이 되더니, 경신대운(庚申大運)에 갑경충(甲庚沖)으로 기신(忌神)이 되었으나 신자합수(申子合水)하여 중병(重病)이 되었다.

신해년(辛亥年)에는 을신충(乙辛沖)으로 기신(己神)이 되었고 해자합수(亥子合水) 가중병(加重病)으로 오화용신(午火用神)이 화몰(火沒)되어 불록지객(不祿之客)이 되었다.

庚	戊	戊	壬
申	申	申	午

乙 甲 癸 壬 辛 庚 己
卯 寅 丑 子 亥 戌 酉

무토일주(戊土日主)가 신월(申月)에 태어나고 다봉경신(多逢庚申)하여 종아격(從兒格)이 될 것 같으나, 년지(年支)의 오화(午火)가 인수(印綬)로서 방해(妨害)가 되니 용신지병(用神之病)이다. 다행하게도 년상(年上)의 임수(壬水)가 신금(申金)의 생조(生助)를 받아 극제오화(剋制午化)하니, 오화병(午火病)과 임수약(壬水藥)이 병약상제(病藥相濟)가 되는 것이다.

운행(運行)으로 볼 때 신해대운(辛亥大運)에 제거기병(除去其病)으로 재벌(財閥)이 되었고 취첩(聚妾)까지 하였다. 임자(壬子), 계축운(癸丑運)에도 대발(大發)하다가 갑인운(甲寅運)에 갑경충(甲庚沖), 인신충(寅申沖)으로 천충지충(天沖地沖)이 되어 불록지객(不祿之客)이 염려된다.

제6절 허실(虛實)

고서(古書)에 따르면 「태과불급개위병(太過不及皆爲病)」이란 말이 있다. 너무 지나치게 많거나 없는 것은 전부가 병(病)이 된다는 뜻이다.

사주원국(四柱原局)에서는 지나치게 약(弱)하고 쇠(衰)한 것을 허(虛)라고 하며, 반대로 강(强)하고 왕(旺)한 것은 실(實)이라고 한다.

한의학(韓醫學)에서 많이 사용하는 용어(用語)에서 기(氣)가 허(虛)할 때는 보(補)하여 도와주어야 하고, 기(氣)가 실(實)할 때는 사(瀉)하여 설기(泄氣)시켜 조화(調和)를 이루게 하여야 몸의 균형이 잡혀 건강을 유지한다는 논리(論理)이다.

가령 병화일주(丙火日主)가 사주원국(四柱原局)에 목화(木火)가 많으면 화기(火氣)가 태왕(太旺)하여 화기(火氣)가 실(實)하게 되어 병(病)이 된다는 것으로서 인체(人體)의 화기(火氣)에 해당하는 심장(心臟)과 소장(小腸)에 질병(疾病)이 생긴다는 것이다.

만약에 병화일주(丙火日主)가 사주원국(四柱原局)에 금수(金水)가 많으면 반대로 병화(丙火)가 극제(剋制)를 당하여 심장(心臟)이나 소장(小腸)에 질병(疾病)이 생긴다는 원리로, 허(虛)한 화기(火氣)를 보(補)해야 하고, 수기(水氣)를 사(瀉)해야 하는 것이다.

癸	戊	癸	丙
亥	戌	巳	戌

庚	己	戊	丁	丙	乙	甲
子	亥	戌	酉	申	未	午

무토일주(戊土日主)가 사월(巳月)에 태어나고 좌하술토(坐下戌土)에 득령(得令), 득지(得地)한데다 년간병화(年干丙火)가 투간(透干)되어 신왕(身旺)하면서 조열(燥熱)한 명조(命造)이다. 그래서 화토(火土)가 실(實)하고 금수(金水)가 허(虛)하다.
사주원국(四柱原局)에서 괴강(魁罡)인 병술

(丙戌), 무술(戊戌)이 있어 고집(固執)이 강(强)할 뿐만 아니라, 술해(戌亥) 천문성(天門星)이 있어 특수직(特殊職)에서 종사하게 되는 경우가 많다.

실제로 경찰관(警察官)으로 고위직(高位職)에서 퇴임(退任)하였으나 기해대운(己亥大運) 계미년(癸未年)에 위암수술(胃癌手術)을 받았으나 3년후 병술년(丙戌年)에 사망(死亡)한 명조(命造)이다.

본명(本命)은 화토(火土)가 왕성(旺盛)하여 심장(心臟)이나 위장(胃腸) 계통에 질병(疾病)이 암시(暗示)되고 있으며, 병술년(丙戌年)에는 화생토(火生土)로 토초(土焦)되어 있는데, 대운(大運)마저 기계충(己癸冲), 사해충(巳亥冲)으로 천충지충(天冲地冲)되어 불록지객(不祿之客)이 되었다.

辛	丙	壬	丙
卯	午	辰	午

己	戊	丁	丙	乙	甲	癸
亥	戌	酉	申	未	午	巳

병화일주(丙火日主)가 진월(辰月)에 태어나서 설기(泄氣)는 하고 있으나 년일주(年日柱)인 병오(丙午)로서 화기(火氣)가 태왕(太旺)하여 신왕(身旺)하다. 그래서 목화(木火)가 실(實)하고 금수(金水)가 허(虛)하다. 사주원국(四柱原局)에서 양인(羊刃)과 괴강(魁罡)이 있어 고집(固執)이 대단하며 앞 명조(命造)와 같이 특수직(特殊職)에 종사하고 있다.

을미대운(乙未大運) 병자년(丙子年)에 1차 신장수술(腎臟手術)을 하였고, 9년후인 을유년(乙酉年)에 2차 신장수술(腎臟手術)을 하여 현재는 정상인(正常人)과 다름 없다.

본명(本命)은 화기(火氣)가 태왕(太旺)하여 수기(水氣)가 증발(蒸發) 되기 직전(直前)에 있는데, 을미운(乙未運)은 을신충(乙辛冲)하고 오미화(午未火)로 신금용신(辛金用神)이 피상(被傷)되고 화국기신(火局忌神)이 되었다.

병자년(丙子年)은 병임충(丙壬冲), 자오충(子午冲)으로 천충지충(天冲地冲)되어 용신충발(用神冲拔)되었고, 을유년(乙酉年)은 을신충(乙辛冲), 묘유충(卯酉冲)으로 병자년(丙子年)과 같이 천충지충(天冲地冲)되어 용신충발(用神冲拔)로 2차 신장수술(腎臟手術)을 받았다.

제7절 천복지재(天覆地載)

천복지재(天覆地載)란 하늘에서는 덮어주고 땅에서는 받쳐준다는 말로서 간지(干支)에서 서로 보호(保護)하여 주는 것을 뜻한다. 이와 반대의 개념을 개두절각(蓋頭截脚)이라고 한다. 일반적으로 천복지재(天覆地載)는 뿌리가 있는 것으로, 서로 상생(相生)의 관계가 있는 것으로, 천간(天干)이 지지(地支)를 생조(生助)하고 지지(地支)가 천간(天干)을 생조(生助)하는 경우를 말하는데, 천간(天干)의 입장에서는 암장(暗藏)된 간지(干支)도 적용될 수가 있는 것이다.

그러나 길신(吉神)이나 흉신(凶神)으로 볼 때는 천간(天干)이 용신(用神)일 경우에 지지(地支)에 유근(有根)하거나, 천간(天干)이 기신(忌神)인데 지지(地支)에서 천간(天干)을 극제(剋制)하는 경우와, 지지(地支)가 용신(用神)인데 천간(天干)에 투출(透出)되거나, 지지(地支)가 기신(忌神)인데 천간(天干)에서 극제(剋制)하는 경우가 모두 천복지재(天覆地載)로서 길신(吉神)이 되는 것이다. 가령 갑목(甲木)이 길신(吉神)인데 지지(地支)에 인진오자(寅辰午子)가 있거나, 병화(丙火)가 길신(吉神)인데 좌하(坐下)의 지지(地支)에 인진오술(寅辰午戌), 무토(戊土)가 길신(吉神)인데 인진오술(寅辰午戌), 같은 방법으로 경금(庚金)이 자진신술(子辰申戌), 임수(壬水)가 자인진신(子寅辰申)이 되는 경우이다.

壬	癸	丁	戊
戌	卯	巳	寅

甲	癸	壬	辛	庚	己	戊
子	亥	戌	酉	申	未	午

계수일주(癸水日主)가 정사월(丁巳月)에 태어나서 실령(失令)하고 좌하(坐下)에 묘목(卯木)으로 실지(失地)하여 신약(身弱)하다. 그러나 무계(戊癸)가 합화(合火)하여 월지사화(月支巳火)로부터 왕기(旺氣)를 얻었는데, 임수(壬水)가 방해(妨害)가 되나 정임(丁壬)이 합화목(合火木)하여 생조사화(生助巳火)하고 지지(地支)는 묘술화(卯戌火)로 전지지(全地支)가 목화상생(木火相生)이 되어 천복지재(天覆地載)가 되었다.

그러므로 천지간(天地間)에 수목화(水木火)로 진기(眞氣)가 순수(純粹)하여 귀격(貴格)이 되었다.

일반적으로 무인년(戊寅年)은 인중무토(寅中戊土)가 뿌리가 되지만 약(弱)하다. 그러나 정사월(丁巳月)의 생조(生助)를 받고 있고, 정화(丁火)는 좌하(坐下)에 뿌리가 있고, 계수(癸水)는 수생목(水生木)이 되어 있고, 임수(壬水)는 술중신금(戌中辛金)에 뿌리가 있어 천복지재(天覆地載)가 분명(分明)한 명조(命造)이다.

庚	庚	丁	己
辰	申	卯	亥

庚	辛	壬	癸	甲	乙	丙
申	酉	戌	亥	子	丑	寅

경금일주(庚金日主)가 목왕절(木旺節)인 묘월(卯月)에 태어나 실령(失令)하였으나 토금(土金)이 왕성(旺盛)하여 약화위강(弱化爲强)이 되었다. 용신(用神)은 정화관(丁火官)인데 지지(地支)에 해묘목국(亥卯木局)으로 재국(財局)을 이루고 있어 매우 아름답다. 그래서 용신(用神)인 정화관(丁火官)이 더욱 건왕(健旺)하게 되었다.

일주경금(日主庚金)은 경신(庚申), 경진(庚辰)으로 천복지재(天覆地載)가 되었고, 해묘지재(亥卯地載)에 정화(丁火)가 천복(天覆)으로 관성(官星)이 천복지재(天覆地載)를 잘 이루고 있어 귀격(貴格)이다.

대운(大運)으로 볼 때 금수운(金水運)으로 운행(運行)하여 대흉(大凶)으로 보나 수운(水運)은 수생목(水生木), 목생화(木生火)로 식상생재(食傷生財)로 화(化)하여 재생관(財生官)하니 오히려 대귀(對句)한 명조(命造)이다.

제8절 개두절각(蓋頭截脚)

개두(蓋頭)는 지지(地支)에서 천간(天干)을 두고 하는 뜻으로 천간(天干)이 지지(地支)를 극제(剋制)하는 경우이고, 절각(截脚)은 천간(天干)에서 지지(地支)를 두고 하는 뜻으로 지지(地支)가 천간(天干)을 극제(剋制)하는 경우를 말한다.

예를 들면 갑술(甲戌), 병신(丙申), 경인(庚寅) 등은 목극토(木剋土), 화극금(火剋金), 금극목(金剋木)이 되어 개두(蓋頭)라 하고, 갑신(甲申), 병자(丙子), 경오(庚午) 등은 지지(地支)에서 천간(天干)을 금극목(金剋木), 수극화(水剋火), 화극금(火剋金)이 되어 절각(截脚)이라고 한다.

만약 개두(蓋頭)인 경인(庚寅)이라고 하면 인목(寅木)이 용신(用神)이 되었을 경우에 경금(庚金)이 인목(寅木)을 금극목(金剋木)으로 극제(剋制)하여 인목(寅木)이 약(弱)하게 된다는 뜻이다.

반대로 절각(截脚)이 되는 경오(庚午)가 있을 때 경금(庚金)이 용신(用神)이라면 지지(地支)의 오화(午火)가 화극금(火剋金)으로 극제(剋制)하여 경금(庚金)이 약(弱)하게 된다는 뜻이다.

대운(大運)이나 세운(歲運)에서도 용신(用神)이나 희신(喜神)이 개두(蓋頭)나 절각(截脚)으로 들어올 경우에 영향(影響)이 반감(半減)이 된다는 뜻이다.

乙	庚	丁	辛
酉	辰	酉	卯

庚	辛	壬	癸	甲	乙	丙
寅	卯	辰	巳	午	未	申

경금일주(庚金日主)가 금왕절(金旺節)인 유월(酉月)에 태어나고 지지(地支)가 진유합금(辰酉合金)이 되고 신금(辛金)이 투간(透干)되어 신왕(身旺)하다. 월시지(月時支)에 유금(酉金)으로 양인(羊刃)이 중중(重重)하니 생살권(生殺權)과 관련이 있는 특수직(特殊職)에 종사하게 되는 경우가 많다.

실제로는 군인(軍人)으로서 육군대령(陸軍大領)으로 재직(在職)하던 중에 대장암(大腸癌)으로 사망(死亡)한 명조(命造)이다.

금왕절(金旺節)이고 한기(寒氣)가 있어 우선 조후(調候)로 화기(火氣)가 필요(必要)한데 월간정화(月干丁火)가 있어 다행이다. 그러나 왕성(旺盛)한 유금(酉金)에 의하여 오히려 금다화식(金多火熄)이 되어 약(弱)한데, 생조(生助)해주는 묘목(卯木)이 신금(辛金)에 의하여 개두(蓋頭)되어 목화(木火)가 약(弱)하다. 또한 시간을목(時干乙木)은 유금(酉金)에 의하여 절각(截脚)되어 있으나 을경합금(乙庚合金)으로 화(化)하였다.

본명(本命)에서 길신(吉神)이 되는 목화(木火)가 개두절각(蓋頭截脚)이 되어 약(弱)한데, 계사대운(癸巳大運) 병자년(丙子年)에 정계충(丁癸冲)으로 용신정화(用神丁火)가 충발(冲拔)되었고, 사유합금(巳酉合金)으로 기신(忌神)이 되었다.

병자년(丙子年)은 천간(天干)이 병경충(丙庚冲), 병신합(丙辛合)으로 충중봉합(冲中逢合)이 되고 지지(地支)는 자묘형(子卯刑)이 되어 불록지객(不祿之客)이 되었다.

丁	辛	辛	戊
酉	卯	酉	戌

甲	乙	丙	丁	戊	己	庚
寅	卯	辰	巳	午	未	申

신금일주(辛金日主)가 금왕절(金旺節)인 유월(酉月)에 태어나고 시지유금(時支酉金)이 있고 신금(辛金)이 투간(透干)되어 신왕(身旺)하다. 신금(辛金)이 금왕(金旺)으로 한기(寒氣)가 있어 우선 조후(調候)로 화기(火氣)가 필요한데, 시간정화(時干丁火)가 개두(蓋頭)로 절(絶)이 되어 있는데, 정화(丁火)를 생조(生助)해주는 묘목(卯木)도 역시 개두(蓋頭)로 절(絶)이 되고 양유금(兩酉金))으로 협공(挾攻)당하여 묘목(卯木)이 충발(冲拔) 직전에 있다.

정사대운(丁巳大運) 계유년(癸酉年)에 사유합금(巳酉合金)으로 용신(用神)이 기신(忌神)으로 되고, 정계충(丁癸冲), 묘유충(卯酉冲)으로 천충지충(天冲地冲)이 되어 용신정화(用神丁火)가 관성(官星)으로 남편(男便)에 해당되어 불록지객(不祿之客)이 된 여자(女子)의 명조(命造)이다.

제9절 중화(中和)

적천수(滴天髓)에 이하면 「기식중화지정리(旣識中和之正理), 이우오행지묘(而于五行之妙), 유전능언(有全能焉)이라」, 즉 중화(中和)의 정리(正理)를 알면 오행(五行)의 작용에 대한 묘리(妙理)를 완전하게 이해할 수 있다는 뜻으로, 사주오행(四柱五行)이 균형(均衡)을 이루고 오행(五行)의 서로간에 화합(和合)을 이루어야 한다는 것은 자평학(子平學)에 있어서 중요한 법칙(法則)이다. 따라서 사주원국(四柱原局)에서 오행(五行)이 부족(不足)함이 없이 유통(流通)이 잘 되고 설기(泄氣)하는 오행(五行)과 생조(生助)하는 오행(五行)이 서로 평형(平衡)이 이루어져야 귀명(貴命)이 되는 것은 당연하지만, 어느 한 쪽으로 치우친 경우에는 행운(行運)에서 중화(中和)를 이루어야 한다.

예를 들어 재성(財星)이 약(弱)한데 비겁(比劫)이 왕성(旺盛)하다면 처궁(妻宮)이 부족하고, 식신(食神)이 왕성(旺盛)한데 살(殺)이 약(弱)하다면 자식궁(子息宮)이 부족하고, 관성(官星)이 쇠약(衰弱)한데 상관(傷官)이 왕성(旺盛)하다면 명예(名譽)가 부족하고, 살(殺)은 강(强)한데 식신(食神)이 약(弱)하다면 재물궁(財物宮)이 부족하다.

그러나 대운(大運)이나 세운(歲運)에서 부족한 것을 보충하고 남는 것을 제거(除去)하게 되면 중화(中和)의 이치를 후에 얻게 되니 나중에는 부귀(富貴)하게 되는 것이다. 사주원국(四柱原局)이 편굴(偏屈)하고 중화(中和)되지 않았으면 마음이 간사(奸邪)하고 요행(僥倖)을 좋아한다.

癸	癸	甲	辛
亥	卯	午	巳

丁 戊 己 庚 辛 壬 癸
亥 子 丑 寅 卯 辰 巳

계일주(癸日主)가 오월(午月)에 태어나서 실령(失令)하고 좌하묘목(坐下卯木)이 실지(失地)하니 시주계해(時柱癸亥)에 의지할 수밖에 없다. 묘(妙)하게도 멀지만 사해(巳亥)의 충(沖)으로 화(火)를 제거(除去)하고 금(金)을 살려서 인성(印星)을 용신(用神)으로 하여 목화(木火)가 제재

(制裁)를 받아 체용(體用)이 상(傷)하지 않아 중화(中和)를 얻어 순수(純粹)하다.

따라서 사람됨됨이가 중후(重厚)하고 재주가 탁월하여 마치 물위에 비친 달처럼 주옥같은 문장(文章)을 과시했으며, 경대운(庚大運)에 신금(辛金)을 도와 갑목(甲木)을 제(制)하니 재상(宰相)의 자리에 올라 빛과 같은 인물이 되었다.

길신(吉神)은 금수(金水)와 습토(濕土)가 되고, 기신(忌神)은 목화(木火)와 조토(燥土)가 된다.

원국(原局)에서 싫은 것은 해묘(亥卯)가 합목(合木)이 되어 목왕금쇠(木旺金衰)하고 토(土)가 없으니 자식(子息) 두기가 어려웠다는 막보제(莫寶濟) 선생의 명조(命造)이다.

戊	癸	丙	己
午	未	子	酉

己	庚	辛	壬	癸	甲	乙
巳	午	未	申	酉	戌	亥

계수일주(癸水日主)가 수왕절(水旺節)인 자월(子月)에 태어나 득령(得令)하여왕상(旺相)한 것 같지만 재살(財殺)이 태왕(太旺)하여 강변위약(强變爲弱)이 되었다. 원국(原局)에 목(木)이 없고 재성(財星)이 투간(透干)되어 재물(財物)에 욕심이이 있으며, 년상(年上)과 시상(時上)에 관살(官殺)이 혼잡(混雜)되어 있으니, 권모술수(權謀術數)가 뛰어나고 재간이 남보다 앞섰으나, 본래 한미(寒微)한 집안 출신으로 심술이 많고 단정하지 못하였다.

계유대운(癸酉大運)에 용신(用神)이 들어와 좌이(佐貳)에서 관찰사(觀察使)로 벼슬이 올라 사치와 호화를 누렸는데, 미운(未運)에 이르러서 화(禍)를 면하기 어려웠다.

그래서 "욕심(慾心)을 버리지 못하면 불나비가 등불을 보고 달려들어 결국은 몸을 태우고 만다"라고 말하는 것과 같은 운명(運命)이었다.

제10절 상하정협(上下情協)

적천수(滴天髓)에 의하면 「상하귀호정협(上下貴乎情協)이라」, 즉 천간(天干)과 지지(地支)가 가장 귀(貴)하게 여기는 것을 유정(有情)해야 한다는 것이다.

천간(天干)과 지지(地支)가 서로 상생(相生)하지는 않더라도 유정(有情)해야 한다는 것은 만약 관성(官星)이 쇠약(衰弱)하고 상관(傷官)이 왕(旺)할 때 재성(財星)이 국(局)을 얻거나, 관성(官星)이 왕(旺)하고 재성(財星)이 많을 때 비겁(比劫)이 국(局)을 얻거나, 일주(日主)가 왕(旺)하고 살(殺)이 약(弱)하여 재성(財星)이 있을 경우 재성(財星)의 좌(座)에 식신(食神)이 있거나, 재성(財星)이 약(弱)하고 비겁(比劫)이 왕(旺)하면 관성(官星)이 비겁(比劫)을 극제(剋制)하여 준다면 이것은 모두 유정(有情)한 것이다.

이와 유사(類似)한 용어(用語)로는 상하겸왕(上下兼旺)이라고 하여 천간(天干)과 지지(地支)가 같은 것으로서 무술(戊戌), 갑인(甲寅), 임자(壬子) 등이며, 상하득위(上下得位)는 간지(干支)가 서로 상생(相生)하는 것으로서 갑자(甲子), 병인(丙寅), 무신(戊申) 등이며, 상하유정(上下有情)은 천간(天干)과 지지(地支)의 암장(暗藏)과 상합(相合)이 되는 것으로서 정해(丁亥), 신사(辛巳), 임오(壬午). 계사(癸巳), 무자(戊子) 등이다.
이와 같은 경우가 모두 상하정협(上下情協)에 포함되어 사용하고 있다.

庚	丙	癸	己
寅	寅	酉	巳

丙 丁 戊 己 庚 辛 壬
寅 卯 辰 巳 午 未 申

병화일주(丙火日主)가 일시지(日時支)에 인목(寅木)으로 장생(長生)이 되었고, 년지(年支)의 사화(巳火)는 록왕(祿旺)하고 있어 신왕(身旺)하다. 그래서 계수관(癸水官)을 용신(用神)으로 하는 것이다. 그런데 년상기토(年上己土)가 극계수(剋癸水)하고 있으나, 다행하게도 유금재(酉金

財)가 재생관(財生官)하고 년지(年支)와 사유합금(巳酉合金)이 되니 더욱 관성(官星)이 왕성(旺盛)하다. 더군다나 기토(己土)는 토생금(土生金)이 되어 계수관(癸水官)의 방해(妨害)가 되지 않는다.

정화격(情和格)으로 평생 흉험(凶險)함을 만나지 않고 재(財)와 명(名)이 양전(兩全)하여 길명(吉命)이 된 명조(命造)이다.

甲	丙	癸	癸
午	辰	亥	亥

丙 丁 戊 己 庚 辛 壬
辰 巳 午 未 申 酉 戌

병화일주(丙火日主)가 해월(亥月)에 태어나고 계해(癸亥), 계해(癸亥)로 관살(官殺)이 왕성(旺盛)하여 신약(身弱)하다. 그러나 묘(妙)한 것은 시지오화(時支午火)가 토식신(土食神)을 생조(生助)하여 수관살(水官殺)을 제살(制殺)하고 시간갑목(時干甲木)이 해중갑목(亥中甲木)이 투출(透出)하여 왕성(旺盛)한 수관살(水官殺)이 수생목(水生木)으로 살인상생(殺印相生)이 되어 갑목(甲木)이 견고(堅固)하게 되었다..

그래서 쇠약(衰弱)한 갑목(甲木)이 양장생(兩長生)을 만나 목(木)의 뿌리가 단단하여 상하(上下)가 서로 정협(情協)이 되어 마침내 자수성가(自手成家)로 대부자(大富者)가 된 명조(命造)이다.

제11절 좌우동지(左右同志)

적천수(滴天髓)에 따르면 「좌우귀호동지(左右貴乎同志)」라, 즉 생화(生化)하거나 제화(制化)로서 좌우(左右)가 서로 상생(相生) 또는 상부(相扶)하며 혼잡(混雜)하지 않아야 한다.

만약 관살(官殺)이 왕성(旺盛)하여 일간(日干)이 신약(身弱)하면 양인(羊刃)이나 겁재(劫財)로 합(合)하거나 관살(官殺)을 인수(印綬)로 살인화(殺刃化)해야 한다.

반대로 관살(官殺)이 약(弱)하고 일간(日干)이 왕성(旺盛)하면 재성(財星)이 재생관(財生官)으로 도와주거나 관성(官星)이 방조(幇助)로 도와주어야 한다. 신살(身殺)이 둘다 왕성(旺盛)하면 식신(食神)이 관살(官殺)을 제거(除去)하거나, 상관(傷官)이 대적(對敵)하게 되면 이를 모두 동지(同志)라고 하는 것이다.

만약 신약(身弱)한 살(殺)이 재(財)의 도움을 받는다면 재(財)는 누를 끼치게 되고, 신왕(身旺)한데 비겁(比劫)이 관성(官星)과 합(合)하게 되면 관(官)은 자기의 임무(任務)를 잊어버리게 되는 것이다. 따라서 일주(日主)에게 좋은 것은 일주(日主)와 가까운 천간(天干)에 나타나 있어야 한다.

만약 일주(日主)가 살(殺)을 좋아하면 재성(財星)이 살(殺)을 친근(親近)하게 도와주어야 하고, 살(殺)이 기신(忌神)이라면 식상(食傷)을 만나서 제살(制殺)해야 하며, 인수(印綬)가 희신(喜神)이면 인수(印綬)가 먼저 있고 뒤에 관(官)이 있어야 하며, 인수(印綬)가 기신(忌神)이라면 재성(財星)이 앞에 있고 인수(印綬)가 뒤에 있어야 한다.

재성(財星)이 희신(喜神)이라면 식상(食傷)의 도움을 받아야 하고 재성(財星)이 기신(忌神)이면 비겁(比劫)을 만나서 제거(除去)하는 것이 좋다.

결론적으로 좌우동지(左右同志)란 좌우(左右)가 서로 상부(相扶)한다는 뜻이다. 만약 살왕(殺旺)하고 신약(身弱)하면 인수(印綬)의 생조(生助)가 있거나 식상(食傷)으로 제살(制殺)해주면 그 식상(食傷)을 동지(同志)라고 한다.

庚	庚	丙	壬
辰	午	午	申

癸 壬 辛 庚 己 戊 丁
丑 子 亥 戌 酉 申 未

경금일주(庚金日主)가 화왕절(火旺節)인 오월(午月)에 태어나고 병화(丙火)가 지지(地支)에 오화(午火)가 있어 관살(官殺)이 왕성(旺盛)하다. 그러므로 화기(火氣)의 기운(氣運)을 설기(泄氣)하는 토기(土氣)가 일주(日主)를 생조(生助)해 주어야 한다. 또 년상(年上)의 임수(壬水)는 신금(辛金)

에 뿌리를 두어 견고(堅固)하여 제살(制殺)을 용신(用神)으로 한다. 그래서 임수(壬水)는 천간(天干)의 동지(同志)가 되는 것이고, 진토(辰土)는 지지(地支)의 동지(同志)가 된다. 그러므로 임수(壬水)는 제(制)하고 진토(辰土)는 화(化)하니 유정(有情)이라고 할 수 있다. 그래서 금수운(金水運)에 벼슬길이 열려 지위(地位)가 국경수비대장(國境守備大將)이 된 명조(命造)이다. 본명조(本命造)는 용신격국(用神格局)으로 볼 때 식신제살격(食神制殺格)에 해당한다.

戊	庚	丙	壬
寅	申	午	午

癸	壬	辛	庚	己	戊	丁
丑	子	亥	戌	酉	申	未

경금일주(庚金日主)가 오월(午月)에 태어나 관살(官殺)이 태왕(太旺)하여 신약(身弱)하다. 그래서 우선 제살(制殺)을 해야 하는데, 임수(壬水)가 절지(絶地)인 오화(午火)에 있어 화살(火殺)을 제(制)할 능력이 없고, 또한 왕화(旺火)를 설기(泄氣)시키는 무토(戊土)는 역시 인목(寅木)의 절지(絶地)에 앉아 있으니 일주(日主)에 도움이 되지 못한다. 따라서 일주(日主)가 왕성(旺盛)하고 관살(官殺)이 견고(堅固)해야 명리(名利)를 얻는데, 본명(本命)은 평생 발복(發福)하지 못하였다.

그 이유는 무토(戊土)와 임수(壬水)가 약(弱)하고 일시지(日時支)마저 인신충(寅申冲)이 되면서 오히려 인오화국(寅午火局)으로 화(火)하여 경금일주(庚金日主)는 더욱 제살(制殺)을 당하고 있어 무토(戊土)가 식신(食神)을 생조(生助)하지 못하여 임수(壬水)인 식신(食神)이 인목(寅木)을 식생재(食生財)하지 못하기 때문이다. 이러한 것을 「좌우불능동지(左右不能同志)」라고 하는 것이다.

제12절 왕충쇠발(旺冲衰拔)

적천수(滴天髓)에 의하면 「왕자충쇠쇠자발(旺者冲衰衰者拔) 쇠신충왕왕신발(衰者冲旺旺神發)」이라, 즉 왕성(旺盛)한 것이 약(弱)한 것을 충(冲)하면 뿌리가 뽑히지만 약(弱)한 것이 왕성(旺盛)한 것을 충(冲)하면 왕성(旺盛)한 신(神)이 도리어 발(發)하게 되는 것이다.

임철초(任鐵樵)는 사주원국(四柱原局)에 있는 지지(地支)가 충(冲)하는 것을 명충(明冲)이라고 하고, 세운(歲運)이나 대운(大運)에서 충(冲)하는 것을 암충(暗冲)이라고 한다.

득령(得令)한 것이 약(弱)하는 것을 충(冲)하면 약(弱)한 신(神)은 뿌리가 뽑히지만 실령(失令)한 것이 왕성(旺盛)한 것을 충(冲)하는 경우에는 왕성(旺盛)한 것은 상해(傷害)하지 못하는 것이다.

충(冲)하는 것이 강(强)하면 능히 약(弱)한 것을 제거(除去)할 수 있어서 흉신(凶神)을 보내면 이롭고 길신(吉神)을 보내면 불리하다. 다시 말하여 충(冲)하는 것이 약(弱)하면 공격을 받은 강(强)한 것은 오히려 격분하게 되는데, 흉신(凶神)이 격분하면 재앙(災殃)이 되고, 길신(吉神)이 격분하면 재앙(災殃)은 없지만 충(冲)이란 별로 유익한 것이 아니다.

가령 일주(日主)가 오화(午火)이고 희신(喜神)도 오화(午火)인데 지지(地支)에 인묘사오술(寅卯巳午戌)의 목화(木火)가 있을 경우 자수(子水)가 오화(午火)를 충(冲)한다면 이런 충(冲)은 쇠약(衰弱)한 것이 왕성(旺盛)한 것을 충(冲)한 것이니 오화(午火)는 상해(傷害)되지 않는 것이다.

일주(日主)가 오화(午火)이고 희신(喜神)도 오화(午火)인데 지지(地支)에 신유해자축진(申酉亥子丑辰)의 금수(金水)가 있으면 오화(午火)의 기세(氣勢)가 약(弱)할 때 자수(子水)의 충(冲)을 만나면 왕성(旺盛)한 것이 쇠약(衰弱)한 것을 충(冲)하여 뿌리가 뽑힌다고 하는 것이다.

나머지 지지(地支)도 모두 같은 경우인데 자오(子午), 묘유(卯酉), 인신(寅申), 사해(巳亥)는 비교적 중요하지만 진술(辰戌), 축미(丑未)는 비교적 중요하지 않다.

만약 자오충(子午冲)은 자중(子中)의 계수(癸水)가 오중(午中)의 정화(丁火)를 충(冲)하는 경우에 오(午)가 월령(月令)을 얻어 왕성(旺盛)한데 사주원국(四柱原局)에 금(金)은 없고 목(木)이 있어서 오화(午火)를 돕고 있다면 오화(午火)는 능히 자수(子水)를 충(冲)할 수 있다.

그러므로 오행생극(五行生剋)만을 고집하지 말고 반드시 기(氣)가 쇠약(衰弱)한지 왕성(旺盛)한지를 살피고 나서 충(冲)을 돕고 있는지, 충(冲)을 억제(抑制)하는지의 대세(大勢)를 깊이 연구해야 길흉(吉凶)이 저절로 밝혀지는 것이다.

진술출미(辰戌丑未)는 형제간의 충(冲)이므로 암장(暗藏)된 것이 무엇인지와, 사주원국(四柱原局)의 간지(干支)가 인출(引出)되었는지의 유무(有無)를 살펴야 한다.

만약 간지(干支)의 인출(引出)이 없고 득령(得令)의 본기(本氣)와도 전혀 관계가 없으며, 비록 충(冲)하여도 해(害)가 없고 합(合)이 되어 용신(用神)으로 쓰면 역시 기쁘게 되는 것이다.

사주원국(四柱原局)과 세운(歲運)과의 관계도 모두 이와 같이 논(論)해야만 한다.

甲	癸	庚	丙
寅	亥	寅	申

丁	丙	乙	甲	癸	壬	辛
酉	申	未	午	巳	辰	卯

계수일주(癸水日主)가 인월(寅月)에 태어나서 인중갑목(寅中甲木)이 상관(傷官)으로 실령(失令)하고 오히려 목(木)이 득령(得令)하였다. 그러므로 일주(日主)가 왕성(旺盛)한 목(木)에 설기(泄氣)를 당하여 매우 약(弱)하다. 일반적인 이론은 경금(庚金)이 일주(日主)를 생(生)함으로써 상관(傷官)을 제압할 수 있다고 한다.

그러나 경금(庚金)이 병화(丙火)에게 극(剋)을 당하고 있고, 신금(申金)은 인목(寅木)으로부터 충(冲)을 당하여 신중경금(申中庚金)은 쇠약(衰弱)하게 되므로 왕성(旺盛)한 것이 쇠약(衰弱)한 것을 때리면 뽑힌다는 이론에 따라 경금(庚金)은 뿌리가 없게 되었다. 뿌리가 없는 것은 쓸 수가 없으니 일주계수(日主癸水)는 목(木)으로 종(從)할 수밖에 없어 종아격(從兒格)이 되었다. 목화(木火)를 희용신(喜用神)으로, 금(金)은 반대로 기신(忌神)으로 보는 것이다.

대운(大運)에서 동남(東南)으로 운행(運行)하고 있어 대발(大發)한 길명(吉命)이다.

己	丁	辛	癸
酉	丑	酉	卯

甲 乙 丙 丁 戊 己 庚
寅 卯 辰 巳 午 未 申

정화일주(丁火日主)가 유월(酉月)에 태어나서 실령(失令)하여 약(弱)하게 되었다. 지지(地支)가 유축금국(酉丑金局)이 되고, 신금(辛金)이 투간(透干)되어 금기(金氣)가 왕성(旺盛)하다. 년월지지(年月地支)의 묘유(卯酉)가 서루 충(冲)하니, 왕성(旺盛)한 것은 더욱 왕성(旺盛)하여지고 쇠약(衰弱)한 것은 충발(冲拔)되어 소실(消失)되었다.

그러므로 일주정화(日主丁火)는 금(金)으로 종(從)할 수밖에 없어 종재격(從財格)이 되었다. 토금(土金)을 희용신(喜用神)으로 하고, 목화(木火)는 대기(大忌)하게 되는 것이다. 행운(行運)에서도 동남(東南)으로 운행(運行)하여 평생(平生) 동안 발복(發福) 한번 하지 못하고 고생하며 살았다.

여기에서 주의(注意)할 것은 년간계수(年干癸水)가 금생수(金生水)가 되어 수생목(水生木)으로 묘목(卯木)이 왕성(旺盛)하게 되니 충발(冲拔)이 되지 않을 것으로 보이나, 년간계수(年干癸水)는 금다수탁(金多水濁)되어 계수(癸水)는 생목불가(生木不可)하게 되었다.

제13절 유정무정(有情無情)

사주원국(四柱原局)이 길명(吉命)이 되려면 용신(用神)이 왕성(旺盛)하여야 하고, 일주(日主)와 근접해 있을수록 그 작용력(作用力)은 강(强)하게 나타난다. 이와 같이 일간(日干)과 용신(用神)이 가까이 있는 것을 유정(有情)이라고 하고, 멀리 떨어져 있는 것을 무정(無情)이라고 한다.

사주원국(四柱原局)이 유정(有情)하면 정신이 맑고 수복(壽福)이 있어 귀격(貴格)이 되고, 무정(無情)하면 평범한 인생으로 살아가거나 경우에 따라서는 굴곡(屈曲)을 많이 겪으면서 살아간다.

그러나 일간(日干)과 용신(用神)이 멀리 떨어져 있다 하더라도 다른 오행(五行)과 합(合)이 되어 용신(用神)으로 화(化)한 경우와, 희신(喜神)이 없고 기신(忌神)이나 한신(閑神)이 있는 경우에 기신(忌神)과 한신(閑神)이 합(合)이 되어 희신(喜神)으로 화(化)하는 경우이다.

가령 사주원국(四柱原局)에서 병화(丙火)가 용신(用神)일 경우에 병화(丙火)는 시간(時干)에 있고 임수(壬水)는 월간(月干)에 있는데 년간(年干)에 정화(丁火)가 있어 정임합(丁壬合)으로 목화(木化)가 되어 병화(丙火)를 생조(生助)하는 경우가 있고, 일간(日干)의 용신(用神)이 경금(庚金)인데 이것이 년간(年干)에 있어 멀리 떨어져 있으나 월간(月干)에 을목(乙木)이 있어서 을경합(乙庚合)으로 금화(金化)가 되어 일간(日干)과 가까이 오게 되는 경우이다.

또한 일간(日干)의 용신(用神)이 금(金)일 경우에 멀리 있는 년지(年支)의 유금(酉金)이 월지(月支)의 사화(巳火)와 사유합(巳酉合)이 되어 기신(忌神)인 사화(巳火)를 금화(金化)로 변화시켜 년지(年支)의 유금(酉金)을 일간(日干)으로 접근시키는 경우이다.

戊	戊	己	乙
午	戌	丑	酉

丙 乙 甲 癸 壬 辛 庚
申 未 午 巳 辰 卯 寅

무토일주(戊土日主)**가 축월**(丑月)**에 태어나서 득령**(得令)**하고, 좌하**(坐下)**에 득지**(得地)**하고 무기**(戊己)**가 투간**(透干)**되었으니 신왕**(身旺)**하다. 신왕**(身旺)**하면 관성**(官星), **재성**(財星), **식상**(食傷)**이 길신**(吉神)**이 되는데, 원국**(原局)**에서 재관**(財官)**이 없으니, 용신**(用神)**은 년지**(年支)**의 유금**(酉金)**으로 왕성**(旺盛)**한 토기**(土氣)**를 설기**(泄氣)**하니 기쁘다.**

그런데 년지(年支)**의 유금**(酉金)**이 멀리 떨어져 있어 불미**(不美)**스러운데, 다행하게도 월지**(月支)**의 축토**(丑土)**와 유축합금**(酉丑合金)**을 하여 유정**(有情)**한 여명**(女命)**의 사주**(四柱)**이다.**

丙	丁	乙	丁
午	丑	巳	酉

壬 辛 庚 己 茂 丁 丙
子 亥 戌 酉 申 未 午

정화일주(丁火日主)**가 화왕절**(火旺節)**인 사월**(巳月)**에 태어나 득령**(得令)**하고 시지**(時支)**의 오화**(午火)**와 천간**(天干)**의 목화**(木火)**가 태왕**(太旺)**하여 수기**(水氣)**가 필요**(必要)**하다. 그러나 축중계수**(丑中癸水)**가 약**(弱)**하여 년지**(年支)**의 유금**(酉金)**을 용신**(用神)**으로 쓸 수밖에 없다.**

그러나 거리가 너무 떨어져 있고, 사화(巳火)**가 차단**(遮斷)**하고 있어 무정**(無情)**한 것 같이 보이나, 연월일지**(年月日支)**가 사유축**(巳酉丑)**으로 합금국**(合金局)**이 되어 충분하게 왕화**(旺火)**를 설기**(泄氣)**시켜 유정**(有情)**한 명조**(命造)**이다.**

대운(大運)**이 초년**(初年)**에 화운**(火運)**으로 향**(向)**하여 고전**(苦戰)**하였으나, 금수운**(金水運)**으로 향**(向)**하여 대발**(大發)**한 여명**(女命)**의 사주**(四柱)**이다.**

제14절 기반(羈絆)

기반(羈絆)이란 사주원국(四柱原局)에서 간합(干合)이 되어 그것이 희신(喜神)으로 화(化)하면 명조(命造)가 길(吉)하고, 기신(忌神)으로 화(化)하면 재해(災害)가 그치지 않는다.

합(合)이 되었다 하더라도 희신(喜神)이나 기신(忌神)으로 화(化)하지 못한 것이 있는데, 이 때 합(合)이 된 두 개의 천간(天干) 중에 음간(陰干)은 그 작용을 하지 못하게 되는 경우가 있고, 양간(陽干)이라 할지라도 세력(勢力)이 강(强)한 쪽의 합(合)으로 따라가는 경우도 있다.

기반(羈絆)이 된 천간(天干)은 자기의 본래 오행(五行)을 망각(忘却)하고 합(合)을 탐욕(貪慾)하는 것이다.

이와 마찬가지로 사주원국(四柱原局) 중에서 용신(用神)이나 희신(喜神)이 기반(羈絆)이 되면 한평생 큰 일을 한 번 해보지 못하고 무위도식(無爲徒食)으로 나날을 보내게 되는 것이다.

가령 을목(乙木)이 용신(用神)일 경우에 천간(天干)에 을경(乙庚)이 있을 경우 합금(合金)으로 화(化)하여 을목(乙木)이 용신(用神)의 작용을 못하는 경우이다.

만약 갑목(甲木)이 용신(用神)일 경우에 천간(天干)에 갑기(甲己)가 있을 경우 갑목(甲木)이 양간(陽干)이라도 합토(合土)로 화(化)하여 갑목(甲木)이 용신(用神)의 작용을 못하는 것이다.

그래서 사주원국(四柱原局)의 천간(天干)에 병신(丙辛), 정임(丁壬), 무계(戊癸)가 있는 경우에 같은 방법으로 논(論)하면 되는 것이다.

辛	丙	辛	丙
卯	申	卯	申

戊 丁 丙 乙 甲 癸 壬
戌 酉 申 未 午 巳 辰

병화일주(丙火日主)가 묘월(卯月)에 태어나서 득령(得令)하였고, 좌하((坐下)에 실령(失令)하였으나, 년간(年干)에 병화(丙火)가 투간(透干)되어 신왕(身旺)하다. 그런데 천간(天干)과 시간(時干)이 또한 병신합(丙辛合이 되어 다정지병(多情之病)이 되었다. 그러므로 신왕(身旺)한 병화(丙火)가 정재(正財)인 신금(辛金)과 합탐(合貪)하여 수기(水氣)로 변화(變化)하게 되니, 병화(丙火)는 자기 임무(任務)를 상실(喪失)하게 되고, 신금(辛金)도 역시 자기 본분(本分)을 잊어버리게 되는 것이다.

본명(本命)은 쓸 데 없는 망상(妄想)에 젖어 있고 잡기(雜氣)에만 정신이 팔려 가정(家庭)은 뒷전이고 빚만 지고 살고 있다.

丁	壬	丙	辛
未	寅	申	巳

己 庚 辛 壬 癸 甲 乙
丑 寅 卯 辰 巳 午 未

임수일주(壬水日主)가 신월(申月)에 태어나 득령(得令)은 하였으나 목화(木火)가 태왕(太旺)하여 강변위약(强變爲弱)이 되었다. 신약(身弱)하면 인수(印綬)와 비겁(比劫)이 용신(用神)이다.
사주원국(四柱原局)에서 년월간(年月干)이 병신합(丙辛合)이 되고, 지지(地支)의 사신(巳申)이 육합(六合)으로 합수(合水)가 되어 일주(日主)를 도울 것 같으나, 년지(年支)의 사화(巳火)나 월간(月干)의 병화(丙火)는 화(化)하지 못하고 도리어 화(火)의 작용을 못하여 기반(羈絆)이 되었다.

제15절 진신가신(眞神假神)

사주원국(四柱原局)에 용신(用神)이 있는데 용신(用神)에는 진신(眞神)이 있고 가신(假神)이 있다.

진신(眞神)이란 사주원국(四柱原局)에서 오행조화(五行調和)로 볼 때 일주(日主)가 가장 필요로 하는 용신(用神)을 말하는 것이고, 가신(假神)은 진신(眞神)이 없어서 사주(四柱)의 조화(調和)로 부득이 용신(用神)으로 삼는 육신(六神)을 말한다.

가령 갑목일주(甲木日主)가 인월(寅月)에 출생하고 신왕(身旺)이면 병화(丙火)를 용신(用神)으로 삼아 왕성(旺盛)한 목기(木氣)를 설기(泄氣)시켜 유행(流行)시키는 것이 오행상(五行上) 가장 적합한 것이다.

그러나 사주원국(四柱原局)에 식상(食傷)이 전혀 없고 재관(財官)만 있을 경우에는 부득이 재관(財官)을 용신(用神)으로 삼지 않을 수 없는데, 이 때 재관(財官)을 가신(假神)이라고 하고, 식상(食傷)이 있으면 이것이 진신(眞神)이다.

그래서 용신(用神)이 진신(眞神)이고 월령(月令)이 진신(眞神)을 생조(生助)하는 절기(節氣)이면 부귀(富貴)하지 않을 수가 없고, 가신(假神)이 용신(用神)이면 사주원국(四柱原局)에서 간지(干支)의 배합이 아름답다 하더라도 평범(平凡)하게 일생을 보내는 경우가 많다.

또한 사주원국(四柱原局)에 진신(眞神)과 가신(假神)이 혼잡(混雜)되어 있어서 진신(眞神)과 가신(假神)이 분명하지 않거나 모두 왕성(旺盛)하면 큰 재액(災厄)은 없다 하더라도 평생을 통하여 굴곡(屈曲)이 많다.

행운(行運)에서 형(刑), 충(沖), 파(破)가 되면 불길(不吉)하다.

甲	壬	戊	庚
辰	子	寅	申

乙 甲 癸 壬 辛 庚 己
酉 申 未 午 巳 辰 卯

임수일주(壬水日主)가 인월(寅月)에 태어나 실령(失令)하였지만, 일지좌하(日支坐下)에 왕지(旺支)에 득지(得地)하였고, 신자진(申子辰)이 합수(合水)가 되어 일주(日主)를 돕고 있으니, 오히려 강(强)하다. 신왕(身旺)하면 관재식(官財食)을 써야 하나 재성(財星)은 없고 관성(官星)은 무토(戊土)인데 인목(寅木)의 절각(截脚)이 되어 약(弱)하므로 쓰지 못하고 식상(食傷)인 시상갑목(時上甲木)을 용신(用神)으로 한다.

시상갑목(時上甲木)은 인월인목(寅月寅木)이 투출하여 진신(眞神)이 되어 있는데, 년주(年柱)의 경신(庚申)이 갑인(甲寅)을 충극(冲剋)하고 월상(月上)의 무토(戊土)가 경신(庚申)을 도우니 가신(假神)이 진신(眞神)을 어지럽히고 있어 불길(不吉)하다.

본명(本命)은 적천수(滴天髓)에 나오는 예문(例文)으로서 초년(初年)에 수차례 향시(鄕試)에 실패하였는데, 임오대운(壬午大運)에 제화(制化)하여 향시(鄕試)에 합격하여 자기보다 높은 신분과 교제하여 현령(縣令)이 되었다고 하였다. 그러나 신운(申運)에 인(寅)을 충(冲)하여 가신(假神)을 도우니 불록지객(不祿之客)이 되었다.

주의(注意)할 것은 원문(原文)에 일찍 채근(蔡根)의 명예를 얻었다는 것은 기묘운(己卯運)에 갑기합토(甲己合土와 인묘진(寅卯辰)이 합목국(合木局)이 되어 낮은 벼슬을 하였을 것으로 추정된다. 수차례에 걸쳐 향시(鄕試)에 실패하였다는 것은 경진운(庚辰運)이 경금인수(庚金印綬) 기신(忌神)이고 신자진(申子辰)으로 합수국(合水局)으로 역시 기신(忌神)이 되어 실패하였다.

임오운(壬午運)에 이르러 향시(鄕試)에 합격(合格)한 것은 임수비겁(壬水比劫)은 기신(忌神)이고 오화(午火)는 인오화국(寅午火局)으로 희신(喜神)이 되었기 때문이다. 그래서 임오운(壬午運)을 오운(午運)에 이르러로 하는 것이 타당하다.

신운(申運)에 이르러서는 갑신운(甲申運)으로서 갑경충(甲庚冲)이 되고, 인신충(寅申冲)이 되어 천충지충(天冲地冲)이 되는 동시에 갑인(甲寅)이 경신(庚申)에 의해 용신(用神)이 충발(冲拔)되었기 때문이다.

庚	壬	戊	乙
戌	午	寅	酉

辛	壬	癸	甲	乙	丙	丁
未	申	酉	戌	亥	子	丑

임수일주(壬水日主)가 인월(寅月)에 태어나서 실령(失令)하였고, 지지(地支)에서 인오술(寅午戌)로 화국(火局)을 이루어 재관(財官)이 왕성(旺盛)하므로 신약(身弱)하다. 천간(天干)에 경무토금(庚戊土金)이 함께 투출(透出)하였고,지지(地支)의 술토(戌土)와 유금(酉金)에 통근(通根)하였으니, 인목진신(寅木眞神)의 세력(勢力)이 약(弱)하고 가신(假神)이 국(局)을 이루어 강(强)하다. 경금(庚金)으로 용신(用神)을 삼아 무토살(戊土殺)을 유인(誘引)하였고, 화(火)가 천간(天干)에 투출(透出)되지 않아 기쁘고 무토(戊土)가 생화(生火)하니 더욱 묘(妙)하다.

행운(行運)이 서북(西北)으로 향(向)하여 일찍 벼슬길에 올라 진사(進士)로서 명성이 높았다. 본명(本命)은 적천수(滴天髓)에 나오는 예문(例文)으로 관직(官職)으로서 백성을 이롭게 하고, 천성(天性)이 어질고 덕(德)을 갖춘 유림(儒林)이었다.

제16절 정신기(精神氣)

적천수(滴天髓)에 의하면 「인유정신(人有精神), 불가이일편구야(不可以一偏求也), 요재손지익짇그기중(要在損之益之得其中)이라」, 즉 사람의 명조(命造)에는 정기(精氣)와 신기(神氣)가 있는데, 어느 한 편으로 치우지는 것은 옳지 않으며, 손(損)해야 할 때 손(損)하고, 익(益)해야 할 때 익(益)해야 하되 중용(中庸)의 도리를 얻는 것이 중요하다.

임철초(任鐵樵) 선생은 정(精)이란 생아지신(生我之神)으로 나를 생(生)해주는 것이고, 신(神)이란 극아지물(剋我之物)로서 나를 극(剋)하는 것이다. 기(氣)란 정(精)과 신(神)의 본기(本氣)로서 정(精)과 신(神)을 관통(貫通)할 수 있는 것이다. 그래서 정(精)이란 인수(印綬)이며, 신(神)은 재성(財星)이나 관성(官星)과 식상(食傷)이며, 기(氣)는 본기(本氣)로서 일주(日主)와 같은 비견(比肩)과 겁재(劫財)를 뜻하는 것이다.

그리하여 정신기(精神氣)의 3자(三字)가 어느 한 쪽으로 치우치지 않고 균형(均衡)을 이루어 조화(調和)를 이루면 부귀(富貴)할 수 있는 귀명(貴命)인 것이다. 가령 사주원국(四柱原局)에서 정(精)이 부족(不足)하면 신약(身弱)이 되고, 신(神)이 부족(不足)하면 중화(中和)를 얻지 못하고, 기(氣)가 부족(不足)하면 만사에 능력(能力)이 없다.

戊	丙	甲	癸
戌	寅	子	酉

丁	戊	己	庚	辛	壬	癸
巳	午	未	申	酉	戌	亥

병화일주(丙火日主)가 수왕절(水旺節)인 자월(子月)에 태어나 실령(失令)하고 한랭(寒冷)하다. 년주(年柱)인 계유(癸酉)가 극제(剋制)하고 시주(時柱)인 무술(戊戌)이 설기(泄氣)하니 신약(身弱)하다. 다행한 것은 일지인목(日支寅木)에 의지(依支)할 수 밖에 없으니, 용신(用神)은 정기(精氣)가 부족(不足)하여 목화(木火)이고, 기신(忌神)은 신기(神氣)인 수토금(水土金)이다. 여기에서 토운(土運)은 조토(燥土)는 길(吉)하고, 습토(濕土)는 흉(凶)하다. 대운(大運)이 초중금운(初中金運)에서 화운(火運)으로 운행(運行)하고 있다.

그러나 고서(古書)에 이르기를 「생화오행구족(生化五行俱足), 좌우상하정협불패(左右上下精協不悖), 일생부귀복수(一生富貴福壽)」라고 한 것으로 보아 비록 신약사주(身弱四柱)라도 오기유행(五氣流行)이 되고 수관성(水官星)마저 수생목(水生木), 목생화(木生火)로 살인상생(殺印相生)되고 좌우상하(左右上下)가 정신기(精神氣)가 합심(合心)하고 거스르지 아니 하니 일생동안 부귀(富貴)하였던 것이다.

庚	丙	乙	癸
寅	辰	卯	未

戊 己 庚 辛 壬 癸 甲
申 酉 戌 亥 子 丑 寅

병화일주(丙火日主)가 목왕절(木旺節)이 묘월(卯月)에 태어나 득령(得令)하였고, 지지(地支)가 목방국(木方局)을 이루고, 미토(未土)는 춘토(春土)로 금(金)은 생(生)할 수 없으며, 금수(金水)가 지지(地支)에 뿌리가 없어 종강격(從强格)이 되었다. 고서(古書)에 이르길 관인(官印)이 상생(相生)하고 시(時)에서 편재(偏財)를 만나 사주(四柱)가 순수하니 귀격(貴格)이라고 하는 것은 재관(財官)이 모두 휴수(休囚)가 된 것을 모르고 하는 말이다.

운(運)이 북방(北方)으로 향(向)하여 병화(丙火)를 극상(剋傷)하고 도리어 목(木)의 정기(精氣)를 생(生)하는데, 금운(金運)을 만나 격노(激怒)하게 하여서 명리(名利)를 이루지 못하였다. 따라서 정기(精氣)가 지나치게 넘치면 그 기세(氣勢)를 더해 주어야 좋고, 본기(本氣)가 태왕(太旺)하면 신기(神氣)를 도와주어야 하고, 신기(神氣)가 지나치게 설기(泄氣)되어 약(弱)하다면 그 정기(精氣)를 자양해야 한다는 논리(論理)와 같은 것이다.

제17절 한난(寒暖)

적천수(滴天髓)에 의하면 한난(寒暖)이란 만물을 생성하는 정신적 시원(始原)이다.

금수(金水)는 서북(西北)으로서 한(寒)이 되고, 목화(木火)는 동남(東南)으로서 난(暖)이 된다는 것은 변화에 따른 기능작용(機能作用)을 모르고 하는 말이다.

기(氣)는 상승(上昇)하면 반드시 변하여 하강(下降)하고, 수렴(收斂)하여 닫히면 반드시 열리니, 그것은 자연의 성질에 의한 기능(機能)의 이유 때문이다.

양(陽)은 음(陰)의 자리에서 생(生)하고 만물이 살 수 있도록 하지만 음(陰)이 없으면 성장할 수 없어 형질(形質)을 이루지 못하니 허(虛)한 삶이 된다. 음(陰)은 만물을 성장시키기는 하지만 양(陽)이 없으면 살아날 수 없어 물질(物質)을 살리지 못하니 어떻게 성장할 수 있다고 하겠는가. 오직 음양(陰陽)이 서로 변하여 중화(中和)를 이루어 만물을 발육(發育)시킬 수 있으니, 만약 양(陽)만 있으면 음(陰)으로써 완성(完成)하지 못하고, 음(陰)만 있으면 양(陽)으로써 생(生)하지 못하니 생성(生成)의 뜻이 없다는 것이다.

이와 같이 음양(陰陽)의 배합(配合)뿐만 아니라 한난(寒暖)의 배합(配合)도 마찬가지이다. 하물며 사시(四時)의 순서에 상생(相生)하여 이루어지는데, 자월(子月)에는 양(陽)이 생(生)하고, 오월(午月)에는 음(陰)이 생(生)한다고 고정된 이론을 고집할 수 없다.

한(寒)이 심하면 난기(暖氣)가 필요하고, 난(暖)이 심하면 한기(寒氣)가 실(實)하면 만물을 생성(生成)할 수 있다.

그러나 지나치게 한(寒)한 것은 오히려 난(暖)한 기운(氣運)이 없는 것이 좋으며, 지나치게 난(暖)한 것은 한(寒)한 기운(氣運)이 없는 것이 오히려 마땅하다.

그러므로 음(陰)이 극(極)에 이르면 양(陽)이 생(生)하고, 양(陽)이 극(極)에 이르면 음(陰)이 생(生)하게 되는 것으로, 이것은 천지(天地) 자연(自然)의 이치라고 할 수 있다.

甲	庚	丙	乙
申	辰	子	酉

己	庚	辛	壬	癸	甲	乙
巳	午	未	申	酉	戌	亥

경금일주(庚金日主)가 수왕절(水旺節)인 자월(子月)에 태어나서 득령(得令)하였고, 년지유금(年支酉金)과 시지신금(時支申金)에 득근(得根)하여 신왕(身旺)하게 보이나 지지(地支)에 신자진(申子辰)으로 합수국(合水局)이 되어 오히려 설기(泄氣)가 심하니 강변위약(强變爲弱)이 되었다.

본명(本命)은 금수(金水)가 한랭(寒冷)하고, 토(土)는 얼고 목(木)은 시들어 있는 형상이다.

임철초(任鐵樵)는 「원국(原局)에 인목(寅木)이 없고 병화(丙火)가 절지(絶地)인 수(水)에 앉아 있으니 한(寒)이 심하고 난(暖)의 뿌리가 없으므로 오히려 온난(溫暖)한 기운이 없는 것이 아름답다」고 하였다.

초년(初年)인 을해운(乙亥運)에 북방수(北方水) 운행으로 기쁨이 있었으나, 갑술운(甲戌運)에는 술중정화(戌中丁火)가 암장(暗藏)되어 병화(丙火)의 뿌리가 되니, 형상파모(刑喪破耗)가 있었고, 임신운(壬申運)에 병화(丙火)를 극(剋)하면서 재물이 늘어났고 계유운(癸酉運)에도 재업(財業)이 나날이 늘어났다.

신미운(辛未運)에 운로(運路)가 남방(南方)으로 돌아가 병화(丙火)가 득지(得地)하여 뿌리가 생(生)하니 파모다단(破耗多端)하였다. 경오운(庚午運)인년(寅年)에는 목화(木火)가 함께 들어와 불록(不祿)이 되고 말았다.

주의(注意)할 것은 종아격(從兒格)이 되므로 수(水)가 용신(用神)이고, 금(金)이 희신(喜神)이며, 목(木)이 길신(吉神)이다. 기신(忌神)은 토화(土火)이다.

癸	丙	丁	癸
巳	午	巳	未

庚 辛 壬 癸 甲 乙 丙
戌 亥 子 丑 寅 卯 辰

병화일주(丙火日主)가 사월(巳月)에 태어나 득령(得令)하고, 전지지(全地支)가 사오미(巳午未)로 화방국(火方局)으로 이루어지고, 계수(癸水)가 지지(地支)에 뿌리가 없으므로 강세(强勢)를 따라갈 수밖에 없다. 천간(天干)의 년시(年時)에 계수(癸水)가 뿌리가 없으니,도리어 한(寒)이 없는 것이 더 아름다운 것이다.

초운(初運)인 병진대운(丙辰大運)에는 음비(蔭庇)의 복(福)을 입고 을묘(乙卯), 갑인운(甲寅運)에 수(水)를 설(泄)하고 화(火)를 생(生)하니, 가업(家業)이 번창(繁昌)하였다. 계축운(癸丑運)에 한기(寒氣)가 뿌리를 내리니, 부모님이 돌아가시고 자식(子息)까지 손상(損傷)을 입었다. 임자운(壬子運)에 변화가 일어나 가정은 몰락하고 말았다.

제18절 조습(燥濕)

조습(燥濕)이란 수화(水火)가 서로 어울려서 완성(完成)됨을 말하는 것이다. 습(濕)한 것은 음기(陰氣)가 되므로 건조(乾燥)한 것을 만나야만 만물(萬物)을 생성(生成)하고, 조(燥)한 것은 양기(陽氣)가 되므로 윤습(潤濕)한 것을 만나야만 만물(萬物)을 생성(生成)할 수가 있다.

그러므로 목(木)이 여름에 생(生)하여 정화(精華)가 발설(發洩)되어 밖으로는 배출되는 기(氣)가 넘치므로 넉넉함이 있으나 안으로는 허탈하기 때문에, 반드시 임계수(壬癸水)로써 생(生)하여 주고 축진(丑辰)의 습토(濕土)로써 배양(培養)하므로 화(火)가 치열(治熱)하지 않고 목(木)이 말라죽지 않고 토(土)가 메마르지 않으며 수(水)가 고갈(枯渴)되지 않아 생성(生成)할 수가 있다.

만약에 미술(未戌)의 조토(燥土)가 있으면 오히려 화(火)를 도와서 더 뜨겁게 하므로 수(水)가 있다 하더라도 힘이 되지 못한다. 오직 금(金)은 백번을 단련해도 그 색(色)을 바꿀 수가 없다.

그러므로 금(金)이 겨울에 태어나면 설기(泄氣)하여 휴수(休囚)가 되더라도 병정화(丙丁火)를 용(用)하여 한기(寒氣)를 대적(對敵)하고 미술(未戌)같은 조토(燥土)로써 습기(濕氣)를 제거하여주면 화(火)는 없어지지 않는다.

그래서 수(水)가 지나치게 범람하지 않고 금(金)이 한랭(寒冷)하지 않으며 토(土)가 얼지 않고 만물을 생성할 수 있는 기(氣)가 발생하는 기능(機能)을 한다.

만약에 축진(丑辰)의 습토(濕土)를 만나게 되어 도리어 수기(水氣)를 제거하지 못한다면 화(火)가 있더라도 만물를 생성할 능력이 없다.
이것이 만물을 생성(生成)하는 지지(地支)의 묘(妙)한 이치(理致)이다.

丙	庚	辛	丙
子	辰	丑	辰

戊	丁	丙	乙	甲	癸	壬
申	未	午	巳	辰	卯	寅

경금일주(庚金日主)가 축월(丑月)에 태어나 득령(得令)하고 좌하(坐下)에 득지(得地)하고 신금(辛金)이 투간(透干)하니 신왕(身旺)하다.
본명(本命)은 일반적으로 한습(寒濕)한 경금(庚金)이라 온난한 화(火)를 기뻐하는데, 년시상(年時上)에 양병(兩丙)이 투출출(透出)하여 목화대운(木火大運)에 대발(大發)하겠다고 말할 것이다.

그렇지만 지지(地支)가 전부 습(濕)하고 천간(天干)에서 병신(丙辛)이 합수(合水)하여 전체가 한습(寒濕)한데, 시간(時干)에 병(丙)이 뿌리가 없으므로 생발(生發)할 수가 없다. 그래서 수(水)를 종(從)하는 것이 좋다고 말한다.
임인(壬寅), 계묘운(癸卯運)에 의식이 풍부하였는데, 병오(丙午), 정미(丁未) 대운에 처자식을 잃고 스님이 되었다고 한다.

주의(注意)할 것은 본명(本命)은 토금(土金)이 왕성(旺盛)하여 신왕(身旺)한 명국(命局)이 되었으나, 전지지(全地支)가 자진합(子辰合), 자축합(子丑合)으로 수국(水局)이 되어 오히려 금기(金氣)가 식상(食傷)으로 종(從)하게 되어 종아격(從兒格)이 되어서, 용신(用神)은 수(水)이고 희신(喜神)은 금(金)이며 목(木)은 길신(吉神)이다. 화토(火土)가 기신(忌神)이다.

제16장 정격론(正格論)

〈그림 16-1〉격 국 도 표(格 局 圖 表) Ⅰ

- 정격(正格)
  - 건록격(建祿格)
  - 양인격(羊刃格)
  - 정관격(正官格)
  - 편관격(偏官格)
  - 정인격(正印格)
  - 편인격(偏印格)
  - 정재격(正財格)
  - 편재격(偏財格)
  - 식신격(食神格)
  - 상관격(傷官格)
- 외격(外格)
  - 전왕격(專旺格)
    - 곡직격(曲直格)
    - 염상격(炎上格)
    - 가색격(稼穡格)
    - 종혁격(從革格)
    - 윤하격(潤下格)
  - 종격(從格)
    - 종왕격(從旺格)
    - 종강격(從强格)
    - 종아격(從兒格)
    - 종재격(從財格)
    - 종살격(從殺格)
  - 화기격(化氣格)
    - 갑기합화토격(甲己合化土格)
    - 을경합화금격(乙庚合化金格)
    - 병신합화수격(丙辛合化水格)
    - 정임합화목격(丁壬合化木格)
    - 무계합화화격(戊癸合化火格)
  - 양신성상격(兩神成象格)
    - 양신상생격(兩神相生格)
    - 양신상극격(兩神相剋格)
- 별격(別格)
  - 시상일위귀격(時上一位貴格), 시상편재격(時上偏財格)
  - 잡기재관격(雜氣財官格), 잡기관인격(雜氣官印格)
  - 삼상격(三象格), 괴강격(魁罡格), 귀록격(歸祿格)
  - 비천록마격(飛天祿馬格), 시묘격(時墓格)
  - 천원일기격(天元一氣格), 현무당권격(玄武堂權格)

제1절 건록격(建祿格)

1. 건록격(建祿格)의 구성과 의의

일간(日干)	甲	乙	丙	丁	戊	己	庚	辛	壬	癸
월지(月支)	寅	卯	巳	午	巳	午	申	酉	亥	子

건록격(建祿格)은 월지(月支)에 정록(正祿)이 있으면 성립되는 것인데, 형(刑)이나 충(冲)이 있으면 격(格)이 떨어진다.

건록격(建祿格)은 년지(年支)에 있거나 일지(日支), 시지(時支)에 있어도 성립되지만 년지(年支)는 작용(作用)이 약(弱)하고, 일지(日支)에 있으면 전록격(專祿格)이라고 하며, 시지(時支)에 있으면 귀록격(歸祿格)이라고 하여 건록격(建祿格)에 기준(基準)하여 추명(推命)하는 것이다.

고서(古書)의 「월령건록(月令建祿)에 비겁중(比劫重)이면 극처손재(剋妻損財)가 비경(非輕)이라」는 글에서 건록격(建祿格)은 월지(月支)에 정록(正祿)으로서 비견(比肩)이 되어 일주(日主)는 자연적으로 왕성(旺盛)하게 되는데, 원국(原局)에서 너무 많게 되면 즉 태과(太過)하면 오히려 길(吉)이 아니라 흉(凶)이 된다는 것이다.

2. 건록격(建祿格)의 특성과 직업

건록격(建祿格)은 장남(長男)이나 장녀(長女)로 태어나는 경우가 많고, 부모덕(父母德)이 없어 유업(遺業)을 받지 못하거나 지키지도 못하여 자수성가(自手成家)해야 한다. 성품(性品)은 선량(善良)하고 매사에 정도(正道)를 지키며 자기임무(自己任務)에 충실하고 노력이 대단하다. 책임감이 강하고 기억력이 대단하여 한번 결심(決心)을 하거나 목표(目標)를 세우면 우직하게 추진(推進)해나간다.

반면에 부부궁(夫婦宮)이 부실(不實)하여 이별(離別)하는 경우가 많으며 자손(子孫)은 귀(貴)하나 총명(聰明)하다. 직업은 행정직 계통의 공무원(公務員)이나 국영기업(國營企業)이나 회사(會社)의 관리직(管理職)이 제일 적합하고 분점(分店)이나 대리점(代理店)도 가능하다.

3. 건록격(建祿格)의 용신(用神)

건록격(建祿格)의 용신(用神)은 일주(日主)의 강약(强弱)을 먼저 구분해야 한다. 일주(日主)가 강왕(强旺)하면 관살(官殺)을 우선하고, 관살(官殺)이 없으면 재성(財星)을 정(定)하고, 재성(財星)도 없으면 식상(食傷)으로 용신(用神)을 정(定)한다.

만약 원국(原局)에 식재관(食財官)이 없이 태왕(太旺)하면 전왕격(專旺格)으로 변(變)하여 목일주(木日主)는 곡직격(曲直格), 화일주(火日主)는 염상격(炎上格), 토일주(土日主)는 가색격(稼穡格), 금일주(金日主)는 종혁격(從革格), 수일주(水日主)는 윤하격(潤下格)으로 되는 것이다.

반면에 일주(日主)가 약(弱)하면 원국(原局)에서 인수(印綬)나 비겁(比劫)이 용신(用神)이고, 인수(印綬)나 비겁(比劫)이 없으면 건록(建祿)이 용신(用神)이 되는 것이다. 용신(用神)에 따라서 건록용인격(建祿用印格), 건록용겁격(建祿用劫格), 건록용재격(建祿用財格), 건록용관격(建祿用官格)이라고 부른다.

4. 건록격(建祿格)의 예(例)

丁	乙	己	庚
丑	巳	卯	辰

壬	癸	甲	乙	丙	丁	戊
申	酉	戌	亥	子	丑	寅

을목일주(乙木日主)가 목왕절(木旺節)인 묘월(卯月)에 태어나 득령(得令)하였으나 좌하(坐下)에 실지(失地)하고 화토금(火土金)이 많아서 실세(失勢)하여 신약(身弱)하다. 원국(原局)에서 우선 목(木)이 필요하므로, 월지묘목(月支卯木)을 용신(用神)으로 하니, 건록용겁격(建祿用劫格)이 된다.

따라서 인수(印綬)나 비겁(比劫)이 되는 수목운(水木運)이 길(吉)하고, 화토금운(火土金運)이 기(忌)하는데, 대운(大運)이 동북방향(東北方向)으로 운행(運行)하여 다행이다.

초년축토(初年丑土)에서 사축금국(巳丑金局)으로 재관(財官)이 일주(日主)를 극제(剋制)하여 고생(苦生)하였으나 그후 계속 발복(發福)하였다.

계유대운(癸酉大運)에 사유축(巳酉丑)으로 금국(金局)이 되어 용신묘목(用神卯木)을 묘유충(卯酉冲)하고, 천간(天干)마저 정계충(丁癸冲)되어 천충지충(天冲地冲)으로 설상가상(雪上加霜)으로 불귀객(不歸客)이 된 여명(女命)의 사주(四柱)이다.

庚	丁	丙	丁
子	酉	午	巳

癸	壬	辛	庚	己	戊	丁
丑	子	亥	戌	酉	申	未

정화일주(丁火日主)가 화왕절(火旺節)인 오월(午月)에 태어나 득령(得令)하였고, 사오화국(巳午火局)에 병정(丙丁)이 투간(透干)되어 득지(得地), 득세(得勢)로 신왕(身旺)하다. 또한 월지오화(月支午火)로 건록격(建祿格)이 성립(成立)된다. 신왕(身旺)하면 억제(抑制)하는 관살(官殺)이 필요한데, 시지자수(時支子水)가 있어 용신(用神)이 되니 건록용관격(建祿用官格)이 되는 것이다.

한편 자수관(子水官)은 시상경금(時上庚金)이 유금(酉金)에 득근(得根)하여 금생수(金生水)로 강력(強力)하게 생조(生助)하니 화왕(火旺)에 대적(對敵)할만 하여 시상일위귀격(時上一位貴格)으로도 볼 수 있다. 대운(大運)이 서북방향(西北方向)으로 운행(運行)하여 대귀(大貴)한 여명(女命)의 사주(四柱)이다.

경술대운(庚戌大運)에 고생(苦生)은 있었으나 무난하게 극복하게 된 것은 소통(疏通)이 잘 되었기 때문이다. 다시 말해서 술토(戌土)는 오술(午戌)로 화국(火局)이 되어 왕화(旺火)를 돕고 있으나, 유술(酉戌)로 금국(金局)이 되어 오히려 화생토(火生土)로 설기(泄氣)시켜 토생금(土生金), 금생수(金生水)로 유기(流氣)시켰기 때문이다.

제2절 양인격(羊刃格)

1. 양인격(羊刃格)의 구성과 의의

일간(日干)	甲	丙	戊	庚	壬
월지(月支)	卯	午	午	酉	子
년월시간(年月時干)	乙	丁	己	辛	癸
일주(日主)	丙午, 戊午, 壬子				

양인격(羊刃格)은 월지(月支)난 천간(天干)에 겁재(劫財)로 이루어지는 것으로 성립(成立)된다. 가령 갑일간(甲日干)이 묘(卯)나 을(乙), 병일간(丙日干)이 오(午)나 정(丁), 무일간(戊日干)이 오(午)나 기(己), 경일간(庚日干)이 유(酉)나 신(辛), 임일간(壬日干)이 자(子)나 계(癸)가 있으면 이루어지는 것이다.

양인격(羊刃格)은 양간(陽干)에서만 이루어지기 때문에 양인(陽刃)이라고도 하는데, 이에 대비(對比)하여 음인(陰刃)도 고려할 수 있으나, 음일간(陰日干)의 양인(羊刃)은 그 작용(作用)이 약(弱)하다. 가령 을일(乙日)에 진(辰), 정기일(丁己日)에 미(未), 신일(辛日)에 술(戌), 계일(癸日)에 축(丑) 등이 양인격(羊刃格)에서 제외(除外)되는 것이다.

양인격(羊刃格)이 칠살(七殺)을 두려워하지 않는 것은 양일간(陽日干)의 겁재(劫財)는 살(殺)과 합(合)하는 것이기 때문이다. 그러나 양인궁(羊刃宮)을 충형(沖刑)하거나, 재관왕(財官旺)하여 양인궁(羊刃宮)을 피상(被傷)하거나, 양인(羊刃)이 중중(重重)하면 재앙(災殃)이 심하여 조업(祖業)을 분탈(分奪)하게 되는 것이다.

양인격(羊刃格)은 지지(地支)에만 이루어지는 것이 아니라 천간(天干)에서도 비겁(比劫)이 투출(透出)되어 있으면 양인(羊刃)으로서 작용(作用)을 하게 되고, 일지(日支)에 있으면 그것을 일인(日刃)이라고 하여, 즉 병오일(丙午日), 무오일(戊午日), 임자일(壬子日) 등은 양인(羊刃)으로 작용(作用)을 한다.

2. 양인격(羊刃格)의 특성과 직업

양인격(兩刃格)이 있으면 부모(父母)의 자리에 재극(財剋)하는 비겁(比劫)이 있으니, 자연 부모(父母)의 덕(德)이 없고, 부모(父母)의 유산(遺産)을 물려받았다 하더라도 쟁탈(爭奪)이 일어나고, 장남(長男)이나 장녀(長女)로 태어난 경우가 많다.

형제나 친구와의 관계에서도 인덕(人德)이 없어 주는 것만 많고 받는 것이 적다. 그래서 외롭고 쓸쓸한 인생행로(人生行路)를 걷는 경우가 많다.

그러나 자존심(自尊心)이 강(强)하고 고집(固執)이 대단하며, 심성(心性)이 고강(高强)하다. 그래서 남에게 굴복(屈服)하지 않아 전이불항(戰而不降)하는 기질이 있고, 극처(剋妻), 극자(剋子), 극부(剋夫), 파재(破財), 수술(手術), 질병(疾病), 불구(不具) 등이 될까 우려된다.

직업(職業)은 생살권(生殺權)을 가지고 있는 의사(醫師), 약사(藥師), 군인(軍人), 경찰(警察), 수사(搜查)나 정보(情報) 계통, 법조(法曹), 신문방송(新聞放送), 체육인(體育人), 이미용사, 재단사, 철공소, 요식업 등의 업종에 성공하는 사람이 많다.

3. 양인격(羊刃格)의 용신(用神)

원국(原局)이 신왕(身旺)하면 식재관(食財官)이 희(喜)하고, 인비(印比)가 기(忌)하게 되는데, 신약(身弱)하면 반대로 인비(印比)가 희(喜)하고 식재관(食財官)이 기(忌)하다.

용신(用神)에 따라서 양인용인격(羊刃用印格), 양인용겁격(羊刃用劫格), 양인용재격(羊刃用財格), 양인용식상격(羊刃用食傷格), 양인용관격(羊刃用官格)으로 분류할 수가 있다.

4. 양인격(羊刃格)의 예(例)

癸	甲	乙	癸
巳	子	卯	未

戊 己 庚 辛 壬 癸 甲
申 酉 戌 亥 子 丑 寅

갑목일주(甲木日主)**가 목왕절**(木旺節)**인 묘월**(卯月)**에 출생**(出生)**하여 양인격**(羊刃格)**이 성립된다. 좌하**(坐下)**에 득지**(得地)**하고 을목**(乙木)**이 투출**(透出)**되어있고, 계수**(癸水)**가 득세**(得勢)**하여 양인**(羊刃)**이 더욱 왕성**(旺盛)**하다. 더구나 사중경금**(巳中庚金)**의 장생궁**(長生宮)**에 앉아 더욱 생조**(生助)**를 받고 있다. 따라서 경금칠살**(庚金七殺)**과 을목양인**(乙木羊刃)**이 을경합**(乙庚合)**으로 상제**(相濟)**하니, 살인상정**(殺印相停)**이 되어 귀격**(貴格)**이 되었다.**

대운(大運)**인 신해운**(辛亥運)**에 을신충**(乙辛沖)**하면서 양인**(羊刃)**과 해묘합**(亥卯合)**하였고, 또 사해충**(巳亥沖)**으로 경금칠살**(庚金七殺)**이 피상**(被傷)**되어 있는데, 유년**(流年)**인 신유**(辛酉)**에서 또다시 을신충**(乙辛沖)**하고 묘유충**(卯酉沖)**하니, 양인협충**(羊刃嫌沖)**하여 살인상전**(殺刃相戰)**이 되어 전이불항**(戰而不降)**한 명**(命)**이나, 비운**(悲運)**하게 죽은 악비장군**(岳飛將軍)**의 사주**(四柱)**이다.**

庚	壬	甲	戊
子	子	子	戌

辛 庚 己 戊 丁 丙 乙
未 午 巳 辰 卯 寅 丑

임수일주(壬水日主)**가 수왕절**(水旺節)**인 자월**(子月)**에 태어나서 득령**(得令)**하고, 좌하**(坐下)**에 득지**(得地)**하여 신왕**(身旺)**한데, 시주**(時柱)**인 경자**(庚子)**가 생조**(生助)**하여 더욱 왕성**(旺盛)**하다. 본명**(本命)**은 천한지동**(天寒地凍)**으로 천지**(天地)**가 한랭**(寒冷)**하여 얼음덩어리와 같다.**

그러므로 제습(除濕)하고 온난(溫暖)하여야 생명(生命)을 키울 수 있다.

우선 제습(除濕)이 필요하니, 무토(戊土)가 용신(用神)이고, 온난(溫暖)하여 해동(解凍)을 해야 초목(草木)을 키울 수 있으므로 술중(戌中)의 정화(丁火)가 겨울의 화로(火爐)로서 조후(調候)가 되고 있다. 월상(月上)의 갑목(甲木)은 왕수(旺水)로 인하여 부목(浮木)이 되어 설기(泄氣)시키는 데 역부족(力不足)이다. 오히려 갑목(甲木)이 무토(戊土)를 극(剋)하여 병(病)이 되었다.

초년(初年)인 을축운(乙丑運)에 을경합(乙庚合)으로 기신(忌神)이 되고 자축합(子丑合)으로 수국(水局)이 되어 역시 기신(忌神)이 되어 고학(苦學)으로 공부를 하였고, 병인운(丙寅運)에 목화(木火)가 왕성(旺盛)하여 법관(法官)이 되었고, 정묘운(丁卯運)까지 승승장구하였으나, 자진합수(子辰合水)가 되어 기신(忌神)이 되었고, 진술충(辰戌冲)으로 술중정화(戌中丁火)가 꺼져버리는 형상이 되어 갑자기 사망하였다.

진토(辰土)도 무토(戊土)의 뿌리가 되나 본명(本命)은 뿌리의 작용을 하지 못한다. 유년(流年)에서 충중봉합(冲中逢合)이 들어오면 혐충합세군(嫌冲合歲君)이 되어 흉운(凶運)이 되는 것이다.

제3절 식신격(食神格)

1. 식신격(食神格)의 구성과 의의

일간(日干)	甲	乙	丙	丁	戊	己	庚	辛	壬	癸
월지(月支)	巳	午未戌	辰戌	未丑	申	酉	亥	子	寅	卯
투간(透干)	丙	丁	戊	己	庚	辛	壬	癸	甲	乙

식신격(食神格)은 일간(日干)에 대하여 월지(月支)의 암장간(暗藏干)에 식신(食神)이 있고, 그 식신(食神)이 천간(天干)에 투출(透出)됨으로써 성립된다.

가령 갑일간(甲日干)이 월지(月支)에 사화(巳火)가 있고 천간(天干)에 병화(丙火)가 투간(透干)되어 있거나, 병일간(丙日干)이 월지(月支)에 진술(辰戌)이 있고 천간(天干)에 무토(戊土)가 투간(透干)되거나, 무일간(戊日干)이 월지(月支)에 신금(申金)이 있고 경금(庚金)이 투간(透干)되거나, 경일간(庚日干)이 월지(月支)에 해수(亥水), 임일간(壬日干)이 인목(寅木)이 있고 천간(天干)에 각각 임수(壬水)나 갑목(甲木)이 투간(透干)되어 있는 경우이다.

2. 식신격(食神格)의 특성과 직업

식신(食神)의 특성(特性)은 마음이 넓고 도량이 있으며, 무엇이든 잘 먹어서 식성(食性)이 좋다. 타인을 위해 노력하고 봉사하며, 희생정신이 강하여 시원스러운 모습과 화목한 기운이 넘친다.

또한 앞을 내다보는 영감(靈感) 빠르고 재능이 있어 남의 마음을 잘 파악하는 예지력이 있고 머리가 비상하여 다재다능(多才多能)하다. 특히 마음이 부드럽고 모든 일을 정직하게 처리하며, 강자에게 강하고 약자에게 약하다.

직업은 육영사업(育英事業), 예술이나 예능계통과 관련된 교육(教育), 문화(文化), 생산 가공, 서비스업, 은행가나 금융업, 식료품업이 가장 적당하며, 미래를 예측하고 정신세계와 관련이 있는 종교(宗教)나 철학(哲學), 심리상담(心理相談) 등에 종사하는 것이 성공률이 높다.

3. 식신격(食神格)의 용신(用神)

원국(原局)이 신왕(身旺)인데 인수(印綬)가 많으면 재성(財星)이 용신(用神)이고, 식상운(食傷運)이 길(吉)하고 비겁운(比劫運)은 흉(凶)하다. 비겁(比劫)이 많으면 식재(食財)가 용신(用神)이고 식상운(食傷運)이 길(吉)하고 비겁운(比劫運)이 흉(凶)하다. 재성(財星)이 많으면 관살(官殺)이 용신(用神)이고 식상운(食傷運)이 길(吉)하고 비겁운(比劫運)은 흉(凶)하다.

만약 원국(原局)이 신약(身弱)인데, 관살(官殺)이 많으면 인수(印綬)가 용신(用神)이고 비겁운(比劫運)이 길(吉)이고 재관살운(財官殺運)은 흉(凶)하다. 재성(財星)이 많으면 비겁(比劫)이 용신(用神)이고 비겁운(比劫運)이 길(吉)하며 식재관운(食財官運)은 흉(凶)하다. 식상(食傷)이 많으면 인수(印綬)가 용신(用神)이고 비겁운(比劫運)이 길(吉)하며 식재운(食財運)이 흉(凶)하다.

4. 식신격(食神格)의 예(例)

丙	甲	丙	甲
寅	子	寅	子

癸	壬	辛	庚	己	戊	丁
酉	申	未	午	巳	辰	卯

갑목일주(甲木日主)가 인월(寅月)로 건록격(建祿格)이 되는데, 월시상(月時上)에 병화식상(丙火食傷)이 유기(有氣)하고 있어 식신격(食神格)이 되었다. 갑목(甲木)이 양인목(兩寅木)에 튼튼하게 득근(得根)하고 있어 어떠한 바람에도 흔들리지 않고 수생목(水生木), 목생화(木生火)로 로 목화통명(木火通明)이라 그 향기(香氣)가 천지(天地)를 진동(振動)하여 명진사해(名振四海)할 뿐 아니라 동량지재(棟樑之材)가 틀림없다. 또한 건록(建祿)에 형충(刑冲)이 없어 청격(清格)이 되어 정직(正直)하고 송죽(松竹)과 같이 청렴결백한 마음으로 타인의 모범(模範)이 된다.

득령(得令), 득지(得地), 득세(得勢)로 최강(最强)이 되어 수목화(水木火)로만 이루어진 종왕격(從旺格)으로서 삼상격(三象格)이라고도 한다. 그래서 용신(用神)은 인비(印比)와 식상(食傷)이 되는데, 정월갑목(正月甲木)으로 한기(寒氣)를 제거(除去)시켜주는 조후용신(調候用神)이 되는 병화식상(丙火食傷)으로 식신용식상격(食神用食傷格)이 되었다.

행운(行運)에서도 동남목화운(東南木火運)으로 향(向)하여 금상첨화(錦上添花)가 된 귀명(貴命)이다.

戊	戊	戊	丁
午	申	申	酉

辛 壬 癸 甲 乙 丙 丁
丑 寅 卯 辰 巳 午 未

무토일주(戊土日主)가 신월(申月)에 태어나서 식신격(食神格)이다. 신월(申月)은 금왕절(金旺節)이고 지지(地支)에 두개의 신금(申金)과 년지유금(年支酉金)까지 있으니 금기(金氣)가 왕성(旺盛)하다. 무토(戊土)를 삼금(三金)이 설기(泄氣)하니 일주(日主)가 왕성(旺盛)하지만 반대로 허약(虛弱)하게 되었다. 그래서 식신용인격(食神用印格)이 된 것이다.

일반적으로 비겁(比劫)과 인수(印綬)가 생조(生助)하여 주면 일주(日主)가 왕성(旺盛)하지만 금왕절(金旺節)에 실령(失令), 실지(失地)가 되어 오히려 설기(泄氣)를 당해서 약(弱)해진 것이다. 용신(用神)은 인비(印比)인 화토(火土)이고 기신(忌神)은 식재관(食財官)인 금수목(金水木)이 되는 것이다. 행운(行運)에서 남동화목운(南東火木運)으로 향(向)하여 초년운(初年運)에는 대발(大發)하였으나 중말년운(中末年運)에는 고전(苦戰)하였다.

제4절 상관격(傷官格)

1. 상관격(傷官格)의 구성과 의의

일간(日干)	甲	乙	丙	丁	戊	己	庚	辛	壬	癸
월지(月支)	午未戌	寅巳	午未丑	寅辰巳	酉戌丑	巳申	辰子丑	申亥	卯辰未	寅辰
투간(透干)	丁	丙	己	戊	辛	庚	癸	壬	乙	甲

상관격(傷官格)은 일간(日干)에 대하여 월지(月支)의 암장간(暗藏干)에 상관(傷官)이 있고, 그 상관(傷官)이 천간(天干)에 투출(透出)됨으로써 성립된다. 가령 갑일간(甲日干)이 월지(月支)에 오화(午火)나 미중정화(未中丁火)나 술중정화(戌中丁火)가 있을 때 천간(天干)에 정화(丁火)가 투간(透干)되어 있거나, 을일간(乙日干)이 월지(月支)에 인목(寅木)이나 사중병화(巳中丙火)가 있을 때 천간(天干)에 병화(丙火)가 투간(透干)되어 있는 경우이다.

이와 같은 요령으로 임일간(壬日干)이 월지(月支)에 묘목(卯木)이나 진중을목(辰中乙木)이 있고 천간(天干)에 을목(乙木)이 투간(透干)되어 있거나, 계일간(癸日干)이 월지(月支)에 인목(寅木)이나 해중갑목(亥中甲木)이 있을 때 천간(天干)에 갑목(甲木)이 투간(透干)되어 있는 경우에 성립되는 것이다.

2. 상관격(傷官格)의 특성과 직업

상관격(傷官格)의 특성은 머리가 비상하며, 상상력이 대단하다. 식신격(食神格)에 비하여 도량이나 희생정신이 약(弱)하다. 눈치와 계산이 빠르고 점잖은 것 같으면서 무의식중에 자기의 주장을 내세우면서 타인을 비평하거나 불평불만을 터뜨린다. 또한 손재주와 예능방면에는 특출하여 자만심이 강(强)하고 타인을 억압하고 무시하는 경우가 많다. 무슨 일이든지 잘하다가 자기가 불리할 것 같으면 일시에 안면을 바꾼다. 한편 반항심도 강(强)하고 남의 잘못을 보면 직선적으로 대항하며, 예의에 벗어난 행동을 한다.

그러나 앞을 내다보는 예지력과 투지력은 식신격(食神格)과 마찬가지이나, 표현력(表現力)에서 다소 지나친 것이 다르다. 직업은 교육계통, 예술이나 예능계통, 기술직, 골동품이나 고물상, 변호사, 변리사, 세무회계사, 비서직 등에 종사하면 성공률이 높다.

3. 상관격(傷官格)의 용신(用神)과 희기신(喜忌神)

신왕일주(身旺日主)에 비겁(比劫)이 많으면 관살(官殺)이 용신(用神)이고, 재관운(財官運)은 길(吉)하고 인비운(印比運)은 흉(凶)하다. 또한 인수(印綬)가 많으면 재성(財星)이 용신(用神)이고, 식재운(食財運)은 길(吉)하고 인비운(印比運)은 흉(凶)하다. 신약일주(身弱日主)에 재성(財星)이 많으면 비겁(比劫)이 용신(用神)이고, 인비운(印比運)은 길(吉)하고 재관운(財官運)은 흉(凶)하다. 또한 관성(官星)이 많으면 인수(印綬)가 용신(用神)이고, 인비운(印比運)은 길(吉)하고 재관운(財官運)은 흉(凶)하다.

한편 식상(食傷)이 많으면 인수(印綬)가 용신(用神)이고, 인비운(印比運)은 길(吉)하고 식재운(食財運)은 흉(凶)하다.

4. 상관격(傷官格)의 예(例)

丁	甲	辛	甲
卯	午	未	午

戊	丁	丙	乙	甲	癸	壬
寅	丑	子	亥	戌	酉	申

갑목일주(甲木日主)가 미월생(未月生)으로 정재격(正財格)이 되나, 월일지(月日支)가 오미화국(午未火局)하고 정화(丁火)가 시상(時上)에 투간(透干)하여 상관격(傷官格)이 되었다. 미월갑목(未月甲木)은 목고(木庫)로서 고목(枯木)이 되고, 화다목분(火多木焚)으로 수기(水氣)가 필요하나, 일점(一點)의 수기(水氣)도 없다. 다행하게도 시지묘목(時支卯木)에 의지할 수밖에 없어 상관용겁격(傷官用劫格)이 되어 있는데, 식상화(食傷火)가 태왕(太旺)하여 진상관격(眞傷官格)이 되었다.

용신(用神)은 인비(印比)인 수목(水木)이고, 기신(忌神)은 식재관(食財官)인 화토금(火土金)이다.

대운(大運)인 임신(壬申), 계유(癸酉)에 목용신(木用神)이 절(絶)이 되어 대단히 흉(凶)할 것 같으나, 천간(天干)에 임계수(壬癸水)가 금생수(金生水)로 통관(通關)되어 오히려 수왕(水旺)이 되어 탐생망극(貪生忘剋)이 되었다.

갑술대운(甲戌大運)에는 오술화국(午戌火局)으로 용신(用神)이 설기(泄氣)되고, 또한 술미형(戌未刑)되어 목국(木局)을 형파(刑破)하니, 용신목(用神木)이 무력(無力)하게 되어 고생(苦生)을 면치 못하였다.

을해대운(乙亥大運)부터는 용신(用神)인 수운(水運)이 들어와 수극화(水剋火)되고, 또한 해묘미목국(亥卯未木局)으로 대발(大發)하였으나, 병자(丙子), 정축(丁丑)에서는 자오충(子午沖)으로 왕자충쇠발(旺者沖衰拔)로 오히려 수기(水氣)가 충발(沖拔)되었고 묘유충(卯酉沖)으로 극목용신(剋木用神)이 되어 불귀객(不歸客)이 되었다.

乙	庚	丙	己
酉	子	子	巳

己	庚	辛	壬	癸	甲	乙
巳	午	未	申	酉	戌	亥

경금일주(庚金日主)**가 자월**(子月)**에 태어나 금수상관격**(金水傷官格)**이 되었다. 천한지동**(天寒地凍)**으로 한랭**(寒冷)**한데, 월상병화**(月上丙火)**가 사화**(巳火)**에 뿌리가 있어 조후**(調候)**를 하니, 동금**(凍金)**이 해동**(解凍)**하고 기토**(己土)**가 제수**(制水)**하니 귀명**(貴命)**이 되었다.시상**(時上)**의 정재**(正財)**가 일주**(日主)**와 을경합**(乙庚合)**하니 더욱 아름다워 금옥**(金玉)**이 만당**(滿堂)**하지 않을 수 없다. 금수상관격**(金水傷官格)**에 시지**(時支)**에 양인**(兩刃)**이 있으니, 용모**(容貌)**가 출중하고 청수**(淸水)**한 것은 틀림이 없다. 금수상관격**(金水傷官格)**이 한랭**(寒冷)**하면 화관**(火官)**을 용신**(用神)**으로 하여 해한**(解寒)**하여야 한다.**

원명(原命)**에서 병화관**(丙火官)**은 조후**(調候)**의 용신**(用神)**이며, 기토인수**(己土印綬)**는 상관**(傷官)**을 제화**(制火)**하는 길신**(吉神)**이다. 을목**(乙木)**은 수기**(水氣)**의 길신**(吉神)**이며, 유금**(酉金)**과 사화**(巳火))**는 방조**(幇助)**의 용신**(用神)**이 되는 것이다.**

재관인(財官印)**의 삼덕**(三德)**이 길신**(吉神)**이니 부귀명**(富貴命)**이다. 초년**(初年)**인 갑대운**(甲大運)**에 급제**(及第)**하여 관찰사로 임명되었고, 계속 승승장구하였는데, 진토대운**(辰土大運)**에 습토**(濕土)**가 화기**(火氣)**를 설기**(泄氣)**하여 조후**(調候)**가 깨어져 탁수**(濁水)**가 되어 계사년**(癸巳年)**에 85세로 서거**(逝去)**하였다.**

제5절 편재격(偏財格)

1. 편재격(偏財格)의 구성과 의의

일간(日干)	甲	乙	丙	丁	戊	己	庚	辛	壬	癸
월지(月支)	辰巳申戌	午未丑	申	酉戌丑	申亥	辰子丑	寅亥	卯辰未	寅巳	午未戌
투간(透干)	戊	己	庚	辛	壬	癸	甲	乙	丙	丁

편재격(偏財格)은 일간(日干)에 대하여 월지(月支)의 암장간(暗藏干)이 편재(偏財)이고 천간(天干)에 편재(偏財)가 투출(透出)됨으로써 성립된다. 가령 갑일간(甲日干)이 월지(月支)에 진토(辰土)나 술토(戌土), 또는 사중무토(巳中戊土), 신중무토(申中戊土)가 되어 있을 때 천간(天干)에 무토(戊土)가 있는 경우이다.

이와 같은 요령으로 병일간(丙日干)이 월지(月支)에 신중경금(申中庚金)이 있고 천간(天干)에 경금(庚金)이 투간(透干)되어 있거나, 무토일간(戊土日干)이 월지(月支에 신중임수(申中壬水)나 해중임수(亥中壬水)가 있고 천간(天干)에 임수(壬水)가 투간(透干)되어 있는 경우이고, 또한 경일간(庚日干)이 월지(月支)에 인중갑목(寅中甲木)이나 해중갑목(亥中甲木)이 있고 천간(天干)에 갑목(甲木)이 투간(透干)되어 있거나, 임일간(壬日干)이 월지(月支)에 인중갑목(寅中丙火)나 사중병화(巳中丙火)가 있고 천간(天干)에 병화(丙火)가 투간(透干)되어 있으면 성립되는 것이다.

2. 편재격(偏財格)의 특성과 직업

편재격(偏財格)의 특성은 정재(正財)가 태왕(太旺)하면 편재(偏財)와 같은 특성으로 취급하고 편재(偏財) 자체가 실령(失令)이기 때문에 신왕(身旺)함을 좋아한다. 정재격(正財格)보다는 편재격(偏財格)이 거부(巨富)가 되거나 재벌(財閥)이 많은 것은 일반적으로 편재(偏財)의 특성이 편법(偏法) 내지는 횡재(橫財)이기 때문에 항상 성패(成敗)의 기복이 따르고 욕심(慾心)과 야망(野望)이 크기 때문에 취재(聚財)하는 데도 범인은 따라가기가 어려운 것이다.

성격은 팔망미인이나 영웅호걸과 같이 명쾌하고 매사에 시원하게 처리하고 풍류(風流)를 즐기며, 인정이 있어 대중의 기분을 잘 맞추어 나간다. 그러나 신약(身弱)하면 오히려 여색(女色)을 좋아하고 낭비심이 많아 패가망신하는 경우가 많고, 신왕(身旺)하면 통솔력이 있고 공사(公私)를 잘 구분하며 대인관계가 원만하고 인기가 대단하다.

편재격(偏財格)의 직업은 상업, 무역, 청부업, 생산업, 제조업, 의약업, 건축업 등 사업가(事業家)가 가장 많고, 재정직 공무원, 세무사, 회계사, 금융감독원 등 재정계통에서 성공률이 높고 간혹 정치계통에도 인물이 나온다.

3. 편재격(偏財格)의 용신(用神)과 희기신(喜忌神)

신왕일주(身旺日主)에 비겁(比劫)이 많으면 식상(食傷)이 용신(用神)이며, 식상운(食傷運)이나 관살운(官殺運)이 길(吉)하고 인비운(印比運)은 흉(凶)하다. 신약일주(身弱日主)에 식상(食傷)이 많으면 인수(印綬)가 용신(用神)이고, 인비운(印比運)이 길(吉)하고 식재운(食財運)은 흉(凶)하다.

만약 재성(財星)이 많으면 비겁(比劫)이 용신(用申)이고, 인비운(印比運)이 길(吉)하고 식상운(食傷運)이나 관살운(官殺運)은 흉(凶)하다. 또한 관살(官殺)이 많으면 인수(印綬)가 용신(用神)이고, 인비운(印比運)은 길(吉)하고 재관운(財官運)은 흉(凶)하다.

4. 편재격(偏財格)의 예(例)

丁	丁	癸	己
未	巳	酉	未

丙	丁	戊	己	庚	辛	壬
寅	卯	辰	巳	午	未	申

정화일주(丁火日主)가 금왕절(金旺節)인 유월(酉月)에 태어나 실령(失令)하였으나, 좌하(坐下)에 사화(巳火)로 득지(得地)하였고 일시지(日時支)가 사오화국(巳午火局)이 되고 년지미토(年支未土)에도 정화(丁火)가 있고 또한 시간(時干)에 정화(丁火)가 투출(透出)하여 득세(得勢)하니 신왕(身旺)하면

극제(剋制)하거나 설기(泄氣)를 해야 하는데, 일간정화(日干丁火)를 극(剋)하는 계수(癸水)가 용신(用神)이지만 년상기토(年上己土)에 토극수(土剋水)를 당하니, 유금편재(酉金偏財)를 용신(用神)으로 취용(取用)한다. 일반적으로 유금(酉金)의 록(祿)인 신금(辛金)이 천간(天干)에 나타나야 편재격(偏財格)이 되지만, 왕지(旺支)인 자오묘유월(子午卯酉月)은 투간(透干)되지 않아도 격국(格局)이 성립된다.

금왕절(金旺節)에 유금(酉金)으로 사유(巳酉)가 반합(半合)이 되고 양기토(兩己土)가 생조(生助)하니 유금용신(酉金用神)이 건왕(健旺)하다. 따라서 계수편관(癸水偏官)도 명관과마(明官跨馬)가 되어 관록(官祿)을 얻는 것은 틀림 없다.

초년(初年)인 사오미운(巳午未運)에 청(淸)나라 조정(朝廷)의 요직(要職)을 역임한 것은 토금(土金)의 세력(勢力)이 왕성(旺盛)하였고, 무진대운(戊辰大運)에는 화생토(火生土)로 왕화(旺火)를 설기(泄氣)하고 진유합금(辰酉合金)으로 용신(用神)이 더욱 왕성(旺盛)하여 청(淸)나라를 타도하고 중화민국 총통이 된 원세개(袁世凱)의 명조(命造)이다.

정묘대운(丁卯大運)에는 정계충(丁癸沖), 묘유충(卯酉沖)으로 천충지충(天沖地沖)이 되어 계유용신(癸酉用神)이 충발(沖拔)되어 있는데, 세년(歲年)인 정사년(丁巳年)에는 기신화(忌神火)가 더욱 극성(極盛)하여 용신(用神)을 충극(沖剋)하니 59세로 서거(逝去)하였다.

丁	戊	壬	壬
巳	辰	子	申

己	戊	丁	丙	乙	甲	癸
未	午	巳	辰	卯	寅	丑

무토일주(戊土日主)가 임자월(壬子月)에 편재격(偏財格)인데, 신자진수국(申子辰水局)에 년상(年上)에 임수(壬水)가 투간(透干)하여 수기(水氣)가 극왕(極旺)하고 있어 신약(身弱)하다. 다행한 것은 시주(時柱)에서 정사화(丁巳火)를 얻어 화생토(火生土)하여 일주(日主)를 인수(印綬)로 생조(生助)로 하니 편재용인격(偏財用印格)이 되는 것이다.

무토신약(戊土身弱)을 화생토(火生土)하여 주니 억부용신(抑扶用神)이 되며, 수왕절(水旺節)로 한랭(寒冷)하여 화온난(火溫暖)을 얻으니 조후용신(調候用神)이 되며, 수왕(水旺)이 병(病)인데 제거병(除去病)하는 토약(土藥)이 부족(不足)한 상황에서 화생토(火生土)로 도와 토극수(土剋水)로 분산(分散)시킴으로써 통관용신(通關用神)이 되니 용신(用神)은 모두가 일치(一致)되고 있는 것이다.

행운(行運)에서도 목화동남운(木火東南運)에 대발(大發)하고 금수서북운(金水西北運)에 대흉(大凶)하게 된다. 계축운(癸丑運)은 정계충(丁癸沖)하여 용신발(用神拔)하고 사축금국(巳丑金局)으로 용신화(用神火)가 회기(晦氣)되어 초년고생(初年苦生)하다가 갑인운(甲寅運)은 목생화(木生火)로 용신(用神)을 돕고 있는 중에 인사형(寅巳刑)이 인수(印綬)라 모친병환(母親病患)으로 염려(念慮)하였으나 무난하게 넘겼다.

을묘운(乙卯運)에는 습목(濕木)으로 목생화(木生火)가 약(弱)하여 가세(家勢)가 기울기 시작하였고, 병진운(丙辰運)에는 병임충(丙壬沖), 자진수국(子辰水局)이 되어 병화인수(丙火印綬)가 충발(沖拔)로 고생(苦生)하다가 정사운(丁巳運)에는 다시 회생(回生)되더니, 무오운(戊午運)에 화토용신(火土用神)이 건왕(健旺)하여 제방(堤防)이 튼튼하니 부동산(不動產)으로 거부(巨富)가 된 사업가(事業家)의 명조(命造)이다.

제6절 정재격(正財格)

1. 정재격(正財格)의 구성과 의의

일간(日干)	甲	乙	丙	丁	戊	己	庚	辛	壬	癸
월지(月支)	午未丑	辰戌	酉戌丑	巳申	子丑辰	申亥	卯辰	寅亥	午未戌	寅巳
투간(透干)	己	戊	辛	庚	癸	壬	乙	甲	丁	丙

정재격(正財格)은 일간(日干)에 대하여 월지(月支)의 암장간(暗藏干)이 정

재(正財)이고 천간(天干)에 정재(正財)가 투출(透出)됨으로써 성립된다. 가령 갑일간(甲日干)이 월지(月支)에 오중기토(午中己土), 미중기토(未中己土), 축중기토(丑中己土)가 되어 있을 때 천간(天干)에 기토(己土)가 있는 경우이다.

이와 같은 요령으로 병일간(丙日干)이 월지(月支)에 유금(酉金)이 있거나 술중신금(戌中辛金), 축중신금(丑中辛金)이 있고 천간(天干)에 신금(辛金)이 투간(透干)되어 있는 경우이고, 무토일간(戊土日干)이 월지(月支)에 자수(子水)가 있거나 축중계수(丑中癸水), 진중계수(辰中癸水)가 있고 천간(天干)에 계수(癸水)가 투간(透干)되어 있는 경우이다.

또한 경일간(庚日干)이 월지(月支)에 묘목(卯木)이 있거나 진중을목(辰中乙木)이 있고 천간(天干)에 을목(乙木)이 있는 경우이고, 임일간(壬日干)이 월지(월支)에 오화(午火)가 있거나 계중정화(癸中丁火)나 술중정화(戌中丁火)가 있는 경우 천간(天干)에 정화(丁火)가 있을 때 성립된다.

2. 정재격(正財格)의 특성과 직업

정재격(正財格)은 성품(性品)이 착실하고 근면하며 매사에 통솔력(統率力)이 뛰어나고 재산과 금전관리를 잘하며, 개척정신과 불굴(不屈)의 기상이 있어 어떠한 난관도 헤쳐나갈 수 있다.

부모덕(父母德)이 있고 부모(父母)가 재정계(財政界)나 사업(事業)을 할 시기에 출생하는 경우가 많으며, 직장을 천직(天職)으로 알고 시간과 약속을 정확하게 지키며, 허례(虛禮)와 허식(虛飾)이 없고 검소와 절약을 생활신조로 하기 때문에 자손에게 유산을 넘기며, 부모에게도 효도(孝道)한다.

일반적으로 재성(財星)은 학문(學問)과 상반(相反)되는 해석으로 통변하는데, 이 때는 신약(身弱)한 경우이고, 신왕(身旺)하면 오히려 재성(財星)을 다수릴 수 있어 오히려 학문(學問)에 뜻을 두는 경우가 많다. 정재격(正財格)의 직업은 재정공무원(財政公務員), 은행감독원, 세무회계사, 물품 및 창고관리, 건축자재업, 유통업, 운수업, 무역업 등에 적성이 있고 성공률도 높다.

3. 정재격(正財格)의 용신(用神)과 희기신(喜忌神)

일주(日主)가 비겁(比劫)이 많아서 강왕(强旺)하면 식상(食傷)이 용신(用神)이고, 식상운(食傷運)이나 관살운(官殺運)은 길(吉)하고 인비운(印比運)은 흉(凶)하다. 일주(日主)가 인수(印綬)가 많아서 강왕(强旺)하면 재성(財星)이 용신(用神)이고, 식재운(食財運)은 길(吉)하고 인비운(印比運)은 흉(凶)하다.

일주(日主)가 식상(食傷)이 많아서 신약(身弱)이면 인수(印綬)가 용신(用神)이고, 인비운(印比運)은 길(吉)하고 식재운(食財運)은 흉(凶)하다. 일주(日主)가 재성(財星)이 많아서 신약(身弱)이면 비겁(比劫)이 용신(用神)이고, 인비운(印比運)은 길(吉)하고 식상운(食傷運)과 관살운(官殺運)은 흉(凶)하다.

일주(日主)가 관살(官殺)이 많아서 신약(身弱)이면 인수(印綬)가 용신(用神)이고, 인비운(印比運)언 길(吉)하고 재관운(財官運)은 흉(凶)하다.

4. 정재격(正財格)의 예(例)

戊	壬	丁	戊
申	午	巳	午

甲	癸	壬	辛	庚	己	戊
子	亥	戌	酉	申	未	午

임수일주(壬水日主)가 사월(巳月)이라 실령(失令)하였고 좌하(坐下)에 오화(午火)로 실지(失地)하여 신약(身弱)하다. 다행하게도 시지신금(時支申金)이 장생(長生)으로 일주(日主)를 생조(生助)하니 인수용신(印綬用神)이다. 격국(格局)으로 볼 때 월지(月支)의 사중병화(巳中丙火)로 편재격(偏財格)이 되는데, 월상정화(月上丁火)가 투출(透出)하여 정재격(正財格)이 되었다. 강약(强弱)으로 볼 때 지지(地支)가 사오화국(巳午火局)으로 재다신약(財多身弱)이 되었고 천간(天干)에 양무토(兩戊土)까지 극제(剋制)하니 신약(身弱)한 명조(命造)이다.

따라서 인비운(印比運)인 금수운(金水運)에 대발(大發)하고 식재운(食財運)인 목화토운(木火土運)에 대흉(大凶)하게 된다.

운행(運行)에서도 무오(戊午), 기미대운(己未大運)에는 화토기신(火土忌神)으로 용신금(用神金)이 수제(受制)되었고 경신(庚申), 신유대운(辛酉大運)은 용신운(用神運)으로 생조(生助)되어 대발(大發)하였으며, 임술대운(壬戌大運)은 오술화국(午戌火局)으로 금수(金水)가 피상(被傷)되어 고생(苦生)하다가 계해대운(癸亥大運)에 정계축(丁癸冲), 사해충(巳亥冲)으로 용신(用神)이 천충지충(天冲地冲)이 되어 불귀객(不歸客)이 되었다.

壬	丁	丙	辛
寅	亥	申	未

己	庚	辛	壬	癸	甲	乙
丑	寅	卯	辰	巳	午	未

정화일주(丁火日主)가 신월(申月)에 태어나서 실령(失令)하고 좌하(坐下)의 해수(亥水)로 실지(失地)하고 천간(天干)에 금수(金水)가 투출(透出)되어 신약(身弱)하다.. 월상(月上)의 병화(丙火)는 신금(辛金)과 병신합(丙辛合)하여 기신(忌神)이되었다. 다행히 시지(時支)의 인목(寅木)에 의지(依支)할 수밖에 없어 용신(用神)이다.

년지(年支)의 미중정화(未中丁火)는 일주정화(日主丁火)의 뿌리로는 허약(虛弱)하기 때문에 오히려 신금(申金)을 생조(生助)하니 금재성(金財星)만 왕성(旺盛)하다. 한가지 특이한 것은 지지(地支)가 미신해인(未申亥寅)으로 토생금(土生金), 금생수(金生水), 수생목(水生木)하니 묘격(妙格)이 되어 길조(吉兆)이다.

운행(運行)이 화목남동방(火木南東方)으로 향(向)하여 다행인데, 을미대운(乙未大運)에 편안하였고, 갑오대운(甲午大運)에 일주(日主)를 생조(生助)하니 황제(皇帝)가 된 청(淸)나라 말기(末期)의 광서(光緖)의 명조(命造)이다. 계사대운(癸巳大運)에 정계충(丁癸冲), 사해충(巳亥冲)으로 천충지충(天冲地冲)되고 임진대운(壬辰大運)에 병임충(丙壬冲)으로 병화용신(丙火用神)이 충발(冲拔)되고 신진수국(申辰水局)으로 화몰(火沒) 직전에 있는데, 무신(戊申年)에 정화(丁火)를 설기(泄氣)하고 신금(申金)이 용신인목(用神寅木)을 충발(冲拔)하여 서거(逝去)하였다.

제7절 편관격(偏官格)

1. 편관격(偏官格)의 구성과 의의

일간(日干)	甲	乙	丙	丁	戊	己	庚	辛	壬	癸
월지(月支)	申巳	酉戌丑	亥申	子辰丑	寅亥	卯辰未	巳寅	午未戌	辰戌寅	未丑午
투간(透干)	庚	辛	壬	癸	甲	乙	丙	丁	戊	己

편관격(偏官格)은 일간(日干)에 대하여 월지(月支)의 암장간(暗藏干)에 편관(偏官)이 있고 천간(天干)에 편관(偏官)이 투출(透出)됨으로써 성립된다. 가령 갑일간(甲日干)이 월지(月支)에 신중경금(申中庚金)이나 사중경금(巳中庚金)이 있고 천간(天干)에 경금(庚金)이 투출(透出)되어 있는 경우이다.

또한 병일간(丙日干)이 월지(月支)에 해중임수(亥中壬水)가 있거나 신중임수(申中壬水)가 되어 있을 때 천간(天干)에 임수(壬水)가 있거나, 무일간(戊日干)이 월지(月支)에 인중갑목(寅中甲木)이나 해중갑목(亥中甲木)이 되어 있고 천간(天干)에 갑목(甲木)이 되어 있을 때이다.

경일간(庚日干)이 월지(月支)에 사중병화(巳中丙火)가 있거나 인중병화(寅中丙火)가 있고 천간(天干)에 병화(丙火)가 있을 경우이고, 임일간(壬日干)이 월지(月支)에 진중무토(辰中戊土)나 술중무토(戌中戊土)가 되어 있고 천간(天干)에 무토(戊土)가 있는 경우에 성립된다.

2. 편관격(偏官格)의 특성과 직업

편관격(偏官格)의 특성은 부모덕(父母德)이 없고 형제덕(兄弟德)도 없으며, 일찍 고향을 떠나 타향에서 자수성가(自手成家)하는 경우가 많고, 항상 반항심과 적개심이 불타고 성격이 조급하다.

그러므로 편관격이 있으면 일주(日主)가 강왕(强旺)해야 한다. 이 때는 의협심(義俠心)이 강(强)하여 강자(强者)를 억압하고 약자(弱者)를 돕는 기질이 있다. 또한 예의범절을 지킬 뿐만 아니라 책임감이 강하고 통솔력도 대단하여 관직에서 인정을 받아 승진도 빠르고 대의명분을 중요시하여 출세도 빠르다. 그러나 유아독존(唯我獨尊)으로 타협을 모르고 상대방을 무시하는 등 성격이 오만한 것이 단점이다.

신약(身弱)하면 매사에 자신감이 없고 열등감에 빠져 인내심과 지구력이 부족하여 건강도 좋지 않을 뿐만 아니라 배신을 잘 당하기도 한다.

편관(偏官)이 인수(印綬)를 만나면 관인이덕(官印二德)을 겸비하여 살인상생(殺印相生)이 되니 길(吉)하게 되고, 재성(財星)을 만나면 재관이덕(財官二德)을 겸비하여 명관과마(明官跨馬)가 되니 오히려 귀격(貴格)이 되는 것이다.

편관(偏官)이 상식(傷食)을 만나면 관(官)과 상식(傷食)이 투전(鬪戰)을 하여 불길(不吉)하나, 원국(原局)에 관살(官殺)이 태왕(太旺)할 때는 제살(制殺)을 시켜 길(吉)하게 되고, 반대로 상식(傷食)이 태왕(太旺)하면 제살태과(制殺太過)가 되어 불길(不吉)하다.

편관격(偏官格)의 직업은 군인, 경찰, 교도관, 제철업, 조선업, 건축, 기계, 청부업 등이 적당하나 신왕(身旺)하면 무관, 법조인, 정치인으로 성공하는 경우가 있다.

3. 편관격(偏官格)의 용신(用神)과 희기신(喜忌神)

신왕일주(身旺日主)에 비겁(比劫)이 많으면 관살(官殺)이 용신(用神)이고 재관운(財官運)이 길(吉)하고 인비운(印比運)은 흉(凶)하다.

신왕일주(身旺日主)에 인수(印綬)가 많으면 재성(財星)이 용신(用神)이며, 식재운(食財運)이 길(吉)하고 관인운(官印運)은 흉(凶)하다.

신왕일주(身旺日主)에 관살(官殺)이 많으면 식상(食傷)이 용신(用神)이고, 식상운(食傷運)이 길(吉)하고 관인운(官印運)은 흉(凶)하다.

신약일주(身弱日主)에 재성(財星)이 많으면 비겁(比劫)이 용신(用神)이고, 인비운(印比運)은 길(吉)하고 식재운(食財運)이 흉(凶)하다.

신약일주(身弱日主)에 식상(食傷)이 많으면 인수(印綬)가 용신(用神)이고, 인수(印綬)가 길(吉)하고 식상운(食傷運)은 흉(凶)하다.

신약일주(身弱日主)에 관살(官殺)이 많으면 인수(印綬)가 용신(用神)이고, 인비운(印比運)이 길(吉)하고 재관운(財官運)은 흉(凶)하다.

4. 편관격(偏官格)의 예(例)

己	癸	戊	庚
未	卯	子	申

乙	甲	癸	壬	辛	庚	己
未	午	巳	辰	卯	寅	丑

계수일간(癸水日干)이 수왕절(水旺節)인 자월(子月)에 출생하여 득령(得令)하였고, 년월지(年月支)가 신자합수(申子合水)가 되고, 경금(庚金)이 투출(透出)되어 신왕(身旺)하다. 신왕(身旺)하면 설기(泄氣)하거나 극제(剋制)하는 것이 길신(吉神)인데, 본명(本命)은 원국(原局)에서 설기(泄氣)하는 묘미목국(卯未木局)이 있고, 재성(財星)인 화(火)가 없다. 그러나 일주(日主)를 극제(剋制)하는 월상무토(月上戊土)와 시주(時柱)인 기미토(己未土)가 있어 신왕관왕(身旺官旺)이 되었다.

격국(格局)으로 볼 때 월상무토(月上戊土)는 무계합(戊癸合)으로 쓸 수 없고, 시간기토(時干己土)를 용신(用神)으로 하여 편관격(偏官格)인 동시에 유살거관(留殺去官)이 되고, 또한 시상일위귀격(時上一位貴格)이 되었다.

육군대장(陸軍大將)으로 예편한 뒤 영국대사를 역임한 이형근(李亨根)장군의 명조(命造)이다.

운행(運行)이 동남목화(東南木火)로 향(向)하여 대발(大發)하였으나 병신대운(丙申大運) 중인 임오년(壬午年)에 천충지충(天沖地沖)이 되고 자오충(子午沖)으로 용신충발(用神沖拔)이 되어 불귀객(不歸客)이 되었다.

丁	乙	辛	癸
亥	酉	酉	未

甲 乙 丙 丁 戊 己 庚
寅 卯 辰 巳 午 未 申

을목일주(乙木)가 금왕절(金旺節)인 유월(酉月)에 태어나서 실령(失令)하고, 천간(天干)에 편관(偏官)이 록근(祿根) 득왕(得旺)하여 일주을목(日主乙木)을 심극(甚剋)하니 편관(偏官)이 병(病)이 된다. 년상(年上)의 계수(癸水)가 강한 편관(偏官)을 설기(泄氣), 일주을목(日主乙木)을 생조(生助)하니 다행이다. 여기에서 계수(癸水)가 왕금(旺金)을 설기(泄氣)할 수 있는 능력이 있는가에 대하여 의문이 있을 수 있으나, 시지(時支)의 해수(亥水)에 득근(得根)이 되어 충분하게 설기(泄氣)할 수 있다고 보는 것이다.

또한 년지(年支)와 시지(時支)가 해묘합목(亥卯合木)하여 을목(乙木)의 득근(得根)이 되고, 시상정화(時上丁火)가 미중정화(未中丁火)에 뿌리를 내리고 을목(乙木)을 설기(泄氣)하여 왕성(旺盛)한 관살(官殺)을 극제(剋制)하니 귀격(貴格)이 되었다. 따라서 격국(格局)은 편관격(偏官格)이지만 용신(用神)은 시상정화(時上丁火)가 되어 식신제살격(食神制殺格)이 되었다.

운행(運行)이 남동(南東)으로 향(向)하여 대발(大發)하였다. 중국의 군인(軍人)인 염석산(閻錫山)의 명조(命造)이다. 신약(身弱)하여도 설기(泄氣)하여 병(病)을 제거(除去)하는 것은 설기(泄氣)이지만 약신(藥神)이 되는 것이다.

제8절 정관격(正官格)

1. 정관격(正官格)의 구성과 의의

일간(日干)	甲	乙	丙	丁	戊	己	庚	辛	壬	癸
월지(月支)	酉戌丑	申巳	子辰丑	亥申	卯辰未	寅亥	午未戌	寅巳	午未丑	辰戌寅
투간(透干)	辛	庚	癸	壬	乙	甲	丁	丙	己	戊

정관격(正官格)은 일간(日干)에 대하여 월지(月支)의 암장간(暗藏干)에 정관(正官)이 있고 천간(天干)에 정관(正官)이 투출(透出)되어 있는 경우이다.

가령 갑일간(甲日干)이 월지(月支)에 유중신금(酉中辛金)이나 술중신금(戌中辛金), 축중신금(丑中辛金)이 있고 천간(天干)에 신금(辛金)이 투출(透出)되어 있는 경우이다.

또한 병일간(丙日干)이 월지(月支)에 자중계수(子中癸水)이거나 진중계수(辰中癸水), 축중계수(丑中癸水)가 있고 천간(天干)에 계수(癸水)가 있는 경우이고, 무일간(戊日干)이 월지(月支)에 묘중을목(卯中乙木), 진중을목(辰中乙木), 미중을목(未中乙木)이 있고 천간(天干)에 을목(乙木)이 투출(透出)되어 있다.

경일간(庚日干)이 월지(月支)에 오중정화(午中丁火), 미중정화(未中丁火), 술중정화(戌中丁火)가 있고 천간(天干)에 정화(丁火)가 투출(透出)되어 있을 때이고, 임일간(壬日干)이 월지(月支)에 오중기토(午中己土), 미중기토(未中己土), 축중기토(丑中己土)가 있고 천간(天干)에 기토(己土)가 투출(透出)되어 있는 경우에 성립된다.

2. 정관격(正官格)의 특성과 직업

정관격(正官格)의 특성은 인덕(仁德)이 있고 순박(淳朴)하며, 가문(家門)이 좋고 가정교육이 잘되어 있으며, 모든 사람들로부터 모범이 되고, 문장가(文章家)로서 입신양명(立身揚名)하게 되는 것이다.

정관격(正官格)은 신왕(身旺)을 요(要)하고 재관인(財官印)이 구전(具全)되면 삼기(三奇) 또는 삼반물(三般物)이 갖춰져 장상공후(將相公侯)라도 가능하다.

정관격(正官格)은 관직생활이나 직장생활이 우선이니, 봉급생활(俸給生活)이 최적이며 행정관(行政官)으로서 입신(立身)하게 된다.

정관격(正官格)은 형충파(刑冲破)가 없어야 청격(淸格)이 되며, 신왕관왕(身旺官旺)하고 중화(中和)를 이루어야 고관(高官)이 될 수 있다.

정관격(正官格)은 관성(官星)이 너무 태왕(太旺)하면 다자무자(多者無者)의 원칙에 의하여 오히려 병(病)이 되고, 반대로 관성(官星)이 너무 허약(虛弱)하면 관쇠(官衰)가 되어 결국 무용지물(無用之物)이 된다.

정관격(正官格)의 직업은 국가공무원, 군인, 경찰, 회사원, 법조계, 청원경찰 및 경비원, 지배인 등에 적성이 맞다.

3. 정관격(正官格)의 용신(用神)과 희기신(喜忌神)

신왕일주(身旺日主)에 비겁(比劫)이 많으면 관성(官星)이 용신(用神)이고, 재관운(財官運)은 길(吉)하고 인비운(印比運)은 흉(凶)하다.

신왕일주(身旺日主)에 인수(印綬)가 많으면 재성(財星)이 용신(用神)이고, 식재운(食財運)은 길(吉)하고 인비운(印比運)은 흉(凶)하다.

신왕일주(身旺日主)에 식상(食傷)이 많으면 재성(財星)이 용신(用神)이고, 재관운(財官運)은 길(吉)하고 비겁운(比劫運)은 흉(凶)하다.

신약일주(身弱日主)에 재성(財星)이 많으면 비겁(比劫)이 용신(用神)이고, 비겁(比劫)이 없으면 인수(印綬)가 용신(用神)이며, 인비운(印比運)은 길(吉)하고 재관운(財官運)은 흉(凶)하다.

신약일주(身弱日主)에 식상(食傷)이 많으면 인수(印綬)가 용신(用神)이고, 관인운(官印運)은 길(吉)하고 식재운(食財運)은 흉(凶)하다.

신약일주(身弱日主)에 관살(官殺)이 많으면 인수(印綬)가 용신(用神)이고, 인비운(印比運)은 길(吉)하고 재관운(財官運)은 흉(凶)하다.

4. 정관격(正官格)의 예(例)

甲	己	甲	戊
戌	丑	寅	子

辛	庚	己	戊	丁	丙	乙
酉	申	未	午	巳	辰	卯

기토일주(己土日主)가 갑인월(甲寅月)로 정관격(正官格)이다. 년일지(年日支)가 자축합수국(子丑合水局)으로 재생관(財生官)하여 일주(日主)는 더욱 허약(虛弱)한데, 다행하게도 시지술토(時支戌土)에 의지(依支)하여 정관용겁격(正官用劫格)이 되었다. 관살(官殺)인 목기(木氣)가 태왕(太旺)하여

신약(身弱)하게 되니, 목왕(木旺)이 병(病)이 되고 금(金)이 약(藥)이 되나 금(金)이 없어 토(土)가 용신(用神)이 되고, 화(火)는 희신(喜神)이고 수(水)는 기신(忌神)이다. 그래서 화토운(火土運)에 대발(大發)하고, 금수목운(金水木運)에 대흉(大凶)하다.

운행(運行)이 남방(南方)으로 향(向)하고 있고 기토일간(己土日干)이 재관(財官)이 있으며 축술삼형살(丑戌三刑殺)이 있어 생살권(生殺權)을 집행하는 법조계(法曹界)에 인연이 있으나, 신약(身弱)하여 검찰서기(檢察書記)로 입신(立身)하였다.

을묘대운(乙卯大運)에는 관살혼잡(官殺混雜)에 편관기신(偏官忌神)이라 잔질(殘疾)이 많았으며, 병진대운(丙辰大運)에는 병화길신(丙火吉神)인데 지지(地支)는 자진합수국(子辰合水局)에 진술충(辰戌冲)으로 조실부모(早失父母)하였고, 정사대운(丁巳大運)에는 정화길신(丁火吉神)에다 사축합금국(巳丑合金局)이 제거병목(除去病木)으로 시험(試驗)에 합격하였고, 무오대운(戊午大運)에는 인오술화국(寅午戌火局)으로 용신(用神)을 도와 승승장구하였다.

기미대운(己未大運)에는 축술미삼형살(丑戌未三刑殺)이 되어 흉운(凶運)이 될 것 같으나 용신개고(用神開庫)하여 오히려 승진(昇進)하였고, 경신대운(庚申大運)에는 갑경충(甲經冲), 인신충(寅申冲)으로 천충지충(天冲地冲)되어 퇴직(退職)한 후에 낙향(落鄕)하여 독서(讀書)로 일생(一生)을 마쳤다.

丁	戊	乙	癸
巳	寅	卯	未

戊 己 庚 辛 壬 癸 甲
申 酉 戌 亥 子 丑 寅

무토일주(戊土日主)가 을묘월(乙卯月)에 태어나서 정관격(正官格)이다. 무토(戊土)가 묘월(卯月)에 실령(失令)하고 인묘(寅卯), 묘미(卯未)로 관살(官殺)이 태왕(太旺)하여 목왕(木旺)이 병(病)이 되어극목(剋木)하는 금(金)이 약신(藥神)이 되는 것이다. 이러한 경우를 식신제살격(食神制殺格)이라고도 한다. 수목(水木)이 기신(忌神)이고, 화토금(火土金)이 길신(吉神)이다.

원국(原局)에 인사삼형살(寅巳三刑殺)이 있고 미토(未土)에 양인(羊刃), 사화(巳火)에 건록(建祿)이 있어 생살권(生殺權)을 가지고 있는 귀명(貴命)이다.

운행(運行)이 초년(初年)은 고전(苦戰)했으나 토금운(土金運)부터 승승장구하다가 무신대운(戊申大運)에는 무계합(戊癸合), 인사신삼형살(寅巳申三刑殺)이 되어 천합지형(天合地刑)으로 형액(刑厄)이 암시(暗示)되고 있는데, 경인년(庚寅年)에는 을경합(乙庚合)하고 인사형(寅巳刑)으로 권좌(權座)에서 퇴진(退陣)할 것이다.

제9절 편인격(偏印格)

1. 편인격(偏印格)의 구성과 의의

일간(日干)	甲	乙	丙	丁	戊	己	庚	辛	壬	癸
월지(月支)	亥申	子辰丑	寅亥	卯辰未	巳寅	午未戌	戌辰寅	丑未午	申巳	酉戌丑
투간(透干)	壬	癸	甲	乙	丙	丁	戊	己	庚	辛

편인격(偏印格)은 일간(日干)에 대하여 월지(月支)의 암장간(暗藏干)에 편인(偏印)이 있고 그 편인(偏印)이 천간(天干)에 투출(透出)됨으로써 성립된다.

가령 갑일간(甲日干)이 해중임수(亥中壬水), 신중임수(申中壬水)가 월지(月支)에 있고 임수(壬水)가 천간(天干)에 투출(透出)되어 있거나, 병일간(丙日干)이 월지(月支)에 인중갑목(寅中甲木), 해중갑목(亥中甲木)이 있고 천간(天干)에 갑목(甲木)이 투출(透出)되어 있을 때이다.

무일간(戊日干)이 월지(月支)에 사중무토(巳中戊土), 인중무토(寅中戊土)가 있고 천간(天干)에 병화(丙火)가 투출(透出)되어 있을 때이고, 경일간(庚日干)이 술중무토(戌中戊土), 진중무토(辰中戊土), 인중무토(寅中戊土)가 월지(月支)에 있고 천간(天干)에 무토(戊土)가 투출(透出)되어 있는 경우이고, 임일간(壬日干)이 신중경금(申中庚金), 사중경금(巳中庚金)이 있고 천간(天干)에 경금(庚金)이 투출(透出)되어 있는 경우에 성립된다.

2. 편인격(偏印格)의 특성과 직업

편인격(偏印格)의 특성은 눈치가 빠르고 임기응변이 능숙하여 기회를 잘 포착하고, 예측력이 대단하여 책략과 모의(謀議)가 비상하고, 기술(技術)과 예술(藝術) 방면에 소질이 있고, 무엇이든지 아이디어 창출은 대단하지만 실행력이 부족한 것이 흠(欠)이다.

외모는 씩씩하고 성인군자와 같고, 순식간에 대인관계를 융화시키고 모든 사람들에게 친절하지만, 끈기가 부족하고 끝맺음이 명확하지 않아 용두사미(龍頭蛇尾)가 되어 신용(信用)을 잃는 경우가 많다.

편인격(偏印格)도 중화(中和)를 요(要)하는 것이므로 일주(日主)가 태왕(太旺)하다든지 아니면 너무 태약(太弱)하면 조화(調和)를 이룰 수가 없는 것이다.

만약 일주(日主)가 너무 태왕(太旺)하면 무사안일(無事安逸)하게 주관(主觀)이 없이 살아가며, 너무 태약(太弱)하면 조그마한 일도 담당하기가 어려우며 매사에 책임을 회피하고 어떠한 난관을 극복해나가기가 어렵다. 그러므로 신왕관왕(身旺官旺)하거나 신왕재왕(身旺財旺)하거나 또는 신왕식상왕(身旺食傷旺)이면 길명(吉命)이다.

편인격(偏印格)을 가진 사람의 직업은 교육. 철학, 연구원, 의약업, 신문방송, 이미용, 유흥업, 요리업, 유치원 및 탁아소 등이 적합하다.

3. 편인격(偏印格)의 용신(用神)과 희기신(喜忌神)

신강일주(身强日主)가 비겁(比劫)이 많으면 관살(官殺)이 용신(用神)이고, 관살(官殺)이 없으면 식상(食傷)이 용신(用神)이며, 관살(官殺)이나 식상운(食傷運)은 길(吉)하고 인비운(印比運)은 흉(凶)하다.

신강일주(身强日主)가 인수(印綬)가 많으면 재성(財星)이 용신(用神)이며, 식재운(食財運)은 길(吉)하고 관인(官印)이나 비겁운(比劫運)은 흉(凶)하다.

신강일주(身强日主)가 재성(財星)이 많으면 관살(官殺)이 용신(用神)이고, 관인운(官印運)이 길(吉)하고 식재운(食財運)이 흉(凶)하다.

신약일주(身弱日主)가 관살(官殺)이 많으면 인수(印綬)가 용신(用神)이고, 인비운(印比運)은 길(吉)하고 재관운(財官運)은 흉(凶)하다.

신약일주(身弱日主)가 식상(食傷)이 많으면 인수(印綬)가 용신(用神)이고, 인비운(印比運)은 길(吉)하고 식재운(食財運)은 흉(凶)하다.

신약일주(身弱日主)가 재성(財星)이 많으면 비겁(比劫)이 용신(用神)이고, 비겁운(比劫運)은 길(吉)하고 식재운(食財運)은 흉(凶)하다.

4. 편인격(偏印格)의 예(例)

庚	丁	己	乙
子	亥	卯	亥

壬	癸	甲	乙	丙	丁	戊
申	酉	戌	亥	子	丑	寅

정화일주(丁火日主)가 목왕절(木旺節)인 묘월(卯月)에 출생하고 을목(乙木)이 투출(透出)하여 목기(木氣)가 왕성(旺盛)하다. 한편 일시지(日時支)가 해자합수(亥子合水)가 되어 있는데, 시간경금(時干庚金)이 금생수(金生水)하여 금수(金水)가 태왕(太旺)하여 오히려 강변위약(强變爲弱)이 되었다.

다행하게도 해자합수(亥子合水)가 해묘합목(亥卯合木)이 되어 화살위인(化殺爲印)으로 변화(變化)되었다. 시간경금(時干庚金)이 생해자수(生亥子水)하고 해자수(亥子水)는 생묘목(生卯木)으로 기취감궁(氣聚坎宮)을 이루었고, 해중갑목인수(亥中甲木印綬), 해중임수정관(亥中壬水正官), 경금정재(庚金正財) 등 재관인(財官印)으로 삼기(三奇)를 얻어 대통령(大統領)이 된 이승만(李承晩) 박사(博士)의 명조(命造)이다.

운행(運行)에서 해자수운(亥子水運)에 수생목(水生木)으로 해외독입운동을 하였고, 계유대운(癸酉大運) 이후 북방수운(北方水運)을 만나 수생을목(水生乙木)하여 승승장구하다가 임신대운(壬申大運) 중 무자년(戊子年)에 초대(初代), 신미대운(辛未大運) 중 임진년(壬辰年)에 2대(二代), 병신년(丙申年)에 3대(三代) 대통령을 역임하였다.

경인(庚寅), 신묘(辛卯)의 6·25 동란, 경자(庚子), 신축(辛丑)은 4·19 부정선거로 하야(下野)하게 되었다. 이것은 목인수(木印綬)가 용신(用神)인데, 신유금(申酉金)에 절(絶)하고 있으나 임계수(壬癸水)로 천복지재(天覆地載)가 되어 금생수(金生水)로 인화(引化)하였다. 따라서 생을목용신(生乙木用神)하니 유원유장(流遠流長)으로 위난지기(危難之機)가 전득귀위(轉得貴位)가 되어 흉변위길(凶變爲吉)이 된 것이다.

신미대운(辛未大運)은 을신충(乙辛冲)으로 을목용신(乙木用神)을 극(剋)하여 쇠약(衰弱)하고, 경오대운(庚午大運)은 을경합금(乙庚合金)으로 을목용신(乙木用神)이 합거(合去)되었고 자오충(子午冲)으로 오화용신(午火用神)도 충발(冲拔)되어 있는데, 을사년(乙巳年)에는 을경합금(乙庚合金)하고 사해충(巳亥冲)으로 화용신(火用神)이 충발(冲拔)되었다. 미월(未月)에는 을목(乙木)이 입묘(入墓)되고 계유일(癸酉日)은 을목용신(乙木用神)의 록근(祿根)인 묘목(卯木)을 충발(冲拔)하여 91세로 입유(入幽)하였다.

丙	甲	癸	戊
寅	寅	亥	子

庚	己	戊	丁	丙	乙	甲
午	巳	辰	卯	寅	丑	子

갑목일주(甲木日主)가 해월(亥月)에 태어나 편인격(偏印格)이다. 해자수국(亥子水局)에 계수(癸水)가 투간(透干)되고 일시지(日時支)가 목국(木局)으로 신왕(身旺)하다. 왕목(旺木)을 극제(剋制)하거나 설기(泄氣)를 해야 하는데, 금관(金官)은 없고, 무토재(戊土財)도 무계합거(戊癸合去되어 있고 목다토붕(木多土崩)에다 수다토류(水多土流)까지 되어 무력(無力)하여 불용(不用)이 되었다.

다행하게도 시상병화(時上丙火)가 인목(寅木)에 득장생(得長生)하여 식신유기(食神有氣)로서 목화통명(木火通明)이 되어 화토운(火土運)에 대발((大發)하고 금수운(金水運)에 대흉(大凶)하다.

원국(原局)에서 수기(水氣)는 용신지병(用神之病)이 되고, 인목(寅木)은 희신(喜神)이고 , 또한 해월한목(亥月寒木)이 되어 화기(火氣)가 필요(必要)하니, 병화(丙火)는 조후용신(調候用神)이 되는 것이다.

운행(運行)에서도 초년(初年)인 갑자(甲子), 을축운(乙丑運)은 고전(苦戰)하였으나, 병인대운(丙寅大運)부터 대발(大發)하여 학자(學者)로서 경오년(庚午年)까지 순탄하였으나 신미운(辛未運)에는 병신합(丙辛合)으로 용신합거(用神合去)되고, 임신운(壬申運)에는 병임충(丙壬沖), 인신충(寅申沖)으로 천충지충(天沖地沖)되어 퇴직(退職)하였다.

제10절 정인격(正印格)

1. 정인격(正印格)의 구성과 의의

일간(日干)	甲	乙	丙	丁	戊	己	庚	辛	壬	癸
월지(月支)	子辰丑	亥申	卯辰未	寅亥	未戌	寅巳	丑未午	辰戌	酉戌丑	申巳
투간(透干)	癸	壬	乙	甲	丁	丙	己	戊	辛	庚

정인격(正印格)은 일간(日干)에 대하여 월지(月支)의 암장간(暗藏干)에 정인(正印)이 있고 천간(天干)에 정인(正印)이 투출(透出)됨으로써 성립된다.

가령 갑일간(甲日干)이 월지(月支)에 자중계수(子中癸水), 진중계수(辰中癸水), 축중계수(丑中癸水)가 있고 천간(天干)에 계수(癸水)가 투출(透出)되어 있고, 병일간(丙日干)이 월지(月支)에 묘중을목(卯中乙木), 진중을목(辰中乙木), 미중을목(未中乙木)이 있고 천간(天干)에 갑목(甲木)이 투출(透出)되어 있다.

무일간(戊日干)이 미중정화(未中丁火), 술중정화(戌中丁火)가 있고 천간(天干)에 정화(丁火)가 투출(透出)되어 있는 경우이고, 경일간(庚日干)이 축중기토(丑中己土), 미중기토(未中己土), 오중기토(午中己土)가 있고 천간(天干)에 기토(己土)가 있는 경우이며, 임일간(壬日干)이 유중신금(酉中辛金), 술중신금(戌中辛金), 축중신금(丑中辛金)이 있고 천간(天干)에 경금(庚金)이 있는 경우에 성립된다.

2. 정인격(正印格)의 특성과 직업

정인격(正印格)의 특성은 총명(聰明)하고 지혜(知慧)가 있으며, 온화(溫和)하면서도 보수적(保守的)인 기질이 있다. 명예를 존중하며 자존심이 강하고 학문, 종교, 예능계통에 뛰어난 소질을 가지고 있으며, 재물(財物)에 대한 집착력이 적다.

모든 사물을 판단하는 데는 착실하게 그리고 치우침이 없이 공명정대(公明正大)하게 처리한다.
또한 양친(兩親)의 건강이 좋지 않아 부친(父親)을 먼저 여의는 경우가 있고, 결혼을 늦게 하거나 장손(長孫)의 역할을 하는 경우가 많다.

그러나 신왕(身旺)하고 조화(調和)가 잘 이루어지면 부모덕(父母德)이 있고 , 가정교육(家庭教育)이 잘 되어 있고, 모든 사람들에게 모범이 되며, 심성(心性)이 착하다.

정인격(正印格)을 가진 사람의 직업은 교육, 언론, 의약, 예술, 어학, 학원, 종교 등에 적합하다.

3. 정인격(正印格)의 용신(用神)과 희기신(喜忌神)

신왕일주(身旺日主)가 비겁(比劫)이 많으면 관살(官殺)이 용신(用神)이고 관살(官殺)이 없으면 식상(食傷)이 용신(用神)이다. 행운(行運)에서 관살운(官殺運)이나 식상운(食傷運)은 길(吉)하고 인비운(印比運)은 흉(凶)하다.

신왕일주(身旺日主)**가 인수**(印綬)**가 많으면 재성**(財星)**이 용신**(用神)**이고, 식재운**(食財運)**은 길**(吉)**하고 관인비운**(官印比運)**은 흉**(凶)**하다.또한 신왕일주**(身旺日主)**가 재성**(財星)**이 많으면 관살**(官殺)**이 용신**(用神)**이고, 관인운**(官印運)**은 길**(吉)**하고 식재운**(食財運)**은 흉**(凶)**하다.**

신약일주(身弱日主)**가 관살**(官殺)**이 많으면 인수**(印綬)**가 용신**(用神)**이고, 인비운**(印比運)**은 길**(吉)**하고 식재운**(食財運)**은 흉**(凶)**하다. 또한 신약일주**(身弱日主)**가 식상**(食傷)**이 많으면 인수**(印綬)**가 용신**(用神)**이고, 인비운**(印比運)**은 길**(吉)**하고 식재운**(食財運)**은 흉**(凶)**하다.**

신약일주(身弱日主)**가 재성**(財星)**이 많으면 비겁**(比劫)**이 용신**(用神)**이고, 비겁운**(比劫運)**은 길**(吉)**하고 식재운**(食財運)**은 흉**(凶)**하다.**

4. 정인격(正印格)의 예(例)

乙	甲	丙	己
丑	子	子	亥

乙	甲	癸	壬	辛	庚	己
申	未	午	巳	辰	卯	寅

갑목일주(甲木日主)**가 자월**(子月)**에 태어나서 정인격**(正印格)**이다. 이것은 자중계수**(子中癸水)**가 천간**(天干)**에 투출**(透出)**이 없어도 인수**(印綬)**가 득령**(得令)**하고 해자축수국**(亥子丑水局)**을 이루고 을목**(乙木)**이 득세**(得勢)**하여 종인**(從印)**으로 종강격**(從强格)**이 되었다.**

용신정법(用神定法)**에 의하여 태왕**(太旺)**하므로 태왕자의설**(太旺者宜泄)**이라는 법칙**(法則)**으로 병화**(丙火)**가 용신**(用神)**이다.**

운행(運行)**마저도 목화동남방**(木火東南方)**으로 향**(向)**하여 귀명**(貴命)**이 되었는데, 사오대운**(巳午大運)**에 장관**(長官)**을 역임**(歷任)**하였고 대학총장**(大學總長)**까지 하게 된 임영신**(任永信) **여사의 명조**(命造)**이다.**

갑목(甲木)**이 자월**(子月)**로 천한지동**(天寒地凍)**이 되어 조후**(調候)**로서 병화**(丙火)**가 투출**(透出)**하여 세력**((勢力)**을 통합**(統合)**하는 포용력**(包容力)**이 있고 대인관계**(對人關係)**가 원만하다. 월지**(月支)**에 인수**(印綬)**가 있거나 식상**(食傷)**이 용신**(用神)**이 될 경우에는 교육계**(教育界)**와 인연이 많다.**

丙	甲	庚	丙
寅	子	子	申

丁 丙 乙 甲 癸 壬 辛
未 午 巳 辰 卯 寅 丑

갑목일주(甲木日主)가 자월(子月)에 태어나서 정인격(正印格)이다. 월지(月支)의 자수(子水)에 득령(得令)하고 좌하(坐下)에 득지(得地)하고, 지지(地支)가 신자합수국(申子合水局)으로 인수(印綏)의 조력(助力)을 받아 갑목(甲木)이 신왕(身旺)하다. 신왕(身旺)하면 극제(剋制)하거나 설기(泄氣)하는 것이 길신(吉神)이 되는데, 경금관(庚金官)은 갑경충(甲庚冲)으로 피상(被傷)되면서 금생수(金生水)로 설기(泄氣)되어 약(弱)하다. 재성토(財星土)가 없으므로 설기(泄氣)하는 식상화(食傷火)가 용신(用神)이 되는 것이다. 원국(原局)에서 시상병화(時上丙火)가 인중병화(寅中丙火)에 록근(祿根)으로 득왕(得旺)하니 시상일위귀격(時上一位貴格)으로도 볼 수 있다.

일반적으로 식상(食傷)이 용신(用神)이 되면 기술(技術)이나 예술(藝術) 방면에 특출한 재능이 있으며, 교육계(敎育界)와도 인연이 많다.

행운(行運)이 목화동남방(木火東南方)으로 향(向)하여 초년(初年)은 고생(苦生)하였으나 말년(末年)은 대길(大吉)하다.

본명(本命)은 공대(工大)를 우수한 성적으로 졸업한 후에 미국 유학을 마치고 한국과학기술원에서 연구원(硏究員)으로 재직하다가 국립대학(國立大學)에서 교수(敎授)로 일하고 있다.

제17장 외격론(外格論)

제1절 전왕격(專旺格)

1. 곡직격(曲直格)

(1) 곡직격(曲直格)의 특성과 용신(用神)의 희기(喜忌)

일간(日干)	지지(地支)	용신(用神)	희신(喜神)	기신(忌神)
甲 乙	亥卯未三合 寅卯辰方合	木(甲乙寅卯)	水(壬癸亥子) 火(丙丁巳午)	金(庚辛申酉) 土(辰戌丑未)

곡직격(曲直格)이란 갑을일생(甲乙日生)이 지지(地支)에 해묘미삼합(亥卯未三合)이나 인묘진방합(寅卯辰方合)으로 되어 있고, 전지지(全地支)가 목국(木局)으로 형성되면 성립되는 것이다. 만약 경신금(庚辛金)을 보면 관살(官殺)이 되어 곡직격(曲直格)으로 보지 않는다.

곡직(曲直)이라고 하는 것은 나무의 성질(性質)을 나타내는 것으로, 휘어지기도 하고 곧기도 하기 때문에 붙여진 것이다.

곡직격(曲直格)의 성품(性品)은 도량이 넓고 도덕심이 강(强)하고 인정(人情)과 자시심이 많으며, 학구열과 연구심이 대단하다. 또한 자존심이 강(强)하여 남에게 지기를 싫어하고 불의(不義)를 보면 참지 못하고 직언(直言)을 잘한다.

용신(用神)은 비겁(比劫)인 갑을인묘(甲乙寅卯)이고, 희신(喜神)은 인수(印綬)인 임계해자(壬癸亥子)와 식상(食傷)인 병정사오(丙丁巳午)이고, 기신(忌神)은 재성(財星)인 무기진술축미(戊己辰戌丑未)와 관살(官殺)인 경신신유(庚辛申酉)이며, 행운(行運)도 수목화운(水木火運)에 희(喜)하고 토금운(土金運)에 기(忌)하다.

직업은 교육계(教育界), 종교계(宗教界), 철학계(哲學界), 육영사업(育英事業), 의약사(醫藥師), 연구원(研究員) 등이 적합하다.

(2) 곡직격(曲直格)의 예(例)

丁	乙	庚	丙
亥	卯	寅	辰

丁	丙	乙	甲	癸	壬	辛
酉	申	未	午	巳	辰	卯

을목일주(乙木日主)가 인월(寅月)에 태어나서 득령(得令)하고 좌하(坐下)에 득지(得地)하여 신왕(身旺)하다. 지지(地支)가 인묘진(寅卯辰) 동방목국(東方木局)이고, 일시지(日時支)가 해묘합목(亥卯合木)으로 전지지(全地支)가 목국(木局)으로 되어 있어 곡직격(曲直格)이다.

경금(庚金)이 극목(剋木)하는 것을 병화(丙火)가 화극금(火剋金)으로 탁기(濁氣)를 극(剋)하니 더욱 아름다운 형국이다. 인월을목(寅月乙木)은 아직 어리고 연약하니 시지해수(時支亥水)의 생조(生助)를 받아야 학문(學問)이 깊게 되는 것이다. 해수(亥水)가 목(木)을 생(生)하여 목왕(木旺)하니 설기(泄氣)하는 화(火)가 용신(用神)이다.

사대운(巳大運)에 과거에 급제(及第)하고 이름이 높게 알려졌다. 오대운(午大運)에는 인오화국(寅午火局)으로 설기(泄氣)가 왕(旺)하여 재예(才藝)가 출중하여 동량지재(棟樑之材)의 역할을 했으나 유대운(酉大運)에 묘유충(卯酉冲)을 당하여 관직(官職)에서 물러났다.

乙	甲	甲	丁
亥	寅	辰	卯

丁	戊	己	庚	辛	壬	癸
酉	戌	亥	子	丑	寅	卯

갑목일주(甲木日主)가 진월(辰月)에 태어나서 갑목(甲木)이 투출(透出)되어 득령(得令)하고 지지(地支)가 인묘진목국(寅卯辰木局)에 해수(亥水)가 인해합목(寅亥合木)으로 방국제래(方局齊來)에 해당된다. 방국제래(方局齊來)란 방혼국(方混局)이나 국혼방(局混方)으로서, 예를 들

면 인묘진목방국(寅卯辰木方局)에 해(亥)나 미(未)가 있거나, 해묘미삼합국(亥卯未三合局)에 인(寅)이나 진(辰)이 있는 경우와 같이, 방국(方局)에 합국(合局)이 있거나, 합국(合局)에 방국(方局)이 함께 있는 경우를 말한다.

본명(本命)은 진토(辰土)가 제강(制强)할만한 힘이 없어 인묘진목국(寅卯辰木局)으로 화(化)하여 결국 곡직격(曲直格)이 되었다. 그래서 용신(用神)은 정화(丁火)로서 목(木)의 기세(氣勢)를 설기(泄氣)하여 순응(順應)하는 것으로 배합(配合)되어 귀격(貴格)이다.

운행(運行)이 수목방(水木方)으로 향(向)하여 향시(鄕試)에 합격하였고 벼슬은 주목(州牧)에 이르렀고, 자식(子息)과 재물(財物)이 풍부하였으며, 수명(壽命)이 80세를 넘겼으며, 부부해로(夫婦偕老)하였다.

2. 염상격(炎上格)

(1) 염상격(炎上格)의 특성과 용신(用神)의 희기(喜忌)

일간(日干)	지지(地支)	용신(用神)	희신(喜神)	기신(忌神)
丙　丁	寅午戌三合 巳午未方合	火(丙丁巳午)	木(甲乙寅卯) 土(戊己辰戌丑未)	水(壬癸亥子) 金(庚辛申酉)

염상격(炎上格)이란 병정일생(丙丁日生)이 지지(地支)에 인오술삼합(寅午戌三合)이나 사오미방합(巳午未方合)으로 되어 있고, 전지지(全地支)가 화국(火局)이 형성되는 경우에 성립된다. 만약 임계수(壬癸水)가 있으면 관살(官殺)이 되어 염상격(炎上格)이 되지 않는다.

염상격(炎上格)의 성품(性品)은 호탕하고 대범하면서도 통솔력과 지도력도 확실하고 지혜도 있고 고집도 강하고 직언(直言)도 잘하지만 뒤끝이 없다. 지구력과 인내력이 없는 것이 단점이 되기도 한다. 예의(禮儀)가 바르지만 불의(不義)를 보면 참지 못하며, 성급한 행동으로 경망스러운 일면도 있다. 또한 일을 처리하는 데는 신속하고 정확한 행동으로 관직에서도 명예를 얻는 귀인(貴人)이다.

염상격(炎上格)의 용신(用神)은 비겁(比劫)인 병정사오(丙丁巳午)이고, 희신(喜神)은 인수(印綬)인 갑을인묘(甲乙寅卯)와 식상(食傷)인 진술축미(辰戌丑未)이고, 기신(忌神)은 관살(官殺)인 임계해자(壬癸亥子)와 재성(財星)인 경신신유(庚辛申酉)이며, 행운(行運)도 목화토운(木火土運)에 희(喜)하고 금수운(金水運)에 기(忌)하다.

직업은 강(强)하고 특수한 계통에 관련이 있는 법관(法官), 군인, 경찰, 의약사, 신문기자, PD, 종교, 철학 등에 종사하는 경우가 많고, 관찰력(觀察力)과 투시력(透視力)이 강(强)한 전기(電氣), 전자(電子), 정보(情報), 통신(通信), 방사선(放射線), 반도체(半導體) 계통에 적합하다.

(2) 염상격(炎上格)의 예(例)

丙	丁	戊	庚
午	巳	寅	戌

乙	甲	癸	壬	辛	庚	己
酉	申	未	午	巳	辰	卯

정화일주(丁火日主)가 인월(寅月)에 태어나고 전지지(全地支)가 인오술(寅午戌), 사오화국(巳午火局)을 이루어 염상격(炎上格)이다. 염상격(炎上格)은 목화토운(木火土運)이 희(喜)하고 금수운(金水運)이 기(忌)하다. 그 이유는 금(金)은 금생수(金生水)되어 수극화(水剋火)를 하게 되고, 수(水)는 왕화(旺火)를 수극화(水剋火)하여 왕충쇠발(旺冲衰拔)로 오히려 수충발(水冲拔)이 된 것이다.

행운(行運)이 목화운(木火運)으로 향(向)하여 대발(大發)하였으나 갑신대운(甲申大運)에 갑경충(甲庚沖), 인신충(寅申沖)으로 천충지충(天沖地沖)이 되어 있는데, 설상가상(雪上加霜)으로 인사신삼형살(寅巳辛三刑殺)이 되어 파직(罷職)되었다.

丙	丁	丙	丁
午	亥	午	未

癸	壬	辛	庚	己	戊	丁
丑	子	亥	戌	酉	申	未

정화일주(丁火日主)가 무더운 오월(午月)에 태어나서 화왕(火旺)한데 지지(地支)가 오미화(午未火), 해미목(亥未木)으로 천지(天地)가 목화국(木火局)이 되어 염상격(炎上格)이 되었다. 염상격(炎上格)이 되면 목화토(木火土)가 희신(喜神)이고 금수(金水)가 기신(忌神)이 된다.

본명(本命)은 일지부성(日支夫星)의 자리에 있으니, 남편복(男便福)이 있는 것이 아니라 오히려 해수관(亥水官)이 기신(忌神)이 되었다.

대운(大運)이 금수운(金水運)으로 향(向)하여 안타까운데, 무신대운(戊申大運)에 결혼(結婚)하여 남편(男便)과 사별(死別)하였다. 그 이유는 기신(忌神)인 해수(亥水)를 금생수(金生水)하여 수기(水氣)가 왕성(旺盛)하여 더욱 기신(忌神)이 되었기 때문이다.

일반적으로 염상격(炎上格)은 남녀(男女)가 다같이 부부궁(夫婦宮)이 부실(不實)하여 사별(死別)이나 생이별(生離別)이 많다. 특히 여명(女命)은 남편(男便)이 무능하여 자신이 사회활동을 하는 경우가 많다.

3. 가색격(稼穡格)

(1) 가색격(稼穡格)의 특성과 용신(用神)의 희기(喜忌)

일간(日干)	지지(地支)	용신(用神)	희신(喜神)	기신(忌神)
戊 己	辰戌丑未	土(戊己辰戌丑未)	火(丙丁巳午) 金(庚辛申酉)	木(甲乙寅卯) 水(壬癸亥子)

가색격(稼穡格)이란 무기일주(戊己日柱)가 지지(地支)에 진술축미(辰戌丑未)이거나 사오미월(巳午未月)에 전국(全局)이 토(土)로 되어있으면 가색격(稼穡格)이 성립된다. 단, 일점(一點)의 목관살(木官殺)이 없어야 한다.

가색격(稼穡格)의 성품(性品)은 중후(重厚)하고, 믿음성이 있으며, 말이 적어 자기 의사를 잘 표현하지 않고, 융통성이 없는 것이 단점이다. 또한 고집이 강(强)하고 침착성이 있고, 속을 노출시키지 않으면서 자기 주장을 내세운다.

가색격(稼穡格)의 용신(用神)은 비겁(比劫)인 진술축미(辰戌丑未)이고, 희신(喜神)은 인수(印綬)인 병정사오(丙丁巳午)와 식상(食傷)인 경신신유(庚辛申酉)이다. 행운(行運)에서도 화토금운(火土金運)에 희(喜)하고, 수목운(水木運)에 기(忌)하다.

가색격(稼穡格)의 직업은 종교, 철학, 교육, 농수산 계통에 종사하는 경우가 많고, 법관, 의약, 신부, 스님, 수녀 등에서 성공하는 특이한 경우도 있다.

(2) 가색격(稼穡格)의 예(例)

甲	己	戊	丙
戌	丑	戌	寅

辛 壬 癸 甲 乙 丙 丁
卯 辰 巳 午 未 申 酉

기토일주(己土日柱)가 술월(戌月)에 태어나고, 전지지(全地支)가 진술축미(辰戌丑未)로 가색격(稼穡格)이 성립된다. 그러나 시간(時干)에 갑목살(甲木殺)이 투출(透出)되어 파격(破格)이 될 것 같으나 다행하게도 기토일주(己土日柱)를 만나갑기합토(甲己合土)가 화토(火土)로 되었고, 년월간(年月干)에 병무(丙戊)로서 화토(火土)가 되어 순수화격(純粹火格)으로 가색(稼穡)이 되었다. 운행(運行)은 화토금운(火土金運)에 희(喜)하고 수목운(水木運)에 기(忌)하는데 본명(本命)은 신유금(申酉金)에서 사오미화운(巳午未火運)으로 향(向)하여 일생을 행복하게 살았던 귀명(貴命)이다.

원국(原局)에서 축술삼형(丑戌三刑)있어 생살권(生殺權)과 관련된 직업에 종사하게 되어 여의사(女醫師)가 되었다.

시결(詩決)에 「무기일생(戊己日生)이 시혹월건(時或月乾)이면 도규지업(刀圭之業)을 하게된다」에 해당하는 것으로서 시지(時支)나 월지(月支)에 술(戌)이나 해(亥)가 있는 경우로서 천문성(天門星)이라고도 한다. 도규(刀圭)라는 것은 옛날에 약(藥)을 뜨던 순가락으로 의사(醫師)나 의술(醫術)을 의미한다.

甲	己	乙	戊
戊	巳	丑	辰

壬 辛 庚 己 戊 丁 丙
申 未 午 巳 辰 卯 寅

기토일주(己土日柱)**가 축월**(丑月)**에 태어나고 태어나고, 전지지**(全地支)**가 토국**(土局)**을 이루어 가색격**(稼穡格)**이 되었다. 그러나 천간**(天干)**에 갑을목**(甲乙木)**은 가색격**(稼穡格)**의 기신**(忌神)**인데 월간을목**(月干乙木)**은 축중신금**(丑中辛金)**에 자좌살지**(自坐殺地)**하였고, 시간갑목**(時干甲木)**은 갑기합화토**(甲己合化土)**하여 아름답다. 축토**(丑土)**는 동토**(凍土)**이지만 이양지토**(二陽之土)**에서 삼양지기**(三陽之氣)**로 향**(向)**하여 진기**(進氣)**하고 있고, 또 사화**(巳火)**가 있어 축토**(丑土)**는 온난지토**(溫暖之土)**가 되어 화토**(火土)**가 강왕**(强旺)**한 가색격**(稼穡格)**이다.**

용신(用神)**은 토**(土)**이고 희신**(喜神)**은 화금**(火金)**이며 기신**(忌神)**은 수목**(水木)**이라. 대운**(大運)**이 무진운**(戊辰運)**부터 기사**(己巳), **경오**(庚午), **신미운**(辛未運)**까지 대발**(大發)**하였으나 임신운**(壬申運)**부터는 사신합수**(巳申合水)**로 임수**(壬水)**가 더욱 왕성**(旺盛)**하여 흉운**(凶運)**이 되었다. 본명**(本命)**은 축술삼형**(丑戌三刑)**이 있고, 시지**(時支)**에 천문성**(天門星)**이 있어 생살권**(生殺權)**과 인연이 있는 직업으로 변호사**(辯護士)**가 된 명도**(命道)**이다.**

4. 종혁격(從革格)

(1) 종혁격(從革格)의 특성과 용신(用神)의 희기(喜忌)

일간(日干)	지지(地支)	용신用神)	희신(喜神)	기신(忌神)
庚 辛	巳酉丑 三合 申酉戌 方合	金(庚辛申酉)	土(辰戌丑未) 水(壬癸亥子)	火(丙丁巳午)

종혁격(從革格)**이란 경신일주**(庚辛日柱)**가 지지**(地支)**에 사유축삼합**(巳酉丑三合)**으로 전금국**(全金局)**을 이루고 있으면 성립된다. 단, 천간지지**(天干地支)**에 병정사오**(丙丁巳午)**가 없어야 귀격**(貴格)**이다.**

종혁(從革)이란 혁(革)을 종(從)한다는 뜻으로 혁명(革命)하다. 경신(更新)한다, 변혁(變革)한다, 혁신(革新)한다는 의미가 포함되어 있어 경신(更新)이라고도 하여 경신(庚辛)의 원의(原義)로서 금(金)의 성질(性質)을 나타내기도 한다.

종혁격(從革格)의 성품(性品)은 정의(正義)로우며 의협심(義協心)이 있고 통솔력(統率力)과 조직력(組織力)이 강(强)하며 책임감(責任感)도 강(强)하다. 항상 의리(義理)를 중시(重視)하고 혁명적(革命的)인 기질로 인하여 타인(他人)을 무시하는 경우가 있다.

종혁격(從革格)의 용신(用神)을 비겁(比劫)인 경신신유(庚辛申酉)이고 희신(喜神)은 인수(印綬)인 진술축미(辰戌丑未)와 식상(食傷)인 임계해자(壬癸亥子)이다. 기신(忌神)은 관살(官殺)인 병정사오(丙丁巳午)와 재성(財星)인 갑을인묘(甲乙寅卯)이다. 행운(行運)에서도 토금수운(土金水運)이 희(喜)하고 목화운(木火運)니 기(忌)하다.

종혁격(從革格)의 직업은 군인(軍人), 경찰(警察), 법관(法官), 의약(醫藥), 기계(機械), 금속(金屬), 전자(電子), 방사선(放射線)등에 종사하게 되는 경우가 많으며 간혹 종교계(宗敎界), 예술(藝術)계통에 이름을 날리는 수도 있다.

(2) 종혁격(從革格)의 예(例)

辛	庚	戊	辛
巳	申	戌	酉

辛	壬	癸	甲	乙	丙	丁
卯	辰	巳	午	未	申	酉

경금일주(庚金日主)가 술월(戌月)에 태어나고 전지지(全地支)가 신유술삼합(申酉戌三合)이 되어 종혁격(從革格)이다. 월간(月干)의 무토(戊土)가 생금(生金)하고 시지사화(時支巳火)는 사신합수(巳申合水)되어 진격(眞格)이 되었다. 월지(月支)와 시지(時支)에 천문성(天門星)인 진술(辰戌)이 있어 의기(義氣)가 있고, 위세(威勢)가 있으니 시비의곡(是非義曲)을 규찰(糾察)하는 무관직위(武官職位)에 있었다. 종혁격(從革格)은 남방화운(南方火運)을 제일 싫어하여 원국(原局)이나 운(運)에서 만나게 되면 대기(大忌)하고 서방금운(西方金運)을 만나면 대귀(大貴)하게 된다.

본명(本命)**은 갑을목운**(甲乙木運)**에 왕금**(旺金)**을 충역**(沖逆)**하니 체운**(滯運)**이요 오병정운**(午丙丁運)**은 왕금**(旺金)**을 극제**(剋制)**하여 흉운**(凶運)**이다.**

토금수운(土金水運)**이 길**(吉)**하니 계사대운**(癸巳大運)**부터 대귀**(大貴)**하다.**

丙	庚	甲	辛
巳	申	午	酉

丁 戊 己 庚 辛 壬 癸
亥 子 築 寅 卯 辰 巳

경금일주(庚金日主)**가 오월**(午月)**에 태어나서 실령**(失令)**은 하였으나 전지지**(全地支)**가 신유술**(申酉戌)**로 종혁격**(從革格)**이 성립된다. 종혁격**(從革格)**이 제일 싫어하는 병정화**(丙丁火)**를 만나 진종혁격**(眞從革格)**으로는 성립되지 않는다. 본명**(本命)**은 경신일주**(庚申日柱)**가 신유술로 신왕**(身旺)**하여 관살**(官殺)**을 필요**(必要)**하게 되므로 종혁격**(從革格)**이 변**(變)**하여 시상병화일위귀격**(時上丙火一位貴格)**이 되었다.**

따라서 용신(用神)**은 화**(火)**이고 수목**(水木)**이 희신**(喜神)**이다.**

행운(行運)**으로 볼때 수목운**(水木運)**으로 향**(向)**하여 육군참모총장**(陸軍參謀總長)**까지 역임**(歷任)**하고 국회의원**(國會議員)**이 된 귀명**(貴命)**이다.**

참고(參考)**로 본명**(本命)**은 종혁격**(從革格)**, 양인격**(羊刃格)**, 전록격**(專祿格)**, 시상일위귀격**(時上一位貴格)**으로 모두가 해당된다. 그러나 용신**(用神)**을 정**(定)**함에 있어서는 시상병화**(時上丙火)**에 귀결**(歸結)**되게 되어 있으므로 시상일위귀격**(時上一位貴格)**이라고 하는 것이다.**

5. 윤하격(潤下格)

(1) 윤하격(潤下格)의 특성과 용신(用神)의 희기(喜忌)

일간(日干)	지지(地支)	용신(用神)	희신(喜神)	기신(忌神)
壬 癸	申子辰 三合 亥子丑 方合	水(壬癸亥子)	木(甲乙寅卯) 金(庚辛申酉)	火(丙丁巳午) 土(戊己辰戌丑未)

윤하격(潤下格)이란 임계(壬癸) 일주(日柱)가 지지(地支)에 신자진삼합(申子辰三合)이나 해자축방합(亥子丑方合)으로 전수국(全水局)을 이루고 있으면 성립된다.

윤하(潤下)라고 하는 것은 윤습(潤濕)하다 즉 적시다, 습(濕)하다는 뜻이요 하(下)라 함은 흘러내려 간다는 뜻으로 수(水)로 이루어 졌다고 하여 윤하격(潤下格)이라고 하는 것이다. 그러므로 진술축미(辰戌丑未)가 있으면 수(水)가 막힘으로 대기(大忌)하는 것이다.

윤하격(潤下格)의 성품(性品)은 능수능란하여 달변가로서 지혜(智慧)가 뛰어나고 총명영리(聰明怜悧)하며 의리(義理)를 중히 여긴다. 이기적인 면도 있지만 차분하고 온순하나 한번 폭발하면 산천초목(山川草木)이 흔들릴 정도로 무서우며 태풍으로 마을을 쓸고 나가는 듯 하는 기질이 있으나 평소에는 표현하지 않는 이중성이 있다.

윤하격(潤下格)의 용신(用神)은 비겁(比劫)인 임계해자(壬癸亥子)이고, 희신(喜神)은 인수(印綬)인 경신신유(庚辛申酉)와 식상(食傷)인 갑을인묘(甲乙寅卯)이다. 기신(忌神)은 재성(財星)인 병정사오(丙丁巳午)와 관살(官殺)인 진술축미(辰戌丑未)이다. 행운(行運)에서도 금수목(金水木)이 희(喜)하고, 화토운(火土運)이 기(忌)하다.

윤하격(潤下格)의 직업(職業)은 정치(政治), 외교(外交), 무역(貿易), 교육(敎育), 종교(宗敎), 철학(哲學), 군인(軍人), 경찰(警察) 등의 강(强)한 직업에 종사하는 경우가 많다.

(2) 윤하격(潤下格)의 예(例)

庚	壬	辛	甲
子	子	未	子

戊	丁	丙	乙	甲	癸	壬
寅	丑	子	亥	戌	酉	申

임수일주(壬水日主)가 지지(地支)에 삼자(三子)로 전수국(全水局)으로 윤하격(潤下格)이다. 그런데 미토월(未土月)이 되어 윤하격(潤下格)이 가장 싫어하는 것이 되어 파격(破格)이 되느냐는 게 문제이다. 미토(未土)는 신월입추전(申月立秋前)으로서 화기(火氣)가 퇴기(退氣)에서 금

기(金氣)로 진기(進氣)하고 또 천간(天干)에 경신(庚辛)이 투간(透干)되어 있어 금수(金水)가 왕성(旺盛)하여 미토(未土)는 왕수(旺水)를 억제할 수 없어 금수(金水)에 화(化)하여 순수한 윤하격(潤下格)이 되었다.

용신(用神)은 수(水)이고 금목운(金木運)에 희(喜)하고 화토운(火土運)에 기(忌)하는데 본명(本命)은 행운(行運)이 금수운(金水運)으로 향(向)하여 대귀(大貴)하다. 일찍이 임신(壬申), 계유운(癸酉運)에서 입신득명(入身得命)하였고 갑술운(甲戌運)에서는 술미형(戌未刑)으로 애로(隘路)가 중첩(重疊)하였으나 을해운(乙亥運)에 경찰서장(警察署長)이 된 명조(命造)이다.

甲	壬	壬	丁
辰	子	子	未

乙 丙 丁 戊 己 庚 辛
巳 午 未 申 酉 戌 亥

임수일주(壬水日主)가 수왕절(水旺節)인 임자월(壬子月)에 태어나고 지지(地支)가 자진수국(子辰水局)으로 윤하역(潤下格)이 이루어졌다. 그런데 진토(辰土)와 미토(未土)가 있어 파격(破格)이 되느냐는 게 문제이다. 시지진토(時支辰土)는 진중무토(辰中戊土)가 제수(制水)하여 진중계수(辰中癸水)가 축장(蓄藏)되어 있고 자월동토(子月冬土)로서 왕양지수(汪洋之水)를 제지(制止)할 수 없다. 또한 년주(年柱)의 정미(丁未)가 있어 미토(未土)와 진토(辰土)가 합토(合土)하였고, 또한 정화(丁火)가 미중정화(未中丁火)에 득근(得根)이 되므로 동토진(冬土辰)은 미온지토(微溫之土)가 되어 진중무토(辰中戊土)는 관성(官星)으로서 작용을 하게 된다.

시주(時柱)에 편관(偏官)이 있으면 시상일위귀격(時上一位貴格)이라고 하고, 한랭지토(寒冷之土)가 되어 있는데 미중정화(未中丁火)에 의하여 미온지토(微溫之土)가 되어 가용(可用)할 수 있는 경우를 「동일가애(冬日可愛)」라고 말한다.

본명(本命)은 정미(丁未), 병오운(丙午運)에 미약한 토관용신(土官用神)을 생조(生助)하여 국회의원(國會議員)이 된 명조(命造)이다.

사주첩경(四柱捷經)의 예문(例文)에 의하면 「난왈토극수(難曰土剋水)나 수극자(水剋者)는 필요배토(必要培土)로 성후복(成厚福)」이라고 하였다.

제2절 종격(從格)

1. 종왕격(從旺格)

(1) 종왕격(從旺格)의 구성과 의의

월지(月支)	전지지(全地支)	용신(用神)	희신(喜神)	기신(忌神)
비겁(比劫) 인수(印綬)	비겁(比劫) 인수(印綬)	비견(比肩) 겁재(劫財)	인수(印綬) 식상(食傷)	재성(財星) 관살(官殺)

종왕격(從旺格)이란 지지(地支)가 모두 비견(比肩)과 겁재(劫財)로 국(局)을 이룬 것으로 성립되며, 천간(天干)에 관살(官殺)이 있으면 파격(破格)이다. 그러나 인수(印綬)가 1~2개 섞여 있는 것은 문제가 되지 않는다.

일반적으로 종왕격(從旺格)은 비견(比肩)과 겁재(劫財)가 득세(得勢)하고 인수(印綬)가 협조(協助)해주어 비겁(比劫)이 천하대세(天下大勢)인데 반하여, 종강격(從强格)은 비견(比肩)과 겁재(劫財)보다는 인수(印綬)의 비중(比重)이 커서 인수(印綬)가 천하대세(天下大勢)를 잡고 있는 것이 특징이기 때문에 종인격(從印格)이라고도 한다.

종왕격(從旺格)의 성품(性品)은 자존심(自尊心)이 강(强)하고 천상천하(天上天下)의 유아독존(唯我獨尊)으로 패가망신(敗家亡身)을 하는 경우도 있다. 그러나 조화와 구성이 잘 이루어지면 정계(政界), 법조계(法曹界), 교육계(教育界), 군인(軍人), 경찰(警察), 종교계(宗教界) 등에서 입신(立身)하는 경우가 많다.

종왕격(從旺格)의 용신(用神)은 비겁(比劫)이며, 희신(喜神)은 인수(印綬)와 식상(食傷)이고, 기신(忌神)은 재성(財星)과 관살(官殺)이다.

(2) 종왕격(從旺格)의 예(例)

乙	甲	癸	壬
亥	寅	卯	寅

庚 己 戊 丁 丙 乙 甲
戌 酉 申 未 午 巳 辰

갑목일주(甲木日主)가 목왕절(木旺節)인 묘월(卯月)에 태어나고 전지지(全地支)가 인묘(寅卯), 인해(寅亥)로 목국(木局)이 되어 있고, 천간(天干)에 임계수(壬癸水)가 생조(生助)하여 종왕격(從旺格)이다. 종격(從格)은 왕성(旺盛)한 세력(勢力)을 따라가야 하기 때문에 인수(印綬)와 비겁(比劫)은 대길(大吉)하고, 설기(泄氣)하는 식상(食傷)이 오면 희(喜)하게 되고, 재성토(財星土)와 관살금(官殺金)을 만나면 대기(大忌)하는데, 이것은 일주(日主)의 왕(旺)한 세력(勢力)을 거스르기 때문이다.

본명(本命)은 행운(行運)이 화금(火金)으로 향(向)하여 사오미운(巳午未運)에 대발(大發)하였고, 신유운(申酉運)에 대기(大忌)하였다.

종왕격(從旺格)이나 종강격(從强格)은 청격(淸格)으로 구성을 잘 이루고 있으면 귀명(貴命)이 되지만, 재관(財官)을 만나면 탁격(濁格)이 되어 재관(財官)을 멀리할 수밖에 없다. 그래서 교육계(敎育界)나 종교계(宗敎界), 전문연구원(專門硏究員) 등에서 성공하는 경우가 많다.

戊	戊	丁	戊
午	午	巳	午

庚 辛 壬 癸 甲 乙 丙
戌 亥 子 丑 寅 卯 辰

무토일주(戊土日主)가 전지지(全地支)가 화국(火局)이고 천간(天干)이 화토(火土)로 되어 있으니 일주(日主)로 종(從)하여 종왕격(從旺格)이다. 인비운(印比運)이나 식상운(食傷運)이 희(喜)하고, 재관운(財官運)이 기(忌)하는데, 갑인대운(甲寅大運)에 결혼(結婚)을 하여 다복(多福하게 살았다.

갑인대운(甲寅大運)은 왕토(旺土)를 목극토(木剋土)로 대흉(大凶)이 되겠지만 목생화(木生火)로 화기(火氣)를 생조(生助)하여 대귀(大貴)하였다. 계축대운(癸丑大運)은 정계충(丁癸沖), 무계합(戊癸合)으로 충중봉합(沖中逢合)이 되어 상부(喪夫)하였고, 임자대운(壬子大運)에 본인도 불록지객(不祿之客)이 되고 말았다.

본명(本命)은 원국(原局)이 편고(偏枯)하고 대운(大運)과 통관(通關)을 시켜주는 오행(五行)이 없으므로 흉운(凶運)이 오면 대화(大禍)를 당하게 되는 것이다. 그래서 종왕격(從旺格)은 길흉(吉凶)의 기복(起伏)이 크고 속성속패(速成速敗)가 따르는 것이다.

고서(古書)에 따르면 사주원국(四柱原局)에서 「양인(羊刃)이 중첩(重疊)이면 필극처(必剋妻)나 필극부(必剋夫)」라는 구절에 해당하는 명조(命造)이다.

2. 종아격(從兒格)

(1) 종아격(從兒格)의 구성과 의의

월지(月支)	전지지(全地支)	용신(用神)	희신(喜神)	기신(忌神)
식신(食神) 상관(傷官)	식상합국(食傷合局) 식상방합(食傷方合)	식신(食神) 상관(傷官)	비겁(比劫) 재성(財星)	관살(官殺) 인수(印綬)

종아격(從兒格)이란 월지(月支)에 식신(食神)이나 상관(傷官)이 있고 식상(食傷)이 합국(合局)이나 방합(方合)을 이루고 천간(天干)에 인수(印綬)나 비겁(比劫)이 있어도 일주(日主)에 전혀 도움이 되지 않을 때 성립된다.

종아(從兒)라고 하는 것은 일주(日主)가 식신(食神)이나 상관(傷官)을 따라간다는 뜻으로, 식상(食傷)은 일주(日主)가 생(生)하여 주는 자손(子孫)을 따라간다는 의미에서 종아격(從兒格)이라고 하는 것이다.

종아격(從兒格)의 성품(性品)은 단순(單純)하면서도 순종적(順從的)이고 말이 적으며 믿음성이 있으나, 남에게 지기 싫어하고 자기의사를 잘 표현하지 않으며, 사무를 처리하는 데는 틀림이 없다. 단점이라면 자기보다 강자에게는 무서울 만큼 강(强)하고 약자에게는 베풀고 희생적이면서도 대인관계에서는 융화력과 단결력이 부족하다.

종아격(從兒格)의 직업은 특수(特殊)한 기능(機能)의 예체능에 소질이 있고, 예술인, 연예인, 세무회계사, 은행원, 금융업 등이 적합하며, 종교계(宗教界)나 교육계(教育界)에서 성공하는 경우가 많다.

종아격(從兒格)의 용신(用神)은 식상(食傷)이며, 비겁(比劫)이나 재성(財星)은 희(喜)하고 관살(官殺)이나 인수(印綬)는 기(忌)하다.

(2) 종아격(從兒格)의 예(例)

丙	甲	戊	戊
寅	寅	午	戌

乙	甲	癸	壬	辛	庚	己
丑	子	亥	戌	酉	申	未

갑목일주(甲木日主)가 화왕절(火旺節)인 오월(午月)에 태어나고 전지지(全地支)가 인오술화국(寅午戌火局)으로 종아격(從兒格)이다. 종아격(從兒格)은 지지(地支)가 식상(食傷)으로 이루어지고 천간(天干)에도 식상(食傷)으로 따라가는 격국(格局)으로 사람이 늙고 병들고 힘이 없어 자식과 같이 사는 것과 마찬가지의 경우이다.

원국(原局)에서 비겁(比劫)이나 식재운(食財運)이 희(喜)하고 인수(印綬)나 관살운(官殺運)은 기(忌)하는데, 본명(本命)은 대운(大運)이 관살운(官殺運)에서 인수운(印綬運)으로 향(向)하여 대기(大忌)한 명(命)이다.

경신대운(庚申大運)에 갑경충(甲庚沖), 인신충(寅申沖)으로 천충지충(天沖地沖)으로 불록지객(不祿之客)이 되었다. 이와 같은 경우는 왕성(旺盛)한 목기(木氣)를 금기(金氣)가 오히려 역세(逆勢)를 당하여 왕충쇠발(旺沖衰拔)이 되었다.

癸	己	庚	乙
酉	酉	辰	巳

癸	甲	乙	丙	丁	戊	己
酉	戌	亥	子	丑	寅	卯

기토일주(己土日主)가 진월(辰月)에 태어나고 전지지(全地支)가 진유(辰酉), 사유(巳酉)로 금국(金局)을 이루고 천간(天干)에 을경합금(乙庚合金)하여 종아격(從兒格)이다. 종아격(從兒格)은 주중(柱中)에 의지할 곳이 없어 처가(妻家)에 의지(依支)하는 경우가 많으며, 재성(財星)이 수기(秀氣)되어야 귀격(貴格)이다.

본명(本命)은 기간계수(時干癸水)에 지지(地支)의 금국(金局)이 금생수(金生水)하여 귀격(貴格)이 되었다.

용신(用神)은 금수(金水)이고, 기신(忌神)은 목화(木火)인데, 무인운(戊寅運)은 무계합화(戊癸合火)되어 기신(忌神)이 되고 인사형(寅巳刑)으로 삼형살(三刑殺)이 되어 교통사고(交通事故)로 관재송사(官災訟事)가 있었고 시험운(試驗運)도 좋지 않았다.

정축운(丁丑運)은 정계충(丁癸冲)으로 정화기신(丁火忌神)이 충발(冲拔)되었고 사유축금국(巳酉丑金局)으로 용신(用神)이 되니 사업번창하고 승진(昇進)도 하였고, 병자운(丙子運)도 자진합수(子辰合水)로 역시 용신(用神)이 되어 사업성공과 재산증식을 하였다.

을해운(乙亥運)은 사해충(巳亥冲)으로 관재구설(官災口舌)과 수술(手術) 등으로 대기(大忌)하였으며, 갑술운(甲戌運)은 갑경충(甲庚冲), 갑기합(甲己合)으로 충중봉합(冲中逢合)이 되어 기신(忌神)이 되니 손재(損財)로 사업실패(事業失敗)하고 부부불화(夫婦不和) 등으로 대흉(大凶)한 명(命)이다.

3. 종재격(從財格)

(1) 종재격(從財格)의 구성과 의의

월지(月支)	전지지(全地支)	용신(用神)	희신(喜神)	기신(忌神)
편재(偏財) 정재(正財)	재성합국(財星合局) 재성방합(財星方合)	편재(偏財) 정재(正財)	식상(食傷) 관살(官殺)	비겁(比劫) 인수(印綬)

종재격(從財格)이란 월지(月支)에 편재(偏財)와 정재(正財)가 있고 재성(財星)이 합국(合局)이나 방합(方合)을 이루고 천간(天干)에 인수(印綬)나 비겁(比劫)이 있어도 일주(日主)에 전혀 도움이 되지 않으면 성립된다.

종재(從財)라고 하는 것은 가령 을목일주(乙木日主)가 지지(地支)에 진술축미(辰戌丑未)가 있어 재성(財星)이 극왕(極旺)하여 을목일주(乙木日主)가 의지(依支)할 곳이 없어 자신(自身)을 버리고 데릴사위가 되거나 처가(妻家)에 의지한다 하여 종재격(從財格)이라고 하는 것이다.

종재격(從財格)의 성품(性品)은 경제적(經濟的) 수완이 뛰어나고 처복(妻福)도 있으며, 남달리 의협심(義俠心)이 강(强)하고 정의감(正義感)이 강(强)하다. 경제계(經濟界)나 금융계(金融界) 등에서 크게 두각을 나타내는 자질이 있다.

종재격(從財格)의 직업은 사업가, 은행, 세무, 회계, 보험, 건축, 재정기관, 금융감독원 등이 적합하다. 종재격(從財格)의 용신(用神)은 재성(財星)이고, 식상운(食傷運)이나 관살운(官殺運)이 희(喜)하고 비겁운(比劫運)이나 인수운(印綬運)이 기(忌)하다.

(2) 종재격(從財格)의 예(例)

甲	丁	庚	辛
辰	丑	子	酉

癸 甲 乙 丙 丁 戊 己
巳 午 未 申 酉 戌 亥

정화일주(丁火日主)가 자월(子月)에 태어나고 전지지(全地支)가 금수(金水)로 되어 있고, 시간(時干)에 갑목(甲木)은 있다 하더라도 경신금(庚辛金)이 왕성(旺盛)하여 일주(日主)를 생조(生助)한다 하더라도 금수(金水)를 극제(剋制)하는 데는 역부족(力不足)이라 결국 금(金)에 종재(從財)하여 종재격(從財格)이 되었다. 종재격(從財格)이 성립되려면 첫째가 일주(日主)는 무근(無根)이라야 한다. 둘째는 지지(地支)가 재성국(財星局)을 이루어야 한다. 셋째는 천간(天干)에 재성(財星)이 투출(透出)되어 있어야 더욱 귀명(貴命)이 된다. 넷째는 일주(日主)가 의지(依支)할 곳이 없어야 한다는 조건을 갖추어야 한다.

용신(用神)은 금(金)이고, 희신(喜神)은 토수(土水)이며 기신(忌神)은 목화(木火)인데, 본명(本命)은 대운(大運)이 금(金)에서 화(火)로 향(向)하고 있어 신유술운(申酉戌運)에는 대발(大發)하였는데, 사오미운(巳午未運)에는 대기(大忌)하였다.

戊	甲	己	庚
辰	戌	丑	辰

壬 癸 甲 乙 丙 丁 戊
午 未 申 酉 戌 亥 子

갑목일주(甲木日主)가 축월(丑月)에 태어나고 전지지(全地支)가 토국(土局)이 되어 있고, 천간(天干)에 무기토(戊己土)가 투출(透出)되어 있으며, 일주갑목(日主甲木)이 의지(依支)할 곳이 없어 재성토(財星土)로 종재(從財)하여 종재격(從財格)이 되었다. 희신(喜神)은 화토금(火土金)이고 기신(忌神)은 수목(水木)이 되는 것이다.

무자운(戊子運)의 무토(戊土)는 희운(喜運)이고 자수(子水)는 대흉(大凶)이나 자축합토(子丑合土)가 되고 무토(戊土)가 자중계수(子中癸水)와 합화(合火)하니 유정(有情)하여 흉변위길(凶變爲吉)이 되었다.

정해운(丁亥運)은 정화(丁火)가 길신(吉神)이고 해중갑목(亥中甲木)이 정화(丁火)를 생조(生助)하니, 정화(丁火)가 생토(生土)하는 중재역할(仲裁役割)을 하므로 역시 길운(吉運)이 되었다.

을유운(乙酉運)은 을경합금(乙庚合金)이 되고 유축(酉丑), 진유합(辰酉合)으로 금국(金局)이 되어 대흉(大凶)을 면(免)하였고, 갑신운(甲申運)은 갑기합토(甲己合土)가 되고 기신(忌神)이 희신(喜神)으로 변(變)하였다.

계미운(癸未運)은 기계충(己癸沖)이 되어 있는데, 축술미삼형살(丑戌未三刑殺)이 되어 불록지객(不祿之客)이 되었다.

4. 종살격(從殺格)

(1) 종살격(從殺格)의 구성과 의의

월지(月支)	전지지(全地支)	용신(用神)	희신(喜神)	기신(忌神)
편관(偏官) 정관(正官)	관살합국(官殺合局) 관살방합(官殺方合)	편관(偏官) 정관(正官)	편재(偏財) 정재(正財)	식상(食傷) 인비(印比)

종살격(從殺格)이란 월지(月支)에 편관(偏官)이나 정관(正官)이 있고 관살합국(官殺合局)이 되거나 관살방합(官殺方合)을 이루고 천간(天干)에 인수(印綬)나 비겁(比劫)이 있어도 일주(日主)에 전혀 도움이 되지 않으면 성립된다.

종살(從殺)이라는 것은 왕성(旺盛)한 관살(官殺)을 따라간다는 뜻인데, 여기에서 살(殺)은 일반적으로 편관(偏官)을 뜻하지만 작용면에서 볼 때 희작용(喜作用)보다는 기작용(忌作用)을 할 때 사용하는 말이다. 그래서 정관(正官)도 원국(原局)에 많이 있으면 살작용(殺作用)을 하는 것이다.

종살격(從殺格)은 재성(財星)과 같이 있으면 더욱 길(吉)하여 재물(財物)과 명예(名譽)를 함께 얻어 부귀겸전(富貴兼全)의 귀격(貴格)이 된다. 그러나 관살(官殺)이 혼잡(混雜)되어 있으면 귀명(貴命)이 반감(半減)하게 되는 것이다.

종살격(從殺格)의 성품(性品)은 온화(溫和)하면서도 관리(官吏)의 품격으로 복록(福祿)과 수명(壽命)을 겸전(兼全)하고 있으나 명예(名譽)에 대한 과욕(過慾) 때문에 타인으로부터 시기와 모함을 당하기도 한다.

종살격(從殺格)의 직업은 국가공무원, 판검사, 군인, 경찰, 교도관, 국영기업 등 조직을 관리(管理)하는 직종에 적합하다. 재성(財星)이 겸전(兼全)되면 재정공무원, 금융계, 은행감독원 등 재정(財政)을 관리(管理)하는 직종에서도 두각을 나타내는 경우가 많다.

종살격(從殺格)의 용신(用神)은 관살(官殺)이고, 희신(喜神)은 재성(財星)이고 기신(忌神)은 비겁(比劫)과 식상(食傷), 그리고 인수(印綬)가 된다. 여기에서 인수운(印綬運)은 관살(官殺)을 설기(泄氣)시켜 길(吉)할 것 같으나 인수(印綬)는 뿌리가 되기 때문에 오히려 종(從)하는 것을 방해(妨害)하여 불길(不吉)한 것이다.

(2) 종살격(從殺格)의 예(例)

壬	庚	丁	癸
午	午	巳	未

甲	癸	壬	辛	庚	己	戊
子	亥	戌	酉	申	未	午

경금일주(庚金日主)가 사월(巳月)에 태어나고 전지지(全地支)가 사오미화국(巳午未火局)으로 되어 있고, 천간(天干)에 정화(丁火)가 투출(透出)되니 경금(庚金)이 의지(依支)할 곳이 없어 종살격(從殺格)이다. 종살격(從殺格)의 용신(用神)은 재성(財星)과 관살(官殺)이니 목화(木火)이고, 기신(忌神)은 식상(食傷)과 비겁(比劫)과 인수(印綬)가 된다. 행운(行運)은 목화운(木火運)에 대길(大吉)하고 금수운(金水運)디 대기(大忌)하다.

기미운(己未運)은 기계충(己癸冲)으로 건강이 나빠서 학업에 열중하지 못하였으며, 경신운(庚申運)은 기신(忌神)으로 사신형(巳申刑)이 되어 관재구설(官災口舌)과 부부불화(夫婦不和)가 있었고, 신유운(辛酉運)은 사유합금(巳酉合金)으로 사화관(巳火官)이 기신(忌神)으로 남편(男便)의 건강과 명예(名譽)에 손상(損傷)을 입었다. 특히 유운(酉運)은 신왕(身旺)에 양인살(羊刃殺)을 만나면 양인합결(羊刃合結)되어 대화흉사(大禍凶事)가 염려된다.

임술운(壬戌運)은 정임합목(丁壬合木)이 되어 남편(男便)이 승진(昇進)되었고 또한 오술합화(午戌合火)로 용신(用神)이 되어 부동산(不動産)으로 재산(財産)을 증식시켰다.

계해운(癸亥運)은 정계충(丁癸冲), 사해충(巳亥冲)으로 쇠자왕신발(衰者旺神發)이 되어 남편(男便)의 관재구설(官災口舌)뿐만 아니라 본명(本命)도 수술(手術)로 건강이 나빠 고생(苦生)하였다.

乙	壬	己	戊
巳	午	未	戌

丙 乙 甲 癸 壬 辛 庚
寅 丑 子 亥 戌 酉 申

임수일주(壬水日主)가 토왕절(土旺節)인 미월(未月)에 태어나고 전지지(全地支)가 화토(火土)로 되어 있고, 임수(壬水)가 의지(依支)할 곳이 없어 종살격(從殺格)이 되었다. 종살격(從殺格)은 재관(財官)인 화토(火土)가 희신(喜神)이고 금수목(金水木)이 기신(忌神)이다. 경신신유운(庚申辛酉運)에 부귀(富貴)한 집안에 태어났으나 임술운(壬戌運)에는 가정(家庭)에 다소 형액(刑厄)이 있었고, 계해운(癸亥運)에는 기신운(忌神運)인데 기계충(己癸冲), 사해충(巳亥冲)으로 쇠자왕신발(衰者旺神發)되어 대화흉사(大禍凶事)한 일이 일어났다. 특히 해운(亥運)에는 해미목운(亥未木運)으로 목기(木氣)가 왕성(旺盛)하여 용신(用神)인 목기(木氣)를 목극토(木剋土)하니 요사(夭死)하였다.

원국(原局)이 아무리 잘 타고 태어났다 하더라도 대운(大運)이 따라주지 않으면 외부내빈(外富內貧)이니 사주불여대운(四柱不如大運)이라는 말에 해당되는 것이다.

4. 종인격(從印格)

(1) 종인격(從印格)의 구성과 의의

월지(月支)	전지지(全地支)	용신(用神)	희신(喜神)	기신(忌神)
편인(偏印) 정인(正印)	인수합국(印綬合局) 인수방합(印綬方合)	편인(偏印) 정인(正印)	비겁(比劫) 관살(官殺)	식상(食傷) 재성(財星)

종인격(從印格)이란 전지지(全地支)가 인수합국(印綬合局)이거나 인수방합(印綬方合)이 되고 식상(食傷)이나 재성(財星)이 없을 경우에 성립된다.

종인격(從印格)은 순수하게 인수국(印綬局)으로 구성되어야 길명(吉命)이 되는데, 만약 인수국(印綬局)이 부실하면 풍류지객(風流之客)에 지나지 않는다.

종인(從印)이라고 하는 것은 인수(印綬)를 따라간다는 뜻으로, 자연적으로 강(强)하여 종강격(從强格)이라고도 부르는데, 비겁국(比劫局)을 이루는 종왕격(從旺格)과 구별하기 위해서 인수국(印綬局)을 이루는 종인격(從印格)으로 부르는 것이 타당하다.

종인격(從印格)의 성품(性品)은 전형적인 선비형으로 교육계(敎育界)에 입신(立身)하는 경우가 많다. 그래서 청렴결백하고 자존심(自尊心)이 강(强)하여 원칙주의자이고 매사에 철두철미하며 완벽주의자이다.

종인격(從印格)의 직업은 교육계(敎育界), 종교계(宗敎界), 학원(學院), 연구원(硏究員) 등이 적합하다.

종인격(從印格)의 용신(用神)은 인수(印綬)이고 희신(喜神)은 비겁운(比劫運)이나 관살운(官殺運)인데, 관살운(官殺運)은 관인상생(官印相生)이 되기 때문이다. 기신운(忌神運)은 재성운(財星運)이나 식상운(食傷運)인데, 설기(洩氣)하는 식상(食傷)은 용신인수(用神印綬)를 상극(相剋)하므로 불길(不吉)하고, 재성운(財星運)은 인수(印綬)를 역시 상극(相剋)하여 역세(逆勢)하므로 불길(不吉)하다.

(2) **종인격**(從印格)**의 예**(例)

丙	癸	丙	辛
申	酉	申	酉

癸 壬 辛 庚 己 戊 丁
卯 寅 丑 子 亥 戌 酉

계수일주(癸水日主)**가 신월**(申月)**에 태어나고 전지지**(全地支)**가 신유합국**(申酉合局)**으로 인수국**(印綬局)**을 이루고 천간**(天干)**이 병신합수**(丙辛合水)**가 되어 종인격**(從印格)**이다. 용신**(用神)**은 금수**(金水)**이고 토운**(土運)**이 들어와도 토생금**(土生金), **금생수**(金生水)**로 살인상생**(殺印相生)**하니 희**(喜)**하다. 행운**(行運)**이 금수운**(金水運)**으로 향**(向)**하여 대발**(大發)**한 귀명**(貴命)**인데, 여명**(女命)**으로서 대학총장**(大學總長)**까지 역임하였다.**

무술운(戊戌運)**은 신유술방합**(申酉戌方合)**으로 재고귀인**(財庫貴人)**이니, 일찍 부유한 남성과 결혼을 하였고 본인도 학문**(學問)**으로 성공하였다.**

기해운(己亥運)**은 기계충**(己癸沖)**으로 기토관**(己土官)**인 관재구설**(官災口舌)**과 교통사고**(交通事故)**로 고생을 하여 명예에 손상**(損傷)**을 입었다.**

경자운(庚子運)**은 병경충**(丙庚沖)**으로 병화기신**(丙火忌神)**이 충발**(沖拔)**되고 신사수국**(申子水局)**을 이루어 용신**(用神)**이 되니, 재물**(財物)**이 들어오고 남편**(男便)**이 승진**(昇進)**하여 신축운**(辛丑運)**까지 승승장구하였다.**

임인운(壬寅運)**에 병임충**(丙壬沖), **인신충**(寅申沖)**으로 천충지충**(天沖地沖)**되어 퇴직**(退職)**하였다.**

甲	甲	癸	癸
子	辰	亥	亥

丙 丁 戊 己 庚 辛 壬
辰 巳 午 未 申 酉 戌

갑목일주(甲木日主)**가 해월**(亥月)**에 태어나고 전지지**(全地支)**가 해자**(亥子), **자진**(子辰)**으로 수국**(水局)**이 되고 년월간**(年月干)**에 계수**(癸水)**가 투출**(透出)**하여 종인격**(從印格)**이다. 종인격**(從印格)**은 관살운**(官殺運)**과 인수운**(印綬運)**이나 비겁운**(比劫運)**인 금수목운**(金水木運)**이 희**(喜)**하고,**

식상운(食傷運)이나 재성운(財星運)인 화토운(火土運)에 기(忌)하는데, 본명(本命)은 초년(初年)인 신유술금운(申酉戌金運)에 대발(大發)하였으나, 기미운(己未運)부터 가세(加勢)가 기울기 시작하여 정사운(丁巳運)에 정계충(丁癸冲), 사해충(巳亥冲)으로 천충지충(天冲地冲)되어 왕자충쇠쇠자발(旺者冲衰衰者拔)로 불록지객(不祿之客)이 된 명조(命造)이다.

제3절 화기격(化氣格)

1. 갑기합화토격(甲己合化土格)

(1) 갑기합화토격(甲己合化土格)의 구성과 의의

갑일(甲日)	기일(己日)	전지지(全地支)	희신(喜神)	기신(忌神)
己月, 己時	甲月, 甲時	辰戌丑未	土, 火, 金	水, 木

갑일간(甲日干)이 기월간(己月干)이나 기시간(己時干)에 태어나거나, 기일간(己日干)이 갑월간(甲月干)이나 갑시간(甲時干)에 태어나고 전지지((全地支)가 진술축미(辰戌丑未)가 되어야 성립된다.

주중(柱中)에 갑을인묘(甲乙寅卯)가 없어야 하고 병정사오(丙丁巳午)를 만나는 것은 무방(無妨)하다.

대운(大運)에서도 화토운(火土運)이나 금운(金運)은 희(喜)하고, 수목운(水木運)은 기(忌)하는데, 특히 경금(庚金)은 갑목(甲木)을 충(冲)하므로 불길(不吉)하다. 그 이유는 갑기합화(甲己合化)를 파괴(破壞)하기 때문이다.

성품(性品)은 가색격(稼穡格)과 유사하나 타인(他人)과의 타협을 잘하고 주위환경은 잘 조화시켜 원만한 성격이면서도 자기가 맡은 직책에 책임감이 강하고 부부지간에도 일생동안 다정(多情)하게 살아간다.

직업(職業)은 종교(宗敎), 철학(哲學), 교육(敎育), 학원(學院), 부동산(不動産), 농수산계통(農水産系統)에 적합하다.

己	甲	戊	己
巳	戌	辰	丑

辛 壬 癸 甲 乙 丙 丁
酉 戌 亥 子 丑 寅 卯

갑목일주(甲木日主)**가 진월**(辰月)**에 태어나고 전지지**(全地支)**가 토국**(土局)**이고 천간**(天干)**에 무기토**(戊己土)**가 투출**(透出)**되어 있다. 천간기토**(天干己土)**는 월간**(月干)**의 간격**(間隔)**이 되므로 무정**(無情)**한 합**(合)**이고, 시상**(時上己土)**는 접근**(接近)**되어 있으므로 갑기합화토**(甲己合化土)**가 되어 합화종격**(合化從格)**이 되었다.**

화토운(火土運)**이 희**(喜)**하고 수목운**(水木運)**은 기**(忌)**하며 금운**(金運)**은 무방**(無妨)**하나 경금운**(庚金運)**은 불길**(不吉)**하다.**

본명(本命)**은 대운**(大運)**이 수목운**(水木運)**으로 향**(向)**하여 대기**(大忌)**한 명조**(命造)**이다.**

甲	己	丙	戊
戌	丑	辰	辰

癸 壬 辛 庚 己 戊 丁
亥 戌 酉 申 未 午 巳

기토일주(己土日主)**가 진월**(辰月)**에 태어나고 전지지**(全地支)**가 토국**(土局)**이고 천간**(天干)**에 무기토**(戊己土)**가 투출**(透出)**되어 있다. 천간기토**(天干己土)**는 시간**(時干)**과 갑기합토**(甲己合土)**가 되어 합화종격**(合化從格)**이 되었다. 갑기합화토격**(甲己合化土格)**의 희신**(喜神)**은 화토금**(火土金)**이고, 기신**(忌神)**은 수목**(水木)**인데, 경운**(庚運)**은 갑기합**(甲己合)**을 갑경충**(甲庚冲)**으로 파괴**(破壞)**하여 불길**(不吉)**하다.**

대운(大運)**이 화금운**(火金運)**으로 향**(向)**하여 사오미운**(巳午未運)**에 대발**(大發)**하였으나 경신운**(庚申運)**에 갑경충**(甲庚冲)**으로 갑목**(甲木)**이 파괴**(破壞)**되고 신금**(申金)**이 신진수국**(申辰水局)**으로 기신**(忌神)**이 되어 대기**(大忌)**한 명조**(命造)**이다.**

2. 을경합화금격(乙庚合化金格)

(1) 을경합화금격(乙庚合化金格)의 구성과 의의

을일(乙日)	경일(庚日)	전지지(全地支)	희신(喜神)	기신(忌神)
庚日, 庚時	乙月, 乙時	巳酉丑, 辛酉戌	土, 金, 水	木, 火

을일간(乙日干)이 경월간(庚月干)이나 경시간(庚時干)에 태어나거나, 경일간(庚日干)이 을월간(乙月干)이나 을시간(乙時干)에 태어나고 전지지(全地支)가 사유축금국(巳酉丑金局)이거나 신유술금국(申酉戌金局)이면 성립되는데, 주중(柱中)에 병정사오(丙丁巳午)나 갑을인묘(甲乙寅卯)가 없어야 한다.

을경합화금격(乙庚合化金格)의 성품(性品)은 종혁격(從革格)과 유사하나, 성질이 용감무쌍하고 자기주관이 뚜렷하며 상황판단이 정확할 뿐만아니라 다정다감하면서도 매사에 철두철미하다.

용신(用神)은 경신신유(庚辛申酉)이고 희신(喜神)은 무기진술축미(戊己辰戌丑未)와 임계해자(壬癸亥子)이고, 기신(忌神)은 병정사오(丙丁巳午)와 갑을인묘(甲乙寅卯)이다. 직업(職業)은 군인(軍人), 경찰(警察), 법관(法官), 의약(醫藥), 기계(機械), 금속(金屬), 방사선(放射線) 등이 적합하다.

(2) 을경합화금격(乙庚合化金格)의 예(例)

乙	庚	辛	癸
酉	申	酉	丑

甲	乙	丙	丁	戊	己	庚
寅	卯	辰	巳	午	未	申

경금일주(庚金日主)가 유월(酉月)에 태어나고 전지지(全地支)가 금국(金局)이 되고 시간을목(時干乙木)과 을경합금(乙庚合金)이 되어 종화금격(從化金格)이다. 일반적으로 경금양일주(庚金陽日主)가 년상(年上)의 계수(癸水)를 보고 왕자(旺者)는 설기(泄氣)함을 기뻐하여 을목(乙木)과 상통(相通)이

되어 상관용재격(傷官用財格)이라고 할 수 있으나, 왕금(旺金)이 일점계수(一點癸水)에 탁수(濁水)가 되어 용신(用神)이 되지 못하니 을경합화금격(乙庚合化金格)이 되는 것이다.

희신(喜神)은 토금수(土金水)이고, 기신(忌神)은 목화(木火)인데, 본명(本命)은 목화(木火)로 향(向)하여 대기(大忌)한 명(命)이다.

경일주(庚日主)가 시상(時上)이나 월상(月上)에 을목(乙木)이 한 개만 있으며 지지(地支)가 유축신금(酉丑申金)으로 구성되고 천간(天干)에 갑을목(甲乙木)이나 지지(地支)에 수목(水木)이 없으면 일점을목(一點乙木)과 을경합금(乙庚合金)으로 종화(從化)하게 되는 것이다.

乙	庚	庚	癸
酉	申	申	酉

癸	甲	乙	丙	丁	戊	己
丑	寅	卯	辰	巳	午	未

경금일주(庚金日主)가 금왕절(金旺節)인 신월(申月)에 태어나고 전지지(全地支)가 신유금국(申酉金局)이 되어 을경합화금격(乙庚合化金格)이다. 주중(柱中)에 병정사오(丙丁巳午)가 하나도 없어 진격(眞格)의 화금격(化金格)이 되었다. 용신(用神)은 경신신유(庚辛申酉)이고 희신(喜神)은 무기진술축미(戊己辰戌丑未)와 임계해자(壬癸亥子)이고, 기신(忌神)은 병정사오(丙丁巳午)와 갑을인묘(甲乙寅卯)인데, 본명(本命)은 목화운(木火運)으로 향(向)하여 대기(大忌)한 명(命)이다.

금기(金氣)는 살기(殺氣)라 하여 개성이 강(强)하고 남에게 지기를 싫어하며 자존심(自尊心)이 강(强)하다. 특히 의리(義理)에 대한 관심이 남달리 크다.

앞의 예(例)와 같이 시간계수(時干癸水)가 왕금(旺金)을 설기(泄氣)하는데, 탁수(濁水)가 되어 용신(用神)이 되지 못하니 을경합화금격(乙庚合化金格)이 되는 것이다.

3. 병신합화수격(丙辛合化水格)

(1) 병신합화수격(丙辛合化水格)의 구성과 의의

병일(丙日)	신일(辛日)	전지지(全地支)	희신(喜神)	기신(忌神)
辛月, 辛時	丙月, 丙時	申子辰, 亥子丑	金, 水, 木	火, 土

병일간(丙日干)**이 신월간**(辛月干)**이나 신시간**(辛時干)**에 태어나거나, 신일간**(辛日干)**이 병월간**(丙月干)**이나 병시간**(丙時干)**에 태어나고 전지지**(全地支)**가 신자진수국**(申子辰水局)**이나 해자축수국**(亥子丑水局)**이 되면 성립되는데, 주중**(柱中)**에 병정사오**(丙丁巳午)**나 무기진술축미**(戊己辰戌丑未)**가 없어야 한다.**

병신합화수격(丙辛合化水格)**의 성품**(性品)**은 윤하격**(潤下格)**과 유사하나, 머리가 총명예리**(聰明銳利)**하고 지혜**(智慧)**가 심원**(深遠)**하고 예지력**(豫知力)**이 있으며, 일을 처리하는 데는 과묵**(寡默)**하면서도 이기심**(利己心)**이 강**(强)**하다.**

용신(用神)**은 임계해자**(壬癸亥子)**이고 희신**(喜神)**은 경신신유**(庚辛申酉)**와 갑을인묘**(甲乙寅卯)**이고, 기신**(忌神)**은 병정사오**(丙丁巳午)**와 진술축미**(辰戌丑未)**이다. 직업**(職業)**은 외교**(外交)**, 무역**(貿易)**, 유통**(流通)**, 교육**(敎育)**, 문학**(文學)**, 종교**(宗敎) **등이 적합하다.**

(2) 병신합화수격(丙辛合化水格)의 예(例)

辛	丙	辛	丙
卯	子	卯	申

戊	丁	丙	乙	甲	癸	壬
戌	酉	申	未	午	巳	辰

병일간(丙日干)**이 년월**(年月)**이 병신합**(丙辛合)**이고 일시**(日時)**도 병신합**(丙辛合)**으로 수국**(水局)**이 되어 있는데, 지지**(地支)**에 신자합수**(申子合水)**로 종화격**(從化格)**이 되었다. 원국**(原局)**에 병화**(丙火)**나 신금**(辛金)**이 주중**(柱中)**에 있으면 쟁합**(爭合)**이 되는데, 본명**(本命)**은 병신합**(丙辛合)**이**

청수(清秀**)하였으나 수기(**水氣**)가 실령(**失令**)하여 대격(**大格**)이 되지 못하였다.**

금수목운(金水木運**)에 희(**喜**)하고, 화토운(**火土運**)에 기(**忌**)하는데, 본명(**本命**)은 사오미화운(**巳午未火運**)에 대기(**大忌**)하였고, 신운(**申運**)에 시발(**始發**)하여 수운(**水運**)에 대귀(**大貴**)하였다.**

병신합수(丙辛合水**)는 해자월(**亥子月**)에 태어나야 득령(**得令**)하여 대격(**大格**)이 되는 것이다.**

丙	辛	壬	甲
申	酉	申	申

己	戊	丁	丙	乙	甲	癸
卯	寅	丑	子	亥	戌	酉

신일간(辛日干**)이 전지지(**全地支**)가 신유금국(**申酉金局**)으로 종혁격(**從革格**)이 되는데, 병화(**丙火**)가 시상(**時上**)에 유정(**有情**)하여 병신합화수격(**丙辛合化水格**)이 되었다. 월상임수(**月上壬水**)는 간격(**間隔**)되어 있으므로 병신합(**丙辛合**)에 방해(**妨害**)되지 않고 순화(**順化**)한다.**

금수운(金水運**)에 희(**喜**)하고, 화토운(**火土運**)에 기(**忌**)하는데 본명(**本命**)은 금수운(**金水運**)으로 향(**向**)하여 대발(**大發**)하였다.**

만약에 종혁격(從革格**)이 되면 병화(**丙火**)는 기신(**忌神**)이 되는데 종화(**從化格**)디 되어 진격(**眞格**)으로 귀명(**貴命**)이다.**

4. 정임합화목격(丁壬合化木格)

(1) 정임합화목격(丁壬合化木格)의 구성과 의의

정일(丁日)	임월(壬月)	전지지(全地支)	희신(喜神)	기신(忌神)
壬月, 壬時	丁月, 丁時	亥卯未, 寅卯辰	木, 水, 火	土, 金

정일간(丁日干**)이 임월간(**壬月干**)이나 임시간(**壬時干**)에 태어나거나, 임일간(**壬日干**)이 정월간(**丁月干**)이나 정시간(**丁時干**)에 태어나고 전지지(**全地

支)가 해묘미목국(亥卯未木局)이나 인묘진목국(寅卯辰木局)이 되면 성립되는데, 주중(柱中)에 경신신유(庚辛申酉)나 무기진술축미(戊己辰戌丑未)가 없어야 한다. 특히 계수(癸水)는 일간(日干)의 정화(丁火)와 충극(冲剋)하니 불길(不吉)하며, 무토(戊土)는 임수(壬水)를 극(剋)하니 또한 꺼린다.

정임합화목격(丁壬合化木格)의 성품(性品)은 곡직격(曲直格)과 유사하나, 총명예리(聰明銳利)하고 인품(人品)이 고상(高尙)하며 인정이 많고 남을 잘 도와준다. 반면에 자존심(自尊心)이 강(强)하고 유아독존(唯我獨尊)의 기질이 있다.

용신(用神)은 갑을인묘(甲乙寅卯)이고 희신(喜神)은 임계해자(壬癸亥子)와 병정사오(丙丁巳午)이고, 기신(忌神)은 무기진술축미(戊己辰戌丑未)와 경신신유(庚辛申酉)이다.

직업(職業)은 교육(敎育), 종교(宗敎), 철학(哲學), 학원(學院), 법조(法曹), 의약(醫藥), 언론(言論) 등에 적합하다.

(2) 정임합화목격(丁壬合化木格)의 예(例)

丁	丁	壬	壬
未	卯	寅	辰

己	戊	丁	丙	乙	甲	癸
酉	申	未	午	巳	辰	卯

정화일주(丁火日主)가 인월(寅月)에 태어나고 전지지(全地支)가 인묘진방합(寅卯辰方合)과 묘미합(卯未合)으로 전목국(全木局)이 되었다. 천간(天干)도 정임합(丁壬合)으로 내합(內合)과 외합(外合)이 되어 목국(木局)이 되니 종화(從化)함이 당연하다. 따라서 수목화운(水木火運)에 희(喜)하고 토금운(土金運)에 기(忌)하는데, 본명(本命)은 목화운(木火運)으로 향(向)하여 대귀(大貴)한 명조(命造)이다.

년상(年上)의 임수(壬水)와 시상(時上)의 정화(丁火)와 쟁합(爭合)이 될 것 같으나, 일월(日月)이 정임합(丁壬合)하고 년시(年時)가 정임합(丁壬合)하여 유정지합(有情之合)으로 아름답다.

정일간(丁日干)이 시상(時上)에 임수(壬水)나 월상(月上)에 임수(壬水)가 있고 지지(地支)에 해묘미인진(亥卯未寅辰)으로 구성되고 천간(天干)에 경신(庚辛)이나 지지(地支)에 신유(申酉)가 없으면 정임합목(丁壬合木)으로 종화(從化)하는 것이다.

丙	壬	丁	甲
午	寅	卯	子

甲	癸	壬	辛	庚	己	戊
戌	酉	申	未	午	巳	辰

임수일간(壬水日干)이 묘월(卯月)에 태어나고 간지(干支)에 극설(剋泄)이 많으니, 태약(太弱)한 임수(壬水)가 왕성(旺盛)한 정화(丁火)와 정임합(丁壬合)으로 종화목(從化木)으로 되었다. 따라서 정화(丁火)와 임수(壬水)는 본성(本性)을 버리고 합화목(合化木)으로 용신(用神)을 삼아야 한다.

목(木)이 용신(用神)이면 목(木)을 생조(生助)하는 수(水)는 희신(喜神)이고, 왕성(旺盛)한 목기(木氣)를 역세(逆勢)하는 금기(金氣)는 대흉(大凶)하나, 왕목(旺木)을 설기(泄氣)하는 화운(火運)은 무방하다.

본명(本命)은 계유대운(癸卯大運)인 계축년(癸丑年)에 불록지객(不祿之客)이 되었다. 계유대운(癸酉大運)은 정계충(丁癸冲), 묘유충(卯酉冲)으로 희신계수(喜神癸水)가 쇠자충발(衰者冲拔)되고 용신묘목(用神卯木)도 쇠자충발(衰者冲拔)되니 천충지충(天冲地冲)이 되었다.

또한 세운(勢運)인 계축년(癸丑年)은 정계충(丁癸冲)으로 역시 계수(癸水)가 충발(冲拔)되었고, 자축합토(子丑合土)로 기신(忌神)이 되었기 때문이다.

5. 무계합화화격(戊癸合化火格)

(1) 무계합화화격(戊癸合化火格)의 구성과 의의

무일(戊日)	계일(癸日)	전지지(全地支)	희신(喜神)	기신(忌神)
癸月, 癸時	戊月, 戊時	寅午戌, 巳午未	火, 木, 土	金, 水

무일간(戊日干)**이 계월간**(癸月干)**이나 계시간**(癸時干)**에 태어나거나, 계일간**(癸日干)**이 무월간**(戊月干)**이나 무시간**(戊時干)**에 태어나나 전지지**(全地支)**가 인오술화국**(寅午戌火局)**이나 사오미화국**(巳午未火局)**이 되면 성립되는데, 주중**(柱中)**에 경신신유**(庚辛申酉)**나 임계해자**(壬癸亥子)**가 없어야 한다. 특히 기토**(己土)**는 계수**(癸水)**를 충극**(沖剋)**하니 꺼린다.**

무계합화화격(戊癸合化火格)**의 성품**(性品)**은 염상격**(炎上格)**과 유사하나, 예의**(禮儀)**가 바르고 정의감**(正義感)**에 불타며, 사물을 처리하는 데는 속전속결**(速戰速決)**하며 솔직담백한 반면에 냉정**(冷情)**하고 애정이 결핍되어 성격이 불같이 성급하여 대인관계나 부부관계에서도 원만하지 못한 경우가 많다.**

용신(用神)**은 병정사오**(丙丁巳午)**이고 희신**(喜神)**은 갑을인묘**(甲乙寅卯)**와 무기진술축미**(戊己辰戌丑未)**이고, 기신**(忌神)**은 경신신유**(庚辛申酉)**와 임계해자**(壬癸亥子)**이다.**

직업(職業)**은 염상격**(炎上格)**과 유사하나, 종교**(宗敎)**, 철학**(哲學)**, 정신세계**(精神世界) **등에서 두각을 나타내며, 교육**(敎育)**, 학원**(學院)**, 연구원**(研究員)**, 기계**(機械)**, 전기**(電氣)**. 전자**(電子)**, 화공**(化工) **등에도 적합하다.**

(2) 무계합화화격(戊癸合化火格)의 예(例)

甲	癸	戊	丙
寅	巳	戌	戌

乙 甲 癸 壬 辛 庚 己
巳 辰 卯 寅 丑 子 亥

계수일주(癸水日主)가 식재관(食財官)이 왕성(旺盛)하여 태약(太弱)한데, 월상무토(月上戊土)와 무계합화(戊癸合火)하니, 갑병(甲丙)이 목생화(木生火)되고 지지(地支)가 사인술(巳寅戌)로 화국(火局)이 되므로 종화진격(從化眞格)이 되었다. 용신(用神)은 병정사오(丙丁巳午)이고 희신(喜神)은 갑을인묘(甲乙寅卯)와 무기진술축미(戊己辰戌丑未)이고, 기신(忌申)은 경신신유(庚辛申酉)와 임계해자(壬癸亥子)인데, 본명(本命)은 초운(初運)이 해자축(亥子丑)이 되므로 불길(不吉)하나 인묘진운(寅卯辰運)에는 대귀(大貴)한 명조(命造)이다.

일반적으로 계일주(癸日主)가 시상(時上)이나 월상(月上)에 무토(戊土)만 있고 천간(天干)에 병정(丙丁)이 있으며, 지지(地支)가 인오술사(寅午戌巳) 등으로 구성되고 천간(天干)에 임계(壬癸)와 지지(地支)에 해자(亥子)가 없으면 계수(癸水)와 무토(戊土)가 종화격(從化格)이 되는 것이며, 목화토운(木火土運)은 길(吉)하고 금수운(金水運)은 불길(不吉)하다. 특히 기토(己土)는 계수(癸水)를 충극(冲剋)하므로 꺼린다.

癸	戊	甲	丙
丑	戌	午	寅

辛 庚 己 戊 丁 丙 乙
丑 子 亥 戌 酉 辛 未

무토일주(戊土日主)가 오월(午月)에 태어나고 지지(地支)가 인오술(寅午戌)로 화국(火局)이 되고 천간(天干)에 갑병(甲丙)이 목생화(木生火)로 생조(生助)하니, 계수(癸水)와 무토(戊土)는 무계합화(戊癸合火)로 종화진격(從化眞格)이 되는 것이다. 용신(用神)은 병정사오(丙丁巳午)이고, 희신(喜神)은 갑을인묘(甲乙寅卯)와 무기진술축미(戊己辰戌丑未)이고, 기신(忌神)은 경신신유(庚辛申酉)와 임계해자(壬癸亥子)인데, 본명(本命)은 금수운(金水運)으로 향(向)하여 대기(大忌)한 명조(命造)이다.

원국(原局)에서 시지(時支)의 축토(丑土)가 축술형(丑戌刑)으로 방해(妨害)가 될 것 같으나, 지지(地支)가 인오술화국(寅午戌火局)이 되어 탐합망형(貪合忘刑)으로 방해(妨害)가 되지 않으며, 종화격(從化格)은 설기(泄氣)하는 축토(丑土)가 희신(喜神)이 된다.

제4절 양신성상격(兩神成象格)

1. 상생양신성상격(相生兩神成象格)

(1) 상생양신성상격(相生兩神成象格)의 구성과 의의

양신성상격(兩神成象格)은 서로 상생(相生)하는 두 개의 오행(五行)으로 구성되는 것을 말한다. 즉 목화광휘(木火光輝), 화토협난(火土夾難), 토금육수(土金毓秀), 금수수청(金水水淸), 수목청기(水木淸氣)가 되어 상생오국(相生五局)이 되는 것이다. 이와 상반되는 목토(木土), 토수(土水), 수화(水火), 화금(火金), 금목(金木)과 같이 상극(相剋)되어 이루어지는 경우가 있다.

만약 상극(相剋)으로 이루어지면 억부용신법(抑扶用神法)을 적용(適用)해야 하며, 상생(相生)으로 이루어질 때 양신성상격(兩神成象格)이 성립되며, 수목상생격(水木相生格)은 화운(火運), 목화상생격(木火相生格)은 토운(土運), 화토상생격(火土相生格)은 금운(金運), 토금상생격(土金相生格)은 수운(水運), 금수상생격(金水相生格)은 목운(木運)이 각각 길(吉)하다.

양신성상격(兩神成象格)은 서로가 균형이 맞아야 한다. 만약에 인수(印綬)가 강(强)하면 종강격(從强格)이 되고, 인간(日干)이 인수(印綬)나 식상(食傷)보다 강(强)할 때는 종왕격(從旺格)으로 보아야 하고, 식상(食傷)이 강(强)할 때는 종아격(從兒格)이 되는 것이다.

(2) 상생양신성상격(相生兩神成象格)의 예(例)

壬	壬	甲	癸
寅	寅	子	卯

丁 戊 己 庚 辛 壬 癸
亥 子 丑 寅 卯 辰 巳

본명(本命)은 신육천(申六泉)의 사주감정법(四柱鑑定法)에 있는 사례(事例)이다. 임일생(壬日生)으로 오행(五行)이 수목(水木)으로 구성되어 있으며, 4 대 4로 균등(均等)하다. 수목(水木)이 청기(淸奇)로 완전하게 수목상생격(水木相生格)으로 구성하고 있어 귀명(貴命)이다.

이기상생(二氣相生)은 일간(日干)을 기준으로 통병(通辯)하면 식상(食傷)이 왕성(旺盛)하다. 따라서 본명(本命)은 수기발로(秀氣發露)가 특이(特異)하여 재능(才能)이 샘과 같이 용출(湧出)하여 반드시 일업(一業)으로 성명(盛名)이 나니 귀명(貴命)이 틀림없다.

원래 식신(食神)과 상관(傷官)은 학(學), 기(技), 예(藝)의 신(神)으로 이 중 한 가지는 발군(拔群)의 재능(才能)으로 대지(大志), 대업(大業)을 달성하여 중인(衆人)의 정상(頂上)이 되는 자격이 있다.

乙	丁	乙	丁
巳	卯	巳	卯

戊 己 庚 辛 壬 癸 甲
戌 亥 子 丑 寅 卯 辰

정화일주(丁火日主)가 사월(巳月)에 태어나서 득령(得令)하였으며 두 개의 천간(天干)과 두 개의 지지(地支)가 서로 상생(相生)하여 양신성상격(兩神成象格)이 되었다. 용신(用神)은 목화운(木火運)이고 기신(忌神)은 토금운(土金運)이다. 갑진운(甲辰運)은 갑목(甲木)이 용신(用神)이고, 묘진합목(卯辰合木)이 되어 순탄하였고, 계묘운(癸卯運)은 계수기신(癸水忌神)이 수생목(水生木)으로 살인상생(殺印相生)이 되어 벼슬길에 올랐다. 임인운(壬寅運)은 정임합목(丁壬合木)이 되고 인목용신(寅木用神)의 힘을 언어 벼슬길이 순탄하였다.

신축운(辛丑運)에 을신충(乙辛冲)으로 용신을목(用神乙木)이 충극(冲剋)되고 사축(巳丑)이 금국(金局)으로 묘목(卯木)을 극상(剋傷)하여 불록지객(不祿之客)이된 명조(命造)이다.

2. 상극양신성상격(相剋兩神成象格)

(1) 상극양신성상격(相剋兩神成象格)의 구성과 의의

2기(二氣)가 상극(相剋)되는 것을 말하는데 목토배양(木土培養), 토수윤하(土水潤下), 수화기재(水火旣濟), 화금주인(火金鑄印), 금목성기(金木成器)와 같이 일간(日干)에서 보아 상극(相剋) 또는 수극(受剋)하는 것인데 통변성(通辯星)으로 재성(財星)이나 관살(官殺)에 해당한다.

원서(原書)에 「2인동심(二人同心)은 순(順)하고 역(逆)치 말라」고 하였다. 이것은 순세(順勢)를 좋아하고 역극(逆剋)을 두려워 한다는 뜻이다. 그러나 상극양신성상격(相剋兩神成象格)은 통관운(通關運)을 좋아한다.

예(例)를 들면 목토성상격(木土成象格)은 화운(火運), 토수성상격(土水成象格)은 금운(金運), 수화성상격(水火成象格)은 목운(木運), 화금성상격(火金成象格)은 토운(土運), 금목성상격(金木成象格)은 수운(水運)이 들어오면 상극(相剋)도 통관신(通關神)에 의하여 3기순생(三氣順生)이 되어 수기유행(秀氣流行)이라고 하여 길운(吉運)이 된다.

(2) 상극양신성상격(相剋兩神成象格)의 예(例)

癸	戊	癸	戊
亥	戌	亥	戌

庚 己 戊 丁 丙 乙 甲
午 巳 辰 卯 寅 丑 子

무토일주(戊土日主)가 해월(亥月)에 태어 나고 원국(原局)이 두 개의 천간(天干)과 두 개의 지지(地支)가 서로 대립되어 양신성상격(兩神成象格)이 되었다. 무토일간(戊土日干)은 실령(失令)하고 좌하(坐下)에 득지(得地)하고 년주(年柱)인 무술(戊戌)에 득세(得勢)하였으나, 재성(財星)이 오히려 득지(得地), 득령(得令), 득세(得勢)하여 일간(日干)보다 강(强)하다. 용신(用神)은 술중정화(戌中丁火)가 되는데. 본명(本命)은 목화운(木火運)으로 향(向)하여 대귀(大貴)한 명조(命造)이다.

운행(運行)에서 갑자(甲子), 을축운(乙丑運)에는 웅지(雄志)의 뜻을 펴지 못하였으나 병인운(丙寅運)에는 용신화운(用神火運)으로 고시(考試)에 합격하였다. 정묘(丁卯), 무진운(戊辰運)까지는 순탄하게 관직(官職)을 유지하면서 부귀(富貴)를 누렸으나, 기사운(己巳運)에 기계충(己癸沖), 사해충(巳亥沖)으로 천충지충(天沖地沖)되어 불록지객(不祿之客)이 된 명조(命造)이다.

甲	戊	甲	戊
寅	戌	寅	戌

辛	庚	己	戊	丁	丙	乙
酉	申	未	午	巳	辰	卯

무토일주(戊土日主)가 인월(寅月)에 태어나고 원국(原局)이 두 개의 천간(天干)과 두 개의 지지(地支)로 구성되어 양신성상격(兩神成象格)이 되었다. 일간(日干)인 무토(戊土)는 실령(失令)하고 득지(得地), 득세(得勢)하였으나 극아지국(剋我之局)하는 관살(官殺)이 득령(得令)하여 일주(日主)보다 강하다. 따라서 용신(用神)은 인수(印綬)가 생조(生助)하여 주고 비겁(比劫)이 일주(日主)를 방부(幇扶)하는 것을 희(喜)하고, 식상운(食傷運)과 관살운(官殺運)은 대기(大忌)하고, 재성운(財星運)은 관살기신(官殺忌神)을 도우니 불길(不吉)하다.

본명(本命)은 대운(大運)이 화토운(火土運)으로 향(向)하여 대귀(大貴)하였으나, 경신운(庚申運)에는 갑경충(甲庚沖), 인신충(寅申沖)으로 천충지충(天沖地沖)이 되어 대기(大忌)하였을 것으로 추정(推定)한다.

제18장 별격론(別格論)

제1절 천원일기격(天元一氣格)

천원(天元)이란 천간(天干)을 말하며, 일기(一氣)란 4개가 똑같은 천간(天干)임을 말하는 것이다. 예를 들면 갑년(甲年), 갑월(甲月), 갑일(甲日), 갑시(甲時)로 이루어지면 성립된다.

이 격(格)은 지지(地支)의 구성에 따라 길흉화복(吉凶禍福)이 각각 다르게 나타나니 주의 깊게 갈펴야 한다. 어디까지나 강약(强弱)과 청탁(淸濁)을 판단해야 한다.

甲	甲	甲	甲
子	寅	戌	子

辛	庚	己	戊	丁	丙	乙
巳	辰	卯	寅	丑	子	亥

천간(天干)에 4개의 갑목(甲木)이 하나의 일기(一氣)로 되어 있고, 지지(地支)는 오술화국(午戌火局)을 이루어 상관격(傷官格)이 되면서도 술중신금(戌中辛金)이 있어 잡기재관(雜氣財官)을 이루었다. 지지(地支)에 화국(火局)을 이루어 성품이 활달(豁達)하여 어디가나 두령격(頭領格)이다.

또한 목화통명(木火通明)이니 재능총명(才能聰明)이 뛰어나다. 해자축북방운(亥子丑北方運)에 대흉(大凶)하였고, 인묘진동방운(寅卯辰東方運)에도 대흉(大凶)하였으며, 특히 경진운(庚辰運)에는 갑경충(甲庚沖), 진술충(辰戌沖)으로 천충지충(天沖地沖)으로 불록지객(不祿之客)이 되었다.

壬	壬	壬	壬
子	辰	寅	寅

己	戊	丁	丙	乙	甲	癸
酉	申	未	午	巳	辰	卯

천간(天干)에 4개의 임수(壬水)가 하나의 일기(一氣)로 되어 있으니 천원일기격(天元一氣格)이다. 일시지(日時支)가 자진합수(子辰合水)가 되고 천간전임수(天干全壬水)가 합세(合勢)를 하니 수기(水氣)가 태왕(太旺)하다. 신왕(身旺)은 억제(抑制)가 우선이나 원국(原局)에 재관(財官)이 필요(必要)

한데 다행하게도 인인목국(寅寅木局)으로 설기처(泄氣處)가 있어 아름답다. 왕수기(旺水氣)에 대비(對比)하여 설기처(泄氣處)가 부족(不足)하고 춘목지절(春木之節)이라 냉기(冷氣)가 있어 조후용신(調候用神)인 화기(火氣)가 필요하다.

행운(行運)에서 목화(木火)가 희(喜)하고 금수(金水)가 기(忌)하는데, 본명(本命)은 동남방향(東南方向)으로 향(向)하여 대발(大發)하였다. 일지진토(日支辰土)가 관용신(官用神)으로 쓸 수 있다고 볼 수 있으나 자진합수국(子辰合水局)이 되고, 또 인진목국(寅辰木局)이 되어 토기(土氣)가 붕괴(崩壞)되었다. 따라서 토기(土氣)의 임무(任務)를 상실(喪失)하여 용신(用神)으로 쓸 수 없다.

제2절 지지일기격(地支一氣格)

지지일기격(地支一氣格)이란 지지(地支)가 일기(一氣)로 구성되어 있는 것을 말한다. 가령 인년(寅年), 인월(寅月), 인일(寅日), 인시(寅時)로 지지(地支)가 똑같이 구성되어 있기 때문에 다른 격(格)으로 변화(變化)되는 경우가 많은 것이 특징이다.

예를 들면 종아격(從兒格), 종재격(從財格), 종살격(從殺格)으로 변화(變化)되거나 곡직격(曲直格), 염상격(炎上格), 가색(稼穡格), 종혁격(從革格), 윤하격(潤下格) 등이다.

戊	庚	丙	甲
寅	寅	寅	寅

癸	壬	辛	庚	己	戊	丁
酉	申	未	午	巳	辰	卯

경금일주(庚金日主)가 지지(地支)에 인목(寅木)으로 일기(一氣)가 되어 지지일기격(地支一氣格)이 성립된다. 경금(庚金)이 인월(寅月)로 냉한(冷寒)하여 병화(丙火)가 4인중(四寅中)에 있고 월간(月干)에 투출(透出)하여 조후(調候)하니 귀명(貴命)이다. (喜)하고 토금(土金)이 기(忌)하다.

본명(本命)**은 종재격**(從財格)**으로도 변화**(變化)**되니 수목화**(水木火)**가 희대운**(大運)**이 목화운**(木火運)**으로 향**(向)**하여 대발**(大發)**한 명**(命)**이다.**

戊	丙	甲	戊
子	子	子	子

辛 庚 己 戊 丁 丙 乙
未 午 巳 辰 卯 寅 丑

병화일주(丙火日主)**가 지지**(地支)**가 자수**(子水)**로 일기**(一氣)**가 되어 지지일기격**(地支一氣格)**이 성립된다. 병화일주**(丙火日主)**가 실령**(失令), **실지**(失地)**로 최약**(最弱)**하여 종살**(從殺)**이 될 것 같으나 월상갑목**(月上甲木)**이 목생화**(木生火)**를 하기 때문에 종살**(從殺)**이 되지 못한다.**

그러나 갑목(甲木)**은 왕수**(旺水)**에 부목**(浮木)**이 되어 병화**(丙火)**를 도울 수 없다. 따라서 금수**(金水)**가 병**(病)**이고, 목화**(木火)**가 약**(藥)**이 되는데, 본명**(本命)**은 목화운**(木火運)**으로 향**(向)**하여 대발**(大發)**하였다.**

축대운(丑大運)**에는 자축합수**(子丑合水)**로 모친**(母親)**과 사별**(死別)**하고 고생**(苦生)**하였으나 병인**(丙寅), **정묘운**(丁卯運)**은 안정**(安定)**하고 평안**(平安)**하였으나 무진**(戊辰), **기사운**(己巳運)**에 결혼실패를 두 번이나 하면서 방황하였다. 경오대운**(庚午大運)**에는 갑경충**(甲庚冲), **자오충**(子午冲)**으로 천충지**衝天冲地冲)**되어 불록지객**(不祿之客)**이 되었을 것이다.**

제3절 간지동체격(干支同體格)

간지동체격(干支同體格)**은 사주동일격**(四柱同一格)**이라고도 하며, 연월일시**(年月日時)**의 천간**(天干)**과 지지**(地支)**가 모두 같을 때 성립하는 것이며, 천간일원**(天干一元)**과 지지일원**(地支一元)**으로 구성이 되는 것을 말한다.**

육십갑자(六十甲子) **중에 간지동체**(干支同體)**로 구성되는 것은 10 가지가 있는며, 이와 같이 구성되면 귀명**(貴命)**이라고 하는데, 용신**(用神)**과 대운**(大運)**에 따라 달라질 수가 있다.**

예를 들면 사갑술(四甲戌), **사을유**(四乙酉), **사병신**(四丙申), **사정미**(四丁未), **사무오**(四戊午), **사기사**(四己巳), **사경진**(四庚辰), **사신묘**(四辛卯), **사임인**(四壬寅), **사계해**(四癸亥)**이다.**

戊	戊	戊	戊
午	午	午	午

乙 甲 癸 壬 辛 庚 己
丑 子 亥 戌 酉 申 未

자평(子平)**에 의하면** 「**천원일기**(天元一氣)**에 지물**(地物)**이 상동**(相同)**이니 위열삼합**(位列三合**이라**」**고 하였다. 원래 간지동체**(干支同體)**는 귀명**(貴命)**이지만 4신묘**(四辛卯)**는 빈요**(貧夭)**의 명**(命)**이요, 4갑술**(四甲戌)**은 영리총명**(怜悧聰明)**하지만 대성**(大成)**하지 못하고 파가**(破家)**한다고 하였다.**

본명(本命)**은 화토**(火土)**로서 종왕격**(從旺格)**이 되니 화토금운**(火土金運)**이 희**(喜)**하고 수목운**(水木運)**이 기**(忌)**하는데, 운행**(運行)**이 금수운**(金水運)**으로 향**(向)**하여 신유술운**(申酉戌運)**에 대발**(大發)**하였으나 해자운**(亥子運)**에는 대기**(大忌)**하였다.**

임수운(壬水運)**은 토왕절**(土旺節)**의 무토상**(戊土上)**의 토극수**(土剋水)**로 기신**(忌神)**이 약**(弱)**하여 전화위복**(轉禍爲福)**이 되었고, 계수운**(癸水運)**은 무계합화**(戊癸合火)**하니 무방**(無妨)**하고, 해수운**(亥水運)**은 해중갑목**(亥中甲木)**이 생화**(生火)**하여 길**(吉)**하고, 갑자운**(甲子運)**은 갑무극**(甲戊剋)**이 되고 자오충**(子午冲)**하니 왕화**(旺火)**에 의하여 자수**(子水)**가 충발**(冲拔)**되어 불귀객**(不歸客)**이 되었을 것으로 추정한다.**

己	己	己	己
巳	巳	巳	巳

壬 癸 甲 乙 丙 丁 戊
戌 亥 子 丑 寅 卯 辰

기사일주(己巳日主)**가 년월시주**(年月時柱)**까지 기사**(己巳)**로서 천간**(天干)**과 지지**(地支)**가 동체**(同體)**이다. 전지지**(全地支)**가 전사화**(全巳火)**로서 종왕격**(從旺格)**이 되기도 하는데, 화토**(火土)**가 순청**(純淸)**하여 귀격**(貴格)**이다. 본명**(本命)**은 화토금운**(火土金運)**에 희**(喜)**하고 수목운**(水木運)**이 기**(忌)**하는데, 운행**(運行)**이 목수운**(木水運)**으로 향**(向)**하여 대기**(大忌)**한 명**(命)**이다.**

무진운(戊辰運)은 무토희신(戊土喜神)으로 무난하였고, 정묘(丁卯), 병인운(丙寅運)은 인묘목(寅卯木)이 목생화(木生火)하고 화생토(火生土)하여 살인상생(殺印相生)되니 전화위복(轉禍爲福)이 되었다. 을축(乙丑), 갑자운(甲子運)은 고생(苦生)하였고, 계해운(癸亥運)은 기계충(己癸冲), 사해충(巳亥冲)으로 천충지충(天冲地冲)되어 불귀객(不歸客)이 되었을 것으로 추정한다.

제4절 복덕격(福德格)

복덕격(福德格)은 원래 기축일(己丑日)이 지지(地支)에 사유축금국(巳酉丑金局)이 되면 성립되는데, 화기(火氣)와 목기(木氣)를 기(忌)하고 형충파(刑冲破)를 꺼린다. 복덕격(福德格)은 기축일(己丑日)뿐만 아니라 오음일(五陰日)이 지지(地支)가 사유축금국(巳酉丑金局)이 되면 모두가 성립된다.

예를 들면 음토일주(陰土日主)인 기사(己巳), 기유(己酉), 기축일(己丑日)과, 음화일주(陰火日主)인 정사(丁巳), 정유(丁酉), 정축일(丁丑日)과, 음수일주(陰水日主)인 계사(癸巳), 계유(癸酉), 계축일(癸丑日)과, 음금일주(陰金日主)인 신사(辛巳), 신유(辛酉), 신축일(辛丑日)과, 음목일주(陰木日主)인 을사(乙巳), 을유(乙酉), 을축일(乙丑日)이 해당되는 것이다. 그 이유는 기토일주(己土日主)는 종아격(從兒格), 정화일주(丁火日主)는 종강역(從强格), 신금일주(辛金日主)는 종혁격(從革格), 을목일주(乙木日主)는 종살격(從殺格)이 되기 때문이다.

辛	乙	辛	癸
巳	丑	酉	酉

甲	乙	丙	丁	戊	己	庚
寅	卯	辰	巳	午	未	申

을목일주(乙木日主)가 유월(酉月)에 태어나고 지지(地支)에 사유축(巳酉丑)으로 금국(金局)이 되어 복덕격(福德格)이다. 을목일주(乙木日主)가 전지지(全地支)에 전금국(全金局)이 되고 신금(辛金)이 투출(透出)되니 원국(原局)이 관살태왕(官殺太旺)하고 을목(乙木)이 무근(無根)이니 왕성(旺盛)한 금세(金勢)에 종(從)을 하여 종살격(從殺格)이 되었다.

행운(行運)에서 화토금운(火土金運)이 희(喜)하고 수목운(水木運)이 기(忌)하는데, 본명(本命)은 화목운(火木運)으로 향(向)하여 사오미화운(巳午未火運)에 대발(大發)하였고, 인묘진목운(寅卯辰木運)에 대기(大忌)하였다.

乙	己	丁	辛
丑	巳	酉	丑

庚 辛 壬 癸 甲 乙 丙
寅 卯 辰 巳 午 未 申

기토일주(己土日主)가 유월(酉月)에 태어나고 지지(地支)에 사유축(巳酉丑)으로 금국(金局)이 되어 복덕격(福德格)이다. 기토일주(己土日主)가 전지지(全地支)에 전금국(全金局)이 되고 신금(辛金)이 투출(透出)되니 원국(原局)이 관살태왕(官殺太旺)하고 기토(己土)가 무근(無根)이니 왕성(旺盛)한 금세(金勢)에 종(從)을 하여 종아격(從兒格)이 되었다. 행운(行運)에서 토금수운(土金水運)이 희(喜)하고 목화운(木火運)이 기(忌)하는데, 본명(本命)은 목화운(木火運)으로 향(向)하여 초년(初年)에 대기(大忌)하였다.

제5절 정란차격(井欄叉格)

정란차격(井欄叉格)이라고 하는 것은 경금일주(庚金日主)가 지지(地支)에 신자진삼위(申子辰三位)가 모두 있어야 성립된다. 만약 천간(天干)에 3개의 경금(庚金)이 있으면 더욱 묘격(妙格)이다.

정(井)이란 원국(原局)에 신자진수국(申子辰水局)을 이루고 있는데, 경금일주(庚金日主)가 금생수(金生水)를 하여 우물(井)에 비유하였고, 란(欄)이란 역시 우물(井)을 뜻하며, 수기(水氣)가 왕성(旺盛)하므로 음(陰)이 양(陽)으로 수화교차(水火交叉)를 의미하여 정란차격(井欄叉格)이라고 한다. 다시 말하여 경자(庚子), 경진(庚辰), 경신(庚申) 일주(日主)가 지지(地支)에 신자진수국(申子辰水局)이면 성립되는 것이다.

만약 원국(原局)에 인오술(寅午戌)이 있으면 신금(申金)은 인목(寅木), 자수(子水)는 오화(午火), 진토(辰土)는 술토(戌土)를 충극(冲剋) 역할을 하기 때문에 파격(破格)이 된다.

대운(大運)이 동방목운(東方木運)이나 서방금운(西方金運)으로 흐르면 대발(大發)하고 북방수운(北方水運)이나 남방화운(南方火運)이면 대기(大忌)하다.

庚	庚	庚	戊
辰	申	申	申

丁	丙	乙	甲	癸	壬	辛
卯	寅	丑	子	亥	戌	酉

경신일주(庚申日主)가 지지(地支)에 신진수국(申辰水局)이 되어 정란차격(井欄叉格)이 성립된다. 삼경(三庚)에 신진수국(申辰水局)이면 귀명(貴命)이 되는데 신왕(身旺)하여 더욱 아름답다. 금수목운(金水木運)이 희(喜)하고 화토운(火土運)이 기(忌)한데, 본명(本命)은 금수목(金水木)으로 향(向)하여 대귀(大貴)하였다. 갑자(甲子), 을축대운(乙丑大運)에 국가(國家)의 동량지재(棟樑之材)가 된 곽통제(郭統制)의 명(命)이다.

壬	庚	庚	庚
午	申	辰	子

丁	丙	乙	甲	癸	壬	辛
亥	戌	酉	申	未	午	巳

경신일주(庚申日柱)가 지지(地支)에 신자진수국(申子辰水局)이 되어 정란차격(井欄叉格)이 성립된다. 그러나 시지(時支)에 오화(午火)가 있으니 파격(破格)이 되었다. 정란차격(井欄叉格)은 금수목(金水木)이 희(喜)하고 화토(火土)가 기(忌)하는데 본명(本命)은 남방화운(南方火運)으로 향(向)하여초년(初年)에 대기(大忌)하였다. 원국(原局)에 오화(午火)가 있어서 불길(不吉)한데 대운(大運)에 오화(午火)가 있어서 흉액(凶厄)이 중첩(重疊)되었다. 세운오(歲運午)에 상처(喪妻)하고 실직(失職)하게 된 정란차격(井欄叉格)으로 파격(破格)의 명(命)이다.

제6절 현무당권격(玄武當權格)

현무당권격(玄武當權格)이라고 하는 것은 임계일생(壬癸日生)이 인오술화국(寅午戌火局)이 되어 일주(日主)의 재성(財星)이 되거나 잔술축미(辰戌丑未)가 있어 관성(官星)이 되면 성립이 되는 것이다.

현무(玄武)라고 하는 것은 북방(北方)으로서 임수(壬水)와 계수(癸水)를 별칭(別稱)한 것이며, 당권(當權)이란 세력(勢力)을 가졌다는 뜻으로 지지(地支)가 강왕(强旺)한 재관(財官)으로 이루어졌다는 의미에서 현무당권격(玄武當權格)이라고 하는 것이다.

이 격(格)은 일주(日主)가 약(弱)하여 종재(從財)나 종살(從殺)이 될 경우에는 길(吉)하나, 만약 종(從)이 되지 않고 일주(日主)가 약(弱)하면 왕성(旺盛)한 재관(財官)을 다스리지 못하여 불길(不吉)하기 때문에 신왕(身旺)해야 한다. 또한 충형(冲刑)을 만나거나 신약(身弱)한 임계수(壬癸水)를 설기(泄氣)하는 식상목(食傷木)을 만나면 불의(不意)의 재액(災厄)이 발생하게 되는 것이다.

자평시결(子平詩訣)에 이 격(格)을 얻은 자(者)는 「그 성품(性品)이 온화(溫和)하고 지혜(智慧)가 있으며 예모(禮貌)가 있고 위엄(威嚴)이 있으나 용맹(勇猛)하지 못하다」라고 하였다. 또한 대운(大運)이나 세운(歲運)에서 충형(冲刑)을 만나면 불길(不吉)하다. 그리고 「재관(財官)을 만나고 충파(冲破)가 없으면 조정(朝廷)의 중신(重臣)이 된다」라고 하였다.

辛	壬	壬	庚
亥	寅	午	午

己 戊 丁 丙 乙 甲 癸
丑 子 亥 戌 酉 申 未

임수일주(壬水日主)가 지지(地支)에 인오술화국(寅午戌火局)을 이루어 현무당권격(玄武當權格)이 성립된다. 이 격(格)은 재관(財官)이 있으면 진격(眞格)이 되는데, 신왕(身旺)을 요(要)한다. 그러나 본명(本命)은 신약(身弱)한데, 다행하게도 시지해수(時支亥水)에 건록(建祿)하고 인수(印綬)와 비견(比肩)이 천간(天干)에 투출(透出)되어 생조(生助)하여 심약(甚弱)하지 않은데, 대운(大運)이 금수운(金水運)으로 향(向)하여 대발(大發)하였다고 자평(子平)에 소개한 이도독(李都督)의 명조(命造)이다.

무자대운(戊子大運)인 자운(子運)에 이르러 오화(午火)를 충(冲)하여 화국(火局)을 파(破)하니 명진(命盡)하였다.

甲	壬	丙	庚
辰	戌	戌	戌

癸	壬	辛	庚	己	戊	丁
巳	辰	卯	寅	丑	子	亥

임수일주(壬水日主)가 지지(地支)에 진술토국(辰戌土局)을 이루어 현무당권격(玄武當權格)이 성립된다. 임일주(壬日主)가 무근(無根)이고 전지지(全地支)가 토국(土局)이 되어 종살격(從殺格)도 성립된다. 종살격(從殺格)이 되면 화토운(火土運)이 희(喜)하고 금수목운(金水木運)이 기(忌)하는데, 본명(本命)은 수목북동방(水木北東方)으로 향(向)하여 대기(大忌)하였다. 현무당권격(玄武當權格)은 우선적으로 신왕(身旺)함을 요(要)하지만 만약에 신약(身弱)일 경우에는 종재화국(從財火局)이 되거나 종살토국(從殺土局)이 되면 귀격(貴格)인데, 본명(本命)은 종살토국(從殺土局)이 되어 있으나 대운(大運)이 불길(不吉)하여 천격(賤格)이 되었다.

제7절 구진득위격(句陳得位格)

구진득위격(句陳得位格)이라고 하는 것은 무기일주(戊己日主)가 지지(地支)에 신자진수국(申子辰水局)을 얻어 재성(財星)이 되거나 해묘미목국(亥卯未木局)을 얻어 관성(官星)이 되면 구진득위격(句陳得位格)이 성립된다. 구진(句陳)이란 무기토(戊己土)의 별칭(別稱)이며, 득위(得位)란 무기토(戊己土)가 지지(地支)에 재국(財局)이나 관국(官局)을 얻었다는 뜻이다.

이 격(格)이 성립되면 재관(財官)이 있어 신약(身弱)하여지는 경우가 많은데, 만약에 일주(日主)가 심약(甚弱)하고 재살(財殺)이 왕성(旺盛)하여 종재(從財)나 종살(從殺)이 되면 오히려 길(吉)하게 되는 것이다.

그러나 신왕(身旺)하고 재왕(財旺)이나 살왕(殺旺)이 되면 부귀명(富貴命)이 되는 것이다. 이 격(格)은 형충(刑冲)을 만나거나 종재(從財)가 견겁(肩劫)을 만나거나 또는 종살(從殺)이 식상(食傷)을 만나면 재화(災禍)가 발생하는데, 행운(行運)에서도 마찬가지이다.

戊	己	丁	丁
辰	卯	亥	亥

庚	辛	壬	癸	甲	乙	丙
辰	巳	午	未	申	酉	戌

기토일주(己土日主)가 지지(地支)에 해묘미목국(亥卯未木局)을 이루고 관성(官星)을 얻었으므로 구진득위격(句陳得位格)이 성립된다. 지지(地支)의 수목재관(水木財官)이 목생화(木生火)로 살인상생(殺印相生)하고 있으며, 또한 시주(時柱)에 무진토(戊辰土)가 방조(幇助)하여 신왕살왕(身旺殺旺), 신왕재왕(身旺財旺)하니 대권(大權)을 장악하고 위진양명(威振揚名)하였다. 대운(大運)이 금화서남방(金火西南方)으로 향(向)하여 신유술금운(申酉戌金運)은 대기(大忌)하였으나, 사오화운(巳午火運)에는 대발(大發)하였고 사대운(巳大運)은 사해충(巳亥冲)으로 월령(月令)을 충(冲)하니, 사중경금(巳中庚金)이 목관국(木官局)을 파(破)함으로써 패운(敗運)디 된 정도독(丁都督)의 명조(命造)이다.

丙	己	戊	癸
寅	未	午	卯

辛	壬	癸	甲	乙	丙	丁
亥	子	丑	寅	卯	辰	巳

기토일주(己土日主)가 지지(地支)에 묘미인(卯未寅)으로 목국(木局)을 이루어 구진득위격(句陳得位格)이 성립되는 것이다. 기토(己土)가 오월(午月)에 태어나고, 지지(地支)가 오미화국(午未火局)이 되어있는데, 시상병화(時上丙火)가 투출(透出)하여 일간(日干)을 생조(生助)하니 일주(日主)가 태왕(太旺)하다. 신왕(身旺)하면 억제(抑制)하는 재관(財官)이 용신(用神)인데, 재성계수(財星癸水)는 약(弱)하고 관성(官星)이 왕성(旺盛)하니 인수용관격(印綬用官格)이 되기도 한다.

운행(運行)에서 금수목운(金水木運)이 희(喜)하고 화토운(火土運)이 기(忌)하는데, 본명(本命)은 동북방(東北方)으로 향(向)하여 대귀(大貴)한 명조(命造)이다.

第8절 시상일위귀격(時上一位貴格)

시상일위귀격(時上一位貴格)이란 시상(時上)에 단일위(單一位)의 편관(偏官)이 있고 그 편관(偏官)이 용신(用神)일 때 성립되는 것이다. 시상(時上)이라는 것은 시간상(時干上)의 편관(偏官)을 말하는 것인데, 시지(時支)의 편관(偏官)도 같은 것이며, 득국(得局)을 이루면 더욱 귀(貴)하게 되고 지지장간(地支藏干)에 있어도 작용이 되며, 시간편관(支干偏官)이 더욱 귀격(貴格)이 되는 것이다.

이 격(格)은 신왕(身旺)하고 관왕(官旺)하는 것이 가장 좋은 것인데, 이러한 경우에는 고귀명(高貴命)이 되고, 신약(身弱)하고 관왕(官旺)한데 월주(月柱)에 식신(食神)이 제살(制殺)하면 공명(功名) 양전(兩全)이고, 행운(行運)에서 인비(印比)를 만나거나 제살운(制殺運)을 만나 조화(調和)를 이루면 입신출세(立身出世)를 하게 된다.

만약 일주(日主)가 왕(旺)하고 관살(官殺)이 약(弱)할 경우에는 행운(行運)에서 재살운(財殺運)으로 향(向)하면 대귀(大貴)하게 되는 것이다. 시상일위귀격(時上一位貴格)은 편관(偏官)이 시주(時柱)에서 일위귀(一位貴)이기 때문에 년월(年月)에서 2중(二重) 또는 3중(三重)으로 편관(偏官)을 만나게 되면 파격(破格)이 되는 것이며, 정관(正官)을 만나게 되면 관살혼잡(官殺混雜)으로 대기(大忌)하게 되는 것이다.

또한 「양인(羊刃)이 합살(合殺)이면 변흉위길(變凶爲吉)이라」 하여 묘월(卯月)에 갑일약(甲日弱)의 경우 시상일위귀(時上一位貴)인 경금살(庚金殺)이 왕(旺)하면 그 경금(庚金)은 묘중을목(卯中乙木)이 을경합(乙庚合)으로 합거살(合去殺)하여 길(吉)하게 되는 것이다. 시상편관(時上偏官)은 반드시 유근(有根)이어야 하기 때문에 무근(無根)이면 파격(破格)이다.

이 격(格)은 첫째, 신강(身强)이냐 신약(身弱)이냐를 먼저 구별하고, 둘째는 식상(食傷)으로 그 살(殺)을 격퇴(擊退)시키느냐 아니면 합살(合殺)이 되느냐 아니면 살인상생(殺印相生)이 되느냐를 잘 살펴야 하고, 셋째는 종살(從殺)이 되느냐를 잘 살펴야 한다.

일반적으로 시상일위귀격(時上一位貴格)은 시상편관격(時上偏官格)에 해당하니, 시상정관격(時上正官格), 시상편재격(時上偏財格), 시상정재격(時上正財格), 시상식신격(時上食神格), 시상상관격(時上傷官格)과 같이 신왕(身旺)하고 시상(時上)에 용신(用神)이 될 경우에는 다같이 시상일위귀격(時上一位貴格)이라고 하여도 무방(無妨)하다고 보는 것이다.

庚	甲	甲	戊
午	辰	寅	戌

辛	庚	己	戊	丁	丙	乙
酉	申	未	午	巳	辰	卯

인월(寅月)에 갑목(甲木)이라 연약한 나무가 점점 완강(頑强)해지는 때이고 인진(寅辰)이 합목(合木)하고 습토(濕土)로 서 갑목일간(甲木日干)이 착근(着根)하였으며, 월간갑목(月干甲木)이 보강(補强)하여 신왕(身旺)하다. 따라서 시상경금(時上庚金)을 제복(制伏)시킬 수 있으므로 시상일위귀(時上一位貴)를작용(作用)하게 하고, 또 경금(庚金)은 자양금지진토(滋養金之辰土)에 착근(着根)하여 의존(依存)할 수 있어 경금(庚金)도 강(强)하여 시상일위귀격(時上一位貴格)이 되었다.

운행(運行)이 화금(火金)으로 향(向)하여 사오운(巳午運)에는 유의미취(有意未就)하였고, 기미운(己未運)에 내무장관(內務長官)을 지냈고, 경신(庚申), 신유운(辛酉運)에는 국회의원(國會議員)과 당의장서리(黨議長署理)를 재낸 윤치영(尹致暎)씨의 명조(命造)를 사주첩경(四柱捷徑)에서 인용(引用)하였다.

丙	庚	壬	丁
戌	戌	子	未

乙 丙 丁 戊 己 庚 辛
巳 午 未 申 酉 戌 亥

경금(庚金)이 자월(子月)에 태어나서 건조(乾燥)한 토기(土氣)가 많아 일주(日主)는 신강(身强)하지만 수기(水氣)가 약(弱)하여 용신(用神)으로 쓸 수가 없다. 신강(身强)하면 용신(用神)은 재(財)와 관(官)을 살피는 것은 기본이다. 그러나 재관(財官)이 무력(無力)할 경우에는 식상(食傷)이 용신(用神)이 되는 것이다. 본명(本命)은 시상병화(時上丙火)가 술중정화(戌中丁火)와 미중정화(未中丁火)에 착근(着根)하여 병화관(丙火官)이 강(强)하고 년상정화(年傷丁火)는 정임합(丁壬合)으로 합거(合去)되니 자연 시상일위귀격(時上一位貴格)이 되었다.

중년(中年)인 토금운(土金運)에 고달프고 좌절하였으나, 정미운(丁未運)에 벼슬길에 올라 의정(議政)으로 활동하고, 병오운(丙午運)에는 벼슬이 주목(州牧)에 이르렀다.

제9절 시상관성격(時上官星格)

시상관성격(時上官星格)이란 시상(時上)에 정관(正官)이 있어 그 관성(官星)으로서 격(格)이 이루어지는 겄을 말한다.
이 격(格)의 구성은 생년천간(生年天干)에 정관(正官)이 있어도 년상정관격(年上正官格)이라고 하여 시상관성격(時上官星格)이 성립되는 겄이다.

시상관성격(時上官星格)은 시간상(時間上)에만 관성(官星)이 있는 겄이 아니고 시지상(時支上)에도 관성(官星)이 있어서 성립되는 겄이다.
이 격(格)은 월주(月柱)에 관살(官殺)이 없을때 성립 되는 겄인데 만약 관살(官殺)이 있으면 관살혼잡(官殺混雜)이 되어 격(格)이 흉(凶)하게 된다. 그러나 거살유관(去殺留官)이나 거관유살(去官留殺)이 되면 오히려 귀(貴)하게 되는 겄이다.

년상정관격(年上正官格)이나 시상관성격(時上官星格)은 직접 용신(用神)으로 되는 경우가 많지만 월관성격(月官星格)은 일주(日主)의 강약(强弱)에 따라 정관용인격(正官用印格)이나 정관용재격(正官用財格)이 되어 내격(內格)에 준(準)하여야 한다.

庚	乙	癸	癸
辰	卯	亥	亥

丙 丁 戊 己 庚 辛 壬
辰 巳 午 未 申 酉 戌

을목일주(乙木日主)가 해월(亥月)에 때어나고 해묘(亥卯)로 목왕(木旺)하여 관(官)을 요(要)하는데 다행하게도 시상경금(時上庚金)이 있어 시상관성격(時上官星格)이 성립된다.
시상경금(時上庚金)은 좌하진토(坐下辰土)에 약살재자(弱殺財滋)의 생조(生助)를 받고 있으나 해묘목국(亥卯木局)에 극(剋)을 받고 있어 목(木)이 병(病)이 된다. 신유운(辛酉運)에 제거병하여 고시(高試)에 합격(合格) 하였고 경신(庚申), 기미운(己未運)에 장관(長官)이 되고 국회의원(國會議員)이 된 명조(命造)이다.

乙	丁	乙	壬
己	未	己	子

戊 己 庚 辛 壬 癸 甲
戌 亥 子 丑 寅 卯 辰

정화일주(丁火日柱)가 사월(巳月)에 태어 나고 지지(地支)가 사오미(巳午未)로 화기(火氣)가 염열(炎熱)한데 다행하게도 년상임수(年上壬水)에 착근(着根)하여 년상관성격(年上官星格) 이다.
토금수운(土金水運)에 희(喜)하고 목화운(木火運)에 기(忌)하는데 본명(本命)은 신축운(辛丑運)에 사중경금(巳中庚金)과 사축합금(巳丑合金)하여 금생수(金生水)함으로써 생용신(生用神)하고 경자운(庚子運)에 금수왕성(金水旺盛)하여 대운(大運)이 대발(大發)하니 부군(夫君)이 크게 귀(貴)하여 국방부장관(國防部長官)까지 지냈으나 기해운(己亥運)에는 사해충(巳亥冲)으로 침체되었던 부인(婦人)의 명조(命造)이다.

제10절 시상편재격(時上偏財格)

시상편재격(時上偏財格)은 시주(時柱)에 편재(偏財)가 있고 그 편재가 용신(用神)일때 성립되는 것이다. 시상편재(時上偏財)는 시간(時干)에 있는 것이 원칙이지만 시지(時支)에 있어도 동일한 것으로 취급한다. 그런데 지지(地支)에 있는 것 보다는 천간(天干)에 투출(透出)되어 있는 것이 상격(上格)이다.

또 지지(地支)에 득국(得局)을 요(要)하니 자연적으로 재왕(財旺)하게 되는것이다. 그래서 신왕재왕(身旺財旺)을 요(要)하는 것인데 예를 들면 갑인일(甲寅日)에 무진시(戊辰時)의 경우이다.

시상편재격(時上偏財格)은 시간(時干)에 투출(透出) 되어야 진격(眞格)인데 만약 신왕재쇠(身旺財衰)는 식상운(食傷運)이 생재(生財)함을 요(要)하고 일약재왕(日弱財旺)이 관살운(官殺運)이면 불길(不吉)하지만 비겁운(比劫運)으로 신왕재왕(身旺財旺)에는 관살운(官殺運)으로 제겁(制劫)하여 재성(財星)을 살려야 희(喜)하는 것이다.

시상편재격(時上偏財格)도 시상일위귀격(時上日位貴格)과 같이 일위편재(一位偏財)를 요(要)하는 것이며 그 편재(偏財)를 극(剋)하는 비겁(比劫)이나 충형(冲刑)을 만나면 대기(大忌)하는 것이다. 예를 들면 경일인시(庚日寅時)에 신(申)을 만나거나 신일묘시(辛日卯時)에 유(酉)를 만나는 경우이다.

戊	甲	乙	庚
辰	子	酉	寅

壬 辛 庚 己 戊 丁 丙
辰 卯 寅 丑 子 亥 戌

갑목일주(甲木日主)가 유월(酉月)에 태어나서 실령(失令)하였고 월간을목(月干乙木)도 을경합(乙庚合)하여 신약(身弱)한데 다행하게도 좌하자수(坐下子水)에 착근(着根)하고 있으며 시상(時上)의 무진편재(戊辰偏財)가 있으니 시상편재격(時上偏財格)이다. 본명(本命)은 을경합(乙庚合)하여 거살유관(去殺留官)하니 귀격(貴格)이다.

관성(官星)이 왕(旺)한데 지지(地支)에 수국(水局)을 이루어 수생목(水生木)하고 년지(年支)의 인중병화(寅中丙火)가 조후(調候)하여 갑목(甲木)은 인(寅)에 득록(得祿)하였으니 재관인(財官印)이 유기(有氣)하여 부(富)와 귀(貴)를 겸전(兼全)하였다. 시상무토(時上戊土)가 생금(生金)하니 재관(財官)이 왕(旺)한 반면에 갑목(甲木)이 약(弱)하다.

행운(行運)이 수목북동(水木北東)으로 향(向)하여 대발(大發)하였는데 일국재상(一國宰相)으로 부귀공명(富貴功名)하였던 명조(命造)이다.

丙	壬	戊	丁
午	申	申	亥

辛 壬 癸 甲 乙 丙 丁
丑 寅 卯 辰 巳 午 未

임수일주(壬水日主)가 신월(申月)에 태어나서 좌하신금(坐下申金)에 득지(得支)하고, 해수(亥水)에 득록(得祿)하니 신왕(身旺)하다. 신왕(身旺)하면 우선 월상무토(月上戊土)를 관성(官星)으로 용신(用神)하고자 하나 좌하신금(坐下申金)에 설기태심(泄氣太甚)으로 살인상생(殺人相生)하여 인수(印水)를 도와 일주(日主)를 더욱 강왕(强旺)하게 하니 불용(不用)하게 되는 것이다. 다행하게도 시상병화(時上丙火)가 지지오화(地支午火)에 양인(羊刃)으로 착근(着根)하니 병화편재(丙火偏財)를 용신(用神)으로 하여 시상편재격(時上偏財格)이 되었다.

원국(原局)에서 금수양한(金水凉寒)에 화기(火氣)가 부족(不足)한데 운행(運行)이 화목운(火木運)으로 향(向)하여 대발(大發)하여 참정(參政)이라는 벼슬까지 지낸 원(元)나라 사람의 명조(命造)이다.

제11절 잡기재관격(雜氣財官格)

잡기재관격(雜氣財官格)이란 일간(日干)이 월지(月支)에 진술축미(辰戌丑未)가 있으면 성립되는 겄인데 잡기(雜氣)라고 하는겄은 정방(正方)이 아닌 간방(間方)에 있다는 뜻으로 동방간방(東方間方)인 진토(辰土), 서남간방(西南間方)인 미토(未土), 서북간방(西北間方)인 술토(戌土), 동북간방(東北間方)인 축토(丑土)를 말하는 겄이다. 진술축미(辰戌丑未)는 지장간(支藏干)에 재관(財官)이 암장(暗藏)되어 있어 잡기재관(雜氣財官)이라고 하는 것이다.

잡기재관격(雜氣財官格)은 월지(月支)가 진술축미(辰戌丑未)이어야 하며 월지장간(月支藏干)에 재(財)나 관(官)이 있어야 하고 천간(天干)에 투출(透出)되어야 하는 겄이다. 천간투출(天干透出)의 위치는 월간(月干)이 제일 좋고 다음에 시(時)나 년(年)으로 하는 것이며 천간(天干)에 재(財)가 투출(透出)하면 부(富)하게 되는 것이고 관(官)이 투출(透出)하면 귀(貴)하게 되는 것이고 인(印)이 투출(透出)하면 길형만사(吉亨萬事)하게 되는 것이다.

진술축미(辰戌丑未)는 사고(四庫)로 구성 되어 있기 때문에 충(冲)이나 형(刑)으로 닫힌 창고(倉庫)를 열어 주어야 기뻐하는 것이다. 다만 신왕(身旺)하여야 충고(冲庫)가 되더라도 재관(財官)이 왕(旺)하게 되는 것이지만 만약에 신약(身弱)한데 또다시 충출(冲出)하여 중복재관(重復財官)이 되면 기(忌)하게 되는 것이다.

잡기재관(雜氣財官)은 진술축미(辰戌丑未)가 재관(財官)뿐만 아니라 암장(暗藏)되어 있는 인수(印水)가 투출(透出)되면 잡기인수격(雜氣印水格), 상관(傷官)이면 잡기상관격(雜氣傷官格), 식신(食神)이면 잡기식신격(雜氣食神格)등으로 분류 할수 있으나 일반적으로 잡기재관(雜氣財官)으로 통칭(通稱)하고 있다.

戊	己	癸	丁
辰	酉	丑	丑

丙 丁 戊 己 庚 辛 壬
午 未 申 酉 戌 亥 子

기토일주(己土日主)가 축월(丑月)에 태어나고 축중계수(丑中癸水)가 투출(透出)되어 잡기상관격(雜氣傷官格)이 성립된다. 월간계수재(月干癸水財)는 축중계수(丑中癸水)에 착근 (着根)하고 유축금국(酉丑金局)이 생수(生水)로 더욱 왕성(旺盛)하다. 기토일주(己土日主)는 축월동토(丑月冬土)로서 한랭심약(寒冷甚弱)이지만 무진토(戊辰土)로 보강(補强)하고 정화(丁火)로 미온지토(微溫之土)가 되니 약화위강(弱化爲强)이 되었다. 따라서 계수재성(癸水財星)을 능(能)히 통제(統制할수 있어 토생금(土生金), 금생수(金生水)할수 있어 잡기용재격(雜氣用財格)이 되었다.

운행(運行)이 금수운(金水運)으로 향(向)하여 진한(秦漢)나라때 시랑(侍郞)이라는 벼슬을 한 대귀(大貴)한 명조(命造)이다.

戊	壬	戊	丙
申	午	戌	子

辛 壬 癸 甲 乙 丙 丁
卯 辰 巳 午 未 申 酉

임수일주(壬水日主)가 술월(戌月)에 태어나고 술중무토(戌中戊土)가 투출(透出)되어 잡기재관격(雜氣財官格)이 성립된다. 임수(壬水)는 신자수국(申子水局)으로 응결(凝結)하여 일주(日主)를 생조(生助)하니 양무토관(兩戊土官)을 능(能)히 감내(堪耐)할수 있다. 운행(運行)이 목화운(木火運)으로 향(向)하여 대발(大發)하였는데 귀부인(貴婦人)된 명조(命造)이다. 한편으로 무술(戊戌)이 오술화(午戌火)로 화생토(火生土)하고 시간무토(時干戊土)가 투출(透出)하여 재관(財官)이 왕성(旺盛)함으로 신약(身弱)이 되니 금수(金水)로 용신(用神)으로 볼 수 있는 것이다.

그러나 술월(戌月)이라 입동(立冬)이 되어 수(水)가 진기(進氣)되었기 때문에 해월(亥月)로 보아 해자합(亥子合)이 되어 수기(水氣)가 왕성(旺盛)한 것이다.

제12절 귀록격(歸祿格)

귀록격(歸祿格)이란 일주(日主)의 정록(正祿)이 시주(時柱)에 있으면 성립되는 것이다.

귀록(歸祿)이라고 하는 것은 시주(時柱)에 일주(日主)의 록(祿)이 귀착(歸着)하여 성립되기 때문에 일록귀시(日祿歸時), 또는 일록거시(日祿居時)라고도 하나, 원명(原命)을 통칭하여 귀록격(歸祿格)이라고 한다.

만약에 갑일생(甲日生)이 인월(寅月)에 태어나면 건록(建祿)이고, 인시(寅時)에 태어나면 귀록(歸祿)이 되는데, 건록격(建祿格)은 이미 정격론(正格論)에서 설명하였다.

고서(古書)에 「일록거시(日祿居時)가 청운득로(靑雲得路)이고 월령재관(月令財官)이면 자연성복(自然成福)이라」고 하였는데, 그 이유는 록(祿)이 시주(時柱)에 있고 월령(月令)에 재관(財官)이 있으면 당연히 재관(財官)이 용신(用神)이 되는 것이다. 그것은 시주록(時柱祿)은 비견(比肩)이므로 일주(日主)를 방조(幇助)하여 재관(財官)을 희(喜)하게 하는 역할(役割)을 하고 있는 것이다.

또 한편으로는 「일록거시(日祿居時)에 몰관성(沒官星)이면 청운득로(靑雲得路)라」고 하였는데, 그 이유는 신왕(身旺)하고 재관(財官)이 없으면 식신(食神)이나 상관(傷官)으로 설기(泄氣)하는 것이 희(喜)하기 때문이다.

귀록격(歸祿格)의 구성은 10간(十干) 중에 7간(七干)이 성립되는데, 다음과 같다. 갑일인시(甲日寅時), 정일오시(丁日午時), 무일사시(戊日巳時), 기일오시(己日午時), 경일신시(庚日申時), 임일해시(壬日亥時), 계일자시(癸日子時)이다. 나머지는 을일묘시(乙日卯時)는 시주(時柱)가 기묘시(己卯時)가 되어 시상편재격(時上偏財格)이고, 병일사시(丙日巳時)는 시주(時柱)가 계사시(癸巳時)로서 시상관성격(時上官星格)이고, 신일유시(辛日酉時)는 시주(時柱)가 정유시(丁酉時)로서 시상일위귀격(時上一位貴格)이 되기 때문에 귀록격(歸祿格)이 성립되지 않는 것이다.

귀록격(歸祿格)은 형충(刑冲)과 합(合)이 되는 것을 기(忌)하는데, 형충(刑冲)은 일주(日主)의 뿌리를 무너뜨리기 때문이고, 합(合)은 록(祿)의 작용을 약화(弱化)시키기 때문이다.

따라서 귀록격(歸祿格)은 원국(原局)에서 균형(均衡)과 중화(中和)를 이루고 있으면 소년등과(少年登科)하여 귀(貴)하게 되지만 반대로 편중(偏重)되거나 중화(中和)를 잃으면 불길(不吉)하게 되는 것이다.

己	乙	甲	戊
卯	亥	寅	子

辛	庚	己	戊	丁	丙	乙
酉	申	未	午	巳	辰	卯

을일주(乙日主)가 인월(寅月)에 태어나고 전지지(全地支)가 해묘(亥卯), 인해(寅亥)로 목국(木局)이 되고 무기토(戊己土)가 근(根)이 없어 귀록격(歸祿格)보다는 곡직격(曲直格)에 해당하는 것이다. 그러나 귀록격(歸祿格)에서도 을일묘시(乙日卯時)는 원칙적으로 성립되지 않지만, 시간기토(時干己土)는 지지(地支)에 착근(着根)을 하지 못하고 오히려 왕목(旺木)에 의하여 기토재(己土財)의 역할(役割)을 할 수 없기 때문에 귀록격(歸祿格)이 성립되는 것이다. 행운(行運)이 목화운(木火運)으로 향(向)하여 재상(宰相)까지 올랐던 귀격(貴格)이다.

丙	丁	甲	甲
午	未	戌	午

辛	庚	己	戊	丁	丙	乙
巳	辰	卯	寅	丑	子	亥

정화일주(丁火日主)가 술일(戌日)에 태어나고 전지지(全地支)가 오술(午戌), 오미(午未)로 화국(火局)이 되고 시지(時支)에 오화(午火)로 귀록격(歸祿格)이 성립되는 것이다. 원국(原局)에서 몰관성(沒官星)인데, 유식상(有食傷)하여 아름답다. 양갑목(兩甲木)이 상관지토(傷官之土)를 극(剋)하여 불길(不吉)하게 보이나, 년상갑목(年上甲木)은 오화(午火)에 생지지(生地支)하고 월상갑목(月上甲木)은 술중신금(戌中辛金)에 살지(殺地)가 되어 극토(剋土)하는 힘이 약(弱)한데, 일간정화(日干丁火)를 생조(生助)하여 더욱 아름답다.

행운(行運)이 수목운(水木運)으로 향(向)하여 대귀(大貴)한 명조(命造)이다.

제13절 전재격(專財格)

전재격(專財格)이라고 하는 것은 시주(時柱)에 재성(財星)이 있으면 성립되는데, 일명 시마격(時馬格) 또는 재마격(財馬格)이라고도 한다.

전재격(專財格)은 시지(時支)에 반드시 정재(正財)나 편재(偏財)가 있으면 성립되어 시상편재격(時上偏財格)과 대동소이(大同小異)하다.

시상편재격(時上偏財格)은 시지(時支)에 관계 없이 시간상(時間上)에 편재(偏財)가 있으면 성립되는데, 전재격(專財格)은 시지(時支)에만 재성(財星)이 있으면 성립되는 것이다.

전재격(專財格)의 구성은 갑을일(甲乙日)이 시지(時支)에 진술축미(辰戌丑未), 병정일(丙丁日)이 신유시(申酉時), 무기일(戊己日)이 해자시(亥子時), 경신일(庚辛日)이 인묘시(寅卯時), 임계일(壬癸日)이 사오시(巳午時)가 되는 경우인데, 시간상(時干上)에 재성(財星)이 투출(透出)되면 더욱 귀(貴)하다.

예를 들면 갑일(甲日)에 기사시(己巳時)와 무진시(戊辰時), 무일(戊日)에 임자시(壬子時)와 계해시(癸亥時), 임일(壬日)에 병오시(丙午時), 계일(癸日)에 정사시(丁巳時) 등이다. 이 중에 갑일무진시(甲日戊辰時), 무일임자시(戊日壬子時), 계일정사시(癸日丁巳時), 임일병오시(壬日丙午時)는 시상편재격(時上偏財格)으로 보는 것이 타당하며, 갑일기사시(甲日己巳時), 무일계사시(戊日癸巳時)만이 전재격(專財格)이 되는 것이다.

癸	戊	庚	己
亥	戌	午	巳

丁	丙	乙	甲	癸	壬	辛
丑	子	亥	戌	酉	申	未

무토일주(戊土日主)가 오월(午月)에 태어나서 좌하(坐下)에 득지(得地)하고 년주(年柱)가 기사(己巳)로 득세(得勢)하니 신왕(身旺)하다. 신왕(身旺)하면 극제(剋制)하거나 설기(泄氣)하는 것이 희신(喜神)인데, 원국(原局)에서 관(官)은 없고 식상(食傷)은 오화(午火)에 절각(截脚)되어 약(弱)하고

계해재성(癸亥財星)**이 왕성**(旺盛)**한 용신**(用神)**이다. 본명**(本命)**은 무일해시**(戊日亥時)**로 전재격**(專財格)**이 분명한데, 천간**(天干)**에 계수**(癸水)**가 투출**(透出)**되어 더욱 아름답다. 행운**(行運)**마저 금수운**(金水運)**으로 향**(向)**하여 일찍 임신**(壬申), **계유운**(癸酉運)**에 발복**(發福)**하였다.**

갑술운(甲戌運)**에는 오술화국**(午戌火局)**이 되어 불길**(不吉)**할 것 같으나 갑목**(甲木)**이 제토**(制土)**하여 무방**(無妨)**하였고, 을해운**(乙亥運)**에는 대발**(大發)**하여 문전성시**(門前成市)**를 이룬 교수**(敎授)**의 부인명**(婦人命)**이다.**

그러나 병자운(丙子運)**은 병경충**(丙庚冲), **자오충**(子午冲)**으로 천충지충**(天冲地冲)**으로 대흉**(大凶)**이 될 것이다.**

壬	戊	丙	己
子	辰	子	酉

己 庚 辛 壬 癸 甲 乙
巳 午 未 申 酉 戌 亥

무토일주(戊土日主)**가 시주**(時柱)**에 임자시**(壬子時)**로 수재**(水財)**가 투출**(透出)**되어 아름답다. 원국**(原局)**이 자월**(子月)**에 임자수**(壬子水)**가 왕성**(旺盛)**하여 재다신약**(財多身弱)**이 되어 있는데, 병화**(丙火)**가 생무토**(生戊土)**한다 하더라도 자좌살지**(自坐殺地)**하여 무력**(無力)**하고 기토**(己土)**는 토생금**(土生金)**하여 설기**(泄氣)**되니 역시 무력**(無力)**하여 무토**(戊土)**를 방조**(幇助)**하지 못한다. 또한 병화**(丙火)**는 생기토**(生己土)**하고 기토**(己土)**는 생유금**(生酉金)**하고 유금**(酉金)**은 생자수**(生子水)**로 합류**(合流)**하여 대해**(大海)**가 된 형상**(形象)**이 되었으니, 자연 진토**(辰土)**는 자진수국**(子辰水局)**으로 극수**(剋水)**를 하지 못하므로 종수**(從水)**하게 되는 것이다.**

따라서 전재격(專財格)**인 동시에 종재격**(從財格)**이 분명하다. 행운**(行運)**이 금수운**(金水運)**으로 향**(向)**하여 계유**(癸酉), **임신운**(壬申運)**에 대발**(大發)**하였고, 경오운**(庚午運)**에는 병임충**(丙壬冲), **자오충**(子午冲)**으로 천충지충**(天冲地冲)**인데 유년**(流年)**인 병오**(丙午), **정미년**(丁未年)**에 병중**(病重)**하여 장관직**(長官職)**에서 퇴임**(退任)**하였다.**

제14절 시묘격(時墓格)

시묘격(時墓格)이란 묘시(卯時)에 태어나서 시지(地支)에 묘고(卯庫)가 되어 성립이 되는 것이다. 가령 갑을일(甲乙日)의 묘고(墓庫)는 미시(未時), 병정무기일(丙丁戊己日)의 묘고(墓庫)는 술시(戌時), 임계일(壬癸日)의 묘고(墓庫)는 진(辰時)에 태어났을 때 해당이 되는 것이다.

그러나 자기일간(自己日干) 외에도 다른 일간(日干)의 묘고(墓庫)에 태어나도 같은 시묘격(時墓格)으로 간주한다.

가령 갑을일(甲乙日)이 진시(辰時)에 태어나면 인수고(印綬庫)이고, 술시(戌時)에 태어나면 재고(財庫)와 상식고(傷食庫)이고, 축시(丑時)에 태어나면 관고(官庫)가 되고, 미시(未時)에 태어나면 목일간(木日干)의 묘고(墓庫)이니, 진술축미시(辰戌丑未時)에 태어나면 시묘격(時墓格)이 되는 것이다.

시묘격(時墓格)은 잡기재관격(雜氣財官格)과 마찬가지로 형충(刑沖)을 만나 개고(開庫)가 되어야 하고, 장간(藏干)이 천간(天干)에 투출(透出)되어야 부귀(富貴)하게 되는 것이다.

그런데 잡기재관격(雜氣財官格)과 다른 것은 잡기재관격(雜氣財官格)은 생월(生月)에 진술축미(辰戌丑未)가 있어야 성립되는데, 시묘격(時墓格)은 시지(時支)에 진술축미(辰戌丑未)가 있어야 성립되는 것이다.

고서(古書)에 「재고(財庫)가 거생왕지지(居生旺之地)」라는 구절(句節)이 있는데, 이것은 일주(日主)가 신왕(身旺)하여 고장(庫藏)을 충분히 통제(統制)할 수 있을 때 한(限)하여 성립되는 것이지, 만약 일주(日主)가 신약(身弱)하면 오히려 불길(不吉)하게 된다.

또한 신왕(身旺)한 경우에는 묘고(墓庫)를 형충(刑沖)하여야 대길(大吉)하는 것이고, 신약(身弱)한 경우에는 묘고(墓庫)를 형충(刑沖)하면 도리어 재앙(災殃)이 따른다.

그러므로 원국전체(原局全體)에 대한 조화(調和)를 보고 잡기재관격(雜氣財官格)에 준(準)하여 추명(推命)되어야 한다.

丙	庚	癸	甲
戌	身	酉	辰

庚 己 戊 丁 丙 乙 甲
辰 卯 寅 丑 子 亥 戌

경금일주(庚金日主)**가 유월**(酉月)**에 태어나서 양인**(羊刃)**으로 득령**(得令)**하고 좌하**(坐下)**에 득지**(得地)**하여 신왕**(身旺)**하다. 시지술토**(時支戌土)**는 시묘격**(時墓格)**으로서 병화관살묘고**(丙火官殺墓庫)**가 정화**(丁火)**에 유근**(有根)**하고 있어 아름답다. 또한 신왕**(身旺)**에 시상병화**(時上丙火)**가 관살**(官殺)**로서 용신**(用神)**이 되니, 시상일위귀격**(時上一位貴格)**으로도 성립되는 것이다. 행운**(行運)**이 수목운**(水木運)**으로 향**(向)**하여 대발**(大發)**하였는데, 인묘운**(寅卯運)**에 내무부장관**(內務部長官)**까지 지낸 시묘관격**(時墓官格)**이다.**

辛	丁	丁	庚
丑	丑	亥	辰

甲 癸 壬 辛 庚 己 戊
午 巳 辰 卯 寅 丑 子

정화일주(丁火日主)**가 해월**(亥月)**에 태어나서 해수생갑목**(亥水生甲木)**하고, 갑목생정화**(甲木生丁火)**하고, 정화생축토**(丁火生丑土)**하고, 축토생신금**(丑土生辛金)**하고, 신금생해수**(辛金生亥水)**하니, 기취건궁**(氣聚乾宮)**으로 순환상생**(循環相生)**이 되었다.**

본명(本命)**은 생의불패**(生意不悖)**하여 귀격**(貴格)**이다. 시묘격**(時墓格)**에 해당되는데, 3고**(三庫)**에 계수**(癸水)**가 있어 전지지**(全地支)**가 수국**(水局)**이 되어 종살격**(從殺格)**이 되었다.**

경인대운(庚寅大運)**에 등위**(登位)**하여 25년간 왕위**(王位)**에 올랐다가 계사대운**(癸巳大運)**에 정계충**(丁癸沖), **사해충**(巳亥沖)**으로 천충지충**(天沖地沖)**되어 불록지객**(不祿之客)**이 된 명조**(命造)**이다.**

제15절 공록격(拱祿格)

공록격(拱祿格)이란 공협(拱挾)을 말하는데, 껴안을 공(拱)과 끼어들 협자(挾字)가 결합하는 의미를 지니고 있다. 다시 말하여 '껴안는다'는 뜻으로, 어떤 물건을 중간에 놓고 좌우(左右)에서 껴안아 도망가지 못하도록 한다는 것이다. 공록격(拱祿格)은 원국(原局)에 정록(正祿)이 없더라도 일지(日支)와 시지(時支) 사이에 정록(正祿)이 있는 것으로 간주한다.

이와 같이 공록격(拱祿格)에는 5종이 있는데, 첫째, 계해일(癸亥日)에 계축시(癸丑時)는 계일(癸日)의 록(祿)은 자수(子水)이니 해(亥)와 축(丑)은 자수(子水)를 허(虛)로 하여 좌우(左右)에서 껴안고 있는 경우인데, 만약 자수(子水)가 나타나 있거나 껴안고 있는 해축(亥丑)을 사해충(巳亥沖), 축미충(丑未沖) 등은 기(忌)하고 일주(日主)를 극(剋)하는 기토(己土)가 원국(原局)에 있거나 운(運)에서 만나면 흉(凶)이 되는 것이다.

둘째, 계축일(癸丑日)에 계해시(癸亥時)는 계일록(癸日祿)이 자수(子水)인데, 축일(丑日)과 해시(亥時)가 자수(子水)를 허(虛)로 껴안고 있는 것이므로 원국(原局)에 자수(子水)가 있거나 해축(亥丑)을 충형(沖刑)하거나 일주(日主)를 극(剋)하는 기토(己土)가 있거나 운(運)에서 만나면 흉(凶)하다.

셋째, 무진일(戊辰日)에 무오시(戊午時)는 무일록(戊日祿)은 사화(巳火)인데, 진(辰)과 오(午)가 사화(巳火)를 허(虛)로 껴안고 있으므로 격(格)이 성립된다. 만약에 원국(原局)에 사화(巳火)가 있거나 진(辰)과 오(午)를 형충(刑沖)하는 술(戌)이나 자(子)가 있거나 운(運)에서 갑목(甲木)을 만나면 흉(凶)이 되는 것이다.

넷째, 기미일(己未日)에 기사시(己巳時)로 기일록(己日祿)은 오화(午火)가 되는데, 미(未)와 사(巳)가 오화(午火)를 허(虛)로 껴안고 있으므로 성립된다. 만약 원국(原局)에 오화(午火)가 있거나 미(未)와 사(巳)를 형충(刑沖)하는 축(丑)과 해(亥)가 있거나 일주(日主)를 극(剋)하는 을목(乙木)이 있거나 운(運)에서 을목(乙木)을 만나면 흉(凶)이 된다.

다섯째, 정사일(丁巳日)에 정미시(丁未時)로 정일록(丁日祿)은 오화(午火)인데, 사(巳)와 미(未)가 오화(午火)를 허(虛)로 껴안고 있으므로 성립된다. 만약 원국(原局)에 오화(午)가 있거나 사(巳)와 미(未)를 형충(刑冲)하는 해(亥)와 축(丑)을 만나거나 일주(日主)를 극(剋)하는 계수(癸水)를 만나거나 운(運)에서 계수(癸水)를 만나도 흉(凶)하다.

공록격(拱祿格)은 고서(古書)에서 「유재유인(有財有印)이면 희상관식신(喜傷官食神)하고 무재무인(無財無印)이면 기상관식신(忌傷官食神)이라」하였고, 「재성(財星)과 인성(印星)이 없으면 상관(傷官)을 기(忌)한다」라고 하였다. 이것은 재성(財星)이나 인성(印星)이 있으면 상관(傷官)이 있어도 희(喜)하다는 것이다.

이유는 재인(財印)이 있는 곳에 상관(傷官)이 관(官)을 극(剋)하지 않고 상관(傷官)이 생재(生財)하여 생관(生官)하기 때문이고, 인성(印星)이 있으면 제상식(制傷食)하기 때문에 유재인(有財印)이면 희상식(喜傷食)하게 되는 것이다. 어디까지나 원국전체(原局全體)를 보고 중화(中和)와 청탁(淸濁)을 구분하고 강약(强弱)에 따라 희기신(喜忌神)을 판단해야 하는 것이다.

丁	丁	癸	己
未	巳	酉	未

丙 丁 戊 己 庚 辛 壬
寅 卯 辰 巳 午 未 申

정화일주(丁火日主)가 유월(酉月)에 태어나 실령(失令)하고 일지사화(日支巳火)와 유금(酉金)이 사유금국(巳酉金局)으로 화(火)가 허약(虛弱)하여 일주(日主)가 심약(甚弱)하다. 그러나 일주정사(日柱丁巳)가 정미시(丁未時)와 오화(午火)를 공(拱)하여 공록격(拱祿格)이 성립된다.

원국(原局)에서 년지미중(年支未中)에 정화(丁火)가 있고, 시상(時上)에 정화(丁火)가 투출(透出)되어 있으며, 사미화국(巳未火局)이 되어 변약위강(變弱爲强)이 되었다.

따라서 설기(泄氣)하는 기미(己未)가 있고, 유금(酉金)이 금생수(金生水)하여 재관(財官)이 왕성(旺盛)하다. 행운(行運)이 목화운(木火運)으로 향(向)하여 대발(大發)하여 귀(貴)하게 된 원세개(袁世凱)의 명조(命造)이다.

戊	戊	辛	戊
午	辰	酉	午

戊 丁 丙 乙 甲 癸 壬
辰 卯 寅 丑 子 亥 戌

무토일주(戊土日主)가 유월(酉月)에 태어나 실령(失令)하고 무진일(戊辰日)과 무진시(戊辰時)가 무록사(戊祿巳)를 공협(拱挾)하고 있다. 년주무오(年柱戊午)가 일주(日主)를 방ㅈ(幇助)하니 신왕(身旺)하다. 신왕(身旺)하면 설기(泄氣)하는 것이 우선인데, 다행하게도 유금(酉金)이 용신(用神)이고 신금(辛金)이 투출(透出)하여 매우 아름답다. 행운(行運)이 수목운(水木運)으로 향(向)하여 대발(大發)하였다.

술운(戌運)에는 오술화(午戌火), 유술금(酉戌金), 진술충(辰戌冲)이 되어 고액(苦厄)이 많았고, 계해(癸亥), 갑자(甲子運)에는 극토(剋土)하고 오화제거(午火除去)하여 대부귀(大富貴)하였고, 을축운(乙丑運)은 유축(酉丑)으로 설기(泄氣)하여 더욱 성공(成功)하였는데, 병인운(丙寅運)에는 병화기신(丙火忌神)이 들어오고 인오화국(寅午火局)으로 극금용신(剋金用神)함으로써 금용신(金用神)이 손상(損傷)되어 위명(危命)하였다.

제16절 공귀격(拱貴格)

공귀격(拱貴格)이란 일간(日干)의 귀(貴)가 일시(日時)의 중간(中間)에 공록격(拱祿格)과 같이 귀(貴)를 공(拱)하여 격(格)이 성립되는 것을 말한다.

공귀격(拱貴格)은 공록격(拱祿格)과 같이 5종(五種)이 있다.

첫째, 갑신일(甲申日)에 갑술시(甲戌時)는 유중신금(酉中辛金)인 관성(官星)을 공(拱)하는데, 원국(原局)에 유금(酉金)이 있으면 불길(不吉)하고 인진경(寅辰庚)이 있으면 일간(日干)을 극(剋)하거나 지지(地支)를 충(冲)하여 불길(不吉)하다.

둘째, 갑인일(甲寅日)에 갑자시(甲子時)는 축중신금(丑中辛金)인 관성(官星)을 공(拱)하는데, 원국(原局)에 축(丑)이 있으면 불길(不吉)하고 신오경(申午庚)이 있으면 불길(不吉)하다.

셋째, 무신일(戊申日)에 무오시(戊午時)는 미중을목(未中乙木)인 관성(官星)을 공(拱)하고 있는데, 원국(原局)에 미(未)가 있거나 인자갑(寅子甲)이 있으면 불길(不吉)하다.

넷째, 을미일(乙未日)에 을유시(乙酉時)는 신중경금(申中庚金)인 관성(官星)을 공(拱)하고 있는데, 원국(原局)에 신금(申金)이나 축묘신(丑卯甲)이 있으면 불길(不吉)하다.

다섯째, 신축일(辛丑日)에 신묘시(辛卯時)는 인중병화(寅中丙火)가 관성(官星)을 공(拱)하는데, 원국(原局)에 병화(丙火)가 있거나 축(丑)이나 묘(卯)를 충(沖)하는 유(酉)나 미(未) 또는 을목(乙木)이 있으면 불길(不吉)하다. 또한 공귀격(拱貴格)은 갑신일(甲申日)에 갑술시(甲戌時)를 제외하고는 모두가 천을귀인(天乙貴人)에 해당한다.

갑인일(甲寅日)에 갑자시(甲子時)는 갑무경(甲戊庚)인 경우에 축(丑)이 천을귀인(天乙貴人)이고, 무신일(戊申日)에 무오시(戊午時)는 갑무경(甲戊庚)인 경우에 미(未)가 천을귀인(天乙貴人)이고, 을미일(乙未日)에 을유시(乙酉時)는 신(申)이 천을귀인(天乙貴人)이고, 신축일(辛丑日)에 신묘시(辛卯時)는 인(寅)이 천을귀인(天乙貴人)이 되어 공귀격(拱貴格)이 된다고 주장하는 학설(學說)도 있다.

甲	甲	甲	庚
戌	申	申	寅

辛 庚 己 戊 丁 丙 乙
卯 寅 丑 子 亥 戌 酉

갑신일(甲申日)에 갑술시(甲戌時)로 일시지(日時支) 중간에 유금관성(酉金官星)을 공(拱)하고 있어 공귀격(拱貴格)이 성립된다. 갑일(甲日)에 신월(申月)이 공관귀(拱官貴)인 유금(酉金)과 술토(戌土)를 합(合)하면 신유술합금국(申酉戌合金局)을 이루고, 경금(庚金)이 투출(透出)되어 금기(金氣)가 왕성(旺盛)하다. 다행하게도 인술화국(寅戌火局)이 극금(剋金)하고 있으나 금중화격(金重火輕)은 면할 길이 없다.

그러나 원국(原局)에서 금목양신(金木兩神)이 성상(成象)하여 더욱 귀기(貴奇)하게 되니 묘격(妙格)이 되었다.
화경격(火輕格)이 되어 병술(丙戌), 정해운(丁亥運)에 부귀(富貴)로 진명진재(振名進財)하였다.

참고(參考)로 원국(原局)에서 신약(身弱)하고 살왕(殺旺)한데 인수(印綬)가 있어 살인상생(殺印相生)이 되면 아름다운데 인수(印綬)가 없다. 그래서 살왕(殺旺)을 제살(制殺)하여야 하겠는데, 인술화국(寅戌火局)을 용신(用神)으로 극금(剋金)하는 경우에 신약(身弱)한데 어떻게 화(火)를 용신(用神)으로 쓸 수 있겠는가 하는 의문이 생길 것이다.

용신법(用神法)에서는 「신약(身弱)할 때에는 나를 극(剋)하는 자(者)가 있으면 그 극(剋)하는 자(者)를 극(剋)하는 자(者)가 용신(用神)이라」 하여 일주(日主)와 아무런 관계가 없는 것이다. 이것을 '식신제살격(食神制殺格)'이라고 한다.

이와 반대로 신약(身弱)에 식상(食傷)과 관살(官殺)이 쟁투(爭鬪)하고 있을 때 식상(食傷)이 왕(旺)하고 관살(官殺)이 약(弱)하여 관살(官殺)을 보(補)해야 하는 경우가 되는데, 이것을 '제살태과격(制殺太過格)'이라고 하는 것이다.

甲	甲	丙	丁
子	寅	午	巳

己 庚 辛 壬 癸 甲 乙
亥 子 丑 寅 卯 辰 巳

갑인일(甲寅日)에 갑자(甲子時)로 일시지(日時支) 중간에 축토(丑土)를 공협(拱挾)해서 공귀격(拱貴格)이 성립된다. 축중(丑中)에는 신금관성(辛金官星)과 기토재성(己土財星)과 계수인수(癸水印綬)가 있어 재관인(財官印)으로 귀기(貴奇)하여 묘격(妙格)이 되었다. 또한 시지자수(時支子水)는 생갑목(生甲木)하여 목화성상(木火成象)으로 상생격(相生格)을 이루어 더욱 아름답다. 운행(運行)이 동북방(東北方)으로 향(向)하여 대발(大發)하였으나 신축대운(辛丑大運)에는 축토(丑土)가 공록(拱祿), 공귀(拱貴)가 되고 사축금국(巳丑金局)으로 극목(剋木)하여 성상격(成象格)이 피상(被傷)되니, 벼슬길이 험난하다가 경자대운(庚子大運)에는 갑경충(甲庚冲)하고 자오충(子午冲)으로 천충지충(天冲地冲)되어 파직(罷職)되었다.

제17절 공재격(拱財格)

공재격(拱財格)이란 공록격(拱祿格)이나 공귀격(拱貴格)과 같은 원리(原理)로 성립되는 것이다.

공록격(拱祿格)은 일시지(日時支)에서 록(祿)을 공협(拱挾)하고, 공귀격(拱貴格)은 일시지(日時支)에서 관귀(官貴)를 공협(拱挾)하여 성립되는데, 공재격(拱財格)은 일시지(日時支)에서 재성(財星)을 공협(拱挾)하여 이루어지는 것이 다르다.

그러므로 이 격(格)은 계유일(癸酉日)에 계해시(癸亥時), 갑인일(甲寅日)에 갑자시(甲子時), 기묘일(己卯日)에 기사시(己巳時), 경오일(庚午日)에 경자시(庚子時), 병인일(丙寅日)에 무자시(戊子時)의 5종(五種)이 있다.

첫째, 계유일(癸酉日)에 계해시(癸亥時)는 유해(酉亥)의 중간에 술토(戌土)를 공(拱)하고 있는데, 술(戌)을 화(火)의 고장(庫藏)으로서 술중정화(戌中丁火)가 재고(財庫)가 되기 때문이다.

둘째, 갑인일(甲寅日)에 갑자시(甲子時)의 경우는 일시지(日時支)의 인자(寅子)의 중간에 축토(丑土)를 공(拱)하고 있는데, 축중기토(丑中己土)가 재(財)가 있기 때문이다.

셋째, 기묘일(己卯日)에 기사시(己巳時)는 진토(辰土)를 공(拱)하고 있는데, 진중계수(辰中癸水)가 수(水)의 재고(財庫)가 되기 때문이다.

넷째, 경오일(庚午日)에 갑신시(甲申時)의 경우는 일시지(日時支)의 중간에 미토(未土)를 공(拱)하고 있는데, 미중을목(未中乙木)은 목(木)의 고장(庫藏)으로서 경금(庚金)의 재(財)가 되기 때문이다.

다섯째, 병인일(丙寅日)에 무자시(戊子時)의 경우는 일시지(日時支)의 중간에 축토(丑土)를 공(拱)하고 있는데, 축중신금(丑中辛金)은 병화(丙火)의 재고(財庫)가 되기 때문이다.

癸	癸	戊	庚
亥	酉	子	戌

乙 甲 癸 壬 辛 庚 己
未 午 巳 辰 卯 寅 丑

계유일(癸酉日)이 계해시(癸亥時)에 태어나서 일시지(日時支)의 중간에 술토(戌土)를 공(拱)하여 공재격(拱財格)이 성립된다. 공재격(拱財格)은 원국(原局)의 조화(調和)가 잘 이루어지면 부귀(富貴)와 명성(名聲)을 얻는데, 일시지(日時支)를 충형(沖刑)하거나 원국(原局)에서 술토(戌土)를 또 만나거나 일간(日干)을 충(沖)하는 관살(官殺)을 대기(大忌)하는 것이다.

본명(本命)은 계수일주(癸水日主)가 자월(子月)에 태어나 금수(金水)가 왕성(旺盛)하여 신왕(身旺)하다. 신왕(身旺)하면 억제(抑制)해야 되기 때문에 월상무토(月上戊土)가 년지술토(年支戌土)에 득근(得根)이 되어 더욱 아름답다.

따라서 본명(本命)은 공재격(拱財格)으로 논(論)하지 말고, 정격(正格)인 건록용관격(建祿用官格)으로 추명(推命)해야 한다고 본다.

甲	甲	戊	己
子	寅	辰	未

辛 壬 癸 甲 乙 丙 丁
申 戌 亥 子 丑 寅 卯

갑인일(甲寅日)에 갑자시(甲子時)로 일시지(日時支)의 중간에 축토(丑土)를 공(拱)하여 축중기토(丑中己土)로 재성(財星)하고 충형(沖刑)이 없고 또 축토(丑土)가 없으니, 공재격(拱財格)이 성립된다. 원국(原局)에서 갑일목(甲日木)이 진중계수(辰中癸水)에 득근(得根)하고, 좌하인목(坐下寅木)에 득지(得地)하고, 갑자시주(甲子時柱)가 득세(得勢)하여 신왕(身旺)하다.

신왕(身旺)하면 극제(剋制)가 되는 재(財)가 용(用)인데, 무기토(戊己土)가 진미토(辰未土)에 근(根)하여 천복지재(天覆地載)를 이루어 매우 강(强)하므로 신왕재왕(身旺財旺)이 되었다. 그러나 상대적으로 일주(日主)가 조금 약(弱)한 편인데, 인묘해자운(寅卯亥子運)에 대부(大富)가 되었다.

제18절 자요사격(子遙巳格)

자요사격(子遙巳格)은 갑자일(甲子日)이 갑자시(甲子時)에 출생함으로써 성립된다. 구성원리는 자시(子時)의 자중계수(子中癸水)가 사중무토(巳中戊土)를 동경(憧憬)하여 무계합(戊癸合)이 된다.

이때에 사중병화(巳中丙火)가 무계합(戊癸合)이 되는 것에 동요(動搖)가 되어 유중신금(酉中辛金)과 병신합(丙辛合)을 하여 신금(辛金)을 인출(引出)하게 되니 신금(辛金)은 갑목(甲木)의 정관(正官)이 되어 귀(貴)하게 작용하는 것이다.

이 격(格)은 오히려 관성(官星)인 경신신유(庚辛申酉)가 있으면 대기(大忌)한다. 또 오(午)나 축(丑)을 만나도 기(忌)하는데 오(午)는 자(子)를 충(冲)하고 축(丑)은 자(子)와 자축합(子丑合)으로 작용이 반감(半減)하게 되는 까닭이다.

그래서 경신신유(庚辛申酉)나 축오(丑午)를 만나면 파격(破格)이 되는 것이다. 그리고 운(運)에서도 같은 작용을 하게 되는데 원국(原局)의 상황(狀況)에 따라 변화(變化)가 많은 것이다.

즉, 일주(日主)가 강왕(强旺)하면 관성운(官星運)을 만나서 관(官)을 도와 길(吉)하게 되는 것이고, 반대로 신약(身弱)하면 관성운(官星運)을 만나면 불길(不吉)하게 되는 것이다.

甲	甲	庚	辛
子	子	寅	丑

申	乙	丙	丁	戊	壬
申	酉	戌	亥	子	丑

갑자일(甲子日)**에 갑자시**(甲子時)**로 자요사격**(子遙巳格)**이 성립된다. 그러나 이 격**(格)**은 경신신유**(庚辛申酉)**를 기**(忌)**하는데 년월간**(年月干)**에 경신**(庚辛)**이 나타나있어 흠**(欠)**이 된다. 인목월**(寅木月)**에 출생**(出生)**하고 일시자수**(日時子水)**가 있어 약**(弱)**하지 않게 보이지만 아직 한기**(寒氣)**가 있어 눈목**(嫩木)**인데 경신금**(庚辛金)**이 극목**(剋木)**하여 신강**(身强)**같이 보이면서도 신약**(身弱)**하다. 해자운**(亥子運)**에 기반**(基盤)**이 잡혔고, 병술운**(丙戌運)**에 극금**(剋金)**으로제거병**(除去病)**하고, 인술화국**(寅戌火局)**으로 차관직**(次官職)**까지 올랐다가 을유대운**(乙酉大運)**인 경인년**(庚寅年)**에 납치**(拉致)**되었다.**

본명(本命)**은 정격**(正格)**으로 론**(論)**하면 득령**(得令), **득지**(得地), **득세**(得勢)**로 신왕**(身旺)**이 되어 경신금**(庚辛金)**을 용신**(用神)**으로 추론**(推論)**하기 쉬우니 주의**(注意)**해야 한다.**

甲	甲	丁	丁
子	子	未	巳

辛	壬	癸	甲	乙	丙
丑	寅	卯	辰	巳	午

갑자일(甲子日)**에 갑자시**(甲子時)**로 자요사격**(子遙巳格)**이 성립된다. 정격**(正格)**으로 갑목**(甲木)**이 득지**(得地)**하고 갑자시**(甲子時)**가 방조**(幇助)**하니 신왕**(身旺)**하다. 반면에 미중정화**(未中丁火)**가 투출**(透出)**되고 정사년**(丁巳年)**이 역시 방조**(幇助)**하니 설기**(泄氣)**와 화기**(火氣)**도 왕성**(旺盛)**하다.**

그러나 목일주(木日主)**보다는 화기**(火氣)**가 조금 왕**(旺)**하니 운**(運)**에서 일간**(日干)**을 도우면 금상첨화가 되는데 운**(運)**마저 수목운**(水木運)**으로 향**(向)**에 대발**(大發)**하였다. 본명**(本命)**은 대학교수**(大學敎授)**인데 고서**(古書)**에 「춘하월**(春夏月)**에 갑을일생**(甲乙日生), **삼동월**(三冬月)**에 임계일생**(壬癸日生), **유월생**(酉月生)**에 정축일**(丁丑日)**은 설단생금 교육가**(舌端生金 敎育家)**라」 라는 구절**(句節)**에 해당하는 것이다.**

第19절 축요사격(丑遙巳格)

축요사격(丑遙巳格)**은 계축일생**(癸丑日生)**이 다봉축**(多逢丑)**이거나 신축일생**(辛丑日生)**이 다봉축**(多逢丑)**으로써 성립되는 것이다.**

구성원리는 계축일(癸丑日)**인 경우에 축중계수**(丑中癸水)**는 사중무토**(巳中戊土)**를 멀리서 동경**(憧憬)**하다가 무계**(戊癸)**로 요합**(遙合)**하니 계수**(癸水)**의 관성**(官星)**이 작용하는 것이고 신축일**(辛丑日)**의 경우는 축중신금**(丑中辛金)**이 사중병화**(巳中丙火)**를 멀리서 동경**(憧憬)**하다가 병신**(丙辛)**으로 요합**(遙合)**하니 병화**(丙火)**가 신금**(辛金)**의 관성**(官星)**으로 작용하게 되는 것이다.**

신계일(辛癸日)**의 축시**(丑時)**가 사**(巳)**를 요합**(遙合)**하여 격**(格)**이 성립된다고 해서 축요사격**(丑遙巳格)**이라고 하는 것이다. 이 격**(格)**은 원국**(原局)**에서 사화**(巳火)**와 자수**(子水) **그리고 관성**(官星)**을 만나면 기**(忌)**하는데 운**(運)**에서 만나도 기**(忌)**하는 것이다.**

또한 신일생(辛日生)**이 관살**(官殺)**이 되는 병정화**(丙丁火)**가 없고 계일생**(癸日生)**이 관살**(官殺)**이 되는 무기토**(戊己土)**가 없고 또 사자**(巳字)**가 없으면 공명**(功名)**이 크고 부귀영화**(富貴榮華)**로 만사형통**(萬事亨通)**한다. 그리고 자자**(子字)**나 사자**(巳字)**가 없고 신왕**(身旺)**하면 관운**(官運)**이 들어와도 도리어 길**(吉)**하게 되는 것이다. 자요사격**(子遙巳格)**은 갑자일**(甲子日)**에 갑자시**(甲子時)**로 구성이 되지만 축요사격**(丑遙巳格)**은 신계축일**(辛癸丑日)**이 년월시**(年月時)**에 축자**(丑字)**가 있으면 성립되는 것이 다른 점이다.**

癸	癸	丁	甲
亥	丑	丑	辰

癸	壬	辛	亥	壬	戊
未	午	巳	辰	印	金

계축일(癸丑日)**이 축토**(丑土)**를 만나고 기물관살**(忌物官殺)**인 무기토**(戊己土)**가 없어 순수한 축요사격**(丑遙巳格)**이 성립된다. 본명**(本命)**은 계수**(癸水)**가 진중계수**(辰中癸水)**, 월일지**(月日支)**의 축중계수**(丑中癸水)**, 해중임수**(亥中壬水)**로 원류부절**(源流不節)**하여 수원**(水源)**이 유장**(流長)**되어 신왕**(辛旺)**하다.**

정화(丁火)가 투출(透出)하여 축중기토관(丑中己土官)을 재생관(財生官)하니 사오운(巳午運)에 차관(次官)까지 지냈다가 계미대운(癸未大運)인 경자년(庚子年)에 금수태왕(金水太旺)으로 재관용신(財官用神)이 쇠약(衰弱)하여 퇴위(退位)하였다. 고서(古書)에서 「수목일(水木日)에 술해일시(戌亥日時)이면 법관명(法官命)에 많이 있다」라는 구절(句節)에 해당하는 명조(命造)이다.

己	辛	辛	辛
丑	丑	丑	丑

乙 丙 丁 戊 　 亥
未 申 酉 戌 亥 子

신축일(辛丑日)이 다봉축(多逢丑)을 만나 기물관살(忌物官殺)인 병정화(丙丁火)가 없어 순수한 축요사격(丑遙巳格)이 성립된다. 본명(本命)은 삼신(三辛)으로 오합취집격(五合聚集格), 사축(四丑)으로 지지일기격(地支一氣格), 토금(土金)으로 양신성상격(兩神成象格) 등으로 이루어져 있고, 기물(忌物)이 하나도 없어 기묘(奇妙)하여 유능한 외교관(外交官)이 되었다. 영어(英語)에 소질(素質)이 있었던 것은 추명가(推命歌)에 「사주중(四柱中)에 편정다인(偏正多印)이면 외국어(外國語)에 능통(能通)하다」에 해당하는 것으로서 신일주(辛日主)가 일기사축(一己四丑)으로 편인다(偏印多)를 이루고 있기 때문이다.

제20절 육을서귀격(六乙鼠貴格)

육을서귀격(六乙鼠貴格)은 육을일(六乙日)이 자시(子時)에 출생함으로써 성립되는 것이다. 먼저 육을(六乙)이라는 뜻은 을축(乙丑) 을묘(乙卯) 을시(乙時) 을미(乙未) 을유(乙酉) 을해(乙亥)를 말하는 것이며 서(鼠)라고 하는 것은 쥐를 말함이니 자수(子水)를 뜻하는 것이다.

이 격(格)의 구성원리는 자시(子時)는 자중계수(子中癸水)가 사중무토(巳中戊土)를 멀리서 동경(憧憬)하다가 무계합(戊癸合)하게되니 사화(巳火)가 탐(貪)이 나서 사신합(巳申合)하게 되므로 신중경금(申中庚金)을 인합(引合)하니 신중경금(申中庚金)은 을목(乙木)에 관성(官星)이 되어 귀(貴)하게 된다는 것이다.

이 격(格)에서 기(忌)하는 것은 경신신유(庚辛申酉)와 축오(丑午)가 없어야 하는데 경신신유(庚辛申酉)는 을목(乙木)에 관성(官星)이 혼잡(混雜)되어 있어 격(格)이 약화(弱化)되는 것이고 축토(丑土)는 합(合)이 되고 오화(午火)는 충(冲)이 되니 자기의 임무를 망각(妄覺)하기 때문에 기(忌)하는 것이며 운(運)에서 만나서 같은 작용을 하는 것이다.

이 격(格)에는 진격(眞格)과 부진격(不眞格)이 있는데 진격(眞格)은 일주(日主)가 을미(乙未), 을사(乙巳), 을해(乙亥)에 병자시(丙子時)이고 부진격(不眞格)은 일주(日主)가 을축(乙丑) 을묘(乙卯) 을유(乙酉)에 병자시(丙子時)이다. 이 격(格)의 희신(喜神)은 해자축(亥子丑)이고 기신(忌神)은 경신신유(庚辛申酉)와 축오(丑午)가 된다.

丙	乙	癸	丁
子	巳	卯	丑

丁	戊	己	庚	辛	壬
酉	戌	亥	子	丑	寅

을목(乙木)이 묘월(卯月)에 태어나서 건록(建祿)이 되고 계수(癸水)가 자수(子水)에 록근(祿根)하니 신왕(身旺)하게 되었다. 신왕(身旺)하면 극설(剋泄)이 희(喜)하는데 시상병화(時上丙火)를 설기처(泄氣處)로 용(用)하게 되는 것이다. 한편 을사일(乙巳日)에 병자시(丙子時)로 육을서귀격(六乙鼠貴格)도 성립되는데 원국(原局)에 축(丑)이 있어 자축합(子丑合)으로 반합(絆合)이 되니 불길(不吉)하게 평(評)하지 말고 정격(正格)으로 론(論)하여 부귀(富貴)가 된 명조(命造)이다.

한가지 특이한 것은 계록(癸祿)이 재자(在子) 병록(丙祿)이 재사(在巳)가 인수록자(印綬祿子)와 식신록사(食身祿巳)가 교록(交祿)이 되어 더욱 귀격(貴格)이 되었다. 따라서 인수운(印綬運)에 대발(大發)하였고 식신운(食神運)에도 발복(發福)하였는데 이유는 인수(印綬)와 식신(食神)이 교호득록(交互得祿)하였기 때문이다.

丙	乙	壬	丁
子	未	子	未

丙	丁	戊	己	庚	辛
午	未	申	酉	戌	亥

을목(乙木)이 자월(子月)에 태어나서 득령(得令)은 하였지만 동결지시(凍結之時)가 되어 있는데 다행하게도 병정화(丙丁火)가 투출(透出)되고 미중정화(未中丁火)에 득근(得根)하고 있어 병화(丙火)를 용신(用神)하게 된다. 운행(運行)에서 무기토화운(戊己土火運)에 등극(登極)하였다가 신운(申運)에 신자수국(申子水局)이 되어 병화용신(丙火用神)이 극상(剋傷)되니 실국(失國)이 되고 말았다.

본명(本命)은 을미일(乙未日)에 병자시(丙子時)로 육을서귀격(六乙鼠貴格)이 성립되지만 정격(正格)으로 론(論)하여 「가상관(假傷官)이 행상관운(行傷官運)이면 필성부귀(必成富貴)하고 행인수운(行印綬運)이면 파료상관(破了傷官)하여 필살(必殺)이라」 는 구절에 해당하는 것이다.

다시 말하여 신금(申金)은 을목지관(乙木之官)으로 희(喜)하나 신자수국(申子水局)으로 인수국(印綬局)이 되어 용신병화(用神丙火)는 신금(申金)에 병궁(病宮)이 된 것으로 원(元)나라 순제(順帝)의 명조(命造)이다.

제21절 육음조양격(六陰朝陽格)

육음조양격(六陰朝陽格)은 육신일무자시(六辛日戊子時)로써 성립되는 것이다. 육신일(六辛日)이란 신축(辛丑), 신묘(辛卯), 신사(辛巳), 신미(辛未), 신유(辛酉) 신해일(辛亥日)을 말하는 것이며 조양(朝陽)이란 육음(六陰)이 극(剋)하고 양(陽)이 시작된다는 뜻이니 일년지중(一年之中)의 양(陽)은 자월(子月)이 일양시생(一陽始生)이고 일일지중(一日之中)에는 자시(子時)부터 양(陽)이 시작되기 때문에 육음조양(六陰朝陽)이라고 하는 것이다.

이 격(格)의 구성원리는 무자시(戊子時)의 자중계수(子中癸水)가 사중무토(巳中戊土)를 멀리서 동경(憧憬)하다가 무계합(戊癸合)으로 무토(戊土)를 요동(遙動)시키게 되는데 병화(丙火)는 신금지정관(辛金之正官)이 되어 귀(貴)하다는 것인데 이때에 무자시(戊子時)의 무토(戊土)는 인수(印綬)가 되어 정관(正官)과 정인(正印)을 득(得)하게 되는 것이다.

이 격(格)도 육을서귀격(六乙鼠貴格)과 같이 진삼격(眞三格)과 부진삼격(不眞三格)이 있는데 진삼격(眞三格)은 신해(辛亥), 신유(辛酉), 신축일(辛丑日)에 무자시(戊子時)이고 부진삼격(不眞三格)은 신미(辛未), 신사(辛巳), 신묘일(辛卯日)에 무자시(戊子時)가 되는 것이다.

이 격(格)은 원국(原局)에서 또다시 관성(官星)이 있거나 축오(丑午)가 있으면 기(忌)하게 되는 것이다. 부진(不眞)으로 정하게 된 이유는 신미일(辛未日)인 경우는 미중정화관(未中丁火官)이 있고 신사일(辛巳日)은 사중병화관(巳中丙火官)이 있고 신묘일(辛卯日)은 관(官)은 없으나 자묘(子卯)로 일시형(日時刑)이 되기 때문이다.

그런데 진삼격(眞三格)에서 신축일(辛丑日)도 자시(子時)와 자축(子丑)으로 반합(絆合)이 되어 부진격(不眞格)으로 해야 되는 의문이 생긴다. 여기에서 축토(丑土)는 신금(辛金)을 자양(滋養)하는 토(土)로서 토생신금(土生辛金)이 되어 합(合)하지 않으니 부진격(不眞格)이 아니다.

戊	辛	辛	戊
子	丑	酉	辰

丁 丙 乙 甲 癸 壬
卯 寅 丑 子 亥 戌

신금일주(辛金日柱)가 유월(酉月)에 태어나서 건록(建祿)으로 득령(得令)하고 좌하(坐下)에 축토(丑土)가 득지(得地)하고 무진토(戊辰土)가 득세(得勢)하여 신왕(身旺)하다. 또한 신축일(辛丑日)에 무자시(戊子時)로 육음조양격(六陰朝陽格)을 이루어 신유월생(申酉月生)이나 사계절생(四季節生)이면 귀기

(貴奇)하게 된다. 자축(子丑)이 반합(絆合)하여 불길(不吉)하게 보이나 신금(辛金)에 자양지토(滋養之土)로 생금(生金)함으로서 자축합(子丑合)을 망각(妄覺)하여 대부대귀(大富大貴)하게된 명조(命造)이다. 따라서 신축일(辛丑日)에 무자시(戊子時)도 진격(眞格)으로 보아야 한다.

戊	辛	辛	乙
子	未	未	未

丁	丙	乙	甲	癸	壬
丑	子	亥	戌	酉	申

신미일주(辛未日柱)에 무자시(戊子時)로써 육음조양격(六陰朝陽格)이 성립된다. 그러나 신미일(辛未日)은 미중정화관(未中丁火官)이 있어 기(忌)하다고 하나 미중기토(未中己土)가 있어 인수(印綬)가 되니 희(喜)하다고 보는 것이다. 육음조양격(六陰朝陽格)에서 부진일(不眞日)로 정(定)하고 있으나 연월일(年月日)이 삼미(三未)로 되어 있으면서도 왕후(王侯)가 된 명조(命造)이다.

월일간(月日干)이 신금(辛金)인데 미중정화(未中丁火)로 보아 조토(燥土)가 될 것 같지만 병정화(丙丁火)가 없고 시지(時支)에 자수(子水)가 있으니 미토(未土)는 습토(濕土)가 되어 자양지토(滋養之土)로써 능히 생금(生金)이 가능하게 되니 신미일(辛未日)에 무자시(戊子時)도 진격(眞格)으로 보아야 한다.

제22절 금신격(金神格)

금신격(金神格)은 갑기일간(甲己日干)이 사유축시(巳酉丑時)에 태어남으로써 성립되는 것이다. 즉 갑일(甲日)에 사유축시(巳酉丑時)를 만나서 이루어진 격(格)을 갑일금신격(甲日金神格)이라고 하고 기일(己日)에 사유축시(巳酉丑時)를 만나서 이루어진 격(格)을 기일금신격(己日金神格)이라고 한다.

금신(金神)이라고 하는 것은 시지(時支)에 사유축(巳酉丑)을 만나서 자연금국(金局)에 해당되어 붙여진 이름이다. 구성원리는 갑기일(甲己日)의 야반시(夜半時)는 갑자(甲子)로부터 시작하여 사시(巳時)는 기사(己巳), 유시(酉時)는 계유(癸酉), 축시(丑時)는 을축(乙丑)이 되는 것이다.

이와같이 갑기일(甲己日)**은 시지**(時支)**에 금국**(金局)**이 형성되어 시상일위귀격**(時上一位貴格)**이나 시상관성격**(時上官星格)**이 되고 만약에 양인**(羊刃)**이 있으면 살인상정**(殺印相停)**으로 귀명**(貴命)**이 되는 것이다.**

가령 갑일기사시(甲日己巳時)**의 경우는 갑일금신격**(甲日金神格)**인데 월지**(月支)**에 양인**(羊刃)**인 묘목**(卯木)**이 있으면 사중경금**(巳中庚金)**이 묘중을목양인**(卯中乙木羊刃)**을 을경합**(乙庚合)**하여 살인상정**(殺印相停)**이 이루어져 귀**(貴)**하게 되는 것이다.**

己	己	己	辛
巳	卯	亥	酉

癸	甲	乙	丙	丁	戊
巳	午	未	申	酉	戌

기일(己日)**에 기사시**(己巳時)**로서 금신격**(金神格)**이 성립된다. 사중경금**(巳中庚金)**이 년지유금**(年支酉金)**과 금국**(金局)**을 이루고 신금**(辛金)**이 투출**(透出)**되어 있기 때문에 오히려 기토일주**(己土日主)**가 설상**(泄傷)**하게 되므로 제금신**(制金神)**하는 화운**(火運)**을 대호**(大好)**하게 되는데 신유운**(申酉運)**에 고난**(苦難)**이 비일비재**(非一非再)**하였으나 회생**(回生)**할수 있었던 것은 신유운**(申酉運)**에 병정**(丙丁)**이 있어 금신**(金神)**을 제**(制)**하여 일주**(日主)**를 부운직상**(扶運直上)**하였기 때문이다. 을미운**(乙未運)**에 기발**(起發)**하여 갑오운**(甲午運)**에는 대학교수**(大學教授)**가 되어 명성**(名聲)**이 높았다.**

본명(本命)**은 월간기토**(月干己土)**가 생신유금**(生辛酉金)**하고 유금**(酉金)**은 생해수**(生亥水)**하고 해수**(亥水)**는 생묘목**(生卯木)**하고 묘목**(卯木)**은 생사화**(生巳火)**하여 극금신**(剋金神)**하는 동시에 오행**(五行)**이 생생부절**(生生不絶)**하는 묘격**(卯格)**이다.**

이 격(格)**은 해묘목살**(亥卯木殺)**로써 사유신금**(巳酉辛金)**을 제상관**(制傷官)**해야 함으로서 제살태과격**(制殺太過格)**이 되어 수목화**(水木火)**에 희**(喜)**하고 토금**(土金)**이 기**(忌)**하다.**

乙	己	癸	壬
丑	酉	丑	戌

己	戊	丁	丙	乙	甲
未	午	巳	辰	卯	寅

기일(己日)에 사유축금신(巳酉丑金神)이 되어 기일금신격(己日金神格)이 성립된다. 그런데 기일(己日)이 유(酉)에 좌(坐)하고 술중신금(戌中辛金), 축중신금((丑中辛金) 유중신금((酉中辛金)으로 전금국(全金局)을 이루고 임계수(壬癸水)가 축중계수(丑中癸水)에 득근(得根)하여 금국(金局)의 생조(生助)를 받으니 기토(己土)는 심약(甚弱)하다. 갑인(甲寅), 을묘대운(乙卯大運)에는 상관견관(傷官見官)에 위화백단(爲禍百端)으로 고생(苦生)하다가 병진운(丙辰運)에 의학박사(醫學博士)가 되었고 정사운(丁巳運)에 대부(大富)가 되었고 무오(戊午), 기미운(己未運)에도 계속 대발(大發)할 것으로 추정한다.

제23절 형합격(刑合格)

형합격(刑合格)이란 육계일(六癸日)이 인시(寅時)에 태어남으로서 성립된다. 육계(六癸)란 계축(癸丑) 계묘(癸卯) 계사(癸巳) 계미(癸未) 계유(癸酉) 계해일(癸亥日)이다.

구성원리(構成原理)는 시지(時支)의 인목(寅木)이 형(刑)하는 사(巳)를 형(刑)함으로써 사중무토(巳中戊土)를 계수(癸水)가 무계합(戊癸合)으로 형출합관(刑出合官)하여 하나의 격(格)을 이루어 형합격(刑合格)이라고 하는 것이다.

이 격(格)도 육을서귀(六乙鼠貴) 육음조양격(六陰朝陽格)과 같이 진격(眞格)과 부진격(不眞格)이 있는데 진격(眞格)은 계유(癸酉) 계해(癸亥) 계묘일(癸卯日)에 갑인시(甲寅時)이고 계사(癸巳) 계미(癸未) 계축일(癸丑日)에 갑인시(甲寅時)는 부진격(不眞格)이다. 계사일(癸巳日)은 사중무토관(巳中戊土官)이 있고 계미(癸未) 계축일(癸丑日)도 일지(日支)에 관성(官星)이 있어 불용(不用)한 것이다.

이 격(格)이 기(忌)하는 것은 관성(官星)인 무기(戊己)가 있거나 인(寅)을 충(冲)하고 갑(甲)을 극(剋)하는 경신(庚申)인데 운(運)에서도 같은 작용을 한다.

甲	癸	壬	庚
寅	亥	午	戌

戊 丁 丙 乙 甲 癸
子 亥 戌 酉 申 未

계일(癸日)**에 갑인시**(甲寅時)**로 형합격**(刑合格)**이 성립 되는데 특히 계해일**(癸亥日)**은 진격**(眞格)**이 되어 아름답다. 정격론**(正格論)**으로 보면 계수**(癸水)**가 오월염천**(午月炎天)**에 인오술**(寅午戌)**로 합화국**(合火局)**하여 신약**(身弱)**하다. 따라서 계수**(癸水)**는 해수**(亥水)**에 근**(根)**하고 있는데 해중임수**(亥中壬水)**가 용겁격**(用劫格)**이 되나 수**(水)**가 조금 약**(弱)**하다. 운행**(運行)**에서 조금만 도움이 되면 대발**(大發)**하는데 마침 해자운**(亥子運)**에서 부귀**(富貴)**하여 도지사**(道知事)**가 된 명조**(命造)**이다.**

甲	癸	甲	甲
寅	酉	戌	戌

庚 己 戊 丁 丙 乙
辰 卯 寅 丑 子 亥

계유일(癸酉日)**에 갑인시**(甲寅時)**로 진형합격**(眞刑合格)**이 성립 된다. 이 격**(格)**이 기**(忌)**하는 갑인**(甲寅)**을 충극**(冲剋)**하는 경신**(庚申)**과 계수**(癸水)**를 극제**(剋制)**하는 무기**(戊己)**와 인**(寅)**을 형**(刑)**하는 사**(巳)**가 없어 고귀**(高貴)**하다. 일찍이 왕실**(王室)**에 있다가 재상급**(宰相級)**까지 올라 영화**(榮華)**를 누린 명조**(命造)**이다.**

사주첩경(四柱捷經)**에 의하면 진격**(眞格)**은 귀**(貴)**하게 되는 경우가 많으나 부진격**(不眞格)**은 흉성**(凶星)**인 경신사무기**(庚申巳戊己)**를 만나면 횡사**(橫死) **또는 교통사고**(交通事故)**등을 많이 당한다고 하였다.**

그리고 여명(女命)**에 형합격**(刑合格)**은 불미**(不美) **스러운 일이 많은데 계미**(癸未) **계축**(癸丑) **계사일**(癸巳日)**은 시상상관목**(時上傷官木)**으로 미중기토관**(未中己土官) **또는 축중기토관**(丑中己土官) **또는 사**(巳)**를 형**(刑)**하여 사중미토관**(巳中未土官)**을 극관**(剋官)**하게 되므로 부군횡사**(夫君橫死)**를 하게 되고 진격**(眞格)**인 계해**(癸亥) **계유**(癸酉) **계묘일**(癸卯日)**인 경우에도 계해일**(癸亥日)**은 갑목지생궁**(甲木之生宮)**이고 계묘일**(癸卯日)**은 갑목지왕**(甲木之旺)**이고 갑인목**(甲寅木)**이 왕**(旺)**하여 원국**(原局)**에 무기**(戊己)**나**

진술축미(辰戌丑未)가 있으면 상관태왕(傷官太旺)에 극관살(剋官殺)하여 상부(傷夫)할 우려성이 다분히 존재한다고 하였고 계유일(癸酉日)은 신왕상관왕(身旺傷官旺)이 되어 주봉관살(柱逢官殺)이면 역시 상부(傷夫)할 가능성이 다분히 있다고 하였다.

제24절 갑추건격(甲趨乾格)

갑추건격(甲趨乾格)이란 갑일(甲日)이 해시(亥時)에 태어남으로써 성립된다. 다시 말하여 갑자(甲子) 갑인(甲寅) 갑진(甲辰) 갑오(甲午) 갑신(甲申) 갑술일(甲戌日)에 을해시(乙亥時)에 해당하는 것이다.

건추(乾趨)라고 하는 것은 건(乾)은 서북간방(西北間方)이고 술해궁(戌亥宮)으로써 갑목(甲木)이 건궁(乾宮)을 향하여 달려간다는 뜻으로 갑추건격(甲趨乾格)이라고 하는 것이다.

갑(甲)은 만물지시(萬物之始)이고 육십갑자(六十甲子)의 수(首)가 되고 해(亥)는 천문(天門)으로 만물(萬物)이 시생(始生)하는 곳이기 때문에 갑목(甲木)을 생(生)하는 곳이 되어 목자(木字)와 해자(亥字)를 합(合)하여 핵(核)이 되는 것이다.

이 격(格)이 희(喜)하는 것은 해자다봉(亥子多逢)에 사화(巳火)가 없거나 재왕운(財旺運)이고 신약(身弱)인데 자수봉(子水逢)인 경우이고 기(忌)하는 것은 역시 사화(巳火)가 있거나 재관왕(財官旺)인 경우이다. 운(運)에서도 마찬가지로 작용한다.

乙	甲	癸	丁
亥	寅	卯	巳

丁	戊	己	庚	辛	壬
酉	戌	亥	子	丑	寅

갑일해시(甲日亥時)로 갑추건격(甲趨乾格)이 성립된다. 이 격(格)이 기(忌)하는 것은 년지사(年支巳)를 만나 충(冲)을 받았으나 묘월(卯月)로 득령(得令)하고 좌하(坐下)에 인목(寅木)으로 득지(得地)하고 을해(乙亥)로 득세(得勢)하여 곡직격(曲直格)이 되었다. 희신(喜神)은 수목화(水木火)이고 기신(忌神)은 토금(土金)인데

무술대운(戊戌大運)인 경자(庚子) 신축(辛丑)에 관재(官災)로 사형구형(死刑求刑)을 받았으나 임인(壬寅) 계묘(癸卯)에 다시 길운(吉運)이 회복(回復)되어 마치 고목(枯木)이 봉춘지격(逢春之格)으로 부귀(富貴)하였던 법무부장관(法務部長官)까지 역임한 명조(命造)이다.

乙	甲	癸	壬
亥	午	丑	申

己	戊	丁	丙	乙	甲
未	午	巳	辰	卯	寅

갑일해시(甲日亥時)로 갑추건격(甲趨乾格)이 성립된다. 임계수(壬癸水)가 신해합수(申亥合水)에 착근(着根)하여 신왕(身旺)하다. 희신(喜神)은 목화토(木火土)이고 기신(忌神)은 수목(水木)인데 대운(大運)이 화금(火金)으로 향(向)하여 아름답다. 이 격(格)은 축월갑일(丑月甲日)로 신약(身弱)하지만 갑추건격(甲趨乾格)으로 신왕(身旺)으로 선약후강(先弱後强)이 되었다. 또한 축월갑목(丑月甲木)은 한냉(寒冷)하지만 오화(午火)의 화기(火氣)가 있어 온토(溫土)를 용(用) 할만하니 행운(幸運)에서 병진(丙辰) 정사(丁巳) 무오(戊午) 기미운(己未運)에 대부(大富)가 되었다.

제25절 임추간격(壬趨艮格)

임추간격(壬趨艮格)이란 임일(壬日)이 인시(寅時)에 태어남으로써 성립된다. 즉 임자(壬子) 임인(壬寅) 임진(壬辰) 임오(壬午) 임신(壬申) 임술일(壬戌日)이 임인시(壬寅時)에 출생(出生)함을 말한다.

추간(趨艮)이라고 하는 것은 간(艮)을 따른다는 것이고 간(艮)을 향(向)하여 달린다는 뜻이다. 간(艮)이란 간궁(艮宮)으로 동북간방(東北艮方)인 축인궁(丑寅宮)을 말하는 것이니 임(壬)이 간궁(艮宮)으로 달려간다는 뜻으로 임추간격(壬趨艮格)이라고 하는 것이다.

이 격(格)은 부귀(富貴)하다는 귀격(貴格)인데 그 이유는 임수(壬水)의 정록(正祿)은 해수(亥水)인데 인시(寅時)의 인목(寅木)이 해수(亥水)와 합(合)을 하여 이루어진 것으로 합록(合祿)과 같은 것이 되어 합록격(合祿格)이라고도 한다.

특히 임진일(壬辰日)이 임인시(壬寅時)는 운용풍호(雲龍風虎)로써 진용(辰龍)이 구름을 일으키고 인호(寅虎)가 바람을 일으키는 것과 같아 정신(精神)이 탁월하여 비범(非凡)한 인물이 된다는 것이다.

이 격(格)이 기(忌)하는 것은 충형(冲刑)을 하는 신(申)은 대기(大忌)한 것이고 운(運)에서도 신(申)을 만나면 강관실직(降官失職)하게 되고 해(亥)를 만나면 임(壬)의 록(祿)이 많아 격(格)이 떨어지는 것이다.

또한 임추간(壬趨艮)이라 함은 임일인시(壬日寅時)라 하지만 간(艮)에는 축인(丑寅)이 내포(內包)되어 있어 인중갑목(寅中甲木)은 축중기토(丑中己土)에 합(合)하여 기토(己土)를 인출(引出)시키고 인중병화(寅中丙火)는 축중신금(丑中辛金)을 병신합(丙辛合)하여 신금(辛金)을 인출(引出)시킨다.

여기서 기토(己土)는 임수(壬水)의 관성(官星)이고 신금(辛金)은 임수(壬水)의 인수(印綬)가 되므로 관인합작(官寅合作)으로 귀(貴)하게 되는 것이다.
이 격(格)역시 독립적으로 보는 것보다는 정격(正格)으로 우선하여 보아야 마땅하다.

壬	壬	甲	戊
寅	寅	寅	寅

庚	己	戊	丁	丙	乙
申	未	午	巳	辰	卯

임일(壬日)에 인시(寅時)로써 임추간격(壬趨艮格)을 이루었고 원국(原局)에 충형(冲刑)이 없고 전국(全局)이 수목(水木)으로 이루어져 오행상생격(五行相生格)과 지지일기격(地支一氣格)을 이루어 귀격(貴格)이 되었다. 정격(正格)으로 보아도 종아격(從兒格)으로 수목화(水木火)가 희신(喜神)이고 토금(土金)이 기신(忌神)이 되는데 대운(大運)이 목화(木火)로 향(向)하여 기쁘다. 임수(壬水)가 인해합(寅亥合)으로 해수(亥水)를 인출(引出)시키는데 해수(亥水)는 임수(壬水)의 록(祿)이 되므로 검사직(檢事職)으로 부귀(富貴)하게 된 것이다.

壬	壬	乙	甲
寅	辰	亥	子

己 庚 辛 壬 癸 甲
巳 午 未 申 酉 戌

임일(壬日)에 해시(亥時)로써 임추간격(壬趨艮格)이 성립된다. 이 격(格)이 기(忌)하는 해(亥)를 만나 서운하다. 원국(原局)에서 해월(亥月)로 득령(得令)하고 자진수국(子辰水局)으로 득지(得支)하였고 임수(壬水)가 투출(透出)하여 신왕(身旺)하게 되었다. 신왕(身旺)하게 되면 극제(剋制)하는 토금(土金)을 희(喜)하는데 진토(辰土)는 자진합수화(子辰合水化)가 되었고 인중병화(寅中丙火)는 인해합목(寅亥合木)으로 무력(無力)하니 자연적으로 갑을목(甲乙木)이 투출(透出)하여 상관태왕(傷官太旺)으로 용(用)해야한다. 그러나 상관(傷官)이 태왕(太旺)하여 진토관(辰土官)을 극(剋)함으로서 부군(夫君)이 납치(拉致)당하고 교원(敎員)으로 생활하고 있는 명조(命造)이다.

제26절 비천록마격(飛天祿馬格)

비천록마(飛天祿馬)란 군중(群衆)이 모여 원록(原록局)에 없는 오행(五行)을 허충(虛冲)으로 재성(財星)과 관성(官星)인 록마(祿馬)를 충출(冲出)시켜 재관(財官)을 귀격(貴格)으로 작용하게 함으로써 성립되는 것을 말한다.

즉, 이 격(格)은 경자일생(庚子日生)이 다봉자수(多逢子水), 임자일생(壬子日生)이 다봉자수(多逢子水), 계해일생(癸亥日生)이 다봉해수(多逢亥水), 신해일생(辛亥日生)이 다봉해수(多逢亥水), 정사일생(丁巳日生)이 다봉사화(多逢巳火), 병오일생(丙午日生)이 다봉오화(多逢午火)로써 6가지가 있다.

이중에 경자(庚子), 임자(壬子), 신해(辛亥), 계해일(癸亥日)의 4가지를 정비천록마(正飛天祿馬)라 하고 병오(丙午), 정사일(丁巳日)의 2가지를 도비천록마(倒飛天祿馬)라고 하는데 일반적으로 비천록마(飛天祿馬), 도충록마(倒冲祿馬)라고 각각 호칭()하고 있으며 도충록마(倒冲祿馬)를 도충격(倒冲格)이라고도 한다.

이 격(格)의 구성원리는 첫째 경자일(庚子日)인 경우 다봉자(多逢子)로써 원국(原局)에 없는 오(午)를 허충(虛冲)하여 오중정화(午中丁火)로 관성(官星)하고 오중기토(午中己土)를 인수(印綬)하여 관인(官印)으로 작용하여 귀격(貴格)이 되는데 만약 축토(丑土)가 있으면 자축합(子丑合)이 되어 오(午)를 충(冲)하지 않고 또한 오(午)나 사(巳)가 있으면 불기(不奇)하여 파격(破格)이 되는 것이다.

둘째 임자일(壬子日)인 경우 다봉자(多逢子)로써 오(午)를 허충(虛冲)하여 오중정화(午中丁火)로 재성(財星)하고 오중기토(午中己土)로 관성(官星)하여 임일(壬日)이 재관(財官)하지 않고 단 정(丁), 기(己), 오(午)가 있으면 재관충(財官冲)으로 불기(不奇)하여 파격(破格)이 되는 것이다.

셋째 신해일(辛亥日)은 다봉해(多逢亥)로 사(巳)를 허충(虛冲)하여 사중병화(巳中丙火)로 관성(官星)하고 사중무토(巳中戊土)로 인수(印綬)하여 관인(官印)으로 작용하여 귀격(貴格)이 되는데 만약 술(戌)이 있으면 술해(戌亥)로 천라(天羅)하여 사(巳)를 충(冲)하지 않아 쓰지 못하고, 또 병무(丙戊)가 있으면 재인충(財印冲)하고 사(巳)가 있으면 불기(不奇)하여 파격(破格)이 되는 것이다.

넷째 계해일(癸亥日)인 경우 다봉해(多逢亥)로 사(巳)를 허충(虛冲)하여 사중병화(巳中丙火)로 재성(財星)하고 사중무토(巳中戊土)로 관성(官星)하여 계일(癸日)이 재관(財官)으로 작용하여 귀격(貴格)이 되는데 만약 술(戌)이 있으면 술해(戌亥)로 천라(天羅)하여 사(巳)를 충(冲)하지 않고 또 병무(丙戊)가 있으면 재관충(財官冲)하고 사(巳)가 있으면 불기(不奇)하여 파격(破格)이 되는 것이다.

다섯재 병오일(丙午日)인 경우 다봉오(多逢午)로 자(子)를 허충(虛冲)하여 자중계수(子中癸水)로 관성(官星)하여 귀격(貴格)으로 작용하는데 미(未)가 있으면 오미합(午未合)이 되어 자(子)를 충(冲)하지 않고 임계(壬癸)가 있으면 관살(官殺)로 충(冲)하여 파격(破格)이 되는 것이다.

여섯째 정사일(丁巳日)인 경우 다봉사(多逢巳)로 해(亥)를 허충(虛冲)하여 해중임수(亥中壬水)로 관성(官星)하여 귀격(貴格)으로 작용하는데 진(辰)이 있으면 진사(辰巳)로 반합(絆合)하여 해(亥)를 충(冲)하지 않아 쓰지 못하고 임계해(壬癸亥)가 있으면 관살충(官殺冲)으로 불기(不奇)하여 파격(破格)이 되는 것이다. 이상과 같이 비천록마(飛天祿馬)나 도천록마(倒天祿馬)가 성립되어 중화(中和)를 이루면 법정계(法政界)에서 입신(立身)하는 귀명(貴命)이다.

己	辛	壬	丁
亥	亥	子	未

丙	丁	戊	己	亥	辛
午	未	申	酉	戌	亥

신해일(辛亥日)이 다봉해(多逢亥)하여 비천용마격(飛天龍馬格)이 성립된다. 그런데 반합(絆合)되는 인(寅)이 없고 지망(地網)이 되는 술(戌)이 없어 사중병화(巳中丙火)인 관성(官星)을 충출(冲出)시킬 수 있다. 년상정화(年上丁火)가 관살(官殺)이 중중(重重)하여 기(忌)할 것 같으나 원국(原局)에 수기심량(水氣甚凉)으로 조후(調候)로써 아름답다.

정격(正格)으로 논(論)하면 신금일주(辛金日主)가 설기(泄氣)하는 수기(水氣)가 태왕(太旺)하여 제살태과격(制殺太過格)이 되는데 희신(喜神)은 화토금(火土金)이고 기신(忌神)은 수목(水木)이 된다.

대운(大運)이 금화운(金火運)으로 향(向)하여 검찰청장(檢察廳長)까지 역임한 부귀(富貴)한 명조(命造)이다.

丁	壬	亥	辛
未	子	子	亥

甲	乙	酉	丁	戊	己
午	未	申	酉	戌	己

임자일(壬子日)이 다봉자(多逢子)로 비천용마격(飛天龍馬格)이 성립된다. 이 격(格)이 기(忌)하는 반합축(絆合丑)도 없고, 관살(官殺)이 되는 무기토(戊己土)도 만나지 않아 순수격(純粹格)이 되었다. 정격(正格)으로 논(論)하면 임일주(壬日主)가 자월(子月)에 출생하여 양인(羊刃)으로 득령(得令)하였고, 좌하(坐下)에 일인(日刃)으로 득지(得地)하였으며, 경신금(庚辛金)이 투출(透出)하여 신왕(身旺)하다.

신왕(身旺)**한 명**(命)**에는 극제**(剋制)**하거나 설기**(泄氣)**하는 것을 희**(喜)**하는데 시주**(時柱)**에 재관**(財官)**이 있으 시상정관격**(時上正官格)**이 되어 대검차장**(大檢次長)**까지 지낸 부귀**(富貴)**한 명조**(命造)**이다.**

乙	丁	癸	辛
巳	巳	巳	酉

丁 戊 己 亥 辛 壬
亥 子 刃 寅 印 辰

정사일(丁巳日)**이 다봉사**(多逢巳)**하여 도충록마격**(倒冲祿馬格)**이 성립된다. 이 격**(格)**이 기**(忌)**하는 월상계수관**(月上癸水官)**이 투출**(透出)**되어 있으나 사**(巳)**에 절**(絶)**하고 지지화국**(地支火局)**에 수열**(水熱)**하여 무력**(無力)**하여 구애**(拘碍)**없이 격**(格)**이 이루어져 있다.**

정격(正格)**으로 논**(論)**하면 정화일주**(丁火日主)**가 사화**(巳火)**에 득령**(得令)**, 득지**(得地)**하여 신왕**(身旺)**하여 극제**(剋制)**하는 금수**(金水)**가 있어 아름답다. 따라서 신왕관왕**(身旺官旺)**하여 죄악**(罪惡)**을 판정**(判定)**하고, 감찰**(監察)**하는 판원직**(判院職)**까지 오른 명조**(命造)**이다.**

乙	丁	丁	癸
巳	巳	巳	印

辛 壬 癸 甲 乙 酉
亥 子 刃 寅 印 辰

정사일(丁巳日)**이 다봉사**(多逢巳)**하여 도충록마격**(倒冲祿馬格)**이 성립된다. 이 격**(格)**이 기**(忌)**하는 년상계수**(年上癸水)**가 관성**(官星)**으로 투출**(透出)**하여 불기**(不奇)**하나 계수**(癸水)**는 생묘목**(生卯木)**하고 다봉사**(多逢巳)**에 무력**(無力)**하여 구애**(拘碍)**없이 성립되어 편수관**(偏脩官)**까지 지낸 명조**(命造)**이다. 정격**(正格)**도 논**(論)**하면 정사일주**(丁巳日柱)**가 전국**(全局)**이 화국**(火局)**으로 독상격**(獨象格)**이 되고, 권재일잉ㄴ**(權在一人)**이 되는 종왕격**(從旺格)**이 성립되어 목화토운**(木火土運)**에 희**(喜)**하고 금수운**(金水運)**이 기**(忌)**하는데 본명**(本命)**은 인묘진운**(寅卯辰運)**에 대발**(大發)**하였으나 해자축운**(亥子丑運)**에 대기**(大忌)**하였다.**

제27절 삼상격(三象格)

삼상격(三象格)이란 전국(全局)이 삼파(三派)로 성립되며 타오행(他五行)이 없어야 한다. 상생(相生)이 길(吉)하고 상극(相剋)은 불길(不吉)하나 설기(泄氣)는 무난하다.

상생(相生)이 되면 용신(用神)이 자연 인비(印比)가 되니 여명(女命)에게는 대기(大忌)하게 되는데 이는 인비(印比)가 왕(旺)해지면 관성(官星)이 피상(被像)되어 남편궁(男便宮)이 불길(不吉)하게 되는 것이다.

壬	戊	辛	己
子	辰	巳	丑

丁	丙	乙	甲	癸	壬
丑	子	亥	戌	酉	申

사주원국(四柱原局)이 토금수(土金水)로 3가지 오행(五行)으로 구성되어 삼상격(三象格)이 성립된다. 이 격(格)은 일주(日主)를 도와주는 화(火)나 토(土)가 희(喜)하고 토(土)의 기운(氣運)을 설기(泄氣)하는 금(金)은 무난하다. 그러나 토(土)를 극제(剋制)하는 수목(水木)이 기(忌)하다. 여명(女命)에 비겁(比劫)이 중중(重重)하고 대운(大運)이 금수운(金水運)으로 향(向)하여 초년(初年)은 대발(大發)하였으나 중년(中年)이후에 대기(大忌)한 명조(命造)이다.

을해대운(乙亥大運)에 을신충(乙辛冲)하고 해미관성(亥未官星)이 되니 손재(損財), 수술(手術), 부부애로(夫婦隘路) 등이 발생한다. 병자대운(丙子大運)은 병신합(丙辛合), 병임충(丙壬冲)으로 충중봉합(冲中逢合)하여 파직(破職)하고 부부이별(夫婦離別)하였다.

丙	戊	己	戌
辰	申	未	申

乙	甲	癸	壬	辛	亥
丑	子	亥	戌	酉	申

사주원국(四柱原局)이 화토금(火土金)으로 3가지 오행(五行)으로 구성되어 삼상격(三象格)이 성립된다. 이 격(格)은 일주(日主)를 도와주는 화토(火土)가 길(吉)하고 토(土)의 기운(氣運)을 설기(泄氣)하는 금(金)은 무난하다. 그러나 토(土)를 극제(剋制)하는 수목(水木)은 불길(不吉)하다.

계해대운(癸亥大運)은 무계합(戊癸合), 기계충(己癸冲)으로 충중봉합(冲中逢合)하고 해미합목(亥未合木)하여 기신(忌神)이 되니 변동이 있는 가운데 손재(損財), 관재구설(官災口舌), 교통사고(交通事故) 등으로 불길(不吉)하다.

을축대운(乙丑大運)은 기을극(己乙剋)하고 축미충(丑未冲)으로 처음에는 다소 실패가 있으나 토(土)가 용신(用神)이니 건강회복, 사업성공, 부동산 매입 등으로 대길(大吉)하였다.

제28절 합록격(合祿格)

합록격(合祿格)이란 록(祿)이 합(合)하여 이루어졌다는 뜻인데 록(祿)이란 갑록재인(甲祿在寅), 을목재묘(乙木在卯)의 록궁(祿宮)이 아니고 록마(祿馬)라는 뜻으로 정관(正官)을 말하는 것이다.

이 격(格)의 구성은 6무일(六戊日)에 신시(申時)와 6계일(六癸日)에 신시(申時)로 이루어지는데 무계일(戊癸日)의 신시(申時)는 경신시(庚申時)가 되니 신중경금(申中庚金)은 묘중을목(卯中乙木)을 인합(引合)하여 기동(起動)시키는데 여기에서 을목(乙木)은 무일(戊日)의 정관(正官)이 되어 자연 묘(卯)는 을목(乙木)의 정관록(正官祿)이 되고, 합(合)하여 구성되었다고 하여 합록(合祿)이라고 하는 것이다.

또한 계일(癸日)의 신시(申時)는 경신시(庚申時)로써 사신합(巳申合)하여 사(巳)를 인합(引合)하여 기동(起動)시키는데 사중무토(巳中戊土)가 계일(癸日)의 정관(正官)이 되고 사(巳)는 정관(正官)의 록(祿)이 되어 합록(合祿)이 되는 것이다.

이 격(格)이 기(忌)하는 것은 무일경신시(戊日庚申時)는 관성(官星)이 되는 갑을목(甲乙木)이 없어야 하고, 또한 경금(庚金)을 극(剋)하는 병화(丙火)와 신금(申金)을 충극(冲剋)하는 인목(寅木)이 없어야 하며, 지지(地支)에 묘목(卯木)이 없어야 한다.

그리고 계일경신시(癸日庚申時)도 역시 경금(庚金)을 극(剋)하는 병화(丙火)와 신금(申金)을 충극(冲剋)하는 인목(寅木)과 합록(合祿)하는 사화(巳火)와 계일(癸日)의 관성(官星)이 되는 무기(戊己)를 기(忌)하는 것이다.

亥	戊	己	丁
申	午	酉	巳

癸	甲	乙	丙	丁	戊
卯	辰	巳	午	未	申

무일(戊日)에 경신시(庚申時)로 합록격(合祿格)이 성립되는데 무오(戊午), 정사(丁巳), 기토(己土)로 신왕(身旺)하다. 그러나 경신(庚申), 사유(巳酉)로 금국(金局)하여 일주(日主)에 비(比)하여 금기(金氣)가 득령(得令), 득국(得局), 득세(得勢)하므로 금기(金氣)가 조금 더 왕성(旺盛)하다.

따라서 운(運)에서 조금만 도우면 대발(大發)하는데 다행하게도 사오운(巳午運)에 용신화(用神火)를 방조(幇助)하여 국회(國會)에 진출(進出)하였으나, 갑진운(甲辰運)에는 갑경충(甲庚冲)되고, 진유합금(辰酉合金)으로 화기(火氣)가 회기(晦氣)되어 낙선(落選)하게 된 명조(命造)이다.

庚	癸	甲	丙
申	亥	午	子

庚	己	戊	丁	丙	乙
子	丑	寅	卯	辰	巳

계일(癸日)이 경신시(庚申時)로 합록격(合祿格)이 성립된다. 이 격(格)이 기(忌)하는 갑병(甲丙)을 만나고 하월생(夏月生)으로 부진격(不眞格)이 되었다. 또한 오월(午月)의 염천지절(炎天之節)에 병화(丙火)가 투출(透出)하여 화기(火氣)가 왕성(旺盛)하다. 그러나 계수(癸水)가 계수득지(癸水得地), 경신득세(庚申得勢), 년지자수(年支子水)로 역시 신왕(身旺)하여 신왕재왕(身旺財旺)한데, 회기(火氣)에 비(比)하여 일주(日主)가 조금 강(强)하다.

운행(運行)이 목화(木火)로 향(向)하여 검사(檢事)가 된 귀명(貴命)이다. 일반적으로 수목일(水木日)에 술해일시(戌亥日時)가 법조계(法曹界)에 인연이 많다.

제29절 전록격(專祿格)

전록격(專祿格)이란 정록(正祿)을 일지(日支)에 있으므로 성립되는 것이다. 이 격(格)의 구성원리는 갑목배인(甲木在寅), 을목재묘(乙木在卯), 경금재신(庚金在申), 신금재유(申金在酉)로서 12종류의 정록(正祿)이 있는데, 전록격(專祿格)은 4종류이다. 이 격(格)이 기(忌)하는 것은 원국(原局)이나 유년(流年)에서 관살(官殺) 또는 형충(刑冲)을 만나는 것이다.

이 격(格)은 단순하게 일주(日柱) 하나만 가지고 길흉작용(吉凶作用)을 판단한다는 것은 어려운 것이지만 모두가 간여지동(干與支同)으로 지지장간(地支藏干)이 비견(比肩)으로 되어 있어 신왕(身旺)이 되니, 오히려 관살(官殺)이 필요한데 기(忌)한다는 것이다.

이것은 다른 격(格)으로 성립될 소질이 대단히 많다는 것을 암시한다.

예를 들면 갑인일(甲寅日)인 경우는 계해(癸亥), 계해(癸亥), 갑인(甲寅), 계해(癸亥)로써 종왕격(從旺格)이 되고 임자(壬子), 임인(壬寅), 갑인(甲寅), 을축(乙丑)으로써 종강격(從强格)이 된다.

을묘일(乙卯日)인 경우는 을묘(乙卯), 을묘(乙卯), 을묘(乙卯), 신사(辛巳)로써 곡직격(曲直格)이 되고 경신일(庚申日)인 경우는 을유(乙酉), 을유(乙酉), 경신(庚申), 병자(丙子)로써 종혁격(從革格)이 되고 신유일(辛酉日)인 경우는 신축(辛丑), 임진(壬辰), 신유(辛酉), 정유(丁酉)로써 종왕격(從旺格)이 된다.

丙	甲	乙	戊
寅	寅	卯	午

辛	庚	己	戊	丁	丙
酉	申	未	午	巳	辰

갑인일(甲寅日)로써 전록격(專祿格)이 성립된다. 이 격(格)이 기(忌)하는 관살(官殺)이나 충형(冲刑)이 하나도 없어 묘격(妙格)이 되었다. 정격(正格)으로 론(論)하여 갑인(甲寅)이 묘월(卯月), 인시(寅時)로 목왕(木旺)하여 곡직격(曲直格)으로 보기 쉬우나, 오화(午火)가 미(微弱)한데 화(丙火)가 출(透出)되어 있고, 인오화국(寅午火局)이 되어 모왕자고(母旺子孤)에서 모왕자왕(母旺子旺)으로 잘 설정(泄精)되었다.

따라서 갑을인묘목(甲乙寅卯木)이 생병정화(生丙丁火()하고 다시 화생토(火生土)하여 아우생아(兒又生兒)로 아름답다. 운행(運行)이 화금(火金)으로 향(向)하여 대귀(大貴)하였는데 경신운(庚申運)에는 장관(長官)까지 역임한 김태동(金泰東)의 명조(命造)이다.

戊	辛	乙	戊
子	酉	丑	辰

壬	辛	庚	己	戊	丁	丙
申	未	午	巳	辰	卯	寅

신유일(辛酉日)로써 전록격(專祿格)이 성립된다. 이 격(格)이 기(忌)하는 관살(官殺)이나 충형(沖刑)이 하나도 없어 순수(純粹)하게 이루어졌다. 정격(正格)으로 론(論)하면 신금일주(辛金日主)가 축월(丑月)로 득격(得格)하고 좌하유금(坐下酉金)에 득지(得地)하고 년시간무토(年時干戊土)가 있어 신왕(身旺)하여 극제(剋制)나 설기(泄氣)가 필요하다. 다행히 월상을목(月上乙木)이 축중계수(丑中癸水)와 진중을목(辰中乙木)에 착근(着根)하고 시지자수(時支子水)로부터 생조(生助)를 받아 식재(食財)가 왕성(旺盛)하여 교육계(教育界)에 종사하고 있다.

제30절 일귀격(日貴格)

일귀격(日貴格))이란 생일지지(生日地支)에 귀인(貴人)을 놓아 이루어진 것을 말한다. 다시 말하여 귀인(貴人)이란 관귀(官貴)를 말하는 것이 아니라 천을귀인(天乙貴人)을 말하는 것으로 정해(丁亥), 정유(丁酉), 계묘(癸卯), 계사일(癸巳日)이다.

그런데 일귀(日貴)도 주귀(晝貴)와 야귀(夜貴)로 구분하는데, 계묘(癸卯)와 계사(癸巳)는 묘사시(卯巳時)로 낮이 되어 주귀(晝貴)이고, 정해(丁亥), 정유(丁酉)는 해유시(亥酉時)로 밤이 되어 야귀(夜貴)가 되는 것이다.

이 격(格)의 특성은 성품(性品)이 온유(溫柔)하고 인자(仁慈)하면서 덕망(德望)이 있고 주위로부터 존경을 받는다. 이 격(格)이 기(忌)하는 것은 형충(刑沖)이나 공망(空亡)이고, 회합(會合)하는 것을 희(喜)하는데 운(運)에서도 같은 작용을 한다.

壬	癸	丁	辛
子	巳	酉	酉

庚	辛	壬	癸	甲	乙	丙
寅	卯	辰	巳	午	未	申

계사일(癸巳日)**로써 일귀격**(日貴格)**이 성립된다. 사유합금**(巳酉合金)**으로 원국**(原局)**이 금수격**(金水格)**이 되어 순수**(純粹)**하게 이루어져 진귀인**(眞貴人)**이 되었다. 정격**(正格)**으로 론**(論)**하자면 계수**(癸水)**가 유금**(酉金)**으로 종강격**(從强格)**이 되었다. 종강격**(從强格)**은 인비**(印比)**인 금수**(金水)**나 식상**(食傷)**인 목**(木)**이 희신**(喜神)**이고, 계수**(癸水)**를 극제**(剋制)**하는 재관**(財官)**이 기신**(忌神)**이다. 운행**(運行)**이 화목**(火木)**으로 향**(向)**하여 갑오**(甲午)**, 을미**(乙未)**에는 고생**(苦生)**하였으나 계사**(癸巳)**, 임진**(壬辰)**에는 대발**(大發)**하여 대학교수**(大學敎授)**가 된 명조**(命造)**이다. 고서**(古書)**에서 말하고 있는「년월일시**(年月日時)**에 삼중인수**(三重印綬)**이고 순수**(純粹)**하면 대학총장**(大學總長)**이 분명하다」에 해당하는 것이다.**

甲	癸	癸	甲
寅	卯	卯	子

丙	丁	戊	己	庚	辛	壬
申	酉	戌	亥	子	丑	寅

계묘일(癸卯日)**로써 일귀격**(日貴格)**이고 동서좌우**(同書左右)**에 인묘**(寅卯)**로 귀인**(貴人)**이 합다**(合多)**되었고, 시상상관**(時上傷官)**으로 되어 있다. 자평서**(子平書)**의 여명시결**(女命詩訣) **「사주국**(四柱局) **중에 상관투**(傷官透)**하니 필작당전**(必作堂前)**에 사환인**(使喚人)**이라」는 구절**(句節)**에 해당한다.**

그래서 본명(本命)**은 기생**(妓生)**이 되어 능가능무**(能歌能舞)**하고 문예능**(文藝能)**으로 명기**(名妓)**가 된 명조**(命造)**이다.**

정격(正格)**으로 론**(論)**하면 계수**(癸水)**가 식상**(食傷)**이 태왕**(太旺)**하여 종아격**(從兒格)**이 되어 예능**(藝能)**에는 소질**(素質)**이 있으나 관살**(官殺)**이 되는 남편궁**(男便宮)**이 기**(忌)**하다. 일귀격**(日貴格)**은 대체로 여명**(女命)**에게는 불미**(不美)**스러운 격**(格)**이다. 예를 들면 계묘일**(癸卯日)**은 일지좌하**(日支坐下)**가 식신**(食神)**으로 극관**(剋官)**하고, 계사일**(癸巳日)**은 사중무토관**(巳中戊土官)**이 암합**(暗合)**하여 명암부집**(明暗夫集)**이 되기 쉽고, 정해일**(丁亥日)**은 해중임수관**(亥中壬水官)**이 암합**(暗合)**이 되기 쉽기 때문이다.**

제31절 일덕격(日德格)

일덕격(日德格)은 갑인(甲寅), 병진(丙辰), 무진(戊辰), 경진(庚辰), 임술일(壬戌日)로써 성립된다. 이 격(格)이 기(忌)하는것은 원국(原局)에서 형충(刑沖)이나 재관(財官)이 가임회합(加臨會合)하거나 공망(空亡)을 기(忌)하는 것이다.

이 격(格)의 특성은 온유(溫柔)하여 자선심(慈善心)이 많고 만인(萬人)의 존경을 받고 복수강녕(福壽康寧)하게 된다. 이석영(李錫映)선생에 의하면 일덕격(日德格)외에 갑술(甲戌), 병술(丙戌), 무술(戊戌), 경술(庚戌), 임진일생(壬辰日生)의 직업(職業)은 기공업(技工業)에 종사하는 경우가 많다.

만약 역마(驛馬)가 월건(月建)에 있으면 운수업(運輸業), 월봉인수(月逢印綬)이면 인쇄업(印刷業), 원국(原局)에 일덕(日德)과 화성(火星)이 합(合)하면 전기(電氣), 토성(土星)이 합(合)하면 토목(土木), 금성(金星)이 합(合)하면 기계(機械), 수성(水性)이 합(合)하면 환경(環境), 목성(木星)이 합(合)하면 건축(建築)등으로 추리(推理)하여 적성(適性)을 판단 할 수가 있는 것이다.

여기에서 진술(辰戌)은 고(庫)를 뜻하여 공장(工場)으로 추리한 것으로 본다.

庚	庚	乙	乙
辰	辰	酉	酉

己	庚	辛	壬	癸	甲
辰	巳	午	未	申	酉

경진일(庚辰日)로써 일덕격(日德格)이 성립되고 일덕경진(日德庚辰)이 사주(四柱)에 중봉(重逢)하고 이 격(格)이 기(忌)하는 형충(刑沖)이나 재관(財官)이 없어 더욱 아름답다. 일월을경(日月乙庚)이 합(合)하고 년시을경(年時乙庚)이 합(合)하여 화금(化金)하는데 지지(地支)에 진진유유(辰辰酉酉)로 합(合)하여 토생금(土生金)으로 진화격(眞化格)을 이루었다.

정격(正格)으로 론(論)하면 천간(天干)이 을경합금(乙庚合金)하고 지지(地支)는 진유합금(辰酉合金)으로 전국(全局)이 금국(金局)으로 종왕격(從旺格)이 되었다. 희신(喜神)은 토금수(土金水)이고 기신(忌神)은 목화(木火)인데 운행(運行)이 목화운(木火運)으로 향(向)하여 애로(隘路)가 많다가 신사운(辛巳運)부터 사유합금(巳酉合金)으로 대발(大發)하였다.

甲	丙	乙	乙
午	辰	酉	卯

己	庚	辛	壬	癸	甲
卯	辰	巳	午	未	申

병진일(丙辰日)로써 일덕격(日德格)이 성립되는데 이 격(格)이 기(忌)하는 유금재(酉金財)를 만나고 년월지(年月支)가 묘유충(卯酉冲)으로 별격(別格)으로 추리(推理)해야 한다. 정격(正格)으로 론(論)하면 병화(丙火)가 유금(酉金)으로 실령(失令)하였으나 생년을목(生年乙木)이 묘목(卯木)에 착근(着根)하고 월상을목(月上乙木)과 시상갑목(時上甲木)이 생화(生火)하고 또한 시지오화(時支午火)에 양인(羊刃)으로 병화(丙火)가 착근(着根)하니 약화위강(弱化爲强)하였다.

월지유금(月支酉金)이 고립무의(孤立無依)인데 다행히 시상갑목(時上甲木)이 생오화(生午火)하고 오화(午火)는 생진토(生辰土)하고 진토(辰土)는 생유금(生酉金)하여 재성(財星)역시 원원유장(遠源流長)으로 왕성(旺盛)하여 귀격(貴格)이 되었다. 운행(運行)이 화목(火木)으로 향(向)하여 미오운(未午運)에 부진(不振)하였으나 신사(辛巳), 경진운(庚辰運)에 대발(大發)한 법관(法官)의 명조(命造)이다.

제32절 괴강격(魁罡格)

괴강격(魁罡格)의 괴(魁)는 하괴(河魁)라는 뜻으로 12월중 술월(戌月)에 해당하고 강(罡)이라 함은 천강(天罡)이라고 하여 진월(辰月)에 해당하여 진술일(辰戌日)로 이루어져 격(格)이 성립되는 것이다.

그런데 진술(辰戌)이라 하여 갑진(甲辰), 갑술(甲戌), 병진(丙辰), 병술(丙戌), 무진(戊辰), 무술(戊戌), 임진(壬辰), 임술(壬戌), 경진(庚辰), 경술(庚戌)의 10격(十格)중 임진(壬辰), 임술(壬戌), 경진(庚辰), 경술(庚戌)의 4일(四日)로써 성립된다고 자평(子平)에서 규정하고 있으나 신봉서(神峯書)에는 경진(庚辰), 경술(庚戌), 임진(壬辰), 무술(戊戌)이라고 다르게 기록 되어 있어 무술(戊戌)까지 포함 하는 것이다.

이 격(格)의 특성은 자상(慈詳)하지는 않지만 총명(聰明)하고 모든일에 과단성(果斷性)이 있어 발복(發福)하게 되는데 원국(原局)에 재관(財官)과 형충(刑冲)을 만나는 것을 제일 두려워한다.

만약 재관(財官)이나 형충(刑冲)을 만나면 소인(小人)이 되거나 재화(災禍)가 연달아 일어난다. 여명(女命)에 이 격(格)이 있으면 부부궁(夫婦宮)이 불길(不吉)하여 부군(夫君)이 전사(戰死) 하거나 납치(拉致)당하는 경우가 많으며 재산(財産)을 탕진하거나 무능력(無能力)하다.

庚	庚	庚	乙
辰	辰	辰	巳

甲	乙	丙	丁	戊	己
戌	亥	子	丑	寅	卯

경진일(庚辰日)로써 괴강격(魁罡格)이 성립되는데 원국(原局)에 3중봉(三重逢)하여 매우 아름답다. 이 격(格)이 기(忌)하는 재관(財官)이나 충형(冲刑)이 보이지 않아 귀격(貴格)이 되었다. 정격(正格)으로 론(論)하면 경금일주(庚金日主)가 득령(得令), 득지(得地), 득세(得勢)하여 종왕격(縱旺格)이 되어 토금수(土金水)를 희(喜)하고 목화(木火)를 기(忌)하는데 인묘운(寅卯運)에 고생(苦生)하였으나 수금운(水金運)으로 향(向)하여 대학총장(大學總長)까지 역임한 명조(命造)이다.

庚	壬	丙	己
戌	辰	子	巳

壬	辛	庚	己	戊	丁
午	巳	辰	卯	寅	丑

임진일(壬辰日)로써 괴강격(魁罡格)이 성립되는데 시상(時上)에 경술괴광(庚戌魁罡)을 만나고 있어 부부궁(夫婦宮)이 불길(不吉)함을 암시(暗示)하고 있다. 정격(正格)으로 론(論)하면 임수(壬水)가 자월(子月)에 득령(得令)하고 진중계수(辰中系水)로 득지(得地)하고 있으나 병사진술(丙巳辰戌)로 재관(財官)이 왕성(旺盛)하여 강변위약(强變爲弱)하게 되었다. 본명(本命)은 부군(夫君)이 전사(戰死)하고 재혼(再婚)하였으나 고전(苦戰)은 면치 못하였는데 이것은 관살혼잡(官殺混雜)이라고도 하며 명암부집(明暗夫集)이라고도 하는 것이다.

제33절 임기용배격(壬騎龍背格)

임기용배(壬騎龍背)란 임(壬)이 용(龍)의 등에 올라탔다는 뜻으로 임(壬)이 진(辰)위에 올라 앉아 있다는 뜻으로 임진일(壬辰日)을 의미하는 것이다.

이 격(格)을 가진사람은 부귀(富貴)하게 되는데 그 이유가 있는것이다. 예를들면 임진일(壬辰日)은 원국(原局)에서 년월시(年月時)에 진(辰)을 많이 만나면 그 진(辰)은 술(戌)을 충(冲)하여 술중무토(戌中戊土)가 임일(壬日)의 관(官)으로 작용하여 귀(貴)하게 된다는것인데 원국(原局)에 술(戌)이 미리 나와 있으면 불기(不奇)하게 된다.

그리고 부격(富格)이 되는것은 진(辰)이 술(戌)을 충(冲)하면 술중정화재(戌中丁火財)가 있고 인목(寅木)을 만나면 인(寅)은 술(戌)과 인술합(寅戌合)으로 재국(財局)을 하게 되므로 크게 부(富)하게 되는것이다.

이 격(格)이 희(熹)하는 것은 년월시(年月時)에 진다봉(辰多逢)과 인다봉(寅多逢)이고 기(忌)하는것은 원국(原局)에서 무토관성(戊土官星)과 충(冲)하는 술(戌)이 있어도 불기(不奇)한 것이다.

甲	壬	辛	癸
辰	辰	酉	亥

乙	丙	丁	戊	己	庚
卯	辰	巳	午	未	申

임진일(壬辰日)이 다봉진(多逢辰)하여 임기용배격(壬騎龍背格)이 성립된다. 이 격(格)이 기(忌)하는 무토관성(戊土官星)과 충(冲)하는 술(戌)이 없어 더욱 아름답다. 정격(正格)으로 론(論)하면 임일주(壬日主)가 계해(癸亥), 신유(辛酉)를 방조(幇助)하여 신왕(身旺)하게 되어 극재(剋財)하거나 설기(泄氣)하는 화토목(火土木)이 희신(喜神)이고 인비(印比)인 금수(金水)가 기신(忌神)이다. 행운(行運)이 화목(火木)으로 향(向)하여 대발(大發)하였는데 무오(戊午), 정사(丁巳), 병진운(丙辰運)에 대학교수(大學敎授)가 되어 저명(著名)하게된 명조(命造)이다.

壬	壬	壬	壬
寅	辰	寅	寅

戊	丁	丙	乙	甲	癸
申	未	午	巳	辰	卯

임진일(壬辰日)이 다봉인(多逢寅)으로 임기용배격(壬騎龍背格)이 성립된다. 이 격(格)은 술(戌)을 충(冲)하고 술(戌)은 인술합(寅戌合)하여 술중정화(戌中丁火)와 인오술삼합(寅午戌三合)으로 재국(財局)을 이루어 매우 기묘(奇妙)하다. 정격(正格)으로 론(論)하면 천간4임(天干四壬)으로써 천원일기(天元一氣)에 수목(水木)으로 양신성상격(兩神成象格)이 되어 더욱 기쁘다. 그래서 수목화(水木火)에 희(喜)하고 토금(土金)이 기(忌)하는데 대운(大運)이 목화(木火)로 향(向)하여 대부(大富)가 된 명조(命造)이다.

임진일(壬辰日)의 임기용배격(壬騎龍背格)은 괴강일(魁罡日)과 유사하여 여명(女命)에는 불미(不美)하게 되는데 부군(夫君)이 횡액(橫厄), 납치(拉致), 무책임(無責任)등으로 부부애로(夫婦隘路)가 많은 격(格)이다.

제34절 재관쌍미격(財官雙美格)

재관쌍미격(財官雙美格)**은 일지**(日支)**에 정재**(正財), **정관**(正官)**이 있음을 말하는데 임오일**(壬午日)**과 계사일**(癸巳日)**일이다.**

임오일(壬午日)**은 오중정화재**(午中丁火財)**와 기토관**(己土官)**이 있고 계사일**(癸巳日)**은 사중병화재**(巳中丙火財)**와 무토관**(戊土官)**이 있음으로 재관**(財官)**이 쌍전**(雙全)**하고 있기 때문에 록마동향**(祿馬同鄕)**이라고 한다. 이 격**(格)**이 기**(忌)**하는 것은 관살**(官殺)**이 되는 무기토**(戊己土)**가 되어 록격**(祿格)**을 손상**(損傷)**시키기 때문이다. 이 격**(格)**은 공망**(空亡)**을 기**(忌)**하고 신왕**(身旺)**을 요**(要)**하며 합**(合)**을 희**(喜)**한다.**

癸	癸	癸	癸
丑	巳	亥	亥

丁	戊	己	庚	辛	壬
巳	午	未	申	酉	戌

계사일(癸巳日)**로써 재관쌍미격**(財官雙美格)**을 이루고 해월**(亥月)**에 계수**(癸水)**가 통원**(通源)**하여 더욱 신왕**(身旺)**하면서도 심량지절**(甚涼之節)**인데 사중무토**(巳中戊土)**와 축중기토**(丑中己土)**가 온원지토**(溫原之土)**가 되어 아름답다. 그런데 재관**(財官)**이 약**(弱)**하고 수**(水)**가 왕**(旺)**하여 병**(病)**이 되는데 운행기미**(運行己未)**로부터 무오**(戊午), **정사**(丁巳), **병진**(丙辰)**까지는 대발**(大發) **할수 있으나 정사운**(丁巳運)**에는 왕쇠충발**(旺衰沖拔)**로 파란**(波亂)**이 중중**(重重)**하였다.**

庚	壬	壬	丙
戌	午	辰	戌

戊	丁	丙	乙	甲	癸
戌	酉	申	未	午	巳

임오일(壬午日)**로써 재관쌍미격**(財官雙美格)**이 성립된다. 다시말하면 오중정화재**(午中丁火財)**와 기토관**(己土官)**으로 록마동향**(祿馬同鄕)**을 이루고 임수일주**(壬水日主)**가 의지**(衣持)**할곳이 없이 병화재**(丙火財)**가 투출**(透出)**하고 지지**(地支)**에 화토**(火土) **왕**(旺)**하여 종살**(從殺)**하게 되는 것이다.**

정격(正格)으로 론(論)하면 임수(壬水)가 전지지(全地支)가 화토(火土)로 되어있고 시상병화(時上丙火)가 투출(透出)되어 종재격(從財格)이 되었다. 운행(運行)인 오미화토운(午未火土運)에 재상(宰相)이 되었으며 정유운(丁酉運)에 진유합금(辰酉合金)으로 신왕(身旺)하여 불록지객(不祿之客)이 되었다.

제35절 오행구전격(五行俱全格)

오행구전격(五行俱全格)은 원국(原局)의 연월일시(年月日時)에 목화토금수(木火土金水)가 전부있음을 말하는데 생생부절(生生不絶)하여 순환상생(循環相生)하는 뜻한다.

다시말하여 목생화(木生火), 화생토(火生土), 토생금(土生金), 금생수(金生水)로 생생불이(生生不已)라고도 한다.

辛	丁	乙	庚
丑	丑	亥	辰

辛	庚	巳	戊	丁	丙
巳	辰	卯	寅	丑	子

월지(月支)의 해수(亥水)에서 시작하여 생을목(生乙木)하고 을목(乙木)은 생정화(生丁火)하고 정화(丁火)는 생축토(生丑土)하고 축토(丑土)는 생경신금(生庚辛金)하고 경신금(庚辛金)은 생해수(生亥水)로 목화토금수(木火土金水) 모두가 갖추어져 있으면서 순환상생(循環相生)하니 생의(生意)가 불패(不悖)하고 있다. 정화일주(丁火日主)가 경금(庚金)은 재성(財星)이 되고 해중임수(亥中壬水)는 관성(官星)이되고 해중갑목(亥中甲木)은 인수(印綬)가 되어 삼기격(三奇格)을 이루고 있으나 신약(身弱)으로 살인상생(殺印相生)이 되는 을목인수(乙木印綬)가 용신(用神)이 된다.

대운(大運)이 수목(水木)으로 향(向)하여 대발(大發)하였으나 신사대운(辛巳大運)에 을신충(乙辛沖), 사해충(巳亥沖), 으로 천충지충(天沖地沖)되어 수명(壽命)을 다하였다.

己	丁	丁	壬
酉	未	未	申

癸 壬 辛 庚 己 戊
丑 子 亥 戌 酉 申

정화일(丁火日)**이 미중정화**(未中丁火)**에 득근**(得根)**하고 월간정화**(月干丁火)**가 투출**(透出)**하여 신왕**(身旺)**하다. 임수**(壬水)**는 신금**(申金)**에 득근**(得根)**하고 시상기토**(時上己土)**는 생유금**(生酉金)**하고 유금**(酉金)**은 생임수**(生壬水)**하고 임수**(壬水)**는 미중을목**(未中乙木)**을 생**(生)**하고 을목**(乙木)**은 생정화**(生丁火)**하여 화생토**(火生土), **토생금**(土生金), **금생수**(金生水), **수생목**(水生木)**으로 상생**(相生)**하여 생의불패**(生意不悖)**가 되었다. 운행**(運行)**이 금수**(金水)**로 향**(向)**하여 공명**(功名)**이 사후**(死後)**까지 전하고 있다.**

제19장 성격론(性格論)

제1절 오행(五行)의 일반적 성격론

1. 목(木)의 특성

목(木)은 곡직(曲直)이라고 하며 인(仁)을 주도한다.

성품이 곧고 어질면서 온순하고 자비스러우며 인정이 많고 타인과 융화를 잘 한다. 측은지심(惻隱之心)이 있어 병든 사람과 외로운 사람을 잘 도와주며, 자기보다 남을 이롭게 하며, 낙천적이며, 정직한 삶을 살아간다. 외면적으로는 부드럽고 연약해 보이지만 내면으로는 강인성이 있어 외유내강(外柔內剛)한 것이 두드러진 특성이다.

목기(木氣)가 조화(調和)롭고 온전하면 마음이 온후하고 인정이 많아 유정(有情)하고 자애(慈愛)롭다. 목기(木氣)가 많으면 고집이 강하고 자비심이 없으며, 질투심이 많고 인자하지 못하며, 어리석은 짓을 잘하며, 사리판단이 흔들린다. 목기(木氣)가 부족하면 의지력이 약하고 너무나 부드럽고 유약(柔弱)하여 결단력이 부족하고 인색하다.

2. 화(火)의 특성

화(火)는 염상(炎上)이라고 하고 예(禮)를 주도한다. 염상(炎上)은 마치 불이 타오르는 형상을 지칭하는 것이다. 본래 화(火)는 열(熱)과 밝은 빛으로, 마음이 따뜻하고 항상 겸손한 마음이 있고 예의(禮儀)가 바르다. 항상 자기를 낮추고 타인이 잘 되는 것을 질투하지 않으며, 없는 사람을 보면 인정이 많아 자기가 입던 옷을 벗어주고 자기 마음에 들면 입에 든 것도 내어주는 희생적이고 봉사적인 성격이 있다.

화기(火氣)가 많으면 모든 일에 성급하고 지나치게 간섭하는 습관이 있고 말이 빠르고 성질이 나면 비호(飛虎)와 같이 행동한다. 또한 물건을 잘 깨고 화가 나면 물건을 잘 던지는 습관이 있어 부부싸움을 하는 데도 마찬가지이다. 종종 허례허식을 좋아하고 외면으로는 화려하게 보이나 내면은 실속이 없다.

화기(火氣)가 적으면 나태하기 쉽고 작은 일에는 앞장서서 잘하지만 큰 일을 결정하는 데는 우유부단하다. 또한 순간적인 기교를 부리고 내심은 허위성이 많은 편이다.

3. 토(土)의 특성

토(土)는 가색(稼穡)이라 하고 신(信)을 주도한다. 가색(稼穡)이란 곡식을 심어 거둔다는 뜻으로, 모든 곡식은 흙에서 자라고 열매를 맺고 다시 심어지는 근원이 토(土)라는 뜻이다. 토(土)는 성실 근면하면서도 책임감이 강하고 믿음직하고 신앙심이 뛰어나 며 자비롭고 도량(度量)이 넓다. 매사에 성실을 바탕으로 대인관계가 원만하고 언행이 신중하며 신용(信用)과 중용(中庸)을 신조로 하는 특성이 있다.

토기(土氣)가 많으면 모든 일에 고집이 강하고 집요하여 후회와 반성을 하지 않으며 우둔하고 어리석은 편이다. 비밀이 많고 자기 위주로 아집이 강하며 은혜를 모르고 유아독존(唯我獨尊)으로 우직하게 밀고 나아가는 특성이 있다.
토기(土氣)가 적으면 사리가 밝지 못하고 자기 위주로 판단하고 처리하기 때문에 많은 오류를 범한다. 모든 면에서 인색하고 타인으로부터 신용도가 낮고 부끄러움을 모른다.

4. 금(金)의 특성

금(金)은 종혁(從革)이라 하고 의(義)를 주도한다. 종혁(從革)은 쇠로 만든 갑옷이라는 뜻으로 혁신, 개혁, 개척, 혁명과 같은 뜻으로 통한다. 항상 용감하고 의리를 중히 여기고 재물을 가볍게 여긴다. 남과 타협을 모르고 영웅호걸과 같은 기질이 있다. 솔직하고 한번 싫으면 두 번 다시 상대하지 않으며, 다른 사람을 도와주고 즐거움을 찾는 봉사적신이 강하고 결단력도 대단하다.

금기(金氣)가 많으면 자존심이 강하고 자기 명예를 지나치게 과신하며, 권력을 가지면 남용하고 은인을 배신한다. 음색(淫色)을 즐기고 살생(殺生)을 좋아하는 잔인성도 있다. 금기(金氣)가 적으면 의리(義理)를 중히 여기지만 생각이 너무 지나쳐서 결단력이 없고 모든 계획이 용두사미(龍頭蛇尾)가 되어 유시무종(有始無終)하여 신용(信用)을 상실한다.

5. 수(水의) 특성

수(水)는 윤하(潤下)라 하며 지(智)를 주도한다. 윤하(潤下)는 물이 흘러가는 형상을 나타내는 표현이다.

물이 위에서 아래로 흐르듯 순리(順理)를 따르고 주위 환경에 잘 적응하는 이치와 같은 것이다. 그래서 지혜(智慧)롭고 총명(聰明)하며 책략(策略)이 원대하다. 바다와 같이 이해심이 깊고 학문이 뛰어나며 예능(藝能)에 소질이 있다.

수기(水氣)가 많으면 사리판단이 분명하지 못하여 경거망동한다. 잔재주가 많고 눈치를 보는 기회주의자이다. 언어가 분명치 못하여 기분에 좌우되어 행동하고 남의 말을 잘 듣지 않고 음탕하다.

수기(水氣)가 적으면 계획성이 부족하고, 지식은 있으나 지혜롭지 못하여 변덕이 많다. 또한 담력(膽力)이 작고 상식이 없으면서도 아는 척을 많이 한다.

제2절 일간(日干)에 의한 성격론

1. 갑목일간(甲木日干)의 성격

(1) 갑목(甲木)의 성격은 단단하고 곧게 자라는 기질을 닮아서 강직하고 어질면서도 온순하고 자비로운 마음을 지니고 있다. 그러나 곧고 큰 나무는 바람에 꺾이거나 휘어지지 않기 때문에 주위로부터 독불장군이라는 평가를 받기 쉽다.

(2) 갑목(甲木)은 땅에 뿌리를 튼튼하게 내릴 수 있는 영양분을 흡수하고 거친 풍파에 오래도록 생명을 유지하기 위하여 땅을 많이 차지하고 싶어 한다. 그래서 재물과 여자에 대한 관심이 많은 편이다.

(3) 갑목(甲木)은 건강하게 성장할 수 있는 광합성 작용을 원활하게 하기 위하여 햇빛을 더 많이 받아야 하니, 자연 주위의 나무들과 생존경쟁을 해야 하게 된다. 그래서 경쟁에서 이기기 위한 승부욕(勝負慾)이 대단히 강하다.

(4) 갑목(甲木)은 우두머리 기질이 강하여 항상 남들 앞에 나서기를 좋아하여 훌륭한 리더가 될 수 있지만, 반면에 타협을 하지 못하여 오히려 소외되기가 쉽다. 그러나 항상 희망적이고 미래지향적인 성품을 지니고 있다.

(5) 갑목(甲木)은 위를 향해서 자라지만 반면에 높은 곳에서 아래로 내려다 보기 때문에 자신이 최고라는 자만심과 오만 때문에 약자에겐 강하고 강자에게는 약한 일면을 가지고 있다.

(6) 갑목일간(甲木日干)의 장점은 하늘을 향해 높이 자라는 큰 나무는 그 성질이 곧고 이상적이다. 그래서 진취적이고 적극적인 기질이 강하여 위로 뛰어오르는 굳은 의지와 불굴의 기상을 가지고 있으며, 한편 인정이 많고 공정하여 남과 다투기를 싫어하고 단정하면서도 양심적인 편이다.

신체의 장부(臟腑) 중의 간(肝)과 쓸개(膽)에 해당하여 담력과 배짱이 두둑하여 추진력과 리더십이 강하고 활동적이다. 또한 논리적이고 설득력도 있고 예의(禮儀)가 바르고 사교적인 면도 있다.

(7) 갑목일간(甲木日干)의 단점은 남에게 꺾이거나 굽히지 않는 기질이 있어 융통성이 부족하다. 그래서 너무나 지나치게 자기 주장을 내세우다가 낭패를 겪을 수도 있다. 무엇이든지 시작을 두려워하지 않고 거침없이 밀고 나가기 때문에 유시무종(有始無終)한 경우가 생긴다. 자기가 최고라는 생각 때문에 남을 배려하는 기질이 있지만 반면에 상대를 낮게 보거나 무시하는 경향이 있다.

2. 을목일간(乙木日干)의 성격

(1) 을목(乙木)은 거목(巨木)이 아니고 작은 나무나 넝쿨이 있는 초목으로 하늘을 향해 곧게 뻗어올라가기보다는 담을 타고 자라는 덩굴식물, 화분의 화초, 야산에 있는 작고 여린 풀과 같은 성향을 가지고 있다.

(2) 을목(乙木)은 갑목(甲木)에 비유하면 연약하여 혼자 힘으로는 높이 올라갈 수 없고 추진력도 약하다. 그러나 넝쿨식물은 잠시도 쉬지 않고 가지를 뻗어나가기도 하고 큰 나무와 담벼락 같은 의지처(依支處)가 있으면 높이 올라갈 수도 있고 안전하게 자랄 수 있어 위험성이 없다. 그래서 혼자서 일을 처리하는 것보다는 동료나 친구들에 의해 능력과 재능을 발휘하게 된다.

(3) 을목(乙木)은 어떤 장애물을 만나도 유연하게 장애물을 타고 넘어가듯이 어떤 상황 하에서도 그 환경을 잘 활용한다. 그래서 융통성이 있고 환경에 대한 적응능력이 강하고 행동이 민첩하다. 또한 생각이 많고 세밀하며 분석능력이 뛰어나다.

(4) 을목(乙木)은 들에 핀 작은 풀과 같이 늘 밟히거나 짓눌려 있는 것 같아도 비반 한 번 오면 곧 생생하게 살아난다. 그래서 생활력이 강하고 끈기가 있고 악착같은 근성이 있다.

(5) 을목일간(乙木日干)의 장점은 부드럽고 유약(柔弱)하게 보이지만 어떠한 여건 하에서도 항상 무리하지 않고 합리적으로 처리해나가는 편이다. 어렵고 불쌍한 사람을 돕는 데 인색하지 않고 자비스러우면서도 내적으로는 강한 성격을 가지고 있다. 그래서 환경에 적응하는 능력이 뛰어나고 정직하며, 어떠한 난관에도 굴(屈)하지 않는 강한 인내(忍耐)와 끈질긴 집념을 가지고 있다. 또한 어떤 문제가 발생하였을 때 무리하게 해결하기보다는 조용하게 사태를 관망(觀望)하면서 조화로운 방법을 찾는 타이프로 외적(外的)인 면보다는 내적(內的)인 면이 강한 외유내강(外柔內剛)한 형이다.

(6) 을목일간(乙木日干)의 단점은 조화(調和)를 중요시하다 보니 우유부단하거나 주관(主觀)이 없는 것처럼 보이기도 한다. 심지어는 기회주의자라는 오해를 살 수도 있고, 남에게 의지하려는 의타심(依他心)이 많고 속으로 삐딱한 면도 있다.

3. 병화일간(丙火日干)의 성격

(1) 병화(丙火)는 태양(太陽)의 속성을 그대로 간직하기 때문에 남을 깨우쳐 주는 데 재능이 있다. 태양(太陽)은 모든 만물을 비춰주는 것과 같이 늘 같은 마음으로 크고 작은 일을 가리지 않고 공평(公平)하게 처리한다. 곡식이 무르익어 수확이 될 때까지 어떤 대가나 조건 없이 농작물에 골고루 혜택을 주는 기질을 가지고 있기 때문에 좋고 나쁜 것을 가리지 않고 모든 것을 희생한다.

(2) 병화(丙火)는 매일 아침 떠오르는 태양처럼 항상 새롭게 시작하는 것에 흥미를 갖고 있기 때문에 시작하기를 좋아한다.

(3) 병화(丙火)는 매사에 궁금한 것을 참지 못한다. 어떤 일이든 대충 넘어가기 보다는 분명히 짚고 넘어가야 직성이 풀린다. 따라서 복잡한 것을 싫어하고 좋고 싫음이 확실하며 비밀이 없고 거짓말을 하지 못한다.

(4) 병화(丙火)는 성격이 불같고 조급한 면이 있다. 불은 밝고 화려하고 aa명랑한 기운을 나타낸다. 반면에 싫증을 빨리 느끼고 희로애락(喜怒哀樂)의 감정을 숨기지 못한다.

(5) 병화(丙火)는 예절(禮節)이 밝으며 두령격(頭領格)의 기질이 있다. 버릇없는 아랫사람을 보면 속에서 불이 타오른 것처럼 격분을 참지 못한다. 또한 자신의 판단에 대한 신념(信念)이 확고하기 때문에 남에게 고개를 숙이지 않는 편이며, 마음에 내키지 않으면 어떤 일도 하지 않는다. 그래서 이치에 맞는 일이라면 자신의 희생을 감수하더라도 조건없이 베푸는 기질이 있다.

(6) 병화일간(丙火日干)의 장점은 밝고 환한 태양처럼 매사에 정열적이고 적극적이다. 온 세상 만물을 골고루 비춰주는 태양처럼 매사에 공평하고 평소 느낀 대로 말하는 편이라서 속이 후련하다 할만큼 입바른 소리를 잘한다. 병화(丙火)는 태양처럼 이상과 포부가 대단하고 먼 장래에 대한 예측력이 있어 장기적인 계획을 가지고 있다.

(7) 병화일간(丙火日干)의 단점은 불같이 급한 성격으로 인내심(忍耐心)이 부족하기 때문에 실수를 하는 경우가 많은 편이다. 또한 성질이 너무 강하여 남의 비밀을 잘 지켜주지 못하고 속마음을 그대로 노출시켜 구설수가 따를 수 있다. 때로는 저돌적이고 폭발적인 성격 때문에 주위로부터 불평 불만을 듣게 되는 경우가 생기기도 하고 무모한 모험이나 투기를 즐기는 경향이 있다.

4. 정화일간(丁火日干)의 성격

(1) 정화(丁火)는 어둠을 밝히는 촛불이나 모닥불, 등대 등을 비유하며, 남에게 배려하고 봉사하는 희생정신을 가지고 있다. 일을 처리하는 데는 주도적인 역할(役割)보다는 보좌하는 참모(參謀)의 역할이 적합하다. 또한 책임감이 강하고 사리와 이치가 밝아 성격이 급하면서도 분명한 편이다.

(2) 정화(丁火)는 촛불과 같이 주변을 밝혀주지만 먼 곳까지는 밝힐 수 없기 때문에 가까운 사람들에게는 배려를 하지만 모르는 사람에게는 냉정하다. 병화(丙火)와 같이 솔직하고 쉽게 싫증을 내기도 한다.

(4) 정화(丁火)는 밝은 불이라기보다는 쇠를 녹일 수 있는 뜨거운 용광로에 비유되기도 한다. 무쇠를 용광로에 넣어 제련(製鍊)하면 정교한 귀금속이 되듯이 고소득을 낼 수 있는 기술(技術)을 가지고 있다.

(5) 정화(丁火)는 밝고 따뜻하여 인간적인 정(情)이 많다. 어려운 사람에게 희망을 주는 자애로운 성품이 강(强)하여 측은지심이 발동하지만 싸우거나 마음의 상처를 받으면 분노를 오랫동안 간직한다.

(6) 정화일간(丁火日干)의 장점은 자존심과 집념이 대단히 강하고 정신력도 뛰어나며, 유머와 위트가 있어 주위환경을 밝게 해주는 역할을 한다. 병화일주(丙火日主)에 비하여 손익(損益)을 따지지 않고 헌신적이며 봉사정신이 강하다. 따뜻한 난로처럼 훈훈한 인정을 베풀 줄 알고 예의도 바르고 인정이 많은 편이다. 생각이 깊고 넓은 편이며 의협심도 강하여 남을 잘 배려하는 편이다. 특히 주변을 밝혀주는 기운 때문에 관찰력이 뛰어나고 수사관이나 예술계통에 종사하는 경우가 많다.

(7) 정화일간(丁火日干)의 단점은 감정의 기복이 심하고 변덕스러운 경향이 있어 주변 사람을 당황스럽게 만들기도 한다. 상대방이 불성실하거나 부정한 행동을 할 경우 자신과 관계가 있든 없든 지적하는 경향이 있어 구설에 오를 염려가 있다. 한 번 미워하면 두 번 다시 보지 않으려 하고 쓸 데 없는 공상이 많아 실속을 따지는 데는 따를 자 없지만 주관이 약해서 남의 말에 잘 흔들리고 상대방이 자기만을 잘해주기를 기대하는 편이다.

5. 무토일간(戊土日干)의 성격

(1) 무토(戊土)는 큰 산, 넓은 고원, 제방 등을 나타낸다. 그래서 오행(五行) 중에서 토(土)는 믿음(信)을 의미하기 때문에 신뢰를 중시하고 성실하며 책임감이 강하다.

(2) 무토(戊土)는 큰 산과 같이 오랜 세월이 흘러도 늘 한 자리에 있고 변화가 적듯이 마음이 쉽게 움직이지 않는다. 언행(言行)이 신중하고 주체의식이 강하며 남의 일에 간섭하지 않고 중립을 지키는 성향 때문에 뚜렷한 감정을 나타내지 않는다. 이런 기질 때문에 자연스럽게 조화를 중시하는 생활습관이 있어 상담자의 역할을 잘해내는 편이다.

(3) 무토(戊土)는 조용하고 웅장한 기운으로서 그 안에 품고 있는 생물들을 편안하게 감싸주고 바깥 환경의 삶에 기준을 두지 않고 오로지 내면에 충실하여 남들로부터 존경을 받는다. 따라서 모든 것을 감싸안는 산처럼 어떤 비밀이든 외부로 유출하지 않는다.

(4) 무토(戊土)의 기질은 한 번 분노가 폭발하면 주위를 놀라게 할만큼 무섭다. 마치 고요하던 산에 화산이 폭발하는 것과 같다. 그래서 내면적으로는 낭떠러지나 절벽처럼 겉으로는 잘 드러나지 않는 거친 부분도 감추어져 있다.

(5) 무토일간(戊土日干)의 장점은 태산처럼 든든한 면이 있고 언행이 신중하면서 후덕하다. 주관과 개성이 뚜렷하고 주체의식이 강하여 자신의 주장을 끝까지 관철시키는 능력이 있다. 대인관계에서는 중용(中庸)의 미덕을 지켜 중추적인 역할을 맡아 분쟁을 해결하거나 자문역할을 한다.

또한 사물에 대한 관찰력과 사람을 파악하는 안목이 뛰어나서 상대가 잘못이 있다 하더라도 관용과 용서를 베풀 줄 아는 아량이 있다. 조직에 대한 충성심과 책임감이 강하며, 목표를 달성하는 데 어떤 경우이든 신의(信義)를 버리지 않는다.

(6) 무토일간(戊土日干)의 단점은 과묵한 나머지 답답하게 보일 수도 있으며, 무뚝뚝하고 무표정한 인상 때문에 인간미가 떨어지고 멋없는 사람으로 평가받기도 한다. 긴급한 상황에서 중용의 덕을 잃으면 소신이 없는 것처럼 보이고, 한편으로는 자신의 판단을 과신하여 아집과 독선으로 흐를 수도 있다. 자만심이나 고정관념이 강하고 과거에 집착하는 경우가 많으며, 민첩한 면이 없어 기회를 포악하는 데 오랜 시간이 걸려 작은 일은 무심하게 넘어간다.

6. 기토일간(己土日干)의 성격

(1) 기토(己土)는 어떤 곡식이든 잘 키워낼 만한 기름진 땅의 기운을 받고 태어나 영양분이 풍부하고 부드러운 흙의 기질을 타고났기 때문에 포용력(包容力)이 풍부하고 마음이 여리다. 따라서 어떤 한 쪽으로 치우치지 않고 안정적인 것을 선호하여 모험과 도전을 좋아하지 않는다. 항상 소극적으로 공격보다는 방어하는 경향이 우선한다.

(2) 기토(己土)는 대기만성형(大器晩成型)이다. 농부는 땀흘려 일한 만큼만 곡식을 거둔다. 곡식을 키우기 위해서는 계절의 변화를 다 거치면서 씨가 자라 싹이 나고 꽃을 피우고 열매를 맺는 과정이 필요하다. 이것이 은혜를 베풀어주는 땅의 원칙이다. 이런 땅의 기운을 받아 순진하고 소박하며 정직하다. 반면에 어떤 일을 이루려면 남보다 시간이 더 걸리지만 끈질기게 끝까지 기다리며 노력하는 만큼 보람을 얻는다.

(3) 기토(己土)는 큰 산에 비하여 곡식을 기르는 부드러운 흙으로 구성되기 때문에 주위환경에 민감하다. 비가 조금 와도 흙탕물로 변해 탁(濁)하거나 소낙비가 내리고 장마철이 되면 홍수가 나서 기름진 땅의 역할을 하지 못한다. 그래서 조그만 일에도 마음의 상처를 잘 받고 싫은 소리를 듣지 않으려고 미리 방어하는 습관도 있다.

(4) 기토(己土)는 타인에 대한 배려가 깊으면서도 속마음을 잘 드러내지 않는다. 땅은 어떤 싸앗이 뿌려져도 대상을 가리지 않고 훌륭하게 키워낸다. 그래서 어떤 부류의 사람이든 가리지 않고 자애로운 어머니처럼 잘 감싸주는 편이다.

(5) 기토일간(己土日干)의 장점은 성품이 순박하고 조용하다. 자기 주장을 외적으로 잘 드러내지는 않지만 내적으로는 자기 주관이 강하고 자기 관리도 치밀하다. 신용을 잘 지키며 부모님이나 상사의 뜻을 거스르지 않는 순종파이면서 속이 깊고 한 번 믿으면 끝까지 믿어주는 타이프이다. 남을 잘 배려하기 때문에 자신을 피곤하게 하더라도 포용을 하고 부드럽게 받아준다. 또한 실리(實利)에 은근히 강하며 세심하고 정확해서 실수가 별로 없다. 항상 연구하고 생각하는 습관을 가지고 있어 교육과 관련된 일에 활용할 수 있다.

(6) 기토일간(己土日干)의 단점은 순진하고 어수룩하게 보이지만 실속이 있다. 좀처럼 자기 속마음을 털어놓지 않거나 매사에 의심이 많고 신경이 예민하여 평소 까다롭다는 말을 듣기도 한다. 폐쇄적으로 생활하는 습관이 있기 때문에 대인관계가 원활하지 못하고 자기만의 논리에 치우쳐 혼자 고민에 빠지거나 우울해 하기도 한다. 또한 타인의 충고를 귀담아 듣지 않고 실리적 욕심 때문에 투기에 휘말려 실패할 수도 있다.

7. 경금일간(庚金日干)의 성격

(1) 경금(庚金)은 무쇠나 원석 등 가공되기 이전의 기운으로서 사람의 손때가 묻지 않은 자연의 상태를 말한다. 열가지 기운 중 가장 순수한 마음을 타고났다고 할 수 있으며, 오염되지 않은 자연 그대로의 암석(岩石)과 같은 기운을 나타낸다.

(2) 경금(庚金)은 무쇠와 같아 차갑고 단단한 모습을 갖는다. 그래서 처음에는 쉽게 사람을 사귀기 힘든 면이 있지만 의리가 있어 시간이 지날수록 군건한 친분관계를 형성할 수 있다. 예를 들면 군인이나 경찰관과 같은 씩씩하고 듬직한 관료의 품격을 지니고 있기 때문에 스스로 옳다고 판단한 후에 내린 결정은 절대 번복하지 않으며, 목에 칼이 들어와도 할 말은 꼭 하는 성격이다.

(3) 경금(庚金)은 무쇠처럼 단단하고 강하지만 다른 한편으로는 자신의 앞날을 예측할 수 없는, 심리적 안정감이 부족한 경향이 있다. 무쇠는 언제든지 칼이나 도끼, 자동차나 전자제품 등의 구체적인 제품을 만들기 이전의 상태이기 때문에 혁명가적 기질을 내포하고 있다.

(4) 경금(庚金)은 수많은 담금질과 망치질을 거쳐야만 비로소 진가(眞價)를 나타내기 때문에 스스로 변화하려는 노력이 없으면 발전도 없는 것이다. 뿐만 아니라 쇠는 쉽게 달아오르고 쉽게 식어버리는 습성이 있어 열정적일 때에는 열심이지만 시들해지면 금세 중단해버리는 경향이 있다. 그래서 대인관계에서도 마찬가지로 한 번 마음이 멀어지면 아예 인연을 끊어 정열과 냉혹의 편차가 커서 친해지기 어려운 사람이라는 평가를 받는다. 그러나 인정도 많고 눈물도 많아 속으로는 좀더 잘해주지 못한 것을 후회하기도 한다.

(5) 경금일간(庚金日干)의 장점은 결단력과 추진력이 있고, 머리가 좋은 편이며, 의협심 · 정의감 · 포용력이 대단히 강하다. 동료의식이 강하고 소속감이 남달리 강하여 강자에게 강하고 약자를 도와주는 희생정신이 강하다. 공(公)과 사(私)를 분명히 하고 부지런하다. 뿐만 아니라 결과에 대한 책임을 지려 하고, 겉으로 화려한 것보다는 내실을 튼튼히 하는 특성이 있다.

(6) 경금일간(庚金日干)의 단점은 주위 사람으로부터 찬사와 환영을 받지만 안에서는 대접을 받지 못한다. 성격이 너무 완고해서 좋고 싫은 표현이 두드러진다. 그래서 독선적인 면을 노출시켜 적을 만들 수도 있고, 자기 주장이 지나쳐 남의 말에는 귀를 기울이지 않다가 스스로 곤경에 빠지기도 하여 대인관계에 치명적인 약점으로 작용하기도 한다.

8. 신금일간(辛金日干)의 성격

(1) 신금(辛金)은 세련된 보석의 기운을 받고 태어나서 섬세하고 예리한 면이 있으며, 용모가 수려(秀麗)한 사람이 많다. 장미에는 가시가 있듯이 아름다움 뒤에는 맵고 독한 성질이 숨겨져 있어 날카로운 칼날의 기운을 지니고 있다.

(2) 신금(辛金)은 자신이 귀한 보석이라는 자만심이 깔려 있어 자존심과 명예욕이 대단하다. 언제 어디서나 화려하게 자신을 표한하고자 하는 욕구가 강하다.

(3) 신금(辛金)은 칼과 같은 성품을 지니고 있으나 외적으로 날카로운 모습을 노출시키지 않는다. 그러나 상대방이 실수를 했을 때 칼로 무를 자르듯 관계를 정리하며, 일단 목적을 세우면 집요하게 파고드는 편이다.

(4) 신금(辛金)은 갈고 닦아 만들어진 조각품과 같아 산전수전을 다 겪어 호락호락하지 않다. 그래서 생각이 예리하고 환경에 대한 적응력이 빠른 편이다.

(5) 신금(辛金)은 어두운 곳에서는 그 가치를 드러낼 수 없다. 따라서 자신의 노력만으로는 존재의 가치를 빛낼 수 없으며, 타인에 의해서 자신을 나타내는 것이기 때문에 항상 자신을 스스로 아름답게 가꾸는 능력을 지니고 있다.

(6) 신금일간(辛金日干)의 장점은 성격이나 외모가 깔끔하고 섬세하면서도 부드럽다. 겉으로 약한 듯 하지만 내면으로는 단단하고 야무지며 영리하다. 따라서 대외적으로는 부드럽게 행동하지만 하는 일에 대해서는 정확하면서도 치밀하게 처리하는 경향이 있다. 항상 새로운 일에 도전하며 자기 혁신 능력을 가지고 시대를 앞서가는 경향이 있다. 또한 현명하고 냉철한 판단력을 갖추었으며, 신중하고 침착하며, 논리적인 언변도 잘한다.

(7) 신금일간(辛金日干)의 단점은 가을에 찬 서리에 연약한 풀들이 죽는 것처럼 숙살(肅殺) 기운이 강해 충돌이 많은 편이고 조그만 일에도 성질을 부리기 쉽다. 가끔 행동력을 강하게 나타낼 때은 상대방이 두려워 할 정도로 냉혹함을 드러낸다. 지나치게 꼼꼼하게 따지기를 잘하고 예리한 성향 때문에 이기적인 성격으로 흐를 수 있다. 따라서 욕심이 많고 지기 싫어하고 자기의 주관대로 치우칠 때가 많은 편이다.

9. 임수일간(壬水日干)의 성격

(1) 임수(壬水)는 바다 또는 큰 강물이나 호수 등을 나타낸다. 또한 지혜(智慧)를 상징하기도 한다. 지혜란 흐르는 물과 같이 어떤 장애물이 있어도 멈추지 않고 잘 피해서 목적지에 도달한다. 물은 수평(水平)을 유지하려는 성향 때문에 어느 한 쪽으로 치우친 시각을 갖지 않는다. 또한 담는 그릇의 모양에 따라 물의 형태가 달라지는 것처럼 적응력이 대단하다. 대인관계에서도 사람을 많이 만나는 일에 재능을 가지고 있으나 반면에 비밀이 많고 냉정한 면도 있다.

(2) 임수(壬水)는 모든 것을 잘 수용하는 기질이 있다. 유연하게 새로운 환경을 받아들일 줄 알고 바다처럼 넓은 포용과 도량을 가지고 있기 때문에 생각이 깊고 심사숙고하는 편이다.

(3) 임수(壬水)는 어떤 문제가 발생하면 찬찬히 생각하고 조용히 해결하는 지혜를 갖고 있다. 아무리 작은 공간이라도 완벽하게 채워버리듯이 매사에 빈틈없이 일을 처리하는 편이다.

(4) 임수(壬水)는 큰 강물과 저수지와 같아서 큰 강물을 유익하게 활용하려면 큰 저수지나 댐에 가두어야 한다. 물을 가두어 두는 범위가 넓을수록 농작물에 이용하거나 발전소로 활용할 수 있기 때문에 사회적으로는 높은 직에 오르는 명예를 얻을 수 있다.

(5) 임수(壬水)는 늘 고요한 것만 같이 보이지만 거친 파도를 일으키거나 해일을 몰고 오듯이 의외로 거친 성향이 있다. 반면에 바다 속에 무엇이 있는지는 직접 들어가서 확인하지 않으면 알 수 없듯이 마음 속을 알 수 없다.

(6) 임수(壬水)는 항상 바다로 모여드는 성향 때문에 여럿이 모여서 하는 취미나 일을 좋아하고 항상 꿈과 희망이 크다.

(7) 임수일간(壬水日干)의 장점은 총명하고 창의력이 뛰어나다. 다재다능하고 앞을 내다보는 예지력이 있고 추진력도 대단하다. 물처럼 깨끗하면서도 바다처럼 속이 깊을 뿐만 아니라 항상 자신감이 넘치고 적극적이다. 친화력과 포용력이 뛰어나서 대인관계에서 구심점 역할을 하기도 한다. 참고 견디는 인내력과 지구력도 대단하며, 남의 비밀을 잘 기켜주고, 넓은 바다처럼 스타일이 크고, 대범하면서도 사리가 밝다.

(8) 임수일간(壬水日干)의 단점은 깊은 물의 속을 알 수 없듯이 속마음을 잘 나타내지 않아 비밀이 많다는 오해를 받기 쉽다. 장맛비가 내려 홍수가 나거나 거친 파도를 일으키듯이 한 번 화가 나면 대책이 없다. 자기 중심적인 면이 강해서 방해자가 나타나면 수단과 방법을 가리지 않고 공격한다.

10. 계수일간(癸水日干)의 성격

(1) 계수(癸水)는 빗물, 시냇물처럼 정지되지 않고 항상 흘러내리는 물의 기질을 가지고 있다. 어떠한 장애물이라도 가볍게 피해가는 시냇물의 특성을 닮아 타인의 갈증을 해소해주고 활동적이고 융통성이 뛰어난 면이 있다.

(2) 계수(癸水)는 가장 특징적인 기질이 적응력과 친화력이고 세심한 관찰력은 따라갈 수가 없다. 다시 말해서 남들이 소홀히 하는 부분에서 대단한 발견을 이루는데, 이는 그만큼 노력을 하기 때문이다.

(3) 계수(癸水)는 작은 물 한 잔의 존재와 같다. 누군간의 갈증을 풀어주는 헌신적인 면모를 지니고 있다. 임수(壬水)와 같이 만인에게 평등하게 하고 세상을 지혜롭게 살아가는 힘을 지니고 있다.

(4) 계수(癸水)는 흐른 물과 같이 위로 거슬러 흐른 법이 없어 윗사람에게 예의 바르고 아랫사람을 잘 다스린다. 항상 조용히 노력을 쌓아가는 편이다.

(5) 계수(癸水)는 눈물을 의미하기도 하여 감정이 풍부하다. 인생 여정 속에서 사소한 일로 실패와 고난이 예상되므로 무슨 일이든지 새롭게 시작하기 전에 미리 철저하게 예방하여야 한다.

(6) 계수일간(癸水日干)의 장점은 항상 변화에 민감하여 재치가 있고 아이디어가 특출하며, 임기응변에 능하고, 외유내강한 기질이 있다. 그래서 합리적이고 친절하며 다정다감하다. 또한 섬세하고 치밀하며 기억력이 대단하다. 환경에 잘 적응하기 때문에 조용히 노력하고 매사에 순종하며 친화력이 강하다. 특히 모든 사람에게 공평하게 대하고 헌신적이고 봉사정신과 희생정신이 강하여 해결사 노릇을 한다.

(7) 계수일간(癸水日干)의 단점은 많이 아는 것에 비해 실천이 부족하거나, 남의 어려운 일을 보았을 때 실질적인 도움을 주지 못한다. 남들을 편안하게 해주고 싶어도 마음속으로만 간직하고 있다가 비밀을 감추고 있는 것처럼 오해를 받기도 한다. 인정이 많지만 차가운 면도 함께 지니고 있다. 스스로 자신의 약한 모습을 보이지 않으려고 참고 있지만 가장 눈물이 많고 신경이 예민하다. 자기 발전에 대한 욕구가 약해 안일주의에 빠지기 쉽고 의지력도 약하다.

제3절 월지(月支)에 의한 성격론

1. 비견(比肩)의 성격

비견(比肩)의 성격은 자존심(自尊心)이 강하여 남에게 지기를 싫어하고 타인으로부터 지배 받기를 싫어하며, 자기 주관대로 행동하고, 독립정신이 투철하고, 남에게 굽힐 줄을 모른다. 남에게 의지하기를 싫어하고 마음에 들면 입 속에 있는 것도 내어주지만, 그렇지 않으면 사정없이 인연을 끊어 버리는 결단성이 있다.

항상 자기주장을 내세우는 기질이 있는 반면 사리사욕에는 마음이 없고, 공명정대한 것을 좋아하기 때문에 서로 속이는 것을 싫어하고, 솔직담백하고 아부하기를 싫어하며, 거짓말을 하지 못한다.

의지가 굳고 노력성이 대단하며, 자존심이 강하고 투지가 대단하다. 고집이 강하고 독립심이 있으며, 자신의 주장을 내세우고 자기 고집대로 일을 처리하기 때문에 다른 사람과 다투기를 잘하고 화합하지 못한다. 남의 명령이나 지시를 싫어하고 자기 고집대로 처리하는 형으로, 부모나 부자지간에도 사과하기를 싫어한다.

없어도 없다는 표현을 하지 않고 남의 비난의 대상이 되는 것을 싫어하고 언제나 금전과 재능이 풍부한 것처럼 보이려는 성향이 있다. 자신의 내면적인 비밀을 감추고 자기 입장을 적극적으로 굳혀가려는 수비 본능이 강하고, 독자적인 인생을 살아가며, 안정된 세상에서 그 능력을 발휘한다.

직장생활은 맞지 않아 독자적인 사업을 원하고, 무슨 일이든지 자기 뜻대로 처리할 수 있는 능력은 있어도 규칙이나 규정을 싫어하므로 상사로부터 인정을 받기 힘들다. 여자는 생활전선에서 활동하는 편이고, 사업, 정치, 교육, 법률, 인기업으로 진출하거나 전문적인 기술직을 선택하는 것이 좋다.

2. 겁재(劫財)의 성격

겁재(劫財)의 성격은 겉으로는 얌전하게 보이나 내면으로는 자존심이 강하고 투쟁심과 질투심이 있고 오만불손한 면을 지니고 있다 남에게 지기를 싫어하고 승부욕이 강하여 야심을 가지고 있으며, 배우자를 억압하며, 강한 사람에게는 강하고 약한 사람에게는 약하다.

대인관계에서 동기간이나 친지간의 금전거래에서 물질보다 의리와 신의를 생활신조로 하고 있다. 사교적 수단이 뛰어나고 자신의 의지나 감정을 외적으로 나타내지 않아 타인으로부터 호감을 사지만 지나치게 대인관계에 치중한 나머지 가정에 무관심하여 부부간에 불화가 생기는 일이 많이 일어난다.

무슨 일이든지 적극적이고 진취성이 있으며, 용감하고 과감성 있게 일을 추진하고 결단력도 대단하다. 그래서 목표를 향해 전진하고 어려움의 장벽을 허무는 데는 앞장서지만 보다 광범위한 활동을 하기 위해서는 훌륭한 조언을 할 수 있는 참모를 두어야 한다. 여자는 사교성과 수단이 뛰어나므로 주위로부터 호감을 사지만 야망이 크고 투기성이 발동되어 활동성이 대단하고 욕심을 부리기도 한다.

3. 식신(食神)의 성격

식신(食神)의 성격은 온후하고 예의범절이 바르고 도량이 넓으며 문학(文學)이나 예능(藝能)에 소질이 있다. 사회적으로 처세술이 원만하고 낙천적이며 쾌활하다.

머리 회전이 빠르고 덕망이 있으나 의심이 많아 돌다리도 두드려 보고 건너가듯이 매사에 주도면밀하고 빈틈을 보이지 않으려 하며, 온순하고 내성적이어서 한 번 성질이 폭발했다 하면 큰 일을 저지르는 성향이 있다. 평생 동안 의식주에 부자유를 느끼지 않고 정신적인 여유가 있어 취미를 즐기고 풍류적인 기질이 있다.

또한 장수와 행복을 뜻하여 처덕도 있고 심신이 건전하지만 부부불화(夫婦不和)와 자식(子息)의 애로가 있는 것이 다소 흠이 된다. 자존심이 강하여 체면에 손상되는 것을 싫어하고 자기의 약점이 노출되는 것을 꺼린다.

한번 의심이 생기면 그것을 풀기까지는 많은 시간이 소요되기 때문에 부부간에도 나타나므로 의처증이나 의부증이 있는 사람이 많은 편이다. 과단성과 인내성이 부족하여 용두사미로 끝나기 쉽고 보는 것마다 흥미가 있어 시작은 잘하나 끝을 맺지 못하므로 다방면에 소질이 있으나 결실을 보지 못하는 경우가 많은 편이다.

여자는 생활력이 강하여 결혼 후에도 가정의 행복을 위하여 직업전선에서 활동하며 남편을 성공하고 출세시키는 데 극성을 부리기도 한다. 그래서 부부간 충돌이 많고 이별하는 경우가 많다. 단순하면서도 순간적인 머리 회전이 빨라 취미나 유희를 대상으로 하는 업종이나 식생활에 관련된 분야에서 성공한다. 예를 들면 매스콤, 의약, 종교, 철학, 고전 등에서 두각을 나타낸다.

4. 상관(傷官)의 성격

상관(傷官)의 성격은 총명(聰明)하고 영리하며, 동작이 민첩하고 다재다능(多才多能)하다. 자존심이 강하고 꼭 이기려는 승부욕도 강하고 연구심도 강한 반면에 타인의 속박을 싫어하고 반항심도 강하여 시비(是非)가 많고 자신을 억합하려는 사람에게는 무섭게 대항한다.

평소에는 냉정하고 쌀쌀하지만 눈물이 많아 동정심도 많다. 또한 두뇌의 회전이 빠르고 상대방의 사소한 동작이나 언어에서 그 속마음까지 꿰뚫어 보는 능력도 가지고 있으며, 마음이 너무 좋아 무골호인이라는 말을 듣고 살며, 남의 부탁을 뿌리치지 못하여 괴로운 고통을 자초하기도 한다.

원리원칙을 신조로 하므로 까다롭다는 평을 들으며, 학문 및 연구계통으로 특이하게 성공하는 경우가 많은 편이다. 주위의 속박이나 지나친 언동 때문에 이성을 잃게 되면 살상(殺傷)도 두려워하지 않고 인덕이 없어 세상을 비관하기도 하고 한탄하기도 한다.

상관(傷官)이 있으면 대인(大人)도 많고 소인(小人)도 많은 것이 특징인데, 독약도 양약이 되듯이 예수, 석가, 공자와 같은 성인을 비롯하여 특출한 인물들이 배출되기도 한다.

여자는 인덕이 없고 고독하며, 욕심이 많고 감정의 표현이 두드러지며, 남보다 더 나아지려고 하는 욕심 때문에 항상 실력이 앞서기 때문에 귀여움을 독차지하고 주위사람으로부터 칭찬을 듣는다. 따라서 단순하면서도 직선적이고 까다로운 면은 때때로 남편이나 친지들을 무안하게 만든다. 성격과 감정이 폭발하여 주위의 체면을 따지지 않고 자신의 감정을 표출한다.

남녀 모두가 예지력, 창의성과 인내심이 풍부하기 때문에 학자, 예술가, 사상가, 발명가, 탐험가, 이미용사, 장식 계통, 유행의 첨단을 달리는 직업과 인연이 많은 편이다.

5. 편재(偏財)의 성격

편재(偏財)의 성격은 착하고 어질고 베풀기를 좋아하며, 정이 많고 의리를 중히 여기고, 이성(異性)에 대해서는 자상하고 친절하여 애정면에서는 남보다 좋은 인상을 풍기지만 간혹 주색(酒色)이나 풍류(風流)을 즐기는 사람이 많다. 고향을 떠나 객지에서 성공하며, 여자에게 인가 있고, 금전운이 좋아 용이하게 재물을 모아 거부(巨富)나 부유층이 많은 편이다.

편재(偏財)는 고정재(固定財)가 아니라 활동재(活動財)이기 때문에 자기의 재능을 가지고 이득을 얻고 활용을 자유자재로 하여 직장생활을 하더라도 경제적인 안정 속에서 살아간다. 편재(偏財)가 있는 사람은 사업을 하는 것이 좋고, 금융계통의 직장생활도 무난하며, 운서업, 고물업, 외교, 통신, 무역, 판매업, 서비스업, 요식업, 군경, 부동산, 정치계통으로 진출하여 대성하는 경우가 많다.

여자는 인정이 많고 고지식하며, 남을 속일줄 모르고 불쌍한 사람에게 인정을 잘 베풀며, 객지에서 성공하는 사람이 많다.

6. 정재(正財)의 성격

정재(正財)는 정확성과 성실성이 있으며, 직장생활을 천직(天職)으로 알고 성실하게 일하며, 시간약속을 정확하게 지키며, 검소와 절약을 생활신조로 낭비가 없으며, 수입의 범위내에서 저축을 한다. 편재(偏財)와 같이 부당한 재물을 원하지 않고 노력한 대가 이상의 재물을 바라지 않는다.

성실, 근면, 절약, 검소, 저축을 하기 때문에 자손에게 유산을 남기고 부모에게 효도하며, 나라에 대한 충성심이 강한 편이다. 보수적이고 도덕심이 강하며, 남과 다투는 것을 싫어하고, 주어진 범위내에서 행동하기 때문에 고집이 강하며, 원칙주의자이기 때문에 오히려 반감을 사기도 한다.

뛰어난 기억력과 사리에 맞는 언변으로 주위로부터 신망을 얻으며, 단정하고 성실하며, 대인관계가 원만하지만 입신출세하기보다는 신뢰와 신용을 바탕으로 성실하게 성공의 길을 닦아 명성을 얻는다. 직업은 다방면에서 능력을 발휘하여 착실하게 성공하고 나아가 대귀대부(大貴大富)하는 사람이 많다. 특히 정치, 재계, 군경, 법률, 금융, 사업계 등에서 두각을 나타낸다. 또한 다재다능하기 때문에 의약, 교육, 예능, 종교 등에도 인연이 있다.

여자는 보수적이고 단순하며 이기적인 반면에 고집이 강하고 타인과의 타협을 모르고 자기의 주장을 지나치게 강조한다. 완벽한 일처리로 신임을 얻고 부러움을 사지만 절대로 손해를 보지 않는 타산적이고 냉정하고 까다로운 성격으로 주위에 불화쟁론(不和爭論)을 초래하가 쉽다.

7. 편관(偏官)의 성격

편관(偏官)의 성격은 활동적이고 성급(性急)하며 화끈하지만 때로는 순간적으로 화를 잘 내며, 편굴(偏屈)하면서도 고집이 강하다. 무엇이든지 속에 접어두지 못하고 배짱이 있으며, 어려운 난관도 무난하게 헤쳐나간다. 그래서 강자에게는 강하고 약자에게는 도와주는 기질이 있고, 자존심이 강하여 남에게 굽신거리는 것을 싫어한다.

편관(偏官)의 성격은 책임감이 강하고 무슨 일이든지 신속하게 처리하고 남을 제압하는 강렬한 기질이 있기 때문에 역사에 길이 남을 특출한 인물이 나오거나, 아니면 노동자, 불량자 등도 나오는 귀천(貴賤)의 극단을 달린다. 과감하고 신속한 행동과 개방적인 성격은 정치, 법률, 군경, 의약, 무역업, 정보, 작전, 전자, 통신 등의 분야에서 두각을 나타내기도 한다.

여성은 생활전선에서 남자와 같은 역할을 해야 하며, 여장부와 같은 유형으로 불투명한 것을 싫어하고 결백함을 좋아한다. 또한 나의 일보다 남의 일을 더욱 잘 보아주며, 항상 잔근심이 떠나지 않는다.

8. 정관(正官)의 성격

정관(正官)의 성격은 명예를 소중히 하고 질서를 존중하기 때문에 공정(公正)한 마음으로 사물을 처리하며, 준법정신과 윤리도덕의식(倫理道德意識)이 강하여 사회적으로 존경받으며, 명예심이 대단하다. 명예욕이 강하여 관료사상이 깊고, 상명하복(上命下服)의 충성심과 시비(是非)를 판단하는 공정심과 이해심이 많으며, 성실하다.

긍지가 높고 책임감이 강하며, 진퇴(進退)의 판단이 빠르고 신중하기 때문에 소심한 사람으로 보인다. 깔끔하고 결백하여 반발하거나 반항심을 스스로 자제할 수 있고, 기억력이나 관찰력이 남보다 뛰어나 입신출세하는 데 앞장을 선다.

중용(中庸)을 지키고 화순(和順)하며, 심성이 수려하고 총명하여 강유겸전(剛柔兼全)하며, 태평시절에는 큰 덕망을 얻고 존경을 받으나, 혼란시절에는 대담성과 과단성이 부족하여 지나치게 신중을 기하는 통솔력으로 비난을 받기도 한다. 직업은 정치, 외교, 법률, 학자, 군경 등에서 두각을 나타내므로 사업보다는 봉급생활자로서 출세하는 것이 더욱 안정적이다.

여성은 남자의 성격과 비슷하며, 사교적인 면은 부족하나 보수적이고 책임감이 강하다. 모든 일을 처리함에 있어 다각적인 방법으로 관찰하고 생각하여 의견을 종합하기 때문에 소심하고 우유부단한 평을 듣기도 한다.

9. 편인(偏印)의 성격

편인(偏印)의 성격은 도량이 넓고 문장력이 뛰어나고 타인에게 친절하고 언변이 뛰어나고 총명하나 간혹 끝을 맺지 못하여 우유부잔하거나 유시무종(有始無終)하기 쉬운 경우가 생긴다. 임기응변의 재능을 가지고 있고 남이 알지 못하는 지략도 있으나 처음에는 열성적으로 시작하지만 나중에는 태만하기 쉬워 좋은 재능을 가지고도 남보다 성공이 늦는 경우가 많다.

집단이나 조직 속에서 남의 지배를 받거나 복종하는 것을 싫어하며, 다른 사람의 명령과 속박도 철저하게 싫어하지만 그 마음을 표면에 나타내지 않아 그 심중을 알기 힘든 사람으로 보인다. 그러나 어떠한 고통과 괴로움이 닥쳐도 참고 견디는 인내심이 강하며, 노력성이 대단하다.

그래서 고독한 마음의 소유자이며, 항상 개척자의 정신이 철저하여 초면(初面)에도 대화를 나눌 수 있는 적극성이 있다. 조실부모하거나 배우자와 애로(隘路)가 있고 , 의식주의 불안을 느끼기도 한다. 직업은 학자, 예술가, 의사, 종교인, 발명가, 탐험가, 이미용업, 군경, 정치, 법률, 운동 계통에서 성공하는 경우가 많다. 여성은 부드러우면서 강하며, 인덕이 없고 보수적인 성격이다. 직업은 학문, 서예, 의약, 간호사, 승무원 등이 좋고 요식업에도 적합하다.

10. 정인(正印)의 성격

정인(正印)의 성격은 지혜가 뛰어나고 총명하며 자비심이 있고 , 학문과 기술 계통에 소질이 있다. 모성 본능이 강하여 현모양처(賢母良妻)와 같이 인자한 어머니와 같은 성격을 지니고 있다. 고집이 강하고 종교를 경신(敬信)하며, 군자 및 대인의 품격을 갖추었으며, 조용하고 차분하여 학문과 예술을 좋아한다.

자녀를 훈도하는 부모의 기운이 있어 심성이 넓고 포용력이 대단하며, 자상하면서도 때로는 차갑고 냉정한 인상을 주지만 육친(六親)에 대한 애정이 남보다 강하다. 강유겸전(剛柔兼全)하면서도 지혜와 학문이 뛰어나니, 가난한 집안에 태어난 사람은 자수성가(自手成家)하여 큰 인물이 되는 경우가 많다.

지성적이고 보수적인 전통을 지키려는 집념이 강하며, 시류(時流)에 영합하지 않고 임기응변이 부족하며 고지식하나, 최상의 긍지를 갖기 때문에 특출한 지도자가 많고, 학문과 연구 분야에서 두각을 나타내기도 한다. 직업은 학문과 예술, 정치, 종교, 의약, 군경, 법률, 고전, 역사, 지리, 의류업이나 기획 분야에 종사하기도 한다.

여성은 모성 본능이 강하여 순박하고 선량하며 원만하다. 평생 병(病)이 적고 이기적인 면도 있으나 장손역할(長孫役割)로 가정의 화목을 유지한다. 여자라도 정치, 법률, 군경, 학문, 예술, 종교, 의약, 고전 등에서도 두각을 나타낸다.

제4절 일주(日柱)에 의한 성격론

1. 갑자(甲子)의 성격

갑목(甲木)이 자중계수(子中癸水)의 생(生)을 받아 인수(印綬)가 되므로, 자기중심으로 고집이 대단하며 지적 수준이 높아 지혜(智慧)와 총명(聰明)을 암시하고 있어 학구열이 높아 교육계(教育界)에서 성공하는 사람이 많다. 갑목(甲木)은 주변의 환경에 힘입어 어디가나 선두로 나서려은 기질이 있어 두령격(頭領格)의 소유자이다.

마음이 강(強)하면서도 정직(正直)하고 온순하며 보수적이고 자존심(自尊心)도 강하다. 배우자(配偶者)의 가정 환경이 좋고 학문(學問)도 높은 편이다. 인정이 많고 자비심이 있으면서 낙천적인 성격의 소유자이다. 이해타산이 빠르고 공사(公私)를 분명하게 구분하여 행동한다.

부드러운 인상에 대인관계가 원만하고 외유내강(外柔內剛)하여 외적으로는 유순하나 내적으로는 알차고 실속이 있고 바르게 일을 처리한다. 여성은 지나치게 똑똑하여 남자를 무시하는 경향이 있어 부부궁(夫婦宮)이 부실하기 쉬우니 상대편 입장에서 이해하고 포용할 줄 아는 아량이 필요하다.

2. 을축(乙丑)의 성격

을목(乙木)이 축중계수(丑中癸水)의 생(生)을 받아 인수(印綬)가 되므로 갑자(甲子)와 같이 자기 중심으로 고집이 대단하다. 또한 축중신금(丑中辛金)의 극(剋)을 받아 내적(內的)으로 인고(忍苦)의 험난한 일이 닥치는 것은 면할 길이 없다. 다시 말하여 칠전팔기(七顚八起)의 형상으로 그 집념은 최후의 승리로 이끌기 때문에 '진흙 속에서 연꽃이 핀 형상'이라고 한다.

을축(乙丑)은 목적을 향한 인내심이 강하고 자비심이 있으며 신앙심도 깊은 편이다. 내성적이어서 성품이 온화하고 성실하며 근면하지만 소심하고 배짱이 작아 남과 다투기를 싫어하고 자기의 일에만 충실하여 이기적인 성격이 나타나게 되는데, 이것은 축중기토(丑中己土)가 편재(偏財)로 작용하기 때문이다.

성격이 세심하고 치밀하여 알뜰하게 살아가지만 풍류(風流)의 기질이 있고, 강자에게 고개를 숙이는 일종의 의타심(依他心)이 있다. 여성은 전형적인 동양의 여성상이라 겸손하고 자상하며 인내심이 많으나, 결단력이 부족하고 상황판단이 떨어진다. 반면에 인정이 많고 소박하며 감상적이어서 눈물이 많은 편이다. 그러나 대체적으로 남편의 덕(德)이 생사이별(生死離別)을 암시하고 있다.

3. 병인(丙寅)의 성격

병화(丙火)는 인중갑목(寅中甲木)의 생(生)을 받아 '초목(草木)에 태양(太陽)이 비치는 상'이 되니 포부(抱負)가 크고 두뇌(頭腦)가 비상하여 독창적이고 진취적인 기상이 있다. 병인(丙寅)은 학당귀인(學堂貴人)이라고도 하고 문곡귀인(文曲貴人)이라고도 하여 학구열이 식지 않아 평생 동안 교육, 문학, 예능에 전념하기도 한다.

예의(禮儀)가 바르고 활동적이고 목화통명(木火通明)으로 말재주가 비상하고 바른 말을 잘하며, 양보의 미덕을 가지고 있다. 감성(感性)과 지성(知性)이 풍부하지만 불같은 성격을 가지고 있으면서 한번 시작한 일은 끝까지 저돌적으로 밀고나가 결국 일을 마무리하는 기질이 있다. 또한 솔직하고 꾸밈이 없이 행동하고 화려한 것을 좋아하고 위풍이 당당하다.

명예욕(名譽慾)이 강하고 지혜가 출중하지만 때로는 침착성이 결여되어 경솔한 행동을 하고 이성(異性)에게는 약하다. 따라서 인내심(忍耐心)을 기르고 극기심(克己心)을 길러 신중하게 행동해야 크게 성공할 수 있다.

여성은 다정다감하고 활동적이지만 고집이 강하고 욕심이 많아 다소 이기적이다. 대체적으로 미모가 뛰어나고 묘한 매력이 있어 남성에게 인기가 있다. 그러나 고집이 강하여 상대방을 무시하는 경우가 많아 부부가 원만하지 못하다.

4. 정묘(丁卯)의 성격

정화(丁火)는 묘중을목(卯中乙木)의 생(生)을 받아 인수(印綬)가 되니, 지적 수준이 높고 학문(學問)과 지혜(智慧)가 깊고 중년 이후에도 학구열이 높아 연구심이 강하다.

예의를 중요시하고 낙천적이며, 쾌활한 성격의 소유자이다. 마음이 따뜻하고 남을 배려하여 다정자감하니 대인관계가 원만하다. 인정이 많고 포부와 야망은 대단하지만 추진력이 부족하고 자기 자신의 능력이 비해 성과면에서는 결과가 기대에 미치지 못하는 것이 단점이라고 할 수 있다.

문곡귀인(文曲貴人)이 있어 영리하고 학문 연구에 우수한 자질을 가지고 있지만 끈기가 부족하여 용두사미(龍頭蛇尾)가 될까 염려스럽다. 외적으로는 온순하게 보이나 승부욕이 강하고 주위 환경을 잘 살피며 기회를 포착하는 형이다. 두뇌 회전이 빠르고 선견지명(先見之明)하여 늘 남보다 앞서가는 편이다.

깨끗하고 부드러우며, 용모도 아름답고 단정한 편이며, 풍류(風流)를 즐길 줄 안다. 여성은 자존심이 강하고 예술(藝術)을 좋아하고 재물을 경시(輕視)하기 때문에 부부간의 갈등을 초래하기 쉬워 중년 이후에 생사이별(生死離別)이 염려된다.

5. 무진(戊辰)의 성격

무토(戊土)는 지지(地支)의 진토(辰土)에 의해 방조(幇助)되어 왕성(旺盛)하다. 진중(辰中)의 을계(乙癸)가 재관(財官)으로 암장(暗藏)되어 더욱 아름답다. 무진(戊辰)은 지능(知能)이 뛰어나 총명(聰明)하고 지혜(智慧)가 있고 똑똑하다. 이상이 원대하고 저력이 있어 마침내 성공의 결실을 맺는다.

주체(主體)가 강하고 인내심(忍耐心)이 있으며, 성실하고 언행(言行)이 일치하여 중후(重厚)하고 위엄(威嚴)이 있다. 다재다능(多才多能)하고 남의 일을 잘 돌보아 주는 희생정신이 있어 선후배 사이에 덕망(德望)이 높다. 정직하고 끈기가 있으며, 신앙심도 있고, 주위 환경에 대한 적응력도 대단하다.

그러나 무진(戊辰)은 백호(白虎)의 기질을 함유하고 있어 매사 고통과 시련을 겪은 후에야 비로소 성공하는 경우가 많다. 진중계수(辰中癸水)가 재고(財庫)로 부자(富者)를 암시하는 길성(吉星)인데, 간혹 고집(固執)이 강하여 사회적으로 고립(孤立)될까 염려된다. 여성은 단정하면서도 유덕하고 포용력(包容力)이 있으나, 남성을 무시하는 경향이 있어 부부간에는 생사이별(生死離別)하는 경우가 많다.

6. 기사(己巳)의 성격

기토(己土)는 사중병화(巳中丙火)의 생(生)을 받아 인수(印綬)가 되므로 왕성(旺盛)하다. 또한 사중경금(巳中庚金)은 제련된 금(金)으로 예능(藝能)에 소질(素質)이 있고 음성이 크고 맑으며 감정이 풍부하다. 외적으로는 유순하게 보이지만 내적으로는 강직하고 독선적이고 학문 연구에 관심이 많다.

욕망이 크고 자존심이 강하고 독립정신이 강하여 자수성가하는 경우가 많다. 기사(己巳)는 고집태강(固執太强), 초지일관(初志一貫), 백절불굴(百折不屈)의 정신으로 불의(不義)와 타협하지 않는 속성이 있다. 의협심과 정의감이 강하지만 조용하고 부드러운 성격으로 매사 성실하게 일을 처리한다.

자기 일에 충실하면서 신용(信用)이 있고 신앙심이 있으며, 종교나 철학 계통에 관심이 많거나 종사하는 경우가 많다. 여성은 자기 위주의 삶을 추구하므로 이기적이고 타산적이고 인정도 많은 편이다. 조혼(早婚)을 하면 남편이 무력해지거나 형액(刑厄)이 따르는 경우가 생긴다. 그러므로 법률, 의약, 교육계의 업종에 종사하는 남편을 만나면 해로(偕老)하게 된다.

7. 경오(庚午)의 성격

경금(庚金)이 오화(午火)에 제련(製鍊)되어 단단하고 세련되어 정관(正官)의 속성을 가지고 있다. 인물이 특출하고 단정하고 정의감에 불타고 용감하며, 결단력이 있으나 차가운 기질이 있다.

경오(庚午)는 강직하고 자존심이 강하며, 남에게 굽힐줄도 모르고 타협을 싫어하기 때문에 남과 다투기도 잘한다. 남성은 강인한 체력으로 직장생활이 무난하나 운동선수로 대성하는 경우가 많다. 사나이다운 기질로 친구를 좋아하고 의리를 소중히 여겨 한 번 신뢰하면 끝까지 믿고, 한 번 틀어지면 뒤를 돌아보지 않는 냉정한 면도 있다.

남성은 공직 생활이 적합하고 외적으로는 대단히 강하지만 내적으로는 불리(不利)할 때 언제든지 거부(拒否)하는 기질이 있다. 여성은 개방적이면서 외향적라 가정생활보다는 사회생활을 하는 것이 바람직하다. 간혹 부부(夫婦)가 생사이별(生死離別)을 하거나 사치(奢侈)와 허영심이 발동하여 낭비가 많을 것에 유의하여야 한다.

8. 신미(辛未)의 성격

신금(辛金)이 미중정을(未中丁乙)이 있어 재관(財官)으로 약(弱)하다. 신미(辛未)는 백양(白羊)을 상징하며, 순박하고 겸손한 성격을 의미한다. 신의(信義)가 있고 다정하며 자비심이 있으나, 고집(固執)이 강하고 자존심이 강하여 성질이 까다로우며 냉정하다. 신미(辛未)는 재고(財庫)가 암장(暗藏)되어 재물을 성취하기 위한 욕심이 있어 탐재괴인(貪財壞印)이 되니, 처(妻)를 고생시키는 편이다.

또한 조토미(燥土未)는 생금(生金)의 작용이 미약하여 학문을 소홀히 하기 쉽다. 성격이 기계적이고 분석적(分析的)이며 두뇌가 명석하다. 그러나 끈기와 지구력이 부족할까 염려된다. 경제적 관념이 투철하여 상당한 저축으로 내실을 기하기도 한다.

여성은 지혜(智慧)가 있어 어떤 일이든지 적극적이고 능수능란하여 처리하는 수단이 있고 인정이 많은 반면에 욕심이 많은 편이다. 간혹 음식솜씨가 좋아 요리를 잘 만든다.

9. 임신(壬申)의 성격

임수(壬水)가 신금(申金)의 생(生)을 받아 원류(原流)가 풍부하니, 가뭄에도 마르지 않고 신왕(身旺)하여 활동력이 강하고 포용력(包容力)도 대단하다. 학당귀인(學堂貴人)이 있어 학문을 좋아하니 교육계통에서 성공하는 경우가 많다. 성격은 영리하고 심성이 넓고 언변술이 능통하지만 고집(固執)이 강하고 냉정하면서도 이기적이다.

유창한 통변과 재치가 있고 끈기가 있는 편이다. 또한 두뇌가 비상하고 다재다능하지만, 외면적으로는 단정하고 온화하게 보이는 반면 내면적으로는 '물이 솟아오르는 바위'의 형상과 같이 급변(急變)하는 성향이 있다. 설득력이 뛰어나 종교계, 교육계, 의약계 등에서 크게 두각을 나타내어 귀인(貴人)의 자질이 있다.

여성은 머리가 비상하고 자기주장이 너무 강하고 고집(固執) 또한 강하다. 그러므로 상대방과 의견 충돌이 많고 부부간에도 같은 경우가 생겨 생사이별(生死離別)하는 경우가 많는 편이다.

10. 계유(癸酉)의 성격

계수(癸水)는 유금(酉金)의 생(生)을 받아 왕성(旺盛)하다. 깨끗한 물과 같아 미모(美貌)가 뛰어나고 영리하며 깔금한 성격이다. 물이 너무 맑으면 고기가 살지 않듯이 지나치게 깨끗하고 결백하여 고립을 자초하는 경향이 있다.

집념이 강하고 어떠한 난관에도 굴복(屈服)하지 않고 추진해나가는 끈기와 야망이 크다. 항상 타인의 과오(過誤)나 결점(缺點)을 보고 그대로 넘기지 못하여 남과 화합(和合)하지 못하고 융통성이 없다. 매사 신중하고 안정과 완벽함을 추구하기 때문에 실수를 하지 않는 치밀한 면이 있다.

한번 싫은 사람은 두 번 다시 돌아보지 않고 냉정하지만 기억력이 뛰어나 소학대성(小學大成)한다. 즉 적게 배워 크게 이룬다는 뜻으로, 되로 배워서 말로 풀어먹는 사람이 많은 편이다. 지나친 고집은 오히려 발전을 저해하는 요인이 되니 관용적인 태도와, 상대방을 이해하려는 미덕을 갖추어야 한다. 여성은 애교가 있고 처세가 원만하며, 적은 것을 가지고 크게 이루어 살아간다.

11. 갑술(甲戌)의 성격

갑목(甲木)이 술중신금(戌中辛金)과 술중정화(戌中丁火)가 암장(暗藏)되어 있어 정관(正官)과 상관(傷官)의 양면성을 지니고 있다. 갑술(甲戌)은 이재능력(理財能力)이 뛰어나고 사업을 크게 일으켜 비범하게 성공을 하기도 하고, 너무 과신하여 실패할 경우도 많은 편이다. 이것은 정관(正官)과 상관(傷官)의 작용에 의하여 일지편재(日支偏財)에 영향을 미치기 때문이다.

갑술(甲戌)은 성실(誠實)하고 인정이 많으며, 신의(信義)도 있고 책임감도 강하다. 그러나 너무나 완벽함과 책임감을 강조하기 때문에 주위사람들에게나 조직내에 있는 사람들에게 불평과 불만을 가지게 할 가능성이 높으므로 사소한 잘못은 눈감아줄 수 있는 도량이 필요하다. 전통사상에 관심이 깊고 신앙심이 두터우며, 학문에도 열정적이다.

두뇌가 명석하고 사물을 판단하는 직관력이 대단하다. 전형적으로 남성적인 성격으로 대범하면서도 강직하고 공정하게 일을 처리하여야 직성이 풀린다. 여성은 여장부의 기질이 있어 남편을 무시하는 경향이 있어 부부이별하는 경우가 많다.

12. 을해(乙亥)의 성격

을목(乙木)이 해중임수(亥中壬水)로 생(生)을 받아 왕성(旺盛)하다. 외유내강(外柔內剛)한 형상으로 겉으로 보기에는 단정하고 깔끔하며 유순하다. 속으로는 명예욕과 승진 욕구가 누구보다도 강하다. 고상하고 인정이 많으며 사물에 대한 표현능력이 뛰어나 재치가 있고 감수성이 풍부하여 직관력과 관찰력이 대단하다.

자기가 세운 목표에 대한 집착력이 강하나 인내력이 부족한 것이 다소 흠이 된다. 성품이 온화하고 우애를 중요시하여 절대로 무리하지 않는 스타일이라 남에게 의지하거나 마지 못하여 이끌리어 가는 경우도 있다. 일지(日支)에 천문(天門)과 역마(驛馬)가 있어 학문을 좋아하고, 고향을 떠나 객지생활을 하거나 해외(海外)에 나가 유학(留學)하는 경우가 많다. 따라서 항상 분주하고 고독한 생활을 감수해야 한다.

여성은 총명(聰明)하고 다정다감하며, 형제간의 우애가 돈독하고 활동성도 대단하다. 반면에 실천력과 결단력이 부족하여 본의 아니게 부부인연이 맺어지는 경우가 많아 생사이별(生死離別)을 조심해야 한다.

13. 병자(丙子)의 성격

병자(丙子)가 자수(子水)로 정관(正官)이 되어 관록(官祿)이 왕성(旺盛)하다. 태양(太陽)이 바다를 비추는 형상으로 천성이 인자하고 맑고 고결한 성품이라 사상이 건전하고 외관이 단정하여 공직생활에 적합하다.

병자(丙子)는 예의가 바르고 언변이 뛰어나며 문장력이 대단하지만, 융통성이 부족하고 고집이 강하여 상대방에게 오해를 풀거나 이해를 시키는 도량이 부족하고, 이성교제에서는 지속성이 없고 성격 변화가 많은 편으로 시작은 좋으나 결실을 맺기는 어렵다.

성격이 급하고 한번 화가 나면 물불을 가리지 않고 저돌적으로 공격하지만 오히려 뒤끝이 깨끗하고 오해가 쉽게 풀리어 곧바로 잊어버린다. 따라서 솔직하고 담백하여 비밀이 없고 가식이 없어 음흉(陰凶)한 사람에게는 오히려 피해를 당하니 조심해야 한다.

너무 욕심 부리지 말고 작은 것에 너무 집착하지 말고 항상 분수에 맞는 자기 관리를 철저히 하고 모든 일에 긍정적으로 처리하면 반드시 성공할 것이다. 여성은 솔직하고 화끈하며 남편 덕이 있으나 남편은 전력이나 공직 계통에 종사하는 경우가 많으며, 남자의 유혹에 유념하여야 하고 이별하는 경우가 많은 편이다.

14. 정축(丁丑)의 성격

정화(丁火)가 축중계신(丑中癸辛)이 암장(暗藏)되어 재성(財星)과 관성(官星)이 되니, 명예심과 재물욕(財物慾)을 암시하고 있다. 마음이 넓고 표현력이 뛰어나고 지혜롭고 정직한 성격이다. 하늘을 우러러 한점의 부끄러움이 없을만큼 대단히 양심적이다. 대인관계가 원만하고 예의가 바르며 타인을 존경하면서도 명랑하고 쾌활하며 낙천적인 성격의 소유자이다.

마음이 따뜻하고 희생심이 강하여 헌신적이면서도 자기 자신에 대해서는 남에게 지기 싫어하고, 목표를 세우면 진취적인 성격으로 배신당하는 경우가 종종 생긴다. 한 번 마음속으로 낙인을 찍은 상대는 두 번 다시 상대하지 않으려는 결백성이 있어 스스로 고독감에 젖어 가까운 사람을 원망하고 저주하기도 한다.

또한 욕심이 많아 끝까지 노력하는 편이고, 재물에 대한 집착력이 강하여 겉은 평온해도 내면은 갈등과 번뇌가 많으며 심하면 비관하거나 우울증에 빠지기도 하니 스트레스 해소에 신경을 써야 한다.

여성은 성실 근면하며 자기 주장이 강하고 인정이 있고 사리가 분명하다. 또한 신앙심이 깊고 재물에 대한 욕심이 많으며, 남편은 의약(醫藥)이나 종교와 철학 계통에 종사하는 사람과 인연이 있다.

15. 무인(戊寅)의 성격

무토(戊土)가 인중병갑(寅中丙甲)이 암장(暗藏)되어 있어 관인(官印)이 상생(相生)하여 부귀지명(富貴之命)이다. 무인(戊寅)은 조용하면서도 도량이 넓고 성실하며 자기의 분수를 잘 지킨다. 매사에 신중하게 처리하며 타인과 잘 충돌하지 않고 자기 일에 충실하고 신용을 중요시하고 신앙심도 대단하다.

무인(戊寅)은 활동적이고 욕심이 많아 개척정신이 강하고 외국에도 출입이 잦으며, 관록(官祿)이 발동하면 만인의 두령격(頭領格)이 된다. 목표를 세우면 왕성한 추진력을 가지고 끈기 있게 밀고 나가면서도 작은 부분까지도 세심하게 관찰하면서 대관소찰(大觀小察)하는 성격을 가지고 있다.

또한 자존심이 강하여 자신에게 불리한 말을 하거나 상대적으로 과소평가하면 불같은 성격으로 화를 내어 성질을 자제하지 못한다. 여성인 경우는 활동적으로 사회활동을 하게 되어 학당귀인(學堂貴人)이 있어 공직(公職)이나 교육계(敎育界)와 인연이 있고, 남편 역시 공직이나 교육자가 많은 편이다.

16. 기묘(己卯)의 성격

기토(己土)가 묘중을목(卯中乙木)의 극(剋)을 받아 토기(土氣)가 약하다. 들판의 토끼와 같이 성격이 순박하고 부드러우나 소심하고 예민하여 모든 일에 주관이 없이 남에게 의지하거나 마음이 흔들리기 쉬운 성격으로 보인다. 그러나 의협심이 있고 뚝심도 있어 중용을 지키려고 노력하고 남과 잘 어울린다.

조용하고 성실하여 말과 행동을 신중하게 처리하기 때문에 신용도가 높고 신앙심이 깊어 종교나 철학 계통에 관심이 많은 편이다. 외적으로는 유순하고 수줍어 하고 지구력이 부족하여 쉽게 싫증을 내기도 하지만 내적으로는 자존심과 명예욕이 강하여 남에게 지는 것을 싫어한다.

또한 자상하고 꼼꼼하고 세밀한 성격으로 기술(技術)이나 예능(藝能) 방면에 뛰어난 사람이 많다. 지지(地支)에 현침(懸針)이 있어 수양을 많이 하고 적덕(積德)을 쌓으면 군인, 경찰, 법관 등 권력기관이나 의약, 역학, 교육 계통에서 두각을 나타내기도 한다.

여성은 얌전하고 약한 듯 보이지만 인내심이 강하고 끈질기고 과팍한 면이 있다. 남성과 같이 의약, 교육, 예능 계통에 진출하면 대성하지만 부부애로(夫婦險路)가 염려된다.

17. 경진(庚辰)의 성격

경금(庚金)이 진토(辰土)의 생(生)을 받아 왕성(旺盛)하다. 경진(庚辰)은 괴강(魁罡)이라고 하여 일반적으로 총명(聰明)하고 문장력이 뛰어나며 권세욕이 강하고 과감한 성격이다. 의협심이 강하여 정의감에 불타고 신의가 있어 사물을 처리하는 능력이 신속 정확하며, 포부가 원대하여 한번 세운 계획은 끝까지 추진하여 성공하는 기질이 있다.

매사에 자신감이 있고 조직력과 통솔력이 대단하고 주체의식이 강하다. 반면에 자신의 고집이 너무 강하고 자기 주장만을 내세워 독선적인 행동으로 타인과의 마찰이 염려된다. 그래서 영웅호걸 기질로 때로는 단체의 두령격(頭領格)이 되지만, 반면에 범죄조직이나 폭력단체의 우두머리가 될 수도 있다. 눈치와 재치가 비상하여 이기적인 면이 있어 이해타산적이 되기 쉬우나 한번 믿으면 끝까지 믿고, 한번 눈밖에 나면 뒤를 돌아보지 않는 냉정한 기질도 있다.

또한 불의를 보면 참지 못하고 욕망이 커서 작은 것은 보지 않고 오직 큰 것만 생각하는 경향이 있어 겉은 화려하나 속은 공허하고 외로우며 고독하기도 하다. 여성은 여장부(女丈夫)의 기질로 총명(聰明)하고 활동적이며 남성과 대등하게 사회생활을 하게 된다. 남편은 권력계통이나 의약, 군경, 특수정보 계통에 진출하기도 한다. 너무 강하여 부부간에 생사이별(生死離別)하는 경우가 많다.

18. 신사(辛巳)의 성격

신금(辛金)은 신중무병(辛中戊丙)으로 관인(官印)이 상생(相生)하여 선약후강(先弱後强)한 형상이다. 신사(辛巳)는 성격이 급(急)하고 새로운 것을 추구하는 것을 좋아하고 정의로우며, 용감하고 결단력을 지니고 있다. 또한 담력이 있고 고집이 강하게 보이지만 금이 녹는 형상으로 마음이 여리고 다정다감하다.

한번 틀어진 사람과는 두 번 다시 상대하지 않으며 외적으로 날카로운 성격으로 보이기 때문에 처음에는 대인관계가 원만하지 못하다. 신사(辛巳)는 불의(不義)와 타협하지 않으며, 법 없이도 사는 바른 사람이다. 두뇌회전이 빠르고 재치가 있으며 신경이 예민하고 세련미가 넘친다.

리더십이 강하여 조직이나 단체를 통솔하는 능력이 뛰어나고 직관력도 대단하며, 타인에게 자기를 과시하는 경향이 있고, 인덕이 없어 스스로 공허하고 외로움을 느끼기도 한다. 자기 고집대로 추진하려는 성향이 있으니, 조금만 양보하는 미덕을 발휘하면 더 큰 인물이 될 수 있다.

여성은 남편의 덕이 있고 사랑을 독차지하지만, 항시 남성으로부터 인기가 있어 유혹이 있으니 흑백(黑白)을 분명히 하는 처신을 가져야 한다.

19. 임오(壬午)의 성격

임수(壬水)가 오중기정(午中己丁)이 암장(暗藏)되어 정재(正財), 정관(正官)이 있어 록마동향(祿馬同鄕)이라 아름답다. 호수 속의 달빛이라 지혜가 비상하고 심성이 온화하고 다정다감하며 사교성이 대단하다. 공사(公私)가 분명하고 판단력이 대단하며, 예의범절이 바르고 명랑쾌활하다.

반면에 외유내강(外柔內剛)으로 외적으로는 유순하게 보이나 내적으로는 비밀스럽고 실속이 있다. 또한 고집이 있어도 만용을 부리지 않으며 겉으로 표출시키지 않는다. 암장(暗藏)에 있는 재성(財星)과 암합(暗合)되어 현실의 이익에 타산적이며, 행동이 민첩하다.

임오(壬午)는 유순하여 남의 말을 잘 듣고 알면서도 속아주는 경향이 있어 이해심이 많고 유머감각도 풍부하다. 여성은 대중적인 성격에다 미모(美貌)가 뛰어나고 활달하여 가정이 있기보다는 사회적으로 활동하는 경향이 있어 보험사나 세일즈에 나서는 일이 많다. 타고난 애교과 내조로 남편의 사랑을 독차지하면서도 무시하는 기질이 있고, 남편 역시 외모가 수려하고 풍류(風流)를 즐긴다.

20. 계미(癸未)의 성격

계수(癸水)가 미중기토(未中己土)와 미중을목(未中乙木)과 미중정화(未中丁火)가 암장(暗藏)되어 있어 신약(身弱)하다. 계미(癸未)는 지구력과 끈기가 강하고 신용과 예의를 중요시하고 머리회전이 빠르다. 상황판단이 빠르고 진취적인 사고로 창안력이 대단하다. 자존심(自尊心)이 강하고 자기를 과시하는 경향이 있으며, 이론이 밝고 조리가 있어 언변술이 좋다.

매우 활동적이고 의지력이 강하여 일을 추진하는 데 비범하게 목표를 달성시킨다. 반면에 성격이 예민하고 까다로워 겉으로 보기에는 무정하다. 그러나 내면으로는 실속이 있으며, 무슨 일이든지 신중하게 검토하고 완벽하다고 생각했을 때 비로소 행동에 옮겨 실패할 확률이 적다. 위기가 닥치더라도 충분하게 대처할 능력이 있고, 더 큰 시련이 온다 해도 결코 좌절하지 않는 끈질긴 근성이 있다.

그러므로 자기의 목표를 위해 수단과 방법을 가리지 않고 야망에 불타고 있기 때문에 자칫 타인으로부터 모함과 시기로 인하여 낭패를 당해 고독을 자초하는 경우가 있다. 여성은 다정다감하고 총명하다. 종교나 철학 등에 관심을 두기도 한다. 상격(上格)이 아니면 부부애로(夫婦隘路)가 염려된다.

21. 갑신(甲申)의 성격

갑목(甲木)이 신금(申金)에 의해 극(剋)을 당하니 약(弱)하다. '바위 위에 홀로 선 나무'의 상으로 주위 환경의 경향을 받는다는 말이다. 심지어는 '나무에서 떨어진 원숭이'라고 하여 재주는 많으나 실패하는 경우가 많다는 뜻이기도 하다.

자기 자신을 과시(誇示)하다 보니 남을 무시하여 배신과 모함을 당하는 수가 많아 쓸쓸하고 고독한 성향을 지니고 있다. 자존심이 강하여 인격적으로 모독을 당하면 참지 못하고 외적으로 과격하게 불만을 표출시켜 남으로부터 눈총을 받기도 한다. 갑신(甲申)은 본능적으로 변화를 좋아하여 허영심이 발동하니 절약하는 정신과 자제하는 능력을 갖추는 데 힘써야 한다.

더구나 명예욕이 강하여 남에게 인정받기를 좋아하지만, 집착하지 못하고 변동이 많아 용두사미(龍頭蛇尾)가 될까 염려되니 인내심(忍耐心)을 길러야 한다. 유년(流年)에 삼형살(三刑殺)이 작용하니, 자기의 신체나 질병(疾病)이 아니면 부부불화(夫婦不和) 등에 영향을 미친다.

여성은 자존심이 강하여 남에게 굽히기 싫어하고, 생활력이 강하여 사회활동을 하는 경우가 많다. 그러나 부부인연은 강제나 동정에 의해서 하게 되기도 하고, 나이 차이가 많거나 연하(年下)의 남자와 맺어지기도 한다.

22. 을유(乙酉)의 성격

을목(乙木)이 유금(酉金)의 극(剋)을 당하여 약(弱)하다. '바위 위에 올라앉은 화초'의 상이니, 연약하고 아름답게 보이지만 역경(逆境)을 이겨내는 인동초(忍冬草)와 같다. 을목(乙木)은 환경에 잘 적응하면서도 재주가 있고 재치가 있으며 인정이 많다.

을유(乙酉)는 일지(日支)에 경신(庚辛)이 암장(暗藏)되어 있어 유인(酉刃)이 되니, 칼을 찬 형상이라, 외적으로는 유순하게 보이지만 내적으로는 대단히 날카롭고 끈질기며 냉혹한 속성이 있어 권위적(權威的)이다. 그러므로 공(公)과 사(私)가 분명하고 공정(公正)하여 타인으로부터 냉정(冷情)하면서도 인정이 있어 존경을 받기도 한다.

을유(乙酉)는 한번 결심하면 저돌적으로 추진하는 성격이지만 본성이 착하기 때문에 유혹에 동요가 되거나 싫증을 느끼는 편이다. 한편 명예욕이 강하여 자기 자신을 과시하기 위하여 남 앞에 나서는 경우가 있다.

여성은 머리가 비상하고 주위 환경에 잘 적응하지만 간혹 믿는 도끼에 발등을 찍히는 수가 있다. 간혹 독신(獨身)이거나 신병(身病) 등으로 고독(孤獨)하게 지내는 경우가 있다. 부군(夫君)으로는 군경, 의약, 법조 계통에 종사하는 사람과 인연이 있다.

23. 병술(丙戌)의 성격

병화(丙火)가 술중신금(戌中辛金)과 술중무토(戌中戊土)가 암장(暗藏)되어 있어 정재(正財), 식신(食神)이 되니 약(弱)하지만 아름답다. 병술(丙戌)은 '집을 지키는 개'에 비유하기도 하는데, 책임감이 강하고 의협심이 대단하다. 또한 마음이 넓고 인정이 있으며 대인관계가 원만하고 인기도 대단하다.

희로애락(喜怒哀樂)의 감정 표출이 선명하여 감정의 기복이 심하게 보이니 변덕스러운 성향이 있기도 하다. 그러므로 한번 화가 나면 불과 같지만 오래가지 못하고 뒤끝이 없고 깨끗하여 화끈한 성격으로 평가 받는다. 병술(丙戌)은 백호(白虎)라고 하여 고집이 강하고 용감하지만 심하면 흉포(凶暴)한 기질이 있어 기이(奇異)하게 발복(發福)하는 경우가 있다.

또한 천라지망(天羅地網)이라 하여 의약, 법조, 종교, 철학, 군경 계통과 인연이 있다. 여성은 여장부(女丈夫)의 기질이 있어 남성과 같이 강한 직업을 가져야 한다. 고집이 강하고 자기 주장이 대단하니, 자연 남편으로 무시하는 경우가 생겨 남편의 덕(德)이 약(弱)하고, 자식으로 인한 고민이 많은 경우가 있어 생사이별(生死離別)이 아니면 독신(獨身)으로 살아간다.

24. 정해(丁亥)의 성격

정화(丁火)는 해중갑목(亥中甲木)과 해중임수(亥中壬水)가 암장(暗藏)되어 있어 관성(官星)과 인수(印綬)가 상생(相生)하니 선약후강(先弱後强)하다. 정해(丁亥)는 두뇌(頭腦)가 명석하고 사교적이며 표현력이 풍부하고 예감이 빠르다. 순박하고 인정이 많은 데다 밝고 건전하며, 합리적인 사고와 논리적인 이론으로 주위로부터 똑똑하다는 소리를 듣는다.

내면적으로는 지구력과 끈기가 부족하고 자신감이 없어 변덕이 있고, 상황에 따라 싫증을 빨리 느끼기도 하고 처세가 너무 좋아 오해를 받기도 한다. 정해(丁亥)는 고향을 떠나 객지에서 성공하고, 항상 생활 환경이 분주다사한 편이다. 지지(地支)에 천을귀인(天乙貴人)이 있어 복록(福祿)이 있고 배우자의 덕(德)이 있으며, 자신보다 학식과 인품이 높은 사람과 인연이 있다.

한편 예의(禮儀)를 중요시하며, 예술적인 감각이 뛰어나고 자존심이 강하여 자기 관리를 잘하나 인내심(忍耐心)이 다소 부족하고, 불의(不義)와 타협하지 않으며 오직 정도로만 나아가니 소심하면서도 고독(孤獨)한 성격의 소유자이다. 여성은 총명하고 판단력이 빠르고 재치가 있어 똑똑하고 명쾌하다. 남성과 같이 지구력과 끈기가 없고 포용력(包容力)이 없는 것이 흠(欠)이다.

25. 무자(戊子)의 성격

무토(戊土)가 자중임계(子中壬癸)가 암장(暗藏)되어 있어 재성(財星)이 되니 약(弱)하나 아름답다. 무자(戊子)는 '산 속의 다람쥐'의 상으로 나타내기도 하고, '산 속의 옹달샘'으로 표현하기도 한다. 따라서 심성(心性)이 착하고 다재다능(多才多能)할 뿐만 아니라 재복(財福)이 많은 것을 암시한다. 또한 산 속의 옹달샘은 중생(衆生)의 기도하는 장소이기도 하고 목마른 행인의 갈증을 해소시켜주기도 한다

그러므로 신앙심이 깊어 종교나 철학 계통에 관심이 많거나 도량이 넓고 인정이 많으며 성실한 군자의 풍모를 지니고 있다. 또한 주어진 업무 처리가 깔끔하고 임기응변도 대단하고 사색을 즐긴다. 무자(戊子)는 우직하면서도 통이 크고 재성(財星)을 안고 있어 사업을 꾸준하게 하고 욕망(慾望)이 커서 가정생활보다는 사회나 직장을 중요시하기 때문에 부부간에는 인기가 없으나 대외적으로는 덕망과 인기가 있다.

그러나 지나치게 강한 고집 때문에 스스로 고독(孤獨)을 느끼며, 허영심으로 남 모르는 투기로 인하여 패가망신할까 두렵다. 겸손의 미덕을 발휘하여 지혜로운 삶을 가져야 한다. 여성은 현모양처(賢母良妻)의 상이지만 부덕(夫德)이 약(弱)한 편이고 자손(子孫)이 귀하고 고독(孤獨)하다.

26. 기축(己丑)의 성격

기토(己土)가 축토(丑土)의 방조(幇助)로 왕성(旺盛)하고 축중계수(丑中癸水)와 축중신금(丑中辛金)이 암장(暗藏)되어 재성(財星)과 식신(食神)이 서로 생조(生助)하여 아름답다. 기축(己丑)은 '밭을 가는 소'로도 상징하기도 하고, 들판에서 한가하에 풀을 뜯는 목장의 가축을 연상하기도 하여 근면하고 성실함을 의미한다.

기축(己丑)은 조용하고 온화한 성격으로 대의와 중용을 지키며 타인과 조화롭게 지내는 순박하고 부드러운 심성을 지니고 있다. 또한 희생정신(犧牲精神)과 의협심(義俠心)이 강하고 한번 맺은 인연은 끝까지 지켜 초지일관(初志一貫)하기 때문에 주위사람들로부터 인정을 받는다. 항상 부지런하고 한가지 일에 집착하여 밀고 나아가는 추진력이 대단하고 사명감이 투철하다.

그러나 소극적이고 치밀한 성격으로 소탐대실(小貪大失)할까 염려가 되니, 좀 더 적극적이고 끈기와 지구력을 가진다면 자기 능력 이상의 성과를 기대할 수 있다. 여성은 자존심(自尊心)이 강하고 고집(固執)이 대단하다. 지지(地支)가 비견(比肩)이라 남편과의 충돌이 염려되니, 배우자를 선택할 때는 나이 차이가 많이 나거나 연하(年下)와 인연을 맺는 것이 바람직하다. 지지(地支)에 재성(財星)이 있어 재물(財物)이 많음을 암시하고 있다.

27. 경인(庚寅)의 성격

경금(庚金)이 인중병화(寅中丙火)와 인중갑목(寅中甲木)이 암장(暗藏)되어 있어 편관(偏官)과 편재(偏財)가 상생(相生)하니 아름답다. 경인(庚寅)은 '철창 안의 호랑이'의 상으로 동물원의 길들여진 백호(白虎)를 의미하기도 한다. 천성이 호탕하고 용맹과 의협심(義俠心)이 강하여 의리지상(義理之象)의 형상이다.

개척정신과 집착력, 투쟁력이 대단하여 권력계나 외교계에서 대성하는 경우가 많다. 지지(地支)에 재관(財官)이 있어 명예욕(名譽慾)뿐만 아니라 무역(貿易)이나 유통업(流通業)에도 인연이 많은 편이다.

경인(庚寅)은 풍류(風流)를 즐기는 호남형(好男型)이지만 성질이 급(急)하고 독불장군의 기질이 있어 고립무의(孤立無依)로 고독(孤獨)을 자초하기도 한다. 타향지객(他鄕之客)에 해외출입이 많다. 항상 친구간이나 직장에서 의리(義理)를 중요시하다 보니 자연 의견충돌이 많고 언쟁(言爭)으로 인하여 대인관계가 원만하지 못하다.

그러나 내적으로는 예의가 바르고 마음이 따뜻하여 인정이 많은 편이다. 여성은 자존심(自尊心)이 강하고 유아독존(唯我獨尊)으로 타인을 무시하고 이기적인 성향을 가지고 있다. 부부궁은 원만하지 못하여 생사이별(生死離別)이 염려되니, 나이 차이가 많거나 연하(年下)와의 인연이 바람직하다.

28. 신묘(辛卯)의 성격

신금(辛金)이 묘중갑을목(卯中甲乙木)이 암장(暗藏)되어 재성(財星)이 왕성(旺盛)하여 약((弱)하나 아름답다. 신묘(辛卯)는 ' 집토끼'의 상으로 주위로부터 귀여움을 독차지하고 번식력이 대단하여 재산을 형성하는 부(富)의 축적(蓄積)으로도 표현한다. 신묘(辛卯)는 성격이 솔직담백하면서도 소심하고 냉정한 기질이 있다. 학문을 연구하는 것보다는 재물을 모으는 사업가의 기질이 있다.

주위 환경이나 사물을 관찰하는 심오한 통찰력(洞察力)이 대단하다. 항상 새로운 것을 추구하는 미래지향적인 개척정신도 강하고 결단력(決斷力)도 대단하다. 그러나 성격이 날카로워 냉정(冷情)하게 보이기도 하지만 깔끔하고 단정한 용모로 이성(異性)에게 호감을 사기도 한다.

신묘(辛卯)는 직설적(直說的)이면서 자기 위주로 일을 처리하기 때문에 타인으로부터 미움을 사지만, 깔끔하게 일을 처리하고 뒤끝이 깨끗하여 인정을 받는다. 그러나 과욕(過慾)을 하면 칼날같이 예리한 성격으로 신경과민이 되거나 불안 초조하여 심장병(心臟病)으로 고생하기도 한다.

여성은 총명(聰明)하며 미모가 대단하여 남성으로부터 인기가 좋다. 그러나 남편의 덕(德)이 없고 직업전선에서 사회활동을 해야 하며, 봉사와 희생정신으로 살며, 독수공방하기도 한다.

29. 임진(壬辰)의 성격

임수(壬水)가 진중을목(辰中乙木), 진중계수(辰中癸水), 진중무토(辰中戊土)가 암장(暗藏)되어 비겁(比劫)과 식상(食傷)이 생조(生助)하고 관살(官殺)이 극제(剋制)하니 아름답다. 임진(壬辰)은 '용(龍)이 물을 만난 형상'이라 임전무퇴(臨戰無退)의 기상으로 공격적인 성격으로 용맹스럽고 독립정신과 자존심(自尊心)이 강하여 명예욕 및 승진욕이 대단하다.

임진(壬辰)은 지지(地支)에 괴강(魁罡)이 있으니 박력이 있고 추진력이 강하여 일단 목표를 세우면 끈질긴 집념으로 성취할 뿐만 아니라 마음이 넓고 포용력(包容力)이 대단하고 두뇌(頭腦) 회전이 빠르다. 그러나 속전속결하는 데 치중하다 보면 자연적으로 지구력이 약한 것이 다소 흠(欠)이 된다.

또한 의욕이 넘쳐 흘러 일을 크게 벌여 후회하기도 하나, 대체로 도량이 넓고 포부도 크다. 타고난 재능과 리더십으로 만인을 계도하고 유머와 재치가 풍부하여 인기가 높으면서 책임감도 강하다. 반면에 자만심이 지나쳐서 타인을 무시하거나 인격적으로 모욕을 주는 경우가 있다.

여성은 총명(聰明)하고 문장력이 뛰어나고 주어진 일에 과단성이 있고 명예욕이 대단하여 남자와 같은 사회활동을 해야 하고, 고집(固執)으로 인해 부부(夫婦)가 생사이별(生死離別)하는 경우가 많은 편이다.

30. 계사(癸巳)의 성격

계수(癸水)가 사중무경병(巳中戊庚丙)이 암장(暗藏)되어 있어 재관인(財官印)으로 모두가 삼귀(三貴)요, 록마(祿馬)요, 일귀(日貴)이니 덕망(德望)과 복덕(福德)이 있어 아름답다. 계사(癸巳)는 두뇌(頭腦)가 명석하고 인품(人品)이 고귀(高貴)하며 권위와 명예에 대한 야망이 강하여 권력지향적인 기질이 있다.

계사(癸巳)는 '물 속에 있는 이무기'의 상으로 하늘로 승천하지는 못하지만 웅지(雄志)를 품고 돌진하는 변화무쌍한 기질을 가지고 있다. 또한 '아침 이슬에 젖은 독사'처럼 총명하고 깔끔하지만 언제 그 독소(毒素)를 표출할지 모른다. 그러므로 원리원칙을 중요시하고 내향적이면서 추진력이 강하고 능수능란하여 대인관계도 원만하지만, 조급하고 변덕이 많다는 단점도 가지고 있다.

계사(癸巳)는 부드러우면서 지혜롭고 이해심이 많으며, 부귀겸전(富貴兼全)한 성향이 있다. 그러나 유년(流年)에서 역마(驛馬)나 삼형살(三刑殺)의 작용에 의하여 관재송사(官災訟事)나 이성문제, 또는 주거변동이 빈번하게 일어난다. 여성은 남성과 유사하나 머리 회전이 비상하고 역경을 이겨내는 지혜를 가지고 있으며, 군경이나 법조, 의약, 무역, 유통업 등과 인연이 있고, 간혹 국제결혼을 하는 경우가 있다.

31. 갑오(甲午)의 성격

갑목(甲木)이 오중정기토(午中丁己土)가 암장(暗藏)되어 식상(食傷)과 재성(財星)이 생조(生助)하니 약(弱)하지만 아름답다. 갑오(甲午)는 '말을 타고 있는 장수'의 상으로 갑옷을 입고 임전무퇴(臨戰無退)의 기상으로 전쟁에 나서는 장수와 같이 성품(性品)이 늠름하고 씩씩하며, 급(急)하고 눈치가 빠르며, 표현력이 대단하니 자연적으로 타인을 무시하게 되는 경향이 있다.

자신의 마음에 들거나 잘 따라주면 마음속에 있는 간(肝)까지 빼주고 월등한 상대를 만나면 미련 없이 도와주고 협력하는 의리의 사나이다. 갑오(甲午)는 두뇌가 총명하고 명랑하며 쾌활하다. 항상 분주하고 새로운 것을 창안하여 예술(藝術)이나 기술(技術) 계통에 소질이 있다.

일지(日支)의 오마(午馬)는 동분서주(東奔西走)함을 암시하고 있으며, 다정다감(多情多感)함으로 뜻하지 않는 배신(背信)을 당하기도 한다. 매사를 강직하고 공정(公正)하게 처리하며 이상이 높고 창조적이어서 미래지향적으로 도전정신이 강하다. 반면에 호기심과 허영심이 발동하여 재물을 가볍게 여기니 근검절약하는 습관을 길러야 한다.

여성은 자기 고집(固執)이 강하고 활동력도 대단하다. 여장부(女丈夫)로서 대인관계도 원만하지만 남자를 누르는 기질이 있어 부부해로(夫婦偕老)하지 못할까 염려된다.

32. 을미(乙未)의 성격

을목(乙木)이 미중정기(未中丁己)가 암장(暗藏)되어 식상(食傷)과 재성(財星)이 생조(生助)하니 아름답다. 을미(乙未)는 '사막의 오아시스'의 형상이라 을목(乙木)이 미토(未土)의 미중을목(未中乙木)으로 유근(有根)을 하지만 일점의 수기(水氣)도 없어 고갈(枯渴)되어 있는 나무의 형상이다. 그러나 우기절(雨氣節)을 만나면 오아시스와 같은 낙원(樂園)을 만들 수 있는 것이다.

또한 '사막의 선인장 꽃'의 형상이니 뜨거운 태양의 햇볕과 모래알같은 사토(沙土) 속에서 꽃을 피우는 인동초에 비유되어 파란만장한 고난을 겪은 후에야 비로소 '대지 위의 초목(草木)과 같이 성장 발전하는 형상이다. 을미(乙未)는 백호(白虎)로 자존심과 고집이 강하고 부친(父親)의 횡액(橫厄)을 면하기 어려우며 자수성가(自手成家)함을 의미한다.

또한 학문과 예술 계통에도 뛰어난 소질이 있으나, 반면에 결단력과 지구력이 약(弱)하여 좋은 시기를 놓치는 경우가 많다. 자기의 일보다 타인의 일에 신경을 많이 쓰는 편이며, 풍류(風流)를 즐기고, 이성에 대한 관심이 대단하다. 여성은 백호(白虎)가 작용하여 자기 주장이 강하고 고집이 세며 공격력이 대단하여 부부간에는 순탄하지 않다. 이재(理財)가 뛰어나고 임기응변이 능수능란하고 투기성이 발동하여 부동산, 주식, 도박 등으로 패가망신하는 경우가 생긴다.

33. 병신(丙申)의 성격

병화(丙火)가 신중무토(申中戊土), 신중임수(申中壬水), 신중경금(申中庚金)이 암장(暗藏)되어 식재관(食財官)이 삼덕(三德)으로 아름답다. 병신(丙申)은 '용광로에 제련된 기물(器物)'의 형상이니, 두뇌가 명석하고 인정이 많으며, 예의가 바르고 성취욕이 강하다.

또한 성격이 급(急)하여 불같이 화를 내지만 뒤끝이 없고 화끈하다. 병신(丙申)은 지지(地支)에 문창귀인(文昌貴人)이 있어 학문연구와 지혜가 탁월하다. 이재능력(理財能力)이 뛰어나고 활동성이 강하며 무역, 외교, 관광 계통에서 성공한다.

또한 관귀학관(官貴學館)이 있어 승진(昇進)이 빠르고, 낙정관살(落井官殺)이 있어 수재(水災)나 화재(火災)가 염려되니 물가에서 조심해야 한다. 병신(丙申)은 호화롭고 화려한 것을 좋아하고 풍류(風流)를 즐기며, 통이 크고 사교성이 대단하다.

그러나 지구력이 부족하여 한 곳에 집중하지 못하고 변동이 많은 것은 지지(地支)에 인신사해(寅申巳亥)로 역마(驛馬)가 되기 때문이다. 그러므로 경솔하게 행동을 하지 말고 항상 신중하게 처신하도록 노력해야 한다. 여성은 총명하고 사업에 소질이 있으며, 남편에 대한 내조(內助)가 대단하고 헌신적이다. 간혹 사회활동을 하여 남편을 먹여 살려야 하고, 노랑(老郎)과 살거나 소실(小室)로 살아가는 경우가 있다.

34. 정유(丁酉)의 성격

정화(丁火)가 유중경신(酉中庚辛)이 암장(暗藏)되어 재성(財星)이 왕성(旺盛)하니 약(弱)하지만 아름답다. 정유(丁酉)는 '명월지상(明月之象)'이라 '앞길을 밝혀주는 등불'에 비유(比喩)하기도 한다. 용모가 단정하고 감성이 풍부하며 순수하면서도 명랑하고 쾌활하다. 예의를 중요시하여 타인을 존중하고 남의 덕(德)을 보기 전에 자신이 먼저 베푸는 기질이 있다.

정유(丁酉)는 지지(地支)에 문창귀인(文昌貴人)이 있어 학문(學問)에 열중하여 후학 양성의 포부를 가지고 있으며, 또 재성(財星)이 있어 일생동안 금전의 고통은 적으나 과욕(過慾)은 금물이다. 정유(丁酉)는 미적(美的) 감각이 뛰어나고 미모(美貌)가 대단하여 타인의 호감을 받는다. 귀인(貴人)이라 마음도 착하고 인정도 많다. 그러나 부드러운 반만에 유금(酉金)이라 잔인(殘忍)한 기질이 있으며, 재성(財星)이 혼잡(混雜)이라 현명한 아내를 맞이하나 외방(外房)의 첩(妾)을 두는 경우가 있다.

여성은 총명하고 현모양처의 기질이 있어 남편을 잘 보살피고 섬기지만 재물에 대한 욕심 때문에 남편의 수입에 만족하지 못하고 자기가 생활전선에 나가는 경우가 있다. 이성(異性)의 고민이 있게 되니 흑백(黑白)을 분명히 하고 행동을 하여야 한다.

35. 무술(戊戌)의 성격

무토(戊土)는 술토(戌土)가 비겁(比劫)으로 방조(幇助)되어 조토(燥土)지만 왕성(旺盛)하다. 무술(戊戌)은 '산 속의 산'의 형상으로 험준(險峻)하고 높은 산맥(山脈)이 되어 생각하는 차원도 높다. 그러므로 신의(信義)가 있고 도량이 넓으며 성실하고, 학문(學問)과 예능(藝能)에도 뛰어나다.

한편 고집이 대단하고 타인의 일에는 발벗고 나서서 헌신적으로 도와주니 자연 가정에는 소홀하게 되어 속세(俗世)를 떠나려는 기질이 내포되어 있다. 무술(戊戌)은 '험한 산을 지켜주는 개'의 상으로 자기가 맡은 일에 충실하고 책임감이 강하며, 포용력도 대단하고 신앙심이 깊어 외유내강(外柔內剛)한 성향이 있다.

반면에 창(戈)의 글자가 겹치므로 다치거나 수술하는 경우가 생겨 심신(心身)이 피상(被傷)되므로 오히려 '개에게 물리는 상'으로 되기도 한다. 무술(戊戌)은 지지(地支)에 괴강(魁罡)이 있으니 주어진 임무에 대한 추진력이 있고 명예욕이 있어 권세(權勢)를 지향하는 속성이 있다. 간혹 종교나 철학에도 관심이 있어 목사나 신부 또는 승려가 되는 경우가 있다.

여성은 총명(聰明)하고 여장부(女丈夫)의 기질이 있어 사회활동을 하는 경우가 많고, 고집(固執)이 강하고 남편을 무시하는 경우가 있으니, 자기 수양(修養)이 필요하다. 괴강(魁罡)이 있어 남보다 뛰어나 발복(發福)이 빠르고 추진력이 대단하지만, 부부애로(夫婦隘路)는 면하기 어렵다.

36. 기해(己亥)의 성격

기토(己土)가 해주갑목(亥主甲木)과 해중임수(亥中壬水)가 암장(暗藏)되어 관성(官星)과 재성(財星)이 상조(相助)하니 약(弱)하지만 아름답다. 기해(己亥)는 「황금돼지의 상」의 형상으로 총명(聰明)하고, 의관(衣冠)이 단정하며 사상이 건전하여 귀인지상(貴人之象)이라 재물과 명예(名譽) 겸전(兼全)한 재관이덕(財官二德)의 길명(吉命)이다.

기해(己亥)는 사업(事業)보다는 공직(公直) 생활이 안전하다. 인정이 많고, 소심하여 남에게 이용당하기 쉬우니 무슨 일이든지 심사숙고하여 처리해야 한다. 기해(己亥)는 지지(地支)에 술해천문성(戌亥天門星)이 있어 앞을 내다보는 선견지명(先見之明)이 있고, 신앙이 독실(篤實)하여 천우신조(天佑神助)의 혜택이 있다.

매사에 빈틈이 없고, 꼼꼼하며 논리적이지만 진취적이고, 끈기가 부족한 것이 흠(欠)이 된다.지지(地支)에 관귀학관(官貴學館)이 있어 학문을 좋아하고, 종교나 철학 계통에 인연이 있다. 또한 대의(大義)를 중요시하고, 중용(中庸)을 지키지만 내성적이고, 속세(俗世)를 떠나고 싶어하고, 우울하고, 고독한 심성을 지니고 있다.

여성은 총명(聰明)하고, 생활력이 강하며 현모양처(賢母良妻)의 상이다. 사회활동을 하거나 교육계통, 공직생활을 하는 것이 좋다. 명암부집(明暗夫集)이 되면 부부애로(夫婦隘路)가 있고, 남편이 형액(刑厄)을 당하기 쉬우나 천우신조(天佑神助)의 혜택을 입어 구제되는 경우가 있다.

37. 경자(庚子)의 성격

경금(庚金)이 자중임계(子中壬癸)가 암장(暗藏)되어 있어 식상(食傷)이 왕성(旺盛)하니 설기(泄氣)가 왕(旺)하여 약(弱)하다. 경자(庚子)는 '가마솥에 담겨진 물'의 상이라 불의 온도에 따라 변화무쌍하다는 뜻이다. 그러므로 예술적 기질이 뛰어나고 다재다능(多才多能)하며, 문장력과 언어능력도 대단하여 '바위 위에 앉아 있는 다람쥐'와 같은 형상으로도 표현한다.

경자(庚子)는 무슨 일이든지 집착력이 강하고 주위환경을 생가하지 않고 자기 고집(固執)만 주장하는 기질이 있고, 남달리 재물에 대한 욕심이 강하여 이기적인 행동으로 타인으로부터 원망을 듣는다. 경자(庚子)는 금수쌍청(金水雙淸)이라 청백(淸白)하여 고고(高高)한 성격이지만 수지청(水至淸)이면 즉무어(則無魚)라, 너무 깨끗하면 고기도 살지 못하는 법에 비유(比喩)하기도 한다.

두뇌가 명석하고 추리력이 대단하고 혁명가의 정신이 있고 의리의 사나이이다. 경금(庚金)의 기질이 있어 불의(不義)를 보면 참지 못하고 직선적인 성격으로 타인과 불화(不和)의 소지가 있어 항상 외롭고 쓸쓸하여 쉽게 친숙해지지 않는다. 여성은 피부가 곱고 미인형이며, 총명(聰明)하면서도 신경이 예민하다. 남편을 무시하는 경향이 있고 이기적인 유형이다.

38. 신축(辛丑)의 성격

신금(辛金)이 축토(丑土)의 생조(生助)를 얻어 왕성(旺盛)하다. 신축(辛丑)은 '겨울 목장의 소'의 상으로 한가한 계절이라 마음의 여유가 있고 신용과 의리가 있으며 근면 성실하고, 아무리 어려운 역경(逆境)이라도 반드시 결실을 맺도록 한다. 신금(辛金)은 경금(庚金)에 비해 그릇은 작지만 용감하고 정의를 지키고 결단력이 강하여 끝까지 밀고 나아가는 추진력도 대단하다.

신축(辛丑)은 외적으로는 냉정하고 꼼꼼하며 완벽주의자이다. 고집(固執)이 대단하고 학문에 대한 연구심이 강하지만, 융통성이 부족하고 마음이 좁아 속으로 욕심이 많은 편이다. 공무원이나 교육자, 의약 계통에 진출하여 성공하는 경우가 많다. 신축(辛丑)은 신경이 예민하고 금전적으로 인색하며, 남에게 지기 싫어하고 추상력도 대단하다. 그러나 낭비하는 습성이 있고 일을 많이 벌여 마무리를 짓지 못하는 경우가 있다. 남녀 공통으로 외모가 깔끔하여 이성(異性)으로부터 호감을 사서 부부가 서로 의심하는 경우가 있어 종종 부부애로(夫婦隘路)가 생긴다.

여성은 미모(美貌)의 얼굴로 남편에게 사랑을 받으면서 현모양처(賢母良妻)의 타입이다 그러나 융통성과 도량이 부족하여 일부종사(一夫從事)를 하지 못하는 경우가 있다.

39. 임인(壬寅)의 성격

임수(壬水)가 인중무병갑(寅中戊丙甲)이 암장(暗藏)되어 있어 식신생재(食神生財)로 재생관(財生官)되어 부귀지명(富貴之命)으로 아름답다. 임인(壬寅)은 '새벽의 호랑이 상'으로 용맹스럽고 지혜로우며, 주위환경에 대한 적응력이 대단하고 두뇌회전은 천하를 대세(大勢)한다.

항상 타인보다 앞서며, 선견지명(先見之明)으로 만인(萬人)에 군림(君臨)하고 인품(人品)도 준수하다. 일찍 고향을 떠나 객지에서 분주다사(奔走多事)하며, 어디 가나 행운(幸運)이 따른다. 임인(壬寅)은 지지(地支)에 문창귀인(文昌貴人)이 있어 학문(學問)이 풍부하고 배움을 즐기므로 교육계(敎育界)나 무역(貿易), 유통업(流通業) 계통에 진출하여 성공하는 경우가 많으며, 처덕(妻德)도 있다.

임인(壬寅)은 강자에게 강하고 약자에게 약하여 큰 일을 과감하게 헤쳐나가는데, 작은 일에는 인정에 끌려 좋은 기회를 놓쳐 '물에 빠진 호랑이의 형상'이 될까 염려스럽다. 임인(壬寅)은 자존심이 강하고 명예를 중요시하여 항상 사람이 많이 따르지만 반면에 사람으로 인한 피해도 감수해야 한다. 여성은 남성과 같이 생활력이 강하고 총명하며 남편덕도 있으나, 자기 재능을 살려 교육계(敎育界), 예능계(藝能界) 방면에 종사하며 항상 동분서주(東奔西走)하여 바쁜 생활을 한다.

40. 계묘(癸卯)의 성격

계수(癸水)가 묘중갑을(卯中甲乙)이 암장(暗藏)되어 식상(食傷)이 건왕(建旺)하니 부귀지명(富貴之命)이다. 계묘(癸卯)는 '새벽의 옹달샘'의 상으로 맑고 깨끗하고 청정(淸淨)한 심성의 소유자이다. 두뇌가 총명(聰明)하고 승부욕과 명예욕이 강하여 남에게 지기를 싫어하고 마음이 넓고 재치가 있다.

단체나 조직에서 리더보다는 참모역할을 하는 것이 좋으며, 기획능력과 행정처리 능력이 대단하다. 모든 일을 능동적으로 처리하고 조리있는 말솜씨와 민첩한 행동으로 인기가 대단하지만, 완벽주의자이기 때문에 실패하는 일이 거의 없다. 계묘(癸卯)는 지지(地支)에 천을귀인(天乙貴人)이 있어 순수하고 착하며 덕이 있어 복록(福祿)이 있고 배우자의 덕이 있다.

또한 복성귀인(福星貴人)과 천주귀인(天廚貴人)이 있어 평생 의식이 풍부하고 부귀장수(富貴長壽)한다는 것이다. 영감(靈感)이 발달하고 창의력이 풍부하고 기획이나 아이디어가 뛰어나 평생 재물에 구애됨이 없이 안락하게 지내며, 학문을 즐겨 하고 문장력이 수려한 학자나 교육자로 대성하는 경우가 있다. 이것은 지지(地支)에 학당귀인(學堂貴人)이 있기 때문이다.

반면에 도화(桃花)가 있어 본처(本妻)와 해로(偕老)하기는 쉽지 않다. 여성은 미모(美貌)로 누구나 좋아하는 인상으로 호감을 산다. 서예, 언론, 교육, 예능, 의약계에 진출하면 성공한다. 나이 차가 많은 남자와 인연이 있거나 연하의 남자와 인연이 있다.

41. 갑진(甲辰)의 성격

갑목(甲木)이 진중을계무(辰中乙癸戊)가 암장(暗藏)되어 재성(財星), 인수(印綬), 비겁(比劫)이 있어 왕성(旺盛)하고, 재고(財庫)가 있어 더욱 아름답다. 갑진(甲辰)은 '청룡(靑龍)과 백호(白虎)의 상'으로 풍수지리학적(風水地理學的)으로 '좌청룡(左靑龍) 우백호(右白虎)'에 해당하는데, 이는 명당(明堂)을 선정하는 기준이 되므로 인품(人品)이 갖추어진 사람을 듯한다.

갑진(甲辰)은 자존심(自尊心)이 강하고 남에게 지기 싫어하고, 강직하면서도 인정이 많고 조화를 잘 부려 변화무쌍하다. 성질이 급(急)하고 명랑 쾌활하여 조직이나 단체에서 리더십을 발휘하니 두령격(頭領格)이다. 또한 백호(白虎)나 청룡(靑龍)의 기질이 있어 앞으로 전진할 줄만 알고 뒤로 후퇴할 줄 모르는 추진력이 대단하다.

반면에 급격한 변화를 추구하여 속성속패(速成速敗)하는 경우가 있거나, 허황한 이상을 동경하여 일생을 방황하는 경우가 많다. 갑진(甲辰)은 지지(地支)에 금여(金輿)가 있어 좋은 배우자를 만나고 처가의 덕(德)을 보며, 일생 안락하고 자손이 번창하는 길성(吉星)이 있는가 하면, 백호(白虎)가 있어 성격이 과격하고 용맹스러워 타인의 부러움을 사지만 독불장군이 될까 염려되고, 육친(六親) 중에 비명횡사(非命橫死)가 있을까 두렵다.

여성은 여장부(女丈夫)의 기질이 있고 사회활동을 하다 보니, 남편을 무시하거나 무능하게 만들어 자신이 가정을 꾸려나가는 경우가 많다. 그러나 학문(學問)과 예능(藝能) 방면에는 남다른 소질이 있다.

42. 을사(乙巳)의 성격

을목(乙木)이 사중무경병(巳中戊庚丙)이 암장(暗藏)되어 있어 식재관(食財官)이라 삼덕(三德)이 되니 약(弱)하지만 아름답다. 을사(乙巳)는 '풀밭의 뱀'의 형상 이라 자신을 잘 노출시키지 않으나, 무시하거나 자존심(自尊心)을 건드리면 물불을 가리지 않고 공격하는 기질이 있다.

을사(乙巳)는 타고난 천성이 착하고 인정이 있고 예의도 밝으며, 명랑한 성격의 소유자이다. 표현력이 좋아 말솜씨가 대단하고 상상력이 강하여 예측력도 대단하다. 을사(乙巳)는 감정이 풍부하고 명랑하고 쾌활하며, 눈치가 빠르고 임기응변이 대단하며, 희로애락(喜怒哀樂)의 표현이 분명하다.

외유내강(外柔內剛)하여 외적으로는 온화하고 유순하게 보이나, 내적으로는 냉정하고 강직하다. 그러므로 사고력과 분석력을 갖추고 있으며, 심성이 따뜻하여 화목을 중요시한다.

을사(乙巳)는 초지일관(初志一貫)하지 못하여 직업도 맞지 않으면 전직(轉職)을 많이 하면서 가정을 처(妻)에 맡기고 자신은 무관심하게 지내는 경우가 있고, 사화(巳火)를 충형(冲刑)하게 되면 횡액(橫厄)을 면치 못하니 '땅꾼에게 잡힌 뱀'아 될까 염려된다.

여성은 심성이 착하고 인정이 많으며, 예술, 예능, 교육 방면에서 성공하는 경우가 많다. 지지(地支)에 고란과숙(孤鸞寡宿)이 있어 독수공방을 겪게 되거나 남편과 생사이별(生死離別)을 하니, 조혼(早婚)은 금물(禁物)이다.

43. 병오(丙午)의 성격

병화(丙火)는 오화(午火)에 유근(有根)하여 비겁(比劫)으로 방조(幇助)하니 왕성(旺盛)하다. 병오(丙午)는 '힘차게 달리는 말'의 형상이니, 용맹스럽고 저돌적이며 이상이 높아 하늘 높은 줄 모르고 전진하는 기질이 있다. 병오(丙午)는 양간(陽干) 중 최고의 병화(丙火)가 양인(羊刃)을 놓으니 염상지상(炎上之象)이라, 권위적(權威的)이면서 호탕하고 개방적인 스타일로 대인관계를 즐긴다.

병오(丙午)는 '정오의 태양'으로 가장 높은 자리에 있는 형상이니, 유아독존(唯我獨尊)이요, 자기 주관대로 행동하며, 낙천적인 기질도 가지고 있다. 또한 앞으로 나아갈 줄만 알고 물러설 줄 모르는 기질도 가지고 있으니, 속전속결(速戰速決)로 조급하지만 뒤끝은 없다. 상사에게도 직언(直言)을 서슴치 않고 하며, 거짓이 없고 솔직담백하다. 예의(禮儀)를 중요시하고 항상 남을 존중하는 대인(代人)의 품격도 갖추고 있다.

반면에 타인의 비밀을 지키기 어려우며, 시작은 열심히 하나 결실은 뜻과 같지 않아 유시무종(有始無終)하게 되는 것이 아쉬운 점이다. 병오(丙午)는 독선(獨善)이 지나치게 강하여 적을 마들기 쉬우니 인내심을 기르는 수양(修養)에 힘써야 한다.

여성은 지나치게 강한 기질로 유아독존(唯我獨尊)이라, 남편을 무시하고 무능하게 만들어 스스로 몰락하게 한다. 남편이 있어도 만족을 느끼지 못하니, 차라리 독신(獨身)으로 살아가거나 종교나 철학 계통에 종사하는 것이 바람직하다.

44. 정미(丁未)의 성격

정화(丁火)는 미중정을기(未中丁乙己)가 암장(暗藏)되어 비겁(比劫)과 식상(食傷), 인수(印綬)가 있어 약(弱)하지 않고 아름답다. 정미(丁未)는 '뙤약볕의 양(羊)'의 형상이라, 활동력이 강하고 희생정신이 강하며, 자기 고집이 강하고 스스로 자립정신하는 힘이 강하여 소유욕과 독립심이 대단하다. 정미(丁未)는 차분하나 쓸 데 없이 부화뇌동(附和雷同)하는 기질이 있으며, 지지(地支)의 현침(懸針)은 기예(技藝)를 뜻한다.

정미(丁未)는 도량이 넓고 희생정신이 강하고 명랑하며, 사리판단이 정확하면서도 고집이 강하여 꺾을 사람이 없다. 또한 고지식하고 솔직담백하며, 온순하고 인정이 많은 편이다. 소유욕이 강하고 독립정신도 강하다. 정미(丁未)는 총명(聰明)하고 학문연구(學問研究)에도 대단하지만, 성급한 관계로 학업이 중단되니 인내심을 기르고 수양(修養)을 해야 한다.

두뇌회전이 빠르고 남에게 지기를 싫어하고 민첩한 행동으로 모든 일에 앞장서는 타입이다. 높은 이상과 집념을 가슴에 품고도 외적으로는 내색하지 않고 조용히 추진해나간다. 성격이 진실하고 거짓이 없으며, 남에게 베푸는 희생정신이 강하다. 여성은 총명하고 현모양처(賢母良妻)의 기질이 있으나, 한이 많아 눈물짓는 일이 많다. 성격이 급(急)하고 매사에 깨끗하며 살림은 알뜰하게 하지만, 남편복은 없고 실패하기 쉬우며, 자식 기르기도 힘들다.

45. 무신(戊申)의 성격

무토(戊土)가 신중임경(申中壬庚)이 암장(暗藏)되어 있어 식상(食傷)이 생재관(生財官)하여 약(弱)하지만 아름답다. 무신(戊申)은 '높은 산 원숭이'의 형상이라, 신의(信義)가 있고 재주가 있으며, 의협심이 있고 직선적으로 입바른 소리를 잘한다.

자유분방하고 오만하여 변덕이 많으며, 매사 한가지 일에 집중하지 못하고 타인에게 불필요한 간섭이 많다. 무신(戊申)은 혼자 있는 것을 좋아하고 자기의 일에만 집념하다 보니 대인관계가 소홀하다. 그러나 도량이 넓고 성실하며 언행일치로 타인의 귀감이 되기도 한다.

무신(戊申)은 지지(地支)에 천주귀인(天廚貴人)이 있어 평생 의식이 풍부하고 복록(福祿)이 따른다. 또한 복성귀인(福星貴人)이 있어 부귀장수(富貴長壽)한다. 지지(地支)의 암록(暗祿)은 천우신조(天佑神助)를 의미하고 현처(賢妻)를 얻으며 처덕(妻德)이 있다.

여성은 식록(食祿)이 풍부하고 근심 걱정이 비교적 적으며, 일생동안 무난하게 살아 가는 경우가 많다. 지지(地支)에 고란살(孤鸞殺)이 있어 남편에게 애로가 있어 생사이별(生死離別)이나 독수공방을 겪는다. 아니면 남편이 작첩(作妾)하는 일로 애로(隘路)가 많은 편이다.

46. 기유(己酉)의 성격

기토(己土)는 유중경신(酉中庚辛)이 암장(暗藏)되어 식상(食傷)이 왕성(旺盛)하니 약(弱)하다. 기유(己酉)는 '들판의 닭'의 형상으로 8월 들판에 먹을 것이 많아 먹이를 찾아 뛰어다닌다는 뜻으로 식록(食祿)이 풍부하다. 식상(食傷)이 왕성(旺盛)하니, 머리회전이 천재적이고 인정을 많이 베풀며, 외적으로는 유(柔)하지만 내적으로는 냉철하여 일도양단(一刀兩斷)의 기질을 가지고 있다.

기유(己酉)는 성격이 온화(溫和)하고 명랑하며, 유머감각도 뛰어나고 대인관계가 원만하다. 또한 세심하고 치밀하여 소극적인 성격으로 의기소침하고 타인을 의심하기도 한다. 기유(己酉)는 지지(地支)에 천주귀인(天廚貴人)이 있어 평생 의식이 풍부하고 복록(福祿)이 따른다는 길성(吉星)이다. 또한 학당귀인(學堂貴人)이 있어 문장력이 대단하고 학문을 즐겨 하므로 학자나 교육계에 진출하게 된다. 뿐만 아니라 문창귀인(文昌貴人)이 있어 총명(聰明)하고 학문연구를 즐기며, 추진력, 발표력, 예지력이 뛰어나다.

지지(地支)에 묘유술삼자중(卯酉戌三字中)에 2자(二字)를 보면 본인이나 배우자, 또는 자식이 의약계(醫藥界)에 진출하게 된다. 기유(己酉)는 신앙심이 깊고 예의(禮儀)가 바르며 이상세계에 관심이 많다. 여성은 재주가 뛰어나고 남편에 대한 내조(內助)를 잘하는 유형이나, 남편을 무시하는 경향이 있어 부부애로(夫婦隘路)가 염려된다. 그러므로 나이차가 많거나 연하(年下)의 남편을 만나는 것이 바람직하다.

47. 경술(庚戌)의 성격

경금(庚金)은 술중신정무(戌中辛丁戊)가 암장(暗藏)되어 있어 비겁(比劫), 관성(官星), 인수(印綬)가 있어 생조(生助)하니 왕성(旺盛)하다. 경술(庚戌)은 '영리한 사냥개'의 형상이라, 충성심과 의리가 강하고 두뇌회전이 빠르며 활동력이 매우 왕성하다. 뛰면 뛸수록, 바쁘면 바쁠수록 정신이 맑고 정력(精力)이 넘친다. 지지(地支)가 편인(偏印)이라 직관력(直觀力)이 뛰어나 멀리 내다보는 예지력도 대단하다.

경술(庚戌)은 자존심(自尊心)이 강하고 고집(固執)이 대단하며, 승부욕과 질투심도 강하다. 자기 자신의 약점을 노출시키지 않으며, 타인의 어려운 일을 희생적으로 처ㅏ리함으로써 화끈한 성격의 소유자로 통한다. 반면에 적극적인 돌진으로 지속력이 부족(不足)하거나 유시무종(有始無終)하는 경우가 많다.

경술(庚戌)은 문장력이 뛰어나고 권위와 위엄을 지키며, 용맹스럽고 결단력도 강하다. 반면에 대인관계가 원만하지 못한 경우가 생기니, 끝까지 좌절하지 않고 굳은 의지와 자존심으로 끝맺음을 잘하면 한층 더 성공할 수 있다.

경술(庚戌)은 '매장된 금광'의 형상으로도 보는데, 첨단기술산업인 IT나 반도체 등의 분야에 진출하여 성공하는 경우가 많으며, 괴강(魁罡)의 기질이 있어 한번 결정하면 기어이 해내는 고집이 있고, 술해천문성(戌亥天門星)이 있어 의약계(醫藥界)에 진출하기도 하고, 적덕(積德)하여 형액(刑厄)이나 송사(訟事)를 예방(豫防)하여 '철창에 갇힌 개'가 되지 않아야 한다.

여성은 천재적인 두뇌와 뛰어난 재치를 가진 여장부(女丈夫)의 기질이 있다. 자존심이 강하고 솔직담백하여 남편을 무시하고 사회활동을 하는 경우가 많다. 교육이나 의약, 종교 등에 종사하게 된다.

48. 신해(辛亥)의 성격

신금(辛金)이 해중무갑임(亥中戊甲壬)이 암장(暗藏)되어 있어 식상(食傷), 재성(財星), 인수(印綬)가 식생재(食生財)로 상생(相生)하고 무토(戊土)에 유근(有根)이 약(弱)하지 않고 아름답다. 신해(辛亥)는 '도세주옥(陶洗珠玉)의 형상으로 금백수청(金白水淸)하여 지혜가 뛰어나고 예술이나 문학 방면에 소질이 있다.

항상 새로운 것을 추구하고 표현력도 대단하며, 세련된 언변도 갖추고 있다. 외적으로는 냉정(冷情)하고 도독하게 보이지만, 내적으로는 소심하고 꼼꼼하여 독자적인 기술을 추구한다. 다재다능(多才多能)하고 두뇌도 비상하니 명성(名聲)이 높을 가능성이 크다.

신해(辛亥)는 승부욕이 강하고 논쟁(論爭)을 즐기며, 상대를 제압하려는 속성이 강하다. 그러므로 강자에게 강하고 약자에게는 약하고 인정이 많지만 한번 눈밖에 나면 냉혹하게 돌아선다. 신해(辛亥)는 남녀 모두 미남미녀가 많으며, 너그러운 마음으로 포용력이 있고 봉사하는 희생정신이 강하여 주위의 칭찬과 존경을 받는다. 수지청(水至淸)이면 즉무어(則無魚)가 되듯이 너무나 완벽하고 깨끗하면 오히려 시기의 대상이 될까 염려스럽다.

신해(辛亥)는 태극귀인(太極貴人)이 있어 시종(始終)을 의미하여 결과는 좋은 성과를 거둔다는 길성(吉星)이고, 금여(金與)는 좋은 배우자를 만나고 일생 안락하며 자손이 번창하고 주위사람의 도움을 받는다는 길성(吉星)이다.

여성은 총명(聰明)하고 암기력이 대단하며, 다재다능하고 피부가 희고 고우며, 아름다운 사람이 많다. 지성적이지만 너무 똑똑하여 남편을 무시하는 경우가 있다. 그러므로 부부(夫婦)가 생사이별(生死離別)을 하거나, 아니면 평생동안 냉랭(冷冷)하게 살아가는 경우가 많다.

49. 임자(壬子)의 성격

임수(壬水)가 자중임계(子中壬癸)가 암장(暗藏)되어 있어 비겁(比劫)으로 방조(幇助)되니 왕성(旺盛)하다. 임자(壬子)는 '넓고 깊은 바다'의 형상으로 지혜가 뛰어나고 도량(度量)이 넓으며, 의욕적이고 진취적이다. 또한 재능이 뛰어나고 끈질긴 면이 있어 무엇이든지 한번 시작한 것은 끝까지 결말을 내는 지구력과 인내심도 가지고 있으면서 마음 속에 비밀을 많이 가지고 있으면서 절대로 노출시키지 않는다.

일지양인(日支羊刃)으로 고집(固執)이 대단하고 영웅적 기질이 있어 능수능란하게 처신한다. 이재능력(理財能力)보다는 권세(權勢)와 명예(名譽)에 더 큰 관심을 가지고 있다. 임자(壬子)는 호운(好運)을 만나면 큰 인물이 되어 문전성시(門前成市)를 이루지만 한류(寒流)가 들어오면 사면초가(四面楚歌)의 비애(悲哀)를 암시한다.

임자(壬子)는 통솔력과 포용력이 뛰어난 반면에 한번 노(怒)하면 살생(殺生)이 염려된다. 그러나 지모(智謀)가 뛰어나고 물과 같이 만인에게 평등하여 타인으로부터 존경을 받는다. 간혹 풍류(風流)로 화류지녀(花柳之女)와 같은 이성(異性)에게 호감을 사는 매력이 있어 부부풍파(夫婦風波)가 염려된다.

임자(壬子)는 일지(日支)에 일인(日刃)이 있어 자만심이 강하고 안하무인(眼下無人)으로 적(敵)을 많이 두게 되거나 시비수가 따른다. 또한 생살권(生殺權)을 행사하거나 극부극처(剋夫剋妻)하는 경우도 생긴다. 여성은 여장부(女丈夫)의 기질이 있고 뛰어난 두뇌와 재치로 통솔력과 조직력이 있어 사회 봉사 활동도 활발하게 한다. 남편을 무시하는 경향이 있어 부부애로(夫婦隘路)가 있음을 암시하고 있다.

50. 계축(癸丑)의 성격

계수(癸水)가 축중계신기(丑中癸辛己)가 암장(暗藏)되어 있어 비겁(比劫), 관성(官星), 인수(印綬)로 관생인(官生印)하고 비겁(比劫)으로 방조(幇助)하니 약(弱)하지 않고 아름답다. 계축(癸丑)은 '겨울의 소'로 때를 기다려야 한다. 황소고집으로 자기 주장이 강하여 타인의 말을 잘 듣지 않는다. 소(丑)의 특성이 있어 어떤 일이든지 충실하게 실행하는 책임감과 충성심이 대단하다.

계축(癸丑)은 집념이 강하고 장애물이 있으면 대항하면서 투쟁하기를 좋아한다. 자기 위주로 생각하기 때문에 배타적이고 자존심이 강하여 타인으로부터 비난을 받을 뿐만 아니라 고립(孤立)되어 고독한 생활을 하는 경우가 있다. 계축(癸丑)은 지지(地支)에 백호(白虎)가 있어 성격이 강하고 용맹스러워 남들로부터 부러움을 사고 특이하게 발복(發福)을 한다.

또한 암록(暗祿)이 있어 보이지 않는 귀인(貴人)의 도움으로 평생 안락하게 산다는 길성(吉星)이다. 계축(癸丑)은 호걸(豪傑)의 기상이 있으며, 최상(最上)이 되기 위해 대단히 노력하는 기질이 있어 과욕(過慾)으로 시기(猜忌)와 방해(妨害)를 받을 수 있으니, 학문연구와 수양(修養)이 필요하다.

또한 종교나 철학에 관심이 많으니, 겸손(謙遜)하게 귀담아 듣고 받아들이는 포용력(包容力)을 길러야 한다. 여성은 남성과 같이 고집이 강하고 여장부(女丈夫)의 기질이 있으며, 질서와 예의를 잘 지켜 사회생활을 하는 데는 인정을 받는다. 관고백호(官庫白虎)라고 하여 심하면 남편과 사별(死別)하는 경우가 많다. 그러므로 노랑(老郞), 재혼(再婚)의 경우가 아니면 독신(獨身)으로 살아갈 운명이다.

51. 갑인(甲寅)의 성격

갑목(甲木)이 인중무병갑(寅中戊丙甲)이 암장(暗藏)되어 있어 비겁(比劫), 재성(財星), 식신(食神)이 되니, 식생재(食生財)로 상생(相生)하고 비겁(比劫)으로 유근(有根)하니 왕성(旺盛)하고 귀명(貴命)으로 아름답다. 갑인(甲寅)은 '동량지재(棟梁之材)'의 형상으로 석가래보다 대들보가 되는 나무와 같이 남에게 지배를 받거나 예속되는 것을 싫어하고 독립적으로 리더로 군림하는 두령격(頭領格)의 기질이 있다.

갑인(甲寅)은 '밀림 속의 호랑이'의 형상으로 주관이 뚜렷하고 자립정신이 대단하며 심성이 청백(淸白)하여 불의(不義)와 타협하지 못하고 판단이 분명하다. 갑인(甲寅)은 간여지동(干與支同)으로 부모와는 뜻이 맞지 않고 형제간에는 장손의 역할을 해야 하므로 책임감이 강하다. 그러므로 부모형제를 떠나 자수성가(自手成家)하는 전형적인 유형이다.

갑인(甲寅)은 거목(巨木)이므로 뿌리를 넓게 차지하고 튼튼하게 뻗어 있어 강풍(强風)에도 꿋꿋하게 버티니 누구에게 허리를 굽히겠는가. 그러므로 자존심과 고집으로 고곡(孤獨)하기 쉽고 부부간에도 애로(隘路)가 많은 것을 암시하고 있다.

갑인(甲寅)은 지지(地支)에 정록(正祿)이 있어 성격이 착하고 자비로우며 복록(福祿)이 풍후(豊厚)하다. 또한 복성귀인(福星貴人)이라 일생동안 복록이 따르고 부귀장수(富貴長壽)하는 길성(吉星)이다.

여성은 총명하여 사회활동을 하게 되는데, 교육, 예능, 의약 등에 종사하고 남성과 같은 성품과 고집이 있다. 고란(孤鸞)이 있어 남편과 생사이별(生死離別)을 암시한다.

52. 을묘(乙卯)의 성격

을목(乙木)은 묘중갑을(卯中甲乙)이 암장(暗藏)되어 있어 비겁(比劫)으로 방조(幇助)하여 왕성(旺盛)하다. 을묘(乙卯)는 '땅 위로 솟아오른 싹'의 형상으로 미래에 대한 욕망(慾望)이 대단하며, 상상력(想像力)과 추리력(推理力)이 뛰어나고 순수함을 지니고 있다. 을묘(乙卯)는 초목(草木)이 부드러우나 태풍(颱風)에도 넘어지지 않는 외유내강(外柔內剛)으로 고집(固執)이 대단하고 똑똑하면서도 인색하다.

을묘(乙卯)는 외적으로는 연약하게 보이지만 내적으로는 높은 이상과 욕망이 있다. 또한 인품(人品)이 수려하고 지나치게 강직하고 자기 위주로 판단하기 때문에 타인에게 인정받기가 어렵다. 을묘(乙卯)는 '초원 위에 뛰어다니는 토끼'의 형상으로 을목(乙木)이 묘목(卯木)에 유근(有根)하여 대단히 강력하다.

다시 말하여 을목(乙木)이 목왕절(木旺節)인 묘목(卯木)이 방조(幇助)하니, 더욱 강하여 무엇이든지 못하는 것이 없다. 그러므로 고집과 자만, 자존심이 대단하다. 대외적으로는 융통성이 있으나 가정에서는 융통성이 부족하다. 묘유술(卯酉戌) 중에 2자(二字)를 보면 본인이나, 배우자나, 자손이 의약계로 진출하는 경우가 많다.

여성은 외적으로는 유순하고 부드러우며 환경에 적응을 잘하는 편이지만, 지나치게 똑똑하고 인정이 많으며, 언변술이 대단하고 비상한 특기(特技)를 가지고 있다. 그러나 고집이 강하고 사회활동을 하는 경우가 많아 남편이 무능할까 염려된다. 육친(六親)에 대한 근심이 많고 자식(子息)도 애로(隘路)가 있음을 암시한다.

53. 병진(丙辰)의 성격

병화(丙火)는 진중을계무(辰中乙癸戊)가 암장(暗藏)되어 있어 식상(食傷), 인수(印綬), 관성(官星)이 관인(官印)이 상생(相生)하니 약(弱)하지만 아름답다. 병진(丙辰)은 '용(龍)이 승천(昇天)하는 형상'으로 영웅호걸(英雄豪傑)의 기질을 가지고 있다.

어디 가나 두령(頭領)으로 타인을 지배하거나 제압하는 능력이 있고, 수완이 뛰어나 목표달성의 속도가 빠르고 무궁무진한 지혜와 모사(謀事)가 내포되어 있다. 병진(丙辰)은 추진력과 배짱이 좋고 지혜가 총명(聰明)하니, 영웅심과 명예욕(名譽慾)이 대단히 강하다. 반면에 의욕이 넘쳐흘러 시비구설이 따르고 실패할 확률이 많으니 충분한 경험을 축적해야 한다.

병진(丙辰)은 지지(地支)에 천라지망(天羅地網)이 있어 생살권(生殺權)을 갖는 권력(權力) 계통에 종사하게 되는데, 그렇지 않으면 오히려 관재송사(官災訟事)가 염려된다. 그러므로 군인, 경찰, 의약, 정보, 교육 계통에 진출하여 성공하는 경우가 많은 편이다. 병진(丙辰)은 '지하실의 조명(照明)'과 같은 형상으로 전열기, 난방기구, 전기, 전자 계통에도 인연이 많은 편이다.

진중무계(辰中戊癸)가 무계합(戊癸合)으로 암합(暗合)하니 혼전임신(婚前姙娠)이나 부정포태(不貞胞胎)를 경험하는 요인이 된다. 여성은 외적으로는 현모양처(賢母良妻)요, 세상에서 제일 똑똑한 유아독존(唯我獨尊)이다. 그러나 마음씨가 착하여 타인을 위해 덕적(德積)을 해야 한다.

한번 화가 나면 물불을 가리지 못하고 고집 또한 대단하다. 혼전임신(婚前姙娠), 타자양육(他子養育), 자연유산(自然流産), 생사이별(生死離別) 등을 암시한다. 단 군인, 경찰, 교도관 등 특수직에 종사하는 남편일 경우에는 제외(除外)가 될 수 있다.

54. 정사(丁巳)의 성격

정화(丁火)는 사중무경병(巳中戊庚丙)이 암장(暗藏)되어 비겁(比劫), 식상(食傷), 재성(財星)이 되니, 식생재(食生財)로 상생(相生)하고 비겁(比劫)으로 유근(有根)되니 왕성(旺盛)하면서 아름답다. 정사(丁巳)는 '제련소의 불'의 형상이니, 활활 타는 불과 같이 정열적이고 명랑하며, 예의(禮儀)가 바르고 바른 말을 잘한다.

성격이 솔직담백하고 이상과 욕망이 대단하며, 주어진 일에 대한 처리가 신속 정확하여 상급자로부터 인정을 받는다. 그러나 하급자의 과오는 용납하지 않고 정의감에 불타고 있다. 정사(丁巳)는 지혜가 비상하고 고집(固執)도 대단하며, 번개와 같이 일을 처리하기도 하고, 화를 내고도 뒤끝은 없으며 후회도 빠르다. 또한 배짱이 두둑하고 말솜씨가 청산유수(青山流水)와 같다.

정사(丁巳)는 타인의 밑에서 종사하는 것을 싫어하고 우두머리격으로 어디를 가나 독단적으로 직업을 갖는 경우가 많은 편이다. 자기 주장이 강하여 대인관계가 원만하지 못하고 지구력이 부족한 것이 하나의 흠(欠)이 된다. 지지(地支)에 음인(陰刃)이 있으니, 생살권(生殺權)을 갖는 직업과 인연이 있거나, 아니면 오히려 자신이 관재송사(官災訟事)를 당하기도 한다.

여성은 근검절약하고 현명하다. 재물 욕심이 강하여 재복(財福)이 있고 사회활동을 한다. 고란(孤鸞)이 있어 생사이별(生死離別), 아니면 독수공방을 겪게 되니, 조혼(早婚)은 실패할 가능성이 높으므로 만혼(晩婚)을 하거나, 아니면 노랑(老郎)이나 연하(年下)의 남편과 인연이 있다.

55. 무오(戊午)의 성격

무토(戊土)가 오화(午火)의 생조(生助)를 받아 신왕(身旺)하다. 병오(丙午)와 같이 일지(日支)에 양인(羊刃)을 놓으니 무토(戊土)가 왕성(旺盛)하다. 무오(戊午)는 '넓은 들판을 달리는 말'의 상으로, 두뇌가 명석하고 남에게 지기 싫어하는 승부욕과 명예욕이 강하다. 포부와 이상이 크며, 유아독존(唯我獨尊)으로 성급(性急)하면서도 저돌적이다.

무오(戊午)는 화토중탁(火土重濁)이라 토속신앙에 관심이 많다. 외양내음(外陽內陰)으로 경거망동하기 쉬우며, 고집(固執)은 황소와 같다. 그러므로 고지식하고 융통성이 부족한 것이 흠(欠)이며, 거짓말을 못하여 솔직담백하고 매사에 꼼꼼한 성품이다. 무오(戊午)는 부모형제를 떠나 객지에서 자수성가(自手成家)하기 위해서는 파란곡절이 많은 편이다.

독불장군(獨不將軍)으로 매사에 독선적이고 이기저기면서 풍류(風流)의 기질도 있다. 무오(戊午)는 '화산(火山)'의 형상이라 남녀가 모두 정력이 왕성하여 이성(異性)에 대한 관심이 남보다 강하여 망신을 당하기 쉬우니 절제력을 키워야 한다.

일지(日支)에 양인(羊刃)이라 생살권(生殺權)을 주재하는 분야에 종사하는 경우가 많은 편이다. 자만심이 강하고 안하무인으로 구설수가 많다. 여성은 여장부(女丈夫)의 기질이 있고 사회활동 능력이 대단하며, 언변이 능수능란하다. 군인, 경찰, 법관, 공무원 등 특수직에 종사하거나, 아니면 종교, 철학에 관심을 가지게 된다.

56. 기미(己未)의 성격

기토(己土)가 미중정을기(未中丁乙己)가 암장(暗藏)되어 비겁(比劫), 인수(印綬), 관성(官星)이 되니, 관인(官印)이 상조(相助)하고 비겁(比劫)으로 방조(幇助)되어 강(强)하고 아름답다. 기토(己土)는 '들판에서 풀을 뜯는 양'의 형상으로, 우선 먹을 것이 풍부하고 평화스러운 풍경이니 평생동안 재물의 궁(窮)함이 없다는 뜻이다.

양(羊)의 기질이 있어 지혜가 뛰어나고 고집이 대단하며 성급(性急)한 면이 있다. 기토(己土)는 자신보다 타인을 위해 봉사하는 희생정신이 강하고 항상 마음이 분주하고 다사다난(多事多難)하다. 그러므로 구설(口舌)이 따르고 필요없는 일에 뛰어들어 뜻하지 않은 고생을 하는 경우가 많다.

기토(己土)는 '전답(田畓)이 메마른 형상'으로, 한번 감정이 격해지면 전후를 가리지 않고 폭발하며 심하면 우울증이나 신경과민으로 번민하는 경우가 많다.

기토(己土)는 보수적이고 소심하지만 논리적으로 자기 의지를 관철시키기 때문에 학문, 예술, 어학 계통에 소질이 있다. 또한 건축과 연관이 있는 건재상, 골재상 등 토목사업과 인연이 많다.

여성은 간여지동(干與支同)으로 고집이 대단하고 남편을 무시하고 사회활동을 하는 것이 적격이다. 남편복은 없으나 군인, 경찰, 교도관 등과 인연이 깊고 생사이별(生死離別)을 하거나 나이차가 많은 노랑(老郎)과 인연이 있어야 좋다.

57. 경신(庚申)의 성격

경금(庚金)이 신중무임경(申中戊壬庚)이 암장(暗藏)되어 비겁(比劫), 식상(食傷), 인수(印綬)가 되니, 금생수(金生水)로 식상(食傷)이 왕성(旺盛)하고 인비(印比)로 생조(生助)하여 강(强)하다. 경신(庚申)은 '서쪽의 별인 금성'의 형상으로, 지혜 총명하고 명예욕과 권세욕이 강하고 불굴(不屈)의 기상이 대단하여 독선적이면서 자존심도 강하다.

반면에 자기 자신에 대한 자만심이 강하고 박력이 있으며, 진취적이고 변화를 추구하는 혁명(革命)의 기질이 있어 관재구설(官災口舌)이 따르거나, 주위로부터 고립되어 고독하고 외로운 면이 있다. 경신(庚申)은 배짱이 두둑하고 결단력이 대단하며, 저돌적인 추진력으로 목표를 달성하는 기질이 있다.

어디 가나 지휘력과 통솔력이 있어 용인술(用人術)이 대단하여 대인관계에도 뛰어나다. 그래서 육십갑자(六十甲子) 중에 가장 용맹스러운 두령격(頭領格)이다. 경신(庚申)은 간여지동(干與支同)으로 정록(正祿)이 있어 건전하고 자립정신이 강하여 자수성가(自手成家)하는 경우가 많다. 또한 간지금(干支金)으로 예능적인 소질도 있고 완벽주의자가 많다. 남녀 불문하고 부부궁(夫婦宮)이 약(弱)하다.

여성은 남성과 같이 여장부(女丈夫)의 기질이 있으니, 명예욕과 권세욕으로 큰 인물이 많은 데 비해 가정생활은 자신이 가장 역할을 해야 한다. 부부이별(夫婦離別)을 하거나 독신(獨身)으로 살아가는 경우도 있다. 영리하고 재주가 있지만 의리 때문에 약자편에 서다보니, 모함이나 금전적으로 손해(損害)를 보는 경우가 많은 편이다.

58. 신유(辛酉)의 성격

신금(辛金)이 유중경신(酉中庚辛)으로 비겁(比劫)이 왕성(旺盛)하니 신왕(身旺)하다. 신유(辛酉)는 '황금 들판의 오곡(五穀)'의 형상으로 천고마비(天高馬肥)를 뜻한다. 경제적으로 여유가 있으며, 무슨 일이나 실속을 차리고 꼼꼼하며 계산적이라 원만한듯 하지만 마음속은 차겁고 냉정하며 보수적이다.

신유(辛酉)는 머리가 비상하고 자립정신이 대단하나, 인정을 베풀 때는 봄눈 녹듯 다정다감하다. 그러나 마음속에는 냉혹하고 잔인한 성격이 내재(內在)하고 있다. 신유(辛酉)는 매우 완벽주의이기 때문에 신경이 날카롭고 사물에 대한 번민과 생각이 깊어 한번 믿으면 모든 것을 다 바치지만 일단 의심이 가면 쉽게 풀리지 않는다. 그러므로 주위와 타협하지 않고 주관이 청고(淸高)한 편이다.

신유(辛酉)는 지지(地支)에 정록(正祿)이 있어 지혜가 총명하고 의지가 강하며 대외적으로는 사교성이 있어 군인, 경찰, 공무원, 의약, 정보기술(IT), 제조업, 금은세공업 등에 진출하는 경우가 많다. 여성은 머리가 비상하고 자립정신도 뛰어나며, 고집도 대단하고 냉혹하며 잔인한 면이 내재(內在)되어 있다. 재물에 대한 집착력이 대단하고 생활력이 강하여 사회활동을 하는 경우가 많은 편이다. 부부궁(夫婦宮)은 애로(隘路)가 있고, 남편보다 자식(子息)을 위해 희생하는 경우가 많다. 종교나 철학에 관심이 있는 것은 좋으나 지나칠까 염려스럽다.

59. 임술(壬戌)의 성격

임수(壬水)가 술중신정무(戌中辛丁戊)가 암장(暗藏)되어 있어 인수(印綬), 재성(財星), 관성(官星)이라 재관인(財官印)으로 삼귀(三貴)가 되어 귀명(貴命)이다. 임술(壬戌)은 '바다 위의 물개'의 형상으로 마음이 넓고 영리하고 환경에 잘 적응하며 선견지명(先見之明)이 있어 정보수집 능력이 대단하다.

임술(壬戌)은 지혜 총명하고 배짱이 세고 강직한 면이 있어 통솔력과 지휘력이 대단하여 지도적 인물이 되는 것은 틀림 없다. 임술(壬戌)은 술해천문성(戌亥天門星)이 있어 학문을 좋아하고 예감이 빠르며 직관력이 뛰어나 타인의 마음을 읽어내는 능력이 대단하다.

임술(壬戌)은 갑진(甲辰), 을미(乙未), 병술(丙戌), 정축(丁丑), 무진(戊辰), 계축(癸丑)과 같이 백호(白虎)의 조합이라고 하여 해당 육친(六親)이 형액(刑厄)을 당하거나 기이(奇異)하게 발복(發福)하여 대성(大成)하는 경우가 많다. 임술(壬戌)은 월지(月支)에 술토(戌土)가 있어 고통이 있을 때마다 두뇌가 맑아지고 활기가 넘치며 재관고(財官庫)가 있으니, 재복(財福)이 있어 부동산 등 거부(巨富)가 될 수 있는 잠재력이 있다.

여성은 여장부(女丈夫)의 기질이 있고 마음이 넓은 대인(大人)의 품격을 가지고 있으며 자기 주장이 강한 편이나, 남편을 무시하여 가정의 주도권을 잡아야 직성이 풀리니 부부관계에 있어서는 남편이 무능하거나 생사이별(生死離別)이 될까 염려스럽다.

60. 계해(癸亥)의 성격

계수(癸水)는 해중무갑임(亥中戊甲壬)이 암장(暗藏)되어 있어 관성(官星), 식상(食傷), 비겁(比劫)이 되니, 신왕(身旺)하면서도 관성(官星)이 있어 아름답다. 계해(癸亥)는 '해중역마(亥中驛馬)에 망망대해(茫茫大海)'의 형상으로, 수왕(水旺)의 지혜(智慧)가 무궁무진하니, 머리가 비상하기로는 신해(辛亥)와 계해(癸亥)의 양일주(兩日柱)가 선두를 다투는 형상이다. 외유내강(外柔內剛)의 기질이 있는데, 수양(修養)마저 되어 있으니 어디를 가나 환대(歡待)를 받는다.

계해(癸亥)는 목표를 정하고 묵묵히 매진하여 국제적인 인물이 될 것이고, 무한한 잠재력으로 타인보다 한수 앞서가는 선진적인 인물이다. 계해(癸亥)는 이상이 높고, 시련과 장애를 극복하고 일어설 수 있는 근기(根氣)가 대단하다. 또한 급전직하(急轉直下)하거나 좌천하더라도 부끄럼 없이 임무를 수행하는 무서운 계획(計劃)의 기질이 있다.

계해(癸亥)는 유순하게 보이나 다소 성격이 급(急)하고, 신경이 예민하지만 매사에 신중하고, 면밀히 검토한 후에 실행에 옮기는 양면성을 지니고 있다. 여성은 지혜 총명하고, 생활력이 강하다. 여장부(女丈夫)의 기질이 있어 배짱이 크니 자신만만하여 재주와 수단을 활용하여 만인을 지배하거나 통솔하게 되며, 사업에 진출하여 성공하는 경우가 많다. 부부관계는 애로(隘路)가 암시되니 나이차가 많거나 연하(年下)의 남자와 인연을 맺는 경우가 많다.

제20장 직업론(職業論)

직업(職業)은 개인의 성격(性格)이나 능력(能力), 부모(父母)의 뜻에 따라 결정되기 때문에 본의가 아니게 직업을 선택할 경우가 있다. 그러나 직업(職業)은 자기가 좋아하고 흥미 있는 분야를 연구하고 개발하여 자기가 가지고 있는 잠재 역량을 발휘할 수 있어야만 자기 만족은 물론 사회 발전과 국가에 헌신 봉사할 수 있는 것이다.

그렇다고 자기가 추구하는대로 이루어지는 것은 아니다. 왜냐하면 선천적으로 타고난 직업을 어디에 기준을 두어 판단하는가에 문제가 있기 때문이다. 만약 선천적으로 부귀(富貴)한 운명을 타고났다 하더라도 대운(大運)이나 년운(年運)을 잘 만나서 중화(中和)를 잘 이루어야만 대부(大富)나 대귀(大貴)하게 되는 것이다. 만약 조화(調和)를 이루지 못한다면 큰 발전을 기대할 수 없는 것이다.

그러므로 직업의 선택(選擇)이란 인간의 흥망성쇠(興亡盛衰)를 좌우하는 관건이 되는 것이다. 과거에는 사(士), 농(農), 공(工), 상(商)으로만 간편하게 분류하였으나, 현대(現代)에서는 직업의 종류도 다양하여 수만가지가 된다. 앞으로도 지속적으로 직업의 종류가 늘어날 것으로 보여 그 중에서 어떤 직업을 선택한다는 것이 쉽지 않을 것이다.

명리학의 음양오행이론을 기초로 연구하면 타고난 년월일시(年月日時)에서 태어난 날(日柱)을 중심으로 먼저 왕쇠강약(旺衰强弱)을 판단하고, 강약(强弱)에 따라 극제(剋制)를 할 것인가 아니면 생조(生助)를 할 것인가를 살피고, 한난조습(寒暖燥濕)에 따라 조후(調候)에 필요한 오행(五行)이 무엇인가를 종합적으로 비교분석하여 예측할 수 있는 것이다.

사주원국(四柱原局)에서 일간(日干)이 신왕(身旺)하면 식상(食傷), 재성(財星), 관살(官殺)이 용신(用神)이 되는데, 만약에 식상(食傷)이 용신(用神)이라면 예술(藝術), 기술(技術), 문학(文學), 서화(書畵), 조각(彫刻), 컴퓨터, 디자인 등에 관련된 직업에 종사하는 경우가 많은 것이다. 만약에 관살(官殺)이 용신(用神)이라면 군인(軍人), 경찰(警察), 법조(法曹), 의약(醫藥), 스포츠맨, 정치(政治), 공무원(公務員) 등이 적합하다.

또한 사주원국(四柱原局)에서 일간(日干)이 신약(身弱)하면 비겁(比劫)과 인수(印綬)가 용신(用神)이 되는데, 이런 경우는 강한 조직 속에서 직장생활을 하거나 참모직이나 보좌역이 적합할 것이고, 아니면 오랫동안 공부를 하여야 하기 때문에 농업이나 기술 분야 등 연구원으로 후배를 양성하는 기관에 근무해야 되는 것이다.

뿐만 아니라 식상(食傷)과 재성(財星)이 필요한 경우, 재성(財星)과 관살(官殺)이 필요한 경우, 관살(官殺)과 인수(印綬)가 필요한 경우에 따라 복합적으로 추리할 수가 있는 것이다. 그 외에 일간(日干)이 필요로 하는 오행(五行)에 따라 분류할 수도 있고, 특이한 길신(吉神)이나 흉신(凶神)을 활용할 수도 있는 것이다.

제1절 오행(五行)에 의한 직업 분류

1. 목(木)이 필요한 경우의 직업

목(木)을 필요로 하는 경우에는 나무, 식물(植物)을 활용하거나 나무의 성질인 육영(育英)과 같은 분야에 해당한다. 목재(木材), 목공(木工), 가구(家具), 악기(樂器), 화원(花園), 육종(育種), 조경(造景), 분재(盆栽), 원예(園藝), 과수원(果樹園), 농장(農場), 육림(育林), 학원(學院), 식품(食品), 분식(粉食), 의류(衣類), 약초(藥草), 목각(木刻), 인장(印章), 문방구(文房具), 죽세공(竹細工), 토목(土木), 건재(建材), 건축(建築), 편물(編物), 지물(紙物), 교육(敎育), 의약(醫藥), 약재(藥材), 문화(文化), 서점(書店), 공무원(公務員), 작가(作家) 등이다.

2. 화(火)가 필요한 경우

화(火)를 필요로 하는 경우는 화력(火力)을 이용하거나 세상을 밝혀주는 불의 성질과 같은 직업에 해당한다. 전기(電氣), 유류(油類), 화공(化工), 전자(電子), 통신(通信), 미용(美容), 섬유(纖維), 항공(航空), 타이어, 폭죽, 가스, 제련(製鍊), 전기조명(電氣照明), 화약(火藥), 전화(電話), 텔레콤, 투시 광학, 음식점, 호텔, 여관, 백화점, 목욕탕, 사우나, 벽돌 기와, 언론(言論), 종교(宗敎), 약품(藥品), 난방기구(煖房器具), 용접(鎔接) 등이다.

3. 토(土)가 필요한 경우의 직업

토(土)를 필요로 하는 경우는 흙과 관련된 직업이나 중화(中和)를 시켜주는 분야에 해당한다. 농산물(農産物), 부동산(不動産), 토건(土建), 공인중개사(公認仲介士), 종교(宗教), 철학(哲學), 의약(醫藥), 침술(鍼術), 명리학(命理學), 역학(易學), 미래예측학(未來豫測學), 임업(林業), 토지개발(土地開發), 건축업(建築業), 광산(鑛山), 도자기, 석탄, 시멘트, 쓰레기처리업, 중개인, 도축업, 고고학, 지리학, 역사학, 박물관, 포교원(布教院), 비료, 사료업 등이다.

4. 금(金)이 필요한 경우의 직업

금(金)을 필요로 하는 경우의 직업은 금(金)과 관련되거나 금(金)을 활용한 사업이 적합하다. 철강(鐵鋼), 보석(寶石), 화공(化工), 광산(鑛山), 금속기계(金屬機械), 운수(運輸), 조선(造船), 중공업(重工業), 경공업(輕工業), 제련(製鍊), 의료기(醫療器), 화학, 유리, 교통공구, 음악기계업, 금융업, 기계업, 교통업, 자동차업, 가전제품, 금은방, 시계점, 철물업, 증권업, 무술, 양품(洋品), 군인(軍人), 경찰(警察), 법조인(法曹人), 출판인쇄업, 가공업(加工業) 등이다.

5. 수(水)가 필요한 경우의 직업

수(水)를 필요로 하는 경우의 직업은 물과 관련이 있는 사업이 적합하다. 수산업(水産業), 수리업(水利業), 어업(漁業), 양식업(養殖業), 식품(食品), 해운업(海運業), 냉동업(冷凍業), 빙과음료업(氷菓飮料業), 상하수도공사업(上下水道工事業), 다방커피업, 화장품, 이미용업, 교통운수업, 선박업, 관광업, 여행업, 오락업, 여관숙박업, 영화, 주류업, 목욕탕, 수영장, 스케이트장, 사우나, 서비스업, 무역, 언론인, 기자, 유통업, 해저개발, 수상스키업, 스쿠버다이버 등이다.

제2절 육신(六神)과 용신(用神)에 의한 직업 분류

1. 비견(比肩)이 용신(用神)인 경우의 직업

독립적(獨立的)인 사업이 적합한데, 일반적으로 자유 직업이 좋다. 개인회사 경영, 대기업의 출장소, 지부(支部), 지점(支店), 지회(支會), 변호사, 회계사, 세무사, 의사, 기자, 체육인, 건축업, 납품업, 교수, 교사, 청부업, 군인, 경찰, 군사전략가, 군무원(軍務員) 등이 적합하다.

2. 겁재(劫財)가 용신(用神)인 경우의 직업

투기적(投機的)인 사업이 적합한데, 일반적으로 부동산 중개업, 증권업, 유흥업, 영화산업, 예술인, 요식업, 사채업, 골동품업, 고고미술이나 도자기업, 오락업, 청부업, 카지노, 호텔, 여관업, 변호사, 회계사, 의사, 기자, 교수, 교사 등이 해당된다.

3. 식신(食神)이 용신(用神)인 경우의 직업

도매업(都賣業), 제품생산(製品生産), 교육계(敎育界)나 학원경영(學院經營) 등 교육사업, 예술(藝術), 미술(美術), 음악(音樂), 체육(體育) 등 예능계통, 컴퓨터, 디자인, 식료품업, 금융, 은행, 수퍼마켓, 교사 등이 적합하다.

4. 상관(傷官)이 용신(用神)인 경우의 직업

경쟁적(競爭的)인 사업이나 독립적인 문예사업(文藝事業)이 적합하다. 재성(財星)과 같이 있으면 기술사업(技術事業)도 가능하다. 서예가(書藝家), 미술가(美術家), 조각가(彫刻家), 음악가(音樂家), 무용가(舞踊家), 문화업(文化業), 교육계(敎育界), 기술업(技術業), 외교업(外交業), 문예창작업(文藝創作業), 편집업(編輯業), 종교(宗敎), 철학(哲學), 역학(易學), 명리학(命理學), 무속인(巫俗人) 등이 해당된다.

5. 편재(偏財)가 용신(用神)인 경우의 직업

유동재(流動財)가 되어 유통산업(流通産業)이나 투기성이 강한 직업이 적합하다. 무역업(貿易業), 유통업(流通業), 부동산업(不動産業), 금융업(金融業), 외교통신(外交通信), 건축업(建築業), 토목업(土木業), 자재업(資材業), 운수업(運輸業), 도매업(都賣業), 부동산펀드업, 보험업(保險業), 주식(株式), 채권업(債券業), 청부업(請負業), 중개업(仲介業), 사업가(事業家), 은행가(銀行家) 등이 해당된다.

6. 정재(正財)가 용신(用神)인 경우의 직업

고정재(固定財)가 되어 공업화적(工業化的)인 직업에 해당하며, 성실과 신용을 바탕으로 하여 축적된 재물과 관계가 된다. 금융업(金融業), 은행업(銀行業), 재정공무원(財政公務員), 공업(工業), 상업(商業), 약업(藥業), 제조업(製造業), 건축업(建築業), 자재업(資材業), 운수업(運輸業), 도매업(都賣業), 기업경영(企業經營), 사업가(事業家), 회계사(會計士), 세무사(稅務士), 회사경리직(會社經理職) 등이 적합하다.

7. 편관(偏官)이 용신(用神)인 경우의 직업

편관(偏官)은 일반적으로 무관(武官)이나 특수직(特殊職)에 근무하는 경우가 많아 대인관계가 능수능란한 직업에 적합하다. 군인(軍人), 경찰(警察), 법관(法官), 검찰(檢察), 감사원(監査院), 정보통신원(情報通信院), 의사(醫師), 탐험가, 모험가, 무술업(武術業), 체육인(體育人), 공무원(公務員), 조선업(造船業), 제철업(製鐵業), 용역사업(用役事業), 청부업(請負業) 등이 해당된다.

8. 정관(正官)이 용신(用神)인 경우의 직업

정관(正官)은 일반적으로 정찰업적(正札業的)인 사업에 적합하다. 정부기관(政府機關)이나 행정기관(行政機關), 사법계(司法界), 교육계(教育界), 회사원(會社員), 비서직(秘書職) 등 조직(組織)을 운영하거나 공직계통(公職系統)이 좋으며, 성실(誠實)과 정직(正直)을 필요(必要)로 하는 모든 직업에 적합하다. 그 외에 정계(政界), 재계(財界), 학계(學界), 기업체(企業體)의 참모나 기획실에 근무하는 것이 적성에 맞는다.

9. 편인(偏印)이 용신(用神)인 경우의 직업

편인(偏印)은 일반적으로 전문성(專門性)이 있는 직업에 적합하다. 연구원(研究員), 설계사(設計士), 과학기술원(科學技術員), 예술인(藝術人), 의약업(醫藥業), 역술업(易術業), 종교(宗教), 철학(哲學), 연예인(演藝人), 제약, 요리업, 숙박업, 이미용업, 출판인쇄업, 문필가, 언론인, 체육인, 가수, 기자, 작가, 평론가, 식품업 등이 길(吉)하다.

10. 정인(正印)이 용신(用神)인 경우의 직업

정인(正印)은 지식(知識)을 이용하는, 학문적(學問的)이고 예술적(藝術的)인 사업에 적합하다. 교육자(教育者), 학술연구원(學術研究員), 박물관(博物館), 종교사업(宗教事業), 저술(著述), 기술(技術), 문화사업(文化事業), 문서행정(文書行政), 교육공무원(教育公務員), 학원경영(學院經營) 등이 해당된다. 그 외에 음악(音樂), 미술(美術), 체육(體育), 컴퓨터, 디자인, 문학, 창작 등과 관련된 업무에 종사하는 것이 길(吉)하다.

제3절 육신(六神)에 의한 종합적 직업 분류

1. 교육계(教育界)

(1) 인성(印星)이 용신(用神)인 경우

원래 인수(印綬)는 학문(學問), 학원(學院), 학교(學校)로서 교육(教育)과 관련이 있어 년월주(年月柱)에 있으면 선조궁(先祖宮)으로 교육자(教育者)의 집안에서 출생되었기 때문에 자연 교육에 관심이 많은 것이고, 원국(原局)에 인수(印綬)가 많거나 인수(印綬)가 용신(用神)이면 학문(學問)을 좋아하게 되므로 교육자(教育者)가 되는 것이다.

원국(原局)에서 중화(中和)가 잘 되고 상격(上格)이면 교수(教授)를 하게 되고, 정인(正印)이 있으면 국공립학교에 근무하게 되고, 편인(偏印)이 있으면 사립학교에 근무하게 된다. 또한 인수(印綬)가 용신(用神)이면 인문계(人文界)나 사회계(私會界)의 교육자(教育者)이고, 편인(偏印)이 용신(用神)이면 학원경영(學院經營)이나 서점(書店), 문방구(文房具) 등을 운영한다.

(2) 식상(食傷)이 용신(用神)인 경우

원래 식상(食傷)은 설기처(泄氣處)가 되어 제자(弟子)나 학생을 뜻하기 때문에 가르치는 것에 해당한다. 년월주(年月柱)에 상식(傷食)이 있으면 선조(先祖)가 교육자(教育者)이기 때문에 선천적으로 학문(學問)을 좋아하게 되는 것이다. 식상(食傷)이 용신(用神)이면 자연계(自然界)나 예체능계(藝體能界)의 교육자(教育者)가 되는 것이다.

(3) 원국(原局)에 목화(木火)가 많거나 학문성(學問星)이 있는 경우

원래 목(木)은 인(仁)으로 교육(教育)의 근본에 해당하고, 화(火)는 예(禮)로 밝게 행(行)하는 교육자(教育者)가 되는 것이고, 목(木)이 희생하여 화(火)를 밝혀주니 문맹(文盲)을 퇴치하는 교육자(教育者)가 되는 것이다. 또한 원국(原局)에 문곡(文曲), 문창(文昌), 학당(學堂) 등 학문(學問)에 해당하는 길성(吉星)이 있으면 교육자(教育者)가 되는 것이다.

그 외에 원국(原局)이 인수(印綬)나 식상(食傷)이 있는데, 관성(官星)이 용신(用神)이면 교육부(教育部)나 문공부(文公部)의 산하기관에서 근무하게 되고, 대운(大運)에서 관성운(官星運)이 들어오면 총장(總長)이나 교장(教長)으로 승진하게 된다. 교육계(教育界)는 신왕(身旺)을 원칙으로 하여 인수(印綬)나 식상(食傷)을 용신(用神)으로 할 경우에 가장 적합하다. 그러나 신약(身弱)인 경우는 대운(大運)에서 인수(印綬)나 비겁(比劫)이 용신(用神)으로 들어오는 경우이다.

丙	甲	庚	丙
寅	子	子	申

丙 乙 甲 癸 壬 辛
午 巳 辰 卯 寅 丑

갑목일주(甲木日主)가 월지인수(月支印綬)로 득령(得令)하였고, 지지(地支)의 신자합수(申子合水)가 인수다봉(印綬多逢)로 신왕(身旺)하다. 신왕(身旺)이면 식재관(食財官)이 희신(喜神)이 되니 재성토(財星土)는 없고, 관성금(官星金)은 금생수(金生水)가 되어 약(弱)하다. 따라서 식상(食傷)인 시상병화(時上丙火)가 인중병화(寅中丙火)에 유근(有根)되어 왕성(旺盛)하다. 월주인수(月柱印綬)와 시상식상(時上食傷)이 되어 교육계(教育界)에 근무하고 있다. 대학교 토목학 교수로 재직하고 있으며, 을사대운(乙巳大運)인 병술년(丙戌年)에 학장(學長)이 되었다.

癸	丁	辛	乙
卯	卯	巳	未

乙	丙	丁	戊	己	庚
亥	子	丑	寅	卯	辰

정화일주(丁火日主)**가 사월**(巳月)**에 태어나 득령**(得令)**하였고, 좌하묘목**(坐下卯木)**에 득지**(得地)**하고, 시지묘목**(時支卯木)**과 년간을목**(年干乙木)**으로 득세**(得勢)**하니 신왕**(身旺)**하다. 원국**(原局)**에 지지**(地支)**가 묘미목국**(卯未木局)**으로 인수**(印綬)**가 태왕**(太旺)**하다. 신왕**(身旺)**하면 식재관**(食財官)**이 희신**(喜神)**인데 식상미토**(食傷未土)**는 사미화국**(巳未火局)**으로 약화**(弱化)**되었고, 재성신금**(財星辛金)**은 화국**(火局)**에 절**(絶)**이 되어 약화**(弱化)**되었으며, 관성계수**(官星癸水)**는 신금**(辛金)**의 생조**(生助)**를 받아 왕성**(旺盛)**하지 않지만 대운**(大運)**에서 금수운**(金水運)**으로 향**(向)**하여 아름답다.**

병자대운(丙子大運)**인 갑신년**(甲申年)**에 병신합수**(丙辛合水)**가 되고, 대운**(大運)**과 세운**(歲運)**이 신자합수**(申子合水)**로 들어오는 월지사**(月支巳)**와 세지신**(歲支申)**과 사신합수**(巳申合水)**로 용신**(用神)**이 되니, 대학교 전자공학과 교수로 재직하면서 대학총장**(大學總長)**으로 취임하였으나, 을해대운**(乙亥大運)**인 병술년**(丙戌年)**에 해직**(解職)**되었다.**

戊	戊	己	己
午	申	巳	丑

癸	甲	乙	丙	丁	戊
亥	子	丑	寅	卯	辰

무토일주(戊土日主)**가 사월**(巳月)**에 태어나 득령**(得令)**하였고, 좌하신금**(坐下申金)**에 실지**(失地)**하였으나, 천간무기토**(天干戊己土)**와 지지오축**(地支午丑)**으로 득세**(得勢)**하여 신왕**(身旺)**하다. 월지인수**(月支印綬)**가 되고, 록근**(祿根)**이 되니 교육계**(教育界)**에 근무하게 될 것을 암시하고 있다. 신왕**(身旺)**하면 식재관**(食財官)**이 희신**(喜神)**이 되므로, 재성수**(財星水)**는 축중계수**(丑中癸水)**로 약**(弱)**하고, 관성목**(官星木)**은 없으며, 식상금**(食傷金)**은 일지신금**(日支申金)**과 사축금국**(巳丑金局)**으로 왕성**(旺盛)**하다. 따라서 식상**(食傷)**이 용신**(用神)**이 되니 대학교 미술디자인 교수로 재직하고 있다.**

庚	壬	丙	丙
戌	申	申	申

壬	辛	庚	己	戊	丁
寅	丑	子	亥	戌	酉

임수일주(壬水日主)**가 신월**(申月)**에 태어나 득령**(得令)**하였고, 좌하신금**(坐下申金)**에 득지**(得地)**하고, 전지지**(全地支)**가 신유술**(申酉戌)**로 합금국**(合金局)**이 되고, 시간**(時干)**에 경금**(庚金)**이 투출**(透出)**되어 인수**(印綬)**가 태왕**(太旺)**하다. 그러므로 종인격**(從印格)**이 되었다. 희신**(喜神)**은 인비**(印比)**인 금수**(金水)**와 식상**(食傷)**인 목**(木)**이다. 신왕**(身旺)**하면서도 오히려 인수**(印綬)**가 필요**(必要)**하니 자연 교육계**(敎育界)**에 몸담고 있다. 대학교 의대 교수로 재직하고 있다. 신축대운**(辛丑大運)**인 병술년**(丙戌年)**에 병신합**(丙辛合)**, 축술형**(丑戌刑)**이고, 병임충**(丙壬冲)**까지 가세**(加勢)**하니 관재송사**(官災訟事)**가 있었다. 참고로 임수**(壬水)**가 신금**(申金)**이 있으면 문창**(文昌)**과 학당**(學堂)**을 나타내는 길성**(吉星)**이기 때문에 교육계**(敎育界)**에 종사하고 있는 것이다.**

丁	丙	丙	己
酉	寅	寅	亥

壬	辛	庚	己	戊	丁
申	未	午	巳	辰	卯

병화일주(丙火日主)**가 인월**(寅月)**에 득령**(得令)**하고 좌하인목**(坐下寅木)**에 득지**(得地)**하고 월시간**(月時干)**에 병정화**(丙丁火)**가 득세**(得勢)**하니 신왕**(身旺)**하다. 원국**(原局)**에서 월지**(月支)**가 인수**(印綬)**이고 인해합목**(寅亥合木)**으로 인수**(印綬)**가 태왕**(太旺)**하니 교육계**(敎育界)**에 인연이 있음을 암시하고 있다.**

신왕(身旺)**하면 식재관**(食財官)**이 희신**(喜神)**인데 관성수**(官星水)**는 인해합목**(寅亥合木)**으로 약화**(弱化)**되었고, 재성금**(財星金)**은 정화**(丁火)**에 개두**(蓋頭)**가 되어 역시 약화**(弱化)**되었다. 식상토**(食傷土)**는 해중무토**(亥中戊土)**에 득근**(得根)**하고, 해중갑목**(亥中甲木)**과 갑기합토**(甲己合土)**로 암합**(暗合)**하여 왕성**(旺盛)**하다.**

원국(原局)**에서 월지인수**(月支印綬)**와 다봉인수**(多逢印綬)**가 되고, 식상**(食傷)**이 용신**(用神)**이 되니 교육계**(敎育界)**에 종사하고 있는 것이 틀림없다. 또한 목화통명**(木火通明)**에다 병화**(丙火)**가 인목**(寅木)**에 문창**(文昌)**, 문곡**(文曲) **등 학문성**(學問星)**이 있으니 금상첨화이다. 본명**(本命)**은 이대총장**(梨大總長)**을 지낸 김활란**(金活蘭) **여사의 명조**(命造)**이다.**

戊 甲 戊 庚
辰 子 子 申

甲 癸 壬 辛 庚 己
午 巳 辰 卯 寅 丑

갑목일주(甲木日主)가 자월(子月)에 태어나 득령(得令)하고 전지지(全地支)가 신자신합국(申子辰合局)이 되어 태왕(太旺)하여 종인격(從印格)이 되었다. 월지(月支)에 인수(印綬)가 있고, 인수국(印綬局)을 이루니 교육계(教育界)와 인연을 암시(暗示)하고 있다. 종인격(從印格)의 희신(喜神)은 인비(印比)와 식상(食傷)인데, 대운(大運)이 목화운(木火運)으로 향(向)하여 대발(大發)하였다. 명지대학교 설립자인 유상근(兪尚根) 씨의 명조(命造)이다.

甲 甲 丙 己
子 子 子 亥

壬 辛 庚 己 戊 丁
午 巳 辰 卯 寅 丑

갑목일주(甲木日主)가 자월(子月)에 태어나 득령(得令)하고 지지(地支)가 해자합수국(亥子合水局)으로 인수국(印綬局)이 종인격(從印格)이 되었다. 종인격(從印格)의 희신(喜神)은 인비(印比)와 식상(食傷)인데, 대운(大運)이 목화운(木火運)으로 향(向)하여 대발(大發)하였다. 월지(月支)에 인수(印綬)가 있고 인수국(印綬局)이 되어 교육계(教育界)와 인연을 암시(暗示)하고 있다. 중앙대학교 설립자인 임영신(任永信) 여사의 명조(命造)이다.

戊 乙 丙 甲
寅 酉 寅 寅

壬 辛 庚 己 戊 丁
申 未 午 巳 辰 卯

을목일주(乙木日主)가 인월(寅月)에 태어나 득령(得令)하고 년월시지(年月時支)의 인목(寅木)에 득근(得根)하고 년간갑목(年干甲木)이 투간(透干)되어 신왕(身旺)하다. 신왕(身旺)하면 희신(喜神)은 식재관(食財官)인데, 식상병화(食傷丙火)가 인중병화(寅中丙火)에 유근(有根)하여 왕성(旺盛)하다.

재성무토(財星戊土)는 병화(丙火)의 생조(生助)를 받아 왕성(旺盛)하여 재복(財福)은 물론 처덕(妻德)도 대단하다. 유금관성(酉金官星)은 무토(戊土)의 생조(生助)를 받고 있으나 목화(木火)에 의하여 다소 피상(被傷)을 당할까 염려되고 있다. 목화통명(木火通明)으로 교육계(敎育界)에서 대성(大成)한 한양대학교 설립자인 김연준(金連俊) 이사장의 명조(命造)이다.

丙	己	己	辛
寅	丑	亥	酉

癸	甲	乙	丙	丁	戊
巳	午	未	申	酉	戌

기토일주(己土日主)가 해월(亥月)에 태어나 한랭(寒冷)하고 실령(失令)하였으나 좌하(坐下)에 축토(丑土)로 득지(得地)하였고 시간병화(時干丙火)가 인목(寅木)에 득장생(得長生)하여 일간기토(日干己土)를 생조(生助)하니 신왕(身旺)하다. 신왕(身旺)하면 식재관(食財官)이 희신(喜神)이고 인비(印比)가 기신(忌神)이다. 원국(原局)에 토생금(土生金), 금생수(金生水), 수생목(水生木), 목생화(木生火)로 생생부절(生生不絕)이 되어 오행구전격(五行俱全格)이 되었다. 신왕(身旺)한 기토(己土)가 년주신유(年柱辛酉)에 문창귀인(文昌貴人)과 학당귀인(學堂貴人)이 있는데, 해수(亥水)인 관귀학관(官貴學館)까지 있어 학문성(學問星)을 모두 갖춘 귀격(貴格)이다.

천간(天干)에서 병신합(丙辛合)이 되어 식상(食傷)과 인수(印綬)가 재원지합(財源之合)이 되었고, 지지(地支)의 재성(財星)과 관성(官星)이 권원지합(權源之合)이 되었다. 또한 비겁(比劫)과 식상(食傷)이 학원지합(學源之合)이 되었으니, 학문의 전당인 대학 설립과 경영으로 대업을 성취한다는 뜻이 담겨 있다.

병신대운(丙申大運)인 1950년(30세)에 서울법대를 졸업하고 을미대운(乙未大運)인 1955년(35세)에 경희대 총장에 취임하였고, 1971년(50세)부터 1981년(60세)까지 세계대학총장회의 회장을 역임하였다. 운행(運行)이 금화목(金火木)으로 향(向)하여 대발(大發)한 경희대학교 조영식(趙英植) 설립자의 명조(命造)이다.

2. 예능계(藝能界)

(1) 예능(藝能)에는 미술(美術), 음악(音樂), 무용(舞踊), 영화(映畵), 연극(演劇), 조각(彫刻), 연예(演藝), 서예(書藝), 언론(言論) 등이 포함된다. 원국(原局)이 신왕(身旺)하여 식상(食傷)을 용신(用神)으로 하거나 식상(食傷)이 왕성(旺盛)한 경우이다.

(2) 원국(原局)에 도화(桃花)나 화개(華蓋)가 많거나, 인수(印綬)가 도화(桃花)나 화개(華蓋)와 동주(同柱)한 경우이다. 또한 갑을목(甲乙木)이 사오월(巳午月), 병정화(丙丁火)가 진술축미월(辰戌丑未月)이나 인묘월(寅卯月), 무기토(戊己土)가 신유월(申酉月), 경신금(庚申金)이 해자월(亥子月), 임계수(壬癸水)가 인묘월(寅卯月)에 해당하는 경우이다. 특히 목화통명(木火通明)이 되거나 금수쌍청(金水雙淸)이 되는 경우에 예술적(藝術的) 소질이 많은 편이다.

(3) 원국(原局)에 문창(文昌)이나 문곡(文曲), 그리고 학당(學堂) 등 학문성(學問星)이 있는 경우이다. 또한 원국(原局)에 관살(官殺)이 많아 신약(身弱)하여 일주(日主)가 허약(虛弱)한데 인수(印綬)나 편인(偏印)이 용신(用神)이 되는 경우이다.

(4) 원국(原局)에 임자(壬子), 계해(癸亥), 임진(壬辰), 계축(癸丑) 일주(日柱)는 수기(水氣)가 왕성(旺盛)하여 기교(技巧)가 뛰어나다.

癸	癸	癸	癸
亥	巳	亥	亥

丁	戊	己	庚	辛	壬
巳	午	未	申	酉	戌

계수일주(癸水日主)가 해월(亥月)에 태어나 득령(得令)하고 계해수(癸亥水)로 수기(水氣)가 태왕(太旺)하니 윤하격(潤下格)이 되었다. 윤하격(潤下格)은 희신(喜神)이 인비(印比)와 식상(食傷)인데 대운(大運)이 인수운(印綬運)인 금국(金局)에서 식상운(食傷運)인 화국(火局)으로 향(向)하여 대발(大發)하였다.

일반적으로 인수금(印綬金)은 학문(學問)을 뜻하고 식상목(食傷木)은 예능(藝能)이나 언론(言論)을 뜻하니 조선일보사 방일영(方一榮) 씨의 명조(命造)이다.

戊	乙	己	庚
寅	卯	卯	寅

乙	甲	癸	壬	辛	庚
酉	申	未	午	巳	辰

을목일주(乙木日主)가 묘월(卯月)에 태어나 득령(得令)하였고 전지지(全地支)가 인묘목국(寅卯木局)으로 종왕격(從旺格)이 되었다. 종왕격(從旺格)은 인비(印比)와 식상(食傷)이 희신(喜神)이다. 왕자의설(旺者宜泄)로 식상화(食傷火)가 필요한데 인중병화(寅中丙火)가 년시지(年時支)에 있으니 아름답다.

대운(大運)이 목화운(木火運)으로 향(向)하여 대발(大發)하지만 금관성운(金官星運)이 있어 한때 고전(苦戰)은 면하기 어렵다. 그러나 말년운(末年運)은 화국(火局)이 되어 다행이다. 화식상(火食傷)이 필요하여 가수(歌手)가 된 조용필(趙容弼) 씨의 명조(命造)이다.

辛	戊	戊	丙
酉	辰	戌	戌

甲	癸	壬	辛	庚	己
辰	卯	寅	丑	子	亥

무토일주(戊土日主)가 술월(戌月)에 태어나 실령(失令)하고 좌하(坐下)에 진토(辰土)로 득지(得地)하고 병화(丙火)가 투출(透出)하이 신왕(身旺)하다. 신왕(身旺)하면 식재관(食財官)이 희신(喜神)인데, 재성수(財星水)는 진중계수(辰中癸水)로 미약(微弱)하고, 관성목(官星木)은 없으며, 식상금(食傷金)은 신유(辛酉)로 왕성(旺盛)하다. 원국(原局)에 식상(食傷)이 건재(健在)하니 예능계(藝能界)에 인연이 있다는 것을 암시(暗示)하고 있다. 대운(大運)마저 수목운(水木運)으로 향(向)하여 아름답다. 가수(歌手)인 남진(南珍) 씨의 명조(命造)이다.

丁	甲	戊	辛
卯	午	戌	巳

甲	癸	壬	辛	庚	己
辰	卯	寅	丑	子	亥

갑목일주(甲木日主)가 술월(戌月)에 태어나 실령(失令)하고 좌하오화(坐下午火)에 실지(失地)하니 신약(身弱)하다. 지지(地支)에 오술화국(午戌火局)이 되고 정화(丁火)가 투출(透出)하니 식상(食傷)이 태왕(太旺)하다. 원국(原局)에 식상(食傷)이 태왕(太旺)하면 신약(身弱)하여 인수(印綬)가 필요하다. 따라서 예술계통

(藝術系統)에 인연이 있음을 암시(暗示)하고 있다. 대운(大運)마저 수목운(水木運)을 향(向)하여 아름답다. 가수(歌手)인 이미자(李美子) 씨의 명조(命造)이다.

戊	癸	壬	丙
午	亥	辰	子

丙	丁	戊	己	庚	辛
戌	亥	子	丑	寅	卯

계수일주(癸水日主)가 진중계수(辰中癸水)에 득근(得根)이 되어 득령(得令)하였고 좌하해수(坐下亥水)에 득지(得地)하고 자진해자(子辰亥子)로 수국(水局)이 왕성(旺盛)하니 신왕(身旺)하다. 신왕(身旺)하면 식재관(食財官)이 희신(喜神)이다. 무토(戊土)가 시간(時干)에 투출(透出)하니 시상정관격(時上正官格)이 되었다. 무토남편(戊土男便)은 오화(午火)의 생조(生助)를 받아 아름답다. 원국(原局)에 재관(財官)이 왕성(旺盛)하지만 초년운(初年運)에 인묘운(寅卯運)이 식상(食傷)이 되어 일찍 영화배우가 된 엄앵란(嚴鶯蘭) 씨의 명조(命造)이다.

丙	乙	壬	庚
戌	丑	午	寅

戊	丁	丙	乙	甲	癸
子	亥	戌	酉	申	未

을목일주(乙木日主)가 오월(午月)에 태어나 실령(失令)인데 병화(丙火)가 투출(透出)하여 목화상관격(木火傷官格)이 되었다. 오월(午月)의 을목(乙木)은 조후용신(調候用神)으로 수기(水氣)가 필요(必要)하다. 또한 지지(地支)가 인오술화국(寅午戌火局)을 이루니 더욱더 고갈(枯渴)되어 있는 형상이다. 다행하게도 임수(壬水)가 축중계수(丑中癸水)에 득근(得根)하고 있어 아름답다. 년간경금(年干庚金)이 금생수(金生水), 수생목(水生木), 목생화(木生火), 화생토(火生土)로 생생부절(生生不絶)로 생조(生助)하니 길(吉)하다.

대운(大運)마저 서북운(西北運)으로 향(向)하여 대발(大發)하니 학문(學問)으로 뜻을 이루었다고 할 수 있다. 국문학자(國文學者)인 최남선(崔南善) 씨의 명조(命造)이다.

庚	丙	戊	丙
寅	戌	戌	戌

甲	癸	壬	辛	庚	己
辰	卯	寅	丑	子	亥

병화일주(丙火日主)**가 술월**(戌月)**에 태어나고 지지**(地支)**가 3술**(三戌)**에 무토**(戊土)**가 투출**(透出)**되니 식상**(食傷)**이 태왕**(太旺)**하다. 식상**(食傷)**이 태왕**(太旺)**하면 자연 신약**(身弱)**이 되어 인수**(印綬)**가 필요**(必要)**한데, 다행히 시지인목**(時支寅木)**이 있다. 원국**(原局)**에서 식상**(食傷)**이 왕성**(旺盛)**하고 인수**(印綬)**가 용신**(用神)**이 되니, 예능**(藝能)**에 소질**(素質)**이 있다고 보는 것이다. 갑진대운**(甲辰大運)**인 임오년**(壬午年)**에 용신**(用神)**이 들어와 대성**(大成)**하였다. 2002년 월드컵 한국축구대표팀 감독이었던 히딩크 씨의 명조**(命造)**이다.**

甲	庚	甲	庚
申	辰	辛	寅

庚	己	戊	丁	丙	乙
寅	丑	子	亥	戌	酉

본명(本命)**은 1950년 6월 30일 신시생**(申時生)**인 홍수환**(洪秀煥) **권투선수의 명조**(命造)**이다.경금일주**(庚金日主)**가 신월**(申月)**이라 금왕절**(金旺節)**에 득령**(得令)**하고, 좌하진토**(坐下辰土)**에 득지**(得地)**하고 있는데 경금**(庚金)**이 투출**(透出)**하여 신왕**(身旺)**하다. 용신정법**(用神定法)**에서 신왕**(身旺)**하면 식재관**(食財官)**에서 취용**(取用)**해야 하는데 식상수**(食傷水)**는 진중계수**(辰中癸水)**로 미약**(微弱)**하고, 관성화**(官星火)**는 인중병화**(寅中丙火)**에 암장**(暗藏)**되어 있어 역시 미약**(微弱)**하다. 또한 재성목**(財星木)**은 3목**(三木)**이 있으나 갑경충**(甲庚沖)**, 인신충**(寅申沖)**으로 굴곡**(屈曲)**이 있음을 암시**(暗示)**하고 있다.**

원국(原局)**에 경진**(庚辰)**이 괴강**(魁罡)**이 되고, 괴력**(魁力)**을 발휘하는 갑인**(甲寅)**은 맹호**(猛虎)**의 기상을 가지고 있다. 병술**(丙戌) **대운 1974년 갑인년**(甲寅年)**에 남아공**(南亞共) **「더반」에서 「가라스키아」로부터 세계챔피언 팬터급 타이틀을 획득했다. 병술**(丙戌) **대운은 관성용신**(官星用神)**으로 명예**(名譽)**를 얻었고, 갑인년**(甲寅年)**은 재성용신**(財星用神)**으로 재물**(財物)**도 얻었으니 재관**(財官)**이 겸전**(兼全)**한 행운**(行運)**이었다. 대운**(大運)**이 수목운**(水木運)**으로 향**(向)**하여 대길**(大吉)**한 명조**(命造)**이다.**

甲	戊	庚	戊
寅	戊	申	午

丁	丙	乙	甲	癸	壬	辛
卯	寅	丑	子	亥	戌	酉

본명(本命)은 1918년 7월 13일 인시생(寅時生)인 김승호(金勝鎬) 영화배우의 명조(命造)이다. 무토일주(戊土日主)가 신월(申月)에 태어나 실령(失令)하였으나 인오술삼합국(寅午戌三合局)이 되고, 무토(戊土)가 투출(透出)하니 신왕(身旺)하다. 신왕(身旺)하면 식재관(食財官)이 희신(喜神)이고, 인비(印比)가 기신(忌神)인데 식상금(食傷金)은 경신월주(庚申月柱)로 건왕(健旺)하고, 재성수(財星水)는 원국(原局)에 없으나 대운(大運)에 있고, 관성목(官星木)은 갑인시주(甲寅時柱)로 역시 건왕(健旺)하다.

본명(本命)은 식상(食傷)이 왕성(旺盛)하여 연기(演技)는 대단하고, 시상일위귀격(時上一位貴格)으로 명예(名譽)는 얻으나, 재성(財星)이 미약(微弱)하여 사업가(事業家)는 맞지 않는다. 을축(乙丑) 대운에 영화제작으로 실패하여 고민하다가 51세인 무신년(戊申年)에 뇌일혈(腦日血)로 사망(死亡)하였다. 을목용신(乙木用神)이 을경합지(乙庚合支)되고, 축술삼형살(丑戌三刑殺)이 되어있는데, 무토기신(戊土忌神)과 인신상충(寅申相冲)으로 신금(申金)이 충발(冲拔)되어있기 때문이다.

辛	己	丁	甲
未	亥	卯	寅

甲	癸	壬	辛	庚	己	戊
戌	酉	申	未	午	巳	辰

본명(本命)은 1914년 2월 18일 미시생(未時生)인 김기창(金基昶) 화백의 명조(命造)이다. 기토일주(己土日主)가 묘월(卯月)에 태어나 인묘(寅卯), 해묘미(亥卯未)로 전지지(全地支)가 목국(木局)이 되고, 갑목(甲木)이 투출(透出)되니 기토(己土)는 뿌리가 없게 되어 목관살(木官殺)에 종(從)해야 되니 종살격(從殺格)이다.

그러나 본명(本命)은 년상갑인(年上甲寅)으로부터 목생화(木生火), 화생토(火生土), 토생금(土生金)으로 순식격(順食格)이 되어 순조롭게 상생(相生)함으로써 천부적인 재능을 발휘할 수가 있었다.

처궁(妻宮)인 해수(亥水)가 해묘미(亥卯未)로 삼합(三合)을 이루어 화가인 박래현(朴崍賢) 여사를 만나 명성(名聲)과 재산(財産)을 형성하였으나, 일찍 사별(死別)하였다. 또한 7세인 경신년(庚申年)에 열병(熱病)을 앓고 나서 농아(聾啞)가 되었던 것은 갑경충(甲庚冲), 인신충(寅申冲)으로 천충지충(天冲地冲)이 되어 형액(刑厄)을 면치 못하였다.

3. 정치행정계(政治行政界)

(1) 정치가(政治家)나 행정가(行政家)는 신왕(身旺)하고 관인쌍청(官印雙淸)하거나 관성(官星)이 순수(純粹)하여 관인상생(官印相生)이 되어 있는 것이 일반적인 경우이다.

(2) 원국(原局)이 종왕격(從旺格)이나 종강격(從强格)이 되어 인비(印比)나 식상(食傷)을 용신(用神)으로 하는 경우이다.

(3) 원국(原局)이 신왕(身旺)인데 시상(時上)에 편관(偏官)이나 정관(正官)이 하나 있어 시상일위귀격(時上一位貴格)디 되어 있는 경우이다.

(4) 원국(原局)이 신약(身弱)하더라도 식신제살격(食神制殺格)이나 제살태과격(制殺太過格)이 되는 경우이다.

(5) 신왕관왕(身旺官旺)하거나 정기일주(丁己日主)가 재관국(財官局)을 이루어 재관쌍미격(財官雙美格)이 되는 경우이다. 신왕(身旺)하면 관성(官星)을 충분(充分)하게 감당할 수 있고, 대운(大運)마저 길(吉)하면 정치가(政治家)나 행정가(行政家)로서 장차관(張次官) 내지 국회(國會)까지 진출할 수 있다.정기일주(丁己日主)는 화토(火土)로서 설(舌)을 말하며 중앙(中央)이 되어 어느 한 곳에 치우치지 않는 것처럼 공평하게 판결을 내려야 하기 때문이고, 원국(原局)에 재관(財官)이 있으면 재생관(財生官)하여 관(官)에 집결하기 때문이다.

(6) 일주기준(日主基準)하여 병경(丙庚)이 있거나 수목일주(水木日主)가 술해(戌亥)나 묘유술(卯酉戌) 중에 2개 이상이 있는 경우이다.

(7) 원국(原局)에 비천록마격(飛天祿馬格)이나 삼형살(三刑殺), 수옥살(囚獄殺), 양인(羊刃)이 있는 경우이다.

庚	丁	己	乙
子	亥	卯	亥

癸	甲	乙	丙	丁	戊
酉	戌	亥	子	丑	寅

정화일주(丁火日主)**가 묘월**(卯月)**에 태어나 득령**(得令)**하고 좌하해수**(坐下亥水)**에 실지**(失地)**하였으나, 년월지**(年月支)**가 해묘**(亥卯)**로 목국**(木局)**을 이루어 생조**(生助)**하고 년간**(年干)**에 을목**(乙木)**이 투출**(透出)**되었으니 신왕**(身旺)**하다. 지지**(地支)**에 해해자형**(亥亥自刑), **자묘형**(子卯刑) **등 생살권**(生殺權)**이 중중**(重重)**되어 있는데, 시상경금**(時上庚金)**이 투출**(透出)**하여 자수편관**(子水偏官)**을 생조**(生助)**하니, 시상일위귀격**(時上一位貴格)**인 동시에 정화일간**(丁火日干)**이 목생화**(木生火), **화생토**(火生土), **토생금**(土生金), **금생수**(金生水), **수생목**(水生木), **다시 목생화**(木生火)**로 생생부절**(生生不絶)**이니, 오행구전격**(五行俱全格)**도 성립된다.**

또한 신왕(身旺)**하면 식재관**(食財官)**이 희신**(喜神)**인데, 식상기토**(食傷己土), **경금재성**(庚金財星), **관성자수**(官星子水)**가 잘 발달되어 있고, 인수묘목**(印綬卯木)**까지 있어 금상첨화**(錦上添花)**가 된 삼반귀물격**(三盤貴物格)**이 되었다.**

대운(大運)**이 수금**(水金)**으로 향**(向)**하여 대발**(大發)**하였으나 많은 옥고**(獄苦)**을 치루고 우여곡절을 겪으면서 67세 임신대운**(壬申大運) **이후에 신금재성**(申金財星)**이 임수관성**(壬水官星)**을 생조**(生助)**하여 3선**(三選) **대통령을 역임하였으며, 임신대운**(壬申大運)**에 이강석**(李康石)**을 양자**(養子)**로 입적**(入籍)**시켰으나 1960년 경자년**(庚子年)**에 신자진**(申子辰)**으로 삼합수국**(三合水局)**하여 오히려 경금용신**(庚金用神)**이 설기**(泄氣)**되니 자식이 자살**(自殺)**하였다.**

또한 수다화몰(水多火沒)**로 4대 대통령에 당선되었으나 4·19혁명으로 하야하여 하와이로 망명하였다. 경오대운**(庚午大運)**인 1966년 병오년**(丙午年) **7월 19일에 천합지충**(天合地沖) **대운에 천충지충**(天沖地沖)**되는 년**(年)**에 사망한 이승만**(李承晩) **대통령의 명조**(命造)**이다.**

정치가(政治家)**는 오행구전격**(五行俱全格), **시상일위귀격**(時上一位貴格), **삼반귀물격**(三盤貴物格) **등 3개 이상의 격국**(格局)**을 가지고 있다. 이승만 대통령의 명조**(命造)**는 목화상관격**(木火傷官格), **형합득록격**(刑合得祿格), **제살태과격**(制殺太過格)**으로 3가지 귀격**(貴格)**이 종합되어 있는 것이 특징이다.**

戊	庚	辛	丁
寅	申	亥	巳

乙	丙	丁	戊	己	庚
巳	午	未	申	酉	戌

경금일주(庚金日主)가 전지지(全地支)에 인신사해(寅申巳亥)로 이루어져 삼형생살권(三刑生殺權) 또는 역마성(驛馬星)이라고 한다. 인신사해(寅申巳亥)의 의미를 말하면 인목(寅木)은 춘절(春節)의 입춘(立春)이 되고, 사화(巳火)는 하절(夏節)의 입하(立夏)가 되고, 신금(申金)은 추절(秋節)의 입추(立秋)가 되고, 해수(亥水)는 동절(冬節)의 입동(立冬)이 되어 각 계절의 초기에 해당되는 글자로 이루어지기 때문에 사맹격(四孟格) 또는 사생격(四生格)이라고도 한다. 사맹(四孟)이란 각 계절의 초기(初期)이고, 사생(四生)이란 인신상충(寅申相沖), 사해상충(巳亥相沖)을 인해합(寅亥合)으로 충기(沖氣)를 소멸(消滅)시킨다는 뜻에서 붙여진 이름이다.

원국(原局)에서 경금일간(庚金日干)이 해월(亥月)로 설기(泄氣)가 되니 신약(身弱)하다. 그러나 사중경금(巳中庚金)이 득장생(得長生)하고, 월간신금(月干辛金)이 방조(幇助)하고, 인중무토(寅中戊土)가 시간(時干)에 투출(透出)하여 경금(庚金)을 생조(生助)하고, 자좌신금(自坐申金)에 건록(建祿)이 되니 신왕(身旺)이 되었다.

신왕(身旺)하면 관재식(官財食)이 희신(喜神)이 되는데, 인목재(寅木財)는 인신충(寅申沖)과 절각(截脚)으로 미약(微弱)하고, 해수식신(亥水食神)도 사해충(巳亥沖)으로 역시 미약(微弱)하다. 따라서 사중병화(巳中丙火)가 정화(丁火)의 득근(得根)이 되니, 생살권(生殺權)을 가지는 군경(軍警), 법조(法曹) 등에서 성공할 명조(命造)이다. 기신(忌神)은 인비(印比)인 토금(土金)이다.

대운(大運)이 화금(火金)인 남서운(南西運)으로 향(向)하여 대발(大發)하였다. 31세까지는 토금기신(土金忌神)으로 향(向)하여 고전(苦戰)하였으나, 32세부터 남방화운(南方火運)으로 정미(丁未), 병오(丙午), 을사(乙巳) 대운은 최상(最上)의 운세(運勢)이다. 병오대운(丙午大運)인 1961년(45세) 신축년(辛丑年), 계사월(癸巳月), 기유일(己酉日), 을축시(乙丑時)에 5·16혁명을 성공시켰다. 이것은 천시융합(天時融合)한 종혁(從革)이 되었기 때문이다.

그러나 1974년인 을사대운(乙巳大運) 갑인년(甲寅年)에 육영수(陸英修) 여사가 피살(被殺)되었다. 을사대운(乙巳大運)은 을신충(乙辛冲), 사해충(巳亥冲)으로 천충지충(天冲地冲)되고, 갑인년(甲寅年)은 갑경충(甲庚冲), 인신충(寅申冲)으로 역시 천충지충(天冲地冲)되니, 자연 천지(天地)가 진동(振動)하는 운세(運勢)이다.

왜냐하면 인신충(寅申冲)으로 갑목(甲木)과 병화(丙火)가 소실(消失)되고, 사해충(巳亥冲)으로 역시 갑목(甲木)과 병화(丙火)가 소실(消失)되니, 처궁재성(妻宮財星)인 육영수(陸英修) 여사는 살해(殺害)당할 수밖에 없는 상황이다.
그러나 을목(乙木)은 을경합금(乙庚合金)디 되어 을목(乙木)은 소실(消失)되었으나 경금(庚金)은 불변(不變)하여 회생(回生)되었다.

1979년은 기미년(己未年)으로 갑술월(甲戌月), 병인일(丙寅日), 술시(戌時)에 저격으로 살해(殺害)당하였다. 기미년(己未年)은 토기신(土忌神)이 들어오고, 갑술(甲戌)은 갑경충(甲庚冲), 세운(歲運)과 술미형(戌未刑)이 되며, 갑인일(甲寅日)은 갑경충(甲庚冲), 인신충(寅申冲)으로 일주(日柱)와 천충지충(天冲地冲)이 되니, 형액(刑厄)을 암시(暗示)하고 있는 것이다. 사맹격(四孟格), 사생격(四生格), 인중병화(寅中丙火)인 시상일위귀격(時上一位貴格)으로 3개의 격국(格局)으로 이루어진 박정희(朴正熙) 전 대통령의 명조(命造)이다.

庚	己	辛	己
午	巳	未	未

乙 丙 丁 戊 己 庚
丑 寅 卯 辰 巳 午

기토일주(己土日主)가 미월(未月)에 태어나 득령(得令)하고 좌하사지(坐下巳支)에 득지(得地)하고 있는데, 전지지(全地支)가 화토국(火土局)이 되어 종왕격(從旺格)이 되었다. 종왕격(從旺格)은 인비(印比)와 식상(食傷)을 희신(喜神)으로 하고 수목(水木)을 기신(忌神)으로 하는데, 원국(原局)에 수목(水木)이 없어 화토(火土)가 대적자(對敵者)가 없어 설기처(泄氣處)인 경신금(庚辛金)을 기뻐한다.

원국(原局)에서 기토(己土)가 오미토(午未土)에 건록격(建祿格)이 되고, 사화(巳火)에 양인격(羊刃格)이 되니, 3가지 격국(格局)이 형성된 것이다.

초년(初年)인 경오(庚午), 기사(己巳), 무진(戊辰) 대운은 화토(火土)가 희신(喜神)으로 대발(大發)하였고, 정묘(丁卯), 병인(丙寅) 대운은 지지(地支)가 인묘(寅卯)로 기신(忌神)이 되나, 목생화(木生火)로 살인상생운(殺印相生運)으로 전화위복(轉禍爲福)이 되었다.

1979년은 기미년(己未年)으로 대운(大運)은 을축(乙丑)이었다. 을신충(乙辛冲), 축미충(丑未冲)으로 천충지충(天冲地冲)되어 불미스러우나, 을목기신(乙木忌神)이 을경합(乙庚合)으로 기신(忌神)이 합거(合去)되어 역시 전화위복(轉禍爲福)이 되었다. 축미충(丑未冲)이 되었으나 오미합(午未合)으로 3개의 미토(未土)는 조토(燥土)로서 강력(强力)한 용신(用神)으로 기묘(奇妙)하게 작용하였다.

1980년은 경신년(庚申年)으로 금기(金氣)가 왕성(旺盛)하여 설기(泄氣)가 태심(太甚)하니 용신(用神)이 또한 강력(强力)하나, 사신형(巳申刑)으로 능력(能力)을 발휘하지 못하였다. 본명(本命)은 최규하(崔圭夏) 전 대통령의 명조(命造)이다.

戊	癸	辛	辛
午	酉	丑	未

乙	丙	丁	戊	己	庚
未	申	酉	戌	亥	子

계수일주(癸水日主)가 축월(丑月)로 태어나 한랭(寒冷)한 기운이 감돌지만 유축합금(酉丑合金)이 되고 년월간(年月干)에 신금(辛金)이 투출(透出)되어 신왕(身旺)하다. 신왕(身旺)하면 식재관(食財官)을 희신(喜神)으로 하는데, 식상목(食傷木)은 미중을목(未中乙木)으로 대단히 미약(微弱)하고, 재성화(財星火)는 시지오화(時支午火)가 시간무토(時干戊土)를 생조(生助)하니, 시상정관격(時上正官格)이 되어 시상일위귀격(時上一位貴格)과 동일격(同一格)으로 귀격(貴格)이 되었다. 또한 재관쌍미격(財官雙美格)이라고 하여 고귀(高貴)한 격국(格局)이다.

초년(初年)인 경자(庚子), 기해(己亥) 대운은 고전(苦戰)하였으나, 무술(戊戌) 대운은 무토정관(戊土正官)이 희신(喜神)이고 오술화국(午戌火局)으로 대발(大發)하기 시작하였고, 정유(丁酉), 병신(丙申) 대운은 신유(申酉)가 기신(忌神)이 되나 화극금(火剋金)으로 개두(蓋頭)가 되어 회생(回生)되니 전화위복(轉禍爲福)하게 되었다.

병신(丙申) 대운인 1979년 기미년(己未年)은 병화(丙火)와 기미토(己未土)가 희신(喜神)이 되니 승승장구(乘勝長驅)하였다. 을미(乙未) 대운인 1983년 계해년(癸亥年)은 수왕(水旺)으로 기신(忌神)이 되었으나 무계합화(戊癸合化)와 해미합목(亥未合木)이 되니, 오히려 왕성(旺盛)한 용신(用神)으로 변(變)하였다.

1994년 갑술년(甲戌年)은 상관년(傷官年)에 축술미삼형살(丑戌未三刑殺)로 수옥(囚獄)되었다. 을미(乙未) 대운은 을신충(乙辛冲), 축미충(丑未冲)으로 천충지충(天冲地冲)되니 형액(刑厄)을 암시(暗示)하고 있다. 본명(本命)은 시상정관격(時上正官格), 재관쌍미격(財官雙美格), 시상일위귀격(時上一位貴格) 등 3개 이상의 귀격(貴格)을 갖춘 전두환(全斗煥) 전 대통령의 명조(命造)이다.

丁	庚	戊	壬
丑	戌	申	申

甲	癸	壬	辛	庚	己
寅	丑	子	亥	戌	酉

경금일주(庚金日主)가 신월(申月)에 태어나 득령(得令)하고 토금(土金)이 인비(印比)로 득세(得勢)하니 신왕(身旺)하다. 신왕(身旺)하면 식재관(食財官)이 희신(喜神)이 되는데, 식상임수(食傷壬水)는 왕성(旺盛)하고 재성목(財星木)은 없으며 관살정화(官殺丁火)는 정인상생(正印相生)이 되면서 시상정관격(時上正官格)도 성립된다. 또한 경술일주(庚戌日柱)로 괴강격(魁罡格)이 되고, 일시지(日時支)에 축술삼형살(丑戌三刑殺)로 생살권(生殺權)을 암시(暗示)하고 있으며, 신월(申月)에 경금(庚金)은 건록격(建祿格)에도 해당한다.

운행(運行)이 북동수목운(北東水木運)으로 향(向)하여 대발(大發)하였다. 초년(初年)인 기유(己酉), 경술(庚戌) 대운은 기신(忌神)으로 고전(苦戰)하였으나, 해자축(亥子丑) 대운에는 태강(太强)한 금기(金氣)를 설기(泄氣)시켜 승승장구(乘勝長驅)하였다. 또한 원국(原局)에 목기(木氣)가 부친(父親)인데, 신유술금국(申酉戌金局)으로 금왕(金旺)하여 절목(絶木)이 되니 조실(早失)한 것으로 암시(暗示)하고 있다.

갑인(甲寅) 대운에 재성(財星)인 왕목(旺木)이 들어와 목생화(木生火)로 재관(財官)이 왕성(旺盛)하니 부귀(富貴)할 것은 당연하지만, 갑경충(甲庚冲), 인신충(寅申冲)으로 천충지충(天冲地冲)되니 역시 형액(刑厄)도 암시(暗示)하고 있다.

1994년 갑술년(甲戌年)에 갑경충(甲庚沖), 축술형(丑戌刑)으로 천충지형(天冲地刑)이 되니 수옥(囚獄)되었다. 괴강격(魁罡格), 건록격(建祿格), 시상정관격(時上正官格) 등 3개 이상의 격국(格局)으로 이루어진 노태우(盧泰愚) 전 대통령의 명조(命造)이다.

甲	己	乙	戊
戊	未	丑	辰

辛	庚	己	戊	丁	丙
未	午	巳	辰	卯	寅

기토일주(己土日主)가 전지지(全地支)에 진술축미(辰戌丑未)로 토기일색(土氣一色)이 되었으니, 종왕격(從旺格) 또는 가색격(稼穡格)이라고 한다. 종왕격(從旺格)이나 가색격(稼穡格)은 강자(强者)를 따라가야 하니 토기(土氣)가 용신(用神)이고, 토기(土氣)를 생조(生助)하는 화기(火氣)나 강자(强者)를 설기(泄己)하는 금기(金氣)가 희신(喜神)이다. 반면에 수목(水木)이 기신(忌神)이다. 격국용신론(格局用神論)으로 말하면 전지지(全地支)가 인신사해(寅申巳亥)로 구성되면 사생구전격(四生俱全格), 자오묘유(子午卯酉)로 구성되면 사왕구전격(四旺俱全格), 진술축미(辰戌丑未)로 구성되면 사고구전격(四庫俱全格)으로 극품(極品)의 지위에 오른다는 귀격(貴格)이다.

참고로 「古今名人命監」의 사왕구전격(四旺俱全格)을 소개한다. 25세에 임금이 되어 60년간 태평(太平)하게 지내다가 자리를 물려준 청나라 고종황제의 명조(命造)는 병자년(丙子年), 경오월(庚午月), 정유일(丁酉日), 신묘시(辛卯時)로 89세에 수명(壽命)을 다하였다.

운행(運行)이 화토금(火土金)으로 향(向)하여 대발(大發)하였는데, 병인(丙寅), 정묘운(丁卯運)은 인묘목(寅卯木)이 목생화(木生火)로 살인상생(殺印相生)이 되었고, 무진(戊辰), 기사(己巳), 경오(庚午), 신미운(辛未運)은 화토금(火土金)으로 용신(用神)이 되었다. 따라서 신미(辛未) 대운은 을신충(乙辛冲)으로 을목기신(乙木忌神)이 충발(冲拔)되었고, 축술미(丑戌未)로 삼형살(三刑殺)이 되어 오히려 화토(火土)가 왕성(旺盛)하게 되었다. 사고구전격(四庫俱全格), 삼형살(三刑殺), 갑기합화격(甲己合化格), 가색격(稼穡格), 종왕격(從旺格) 등 5개 이상의 격국(格局)이 갖춰진 김영삼(金泳三) 전 대통령의 명조(命造)이다.

乙	乙	己	乙
酉	巳	丑	丑

癸	甲	乙	丙	丁	戊
未	申	酉	戌	亥	子

을목일주(乙木日主)**가 축월**(丑月)**에 태어나 한랭**(寒冷)**하여 조후**(調候)**로 화기**(火氣)**가 우선 필요**(必要)**하다. 그러나 전지지**(全地支)**가 사유축삼합금국**(巳酉丑三合金局)**이 되므로 종살격**(從殺格)**이 되었다. 또한 지지**(地支)**가 사유축**(巳酉丑)**으로 금국**(金局)**이 되면 복덕격**(福德格)**이라고도 한다. 일간**(日干)**이 음을목**(陰乙木)**으로, 종살격**(從殺格)**으로 작용력이 강**(强)**하므로 귀격**(貴格)**에 속한다. 종살격**(從殺格)**은 평화시**(平和時)**에는 적응력**(適應力)**이 약**(弱)**하지만 반대로 난시**(亂時)**에는 적응력**(適應力)**이 대단하여 혁신적**(革新的)**으로 개혁**(改革)**을 좋아한다.**

용신(用神)**은 금기**(金氣)**이고, 희신**(喜神)**은 화토**(火土)**이며, 기신**(忌神)**은 수목**(水木)**이다. 갑신대운**(甲申大運)**인 1973년 계축년**(癸丑年)**에 49세 나이로 8일간 실종**(失踪)**되었다가 12일만에 귀가**(歸家)**한 사건이 있었다.**

갑신대운(甲申大運)**은 갑목**(甲木)**이 기신**(忌神)**이고, 신금**(申金)**은 사신합수**(巳申合水)**로 수기**(水氣)**로 화**(化)**하여 기신**(忌神)**이 되니, 불길**(不吉)**함을 암시**(暗示)**하고 있다. 그러나 갑기합토**(甲己合土)**로 갑목**(甲木)**은 기반**(羈絆)**이 되니 소실**(消失)**되고 기토**(己土)**는 회생**(回生)**되어 절처봉생**(絶處逢生)**이 되었다.**

신사대운(辛巳大運)**인 1997년 정축년**(丁丑年)**은 신금**(辛金)**이 용신**(用神)**이고, 사화**(巳火)**는 사유축금국**(巳酉丑金局)**으로 다시 용신**(用神)**이 되고, 정화**(丁火)**는 역시 희신**(喜神)**이고, 축토**(丑土)**는 사유축금국**(巳酉丑金局)**으로 용신**(用神)**이 되니, 대선**(大選)**에서 승리한 김대중**(金大中) **전 대통령의 명조**(命造)**이다. 2003년 계미년**(癸未年)**에 기계충**(己癸冲)**, 축미충**(丑未冲)**으로 천충지충**(天冲地冲)**되어 임기**(任期)**를 마쳤다.**

丙	戊	丙	丙
辰	寅	申	戌

壬	辛	庚	己	戊	丁
寅	丑	子	亥	戌	酉

무토일주(戊土日主)가 신월(申月)이라 설기(泄氣)가 되어 실령(失令)하였지만 년시지(年時支)에 진술토(辰戌土)가 있어 건록지(建祿支)로 득근(得根)하고 있는데, 년월시간(年月時干)에 3병화(三丙火)가 강열(强熱)하게 생조(生助)하니 무토일주(戊土日主)는 대단히 신왕(身旺)하다. 신왕(身旺)하면 식재관(食財官)이 희신(喜神)이고, 인비(印比)가 기신(忌神)이다. 식상금(食傷金)은 신금(申金)이 습토(濕土)의 생조(生助)를 받아 왕성(旺盛)하고 재성수(財星水)는 진중계수(辰中癸水)가 암장(暗藏)되어 재고(財庫)가 아름답다.

그리고 관성목(官星木)은 인묘반국(寅卯半局)으로 역시 왕성(旺盛)하니 용신(用神)을 원국(原局)에서 갖춘 귀격(貴格)이다. 격국용신론(格局用神論)으로 보면 공귀격(拱貴格)이다. 귀(貴)는 정관성(正官星)을 원칙으로 하나 편관성(偏官星)도 포함된다. 그러므로 공귀(攻貴)는 일지(日支)와 시지(時支) 사이에 정관(正官)이나 편관(偏官)을 끼고 있다는 뜻으로 원국(原局)에 나타나 있는 것보다 더 귀(貴)한 길격(吉格)이다.

원국(原局)에서 토생금(土生金), 금생수(金生水), 수생목(水生木), 목생화(木生火), 화생토(火生土)로 생생부절(生生不絶)이 되어 오행구전격(五行俱全格)으로도 볼 수가 있다. 무토(戊土)가 년시(年時)에 진술록(辰戌祿)이 있어 건록격(建祿格)에도 해당하며, 진중을계(辰中乙癸)가 재관고(財官庫)가 되어 잡기재관격(雜氣財官格)에도 해당한다. 잡기재관격(雜氣財官格)은 월지(月支)에 있는 것이 더욱 귀(貴)한 것이다.

무토일간(戊土日干)이 지지(地支)에 인목(寅木)이 있으면 문곡귀인(文曲貴人), 학당귀인(學堂貴人) 등 학문성(學問星)이 있어 학문에 뜻이 있음을 암시(暗示)하고, 진술(辰戌)이 있으면 태극귀인(太極貴人)으로 생각지도 않은 횡재나 복(福)이 들어와 관서장(官署長)이나 삼공(三公)에 해당하는 벼슬을 하는 길신(吉神)이다. 본명(本命)은 노무현(盧武鉉) 전 대통령의 명조(命造)이다.

丁	辛	丁	癸
酉	丑	巳	亥

辛	壬	癸	甲	乙	丙
亥	子	丑	寅	卯	辰

신금일주(辛金日主)**가 사월**(巳月)**에 태어나 실령**(失令)**하였으나 지지**(地支)**에 사유축금국**(巳酉丑金局)**이 되어 신왕**(身旺)**하다. 신금일주**(辛金日主)**가 지지**(地支)**에 사유축금국**(巳酉丑金局)**이면 복덕격**(福德格)**이 되어 귀격**(貴格)**이 된다. 또한 살인상생격**(殺印相生格)**이라고도 하고, 살인쌍전격**(殺印雙全格)**이라고도 한다. 이것은 사중**(巳中)**에 무경병**(戊庚丙)**이 암장**(暗藏)**되어 병화**(丙火)**는 정관**(正官)**으로 병신합수**(丙辛合水)**로 설기**(泄氣)**하고, 경금**(庚金)**은 비겁**(比劫)**으로 방조**(幇助)**하며, 무토**(戊土)**는 정인**(正印)**으로 생조**(生助)**하니, 신금일주**(辛金日主)**는 극제**(剋制)**를 당하면서도 오히려 길**(吉)**하다는 것이다.**

복덕격(福德格)**은 금기**(金氣)**가 강**(强)**하여 권위주의적**(權威主義的)**이며, 혁명적**(革命的) **기질이 있어 통솔력**(統率力)**이 강**(强)**하다. 신왕**(身旺)**하니 식재관**(食財官)**이 희신**(喜神)**이 되고, 인비**(印比)**가 기신**(忌神)**인데, 식상수**(食傷水)**는 계수**(癸水)**가 해수**(亥水)**에 득근**(得根)**하여 왕성**(旺盛)**하고, 재성목**(財星木)**은 없으며, 관성화**(官星火)**는 양정화**(兩丁火)**가 있어 아름다우나 뿌리가 미약**(微弱)**하다.**

운행(運行)**이 서북**(西北)**으로 향**(向)**하여 대발**(大發)**하였다. 원국**(原局)**을 살펴보면 음간지**(陰干支)**로 구성되어 양간지**(兩干支)**에 비**(比)**하여 성격은 꼼꼼하면서 완벽주의자이기 때문에 치밀한 계획을 세우지만 실행은 서서히 차근차근하게 오랜 시간을 두고 나타난다. 그러나 양일간**(陽日干)**은 너무 솔직하고 속성속패**(速成速敗)**하여 진퇴**(進退)**가 많은 편이다.**

계축대운(癸丑大運)**인 1950년**(38세) **경인년**(庚寅年)**에 6·25사변이 돌발하였다. 계축대운**(癸丑大運)**은 계수**(癸水)**가 용신**(用神)**이고 사유축금국**(巳酉丑金局)**이 되어 길**(吉)**이 되었으나, 정계충**(丁癸冲)**으로 관재**(官災)**가 되니 동란**(動亂)**을 일으켰을 것으로 추정**(推定)**하고 있다.**

무신대운(戊申大運)**인 1995년 을해년**(乙亥年)**에 무토기신**(戊土忌神)**이 무계합**(戊癸合)**하고 사신형합**(巳申刑合)**이 되어 있는데, 을신충**(乙申冲)**, 사해충**(巳亥冲)**으로 천충지충**(天冲地冲)**되어 사망한 김일성**(金日成) **주석의 명조**(命造)**이다.**

丁	戊	乙	癸
巳	寅	卯	未

己	庚	辛	壬	癸	甲
酉	戌	亥	子	丑	寅

무토일주(戊土日主)**가 묘월**(卯月)**로 실령**(失令)**하고 좌하인목**(坐下寅木)**에 실지**(失地)**하고 을목**(乙木)**이 투출**(透出)**하여 신약**(身弱)**하다. 시지**(時支)**의 사화**(巳火)**는 무토일간**(戊土日干)**에서 보면 건록**(建祿)**이니 귀록격**(歸祿格)**이라고 한다. 또한 월지**(月支)**의 묘목**(卯木)**이 정관**(正官)**이 되니 정관격**(正官格)**이 성립되고 목생화**(木生火)**, 화생토**(火生土)**로 살인상생격**(殺印相生格)**이 되어 3개의 격국**(格局)**으로 되어 있다. 일지인중**(日支寅中)**에 무병갑**(戊丙甲)**이 암장**(暗藏)**되어 있는데, 갑목**(甲木)**은 편관**(偏官)**이고, 병화**(丙火)**는 편인**(偏印)**이고, 무토**(戊土)**는 비겁**(比劫)**으로 방조**(幇助)**하고 있으니, 갑목**(甲木)**은 병화**(丙火)**를 생조**(生助)**하고, 병화**(丙火)**는 무토**(戊土)**를 생조**(生助)**하는 뜻에서 귀격**(貴格)**으로 보는 것이다.**

귀인(貴人)**일수록 격국**(格局)**이 중복**(重複)**되는 경우가 많은데, 그 중에서 가장 중요한 격국**(格局)**을 면밀하게 분석해야 한다. 정관격**(正官格)**은 관살혼잡**(官殺混雜)**으로 무토**(戊土)**가 부담을 많이 가지고 있고, 살인상생격**(殺印相生格)**은 관살혼잡**(官殺混雜)**을 사화인수**(巳火印綬)**가 인화**(引化)**하였고, 귀록격**(歸祿格)**은 인사형**(寅巳刑)**으로 파격**(破格)**이 될 것 같지만 인중병화**(寅中丙火)**의 방조**(幇助)**에 의해 유용**(有用)**한 것이다.**

강약(强弱)**을 먼저 분석할 필요가 있다. 묘월**(卯月)**은 춘분**(春分)**의 중심월**(中心月)**로서 만물**(萬物)**이 생기**(生氣)**를 찾는 계절**(季節)**이다. 인중병화**(寅中丙火)**는 무토**(戊土)**의 장생**(長生)**이 되고, 미중정화**(未中丁火)**는 시간**(時干)**에 투출**(透出)**되어 있는데, 사화**(巳火)**에 득근**(得根)**하니, 신약**(身弱)**이라고 할 수 없다. 또한 묘미합**(卯未合)**으로 목기**(木氣)**가 다시 인목**(寅木)**과 방합**(方合)**하여 사화**(巳火)**를 순생**(順生)**으로 생조**(生助)**하니, 선약후강**(先弱後强)**하게 돌변하였다.**

용신(用神)을 분석하면 병약(病藥)으로 우선 목기(木氣)가 왕(旺)하니, 목(木)이 병(病)이 되니, 극제(剋制)하는 금기(金氣)가 용신(用神)이고, 토기(土氣)를 살려야 조화(調和)가 이루어진다. 따라서 조금 약(弱)한 화토(火土)가 희신(喜神)이 되는 것이다. 이러한 경우를 제살태과격(制殺太過格)으로 보아 인비(印比)와 관살(官殺)이 희신(喜神)이다. 경술대운(庚戌大運)인 1995년(52세)에 김일성(金日成)의 사망(死亡)으로 권력을 승계한 김정일(金正日) 국방위원장의 명조(命造)이다.

辛	己	庚	丙
未	卯	寅	寅

丙 乙 甲 癸 壬 辛
申 未 午 巳 辰 卯

기토일주(己土日主)가 인월(寅月)에 태어나 실령(失令)하고 아직 한기(寒氣)가 있어 조후(調候)로 화기(火氣)가 필요(必要)한데, 다행하게도 년간병화(年干丙火)가 있어 살인상생격(殺印相生格)이 되어 귀격(貴格)이다. 기토일간(己土日干)이 인월(寅月)이면 인중(寅中)에 무병갑(戊丙甲)이 암장(暗藏)되어 있어 갑목(甲木)은 정관(正官)이요, 병화(丙火)는 정인(正印)이요, 무토(戊土)는 겁재(劫財)가 되는데, 목생화(木生火), 화생토(火生土)로 순생(順生)하여 일간기토(日干己土)를 생조(生助)하니 귀격(貴格)인데, 이것을 살인쌍전격(殺印雙全格)이라고도 한다. 살인상생격(殺印相生格)이나 살인쌍전격(殺印雙全格)은 정정당당(正正堂堂)하게 모든 문제를 처리하는 귀격(貴格)이다.

기토일간(己土日干)이 지지(地支)에 인묘(寅卯)와 해미(亥未)로 관살(官殺)이 태강(太强)하고 경신금(庚辛金)이 무근(無根)이지만 기토(己土)를 설기(泄氣)하여 신약(身弱)하게 되었다. 관살(官殺)이 강(强)하고 식상(食傷)이 약(弱)하면 식신제살격(食神制殺格)이라고 하여 역시 귀격(貴格)이다.

용신(用神)은 조후(調候)와 인수(印綬)를 겸비한 화(火)이고, 비겁(比劫)인 토(土)와 식상(食傷)인 금(金)이 희신(喜神)이고, 수목(水木)이 기신(忌神)이다. 운행(運行)이 화금(火金)으로 향(向)하여 대발(大發)하였다.갑오(甲午) 대운 1961년(辛丑年), 계사월(癸巳月), 기유일(己酉日)에 5 · 16혁명을 일으키는 데 주도적 역할을 하여 성공시켰다.

이것은 갑기합토(甲己合土), 오미합화(午未合火)로 용신(用神)이 되고, 신축년(辛丑年)은 역시 토금(土金)이라 희신(喜神)이 되고, 계사월(癸巳月)은 기계충(己癸冲), 인사형(寅巳刑)으로 천충지형(天冲地刑)이 되어 형액(刑厄)을 암시(暗示)하고 있다.

1979년(己未年), 갑술월(甲戌月), 병인일(丙寅日)에 10·26사태가 일어나면서 본명(本命)은 연월일(年月日)이 희신(喜神)에 해당하는 운명(運命)이다. 살인상생격(殺印相生格), 살인쌍전격(殺印雙全格), 식신제살격(食神制殺格) 등 3개 이상의 귀격(貴格)을 갖추고 있는 전 국무총리인 김종필(金鍾泌) 씨의 명조(命造)이다.

辛	辛	庚	辛
卯	丑	子	巳

甲	乙	丙	丁	戊	己
午	未	申	酉	戌	亥

신금일주(辛金日主)가 자월(子月)에 태어나고 좌하축토(坐下丑土)에 앉아 있으니, 천한지동(天寒地凍)한 형상이라 우선 조후(調候)로 화기(火氣)가 필요(必要)하다. 다행하게도 년지사화(年支巳火)가 묘목(卯木)이 원(遠)거리에 있지만 자축합수(子丑合水)의 생조(生助)를 받아 수생목(水生木), 목생화(木生火)로 충분하게 보온(保溫)할 수 있다. 또한 천원일기격(天元一氣格)이라고도 할 수 있다. 왜냐하면 천간(天干)의 네 글자가 같아 하나의 일기(一氣)로 이루어졌기 때문에 귀격(貴格)에 속한다. 뿐만 아니라 신금일간(辛金日干)이 금생수(金生水)로 왕(旺)한 금기(金氣)를 자수(子水)가 자축합수(子丑合水)로 설기(泄氣)하니 금수상관격(金水傷官格)으로도 볼 수 있다.

신금(辛金)이 금생수(金生水), 수생목(水生木), 목생화(木生火), 화생토(火生土), 토생금(土生金)으로 생생부절(生生不絶)이라 오행구전격(五行具全格)도 성립된다. 초년(初年)인 기해(己亥), 무술(戊戌) 대운은 기신(忌神)인 토기(土氣)가 왕성(旺盛)하고 축술형(丑戌刑)이 되어 고생(苦生)을 겪어야 하며, 정유(丁酉), 병신(丙申) 대운은 화기(火氣)가 왕성(旺盛)하여 신유금(申酉金)을 개두(蓋頭)로 작용하여 우여곡절 끝에 성공할 수 있다. 그러나 을미(乙未), 갑오(甲午) 대운이 들어오면서 목화(木火)가 왕(旺)하여 대발(大發)할 수가 있다.

계사(癸巳) 대운은 식상용신운(食傷用神運)에 관성화기(官星火氣)가 역시 용신(用神)이니, 2007년(丁亥年)에 한나라당 대통령 후보에 선출(選出)된 이명박(李明博) 씨의 명조(命造)이다. 희신(喜神)은 수목화(水木火)이고, 기신(忌神)은 토금(土金)이다.

정해년(丁亥年)은 정화(丁火)가 희신(喜神)이고, 해자축(亥子丑)이 합수국(合水局)을 이루어 대길(大吉)하였다. 8월19일은 무신월(戊申月), 을유일(乙酉日)은 토금군(土金運)으로 불길(不吉)하였으나, 대운(大運)과 세운(歲運), 그리고 전반 기운이 좋았기 때문에 어렵게 승리하였다고 추정한다. 12월19일 임자월(壬子月), 정해일(丁亥日)이 되므로 용신(用神)이 되니 무난하게 제17대 대통령에 당선되었다고 추정한다.

戊	戊	辛	辛
寅	寅	丑	卯

丁	丙	乙	甲	癸	壬
未	午	巳	辰	卯	寅

무토일주(戊土日主)가 축월(丑月)에 태어나고 지지(地支)에 인묘목(寅卯木)이 춘절(春節)이니 천한지동(天寒地凍)한 형상이다. 우선 조후(調候)가 필요(必要)하니 인중병화(寅中丙火)를 용신(用神)으로 한다. 무토(戊土)가 양신금(兩辛金)에 설기(泄氣)되고, 인묘목(寅卯木)으로부터 극제(剋制)를 당하니 월지축토(月支丑土)에 의지(依支)할 수밖에 없다. 원국(原局)에서 목기(木氣)인 관살(官殺)이 태왕(太旺)하여 금기(金氣)로 절목(折木)해야 하니 신금(辛金)이 희신(喜神)이 되는 것이다. 따라서 화토금(火土金)이 희신(喜神)이고, 수목(水木)이 기신(忌神)이 되는 것이다.

무인일주(戊寅日主)는 인중(寅中)에 무병갑(戊丙甲)이 암장(暗葬)되어 있어 목화토(木火土)가 무토(戊土)가 비견(比肩)으로 방근(幇劢)되어 있고, 병화인수(丙火印綬)와 인목관성(寅木官星)이 관인(官印)으로 생조(生助)하니 무토(戊土)가 약(弱)하지 않다. 원국(原局)이 인묘목국(寅卯木局)으로 이루어져 식신제살격(食神制殺格)이 되어 신약(身弱)하지만 귀격(貴格)이 된 것이다.

초년(初年)인 임인(壬寅), 계묘(癸卯), 갑진(甲辰) 대운은 수목(水木)이 기신(忌神)으로 불길(不吉)을 암시(暗示)하고 있다. 갑진(甲辰)대운인 1974년 甲寅年은 육영수(陸英修)여사가 문세광(文世光)에 의해 사망하였고, 1979년 己未年은 갑목(甲木)이 기신(忌神)이고, 지지(地支)에 인묘진목국(寅卯辰木局) 역시 기신(忌神)이다. 기미년(己未年)은 희신(喜神)이지만 지지(地支)가 축미충(丑未沖)으로 용신(用神)을 충(沖)하여 10 · 26사건으로 박정희(朴正熙) 대통령이 사망(死亡)하였다.

중년(中年)인 을사(乙巳), 병오(丙午), 정미(丁未) 대운은 용신화운(用神火運)으로 승승장구(乘勝長驅)하였는데 정미(丁未)대운인 병술년(丙戌年), 계사월(癸巳月), 기유일(己酉日)에 피습(被襲)당하였다.

그리고 2007년 정해년(丁亥年), 무신월(戊申月), 을유일(乙酉日)은 정화(丁火)가 용신(用神)이지만 인해합목(寅亥合木), 해묘합목(亥卯合木)으로 기신(忌神)이 을유일(乙酉日)은 을신충(乙辛沖)되고, 인유원진(寅酉怨嗔)이 되어 대선경선(大選競選)에서 이명박(李明博) 후보에게 패(敗)한 박근혜(朴槿惠) 씨의 명조(命造)이다. 원국(原局)에서 인수(印綬)인 화기(火氣)가 어머니인데, 인중병화(寅中丙火)에 암장(暗藏)되어 있으니 인연이 없는 것이다.

乙	己	辛	乙
亥	酉	巳	亥

甲	乙	丙	丁	戊	己	庚
戌	亥	子	丑	寅	卯	辰

기토일주(己土日主)가 사월(巳月)에 태어나 득령(得令)은 하였으나, 사유합금(巳酉合金)이 되고, 신금(辛金)이 투출(透出)하여 식상(食傷)이 태왕(太旺)하니 자연 신약(身弱)하다. 식상(食傷)이 태왕(太旺)하면 금(金)을 제압(制壓)하는 관살(官殺)인 목(木)이 희신(喜神)이 되는데 이를 제살태과격(制殺太過格)이라고 하여 귀격(貴格)이다. 용신분석(用神分析)을 하면 인비(印比)와 관살(官殺)인 화토목(火土木)이 희신(喜神)이고, 식재(食財)인 금수(金水)가 기신(忌神)이다. 원국(原局)에서 사유합금(巳酉合金)이 내합(內合)이 되니 해해자형(亥亥自刑)이 되고, 사해(巳亥)가 천문성(天門星)이니 활인업(活人業)으로 생살지권(生殺之權)을 갖게 되는 법조인(法曹人)임을 암시(暗示)하고 있다.

또한 시상을목(時上乙木)이 편관(偏官)이 되니 시상일위귀격(時上日位貴格)도 성립된다. 년상을목(年上乙木)은 을신충(乙辛冲)으로 거살유살(去殺留殺)이 되어 귀격(貴格)이 되는 것이다.

갑술(甲戌) 대운인 2007년 정해년(丁亥年), 임자월(壬子月)은 갑기합토(甲己合土)와 술토(戌土)로 희신(喜神)이다. 정화(丁火)는 해중갑목(亥中甲木)이 정관(正官), 해중임수(亥中壬水)가 정재(正財)로 수생목(水生木)이 되니 재생관(財生官)하고, 임자(壬子)와 정임합목(丁壬合木)으로 역시 희신(喜神)이 되어 대권삼수(大權三修)에 설욕(雪辱)을 할 수 있을 것이다.

을해(乙亥) 대운인 2001년 임오년(壬午年), 임자월(壬子月)은 을신충(乙辛冲), 사해충(巳亥冲)으로 천충지충(天冲地冲)이 되니 을목관살(乙木官殺)이 충발(冲拔)되고, 임수(壬水)는 기신(忌神)이고, 유년(流年)에서 자오충(子午冲)으로 화용신(火用神)이 충발(冲拔)되어 대선(大選)에서 낙선(落選)되었다. 원국(原局)에서 식상금(食傷金)이 금생수(金生水)로 식신생재격(食神生財格)이 되어 금상첨화(錦上添花)가 되었다.

4. 조선시대(朝鮮時代)의 왕(王)

甲	己	癸	乙
子	未	未	亥

乙 丙 丁 戊 己 庚 辛 壬
亥 子 丑 寅 卯 辰 巳 午

기토일주(己土日主)**가 미월**(未月)**에 태어나 득령**(得令)**하였고, 좌하미토**(坐下未土)**에 득지**(得地)**하여 신왕**(身旺)**하다. 기토**(己土)**가 월일지**(月日支)**에 양인격**(羊刃 格)**이며 미중을목**(未中乙木)**이 년간**(年干)**에 투출**(透出)**되어 편관격**(偏官格)**이다. 또한 시간**(時干)**에 갑목**(甲木)**이 자수**(子水)**의 생조**(生助)**를 받아 시상정관격**(時上正官格)**도 성립된다.신왕**(身旺)**하면 식재관**(食財官)**이 희신**(喜神)**이 되는데, 가장 건왕**(健旺)**한 용신**(用神)**을 취**(取)**하여야 한다. 식상금**(食傷金)**은 전혀 보이지 않으니 선택의 여지가 없다.**

재성수(財星水)**는 시지자수**(時支子水)**는 년간계수**(年干癸水)**가 투출**(透出)**되어 건록**(建祿)**이 되니 취용**(取用)**할 수 있다. 그러나 계수**(癸水)**는 좌하미토**(坐下未土)**에 절각**(截脚)**으로 제극**(制剋)**을 당하여 우로**(雨露)**에 지나지 않는다. 반면에 을목**(乙木)**은 해수**(亥水)**의 생기**(生氣)**를 받고 있는 데다 계수**(癸水)**로부터 수생목**(水生木)**을 받아 더욱 아름답다.**

관살목(官殺木)**은 혼잡**(混雜)**되어 있으나, 시간갑목**(時干甲木)**을 갑기합**(甲己合)**하여 거관유살**(去官留殺)**이 되니, 자연 년간을목**(年干乙木)**을 취용**(取用)**하는 것이 당연하다. 용신**(用神)**은 건왕**(健旺)**하고, 상**(傷)**함이 없어야 순조롭게 목적**(目的)**을 달성할 수가 있다.**

을목용신(乙木用神)**은 미월조토**(未月燥土)**이지만 해중갑목**(亥中甲木)**에 득근**(得根)**하고, 계수**(癸水)**의 생조**(生助)**로 인하여 고목봉춘격**(枯木逢春格)**이 되니 생기**(生氣)**가 왕성**(旺盛)**하다. 기묘**(寄妙)**한 것은 을목**(乙木)**이 편관**(偏官)**이니 관살**(官殺)**이 용신**(用神)**이라 군인**(軍人)**, 경찰**(警察)**, 판사**(判士)**나 검사**(檢事)**등에서 많이 볼 수 있는데, 기회포착**(機會捕捉)**에 능수능란하고, 혁명적**(革命的)**인 기질과 투쟁심**(鬪爭心)**이 강하고, 진취적**(進取的)**이다.**

또한 미중을목(未中乙木)이 편관(偏官)이 되는데, 년간(年干)에 을목(乙木)이 투출(透出)되어 용신(用神)이 되니 더욱 귀격(貴格)이다. 이러한 경우를 잡기재관격(雜氣財官格)이라고도 한다. 잡기재관격(雜氣財官格)은 진술축미월(辰戌丑未月)에 태어나 재성(財星)과 관살(官殺)이 암장(暗藏)되어 있는 경우를 말한다.

운행(運行)이 수목(水木)으로 향(向)하여 대발(大發)하였다. 경진(庚辰) 대운은 을경합금(乙庚合金), 자진합수(子辰合水)가 되어 희신(喜神)이 되고, 기묘(己卯), 무인(戊寅) 대운은 갑기합(甲己合), 기계충(己癸冲)으로 충중봉합(冲中逢合)하고, 해묘미합목(亥卯未合木), 인해합목(寅亥合木)으로 흉변위길(凶變爲吉)하였다.

정축(丁丑) 대운은 정계충(丁癸冲)으로 정화(丁火)가 충발(冲拔)되었고, 다시 축미충(丑未冲)이 되었으나, 해자축(亥子丑)으로 합수국(合水局)이 되니 다시 흉변위길(凶變爲吉)이 되어 57세에 왕(王)으로 즉위(卽位)하였다. 양인격(羊刃格), 편관격(偏官格), 시상정관격(時上正官格), 잡기재관격(雜氣財官格) 등 4개의 격국(格局)을 가지고 있는 태조(太祖) 이성계(李成桂)의 명조(命造)이다.

甲	壬	乙	丁
辰	辰	巳	丑

丁 戊 己 庚 辛 壬 癸 甲
酉 戌 亥 子 丑 寅 卯 辰

임수일주(壬水日主)가 사월(巳月)에 태어나 실령(失令)하였고 정화(丁火)가 년간(年干)으로 투출(透出)하고 월간을목(月干乙木)과 시간갑목(時干甲木)이 화기(火氣)를 생조(生助)하니, 재성화(財星火)가 왕성(旺盛)하다. 임수일간(壬水日干)은 사중경금(巳中庚金)이 장생(長生)이고 축중신금(丑中辛金)에 득지(得地)하고 좌하진토(坐下辰土)는 습토(濕土)이고 수고(水庫)라 약(弱)하지 않다. 그러나 월지사월(月支巳月)에 비중(比重)을 두고 재성(財星)이 강(强)하니, 비겁(比劫)인 계수(癸水)가 용신(用神)이 되니, 자연 경금(庚金)이 희신(喜神)이다.

임수(壬水)가 양진토(兩辰土)와 축토(丑土)로써 관살(官殺)이 태왕(太旺)하니, 관살(官殺)을 억제(抑制)하는 식상(食傷)이 필요(必要)하니, 목(木) 역시 희신(喜神)이 되는 것이다. 이러한 경우를 식신제살격(食神制殺格)이라고 한다.

임진일주(壬辰日柱)는 괴강격(魁罡格)이라고 하는데, 시주(時柱)까지 괴강격(魁罡格)이 되었다. 괴강격(魁罡格)은 총명(聰明)하고 엄격(嚴格)하며, 부귀빈천(富貴貧賤) 등 극단으로 흐르는 경우가 많다. 임수일주(壬水日主)가 사화(巳火)가 편재(偏財)인데 정화(丁火)가 투출(透出)하니 편재격(偏財格)이 되었으며, 임진일주(壬辰日柱)가 진시(辰時)이면 임기용배격(壬騎龍背格)이라고 하여 귀격(貴格)이다.

임수일간(壬水日干)을 강하호해(江河湖海)라고 하여 대해(大海)의 원천(源泉)이니, 비룡승천(飛龍昇天)하는 형상이며, 두뇌(頭腦)가 명석하여 지혜(智慧)의 창고(倉庫)라고도 한다. 임인(壬寅) 대운인 1419년 己亥年, 23세에 왕위(王位)에 올랐는데, 임수(壬水)는 용신(用神)이고 인목(寅木)은 극토(剋土)로 제살(制殺)하니 오히려 명예(名譽)가 오르는 것인데, 인사형(寅巳刑)이 되어 부친(父親)인 태종(太宗)이 돌아가신 것이다. 기해년(己亥年)은 기토(己土)가 기신(忌神)이 되나 갑기합거(甲己合去)되고 해수(亥水)가 역시 용신(用神)이 되었다.

신축(辛丑), 경자(庚子) 대운은 용신운(用神運)으로 대발(大發)하였으나, 기해(己亥) 대운은 갑기합거((甲己合去)되고 사해충(巳亥冲)으로 용신충발(用神冲拔)이 되어 수명(壽命)을 다하였다. 본명(本命)은 상극(相剋)이나 상충(相沖)이 전혀 없으니 성품(性品)은 원만(圓滿)하고 항상 온화(溫和)하고 일을 순리적으로 조화(調和)롭게 처리하는 인품(人品)의 소유자이다. 또한 비겁(比劫)인 방조(幇助)가 용신(用神)이니, 엄격한 서열 속에서도 형제의 도움으로 조선 4대 임금이 된 세종대왕(世宗大王)의 명조(命造)이다.

甲	癸	乙	甲
寅	酉	亥	午

癸	壬	辛	庚	己	戊	丁	丙
未	午	巳	辰	卯	寅	丑	子

계수일주(癸水日主)가 해월(亥月)에 태어나 득령(得令)하고 좌하유금(坐下酉金)에 득지(得地)하니 신왕(身旺)하다. 계수일주(癸水日主)가 해중갑목(亥中甲木)이 년시간(年時干)으로 투출(透出)하여 장생(長生)이 되니, 목기(木氣) 역시 왕성(旺盛)하다. 따라서 수목상관격(水木傷官格)이다. 계수(癸水)가 해월(亥月)이면 수왕절(水旺節)이고 제왕지(帝旺地)가 되어 더욱 강(强)하다.

그러나 년월간(年月干)의 갑을(甲乙)과 시주(時柱)의 갑인(甲寅)이 건재(健在)하니 계수일간(癸水日干)을 과다(過多)하게 설기(泄氣)시켜 신왕(身旺)에서 신약(身弱)으로 강변위약(强變爲弱)이 되었다. 신약(身弱)이 되면 인수(印綬)나 비겁(比劫)이 용신(用神)이 되는데, 수목상관(水木傷官)은 금기(金氣)를 좋아한다.

본명(本命)은 식상목(食傷木)이 태왕(太旺)하여 목기(木氣)를 극제(剋制)하는 관살토(官殺土)가 희신(喜神)이 된다. 이러한 경우를 제살태과격(制殺太過格)이라고 한다.

운행(運行)이 수목(水木)으로 향(向)하여 불길(不吉)함을 암시(暗示)하고 있다. 1421년 신축년(辛丑年) 8세에 왕세자(王世子)로 책봉된 것은 토금(土金)이 희신(喜神)이 되었기 때문이고, 1451년 신미년(辛未年) 38세에 왕위(王位)에 오르고, 1452년 임신년(壬申年) 39세에 사망(死亡)한 문종(文宗)의 명조(命造)이다.

기묘(己卯) 대운은 기계충(己癸沖), 묘유충(卯酉沖)으로 천충지충(天沖地沖)되어 형액(刑厄)을 암시(暗示)하고 있고, 신미년(辛未年)은 을신충(乙辛沖)이 되어 을목기신(乙木忌神)이 충발(沖拔)되게 길작용(吉作用)을 했으나, 다시 해묘미삼합(亥卯未三合)으로 목국(木局)이 되어 기신(忌神)이 되었고, 임신년(壬申年)은 임수(壬水)가 용신(用神)이 되지만 인신상충(寅申相沖)으로 신금용신(申金用神)이 충발(沖拔)되어 대운(大運)과 세운(歲運)이 절지(絶地)가 되니 살아나기 힘든 것이다.

남명(男命)의 자식(子息)은 관살(官殺)인데, 원국(原局)에서 관살(官殺)이 하나도 없고 오히려 식상(食傷)이 강왕(强旺)하니, 자식(子息)이 귀(貴)한 것을 암시(暗示)하고 있다. 대운(大運)의 흐름에서도 마찬가지로 관살(官殺)이 미약(微弱)하니 자식(子息)이 있다 하여도 양육(養育)하기가 어렵거나 장수(長壽)하지 못한다.

丙	丁	丙	辛
午	巳	申	酉

戊	己	庚	辛	壬	癸	甲	乙
子	丑	寅	卯	辰	巳	午	未

정화일주(丁火日主)가 신월(申月)에 태어나 실령(失令)하였으나 좌하사화(坐下巳火)에 득지(得地)하고 병오시주(丙午時柱)와 월간병화(月干丙火)로 득세(得勢)하여 신왕(身旺)한 것 같지만 자세하게 분석하면 신약(身弱)하다. 정화(丁火)가 년간지(年干支)가 신유금(申酉金)으로 편재격(偏財格)이 되었다. 또한 시지오화(時支午火)에 건록(建祿)이 되니 건록격(建祿格)도 성립된다. 편재격(偏財格)은 신왕(身旺)하고 식상(食傷)이 있어 식상생재격(食傷生財格)이 되어야 부귀(富貴)하는데, 원국(原局)에서 편재(偏財)는 왕(旺)하지만 식상(食傷)이 없는 것이 서운하다.

건록격(建祿格)도 역시 귀격(貴格)이지만 인수목(印綬木)이 없어 더욱 아쉬운 명조(命造)이다. 강약(强弱)으로 논(論)하면 정화일주(丁火日主)가 신월(申月)이면 화기(火氣)는 수기(囚氣)에 해당하고 월간병화(月干丙火)는 일지(日支巳火)에 건록(建祿)이다. 또한 시주병오(時柱丙午)가 방조(幇助)하니 화기(火氣)는 승천(昇天)할 기세(氣勢)이나 토기(退氣)의 계절(季節)이라 미약(微弱)한 것이다.

그러나 신금(辛金)은 신월(申月)에다 유금(酉金)의 건록(建祿)이 되니 금기(金氣)가 당연히 강왕(强旺)하여 재강신약(財强身弱)이 되었다. 신약(身弱)하면 인수(印綬)나 비겁(比劫)을 취용(取用)해야 한다. 용신정법(用神定法)의 하나인 억부법(抑扶法)은 재강(財强)에는 비겁(比劫)을 쓰고, 관살(官殺)이 강(强)할 때는 인수(印綬)를 쓰되 인수(印綬)가 없으면 식상(食傷)으로 제압(制壓)해야 한다.

비겁(比劫)이 강(强)할 때는 관살(官殺)을 써야 하고, 인수(印綬)가 강(强)할 때는 재성(財星)을 써서 기세(氣勢)를 약화(弱化)시키는 것이다. 따라서 이 단종(端宗)의 명조(命造) 역시 재강(財强)하므로 비겁(比劫)으로 재성(財星)을 제압(制壓)해야 한다.

일반적으로 재강(財强)하면 모친(母親)을 조실(早失)할 우려가 있는데, 원국(原局)에서 인수(印綬)가 전혀 없다. 또한 년간신금(年干辛金)이 부친(父親)에 해당하는데, 병신합화수(丙辛合化水)가 되어 기신(忌神)이 되었으니, 어려서 조실부(早失父)한다는 것이 암시(暗示)되어 있다.

1452년 임신년(壬申年)에 문종(文宗)이 사망(死亡)했으니, 이 때 단종(端宗)은 12세였다. 임신년(壬申年)은 기신운(忌神運)이었고, 병임충(丙壬冲)하고 사신형합(巳申刑合)이 되니, 천충지형(天冲地刑)에다 형중봉합(刑中逢合)으로 형액(刑厄)을 면하기 어려운 운세(運勢)이다. 뿐만 아니라 병화형(丙火兄)도 소실(消失)되니 독신지상(獨身之象)이다. 월일지(月日支)가 사신합수(巳申合水)로 신금정처(申金正妻)도 역시 소실(消失)되었다.

원국(原局)에서 화기(火氣)와 금기(金氣)가 화금상전(火金相戰)을 하니, 목기(木氣)나 토기(土氣)가 있으면 중화작용(中和作用)으로 불행(不幸)을 면할 수 있으리라고 추정한다. 1453년 계유년(癸酉年) 13세에 을미(乙未) 대운에서 왕위(王位)에 올랐으나, 1456년 병자년(丙子年)에 강원도 영월에 유배되어, 1458년 무인년(戊寅年)에 사약(死藥)을 받았다.

계유(癸酉)는 금수(金水)로 기신(忌神)이나 을미(乙未) 대운은 사오미화운(巳午未火運)으로 용신(用神)이 되었고, 병자년(丙子年)은 병신합수(丙辛合水), 자오충(子午冲)으로 용신오화(用神午火)를 충발(冲拔)시켰으며, 무인년(戊寅年)은 인사신삼형살(寅巳申三刑殺)로 불록지객(不祿之客)이 되었다.

丁	乙	甲	甲
亥	亥	戌	戌

壬 辛 庚 己 戊 丁 丙 乙
午 巳 辰 卯 寅 丑 子 亥

을목일주(乙木日主)가 술월(戌月)에 태어나 실령(失令)하였으나 좌하해수(坐下亥水)에 득지(得地)하고 시지해수(時支亥水)와 년월간갑목(年月干甲木)이 득세(得勢)하여 신왕(身旺)하다. 월지술중(月支戌中)의 정화(丁火)가 시간(時干)에 투출(透出)되어 식신격(食神格)이 되었다. 또한 술중(戌中)에 신금관살(辛金官殺)과 무토재성(戊土財星)이 암장(暗藏)되어 있으니 잡기재관격(雜氣財官格)도 성립된다. 뿐만 아니라 을해일주(乙亥日柱)가 시지(時支)에 자해묘(子亥卯) 중 하나만 있어도 육을서귀격(六乙鼠貴格)이라고 한다. 육을서귀격(六乙鼠貴格)은 쥐(鼠)가 곡식창고(穀食倉庫)에 들어간 형상이니, 의식주(衣食住)가 풍부하다는 뜻이다.

따라서 본명(本命)은 삼격(三格)을 겸비(兼備)하였다. 그 외에 해해자형살(亥亥自刑殺)이 있고, 술해천문성(戌亥天門星)이 있어 생살권(生殺權)을 장악하거나 특수한 재능(才能)을 가지고 있다는 것을 암시(暗示)한다. 영조(英祖)는 52년간 재위(在位)하였으며, 가장 장수(長壽)한 왕(王)이다. 그러나 가정적으로 오명(汚名)도 많았다.

본명(本命)은 특이(特異)하게 쌍자(雙字)가 많은 것이다. 갑목(甲木)이 두 자, 술토(戌土)가 두 자, 해수(亥水)가 두 자이니, 해당(該當)하는 육친(六親)이 2명이 있다는 것을 암시(暗示)한다. 해자(亥字)는 인수(印綬)로서 모친(母親)이 둘이요, 갑자(甲字)가 둘이니 이복형제(異腹兄弟)가 있다는 뜻이요, 술자(戌字)가 둘이니 처첩(妻妾)이 있었다는 뜻이다. 여기에서 술중신금(戌中辛金)은 자식(子息)을 뜻하니, 아들이 둘이 있으나 난양(難養)을 암시(暗示)하고 있다. 더군다나 화고(火庫)에 신금(辛金)이 있으니 더욱 자식(子息)이 불리(不利)하다.

용신(用神)을 분석하여 보면 신왕(身旺)이니 식재관(食財官)을 써야 한다. 식상화(食傷火)는 정화(丁火)로서 왕성(旺盛)하고, 재성토(財星土) 역시 술토(戌土)로서 왕성(旺盛)하다. 그러나 관살금(官殺金)은 술중신금(戌中辛金)이 암장(暗藏)되어 있으니 불리(不利)하다.정축(丁丑) 대운인 1725년 을사년(乙巳年)에 왕위(王位)에 앉아 운행(運行)이 목화운(木火運)으로 향(向)하여 대발(大發)하였다.

甲	戊	戊	乙
子	戌	寅	卯

庚 辛 壬 癸 甲 乙 丙 丁
午 未 申 酉 戌 亥 子 丑

무토일주(戊土日主)가 인월(寅月)에 태어나 실령(失令)하고 시간(時干)에 갑목(甲木)이 투출(透出)되어 편관격(偏官格)이 성립된다. 편관격(偏官格)은 인수(印綬)로 인화(引化)하여 살인상생(殺印相生)이 되어야 순조롭게 발전하여 명장(名將)이 될 수 있었는데, 인수(印綬)인 화기(火氣)가 없는 것이 아쉽다.

무술일주(戊戌日柱)는 괴강격(魁罡格)으로 길흉화복(吉凶禍福)이 극단적으로 흐르는 경향이 많은 격(格)이다. 따라서 신왕(身旺)을 요(要)한다. 무토일간(戊土日干)이 한랭(寒冷)한 기류(氣流)가 아직까지 지배(支配)하는 인월(寅月)이라 조후용신(調候用神)으로 병화(丙火)가 필요하다. 인중(寅中)의 병화(丙火)가 있으나 투출(透出)하지 못하여 미약(微弱)하다.

원국(原局)에서 관살(官殺)이 태왕(太旺)하니 식상(食傷)이 제압(制壓)해야 하는데, 금기(金氣)가 전혀 없어 시지(時支)의 자수(子水)는 목다수축(木多水縮)이 되었으니, 처(妻)의 고통을 암시(暗示)하고 있다. 관살혼잡(官殺混雜)이 되어 있으면 살인상생(殺印相生)으로 인화(引化)하거나 식상(食傷)으로 제압(制壓)하지 않으면 상신(傷身)하거나 단명(短命)하는 경우가 많다.

다행한 것은 시지(時支)의 자수(子水)는 금수운(金水運)으로 향(向)하여 남편(男便)은 조실(早失)하였으나 혜경궁 홍씨(惠慶宮 洪氏)는 장수(長壽)하였다. 식상(食傷)을 용신(用神)으로 하는 격국(格局)을 식신제살격(食神制殺格)이라고도 한다.

사도세자(思悼世子)는 을해(乙亥) 대운인 임오년(壬午年) 28세에 세상을 하직(下直)하였다. 을목(乙木)이 기신(忌神)이고, 인해합목(寅亥合木)이 되어 더욱 관살(官殺)이 혼잡(混雜)되니, 기신(忌神)이 중첩되었다. 나무로 만든 뒤주 속에서 세상을 떠났으니 죽는 것은 숙명(宿命)이다.

5. 경제계(經濟界)

(1) 경제계(經濟界)는 사업가(事業家)로 성장하여 정치계(政治界)에 입문하였거나 경제(經濟)와 관련된 기관에서 종사하는 공무원(公務員)을 말하며, 은행(銀行), 보험(保險) 등 금융계(金融界)에서 근무하는 사람도 포함된다. 신왕(身旺)하고 재왕(財旺)해야 한다.

신왕(身旺)하면 식상(食傷)이나 재성(財星), 관살(官殺)이 용신(用神)이기 때문에 신왕(身旺)해야 재성(財星)을 다스릴 수 있는 것이다. 왕성(旺盛)한 재(財)는 재생관(財生官)하여 정계(政界)와도 연결되니 사기업(私企業)뿐만 아니라 공기업(公企業)까지도 포함되어 있다.

(2) 원국(原局)에서 식재관(食財官)이나 재관인(財官印)이 구비(具備)되고 조화(調和)가 잘 이루어지면 부귀(富貴)의 명(命)이다.

(3) 원국(原局)에서 신왕(身旺)하고 시상(時上)에 재성(財星)이 건왕(健旺)하면 시상편재격(時上偏財格)이나 시상정재격(時上正財格)이 되어 부귀(富貴)의 명(命)이다.

(4) 월주(月柱)에 재성(財星)이 있거나 재성(財星)이 많은 경우인데, 이 때는 운행(運行)에서 용신(用神)이 들어오면 대부(大富)가 되는 것이다.

(5) 잡기재관격(雜氣財官格)이 성립되면 경제계(經濟界)에 진출하게 된다. 잡기재관격(雜氣財官格)은 진술축미월(辰戌丑未月)에 태어나서 재고(財庫)나 관고(官庫)가 되거나 일지(日支)와 합(合)이 되면 재정계(財政界)에 진출하게 된다.

(6) 경제계(經濟界)는 재정계(財政界)와 혼용(混用)해서 사용하지만 재정계(財政界)는 정계(政界)까지 포함되어 있는 경우이고, 경제계(經濟界)는 경제(經濟), 경영(經營), 재무(財務), 회계(會計), 세무(稅務), 경리(經理), 은행(銀行), 보험(保險), 금융(金融) 등이 포함되어 있다.

丁	庚	丁	乙
丑	申	亥	卯

己	庚	辛	壬	亥	甲	乙	丙
卯	辰	巳	午	未	申	酉	戌

경금일주(庚金日主)**가 시간**(時干)**의 정화**(丁火)**가 있어 시상정관격**(時上正官格)**이라고 한다. 시간정화**(時干丁火)**는 화생토**(火生土)**, 토생금**(土生金)**으로 관인상생**(官印相生)**이 되니, 정화**(丁火)**가 축토**(丑土)**를 생조**(生助)**하고 축토**(丑土)**는 신금**(申金)**을 생조**(生助)**하고 신금**(申金)**은 경금**(庚金)**의 건록**(建祿)**이 되니, 신왕**(身旺)**하다. 을묘재**(乙卯財)**는 해묘합국**(亥卯合局)**으로 신왕재왕격**(身旺財旺格)**이 되었다.**

신왕(身旺)**하면 식재관**(食財官)**이 희신**(喜神)**인데, 식상해수**(食傷亥水)**는 해묘목국**(亥卯木局)**으로 변화**(變化)**되었고, 을목재성**(乙木財星)**은 정화**(丁火)**에 인화**(引化)**되었으나 해묘목국**(亥卯木局)**에 득근**(得根)**하여 왕성**(旺盛)**하다. 또한 관살정화**(官殺丁火)**는 목생화**(木生火)**하여 정관**(正官)**이 건왕**(健旺)**하다.**

월지해수(月支亥水)**가 해묘목국**(亥卯木局)**이 되어 식신생재격**(食神生財格)**이 되어 더욱 아름답다. 운행**(運行)**이 중년**(中年) **이후에 화목**(火木)**으로 향**(向)**하여 대발**(大發)**하였다. 을유**(乙酉) **대운은 을경합**(乙庚合)**으로 용신**(用神)**이 합금**(合金)**되고, 묘유충**(卯酉冲)**으로 세 번이나 가출을 시도한 끝에 19세인 계유년**(癸酉年)**에 탈출에 성공하였다.**

갑신(甲申) **대운 중 32세 되던 병술년**(丙戌年)**에 현대자동차 대표가 되었고, 계미**(癸未) **대운 중 36세 되던 경인년**(庚寅年)**에 현대건설을 창업하였다. 경진**(庚辰) **대운에 노사분규가 확산되어 막대한 손실을 보았고, 기묘**(己卯) **대운에 대선**(大選)**을 치루고 백기 들고 항복을 선언하였으나, 기사회생**(起死回生)**으로 1998년**(戊寅年)**에 소를 몰고 휴전선을 넘어 통일의 빗장을 열게 되었다. 전 현대그룹 회장인 정주영**(鄭周永) **씨의 명조**(命造)**이다.**

壬	戊	戊	庚
戌	申	寅	戌

丙 乙 甲 癸 壬 辛 庚 己
戌 酉 申 未 午 巳 辰 卯

무토일주(戊土日主)가 인월(寅月)에 태어나 실령(失令)하였지만 인중무토(寅中戊土)가 월간(月干)에 투출(透出)하여 편관격(偏官格)이 되었다. 시상임수(時上壬水)가 신술합금(申戌合金)의 생조(生助)를 받아 시상편재격(時上偏財格)이 성립된다. 신중경금(申中庚金)이 년간(年干)에 투출(透出)되어 시상임수(時上壬水)를 금생수(金生水)로 역시 생조(生助)하니, 식신생재격(食神生財格)도 성립되는 것이다. 따라서 재기(財氣)가 통문(通門)되어 부명(富命)은 틀림이 없다.

지지(地支)에는 인술(寅戌)이 화국(火局)이 되어 무토(戊土)를 생조(生助)하고 신술(申戌)이 금국(金局)이 되어 임수(壬水)를 생조(生助)하니, 신왕재왕격(身旺財旺格)도 성립된다. 따라서 인신상충(寅申相沖)이 해소(解消)되는 것이다. 신왕(身旺)이면 식재관(食財官)이 희신(喜神)이고, 인비(印比)가 기신(忌神)이다. 조후용신(調候用神)으로 화기(火氣)도 무방하다.

경진(庚辰) 대운은 신진재국(申辰財局)을 이루어 일찍이 무역(貿易)과 인연이 있어 사업가(事業家)로 진출하는 계기가 되었다. 신사(辛巳) 대운은 신금(辛金)이 희신(喜神)이고 사신합수(巳申合水)가 되어 오히려 재국(財局)을 이루어 일본과 유대를 가지고 삼성상회(三星商會)를 개설하였다. 이 때 와세다대학을 중퇴하게 된 것은 인사신삼형살(寅巳申三刑殺)의 작용으로 추리한다.

임오(壬午) 대운에는 삼성물산공사를 설립하고 제일제당을 창업했으며, 제일모직까지 운영하여 사업의 저변확대가 이루었다. 이것은 임수(壬水)가 재성(財星)이 되고 인오술삼합(寅午戌三合)으로 세력을 확장시켰을 것으로 추리한다. 계미(癸未) 대운은 56세 때(乙巳年) 중앙일보 사장으로 취임함으로써 최고의 재벌로 군림하였다.

갑신(甲申) 대운은 주마득령(走馬得令)으로 승승장구(乘勝長驅)하였으나, 병술(丙戌) 대운은 병임충(丙壬沖), 인술화국(寅戌火局)으로 재성수기(財星水氣)가 초조(焦燥)하여 1998년(戊寅年)에 불록지객(不祿之客)이 된 전 삼성그룹 회장 이병철 씨의 명조(命造)이다.

癸	戊	辛	丙
亥	午	丑	子

己 戊 丁 丙 乙 甲 癸 壬
酉 申 未 午 巳 辰 卯 寅

무토일주(戊土日主)**가 축월**(丑月)**이라 한랭**(寒冷)**하니 조후**(調候)**로 화기**(火氣)**가 필요**(必要)**하다. 격국**(格局)**으로 보아 축중계수**(丑中癸水)**가 암장**(暗藏)**되어 있어 잡기재관격**(雜氣財官格)**이다. 또한 축중신금**(丑中辛金)**이 직상**(直上)**에 투출**(透出)**되어 토금상관격**(土金傷官格)**이라고도 한다. 뿐만 아니라 축토**(丑土)**와 오화**(午火)**는 양인격**(羊刃格)**도 성립되는 것이다. 용신정법**(用神定法)**에서는 축월생**(丑月生)**이면 화기**(火氣)**를 우선 써야 한다. 축월**(丑月)**은 한기**(寒氣)**가 극심**(極甚)**한 계절이라 만물**(萬物)**이 냉동**(冷凍)**되고 있어 육성**(育成)**이 불가능하기 때문에 화기**(火氣)**의 보온**(保溫)**이 있어야 비로소 만물**(萬物)**을 소생시킬 수 있기 때문이다**

무토(戊土)**가 축토**(丑土)**에 득령**(得令)**하고 좌하오화**(坐下午火)**에 득지**(得地)**하고 년간병화**(年干丙火)**가 투출**(透出)**하여 신왕**(身旺)**으로 보기 쉬우나, 년월간**(年月干)**이 병신합수**(丙辛合水)**가 되고 년월지**(年月支)**가 자축합수**(子丑合水)**가 되어 화토**(火土) **세력보다 금수**(金水) **세력이 강**(强)**하니, 선강후약**(先强後弱)**한 명조**(命造)**이다.**

신약(身弱)**하면 인비**(印比)**인 화토**(火土)**가 용신**(用神)**이고, 식재관**(食財官)**인 금수목**(金水木)**이 기신**(忌神)**이 되는데, 대운**(大運)**이 목화금운**(木火金運)**으로 향**(向)**하여 초년**(初年)**은 대발**(大發)**하였으나 62세 이후는 쇠운**(衰運)**이 되었다.**

만상(萬象)**은 때가 있는 것이다. 인간은 우주 속에서 자연의 섭리를 따라야 한다는 이치를 대변해주고 있다. 본명**(本命)**은 대우그룹 회장이었던 김우중**(金宇中) **씨의 명조**(命造)**이다.**

丁	丁	己	庚
未	亥	卯	申

丁 丙 乙 甲 癸 壬 辛 庚
亥 戌 酉 申 未 午 巳 辰

정화일주(丁火日主)**가 묘월**(卯月)**에 태어나 득령**(得令)**하고 좌하해수**(坐下亥水)**에 득지**(得地)**하고 지지**(地支)**가 해묘미**(亥卯未)**로 삼합목국**(三合木局)**이 되어 인수**(印綬)**가 왕**(旺)**하니 자연 신왕**(身旺)**하다. 정해일주**(丁亥日柱)**는 일지해수**(日支亥水)**가 정관**(正官)**이면서 천을귀인**(天乙貴人)**이 되어 일귀격**(日貴格)**이라**

하여 귀격(貴格)의 하나이다. 정화일주(丁火日主)는 신왕(身旺)하니, 식재관(食財官)을 희신(喜神)으로 쓰고, 인비(印比)를 기신(忌神)으로 한다. 원국(原局)에서 인수(印綬)가 태왕(太旺)하여 재성(財星)인 금기(金氣)를 용신(用神)으로 하니, 토기(土氣)는 희신(喜神)이 된다. 이러한 경우를 식신생재격(食神生財格)이라고 한다.

운행(運行)이 화운(火運)에서 금운(金運)으로 향(向)하이, 초년(初年)인 사오미운(巳午未運)은 기신(忌神)이 되어 고전(苦戰)하였으나 무난하였던 것은 금수(金水)가 개두(蓋頭)하였기 때문이다. 43세 이후부터 서방(西方)으로 향(向)하니, 일익월취지세(日益月就之勢)로 재물(財物)을 많이 축적(蓄積)하였을 것으로 추리한다. 이것은 원국(原局)에서 이미 기토식신(己土食神)이 경금재성(庚金財星)을 생조(生助)하니, 부명(富命)임에 틀림 없다.

갑신(甲申) 대운은 갑기합토(甲己合土)로 갑목기신(甲木忌神)이 길신(吉神)으로 변화하였고, 신금(申金) 역시 재성(財星運)으로 사업(事業)에 대성(大成)하였다. 병술(丙戌) 대운은 병화(丙火)가 기신(忌神)인데, 병경충(丙庚沖)하고 술미형(戌未刑)하니, 운세(運勢)가 기울어지고 있다. 대한항공 회장이었던 조중훈(趙重勳) 씨의 명조(命造)이다.

乙	壬	丙	丙
巳	辰	申	子

戊	己	庚	辛	壬	癸	甲	乙
子	丑	寅	卯	辰	巳	午	未

임수일주(壬水日主)가 신중임수(申中壬水)가 투출(透出)하고 신자진(申子辰)이 삼합수국(三合水局)을 이루어 일간(日干)이 태강(太强)하다. 신강(身强)하면 식재관(食財官)이 희신(喜神)이 되는데, 을목식상(乙木食傷)은 무근(無根)이라 쓸 수가 없고 토관성(土官星)은 진토(辰土)가 신자진합수(申子辰合水)가 되어 역시 쓸 수가 없다. 그래서 병화(丙火)가 사화(巳火)에 건록(建祿)으로 득근(得根)하니 재성화(財星火)가 용신(用神)이고 식상목(食傷木)이 희신(喜神)이 된다. 임진일주(壬辰日主)는 괴강격(魁罡格)이라고 하여 여장부(女丈夫)의 기질을 가지고 있는데, 괴강격(魁罡格)은 신왕(身旺)해야 대길(大吉)하고 신약(身弱)하면 대흉(大凶)하다.

임수(壬水)**는 지혜**(智慧)**의 창고**(倉庫)**라고 하면 병화**(丙火)**는 정보**(情報)**의 근원**(根源)**이라고 한다. 따라서 강**(强)**한 수기**(水氣)**를 설기**(泄氣)**시키는 을목**(乙木)**이 있어 다재다능**(多才多能)**한 두뇌**(頭腦)**를 가지고 있고 병화**(丙火)**가 있으니, 식상생재격**(食傷生財格)**이 되어 기술**(技術)**을 이용하여 재물**(財物)**을 모으는 귀격**(貴格)**의 하나이다. 운행**(運行)**이 화목운**(火木運)**으로 향**(向)**하여 대발**(大發)**하고, 애경산업 회장인 장영신**(張英信) **여사의 명조**(命造)**이다.**

丙	甲	辛	壬
寅	午	亥	戌

己	戊	丁	丙	乙	甲	癸	壬
未	午	巳	辰	卯	寅	丑	子

갑목일주(甲木日主)**가 해월**(亥月)**에 태어나 해중임수**(亥中壬水)**하여 편인격**(偏印格)**이 되었다. 갑목일주**(甲木日主)**가 시지인목**(時支寅木)**에 건록**(建祿)**으로 득근**(得根)**이 되니 신왕**(身旺)**하다. 갑목**(甲木)**이 해월**(亥月)**로 한기**(寒氣)**가 되어 조후**(調候)**에 민감**(敏感)**하다. 따라서 화기**(火氣)**가 있어야 한다.**

원국(原局)**에서 전체적으로 볼 때 수기**(水氣)**도 왕성**(旺盛)**하지만 인오합화**(寅午合火)**가 되고 인중병화**(寅中丙火)**가 투출**(透出)**하고, 오화**(午火)**의 양인**(羊刃)**까지 있어 화기**(火氣) **또한 왕성**(旺盛)**하다. 그러므로 수화**(水火)**의 세력**(勢力)**이 대등**(對等)**하여 수화기제**(水火旣濟)**라고 하여 최상**(最上)**의 귀격**(貴格)**에 속한다.**

운행(運行)**이 목화**(木火)**로 향**(向)**하여 식신생재격**(食神生財格)**이 되어 대재벌**(大財閥)**의 명조**(命造)**임에는 틀림없다. 롯데그룹 회장인 신격호**(辛格浩) **씨의 명조**(命造)**이다.**

6. 정치외교계(政治外交界)

(1) 정치(政治)와 외교(外交)는 밀접한 관계가 있다. 일단 신왕관왕(身旺官旺)해야 한다. 신왕(身旺)하면 정신(精神)과 건강(健康)이 좋아 타인(他人)을 통제(統制)하고, 관리(管理)할 수 있는 능력이 있기 때문이다.

또한 관왕(官旺)하면 깊은 지혜(智慧)와 덕망(德望)으로 자기를 희생봉사할 수 있는 정신을 갖게 되고, 국가관(國家觀)도 뚜렷하다.

(2) 사주원국(四柱原局)에 편인국(偏印局)을 이루게 되면 다재다능(多才多能)할 뿐만 아니라 외국어(外國語)에 대한 소질(素質)이 있고, 외국(外國)에 대한 연구(研究)와 대인관계(對人關係)도 적극적이고, 활동적이기 때문에 외교관(外交官)이 될 수 있는 것이다.

(3) 사주원국(四柱原局)에 역마(驛馬)나 지살(地殺)이 관인(官印)이 되거나 재성(財星)이 되는 경우에 해외직장(海外職場)을 갖게 되고, 재성(財星)은 해외(海外)에서 봉급(俸給)을 받게 되니 정치인(政治人)이나 외교관(外交官)이 된다. 또한 외국대사관(外國大使館)이나 외국상사(外國商社)에 종사하게 되는 것이다. 만약에 여명(女命)이 여기에 해당하면 본인(本人) 또는 남편이 정치인(政治人)이나 외교관(外交官)이다.

丙	丙	戊	丙
申	子	戌	寅

乙 甲 癸 壬 辛 庚 己
巳 辰 卯 寅 丑 子 亥

본명(本命)은 1926년 9월 8일생으로 외무부장관(外務部長官)을 지낸 이동원(李東元)씨의 명조(命造)이다. 병화일주(丙火日主)가 술월생(戌月生)이라 술중무토(戌中戊土)가 투출(透出)되어 식신격(食神格)이다. 병화일간(丙火日干)이 술월(戌月)이라 아직 금기(金氣)의 기세(氣勢)가 남아 있는 계절(季節)이다.

또한 무술토(戊戌土)가 신금(申金)에 토생금(土生金)하고, 신금(申金)은 자수(子水)에 금생수(金生水)하여 식재관(食財官)이 왕성(旺盛)한 일간병화(日干丙火)는 신약(身弱)이다. 신약(身弱)하면 인비(印比)인 목화(木火)가 용신(用神)이다. 그러나 오행(五行)이 전부 갖추어졌으니 오행구전격(五行俱全格)도 성립된다.

또한 식신생재격(食神生財格), 재관인삼귀격(財官印三貴格)이라고 하여 귀격(貴格)이다. 따라서 재물(財物)과 명성(名聲)이 높아지는 부귀명(富貴命)이다. 운행(運行)이 수목화운(水木火運)으로 향(向)하여 원국(原局)과 조화(調和)를 이루어 순탄하게 성공한 명조(命造)이다.

丙	壬	戊	甲
午	申	辰	戌

乙 甲 癸 壬 辛 庚 己
亥 戌 酉 申 未 午 巳

본명(本命)은 1904년 2월 23일에 출생하여 국회의원(國會議員)을 여덟 번이나 연임(連任)한 관록(官祿)을 가지고 있고, 외무부장관(外務部長官)을 지낸 정일형(鄭一亨)씨의 명조(命造)이다. 임수일주(壬水日主)가 진월(辰月)에 태어나고, 진중무토(辰中戊土)가 투출(透出)하니 편관격(偏官格)이고, 시상병화(時上丙火)가 있어 시상편재격(時上偏財格)도 성립된다. 강약(强弱)을 분석(分析)하면 재성(財星)인 화기(火氣)가 화생토(火生土)로 관살(官殺)을 생조(生助)하니 재관(財官)이 왕성(旺盛)하여 신약(身弱)하다.

신약(身弱)하면 억부법(抑扶法)으로 비겁(比劫)이나 인수(印綬)를 써야 하는데, 관살(官殺)이 왕(旺)하니 비겁(比劫)보다는 관살(官殺)을 인화(引化)시키는 금기(金氣)를 써야 한다. 일반적으로 처궁(妻宮)에서 용희신(用喜神)이 있다는 것은 배우자(配偶者)가 명성(名聲)이 높은 지위에 있는 인물인 경우가 많다.

또한 토관살(土官殺)이 근접(近接)해서 금인수(金印綬)를 생조(生助)하고, 신금(申金)은 다시 일간임수(日干壬水)를 생조(生助)하니 이것은 살인상생격(殺印相生格)이라고 하여 귀격(貴格)이다. 살인상생격(殺印相生格)에서 관살(官殺)은 자식(子息)인데 그것이 용희신(用喜神)이 되면 자식(子息)도 명성(名聲)이 높다.

대운(大運)이 40대 이후부터 서북(西北)으로 향(向)하니 국회의원(國會議員)과 외무부장관(外務部長官)을 지냈다. 본명(本命)은 편관격(偏官格), 시상편재격(時上偏財格), 살인상생격(殺印相生格), 오행구전격(五行俱全格) 등 4개의 격국(格局)을 갖추고 있다.

丁	癸	丙	甲
巳	未	子	寅

癸 壬 辛 庚 己 戊 丁
未 午 巳 辰 卯 寅 丑

본명(本命)은 1914년 11월 7일에 출생하여 국회의장(國會議長)을 지낸 이재영(李載瑩)씨의 명조(命造)이다. 계수일주(癸水日主)가 자월(子月)에 태어나 득령(得令)하여 건록격(建祿格)에 해당하고 시간(時干)에 정화(丁火)가 있어 시상편재격(時 上偏財格)도 성립된다. 신왕(身旺)하면 억부법(抑扶法)으로 용신(用神)을 취득(取得)해야 하니 식재관(食財官)을 고려해야 한다. 그러나 계수(癸水)가 자월(子月)이라 한기(寒氣)가 태심(太甚)하니 우선 화기(火氣)를 써야 한다. 따라서 화기(火氣)가 용신(用神)이고, 목기(木氣)가 희신(喜神)이다. 이것을 식신생재격(食神生財格)이라고 한다. 다시 말하여 기술(技術)은 재물(財物)을 낳고, 재물(財物)이 있으면 재생관(財生官)이 되어 자연스럽게 명예(名譽)를 얻고, 권세(權勢)를 누리게 되는 것이다.

원국(原局)에서 재물(財物)의 뿌리가 되는 갑목(甲木)이 건록(建祿)이고, 재성(財星)인 정화(丁火) 역시 건록(建祿)이니 시상편재격(時上偏財格)으로 재벌(財閥)이 틀림없다. 운행(運行)이 목화운(木火運)으로 향(向)하여 재물(財物)과 명성(名聲)은 스스로 들어온다.

庚	癸	壬	乙
申	巳	午	卯

乙 丙 丁 戊 己 庚 辛
亥 子 丑 寅 卯 辰 巳

본명(本命)은 1915년 5월 19일에 출생하여 국회의원(國會議員)을 일곱 번이나 연임(連任)하고, 국회의장(國會議長)을 지낸 정해영(鄭海永)씨의 명조(命造)이다. 계수일주(癸水日主)가 오월(午月)에 태어나 실령(失令)하였으며 하계절(夏季節)의 왕지(旺支)이니 편재격(偏財格)이 성립된다.

지지(地支)에 사오화국(巳午火局)이고, 을묘목(乙卯木)이 생조(生助)하니 화기(火氣)가 왕성(旺盛)하다. 그러나 신중임수(申中壬水)가 투출(透出)하고, 경신금(庚申金)이 계수일간(癸水日干)을 역시 생조(生助)하니 수기(水氣)도 왕성(旺盛)하다. 그러므로 수화(水火)가 상전(相戰)하는 형상이다. 이러한 경우에는 싸움을 말려 통관(通官)시켜주는 목기(木氣)가 용신(用神)이고, 수기(水氣)가 희신(喜神)이다.

원국(原局)이 기묘(奇妙)한 것은 용신을목(用神乙木)이 묘목(卯木)에 건록(建祿)이고, 희신임수(喜神壬水)는 신금(申金)에 장생(長生)이니 용희신(用喜神)이 건왕(健旺)하다. 이러한 경우를 식신생재격(食神生財格)이라고 하여 재복(財福)이 많은 명조(命造)이다. 운행(運行)이 동북(東北)으로 향(向)하여 대발(大發)한 명조(命造)이다.

癸	己	戊	戊
酉	丑	午	午

乙 甲 癸 壬 辛 庚 己
丑 子 亥 戌 酉 申 未

본명(本命)은 1908년 5월 3일에 출생하여 국회의원(國會議員)을 다섯 번이나 하고, 국회의장(國會議長), 교육부장관(教育部長官), 대한체육회장(大韓体育會長)을 역임한 민관식(閔寬植)씨의 명조(命造)이다. 기토일주(己土日主)가 오월생(午月生)으로 득령(得令)하고, 건록격(建祿格)이다. 강약(强弱)을 분석(分析)하면 오월(午月)에 년지오화(年支午火)가 있고, 년월간(年月干)에 무토(戊土)가 있으니 화토(火土)가 태왕(太旺)하다. 우선 조후(調候)로 수기(水氣)가 필요한데, 시간계수(時干癸水)가 유축금국(酉丑金局)의 생조(生助)를 받으니 매우 아름답다. 또한 시간계수(時干癸水)는 시상편재격(時上偏財格)이 되고, 축중계수(丑中癸水)가 투출(透出)되어 용신(用神)이 되니 식신생재격(食神生財格)으로 재복(財福)이 많은 귀격(貴格)이다. 대운(大運)이 서북(西北)으로 향(向)하여 장수(長壽)하는 것은 물론, 순풍(順風)에 돛을 단 격으로 노년기(老年期)까지 부귀(富貴)가 겸전(兼全)한 명조(命造)이다.

庚	己	癸	戊
午	巳	亥	申

己 戊 丁 丙 乙 甲
巳 辰 卯 寅 丑 子

본명(本命)은 1908년 10월 17일에 출생하여 국회의장(國會議長)을 지낸 백두진(白斗鎭)씨의 명조(命造)이다. 기토일주(己土日主)가 해월(亥月)에 태어나 한기(寒氣)가 있으니, 우선 조후(調候)로 화기(火氣)가 용신(用神)이고, 목기(木氣)가 희신(喜神)이다. 격국(格局)으로 보면 기토일간(己土日干)이 해월(亥月)로 정재격(正財格)이 되고, 시지(時支)에 오화(午火)가 있어 건록격(建祿格)도 성립된다.

시간경금(時干庚金)이 상관(傷官)인데 년지신금(年支申金)의 건록(建祿)이 되고, 월간계수(月干癸水)가 편관(偏官)인데 해수(亥水)에 유근(有根)이니 상관(傷官生財格)으로 재복(財福)이 많은 귀격(貴格)이다. 원국(原局)에서 경금상관(庚金傷官)이 건록(建祿)을 득(得)하니 두뇌(頭腦)가 남달리 뛰어나고 계수편관(癸水偏官)이 역시 건록(建祿)d니, 재물(財物)을 취득(取得)하는데는 남다른 감각이 있다. 대운(大運)이 30세부터 목화운(木火運)으로 향(向)하여 순조롭게 성공(成功)한 명조(命造)이다.

丙	丙	丙	乙
申	戌	戌	丑

庚	辛	壬	癸	甲	乙
卯	巳	午	未	申	酉

본명(本命)은 1925년 9월 12일에 출생하여 국회의원(國會議員)을 여덟 번이나 연임(連任)하고 국회의장(國會議長)까지 지낸 박준규(朴浚圭) 씨의 명조(命造)이다.
월일시간(月日時干)에 병화(丙火)가 나란히 있어 삼붕격(三朋格)이라고 하여 귀격(貴格)에 속한다. 또한 병화(丙火)가 축술(丑戌)에 신금(辛金)과 계수(癸水)가 있어 잡기재관격(雜氣財官格)도 성립된다. 병술일주(丙戌日柱)가 괴강(魁罡)이고 병술월주(丙戌月柱)까지 가세(加勢)하니 괴강격(魁罡格)이라고도 한다.

원국(原局)에 축술토(丑戌土)는 식상(食傷)이고 신금(申金)은 편재(偏財)로서 토기(土氣)를 인화(引化)시키니 식상생재격(食傷生財格)으로 재능(才能)과 재물(財物)을 타고났는데, 대운(大運)에서 명예(名譽)까지 도와서 식재관(食財官)과 재생관(財生官)이 조화(調和)를 이루니 부귀겸전격(富貴兼全格)이다.

辛	丁	庚	丙
亥	酉	子	寅

丙	乙	甲	癸	壬	辛
午	巳	辰	卯	寅	丑

본명(本命)은 1926년 11월 30일에 출생하여 국회의원(國會議員)에 여섯 번이나 당선되었으며 국회의장(國會議長)까지 지낸 김재순(金在淳) 씨의 명조(命造)이다.
정화일주(丁火日主)가 자월(子月)에 태어나 편관격(偏官格)이라고 하고, 좌하(坐下)에 유금(酉金)이 있어 천을귀인(天乙貴人)

이라고 하여 일귀격(日貴格)도 성립된다. 또한 시주(時柱)가 신해(辛亥)로 재생관(財生官)이 되니 시상일위귀격(時上一位貴格)이라고도 하여, 귀격(貴格)이다. 정화일간(丁火日干)이 자월(子月)이고 금기(金氣)가 생조(生助)하니, 금수태왕(金水太旺)으로 신약(身弱)하다.

신약(身弱)하면 인비(印比)가 필요한데 년주(年柱)에 병인(丙寅)이 있어 아름답다. 따라서 목화(木火)가 희신(喜神)이고, 금수(金水)가 기신(忌神)인데, 대운(大運)이 목화운(木火運)으로 향(向)하여 대발(大發)하였다.

본명(本命)의 구성은 천간(天干)이 상충(相沖)을 이루고 있어 탁격(濁格)으로 보이지만 금생수(金生水), 수생목(水生木), 목생화(木生火)로 재관인(財官印)이 갖추어져 있어 삼반귀물격(三盤貴物格)이 성립되어 귀격(貴格)이 되었다.

丙	丙	丙	甲
申	子	子	子

壬	辛	庚	己	戊	丁
午	巳	辰	卯	寅	丑

본명(本命)은 1924년 10월 17일에 출생하여 국회의원(國會議員)을 다섯 번이나 연임(連任)하고 공화당(共和黨) 원내총무(院內總務)까지 지낸 길전식(吉典植) 씨의 명조(命造)이다. 병화일주(丙火日主)가 월일시간(月日時干)에 연봉(連逢)되어 있어 삼붕격(三朋格)이라고 한다. 또한 신금재성(申金財星)이 자수관성(子水官星)을 생조(生助)하고, 자수관성(子水官星)은 인수갑목(印綬甲木)을 생조(生助)하고, 인수갑목(印綬甲木)은 일간병화(日干丙火)를 생조(生助)하니 재관인(財官印)이 되어 삼반귀물격(三盤貴物格)도 성립된다.

원국(原局)에서 병화일간(丙火日干)이 신자금수(申子金水)로 이루어져 있으니 신약(身弱)한 것은 틀림없다. 왕수(旺水)를 갑목(甲木)이 인화(引化)하여 병화(丙火)를 생조(生助)하니 자연적으로 갑목(甲木)은 통관용신(通關用神)이 되는 것이다.

또한 자수관살(子水官殺)이 갑목인수(甲木印綬)를 생(生)하고, 갑목인수(甲木印綬)는 병화(丙火)를 생(生)하니 살인상생격(殺印相生格)이라고도 한다. 대운(大運)도 목화운(木火運)으로 향(向)하여 대길(大吉)하지만 임오(壬午) 대운은 천충지충(天冲地冲)이 되어 불길(不吉)함을 암시(暗示)하고 있다.

庚	己	戊	丁
午	丑	申	丑

庚 辛 壬 癸 甲 乙 丙 丁
子 丑 寅 卯 辰 巳 午 未

본명(本命)은 1937년 7월 25일에 출생하여 국회의원(國會議員)을 여섯 번이나 연임(連任)하고, 민주당총재(民主黨總裁)까지 지낸 이기택(李基澤)씨의 명조(命造)이다.

기토일주(己土日主)가 신월(申月)로 토금상관격(土金傷官格)이고, 시지오화(時支午火)는 건록(建祿)이 되어 건록격(建祿格)이라고 한다. 기토일간(己土日干)이 신월(申月)에 태어나 실령(失令)하고, 좌하축토(坐下丑土)에 득지(得地)하고, 시지오화(時支午火)에 년간정화(年干丁火)가 투출(透出)하여 인비(印比)가 태왕(太旺)하여 신강(身强)하다.

신강(身强)하면 식재관(食財官)이 희신(喜神)이고, 인비(印比)가 기신(忌神)이다. 식상(食傷)인 경금(庚金)이 신금(申金)에 건록지(建祿支)가 되어 왕성(旺盛)하다. 재고(財庫)가 되어 더욱 아름답다. 관성(官星)인 목기(木氣)는 대운(大運)에서 인묘진(寅卯辰)으로 들어오니 식재관(食財官)이 모두가 완전(完全)한 귀격(貴格)이다. 원국(原局)에서 억부법(抑扶法)으로 보아 인수(印綬)인 화기(火氣)가 기신(忌神)이 되나 조후(調後)로 보면 희신(喜神)이 되는 것이다. 격국용신(格局用神)은 다양하게 분석(分析)해야 한다.

丁	庚	壬	丁
亥	戌	子	巳

乙 丙 丁 戊 己 庚 辛
酉 戌 亥 子 丑 寅 卯

본명(本命)은 1917년 11월 21일에 출생하고, 24세에 일본육사를 졸업하고, 40세에 육군대장으로 승진하고, 47세 외무장관, 48세 국무총리, 57세 국회의장을 지낸 정일권(丁一權)씨의 명조(命造)이다.

경금일주(庚金日主)가 자월(子月)로 금수상관격(金水傷官格)이고, 경술일주(庚戌日柱)

를 괴강격(魁罡格)이라 하고, 시상정화(時上丁火)가 있어 시상정관격(時上正官格)이라고 한다. 또한 지지(地支)에 해자합수국(亥子合水局)이 되고, 임수(壬水)가 투출(透出)하니 수기태왕(水氣太旺)으로 경금일간(庚金日干)은 태약(太弱)하여 수왕(水旺)을 제지(制止)하기 위해 제방(堤防)을 쌓고, 수기(水氣)를 증발(蒸發)시켜야 하니 화토(火土)가 용희신(用喜神)이 되니 제살태과격(制殺太過格)도 성립된다.

원국(原局)에서 금수상관격(金水傷官格)은 백청(白淸)이라 하여 청귀(淸貴)한 귀격(貴格)이고, 괴강격(魁罡格)과 시상정관격(時上正官格)은 신왕(身旺)해야 목적(目的)을 성취(成就)할 수 있는 것이다. 그러나 제살태과격(制殺太過格)은 인비(印比)와 관살(官殺)이 희신(喜神)이 되는데 정화관살(丁火官殺)은 혼잡(混雜)이 되어 있는데 어떻게 명성(名聲)이 높은 권세(權勢)를 누렸을까 하는 의심이 생긴다. 이것은 격국용신법(格局用神法)에서 거류서배격(去留舒配格)에 해당하는 귀격(貴格)이기 때문이다.

거류서배격(去留敍配格)은 관살(官殺)이 세 가지 중에서 합지(合支) 또는 충지(冲支)하게 하여 그중에 하나만 남게 되면 귀격(貴格)이 되는 것이다.

그러므로 원국(原局)에서 정임합목(丁壬合木)이 되어 거(去)하고, 사해충(巳亥冲)으로 사화(巳火)가 충발(冲拔)되어 거(去)하니 자연적으로 시상정화(時上丁火) 하나만 남게 되어 귀격(貴格)이 되었다.

7. 법조계(法曹界)

(1) 법조계(法曹界)는 국가의 헌법(憲法) 및 법률(法律) 등을 집행하는 계통이다. 판사, 검사, 변호사, 법원 및 검찰행정직, 구치소 등에 종사하는 모든 직종이 해당되는데 삼형살(三刑殺)이 있어야 한다.

(2) 원국(原局)이 신왕관왕(身旺官旺)하고 재성(財星)과 관성(官星)이 있어 재성(財星)으로부터 관성(官星)이 생조(生助)하여 재생관(財星官)이 갖추어야 한다.

(3) 월지(月支)에 양인(羊刃)이 있고 재관(財官)이나 상식(傷食)이 왕성(旺盛)하여야 한다. 일반적으로 식재관(食財官)이 많으면 신약(身弱)으로 간주하는데, 식신제살격(食神制殺格)이나 제살태과격(制殺太過格)이 되는 경우에는 오히려 약변위강(弱變爲强)으로 되는 것이다.

(4) 정기일주(丁己日主)가 재관격(財官格)이 되거나 병경일주(丙庚日主)가 순수하고 청기(淸氣)하면서 신왕(身旺)해야 한다. 정화(丁火)는 예의(禮儀)를 뜻하고 기토(己土)는 신의(信義)와 믿음을 뜻한다. 또한 경금(庚金)은 병화(丙火)를 보아야 제련(製鍊)되어 큰 그릇을 만들기도 하고 두드리면 소리가 멀리까지 들리는 것처럼 일성백리(一聲百里)가 되어야 백성(百姓) 자복(自伏)하니 법관(法官)이 되는 것이고, 병화(丙火)는 정화(丁火)와 같이 달변(達辯)을 뜻하기 때문이다.

(5) 원국(原局)에 술해(戌亥)가 있으면 천문성(天門星)으로 만인(萬人)을 제도(濟度)하여 인간구제(人間救濟)를 하는 것도 법관(法官)이며, 묘유술(卯酉戌) 중에 2개 이상이면 닫힌 철문을 열어주는 철전개금(鐵錢開金)이 되어 인생의 고민(苦悶)을 풀어주는 길성(吉星)이 되어 법관(法官)이 되는 것이다.

(6) 원국(原局)에 비천록마(飛天祿馬)는 판사(判事), 검사(檢事), 변호사(辯護士) 등의 직업(職業)을 갖게 되는 경우가 많다. 비천록마(飛天祿馬)란 비(飛)는 충(沖)을 의미하고 천(天)은 하늘을 의마하여 허공(虛空)이란 뜻이다. 록(祿)은 관성(官星)이고 마(馬)는 재성(財星)을 의미하여 실제로 없는 재관(財官)을 허충(虛沖)하여 얻어낸다는 뜻으로, 귀격(貴格)에 속한다. 임자일(壬子日), 경자일(庚子日), 병오일(丙午日), 정사일(丁巳日), 신해일(辛亥日)이 해당한다.

癸	戊	壬	丁
丑	辰	子	亥

乙 丙 丁 戊 己 庚 辛
巳 午 未 申 酉 戌 亥

본명(本命)**은 1887년 11월 15일에 출생하여 일본 명치대**(明治大) **법학부를 졸업하고 경성법전에서 19년 동안 교수를 역임하고 2대에 걸쳐 대법원장**(大法院長)**을 지낸 김병로**(金炳魯) **씨의 명조**(命造)**이다. 무토일주**(戊土日主)**가 자월**(子月)**에 태어나 실령**(失令)**하였지만 축진토**(丑辰土)**에 유근**(有根)**하고 정화**(丁火)**가 투출**(透出)**하여 신왕**(身旺)**한 것 같이 보인다. 그러나 지지**(地支)**가 해자축**(亥子丑)**, 자진합**(子辰合)**이 되어 전수국**(全水局)**이 되고, 임계수**(壬癸水)**가 투출**(透出)**되어 종재격**(從財格)**이 되었다. 종재격**(從財格)**은 무토**(戊土)**가 재성수**(財星水)**를 따라가야 한다. 따라서 용신**(用神)**은 금수목**(金水木)**이 되고, 기신**(忌神)**은 화토**(火土)**이다.**

원국(原局)**에 임수**(壬水)**가 자수양인**(子水羊刃)**이 있고 해수록**(亥水祿)**이 있어 법관**(法官)**이 틀림없다. 경술**(庚戌) **대운에 일본 명치대**(明治大) **법학부를 졸업하고 기유**(己酉) **및 무신**(戊申) **대운에 경성대**(京城大)**에서 교수로 재직하였으며, 1953년 계사년**(癸巳年)**부터 정유년**(丁酉年)**까지 2대에 걸쳐 대법원장**(大法院長)**을 지냈다. 무진일주**(戊辰日柱)**가 괴강격**(魁罡格)**이 되고 청격**(淸格)**이 되니 청렴결백한 법관**(法官)**이다.**

辛	壬	戊	丙
丑	子	戌	申

乙 甲 癸 壬 辛 庚 己
巳 辰 卯 寅 丑 子 亥

본명(本命)**은 1896년 9월 20일에 출생하여 일본의 명치대**(明治大) **법학부를 졸업하고 1918년 병오년**(丙午年)**에 변호사 시험에 합격하고 1927년 정묘년**(丁卯年)**에 조선변호사협회 회장, 1942년 임오년**(壬午年)**에 조선어학회 사건으로 4년간 복역**(服役)**, 1945년 을유년**(乙酉年)**에 대법원장, 1946년 병술년**(丙戌年)**에 검찰총장, 1948년 무자년**(戊子年)**에 법무장관을 지낸 이인**(李仁) **씨의 명조**(命造)**이다. 임자일주**(壬子日柱)**가 양인**(羊刃)**이고 무술**(戊戌)**이 괴강**(魁罡)**인데 신왕관왕**(身旺官旺)**으로 법관**(法官)**이 틀림없다.**

계묘(癸卯) 대운, 47세 임오년(壬午年)은 임계수(壬癸水)가 기신(忌神)이고, 자묘형(子卯刑), 자오충(子午冲)으로 충형(冲刑)이 중중(重重)하여 옥고(獄苦)를 치렀다. 원국(原局)에 축술형(丑戌刑)이 있어 생살권(生殺權)을 다루는 직종(職種)에 근무하게 되는 경우가 많다.

乙	己	壬	戊
亥	未	戌	申

己	戊	丁	丙	乙	甲	癸
巳	辰	卯	寅	丑	子	亥

기토일주(己土日主)가 술월(戌月)에 태어나 득령(得令)하고 좌하미토(坐下未土)에 득지(得地)하고 무토(戊土)가 투출(透出)하니 신왕(身旺)하다. 신왕(身旺)하면 식재관(食財官)을 취용(取用)해야 하는데, 식상신금(食傷申金)이 왕토(旺土)를 설기(泄氣)하기에는 부담이 있고, 재성임수(財星壬水)는 신금(申金)의 생조(生助)를 받아 월간(月干)에 투출(透出)되어 있어 아름답고, 편관을목(偏官乙木)은 해미목국(亥未木局)에 득근(得根)하니, 편관(偏官)이 가장 유력한 용신(用神)이다. 따라서 신왕관왕(身旺官旺)하다. 또한 지지(地支)에 술미삼형살(戌未三刑殺)이 있어 생살권(生殺權)과 인연이 있으며, 시간을목(時干乙木)이 편관(偏官)이니 시상일위귀격(時上一位貴格)에 해당하여 귀격(貴格)이다.

대운(大運)이 수목북동(水木北東)으로 향(向)하여 대발(大發)하였는데, 법무부장관(法務部長官)을 거쳐 국무총리(國務總理)까지 승승장구한 명조(命造)이다.

丙	庚	辛	甲
戌	子	未	申

戊	丁	丙	乙	甲	癸	壬
寅	丑	子	亥	戌	酉	申

경금일주(庚金日主)가 미월(未月)에 태어나고 신금(申金)이 록근(祿根)이고 월간(月干)에 신금(辛金)이 투출(透出)되니 신왕(身旺)하다. 신왕(身旺)하면 식재관(食財官)을 취용(取用)하는데, 식상자수(食傷子水)가 신금(申金)과 신자합수(申子合水)로 왕성(旺盛)하고 재성갑목(財星甲木)은 절지(絶支)에 있으나, 수생목(水生木)으로 생조(生助)를 하니 역시 재성(財星)도 강(强)하다.

관성병화(官星丙火)는 술중정화(戌中丁火)에 유근(有根)하고 갑목(甲木)의 생조(生助)를 받아 더욱 아름답다. 따라서 식재관(食財官)을 다 갖추어 삼귀격(三貴格)으로 귀격(貴格)이다.

또한 지지(地支)에 술미삼형살(戌未三刑殺)이 있어 생살권(生殺權)을 다루는 직종과 인연이 있는데, 시상병화(時上丙火)는 편관(偏官)이 되어 시상일위귀격(時上一位貴格)이 되어 역시 귀격(貴格)이다. 본명(本命)은 부장검사(部長檢事)를 지내면서 세인(世人)의 존경을 받고 명망(名望)을 누리면서 정의감이 강(强)하였다. 이것은 병경(丙庚)이 함께 있어 금(金)은 정의(正義)에 해당하고 화(火)는 어두운 곳을 밝혀주는 불이기 때문이다.

庚	丙	乙	丁
寅	申	巳	亥

戊	己	庚	辛	壬	癸	甲
戌	亥	子	丑	寅	卯	辰

병화일주(丙火日主)가 사월(巳月)에 태어나 득령(得令)하고 시지인목(時支寅木)이 장생(長生)이고 년월간(年月干)에 정을(丁乙)이 투출(透出)되어 신왕(身旺)하다. 신왕(身旺)하면 식재관(食財官)을 취용(取用)해야 하는데, 식상토(食傷土)는 없고 재성경금(財星庚金)이 신금(申金)에 록근(祿根)이 되니 왕성(旺盛)하다. 또한 관성해수(官星亥水)는 금생수(金生水)로 생조(生助)되어 역시 왕성(旺盛)하니, 재생관(財生官)으로 재관(財官)이 겸비(兼備)되었다. 따라서 재관인(財官印)이 다 갖추어져 역시 삼귀격(三貴格)으로 귀격(貴格)이다.

또한 지지(地支)에 인신사해(寅申巳亥)가 모두 갖추어져 있는 점이 특이(特異)한 명조(命造)이다. 고서(古書)에 인신사해(寅申巳亥)는 사계절(四季節)의 장생(長生)으로 사생(四生)이라고 하여 귀격(貴格)이다. 인(寅)은 화(火)의 장생지(長生支)이고, 신(申)은 수(水)의 장생지(長生支)이고, 사(巳)는 금(金)의 장생지(長生支)이고, 해(亥)는 목(木)의 장생지(長生支)가 되어 사생구전격(四生具全格)이라고 하는데, 고(故) 박정희(朴正熙) 대통령의 명조(命造)와 유사하다. 원국(原局)에 병경(丙庚)이 있어 검사(檢事)로 재직하고 있다.

庚	丙	壬	甲
寅	辰	申	辰

己 戊 丁 丙 乙 甲 癸
卯 寅 丑 子 亥 戌 酉

병화일주(丙火日主)가 신월(申月)에 태어나 실령(失令)하고 좌하진토(坐下辰土)에 실지(失地)되어 신약(身弱)하게 보이나, 인진목국(寅辰木局)이 되고 갑목(甲木)이 투출(透出)되어 선약후강(先弱後强)한 명조(命造)이다. 또한 병화(丙火)가 화생진토(火生辰土)하고 진토(辰土)가 토생경금(土生庚金)하고 경금(庚金)이 금생임수(金生壬水)하고 다시 임수(壬水)가 수생갑목(水生甲木)하고 갑목(甲木)이 목생병화(木生丙火)가 되니, 오행(五行)이 다 갖추어져 있어 오행구전격(五行具全格)이라고 하여 귀격(貴格)이다.

원국(原局)에서 신왕(身旺)하면 식재관(食財官)을 취용(取用)해야 하는데, 식재관(食財官), 재관인(財官印)으로 오기유행(五氣流行)이 되어 더욱 아름답다. 또한 원국(原局)에 병경(丙庚)이 있어 정의감과 사회의 어두운 곳을 밝혀주는 마음가짐이 있어야 하므로 화금(火金)이 갖추어져 있고, 명예(名譽)에 해당하는 임수관성(壬水官星)과 관성(官星)을 도와주는 재성경금(財星庚金)이 신금(申金)에 록근(祿根)이 되어 검사(檢事)로 재직하고 있는 노만경(盧萬京) 씨의 명조(命造)이다.

辛	丁	癸	壬
丑	丑	丑	午

庚 己 戊 丁 丙 乙 甲
申 未 午 巳 辰 卯 寅

정화일주(丁火日主)가 축월(丑月)이고 3축(三丑)으로 식상(食傷)이 태왕(太旺)하니, 신약(身弱)이 되어 제살태과격(制殺太過格)이라 하여 신왕(身旺)보다 오히려 강(强)하게 작용을 한다. 신약(身弱)하면 우선 인비(印比)인 목화(木火)가 용신(用神)이고 식상토(食傷土)를 제압하는 관살수(官殺水)가 희신(喜神)이다. 원국(原局)에 식상축토(食傷丑土), 재성신금(財星辛金), 관살계수(官殺癸水)가 있어 식재관삼귀격(食財官三貴格)이 되었다. 또한 축중신금(丑中辛金)인 재성(財星)과 축중계수(丑中癸水)인 관살(官殺)이 암장(暗藏)되어 있어 잡기재관격(雜氣財官格)이 성립되어 귀격(貴格)이다.

대운(大運)이 동남목화(東南木火)로 향(向)하여 승승장구(乘勝長驅)하여 무오(戊午) 대운에 지청장(支廳長)을 지냈으며, 기미(己未) 대운에는 기계충(己癸沖), 축미충(丑未沖)으로 천충지충(天沖地沖)되어 변호사(辯護士)로 전직(轉職)하였다.

辛	己	癸	己
未	酉	酉	亥

庚 己 戊 丁 丙 乙 甲
辰 卯 寅 丑 子 亥 戌

여명(女命)으로 기토일주(己土日主)가 유월(酉月)에 태어나고 금다(金多)로 설기(泄氣)가 심(甚)하여 신약(身弱)하다. 식상(食傷)이 태왕(太旺)하면 식상금(食傷金)을 극제(剋制)하는 관살목(官殺木)이 필요하다. 이것을 제살태과격(制殺太過格)이라고 하여 신왕(身旺)보다 오히려 강(强)한 작용을 한다.

지지(地支)에 유유자형(酉酉自刑)이 있으니, 생살권(生殺權)을 다루는 직업과 인연이 있어 부장판사(部長判事)로 재직하고 있다. 용신(用神)을 살펴보면 기토(己土)가 유월(酉月)이라 한기(寒氣)가 있는데, 금수(金水)가 태왕(太旺)하니 자연 조후(調候)로 화기(火氣)가 필요하다. 또한 신약(身弱)이라 비겁토(比劫土)가 용신(用神)이고 식상병(食傷病)을 극제(剋制)하는 관살목(官殺木)이 희신(喜神)이다.

대운(大運)으로 볼 때 수목운(水木運)으로 향(向)하여 초년(初年)은 고생(苦生)하였으나 정축(丁丑) 대운부터 대발(大發)하고, 기묘(己卯) 대운에는 기계충(己癸沖), 묘유충(卯酉沖)으로 천충지충(天沖地沖)되어 변호사(辯護士)로 전직(轉職)할 것으로 예상하고 있다.

丁	戊	己	庚
巳	戌	丑	子

丙 乙 甲 癸 壬 辛 庚
申 未 午 巳 辰 卯 寅

무토일주(戊土日主)가 축월(丑月)에 태어나 득령(得令)하고 좌하술토(坐下戌土)가 득지(得地)하여 신왕(身旺)하다. 정사(丁巳)까지 득세(得勢)하여 더욱 왕성(旺盛)하다.
원국(原局)에서 지지(地支)에 축술삼형(丑戌三刑)이 있어 생살권(生殺權)과 인연이 있다. 무토(戊土)가 축토(丑土)로 양인(羊刃)이 있고, 술토(戌土)에 건록(建祿)이 있으니, 군법무관(軍法務官)으로 있다가 변호사(辯護士)를 하고 있다. 신왕(身旺)하면 식재관(食財官)에서 취용(取用)해야 하는데, 관살목(官殺木)은 없고, 식상경금(食傷庚金)과 재성자수(財星子水)가 있어 식신생재격(食神生財格)도 성립되어 귀격(貴格)이다.

辛	丁	辛	癸
亥	亥	酉	酉

甲 乙 丙 丁 戊 己 庚
寅 卯 辰 巳 午 未 申

정화일주(丁火日主)가 지지(地支)에 전국(全局)이 금수(金水)로 되어 있으니, 자연적으로 종수(從水)로 갈 수밖에 없으니 종살격(從殺格)이 성립되어 귀격(貴格)이다. 또한 지지(地支)에 유유(酉酉)와 해해(亥亥)가 자형(自刑)이 중중(重重)되니 생살권(生殺權)과 인연이 있는 직종이 틀림없다.

정기일주(丁己日主)가 재관격(財官格)이고 술해천문성(戌亥天門星)이 있으니, 정화(丁火)는 예의(禮儀)로서 말하는 직업이고, 재관(財官)은 재생관(財生官)으로 명예(名譽)로 집결되어 있으니, 자연 변호사(辯護士)로 전직(前職)이 법관(法官)임을 암시하고 있다. 본명(本命)은 대법원장(大法院長)을 지낸 김덕주(金德柱) 변호사의 명조(命造)이다.

丁	壬	庚	辛
未	子	子	亥

癸 甲 乙 丙 丁 戊 己
巳 午 未 申 酉 戌 亥

임수일주(壬水日主)가 자월(子月)에 태어나 지지(地支)가 해자합수국(亥子合水局)이고 경신금(庚辛金)이 생조(生助)하니 신왕(身旺)하다. 임자일(壬子日)이 중중자수(重重子水)하여 원국(原局)에는 없으나 충오(冲午)가 되니 비천록마(飛天祿馬)가 되었다. 따라서 오중정기(午中丁己)가 재성(財星)과 관성(官星)이 되어 귀격(貴格)이다. 또한 임수(壬水)가 월일지(月日支)에 자수(子水)가 되니, 양인(羊刃), 일인(日刃)이 되어 생살권(生殺權)을 갖는 법관(法官)을 암시하고 있다. 원국(原局)에서 시상정미(時上丁未)가 재관(財官)이 되니, 시상일위귀격(時上一位貴格)이 되어 역시 귀격(貴格)이다. 본명(本命)은 경찰청장(警察廳長)과 대검차장(大檢次長)을 지낸 박천일(朴天一) 씨의 명조(命造)이다.

8. 군인(軍人) 및 경찰(警察)

(1) 군인(軍人), 경찰(警察) 등은 병권(兵權)이나 사회질서를 잡기 위한 통제수단(統制手段)을 행사하는 생살지권(生殺之權)을 다루는 기관에서 종사하는데, 법관(法官), 의약사(醫藥師), 교도관(矯導官), 스포츠맨 등도 포함된다. 따라서 강직(剛直)한 성격을 대표하는 금일주(金日主)가 금기태왕(金氣太旺)한 경우에 무관(武官)과 인연이 있다.

(2) 원국(原局)에서 괴강(魁罡)이나 백호(白虎)가 중중(重重)하거나 시상편관(時上偏官)이나 시상정관(時上正官)이 있어 시상일위귀격(時上一位貴格)이 되어 있는 경우이다. 일반적으로 괴강(魁罡)이나 백호(白虎)는 고집(固執)이 대단하고 투지력(鬪志力)이 강(强)하여 무관(武官)으로 통(通)한다. 최근에는 시상일위귀격(時上一位貴格)이 시상편관(時上偏官)뿐만 아니라 시상정관(時上正官), 시상편재(時上偏財), 시상정재(時上正財), 시상식상(時上食傷)도 포함하여 통변(通辯)해야 한다.

(3) 원국(原局)에서 양인(羊刃), 삼형살(三刑殺), 수옥살(囚獄殺), 또는 천라지망살(天羅地網殺)이 있는 경우이다.

양인(羊刃)은 총과 칼에 해당하고 형살(刑殺)은 생살권(生殺權)을 말하며, 수옥살(囚獄殺)은 죄인(罪人)을 다룬다는 뜻이다. 천라지망(天羅地網)의 망라(網羅)는 물고기나 날아다니는 새를 잡는 그물이라는 뜻으로 법망(法網)으로 범인(犯人)을 체포(逮捕)하는 직업에 해당한다.

참고로 양인(羊刃)은 갑일봉묘(甲日逢卯), 병일봉오미(丙日逢午未), 무일봉오미(戊日逢午未), 경일봉봉유(庚日逢逢酉), 임일봉자(壬日逢子)이고, 형살(刑殺)은 지지(地支)에 인사신(寅巳申), 축술미(丑戌未), 자묘(子卯)가 있는 경우이고, 자자(子子), 오오(午午), 유유(酉酉), 해해(亥亥)가 있는 경우도 포함된다. 수옥살(囚獄殺)은 인오술년일(寅午戌年日)이 자(子), 신자진년일(辛子辰年日)이 오(午), 사유축년일(巳酉丑年日)이 묘(卯), 해자축년일(亥子丑年日)이 유(酉)가 있는 경우이고, 천라지망(天羅地網)은 병정일(丙丁日)이 술해(戌亥), 임계일(壬癸日)이 진사(辰巳)가 있는 경우이다.

戊	庚	癸	壬
寅	辰	丑	戌

辛 庚 己 戊 丁 丙 乙 甲
酉 辛 未 午 巳 辰 卯 寅

경금일주(庚金日主)가 축월(丑月)에 태어나 득령(得令)하고, 좌하진토(坐下辰土)에 득지(得地)하니 신왕(身旺)하다. 경진일주(庚辰日柱)가 괴강(魁罡)이고, 축술삼형살(丑戌三刑殺)이 있으니, 무관(武官)임을 암시(暗示)한다. 또한 임술(壬戌), 계축(癸丑)도 괴강(魁罡)이니 생살권(生殺權)이 더욱 강(强)하여 군경(軍警)이나 법조(法曹)와 관련된 직종에 종사하게 된다. 신왕(身旺)하면 식재관(食財官)에서 취용(取用)해야 하는데 식상임계수(食傷壬癸水)가 왕성(旺盛)하고, 재성인목(財星寅木)이 식신생재격(食神生財格)이 되어 귀격(貴格)이다.

운행(運行)이 화목운(火木運)으로 향(向)하여 순조(順調)롭게 승승장구(乘勝長驅)하였는데 경신(庚申) 대운에 육군대장(陸軍大將)으로 퇴직(退職)하였고, 신유(辛酉) 대운 계미년(癸未年)에 불록지객(不祿之客)이 된 한신(韓信) 장군의 명조(命造)이다.

丙	庚	甲	辛
戌	申	午	酉

戊 己 庚 辛 壬 癸
子 丑 寅 卯 辰 巳

경금일주(庚金日主)가 오월(午月)에 태어나 실령(失令)하였으나, 좌하신금(坐下申金)에 득지(得地)하고, 신유(辛酉)가 득세(得勢)하여 신왕(身旺)하나 경금일주(庚金日主)가 금기(金氣)가 태왕(太旺)하니 무관(武官)임을 암시(暗示)하고 있는데 경금(庚金)이 년지유금(年支酉金)에 양인(羊刃)이 있고, 시상병화(時上丙火)가 편관(偏官)이 되니 시상편관격(時上偏官格)으로 시상일위귀격(時傷一位貴格)이다. 신왕(身旺)하면 식재관(食財官)에서 취용(取用)해야 하는데 재성갑목(財星甲木)은 관성오화(官星午火)를 생조(生助)하고, 시상병화(時上丙火)는 오화(午火)의 양인(羊刃)으로 득근(得根)하고, 오술화국(午戌火局)으로 관국(官局)이 되니 더욱 아름답다. 본명(本命)은 육군참모총장(陸軍參謀總長)을 역임한 민기식(閔機植)씨의 명조(命造)이다.

乙	庚	丁	辛
酉	辰	酉	卯

辛 壬 癸 甲 乙 丙
卯 辰 巳 午 未 申

경금일주(庚金日主)**가 유월**(酉月)**에 태어나 득령**(得令)**하고, 좌하진토**(坐下辰土)**에 득지**(得地)**하고, 지지**(地支)**가 진유합금**(辰酉合金)**이 되니 신왕**(身旺)**하다. 금일주**(金日主)**가 금기**(金氣)**가 태왕**(太旺)**하니 무관**(武官)**임을 암시**(暗示)**하고 있다. 경금일주**(庚金日主)**가 월시지**(月時支)**에 유금**(酉金)**이 있어 양인**(羊刃)**이 중중**(重重)**하다. 원국**(原局)**이 신왕**(身旺)**하면 식재관**(食財官)**에서 취용**(取用)**해야 하는데 식상수**(食傷水)**는 진중계수**(辰中癸水)**로 미약**(微弱)**하고, 재성묘목**(財星卯木)**은 묘유충**(卯酉冲)**으로 역시 미약**(微弱)**하다. 관성정화**(官星丁火)**는 경금**(庚金)**에 금다화몰**(金多火沒)**되기 직전**(直前)**에 있으나 묘목**(卯木)**에 생조**(生助)**를 얻어 절처봉생**(絶處逢生)**하지만 정화관성**(丁火官星)**으로 용신**(用神)**할 수 밖에 없다.**

대운(大運)**이 화목운**(火木運)**으로 향**(向)**하여 승승장구**(乘勝長驅)**하였으나 계사**(癸巳) **대운에 정계충**(丁癸冲), **사유축금국**(巳酉丑金局)**이 되어 용신정화**(用神丁火)**가 충발**(冲拔)**되었고, 지지**(地支)**는 금국**(金局)**이 더욱 강**(强)**하여 묘유충**(卯酉冲)**이 되니 약**(弱)**한 정화**(丁火)**를 생조**(生助)**하던 묘목**(卯木)**마저 충발**(冲拔)**되어 불록지객**(不祿之客)**이 된 육군대령**(陸軍大領)**으로 예편한 윤희욱**(尹熙旭)**씨의 명조**(命造)**이다.**

庚	庚	庚	庚
辰	辰	辰	辰

丁 丙 乙 甲 癸 壬 辛
亥 戌 酉 辛 未 午 巳

경진일주(庚辰日柱)**가 전국**(全局)**을 이루었으니 토금종왕격**(土金從旺格)**이다. 또한 천간**(天干)**이 4경**(四庚)**이니 천원일격**(天元一氣格)**이고, 지지**(地支)**에 4진**(四辰)**이니 지지일기격**(地支一氣格)**도 성립된다. 또는 전국**(全局)**이 토금**(土金)**으로만 이루어져 있는 이기성상격**(二氣成象格)**이라고도 하여 귀격**(貴格)**이 되는 것이다. 경금일주**(庚金日主)**가 다봉금**(多逢金)**이 되고, 경진일주**(庚辰日柱)**가 괴강**(魁罡)**이 되니 무관**(武官)**임을 암시**(暗示)**하고 있다.**

연월일시주(年月日時柱)**가 모두 괴강**(魁罡)**이 되어 특이**(特異)**한 묘격**(妙格)**이면서도 귀격**(貴格)**이다. 삼국**(三國)**을 통일하는 데 직접적으로 기여한 신라 김유신**(金庾信) **장군의 명조**(命造)**이다.**

庚	甲	丁	己
午	子	卯	卯

庚 辛 壬 癸 甲 乙 丙
申 酉 戌 亥 子 丑 寅

갑목일주(甲木日主)**가 묘월**(卯月)**에 득령**(得令)**하고, 좌하자수**(坐下子水)**에 득지**(得地)**하여 신왕**(身旺)**하다. 또한 갑목일주**(甲木日主)**가 년월지**(年月支)**에 묘묘**(卯卯)**로 양인**(羊刃)**이 중중**(重重)**하니 생살권**(生殺權)**과 인연이 있다는 것을 암시**(暗示)**하고 있다. 특이**(特異)**한 것은 일간갑목**(日干甲木)**이 목생정화**(木生丁火)**하고, 화생기토**(火生己土)**하고, 토생경금**(土生庚金)**하니 삼기격**(三奇格)**으로 귀격**(貴格)**이다. 또한 지지**(地支)**에 자묘형**(子卯刑)**이 있고, 시간경금**(時干庚金)**이 편관**(偏官)**이니 시상일위귀격**(時上一位貴格)**에도 해당한다. 따라서 무관**(武官)**이 갖추어야 할 모든 조건을 가지고 있는 전형적인 군인**(軍人)**이다. 신유**(辛酉) **대운에 연합사부사령관**(聯合司副司令官)**을 거쳐 비상기획위원장**(非常企劃委員長)**을 지낸 장성**(張城) **대장**(大將)**의 명조**(命造)**이다.**

戊	戊	戊	庚
午	午	子	子

乙 甲 癸 壬 辛 庚 己
未 午 巳 辰 卯 寅 丑

무토(戊土)**가 3개이니 삼붕격**(三朋格)**이다. 자오쌍구격**(子午雙句格)**이라 하여 상충**(相冲)**으로 보지 않는다. 다시 말하여 수화기재**(水火既濟)**가 되었다는 뜻으로 건강**(健康)**하여 장수**(長壽)**의 명조**(命造)**이다. 원국**(原局)**에서 양인**(羊刃)**이 중중**(重重)**하여 무관**(武官)**의 기질이 있음을 암시**(暗示)**하고 있다.**

또한 지지(地支)**에 자자**(子子)**, 오오**(午午)**가 자형**(自刑)**이 되니 더욱 강렬**(强烈)**한 생살권**(生殺權)**을 가진 직업을 뜻한다. 용신취용**(用神取用)**을 보면 신왕**(身旺)**하여 식재관**(食財官)**인데 식상경금**(食傷庚金)**이 재성자수**(財星子水)**를 생조**(生助)**하니 식신생재격**(食神生財格)**으로 귀격**(貴格)**이다.**

무토(戊土)**가 자월**(子月)**이니 한랭지절**(寒冷之節)**이라 조후**(調候)**가 필요**(必要)**하니 화기**(火氣)**가 희신**(喜神)**이다. 초대**(初代) **국무총리**(國務總理)**를 지낸 이범석**(李範奭) **장군**(將軍)**의 명조**(命造)**이다.**

己	癸	戊	庚
未	卯	子	申

乙 甲 癸 壬 辛 庚 己
未 午 巳 辰 卯 寅 丑

계수일주(癸水日主)**가 자월**(子月)**에 태어나 득령**(得令)**하고 신자합수국**(申子合水局)**에 경금인수**(庚金印綬)**가 생조**(生助)**하니 신왕**(身旺)**하다. 지지**(地支)**에 자묘형**(子卯刑)**이 있고 시간기토**(時干己土)**가 편관**(偏官)**이니 시상일위귀격**(時上一位貴格)**이다. 무기토**(戊己土)**가 있어 관살혼잡**(官殺混雜)**으로 보기 쉬우나 무계합거**(戊癸合去)**되어 거관류살**(去官留殺)**이 되니 오히려 길명**(吉命)**이다. 신왕**(身旺)**하면 식재관**(食財官)**에서 취용**(取用)**해야 되는데, 재성화**(財星火)**는 없고 식상묘목**(食傷卯木)**이 묘미합목국**(卯未合木局)**이 되니 예능**(藝能)**이나 어학**(語學) **방면에 소질이 있다.**

관성기토(官星己土)**는 미토**(未土)**에 득근**(得根)**하여 건왕**(健旺)**하다. 운행**(運行)**이 목화운**(木火運)**으로 향**(向)**하여 대발**(大發)**하였는데, 23세인 경인**(庚寅)**대운 임오년**(壬午年)**에 일본 육사를 졸업하고 30세인 신묘**(辛卯) **대운 기축년**(己丑年)**에 미**(美) **보병학교 참모대를 졸업하고 1950년인 병신년**(丙申年)**에 육참총장**(陸參總長), **1954년 갑오면**(甲午年)**에 합참의장**(合參議長)**을 역임하고, 1958년 39세 임진**(壬辰) **대운 무술년**(戊戌年)**에 예편하여 영국대사를 역임한 대한민국 육군의 군번 1호인 이형근**(李亨根) **육군대장의 명조**(命造)**이다.**

丙	戊	壬	戊
辰	辰	戌	戌

乙 丙 丁 戊 己 庚 辛
卯 辰 巳 午 未 申 酉

무토일주(戊土日主)**가 술월**(戌月)**에 내어나 득령**(得令), **득지**(得地), **득세**(得勢)**하여 전토국**(全土局)**이 되어 종왕격**(從旺格)**이다. 무진일주**(戊辰日柱)**가 괴강**(魁罡)**인데, 임술**(壬戌), **무술**(戊戌)**까지 괴강**(魁罡)**이 중중**(重重)**하여 여장부**(女丈夫)**의 명조**(命造)**이다. 지지**(地支)**에 진진**(辰辰), **술술**(戌戌)**이 있어 천문성**(天門星)**과**

천라지망(天羅地網)이 있어 군경(軍警)에 인연이 있다. 용신(用神)을 분석하면 종왕격(從旺格)이 되어 화토금(火土金)이 희신(喜神)이고, 수목(水木)이 기신(忌神)인데, 대운(大運)이 금화운(金火運)으로 향(向)하여 순조롭게 승진(昇進)이 이루어진다.

본명(本命)은 여군장교(女軍將校)로서 한국 최초로 육군대학(陸軍大學)에서 교관(敎官)으로 재직하고 있는 최경희(崔敬姬) 씨의 명조(命造)이다. 원국(原局)이 가색격(稼穡格)이고 남편궁(男便宮)인 목(木)이 없으니, 독신(獨身)으로 살아갈 것으로 추명(推命)한다.

丁	庚	丙	辛
丑	午	申	酉

己 庚 辛 壬 癸 甲 乙
丑 寅 卯 辰 巳 午 未

경금일주(庚金日主)가 신월(申月)에 태어나 득령(得令)하고 신유금국(申酉金局), 유축합금(酉丑合金)이 되고 신금(辛金)이 투출(透出)하니 신왕(身旺)하다. 경금일간(庚金日干)으로서 신금(申金)은 건록(建祿)이고 유금(酉金)은 양인(羊刃)이니, 무관(武官)임을 암시(暗示)하고 있다. 또한 시간정화(時干丁火)가 있어 시상정관(時上正官)이니, 시상일위귀격(時上一位貴格)이 되어 길명(吉命)이다. 일지오화(日支午火)가 정화(丁火), 병화(丙火)가 투출(透出)되어 관살혼잡(官殺混雜)이 되어 있으나 다행하게도 병화관살(丙火官殺z)은 병신합(丙辛合)으로 거살(去殺)시키고 정화정관(丁火正官)은 용신(用神)이면서 유관(留官)이 되니 거살류관(去殺留官)으로 귀격(貴格)이 되었다.

신왕(身旺)하면 식재관(食財官)에서 취용(取用)해야 되는데, 식상수(食傷水)와 재성목(財星木)은 없고 오로지 관성화(官星火)만이 왕성(旺盛)하다. 대운(大運)마저 화목운(火木運)으로 향(向)하여 순조(順調)롭게 승진(昇進)하여 국방부장관(國防部長官)을 지낸 유재흥(劉載興) 씨의 명조(命造)이다.

甲	丙	乙	壬
午	寅	巳	午

壬	辛	庚	己	戊	丁	丙
子	亥	戌	酉	申	未	午

병화일주(丙火日主)**가 사월**(巳月)**에 태어나 득령**(得令)**하고 사오화국**(巳午火局), **인오화국**(寅午火局)**으로 염열**(炎熱)**하여 태양열**(太陽熱)**과 같이 태왕**(太旺)**하다. 병화**(丙火)**가 사월**(巳月)**애면 건록**(建祿)**이고 오오**(午午)**가 자형**(自刑)**이면서 양인**(羊刃)**이고 인사형**(寅巳刑)**이 있어 생살권**(生殺權)**을 장악하는 군경**(軍警)**이나 법조**(法曹)**와 인연이 있는 직종이 틀림없다. 다행히도 임수**(壬水)**가 사중경금**(巳中庚金)**에 겨우 득근**(得根)**이 되나 미약**(微弱)**하여 증발**(蒸發)**되기 직전에 있다. 운행**(運行)**이 초년**(初年)**인 병오**(丙午), **정미**(丁未)**는 고전**(苦戰)**하였으나 금수운**(金水運)**으로 향**(向)**하여 승승장구**(乘勝長驅)**하였다.**

경술(庚戌) **대운에는 경금**(庚金)**이 용신**(用神)**이지만 갑경충**(甲庚冲), **병경충**(丙庚冲), **을경합**(乙庚合)**으로 충중봉합**(冲中逢合)**이 되니, 형액**(刑厄)**을 암시**(暗示)**하고 있다. 또한 인오술화국**(인오술火局)**이 되어 경금**(庚金)**은 더욱 손상**(損傷)**을 입었다. 부대 내에서 화재**(火災)**가 발생하여 부인**(夫人)**이 실명**(失明)**하였으며, 그 희생**(犧牲)**의 대가**(代價)**로 군복무**(軍服務)**는 계속하여 장군**(將軍)**까지 승진**(昇進)**하였다.**

신해(辛亥) **대운에는 신금용신**(辛金用神)**이 병신합**(丙辛合), **을신충**(乙辛冲)**으로 역시 충중봉합**(冲中逢合)**이 되어 병자년**(丙子年)**에 부정사건**(不正事件)**으로 구속**(拘束)**된 명조**(命造)**이다.**

9. 의약계(醫藥界)

(1) 의약계(醫藥界)는 의사(醫師), 한의사(韓醫師), 치과의사(齒科醫師), 약사(藥師), 간호사(看護師), 병리사(病理士), 작업치료사(作業治療士), 물리치료사(物理治療士), 치과기공사(齒科技功士), 방사선사(放射線士), 제약업(製藥業) 등 의약업(醫藥業)에 종사하는 모든 사람이 포함된다.

일반적으로 금일주(金日主)가 지지(地支)에 목화국(木火局)을 이루고 있는 경우이다. 지지(地支)에 목화국(木火局)이 있으면 목생화(木生火)로 화왕(火旺)하여 금(金)을 제련(製鍊)시킨다는 뜻이고, 화기(火氣)는 환자(患者)에게 광명(光明)이 되니, 고통(苦痛)을 풀어준다는 뜻이다.

(2) 일지(日支)를 중심으로 월시(月時)에 진사술해(辰巳戌亥)가 있거나, 삼형살(三刑殺)이 있는 경우이다. 술해(戌亥)는 천문성(天門星), 진사(辰巳)는 지문성(地門星)이라고 하여 하늘이나 지상에서 닫힌 문을 열어주는 형상이다. 새로운 생명을 재생시켜준다는 뜻이 포함되어 있다. 삼형살(三刑殺)은 군경(軍警)이나 법조계(法曹界)와 마찬가지로 생살지권(生殺之權)을 다루기 때문이다.

(3) 하월생(夏月生)이 육신일(六辛日)에 출생(出生)하고 시주(支柱)에 임진시(壬辰時)나 무술시(戊戌時)가 있는 경우이다. 하월(夏月)이란 사오미월(巳午未月)을 말함이요, 6신일(六辛日)이란 신해(辛亥), 신묘(辛卯), 신미(辛未), 신사(辛巳), 신유(辛酉), 신축(辛丑)으로 지지암장(地支暗藏)에 재성(財星)이나 관살(官殺)이 있는 것으로, 신금(辛金)이 약(弱)해지면서 제련(製鍊)되어 장인(匠人)이 되는 것이니, 기술(技術)을 뜻하는 것이다.

시주(時柱)에 임진(壬辰)을 만나면 상관격(傷官格)이 되어 역시 기술(技術)을 뜻하고, 무술(戊戌)은 천문(天門)으로서 도(道)에 직결(直結)되는데, 인술(仁術)도 도(道)와 통(通)하고 있는 것이다.

(4) 오양간(五陽干)에 인일(寅日)이 월시(月時)에 사(巳)나 신(申)이나 해(亥)를 만나거나, 오음간(五陰干)에 사일(巳日)이 월시(月時)에 인(寅)이나 신(申)이나 해(亥)를 만나는 경우이다. 부연(敷衍)하면 갑인일(甲寅日), 병인일(丙寅日), 무인일(戊寅), 경인일(庚寅日), 임인일(壬寅日)이며, 을사일(乙巳日), 정사일(丁巳日), 기사일(己巳日), 신사일(辛巳日), 계사일(癸巳日)을 말한다.

(5) 지지(地支)에 양인(羊刃)이 있거나, 묘유술(卯酉戌) 중의 2자(二字) 이상이 있는 것으로 묘유(卯酉), 유술(酉戌), 묘술(卯戌)과 같은 경우이다. 양인(羊刃)은 손에 칼을 쥐고 인간의 생살권(生殺權)을 좌우(左右)하는 의사(醫師)나 법조인(法曹人)을 말하고, 묘유술(卯酉戌)은 철전개금(鐵全開金)이라 하여 굳게 잠긴 자물쇠를 여는 것처럼 환자(患者)를 치료(治療)하는 것이 되어, 의약업(醫藥業)에 종사하게 되는 것이다.

庚	庚	戊	己
辰	辰	辰	酉

辛	壬	癸	甲	乙	丙	丁
酉	戌	亥	子	丑	寅	卯

경금일주(庚金日主)가 진월(辰月)에 태어나 득령(得令)하고 좌하진토(坐下辰土)에 득지(得地), 시주(時柱)에 경진(庚辰)이 있고 진유합금(辰酉合金)으로 유근(有根)되고 무기(戊己)가 투출(透出)되니, 토금(土金)이 태왕(太旺)하여 종왕격(從旺格)이 되었다. 원국(原局)에 무진(戊辰), 경진(庚辰)으로 괴강(魁罡)이 중중(重重)하고 지지(地支)에 3진(三辰)으로 천문성(天門星)이 역시 중중(重重)하니 생살권(生殺權)을 다루는 직종이라는 것을 암시(暗示)하고 있다. 또한 년지유금(年支酉金)에 양인(羊刃)은 칼이나 총에 비유(比喩)하니 더욱 더 확신을 주고 있다.

종왕격(從旺格)은 인비(印比)와 식상(食傷)을 취용(取用)하니, 토금수(土金水)가 희신(喜神)이고, 목화(木火)가 기신(忌神)이다.초년(初年)인 1997년 병인(丙寅) 대운인 29세 정축년(丁丑年)에 KAL기 괌 추락사건시 사망(死亡)한 아산병원 외과의사의 명조(命造)이다.

壬	辛	甲	癸
辰	亥	寅	巳

辛	庚	己	戊	丁	丙	乙
酉	申	未	午	巳	辰	卯

신금일주(辛金日主)**가 인월**(寅月)**에 태어나 실령**(失令)**하고 좌하해수**(坐下亥水)**에 실지**(失地)**하니 신약**(身弱)**한데, 년시간**(年時干)**에 임계수**(壬癸水)**가 투출**(透出)**되어 수기**(水氣)**가 태왕**(太旺)**하다. 식상**(食傷)**이 태왕**(太旺)**하면 제살태과격**(制殺太過格)**으로 귀격**(貴格)**이다. 원국**(原局)**에 진사해**(辰巳亥)**가 있어 천문성**(天門星)**이니 의약업**(醫藥業)**과 인연이 있고, 인사형**(寅巳刑)**이 있어 생살권**(生殺權)**과 관련된 직업이 틀림없다. 용신정법**(用神定法)**은 제살태과격**(制殺太過格)**이 되어 인비**(印比)**와 관성**(官星)**이 희신**(喜神)**이고, 식재**(食財)**가 기신**(忌神)**이다.**

대운(大運)**이 화금**(火金)**으로 향**(向)**하여 대발**(大發)**하였는데, 기미**(己未) **대운 무인년**(戊寅年)**은 갑기합**(甲己合)**, 기계충**(己癸冲)**이 되니 천합지충**(天合地冲)**이고 무계합**(戊癸合)**, 인사형**(寅巳刑)**으로 세운**(歲運) **역시 천합지형**(天合地刑)**이 되는 형액**(刑厄)**을 면치 못하니 남편과 사별**(死別)**하였고, 경신**(庚申) **대운 갑신년**(甲申年)**에는 갑경충**(甲庚冲)**, 인사신삼형**(寅巳申三刑)**이 되니 수술**(手術)**을 받았다. 본명**(本命)**은 여명**(女命)**인데 한의원**(韓醫院)**을 하고 있는 명조**(命造)**이다.**

壬	辛	辛	庚
辰	未	巳	戌

戊	丁	丙	乙	甲	癸	任
子	亥	戌	酉	申	未	午

신금일주(辛金日主)**가 사월**(巳月)**에 태어나 사중경금**(巳中庚金)**에 유근**(有根)**하고 경신금**(庚辛金)**이 투출**(透出)**되어 신왕**(身旺)**하다.**

원국(原局)**에서 6신일**(六辛日)**에 출생**(出生)**하고 시주**(時柱)**에 임진시**(壬辰時)**나 무술시**(戊戌時)**가 될 때 의약업**(醫藥業)**에 종사하게 되는데, 신미일주**(辛未日柱)**에 임진시**(壬辰時)**이니 틀림없이 의약업**(醫藥業)**이다. 또한 진사술**(辰巳戌)**이 천문성**(天門星)**이니 활인업**(活人業)**이고, 묘유술**(卯酉戌) **중 2자**(二字)**가 있으니 역시 위와 같은 직업과 관련이 있다.**

신왕(身旺) 하면 식재관(食財官)에서 취용(取用)해야 하는데, 식상임수(食傷壬水)가 왕성(旺盛)하고, 재성목(財星木)은 묘진합목(卯辰合木)이 되어 역시 왕성(旺盛)하고, 관성화(官星火)는 묘목생조(卯木生助)를 얻어 사화(巳火)가 왕성(旺盛)하니, 식재관삼귀격(食財官三貴格)이 되었다.

임수식상(壬水食傷)이 진중계수(辰中癸水)에 유근(有根)하고 묘진목국(卯辰木局)을 다시 생조(生助)하니, 식신생재격(食神生財格)이 되어 귀격(貴格)이다. 본명(本命)은 한의원(韓醫院)을 하고 있는 명조(命造)이다.

丁	癸	癸	辛
巳	巳	巳	亥

丙	丁	戊	己	庚	辛	壬
戌	亥	子	丑	寅	卯	辰

의약업계(醫藥業界)는 오양간인일(五陽干寅日)이 월시지(月時支)에 사신해(巳申亥)가 있거나, 오음간사일(五陰干巳日)이 월시지(月時支)에 인신해(寅申亥)가 있으면 성립된다. 계수(癸水)가 사월(巳月)에 출생(出生)하니 실령(失令)하고 좌하사화(坐下巳火)에 실지(失地)하니 신약(身弱)하다.

진사(辰巳), 술해(戌亥)가 있으면 천문성(天門星)으로 활인업(活人業)이 되어 의약계통(醫藥系統)과 인연이 있다는 것을 암시(暗示)하고 있다. 용신정법(用神定法)으로 볼 때 신약(身弱)하여 인비(印比)인 금수(金水)가 용신(用神)이고, 화토(火土)가 기신(忌神)이다.

특이한 것은 수화상쟁(水火相爭)이 되니 소통(疏通)시켜주는 목(木)이 통관용신(通關用神)이다. 대운(大運)이 동북(東北)으로 향(向)하여 대길(大吉)한데, 경인(庚寅) 대운에는 인사형(寅巳刑)이 되어 고전(苦戰)하였고, 재다신약(財多身弱)이니 결혼(結婚)이 늦을 것으로 추정(推定)한다. 현재 한의원(韓醫院)을 경영하고 있다.

乙	丁	丁	乙
巳	巳	亥	亥

庚 辛 壬 癸 甲 乙 丙
辰 巳 午 未 申 酉 戌

정화일주(丁火日主)가 해월(亥月)에 테어나 실령(失令)하였으나 좌하사화(坐下巳火)에 득지(得地)하고 목화(木火)가 태왕(太旺)하니 신왕(身旺)하다. 원국(原局)에 사해(巳亥)가 있어 천문성(天門星)이 있고 해해(亥亥)가 자형(自刑)이니 생살권(生殺權)과 인연이 있는 직업이라는 것을 암시(暗示)하고 있다.

용신(用神)을 분석하면 신왕(身旺)이라 식재관(食財官)을 써야 하는데, 식상토(食傷土)는 없고 재성금(財星金)은 사중경금(巳中庚金)으로 암장(暗藏)되어 있다. 또한 관성수(官星水)는 해수(亥水)가 되어 왕성(旺盛)하다. 오음간사일(五陰干巳日)이 인신해(寅申亥)가 있는 경우에 의약업(醫藥業)에 종사하게 되는 경우가 많다.

대운(大運)이 금화운(金火運)으로 향(向)하여 초년(初年)은 좋으나 말년(末年)은 애로(隘路)가 많은데, 임오(壬午) 대운에는 정임합목(丁壬合木)이 되어 기신(忌神)이 되었고, 사오화국(巳午火局)으로 해수관(亥水官)이 증발(蒸發) 직전에 있으니, 정축년(丁丑年)에 자식(子息)을 불의(不意)의 사고로 잃은 정형외과의사(整形外科醫師)의 명조(命造)이다.

乙	乙	己	丙
亥	卯	亥	戌

丙 乙 甲 癸 壬 辛 庚
午 巳 辰 卯 寅 丑 子

을목일주(乙木日主)가 해월(亥月)에 태어나 득령(得令)하고 좌하묘목(坐下卯木)에 득지(得地)하여 신왕(身旺)하다. 원국(原局)에 술해(戌亥)가 있어 천문성(天門星)이 있고 해해자형(亥亥自刑)이 있고 묘술(卯戌)이 있으니, 의약업(醫藥業)이 틀림없다. 신왕(身旺)하면 식재관(食財官)에서 취용(取用)해야 되는데, 관성금(官星金)은 없고, 식상병화(食傷丙火)와 재성기토(財星己土)가 식신생재격(食神生財格)이 되어 귀격(貴格)이다. 대운(大運)이 목화운(木火運)으로 향(向)하여 초년(初年)은 고생(苦生)을 하였으나, 을사(乙巳) 대운부터 대발(大發)하여 59세인 갑신년(甲申年)에는 서울시약사회장(藥師會長)으로 당선(當選)된 약사(藥師)의 명조(命造)이다.

丙	戊	甲	壬
戌	午	辰	午

辛 庚 己 戊 丁 丙 乙
亥 戌 酉 申 未 午 巳

무토일주(戊土日主**)가 진월(**辰月**)에 태어나 득령(**得令**)하고 좌하오화(**坐下午火**)에 득지(**得地**)하여 신왕(**身旺**)하다. 원국(**原局**)에서 월시지(**月時支**)가 진술(**辰戌**)이니 건록(**建祿**)이면서 천문성(**天門星**)이고 년일지(**年日支**)가 양인(**羊刃**)이면서 자형(**自刑**)이 되니, 생살권(**生殺權**)과 인연이 있거나 의약업(**醫藥業**)에 종사하고 있다는 것을 암시(**暗示**)하고 있다. 또한 갑진(**甲辰**), 병술(**丙戌**) 등 괴강(**魁罡**)이 중중(**重重**)하니, 총명(**聰明**)하면서도 대부(**大富**), 대귀(**大貴**)한 길명(**吉命**)이다.**

용신(用神**)을 분석(**分析**)하면 전지지(**全地支**)가 화토(**火土**)이며 병무(**丙戊**)가 투출(**透出**)하니 종왕격(**從旺格**)이 되는데, 종격(**從格**)은 인비(**印比**)와 식상(**食傷**)을 희(**喜**)하고 재관(**財官**)을 기(**忌**)한다. 따라서 화토금(**火土金**)이 길(**吉**)하고, 수목(**水木**)이 흉(**凶**)하다. 대운(**大運**)이 화금운(**火金運**)으로 향(**向**)하여 대발(**大發**)하였다. 한양대학교 의료원에서 근무하고 있는 의사(**醫師**)의 명조(**命造**)이다.**

甲	丁	己	戊
辰	亥	未	戌

壬 癸 甲 乙 丙 丁 戊
子 丑 寅 卯 辰 巳 午

정화일주(丁火日主**)가 미월(**未月**)에 태어나 실령(**失令**)하고 토왕(**土旺**)으로 설기(**泄氣**)가 태심(**太甚**)하여 신약(**身弱**)하다. 격국론(**格局論**)에서 식상(**食傷**)이 태왕(**太旺**)하면 신약(**身弱**)이 되는 것은 사실이지만 관살(**官殺**)로 제지(**制止**)해야 되기 때문에 제살태과격(**制殺太過格**)이 되어 귀격(**貴格**)에 속하는 것이다.**

원국(原局**)에서 진술(**辰戌**)이 천문성(**天門星**)이고 술미형(**戌未刑**)이 있으니, 활인업(**活人業**)으로 의약업(**醫藥業**)에 종사하게 된다. 용신론(**用神論**)에서 신약(**身弱**)이니, 인비(**印比**)인 목화(**木火**)가 희(**喜**)하고, 식상(**食傷**)을 제(**制**)하는 관살(**官殺**)인 수(**水**)도 희(**喜**)하다. 또한 년주무술(**年柱戊戌**)과 시주갑진(**時柱甲辰**)이 괴강(**魁罡**)이 되어 고집(**固執**)이 강(**强**)하고 여장부(**女丈夫**)의 기질(**氣質**)이 있으며 화토식상격(**火土食傷格**)이 되어 종교(**宗敎**)나 철학(**哲學**)에 관심이 많다. 본명(**本命**)은 한때 스님의 길을 걷다가 한의사(**韓醫師**)가 된 여명(**女命**)이다.**

甲	壬	丁	辛
辰	子	酉	卯

甲	癸	壬	辛	庚	己	戊
辰	卯	寅	丑	子	亥	戌

임수일주(壬水日主)**가 유월**(酉月)**에 태어나 금왕절**(金旺節)**로 득령**(得令), **좌하자수**(坐下子水)**에 득지**(得地), **자진합수**(子辰合水)**에 신금**(辛金)**이 투출**(透出)**하여 득세**(得勢)**까지 하여 신왕**(身旺)**하다. 신왕**(身旺)**하면 식재관**(食財官)**에서 취용**(取用)**해야 하는데, 식상갑목**(食傷甲木)**은 자진합수**(子辰合水)**에 득근**(得根)**하여 왕성**(旺盛)**하고, 재성정화**(財星丁火)**는 갑목**(甲木)**이 목생화**(木生火)**로 생조**(生助)**되어 역시 왕성**(旺盛)**하여 식신생재격**(食神生財格)**으로 귀격**(貴格)**이다. 그러나 진토관살**(辰土官殺)**은 자진합수**(子辰合水)**로 무력**(無力)**하게 되니, 남편궁**(男便宮)**이 미약**(微弱)**하다.**

그러므로 신축(辛丑) **대운 기묘년**(己卯年)**에 신금기신**(辛金忌神)**이 되고, 축토관**(丑土官)**이 자축합수**(子丑合水), **유축금국**(酉丑金局)**으로 관변인비**(官變印比)**로 기신**(忌神)**이 되고, 기토정관**(己土正官)**도 갑기합**(甲己合), **자묘형**(子卯刑), **묘유충**(卯酉冲)**으로 천합지충형**(天合地冲刑)**이 되어 남편**(男便)**과 사별**(死別)**하였다.**

원국(原局)**에 묘유**(卯酉)**가 있고 임자양인**(壬子羊刃), **갑진괴강**(甲辰魁罡)**이 있으니 의약업**(醫藥業)**이 틀림없다. 한양대의대**(漢陽大醫大)**를 나와 소아과**(小兒科) **의원을 하고 있는 여명**(女命)**의 명조**(命造)**이다.**

10. 종교(宗敎) 및 철학계(哲學界)

(1) 종교계(宗敎界)란 목사, 신부, 수녀, 승려 등 전문적인 직업인들뿐만 아니라 종교에 깊은 신앙인들까지도 포함한 개념이다. 철학계(哲學界)란 주역(周易), 역학(易學), 명리학(命理學), 풍수지리(風水地理), 인상학(人相學), 무속(巫俗) 등 전문적인 직업인들뿐만 아니라 음양오행(陰陽五行)의 원리를 가지고 인생문제(人生問題)를 상담하는 카운슬러 등도 포함되어 있다.

종교(宗敎)나 철학(哲學)은 정신적(精神的)으로 고통(苦痛)을 치유(治癒)하는 의미에서는 의약업계(醫藥業界)와도 유사하다. 따라서 술해천문성(戌亥天門星)이나 화개성(華蓋星)이 있는 경우이다. 화개성(華蓋星)은 인오술년시(寅午戌年時)가 술(戌), 신자진년시(申子辰年時)가 진(辰), 사유축년시(巳酉丑年時)가 축(丑), 해묘미년시(亥卯未年時)가 미(未)를 만나면 성립되는 것이다.

(2) 인수(印綬)가 많고 재성(財星)이나 관성(官星)이 미약(微弱)하거나 식상(食傷)이 태왕(太旺)한 경우이다. 일반적으로 인수(印綬)가 많으면 신왕(身旺)한데 재성(財星)이 있으면 재물(財物)이나 처복(妻福)을 뜻하므로 사업가(事業家)가 되었을 것이고, 관성(官星)이 있으면 명예(名譽)나 조직력(組織力)을 뜻하므로 관직(官職)에 종사했을 것이다.

식상(食傷)이 태왕(太旺)하면 설기(泄氣)가 태심(太甚)하여 신약(身弱)하다. 식상(食傷)은 예술(藝術)이나 기술(技術), 설교(說敎) 등을 뜻하므로 종교(宗敎)나 미래예측학(未來豫測學)과 인연이 있는 것이다.

(3) 화토일주(火土日主)가 화토(火土)가 많거나 금수일주(金水日主)가 금수(金水)가 많은 경우이다. 화생토(火生土)로 토왕(土旺)하면 자연 토신앙(土信仰)에 대한 관심도가 높아지게 되어 종교(宗敎)에 귀의하게 되는 것이고, 금생수(金生水)하여 금수(金水)가 청(淸)하면 도(道)를 의미하기 때문에 속세(俗世)를 떠나게 되는 것이다.

(4) 성직자들이나 승려 등은 일반적으로 재물이나 권력 또는 명예(名譽)에 대하여 관심이 없거나 부족한 것을 의미하기 때문에 재성(財星)이나 관성(官星)이 부족하거나 없다는 것을 의미한다. 따라서 인수(印綬)나 비겁(比劫)이 많은 경우이다.

丙	己	壬	辛
寅	卯	辰	丑

甲 乙 丙 丁 戊 己 庚 辛
辛 酉 戌 亥 子 丑 寅 卯

본명(本命)은 1901년 3월 13일 인시생(寅時生)인 함석헌(咸錫憲)씨의 명조(命造)이다. 기토일주(己土日主)가 진월(辰月)에 태어나 진중을계(辰中乙癸)가 암장(暗藏)되어 있어 을목(乙木)은 편관(偏官), 계수(癸水)는 편재(偏財)가 되니 잡기재관격(雜氣財官格)으로 귀격(貴格)이다.

기토일간(己土日干)이 진토(辰土)와 축토(丑土)에 유근(有根)이 되나 인묘진(寅卯辰)으로 방합(方合)이 되어 관살(官殺)이 태왕(太旺)하다. 따라서 목왕(木旺)을 제압(制壓)하는 금기(金氣)가 필요(必要)하니 식상(食傷)을 희신(喜神)으로 해야 하니 식신재살격(食神財殺格)이 되었다. 용신(用神)은 인비(印比)인 화토(火土)가 되고, 기신(忌神)은 재관(財官)인 수목(水木)이 되는 것이다.

그러므로 목관살(木官殺)이 태왕(太旺)하여 기신(忌神)이고, 재성임수(財星壬水)는 왕목(旺木)에 설기(泄氣)되어 미약(微弱)하여 종교(宗教)에 귀의하게 되는 것이다.

庚	丙	壬	壬
寅	戌	子	寅

庚 己 戊 丁 丙 乙 甲 癸
申 未 午 巳 辰 卯 寅 丑

본명(本命)은 1902년 12월 29일 인시생(寅時生)인 한경직(韓景職) 목사의 명조(命造)이다. 병화일주(丙火日主)가 자월(子月)에 태어나 실령(失令)하고, 좌하술토(坐下戌土)에 실지(失地)하니 신약(身弱)하다. 자월(子月)에 양임수(兩壬水)가 투출(透出)하고, 경금(庚金)의 생조(生助)를 얻어 수왕(水旺)하니, 술토식신(戌土食神)으로 제수(制水)해야 되니 식신제살격(食神制殺格)이다. 인오술년일(寅午戌年日)이 술(戌)을 보면 화개성(華蓋星)이 되어 종교(宗教)에 귀의하게 된 것이다.

운행(運行)이 목화운(木火運)으로 향(向)하여 대길(大吉)하였는데 갑인(甲寅), 을묘(乙卯) 대운에 미(美) 프린스턴 신학대를 졸업하여 인수용신(印綬用神)으로 학문(學問)의 진로가 순탄하였다. 1945년 을유년(乙酉年)부터 1972년 임자년(壬子年)까지 영락교회 목사로 재직하였다.

53세인 무오(戊午) 대운부터 기독교계 육영재단(育英財團)의 책임을 수임(受任)하게 되었다. 원국(原局)에서 병화일주(丙火日主)가 인목(寅木)을 보면 문곡(文曲)과 학당(學堂)이 있고, 화개(華蓋)가 있으니 종교(宗敎)에 귀의한 것이다.

壬	壬	甲	癸
寅	申	寅	丑

丁 戊 己 庚 辛 壬 癸
未 申 酉 戌 亥 子 丑

본명(本命)은 1913년 1월 15일 인시생(寅時生)인 탄허(呑虛)스님의 명조(命造)이다.

임일주(壬日主)가 인월(寅月)에 태어나 실령(失令)하였으나 좌하신금(坐下申金)에 득지(得地)하고, 임계수(壬癸水)가 투출(透出)되어 신왕(身旺)한 것 같으나 춘절(春節)의 인목(寅木)이 시지인목(時支寅木)과 갑목(甲木)이 투출(透出)하여 설기(泄氣)가 태심(太甚)하니 신약(身弱)하다. 그러므로 제살태과격(制殺太過格)이다. 원국(原局)에 임수(壬水)가 신금(申金)은 문곡(文曲)이고, 인목(寅木)을 보면 문창(文昌)으로 모두가 학문(學問)과 관계가 있어 처자(妻子)를 두고, 오대산 월정사(月精寺)에서 승려가 되었다. 이때가 20세인 임자(壬子) 대운에 화개축토(華蓋丑土)와 자축합(子丑合)이 되었기 때문이다.

월지(月支)와 시지(時支)의 문창성(文昌星)은 동양정신(東洋情神)과 깊은 관계가 있어 사서삼경(四書三經)뿐만 아니라 불서(佛書)와 역경(易經)을 혼합(混合)하여 주역(周易) 풀이로 인기가 높았다. 원국(原局)에 학곡(學曲), 문창(文昌)이 있고, 화개성(華蓋星)이 있어 종교(宗敎)에 귀의한 것이다. 정미(丁未) 대운에 71세인 계해년(癸亥年)에 입적(入寂)하였다.

癸	丁	乙	甲
卯	巳	亥	寅

壬 辛 庚 己 戊 丁 丙
午 巳 辰 卯 寅 丑 子

본명(本命)은 1914년 10월 10일 묘시생(卯時生)인 서경보(徐京保) 스님의 명조(命造)이다. 정화일주(丁火日主)가 해월(亥月)에 태어나 해중갑목(亥中甲木)이 투출(透出)하니정인격(正印格)이다. 해중무갑임(亥中戊甲壬)이 암(暗藏)되어 있어 무토(戊土)는 상관(傷官)이고, 갑목(甲木)은 정인(正印)이고,

임수(壬水)는 정관(正官)이 되니, 삼기(三奇)가 정화일간(丁火日干)을 귀(貴)하게 한다는 뜻이다. 관인쌍전격(官印雙全格)이라고 한다. 그러나 해수관성(亥水官星)이 인해합(寅亥合)으로 목기(木氣)로 화(化)하니 태왕(太旺)하게 되어 종왕격(從旺格)이 되었다. 자평(子平)에 의하면 편인(偏印)디 태왕(太旺)하여 비겁(比劫)을 생조(生助)하면 승도(僧道)의 명(命)이라고 하였다.

원국(原局)에서 진사(辰巳)나 술해(戌亥)가 있으면 활인업(活人業)과 인연이 있다. 또한 신왕(身旺)하지만 재성(財星)이나 관성(官星)이 없거나 미약(微弱)하여 종교(宗敎)에 귀의하였고, 정화일간(丁火日干)이 묘(卯)를 만나면 문곡(文曲)이 되니 평생 학문연구(學問硏究)에 혼신(渾身)을 한 것이다. 대운(大運)이 동남운(東南運)으로 향(向)하여 승도인(僧道人)으로서 최적합((最適合)하여 명성(名聲)을 얻었다.

壬	丙	戊	癸
辰	午	午	巳

辛 壬 癸 甲 乙 丙 丁
亥 子 丑 寅 卯 辰 巳

병화일주(丙火日主)가 오월(午月)에 태어나 화왕절(火旺節)로 득령(得令)하고 좌하오화(坐下午火)에 득지(得地)하여 신왕(身旺)하다. 신왕(身旺)하면 식재관(食財官)에서 취용(取用)해야 하는데, 식상토(食傷土)는 진토(辰土)가 임수(壬水)의 고장(庫藏)이 되고, 무토(戊土)가 투출(透出)되어 있으니 건왕(健旺)하다. 재성금(財星金)은 사중경금(巳中庚金)으로 미약(微弱)하고, 관성임수(官星壬水)는 진중계수(辰中癸水)에 득근(得根)하여 왕성(旺盛)하다. 대운(大運)이 동북(東北)으로 향(向)하여 인묘진목운(寅卯辰木運)에는 고전(苦戰)하였다. 그러나 계축(癸丑) 대운부터 수국용신(水局用神)이 들어오니 대길(大吉)하였으리라 추정(推定)한다.

원국(原局)에서 양인(羊刃)이 중중(重重)하고 임수편관(壬水偏官)이 투출(透出)하니 양인가살격(羊刃加殺格)이 되어 귀격(貴格)이 되는 것이다. 또한 시상임수(時上壬水)가 편관(偏官)이니 시상일위귀격(時上一位貴格)도 성립된다. 그런데 계수(癸水)가 있어 정관(正官)이 되니 관살혼잡(官殺混雜)으로 보아 격(格)이 떨어질 것 같으나 무계합(戊癸合)으로 거(去)하니, 이를 거관류살(去官留殺)이라고 하여 귀격(貴格)이 되는 것이다.

원국(原局)에 재성(財星)이 없고 대운(大運)에서도 없으니, 평생 동안 청빈(淸貧)한 선비로 살았기에 후세(後世)에 「적천수천미(滴天髓闡微)」 같은 불후(不朽)의 명저(名著)를 남길 수가 있었다.

丁	乙	甲	癸
亥	亥	子	卯

丁	戊	己	庚	辛	壬	癸
巳	午	未	申	酉	戌	亥

본명(本命)은 1903년 10월 25일 해시생(亥時生)이며 90세인 을묘대운(乙卯大運) 임신년(壬申年)에 불록지객(不祿之客)이 된 박재완(朴在玩) 선생의 명조(命造)이다.

을목일주(乙木日主)가 자월(子月)에 태어나 한기(寒氣)가 있어 동목(凍木)이 되어 있고, 좌하해중갑목(坐下亥中甲木)이 득근(得根)하여 종강격(從强格)이고, 문곡성(文曲星)이 있어 학문(學問)이 깊다. 용신정법(用神定法)에서 종격(從格)은 인비식(印比食)이 희신(喜神)이고, 재관(財官)이 기신(忌神)인데, 시상정화(時上丁火)는 조후용신(調候用神)이 되면서 동시에 설기(泄氣)시키는 식신(食神)이 되고, 해해자형(亥亥自刑)과 자묘형(子卯刑)이 중중(重重)하여 의약업(醫藥業)이나 종교(宗敎) 또는 철학(哲學) 계통에서 종사하게 된다.

원국(原局)에서 재성(財星)과 관성(官星)이 미약(微弱)하니, 한평생 청빈(淸貧)한 선비였기 때문에 「명리요강(命理要綱)」이란 명저(名著)를 남겼다. 대운(大運)이 신유금금운(申酉金金運)에는 고전(苦戰)하였고, 목화운(木火運)에 대발(大發)하였다. 을묘(乙卯) 대운인 임신년(壬申年)에 불록지객(不祿之客)이 되었는데, 정임합목(丁壬合木)이 되어 정화(丁火)가 합거(合去)되었기 때문이다.

己	壬	壬	庚
酉	子	午	申

己	戊	丁	丙	乙	甲	癸
丑	子	亥	戌	酉	申	未

본명(本命)은 1920년 5월 8일 유시생(酉時生)이며 64세인 무자대운(戊子大運) 계해년(癸亥年)에 불록지객(不祿之客)이 된 이석영(李錫英) 선생의 명조(命造)이다.

임수일주(壬水日主)가 오월(午月)에 태어나 실령(失令)하였으나 좌하자수(坐下子水)에 득지(得地)하고, 신유금(申酉金)에 금생수(金生水)로 생조(生助)하니 신왕(身旺)하다.

원국(原局)에 임자양인(壬子羊刃)이 있고, 년지신금(年支申金)이 문곡성(文曲星)과 학당성(學堂星)이 있으니, 평생 학문연구(學問硏究)를 하게 된 것이다. 용신정법(用神定法)에서 식상목(食傷木)은 없고 재성화(財星火)는 오화(午火)가 자오충발(子午冲拔)로 미약(微弱)하고, 관성기토(官星己土)는 정관(正官)이니, 시상정관격(時上正官格)으로 귀격(貴格)이다.

대운(大運)이 금수운(金水運)으로 향(向)하니 불길(不吉)하여 종교(宗教)나 철학(哲學) 계통에서 청빈(淸貧)한 선비였기 때문에 「사주첩경(四柱捷徑)」이란 명저(名著)를 남겼다. 무자대운(戊子大運)은 자오충(子午冲)으로 오화(午火)가 충발(冲拔)되었고, 계해년(癸亥年)은 기계충(己癸冲)으로 기토(己土)가 충발(冲拔)되니, 외충(外冲)에 의하여 천충지충(天冲地冲)으로 불귀객(不歸客)이 된 것이다.

11. 애국지사(愛國志士) 및 의사(義士)

丙	戊	壬	己
辰	子	申	卯

乙 丙 丁 戊 己 庚 辛
丑 寅 卯 辰 巳 午 未

본명(本命)**은 1879년 7월 16일생이며 1909년 31세인 기유년**(己酉年)**에 일본의 이등박문**(伊藤博文)**을 세발의 총탄으로 명중**(命中)**시켜 절명**(絶命)**케 한 안중근**(安重根) **의사**(義士)**의 명조**(命造)**이다. 무토일주**(戊土日主)**가 지지**(地支)**에 신자진삼합**(申子辰三合)**으로 수국**(水局)**을 이루어 구진득위격**(句陳得位格)**이다. 무토**(戊土)**가 재국**(財局)**을 이루었다는 것이다. 구진득위역**(句陳得位格)**의 구진**(句陳)**은 중앙**(中央)**을 관장하는 사령**(司令)**으로서 토신**(土神)**인데 무기**(戊己)**가 토신**(土神)**에 해당하고, 득위**(得位)**란 지위**(地位)**를 얻었다는 뜻으로 지지**(地支)**에 재관**(財官)**을 얻으면 성립되는데 무토**(戊土)**가 수재국**(水財局)**을 이루거나 기토**(己土)**가 목관국**(木官局)**을 이루거나 할 경우이다.**

그러므로 무진일(戊辰日)**, 무신일**(戊申日)**, 무자일**(戊子日)**이 지지**(地支)**에 신자진수국**(申子辰水局)**이 되거나, 기묘일**(己卯日)**, 기해일**(己亥日)**, 기미일**(己未日)**이 해묘미목국**(亥卯未木局)**이 될 경우에 재성**(財星)**과 관살**(官殺)**을 이루게 되어 붙여진 격국**(格局)**이라 귀격**(貴格)**에 속한다.**

그러나 신왕(身旺)**해야 하고 형충**(刑冲)**이 되면 불길**(不吉)**하고 행운**(行運) **역시 형충**(刑冲)**이 되면 불길**(不吉)**하여 감복**(減福)**이 되는 것이다. 임술년**(壬戌年)**에 결혼**(結婚)**을 한 것은 임수**(壬水)**가 희신**(喜神)**인데 정임합목**(丁壬合木)**이 되고 오술합화**(午戌合火)**가 되니 용신**(用神)**이 되었기 때문이다. 신유**(辛酉) **대운인 임신년**(壬申年)**은 신유금**(辛酉金)**이 기신**(忌神)**이고 원국**(原局)**과 대운**(大運)**, 세운**(歲運)**이 신유술**(申酉戌)**로 금국**(金局)**이 역시 기신**(忌神)**이 되니 임수**(壬水)**는 정임합거**(丁壬合去)**하여 정화**(丁火)**를 약화**(弱化)**시켰기 때문이다.**

또한 미중을목(未中乙木)**이 인수**(印綬)**로서 희신**(喜神)**이 되는데 신유금**(辛酉金)**의 강력**(强力)**한 공격**(攻擊)**으로 약**(弱)**한데 유금**(酉金)**에 암장**(暗藏)**된 신금**(辛金)**이 설상가상**(雪上加霜)**으로 목절**(木折)**이 되었다.**

1909년 31세인 기유년(己酉年), 기시(己巳) 대운에서 일본의 이등박문(伊藤博文)을 하얼빈 역(驛)에서 세발의 총탄으로 절명(絶命)시켰다. 이것은 대운(大運)과 세운(歲運)이 사유합금(巳酉合金)이 되어 기시(忌神)이 되고, 희신(喜神)이 묘목(卯木)이 묘유상충(卯酉相沖)이 되니 용희신(用喜神)이 소멸(消滅)된 데 따른 것이다.

癸	癸	癸	戊
丑	亥	亥	寅

庚	己	戊	丁	丙	乙	甲
午	巳	辰	卯	寅	丑	子

본명(本命)은 1878년 10월 6일 평남 강서에서 출생하였으며, 종교인(宗敎人), 교육인(敎育人)으로서 독립운동을 하였고, 1934년 57세인 갑술년(甲戌年)에 사망(死亡)한 도산(島山) 안창호(安昌浩) 선생의 명조(命造)이다. 계수일주(癸水日主)가 해월(亥月)에 태어나 득령(得令), 득지(得地), 득세(得勢)하여 신왕(身旺)하지만 천한지동(天寒地凍)이 되어 우선 조후(調候)로 화기(火氣)가 필요하다. 계수(癸水)가 월일시(月日時)에 세 개가 있는 것을 삼붕격(三朋格)이라고 하며, 해자(亥字)와 축자(丑字) 사이에 자자(子字)가 있는 것으로 간주하여 자수(子水)는 계수(癸水)의 건록(建祿)이 되므로 공록격(拱祿格)이라고 하는 것이다.

신왕(身旺)하면 식재관(食財官)이 희신(喜神)이고, 인비(印比)가 기신(忌神)이다. 수왕(水旺)하니 설기(泄氣)시키는 인목(寅木)이 인해합(寅亥合)하고, 제방(堤防)으로 막아야 하는 무토(戊土)가 무계합(戊癸合)하고, 인중(寅中)의 병화(丙火)가 보역(補役)하니, 자연적으로 극제(剋制)함이 없이 유통(流通(유통))이 되니 청귀(淸貴)한 명조(命造)이다.

일반적으로 수기(水氣)는 지혜(智慧)이고, 화기(火氣)는 달변(達辯)이고, 토기(土氣)는 중용(中庸)이요, 금기(金氣)는 의리(義理)이고, 목기(木氣)는 창조(創造)를 뜻하는데, 본명(本命)은 수기(水氣)가 소통(疏通)이 잘 되어 지혜(智慧)로운 두뇌(頭腦)로 언변(言辯)이 능통(能通)하다. 원국(原局)에서 비겁(比劫)이 태왕(太旺)하다는 것은 부친(父親)과 처궁(妻宮)이 약(弱)하다는 것을 암시(暗示)하고 있다. 12세때 이미 부친(父親)을 여의었다.

병인(丙寅) 대운에는 신민회(新民會)을 결성하고 대한매일신보를 설립했다. 정묘(丁卯) 대운에는 옥고(獄苦)를 치렀으며, 도미(渡美)하여 흥사단(興士團)을 설립하고 무진(戊辰) 대운에는 독립운동을 하였다.

기사(己巳) 대운인 55세 임신년(壬申年)에 일경(日警)에게 체포되었다가 57세인 1934년 갑술년(甲戌年)에 다시 투옥(投獄)되어 사망(死亡)하였다. 기사(己巳) 대운은 기계충(己癸沖), 사해충(巳亥沖)으로 천충지충(天冲地冲)되어 형액(刑厄)을 암시(暗示)하고 있는데, 임신년(壬申年)은 임수(壬水)가 기신(忌神)이고 대운(大運)과 세운(歲運)이 인사신(寅巳申)이 삼형(三刑)을 이루어 체포되었고, 갑술년(甲戌年)은 무갑극(戊甲剋), 축술형(丑戌刑)되어 용신(用神)이 소멸(消滅)되어 사망(死亡)하게 된 것이다.

庚	丁	戊	戊
戌	未	午	申

乙	甲	癸	壬	辛	庚	己
丑	子	亥	戌	酉	申	未

본명(本命)은 1908년 5월 23일에 출생하고 25세인 1932년 12월 19일 일본 육군형무소에서 총살형으로 순국한 매헌(梅軒) 윤봉길(尹奉吉) 의사(義士)의 명조(命造)이다. 정화일주(丁火日主)가 오월(午月)에 태어나 건록격(建祿格)이다. 건록격(建祿格)은 명예(名譽)를 중요시하고, 고향(故鄕)보다 타향(他鄕) 객지에서 성공하는 경우가 많다. 토금(土金)으로 식신생재격(食神生財格)도 성립된다.

정화(丁火)가 오월(午月)에 득령(得令)하고 지지(地支)의 오미합화(午未合火), 오술합화(午戌合火)로 신왕(身旺)한 것으로 보인다. 우선 화기(火氣)가 왕성(旺盛)하니 조후(調候)로 수기(水氣)가 필요하니 조후(調候)로 수기(水氣)가 용신(用神)이다.

강약(强弱)을 분석하면 정화(丁火)가 오월(午月)에 득령(得令)하고 오미합화(午未合火)로 득지(得地)한 것으로 보면 신왕(身旺)하다. 그러나 지지(地支)에 술미토(戌未土)가 있고, 년월간(年月干)에 양무토(兩戊土)가 있어 설기(泄氣)가 태심(太甚)하니 오히려 신약(身弱)하다. 따라서 정화(丁火)가 식상(食傷)인 토기(土氣)가 왕성(旺盛)하니 선왕후약(先旺後弱)이 되었다. 신약(身弱)하면 인수(印綬)와 비겁(比劫)이 용신(用神)이 되고, 식상태왕(食傷太旺)을 제압(制壓)하는 관살(官殺)도 희신(喜神)이 되니 제살태과격(制殺太過格)도 성립된다. 또한 술미삼형살(戌未三刑殺)이 있어 형액(刑厄)을 암시(暗示)하고 있다.

1922년 15세인 임술년(壬戌年)에 결혼(結婚)하였고, 1930년 23세인 경오년(庚午年)에 중국으로 망명하였으며, 1932년 25세인 임신년(壬申年), 임자월(壬子月), 갑인일(甲寅日)에 일본의 시라가 대장에게 수류탄을 투척한 사건으로 육군 형무소에서 총살형으로 순국하였다.

본명(本命)은 무토일간(戊土日干)이 신월생(申月生)이라 휴기(休氣)에 속하고, 신자진삼합(申子辰三合)으로 수국(水局)을 형성하니 더욱 한기(寒氣)가 심(甚)하고, 무토(戊土)가 토류(土流)가 될까 염려된다. 그러므로 조후(調候)인 병화(丙火)가 용신(用神)이고, 목기(木氣)와 조토(燥土)가 희신(喜神)이고, 금수(金水)가 기신(忌神)이다. 1894년 16세인 갑오년(甲午年)에 혼례(婚禮)를 치렀으나 처궁(妻宮)과 자오상충(子午相沖)이 되어 이별(離別)을 암시(暗示)하고 있다.

丙	甲	庚	甲
寅	戌	午	辰

癸	甲	乙	丙	丁	戊	己
亥	子	丑	寅	卯	辰	巳

본명(本命)은 1904년 4월 26일 출생하여 3·1운동 당시에 서대문 감옥에서 처형(處刑)당한 류관순(柳寬順) 의사(義士)의 명조(命造)이다. 갑목일주(甲木日主)가 오월(午月)에 태어나 목화상관격(木火傷官格)이라 하고, 시지(時支)에 인목(寅木)이 있어 귀록격(歸祿格)도 성립된다. 강약(强弱)을 분석하면 지지(地支)에 인오술(寅午戌)로 삼합화국(三合火局)을 이루고 시간(時干)에 병화(丙火)가 투출(透出)하니 갑목(甲木)은 고사직전(枯死直前)에 있으니 수기(水氣)가 용신(用神)이다.

원국(原局)에서 식상(食傷)이 태왕(太旺)하니 식상(食傷)을 제압(制壓)시키는 관살(官殺)인 경금(庚金)이 희신(喜神)이다. 이것을 제살태과격(制殺太過格)이라고 한다. 경금희신(庚金喜神)은 화염(火焰) 속에 파묻혀 소용직전(消鎔直前)에 있으니 쓸모없는 희신(喜神)이다. 정묘(丁卯) 대운은 정화기신(丁火忌神)이고, 묘술화(卯戌火)가 되어 갑목(甲木)이 고사(枯死)당하였다.

癸	癸	丁	己
丑	丑	丑	未

庚	辛	壬	癸	甲	乙	丙
午	未	申	酉	戌	亥	子

계수일주(癸水日主)**가 지지**(地支)**에 축자**(丑字)**가 많은 것을 축요사격**(丑遙巳格)**이라고 한다. 축요사격**(丑遙巳格)**은 신축일**(辛丑日)**과 계축일**(癸丑日)**에 해당하고 축자**(丑字)**가 많을 수록 상격**(上格)**이다. 또한 축**(丑)**이 사자**(巳字)**를 암적**(暗的)**으로 움직이게 하는데, 사중무토**(巳中戊土)**는 계일간**(癸日干)**의 정관**(正官)**이 되고, 사중병화**(巳中丙火)**는 신일간**(辛日干)**의 정관**(正官)**이 된다는 뜻이다. 따라서 기묘**(奇妙)**하고 신묘**(神妙)**한 격국**(格局)**이다. 만약 병오**(丙午)**나 정사**(丁巳)**가 있으면 축자**(丑字)**가 무용지물**(無用之物)**이 된다. 계축일주**(癸丑日柱)**는 축중**(丑中)**에 신금**(辛金)**과 기토**(己土)**가 있어 토생금**(土生金)**으로 살인상생격**(殺印相生格)**이라고도 한다.**

또한 전지지(全地支)**가 토국**(土局)**이 되고 년간기토**(年干己土)**가 투출**(透出)**되어 종살격**(從殺格)**도 성립된다. 계수일주**(癸水日主)**가 축월**(丑月)**에 태어나 천한지동**(天寒地凍)**으로 화기**(火氣)**가 조후용신**(調候用神)**이고, 목기**(木氣)**는 희신**(喜神)**이 된다. 다행하게도 월간정화**(月干丁火)**가 있으나 미약**(微弱)**하다. 정화**(丁火)**는 편재**(偏財)**가 되니 부친**(父親) **또는 처첩**(妻妾)**에 해당하는데 정계충**(丁癸沖)**으로 정화**(丁火)**가 소멸**(消滅)**되어 부친**(父親)**과 조별**(早別)**하였다.**

뿐만아니라 계축일주(癸丑日柱)**가 축월생**(丑月生)**이니 엄동설한**(嚴冬雪寒)**이라 화기**(火氣)**가 퇴색**(退色)**되어 처궁**(妻宮)**이 미약**(微弱)**하게 되었다. 1893년 35세인 계사년**(癸巳年)**에 재혼**(再婚)**하였는데 정계충**(丁癸沖)**으로 정화처**(丁火妻)**가 충발**(沖拔)**되어 이별**(離別)**을 암시**(暗示)**하고 있고, 계사년**(癸巳年)**은 사중병화**(巳中丙火)**가 용신**(用神)**이 되고, 처궁축**(妻宮丑)**과 대운유**(大運酉)**와 세운사**(歲運巳)**와 사유축**(巳酉丑)**으로 삼합**(三合)**이 되었기 때문이다.**

1901년 42세인 신축년(辛丑年)**, 임신**(壬申) **대운에 「헤이그」에서 할복자살로 서거**(逝去)**하였다. 임신**(壬申) **대운은 금수기신**(金水忌神)**이고, 신축년**(辛丑年)**도 역시 기신**(忌神)**이 되어 한기**(寒氣)**가 추가**(追加)**하니 설상가상**(雪上加霜)**으로 동사**(凍死)**한 형상이다. 본명**(本命)**은 이준**(李儁) **열사**(烈士)**의 명조**(命造)**이다.**

제21장 수명(壽命)과 질병론(疾病論)

제1절 음양오행(陰陽五行)과 질병원리(疾病原理)

우주자연(宇宙自然)의 범주에서 살고 있는 모든 삼라만상(森羅萬象)은 생장쇠멸(生長衰滅)의 섭리(攝理) 속에 영원불멸(永遠不滅)할 수 없으며, 우리 인간(人間)도 한번 태어나면 언젠가는 반드시 죽어야 한다는 것이 자연(自然)의 이치(理致)이다.

그러나 인간(人間)은 세상(世上)에 태어날 때 선천적(先天的)으로 부귀빈천(富貴貧賤)과 수요장단(壽夭長短)까지도 운명적(運命的)으로 타고난다. 그러므로 인간(人間)은 누구나 부귀(富貴)하게 태어나서 장수(長壽)하면서 살고 싶지만 운명(運命)만큼은 마음대로 할 수 없기 때문에 빈천(貧賤)하게 태어났으나 장수(長壽)하기도 하고, 부귀(富貴)하게 태어났으나 단명(短命)하기도 하는 것이다.

따라서 우리 인간이 타고난 생년월일시(生年月日時)를 가지고 운명(運命)을 예측(豫測)할 수 있듯이 인체의 질병(疾病)도 마찬가지로 예측(豫測)할 수가 있는 것이다. 천지자연(天地自然)의 만물(萬物)에는 음양(陰陽)의 오기(五氣)가 있고, 땅에는 육기(六氣)가 있듯이 우리의 인체에서도 오장(五臟)과 육부(六腑)가 있는 것이다.

명리학(命理學)의 경전(經典)이라고 할 수 있는 적천수(滴天髓)에서는 「오행화자(五行和者) 일세무재(一世無災)」라고 하였는데 이는 오행(五行)이 중화(中和)가 되면 일생동안 병(病)이 없다는 뜻이다.

또한 삼명통회(三命通會)에 따르면 「강태생어화합(强泰生於和合), 질병기어형상(疾病起於形傷)」이라고 하였는데 이는 건강(健康)은 화합(和合)에서 생기는 것이고, 질병(疾病)은 형충(刑冲)과 상극(相剋)에서 일어난다는 뜻으로 모든 질병(疾病)은 오행(五行)이 조화(調和)를 이루지 못하면 오장(五臟)과 육부(六腑)가 균형(均衡)이 깨져 질병(疾病)이 발생하는 것이다.

따라서 사주원국(四柱原局)을 보고, 질병(疾病)을 예측할 대는 가장 먼저 알아야 할 것은 일간(日干)의 강약(强弱)을 분석(分析)하고, 격국(格局)의 순수성(純粹性)과 용희신(用喜神)의 유무(有無)를 선별하고, 그 세력(勢力)이 건왕(健旺)한지를 판단해야 한다.

일간(日干)이 강(强)하고, 격국(格局)이 순수하면 대체로 건강(健康)하고, 용희신(用喜神)의 세력(勢力)이 강(强)하면 대길(大吉)하고, 재난(災難)이 적습니다. 그러나 일간(日干)이 약(弱)하고, 생부(生扶)가 적고, 종화(從化)할 능력이 없으면 병약(病弱)하다고 보는 것이다.

그러므로 오장육부(五臟六腑)에 해당하는 오행배합(五行背合)을 보고, 어느 오행(五行)이 강왕(强旺)한데 극설(剋泄)이 없거나 어느 오행(五行)이 쇠약(衰弱)한데 생부(生扶)가 없는지도 잘 살펴야 한다.

고서(古書)에 태과불급개위병(太過不及皆爲病)이라고 하였듯이 일반적으로 강왕(强旺)이 태과(太過)해도 병(病)이오, 쇠약(衰弱)이 태과(太過)해도 역시 병(病)이 되니 오행(五行)이 중화(中和)되고, 소통(疏通)이 잘 되어야 건강(健康)한 명(命)이라고 할 수 있는 것이다. 또한 오행(五行) 중에서 한가지 오행(五行)이 편음(偏陰)으로 되거나 혹은 양(陽)으로 편양(偏陽)되어 있어도 질병(疾病)의 원인이 되는 것이다.

우리 인간(人間)의 인체(人體)에도 장부(臟腑)가 서로 밀접하게 영향을 주고 있기 때문에 어느 한가지 질병(疾病)이 생기면 다른 장부(臟腑)에게 영향이 미치는 것이다. 결론적으로 원국(原局)의 일간(日干)이 강왕(强旺)하고, 격국(格局)이 순수(純粹)하고, 음양오행(陰陽五行)의 기세(氣勢)가 소통(疏通)이 잘 되고, 용희신(用喜神)이 유력(有力)하면 일생동안 무병(無病)하고, 건강(健康)하게 살다가 쇠로(衰老)하게 되는 것이다.

그러나 일간(日干)이 신약(身弱)하고, 격국(格局)이 혼잡(混雜)하고, 오행(五行)이 중화(中和)되지 않고, 소통(疏通)이 되지 않고, 용희신(用喜神)이 무력(無力)하면 일생동안 흉화(凶禍)의 명(命)이라고 할 수 있는 것이다.

황제내경(皇帝內經) 소문(素門)에 「의자필구어금양(醫者必求於陰陽), 이지연후의술(易知然後醫術)」이라고 논(論)한 것도 의사(醫師)가 환자의 질병(疾病) 원인을 음양(陰陽)에서 찾는다면 질병(疾病)의 치료는 훨씬 용이하다는 뜻이다.

어디까지나 명리학(命理學)으로 질병(疾病)을 진단(診斷)한다는 것은 정확하게 병명(病名)을 찾아내는 것이 아니라 장부(臟腑)에 대해서 오행(五行)의 기준(基準)으로 해당하는 질병(疾病)의 부위(部位)를 예측(豫測)하여 타고난 선천적(先天的) 부족함을 현대의학이나 한의학에서 보완(補完)하여 준다면 건강하게 장수(長壽)할 수 있다는데 더 의의가 있다고 보는 것이다.

최근까지는 음양오행(陰陽五行)의 과다불급(過多不及)에 의한 허증(虛症)이나 실증(實證)에 의한 원인에 비중을 두었으나 원국피상(原局被傷), 유년피상(流年被傷), 유년기신(流年忌神)이 될 경우에도 장부(臟腑)와 질병(疾病)이 연관성이 더 크게 미치고 있다는 것이 경험에서 나타났다.

제2절 천간지지(天干地支)와 오장육부(五臟六腑)

〈표 22-1〉 천간배속장부와 부위

천간(天干)	장부(臟腑)	부위(部位)
갑(甲)	담(膽)	머리, 수염, 머리카락, 눈, 힘줄
을(乙)	간장(肝臟)	이마, 목덜미, 눈썹, 음모, 손발톱
병(丙)	소장(小臟)	어깨, 맥(脈), 입술, 혈액
정(丁)	심장(心臟)	가슴, 기(氣)
무(戊)	위장(胃臟)	갈비, 살(肉), 혀(舌)
기(己)	비장(脾臟)	혀(舌), 기름(脂), 배(腹)
경(庚)	대장(大腸)	코, 배꼽
신(辛)	폐장(肺臟)	다리, 털(毛)
임(壬)	방광(膀胱)	귀(耳), 뼈골(骨髓), 정강이
계(癸)	신장(腎臟)	발(足), 털(髮), 발바닥

〈표 22-2〉 지지배속장부와 부위

자지(地支)	장부(臟腑)와 부위(部位)
자(子)	신장(腎臟), 귀(耳), 요도
축(丑)	비장(脾臟), 자궁, 복부, 입술
인(寅)	담(膽), 모발, 풍(風), 손, 오른쪽다리
묘(卯)	간장(肝臟), 왼쪽다리, 왼쪽옆구리, 손가락
진(辰)	위장(胃臟), 피부, 가슴, 어깨, 척추, 관절
사(巳)	소장(小腸), 목구멍, 치아, 항문, 음부
오(午)	심장(心臟), 정신, 머리, 눈
미(未)	비장(脾臟), 척추, 삼초, 가슴, 뺨
신(申)	대장(大腸), 팔뚝, 경락, 천식, 치질
유(酉)	폐장(肺臟), 코, 오른쪽옆구리, 목구멍
술(戌)	위장(胃臟), 명치, 발뒤꿈치, 복숭아뼈
해(亥)	방광(膀胱), 음낭, 머리

명리학(命理學)으로 질병(疾病)을 예측하기위해서는 태어난 연월일시(年月日時)를 구성하는 천간(天干)과 지지(地支)를 인체의 오장육부(五臟六腑)를 배속(配屬)시키는 것이 우선이다. 천간(天干)의 갑목(甲木)은 담(膽), 을목(乙木)은 간(肝), 병화(丙火)는 소장(小腸), 정화(丁火)는 심장(心臟), 무토(戊土)는 위장(胃臟), 기토(己土)는 비장(脾臟), 경금(庚金)은 대장(大腸), 신금(辛金)은 폐(肺), 임수(壬水)는 방광(膀胱), 계수(癸水)는 신장(腎臟)이다.

또한 외부사지오체(外部四支五體)에 십간(十干)을 배속(配屬)시키면 갑목(甲木)은 머리(頭), 을목(乙木)은 이마(頂), 병화(丙火)는 어깨(肩), 정화(丁火)는 가슴(胸), 무토(戊土)는 갈비(脅), 기토(己土)는 배(腹), 경금(庚金)은 배꼽부위(臍), 신금(辛金)은 넓적다리(股), 임수(壬水)는 정강이(脛), 계수(癸水)는 발(足)에 배속시켜 일신(一身)에 연유(緣由)하고 있다.

지지(地支)의 자수(子水)는 방광(膀胱), 요도(尿道), 귀(耳)이고, 축토(丑土)는 비장(脾臟), 복부(腹部), 인목(寅木)은 담(膽)과 머리카락(髮)과 손(手), 모목(卯木)은 간(肝)과 손가락(十指), 진토(辰土)는 위장(胃腸)과 어깨(肩)와 피부(彼膚), 사화(巳火)는 심자(心臟)과 목구멍(咽)과 치아(齒)와 항문(肛門)과 얼굴(面), 오화(午火)는 정신(精神)과 눈(目)을 다스린다.

미토(未土)는 비장(脾臟)과 밥통(脘)과 등뼈(脊)와 횡경막(膈)이고, 신금(申金)은 대장(大腸)과 경락(經絡)이고, 유금(酉金)은 폐(肺)와 정혈(精血)이다. 술토(戌土)는 위장(胃臟)과 명문(命門)과 복숭아뼈(腿足)와 발(足)이고, 해수(亥水)는 신장(腎臟)과 머리(頭)와 음낭(陰囊)을 배속하고 있다.

제3절 음양오행(陰陽五行)과 장부론(臟腑論)

1. 음양오행(陰陽五行)과 장부(臟腑)

〈표 22-3〉 음양오행과 장부

오행(五行)	위치(位置)	장(臟)	부(腑)	기능(技能)
木	좌(左)	간(肝)	담(膽)	제독분비(除毒分泌)
火	상(上)	심(心)	소장(小腸)	순환기(循環器)
土	복(腹)	비(脾)	위장(胃腸)	소화기(消化器)
金	우(右)	폐(肺)	대장(大腸)	호흡기(呼吸器)
水	하(下)	신(腎)	방광(膀胱)	배설기(排泄器)

목(木)은 간담(肝膽)인데 갑(甲)과 인(寅)은 담(膽)이고, 을(乙)과 묘(卯)는 간(肝)에 속한다. 화(火)는 심장(心臟)과 소장(小腸)인데 병(丙)과 사(巳)는 소장(小腸)이고, 정(丁)과 오(午)는 심장(心臟)에 속한다. 토(土)는 비장(脾臟)과 위장(胃腸)인데 무(戊)와 진(辰)과 술(戌)은 위장(胃腸)이고, 기(己)와 축(丑)과 미(未)는 비장(脾臟)에 속한다.

금(金)은 폐(肺)와 대장(大腸)인데 경(庚)과 신(申)은 대장(大腸)이고, 신(辛)과 유(酉)는 폐(肺)에 속한다. 수(水)는 신장(腎臟)과 방광(膀胱)인데 임(壬)과 해(亥)는 방광(膀胱)이고, 계(癸)와 자(子)는 신장(腎臟)에 속한다. 오장(五臟)은 간, 심장, 비장, 폐, 신장이고, 육부(六腑)는 담, 소장, 위장, 대장, 방광의 오부(五腑)와 삼초(三焦)를 합하여 말하는 것이다.

삼초(三焦)는 상초(上焦), 중초(中焦), 하초(下焦)를 총칭하는데 장부(臟腑)를 운전(運轉)하는 힘을 말한다. 심장(心臟)과 폐(肺)는 몸통의 위쪽에 위치하고 있어 횡경막 이상은 상초(上焦)하고 하고, 위(胃)와 비장(脾臟), 췌장(膵臟), 담낭(膽囊 등은 몸통의 가운데에 위치하고 있어 중초(中焦)하고 부르고, 신장(腎臟), 방광(膀胱), 대장(大腸)은 몸통 아래쪽에 있어 하초(下焦)에 속한다.

2. 장부(臟腑)와 상생상극(相生相剋)

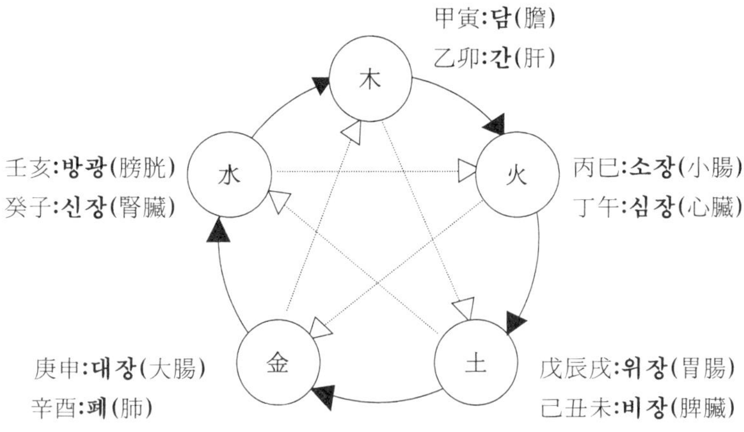

〈그림 22-1〉 장부와 상생상극

서양의학에서는 폐장, 심장, 비장, 췌장, 신장 등을 장(臟)이라 하고, 한의학에서는 간(肝), 심(心), 비(脾), 폐(肺), 신(腎), 그밖의 명문(命門)을 장(臟)이라고 하며, 비장과 췌장을 합하여 비장(脾臟)이라고 한다. 서양의학에서는 담낭, 소장, 대장, 위장, 방광 등을 부(腑)하고 하고, 한의학에서는 담낭, 소장, 대장, 위장, 방광, 그리고 그밖의 삼초(三焦)를 가리켜 부(腑)하고 한다.

한의학에서는 비(脾)와 위(胃), 간(肝)과 담(膽), 신장(腎臟)과 방광(膀胱), 심(心)과 소장(小腸), 폐(肺)와 대장(大腸)을 각각 음양(陰陽)으로 짝을 이루어 사용하고 있다. 심장(心臟)과 소장(小腸), 폐(肺)와 대장(大腸)을 한 짝으로 다루는 것이 언뜻 이해하기가 어려운데, 각각의 기능(技能)이 유사(類似)하고 작용(作用)이 서로 밀접한 관계가 있음을 취한 것이다.

우선 폐(肺)와 대장(大腸)의 관계를 살펴보면 폐(肺)는 공기를 흡수하여 탄산가스를 몸밖으로 배출(排出)하고 수분(水分)을 발산(發散)하며, 대장(大腸)은 수분을 흡수(吸收)하고 때때로 가스를 배출한다. 심장(心臟)과 소장(小腸)의 관계를 살펴보면 심장(心臟)은 영양분을 온몸에 분배(分配)하고, 소장(小腸)은 소장안에 있는 내용물을 대장(大腸)에 보낸다. 따라서 해부학적 관계보다는 기능적인 관계를 한의학에서는 더 중요시하고 있다는 것을 입증하여 주는 본보기이다.

제4절 음양오행(陰陽五行)과 질병예측(疾病豫測)

1. 간(肝) · 담(膽) 계통의 질병

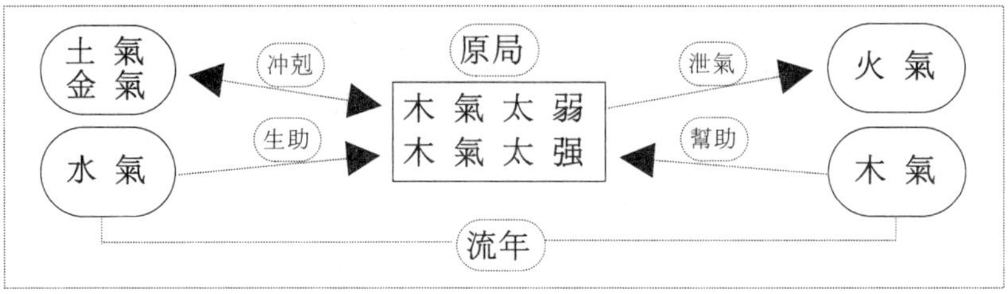

(1) 목일주(木日主)가 원국(原局)에서 갑을인묘(甲乙寅卯)가 태약(太弱)하거나 목(木)이 용희신(用喜神)일 경우에 경신신유(庚辛申酉)나 무기진술축미(戊己辰戌丑未)로부터 충극(冲剋)을 당하거나 병정사오(丙丁巳午)로부터 설기(泄氣)를 당하면 목(木)이 허(虛)하여 간담(肝膽) 계통에 질병(疾病)이 발생한다.

(2) 목일주(木日主)가 원국(原局)에서 갑을인묘(甲乙寅卯)가 태강(太强)한데 유년(流年)에서 갑을인묘(甲乙寅卯)가 방조(幫助)하거나 임계해자(壬癸亥子)가 생조(生助)를 하면 목(木)이 실(實)하여 이때에도 간담(肝膽) 계통에 질병(疾病)이 발생한다.

(3) 목일주(木日主)가 원국(原局)에서 태강(太强)한데 유년(流年)에서 금운(金運)인 경신신유(庚辛申酉)가 들어오거나 토운(土運)인 무기진술축미(戊己辰戌丑未)가 들어오면 폐대장(肺大腸) 계통이나 비위장(脾胃腸) 계통에 질병(疾病)이 발생한다.

2. 심장(心臟) 계통의 질병

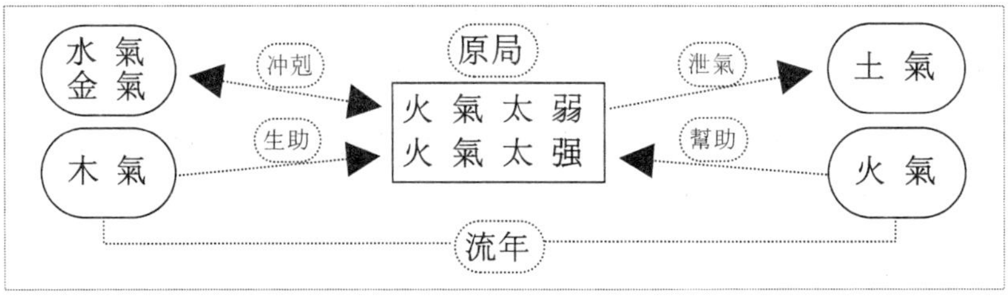

(1) 화일주(火日主)가 원국(原局)에서 병정사오(丙丁巳午)가 태약(太弱)하거나 화(火)가 용희신(用喜神)일 경우에 임계해자(壬癸亥子)나 경신신유(庚辛申酉)로부터 충극(冲剋)을 당하거나 무기진술축미(戊己辰戌丑未)로부터 설기(泄氣)를 당하면 화(火)가 허(虛)하여 심장(心臟)과 소장(小腸) 계통에 질병(疾病)이 발생한다.

(2) 화일주(火日主)가 원국(原局)에서 병정사오(丙丁巳午)가 태강(太强)한데 유년(流年)에서 병정사오(丙丁巳午)가 방조(幇助)하거나 갑을인묘(甲乙寅卯)가 생조(生助)를 하면 화(火)가 실(實)하여 이때에도 심장(心臟)과 소장(小腸) 계통에 질병(疾病)이 발생한다.

(3) 화일주(火日主)가 원국(原局)에서 태강(太强)한데 유년(流年)에서 수운(水運)인 임계해자(壬癸亥子)가 들어오거나 금운(金運)인 경신신유(庚辛申酉)가 들어오면 신장(腎臟)과 방광(膀胱) 계통이나 폐대장(肺大腸) 계통에 질병(疾病)이 발생한다.

3. 비(脾)·위(胃) 계통의 질병

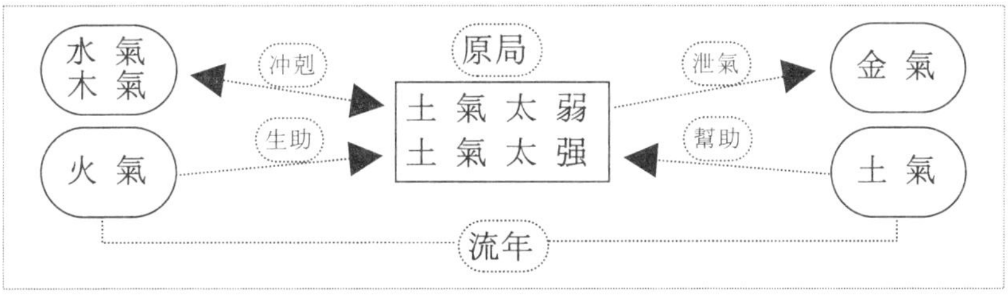

(1) 토일주(土日主)가 원국(原局)에서 무기진술축미(戊己辰戌丑未)가 태약(太弱)하거나 토(土)가 용희신(用喜神)일 경우에 갑을인묘(甲乙寅卯)나 임계해자(壬癸亥子)로부터 충극(冲剋)을 당하거나 경신신유(庚辛申酉)로부터 설기(泄氣)를 당하면 토(土)가 허(虛)하여 비장(脾臟)와 위장(胃腸) 계통에 질병(疾病)이 발생한다.

(2) 토일주(土日主)가 원국(原局)에서 무기진술축미(戊己辰戌丑未)가 태강(太強)한데 유년(流年)에서 무기진술축미(戊己辰戌丑未)로부터 방조(幇助)를 받거나 병정사오(丙丁巳午)로부터 생조(生助)를 받으면 토(土)가 실(實)하여 이때에도 비장(脾臟)과 위장(胃腸) 계통에 질병(疾病)이 발생한다.

(3) 토일주(土日主)가 원국(原局)에서 태강(太強)한데 유년(流年)에서 목운(木運)인 갑을인묘(甲乙寅卯)가 들어오거나 수운(水運)인 임계해자(壬癸亥子)가 들어오면 간담(肝膽)이나 신장(腎臟), 방광(膀胱) 계통에 질병(疾病)이 발생한다.

4. 폐(肺) · 대장(大腸) 계통의 질병

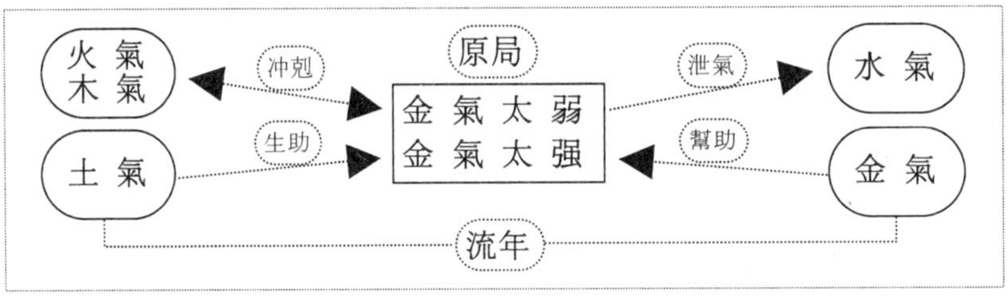

(1) 금일주(金日主)가 원국(原局)에서 경신신유(庚辛申酉)가 태약(太弱)하거나 금(金)이 용희신(用喜神)일 경우에 병정사오(丙丁巳午)나 갑을인묘(甲乙寅卯)로부터 충극(冲剋)을 당하거나 임계해자(壬癸亥子)로부터 설기(泄氣)를 당하면 금(金)이 허(虛)하여 폐(肺)나 대장(大腸) 계통에 질병(疾病)이 발생한다.

(2) 금일주(金日主)가 원국(原局)에서 경신신유(庚辛申酉)가 태강(太強)한데 유년(流年)에서 경신신유(庚辛申酉)로부터 방조(幇助)를 받거나 무기진술축미(戊己辰戌丑未)로부터 생조(生助)를 받으면 금(金)이 실(實)하여 폐(肺)와 대장(大腸) 계통에 질병(疾病)이 발생한다.

(3) 금일주(金日主)가 원국(原局)에서 태강(太强)한데 유년(流年)에서 화운(火運)인 병정사오(丙丁巳午)가 들어오거나 목운(木運)인 갑을인묘(甲乙寅卯)가 들어오면 오히려 피상(被傷)되어 심장(心臟)과 소장(小腸) 계통이나 간담(肝膽) 계통에 질병(疾病)이 발생한다.

5. 신장(腎臟) · 방광(膀胱) 계통의 질병

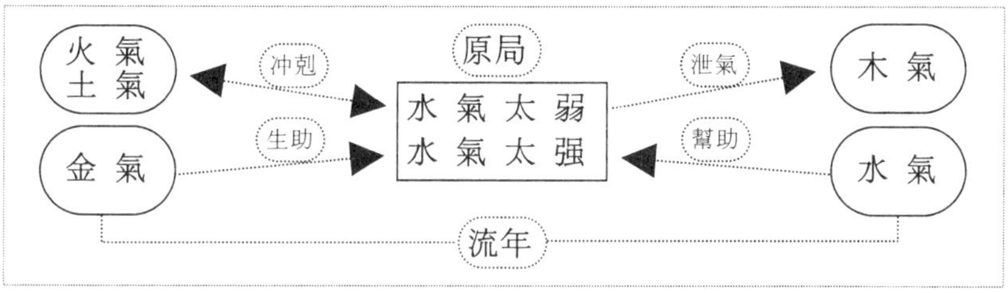

(1) 수일주(水日主)가 원국(原局)에서 임계해자(壬癸亥子)가 태약(太弱)하거나 수(水)가 용희신(用喜神)일 경우에 무기진술축미(戊己辰戌丑未)나 병정사오(丙丁巳午)로부터 충극(冲剋)을 당하거나 갑을인묘(甲乙寅卯)로부터 설기(泄氣)를 당하면 수(水)가 허(虛)하여 신장(腎臟)이나 방광(膀胱) 계통에 질병(疾病)이 발생한다.

(2) 수일주(水日主)가 원국(原局)에서 임계해자(壬癸亥子)가 태강(太强)한데 유년(流年)에서 임계해자(壬癸亥子)로부터 방조(幇助)를 받거나 경신신유(庚辛申酉)로부터 생조(生助)를 받으면 수(水)가 실(實)하여 이때에도 신장(腎臟)이나 방광(膀胱) 계통에 질병(疾病)이 발생한다.

(3) 수일주(水日主)가 원국(原局)에서 임계해자(壬癸亥子)가 태강(太强)한데 유년(流年)에서 수운(水運)인 임계해자(壬癸亥子)가 들어오거나 금운(金運)인 경신신유(庚辛申酉)가 들어오면 신장(腎臟)이나 방광(膀胱) 계통에 질병(疾病)이 발생한다.

제5절 음양오행(陰陽五行)과 질병 발생 원인

(1) 갑을인묘(甲乙寅卯)가 태약(太弱)한데 금성(金星)으로부터 충극(冲剋)을 받으면 목성(木星)은 동방(東方)이므로 신체좌측(身體左側)에 질병(疾病)이 오기 쉽고, 장부(臟腑)는 목성(木星)이 간장(肝腸)과 담낭(膽囊)이 되므로 두통(頭痛), 눈(目)과 수족 마비, 간염(肝炎) 및 간경화(肝硬化), 중풍(中風), 구안와사(口眼蝸斜), 수족상해(手足傷害), 우울증, 신경쇠약 등의 질병이 발생한다. 갑을인묘목(甲乙寅卯木)이 태과(太過)할 때는 오히려 금성(金星)에 해당하는 폐(肺)나 대장(大腸) 계통에 질병이 발생한다.

(2) 병정사오(丙丁巳午)가 태약(太弱)한데 수성(水星)의 충극(冲剋)을 받으면 화성(火星)은 남방(南方)이므로 신체상위(身體上位)에 질병(疾病)이 오기 쉽고, 장부(臟腑)는 화성(火星)이 심장(心臟)과 소장(小腸)에 해당되기 때문에 심장마비(心臟痲痺), 뇌일혈(腦溢血), 안목(眼目), 관절염(關節炎), 변비, 설사, 피부병, 공포증, 정력부족 등이 발생한다. 화성(火星)이 태과(太過)할 때는 오히려 수성(水星)에 해당하는 신장(腎臟)과 방광(膀胱) 계통에 질병(疾病)이 발생한다.

(3) 무기진술축미(戊己辰戌丑未)가 태약(太弱)한데 목성(木星)의 충극(冲剋)을 받으면 토성(土星)은 중앙(中央)과 사계(四季)에 해당되므로 장부(臟腑)는 비장(脾臟)과 위장(胃腸) 계통에 질병이 발생한다. 이에는 구토(嘔吐), 소화장애(消火障碍), 피부병, 위암(胃癌), 위궤양(胃潰瘍), 위산과다(胃酸過多) 등 소화기계통(消化器系統)의 질병이 해당된다. 그러나 토성(土星)이 태과(太過)할 때는 오히려 목성(木星)에 해당하는 간(干)과 담낭(膽囊) 계통에 질병(疾病)이 발생한다.

(4) 경신신유(庚辛申酉)가 태약(太弱)한데 화성(火星)의 충극(冲剋)을 받으면 금성(金星)은 서방(西方)이므로 우측(右側)에 소속되고 장부(臟腑)는 폐(肺)와 대장(大腸) 계통에 질병이 발생한다. 기관지(氣管支), 천식(喘息), 축농증(蓄膿症), 직장염(直腸炎), 결핵(結核), 맹장염(盲腸炎), 치질(痔疾), 탈장(脫腸), 복막염(腹膜炎), 백혈병(白血病), 변비(便秘), 화상(火傷) 등이 해당된다. 그러나 금성(金星)이 태과(太過)하면 오히려 화성(火星)에 해당하는 심장(心臟)과 소장(小腸) 계통에 질병(疾病)이 발생한다.

(5) 임계해자(壬癸亥子)가 태약(太弱)한데 토성(土星)의 충극(冲剋)을 받으면 수성(水星)은 북방(北方)에 해당하기 때문에 신체의 하부(下部)에 질병이 발생하기 쉽다. 장부(臟腑)는 신장(腎臟)과 방광(膀胱) 계통에 소속되는 생식기(生殖器) 질병, 담석증(膽石症), 신장결석(腎臟結石), 당뇨병(糖尿病), 성병(性病), 자궁병(子宮病), 이병(耳病) 등이 발생한다. 그러나 수성(水星)이 태과(太過)하면 오히려 토성(土星)에 해당하는 비장(脾臟)과 위장(胃腸) 계통에 질병(疾病)이 발생한다.

제6절 질병진단(疾病診斷)의 사례(事例)

1. 간 · 담계통(肝 · 膽系統)의 질환

(1) 목일주(木日主)가 태약(太弱)하거나 태왕(太旺)한 경우에 질병이 발생한다. 목일주(木日主)는 갑을일간(甲乙日干)을 말하며 태약(太弱)하다는 것은 수목(水木)에 약(弱)하고 오히려 화토금(火土金)이 왕성(旺盛)하여 목(木)이 설기(泄氣)되거나 극제(剋制)를 당하고 있다는 뜻이다. 태왕(太旺)하다는 것은 원국(原局)에 수목(水木)이 왕성(旺盛)한데 대운(大運)이나 세운(歲運)에서 목운(木運)이 들어와 기신(忌神)디 되는 경우에 질병(疾病)이 생긴다는 뜻이다.

(2) 목일주(木日主)가 태약(太弱)한데 일간(日干)이나 일지(日支)를 형충(刑冲)하는 경우에는 수술(手術)이나 사망(死亡)하는 경우가 많이 발생한다.

예를들면 갑일간(甲日干)이 갑경충(甲庚冲)이 되거나 일지(日支)가 인목(寅木)이나 묘목(卯木)이 되는데 원국(原局)에서 인사신삼형(寅巳申三刑)이 되거나 묘유충(卯酉冲)이 되고 있는데 유년(流年)에서 다시 들어오면 작용력(作用力)이 더욱 강(强)하여 수술(手術)을 원하거나 사망(死亡)하게 되는 경우가 많이 발생한다.

(3) 목일주(木日主)가 약(弱)한데 지지(地支)에 수국(水局)이 되어 오히려 수다목부(水多木浮)가 되는 경우에도 질병이 발생한다.

(4) 원국(原局)**에 목**(木)**이 없는데 유년**(流年)**에서 들어오다가 천간**(天干)**이나 지지**(地支)**에서 충형**(冲刑)**이 되는 경우에 수술**(手術)**이나 사망**(死亡)**하는 경우가 많다. 예를 들면 을신충**(乙申冲)**, 갑경충**(甲庚冲)**, 인신충**(寅申冲)**, 묘유충**(卯酉冲)**, 인사형**(寅巳刑) **등이다.**

己	乙	癸	甲
卯	酉	酉	申

己	戊	丁	丙	乙	甲
卯	寅	丑	子	亥	戌

을목일주(乙木日主)**가 금왕절**(金旺節)**인 유월**(酉月)**에 태어나 실령**(失令)**하여 바위틈에 자생**(自生)**하는 초목**(草木)**의 형상이다. 지지**(地支)**에 신유금국**(申酉金局)**으로 금**(金)**이 왕성**(旺盛)**하여 신약**(身弱)**하니 화식상**(火食傷)**으로 제살**(制殺)**하여 취용**(取用)**으로 되어 식신제살격**(食神制殺格)**이 되었으니 수목화**(水木火)**가 희신**(喜神)**이고, 토금**(土金)**이 기신**(忌神)**이다. 원국**(原局)**에서 지지**(地支)**에 묘유충**(卯酉冲)**으로 묘목**(卯木)**이 피상**(被傷)**되어 있는데 무인**(戊寅) **대운에 무갑극**(戊甲剋)**, 인신충**(寅申冲)**되어 왕금**(旺金)**에 금극목**(金剋木)**으로 인묘목**(寅卯木)**이 충발**(冲拔) **직전에 있는데 기묘년**(己卯年)**에 기계충**(己癸冲)**, 묘유충**(卯酉冲)**으로 천충지충**(天冲地冲)**이 되니 간암**(肝癌)**으로 명**(命)**을 다하였다.**

辛	癸	戊	丁
酉	巳	申	丑

壬	癸	甲	乙	丙	丁
寅	卯	辰	巳	午	未

계수일주(癸水日主)**가 신월**(申月)**에 태어나 득령**(得令)**하였고, 사유합금**(巳酉合金)**, 사신합수**(巳申合水)**로 신왕**(身旺)**하다. 원국**(原局)**에 화토금**(火土金)**이 왕성**(旺盛)**하여 목**(木)**이 극제**(剋制)**되거나 설기**(泄氣)**가 되는데 다행하게도 목**(木)**이 없다. 대운**(大運)**에서 인묘진목운**(寅卯辰木運)**이 들어오니 을신충**(乙辛冲)**, 무갑극**(戊甲剋)**, 묘유충**(卯酉冲)**으로 지속적으로 피상**(被傷)**되어 있는데 임인**(壬寅) **대운에는 인사신삼형살**(寅巳申三刑殺)**이 되어 인목**(寅木)**이 피상**(被傷)**되어 간암**(肝癌)**으로 고생하다가 계미년**(癸未年)**에 정계충**(丁癸冲)**, 축미충**(丑未冲)**으로 천충지충**(天冲地冲)**되니 명**(命)**을 다하였다.**

戊	己	壬	丁
辰	巳	寅	亥

丙	丁	戊	己	庚	辛
辛	酉	戌	亥	子	丑

기토일주(己土日主)**가 화토**(火土)**가 많아 신왕**(身旺)**하다. 지지**(地支)**에 인사형**(寅巳刑)**으로 사중경금**(巳中庚金)**에 의하여 인중갑목**(寅中甲木)**이 갑경충**(甲庚沖)**으로 피상**(被傷)**되어 있다. 정유**(丁酉) **대운에는 정임합목**(丁壬合木), **진유합금**(辰酉合金), **사유합금**(巳酉合金)**으로 금**(金)**이 왕성**(旺盛)**하게 되어 있는데 무인년**(戊寅年)**에는 인사형**(寅巳刑)**으로 교통사고**(交通事故)**를 당하였고, 병신**(丙申) **대운에는 병임충**(丙壬沖), **인사신삼형살**(寅巳申三刑殺)**이 되니 간암**(肝癌)**으로 고생**(苦生)**하다가 갑신년**(甲申年)**에 갑기합**(甲己合) **인사신삼형살**(寅巳申三刑殺)**로 대운**(大運)**과 세운**(歲運)**이 중첩**(重疊)**으로 들어와 명**(命)**을 다하였다.**

癸	辛	庚	癸
己	酉	申	未

甲	乙	酉	丁	戊	己
寅	卯	辰	巳	午	未

신금일주(辛金日主)**가 신월**(申月)**에 태어나 득령**(得令)**하고, 지지**(地支)**에 사유합금**(巳酉合金)**이 되고, 경금**(庚金)**이 투출**(透出)**되어 신왕**(身旺)**하다. 신왕**(身旺)**하면 식재관**(食財官)**인 수목화**(水木火)**가 희신**(喜神)**이고, 인비**(印比)**인 토금**(土金)**이 기신**(忌神)**이다.**

을묘(乙卯) **대운에는 을신충**(乙辛沖), **묘유충**(卯酉沖)**으로 천충지충**(天沖地沖)**으로 형액**(刑厄)**을 암시하고 있는데 금왕**(金旺)**에 의하여 목단**(木斷)**이 되니 간암**(肝癌)**으로 고생**(苦生)**하다가 53세인 을해년**(乙亥年)**에 을신충**(乙辛沖), **을경금**(乙庚金)**으로 충중봉합**(沖中逢合)**이 되고, 사해충**(巳亥沖)**으로 천충지충**(天沖地沖)**이 되어 을목**(乙木)**과 해중갑목**(亥中甲木)**이 용신충발**(用神沖拔)**되어 명**(命)**을 다하였다.**

癸	戊	丙	甲
丑	申	寅	申

庚	辛	壬	癸	甲	乙
辛	酉	戌	亥	子	丑

무토일주(戊土日主)**가 인월**(寅月)**에 태어나 한기**(寒氣)**가 있어 화**(火)**가 필요한데 월간병화**(月干丙火)**가 있어 조후**(調候)**로 취용**(取用)**하였다. 강약**(强弱)**으로 분석하면 무토**(戊土)**는 시지축토**(時支丑土)**에 유근**(有根)**하고 있고, 인목**(寅木)**이 살인상생**(殺印相生)**이 되지만 양신금**(兩神金)**에 인신충**(寅申沖)**이 되고, 년간갑목**(年干甲木)**이 절각**(截脚)**되어 미약**(微弱)**하다. 그러므로 목화**(木火)**가 희신**(喜神)**이고, 토금수**(土金水)**가 기신**(忌神)**인데 경신**(庚申) **대운에는 갑경충**(甲庚沖), **인신충**(寅申沖)**으로 천충지충**(天沖地沖)**이 되니 갑인목**(甲寅木)**이 충발**(沖拔)**되어 지방간**(脂肪肝)**으로 고생**(苦生)**하다가 58세인 신사년**(辛巳年)**에 병신합**(丙辛合)**으로 병화용신**(丙火用神)**이 합거**(合去)**되고, 인사신삼형살**(寅巳申三刑殺)**이 되어 간암**(肝癌)**으로 명**(命)**을 다하였다.**

丙	乙	甲	戊
子	丑	子	辛

庚	己	戊	丁	丙	乙
午	巳	辰	卯	寅	丑

을목일주(乙木日主)**가 자월**(子月)**에 득령**(得令)**하고, 전지지**(全地支)**가 신자진수국**(申子辰水局)**으로 을목**(乙木)**이 부목**(浮木)**이 되어 물에 떠내려가는 형상이다. 따라서 화**(火)**가 들어와 조열**(助熱)**시켜주거나 조토**(燥土)**가 들어와 수색**(水塞)**으로 물을 가두어 발전소나 저수지로 만드는 것이 급선무**(急先務)**이니 화토**(火土)**가 희신**(喜神)**이고, 수목**(水木)**이 기신**(忌神)**이다. 무진**(戊辰) **대운에 신자진수국**(申子辰水局)**이 되어 오히려 수왕**(水旺)**하게 되었고, 37세인 갑신년**(甲申年)**에는 신자진수국**(申子辰水局)**이 되어 더욱 물이 범람**(氾濫)**하니 부목**(浮木)**이 되어 간암**(肝癌)**으로 명**(命)**을 다하였다.**

壬	戊	辛	己
戌	戌	未	丑

乙 丙 丁 戊 己 庚
丑 寅 卯 辰 巳 午

무토일주(戊土日主)**가 미월**(未月)**에 태어나 득령**(得令)**하고, 전지지**(全地支)**가 축술미토국**(丑戌未土局)**으로 형성되어 종왕격**(從旺格)**이면서 가색격**(稼穡格)**이 성립된다. 종왕격**(從旺格)**은 인비**(印比)**나 식상**(食傷)**인 화토금**(火土金)**이 희신**(喜神)**이고, 재관**(財官)**인 수목**(水木)**이 기신**(忌神)**이다.**

원국(原局)**에서 축술미삼형살**(丑戌未三刑殺)**이 있으니 생살권**(生殺權)**을 다루는 직업과 관계가 있어 약대**(藥大)**를 나와 강원도**(江原道) **횡계**(橫溪)**에 있는 대관령**(大關嶺)**에서 약국**(藥局)**을 차려 대부**(大富)**가 되어 사회봉사도 하고, 주위로부터 존경과 선망의 대상이 되었으나, 을축**(乙丑) **대운에 53세인 신사년**(辛巳年)**에 담낭**(膽囊) **수술을 받았으나 55세인 계미년**(癸未年)**에 간암**(肝癌)**으로 전이**(轉移)**되어 명**(命)**을 다하였다.**

을축(乙丑)**은 을신충**(乙辛冲)**, 축술미삼형살**(丑戌未三刑殺)**이 되니 을목**(乙木)**이 충발**(冲拔)**되었고, 미중을목**(未中乙木)**과 술중신금**(戌中辛金)**이 암충**(暗冲)**되어 역시 을목**(乙木)**이 피상**(被傷)**되고, 신사년**(辛巳年)**은 사축합금**(巳丑合金)**이 되어 금왕절목**(金旺折木)**이 되었고, 계미년**(癸未年)**은 기계충**(己癸冲)**, 축술미삼형살**(丑戌未三刑殺)**로 천충지충**(天冲地冲)**이 되었기 때문이다.**

辛	癸	戊	丁
酉	巳	申	丑

壬 癸 甲 乙 丙 丁
寅 卯 辰 巳 午 未

계수일주(癸水日主)**가 신월**(申月)**에 태어나 득령**(得令)**, 사유축합금**(巳酉丑合金)**으로 득지**(得地)**, 신금**(辛金)**이 투출**(透出)**하여 득세**(得勢)**하니 신왕**(身旺)**하다. 신왕**(身旺)**하면 식재관**(食財官)**인 목화토**(木火土)**가 희신**(喜神)**이고, 인비**(印比)**인 금수**(金水)**가 기신**(忌神)**인데 식상목**(食傷木)**은 없고, 재성화**(財星火)**는 정화**(丁火)**가 사유합금**(巳酉合金)**으로 되어 미약**(微弱)**하고, 관성토**(官星土)**는 무토**(戊土)**인데 뿌리가 되는 축토**(丑土)**가 유축합금**(酉丑合金)**으로 역시 미약**(微弱)**하다.**

임인(壬寅) 대운은 정임합(丁壬合)으로 정화(丁火)가 합거(合去)되고, 인사신삼형(寅巳申三刑)으로 인목(寅木)이 충발(冲拔)되어 있는데 계미년(癸未年)에는 정계충(丁癸冲),축미충(丑未冲)으로 역시 정화(丁火)가 용신충발(用神冲拔)되어 간암(肝癌)으로 명(命)을 다하였다.

2. 심장계통(心臟系統)의 질환

(1) 화일주(火日主)가 태약(太弱)하거나 태왕(太旺)한 경우에 질병(疾病)이 발생하는데, 화일주(火日主)는 병정일간(丙丁日干)을 말하며, 태약(太弱)하다는 것은 목화(木火)가 약(弱)하고 토금수(土金水)가 왕성(旺盛)하여 화(火)가 설기(泄氣)되거나 극제(剋制)를 당하고 있다는 뜻이고, 태왕(太旺)하다는 것은 원국(原局)에서 목화(木火)가 왕성(旺盛)한데 대운(大運)이나 세운(歲運)에서 화운(火運)이 들어와 기신(忌神)이 되는 경우네 질병(疾病)이 생긴다는 뜻이다.

(2) 화일주(火日主)가 태약(太弱)한데 일간(日干)이나 일지(日支)를 형충(刑冲)하는 경우네 수술(手術)을 받거나 심장마비(心臟痲痺)로 사망하는 경우가 많이 발생한다. 예를 들면 병화일간(丙火日干)이 병경충(丙庚冲)이 되거나 병임충(丙壬冲)이 되고, 일지(日支)인 사화(巳火)나 오화(午火)가 원국(原局)에서 인사형(寅巳刑)이나 사해충(巳亥冲)이나 사신형(巳申刑)이 되는 경우와, 자오충(子午冲)이 있는 경우를 말한다. 또한 유년(流年)에서 다시 인사신삼형살(寅巳申三刑殺)이나 자오충(子午冲)이 들어올 경우에 수술(手術)을 받거나 사망(死亡)하는 경우가 많다.

(3) 화일주(火日主)가 오히려 화기(火氣)가 태왕(太旺)하여 염상격(炎上格)이 되거나, 병정화(丙丁火)가 강(强)한 수기(水氣)에 의하여 화(火)가 약(弱)해지는 경우에 심장질환(心臟疾患)이나 고혈압(高血壓)이 생긴다.

壬	癸	丙	辛
戌	卯	申	酉

壬	辛	庚	己	戊	丁
寅	丑	子	亥	戌	酉

계수일주(癸水日主**)가 신월(**申月**)에 태어나 득령(**得令**)하고 지지(**地支**)에 신유술금국(**申酉戌金局**)이고 신금(**辛金**)과 임수(**壬水**)가 투출(**透出**)되어 신왕(**身旺**)하다. 희신(**喜神**)은 식재관(**食財官**)이 되는 목화토(**木火土**)이고, 인비(**印比**)인 금수(**金水**)가 기신(**忌神**)이다. 묘목(**卯木**)은 신유술금국(**申酉戌金局**)에 피상(**被傷**)되어 미약(**微弱**)하고, 병화(**丙火**)는 병신합수(**丙辛合水**)로 역시 미약(**微弱**)하며, 술토(**戌土**)는 신유술(**申酉戌**)로 금화(**金化**)되었다.**

임인(壬寅**) 대운에 병임충(**丙壬冲**)으로 병화(**丙火**)가 충발(**冲拔**)되고 인신충(**寅申冲**)으로 인목(**寅木**)이 충발(**冲拔**)되니, 천충지충(**天冲地冲**)으로 용신(**用神**)인 목화(**木火**)가 피상(**被傷**)되었다. 61세인 신유년(**辛酉年**)에 병신합수(**丙辛合水**)가 되어 병화(**丙火**)가 합거(**合去**)되고, 묘유충(**卯酉冲**)으로 묘목(**卯木**)이 충발(**冲拔**)되어 심장(**心臟**)을 수술받았다.**

庚	丙	戊	乙
子	申	寅	未

甲	癸	壬	辛	庚	己
申	未	午	巳	辰	卯

병화일주(丙火日主**)가 인월(**寅月**)에 태어나 득령(**得令**)하고 금수(**金水**)가 태왕(**太旺**)하니 신약(**身弱**)한데, 일간(**日干**)이 병경충(**丙庚冲**), 일지(**日支**)가 인신충(**寅申冲**)으로 천충지충(**天冲地冲**)되어 목화(**木火**)가 피상(**被傷**)되었다. 원명(**原命**)이 신약(**身弱**)하니 인비(**印比**)인 목화(**木火**)가 희신(**喜神**)이고, 식재관(**食財官**)인 토금수(**土金水**)가 기신(**忌神**)이다. 신사(**辛巳**) 대운 30세인 갑자년(**甲子年**)에 심장수술(**心臟手術**)을 받은 것은 을신충(**乙辛冲**), 인사신삼형살(**寅巳申三刑殺**)로 천충지형(**天冲地刑**)이 되었기 때문이다.**

임오(壬午**) 대운 47세인 신사년(**辛巳年**)에는 병임충(**丙壬冲**), 자오충(**子午冲**)되어 역시 천충지충(**天冲地冲**)되니 자궁수술(**子宮手術**)을 받았고, 50세인 갑신년(**甲申年**)에는 갑경충(**甲庚冲**), 인신충(**寅申冲**)으로 갑인목(**甲寅木**)이 충발(**冲拔**)되어 심장(**心臟**) 재수술을 받았다.**

庚	丁	乙	甲
子	丑	亥	申

辛	庚	己	戊	丁	丙
巳	辰	卯	寅	丑	子

정화일주(丁火日主)**가 해월**(亥月)**에 태어나 실령**(失令)**사고 전지지**(全地支)**가 해자축수국**(亥子丑水局)**이 되어 종살격**(從殺格)**이 되었다. 종격**(從格)**은 세력**(勢力)**이 강**(强)**한 수기**(水氣)**를 따라가야 하기 때문에 희신**(喜神)**은 목화**(木火)**이다. 신사**(辛巳) **대운에는 을신충**(乙辛冲)**, 사해충**(巳亥冲)**으로 천충지충**(天冲地冲)**되어 을목**(乙木)**과 사화**(巳火)**가 충발**(冲拔)**되었다. 61세인 갑신년**(甲申年)**에는 갑경충**(甲庚冲)**, 신자합수**(申子合水)**가 되는 동시에 신중임수**(申中壬水)**가 일간정화**(日干丁火)**와 정임합거**(丁壬合去)**되었고, 사화**(巳火)**와 신금**(申金)**이 원국**(原局)**과 유년**(流年)**에서 중첩**(重疊)**으로 형살**(刑殺)**이 되어 심장수술**(心臟手術)**을 받았다.**

己	壬	丁	丙
酉	子	酉	子

癸	壬	辛	庚	己	戊
卯	寅	丑	子	亥	戌

임수일주(壬水日主)**가 유월**(酉月)**에 태어나 득령**(得令)**, 좌하자수**(坐下子水)**에 득지**(得地)**, 년시지**(年時支)**의 유자**(酉子)**에 득세**(得勢)**하여 종왕격**(從旺格)**이 되었다. 희신**(喜神)**은 금수목**(金水木)**이고, 기신**(忌神)**은 화토**(火土)**이다. 원국**(原局)**에서 년월간**(年月干)**에 병정**(丙丁)**이 뿌리가 없으니, 화기**(火氣)**가 무력**(無力)**하다. 대운**(大運)**이 해자축수운**(亥子丑水運)**에는 건강하고 사업도 잘되었으나, 계묘**(癸卯) **대운에는 정계충**(丁癸冲)**, 기계충**(己癸冲)**으로 천충**(天冲)**이 중첩**(重疊)**되고 묘유충**(卯酉冲)**, 자묘형**(子卯刑)**이 역시 중첩**(重疊)**되어 있는데, 55세인 경오년**(庚午年)**에 병경충**(丙庚冲)**, 자오충**(子午冲)**으로 천충지충**(天冲地冲)**되니, 병화**(丙火)**와 오화**(午火)**가 충발**(冲拔)**되어 심장마비**(心臟痲痺)**로 명**(命)**을 다하였다.**

癸	己	癸	戊
酉	亥	亥	子

己	戊	丁	丙	乙	甲
巳	辰	卯	寅	丑	子

기토일주(己土日主)가 해월(亥月)에 태어나 실령(失令)하고 전지지(全地支)가 해자수국(亥子水局)이고 계수(癸水)가 투출(透出)되어 종재격(從財格)이 되었다. 금수목(金水木)이 희신(喜神)이고, 화토(火土)가 기신(忌神)이다. 정묘(丁卯) 대운에는 정계충(丁癸沖), 묘유충(卯酉沖), 자묘형(子卯刑)으로 천충(天沖)이 중첩(重疊)되고, 지지(地支)가 충형(沖刑)으로 역시 중첩(重疊)되니 정화(丁火)가 충발(沖拔)되어 있는데, 40세인 정묘년(丁卯年)에 역시 대운(大運)과 같은 현상으로 천충지충(天沖地沖)으로 심장마비(心臟痲痺)로 명(命)을 다하였다.

壬	甲	丙	庚
申	申	戌	寅

壬	辛	庚	己	戊	丁
辰	卯	寅	丑	子	亥

갑목일주(甲木日主)가 술월(戌月)에 태어나 실령(失令), 좌하신금(坐下申金)에 실지(失地), 경금(庚金)이 투출(透出)하여 금(金)으로 종(從)할 것 같으나, 년지인목(年支寅木)에 절처봉생(絶處逢生)하여 신약(身弱)하다. 원국(原局)에서 관살(官殺)이 태왕(太旺)하여 식상(食傷)으로 제압(制壓)하는 것이 급선무(急先務)이니, 식신제살격(食神制殺格)이 성립되었다. 그러므로 토금(土金)이 희신(喜神)이고, 목화(木火)가 기신(忌神)인데, 경인(庚寅) 대운에는 병경충(丙庚沖), 갑경충(甲庚沖)으로 천충(天沖)이 중첩(重疊)되고, 지지(地支)는 인신충(寅申沖)으로 역시 중첩(重疊)되어 목화(木火)가 피상(被傷)되었다.

1992년 임신년(壬申年)에 심근경색(心筋梗塞)으로 고생하다가 이듬해인 계유년(癸酉年)에 명(命)을 다하게 된 것은 병임충(丙壬沖), 인신충(寅申沖)으로 천충지충(天沖地沖)되었고, 신유술합금(申酉戌合金)으로 기신(忌神)이 되어 금왕화회(金旺火晦)로 되는 형상(形象)이기 때문이다.

辛	癸	己	丁
酉	巳	酉	亥

癸	甲	乙	丙	丁	戊
卯	辰	巳	午	未	戌

계수일주(癸水日主)**가 유월**(酉月)**에 태어나 득령**(得令)**하고 지지**(地支)**가 사유합금**(巳酉合金)**이 되어 금왕**(金旺)**으로 신왕**(身旺)**하다. 신왕**(身旺)**하면 식재관**(食財官)**인 목화토**(木火土)**가 희신**(喜神)**이고, 인비**(印比)**인 금수**(金水)**가 기신**(忌神)**이다. 식상**(食傷)**인 목**(木)**은 없고, 재관**(財官)**인 화토**(火土)**가 투간**(透干)**되어 있으나 미약**(微弱)**하다. 육군 소령으로 전역**(轉役)**하여 사업**(事業)**을 하다가 갑진**(甲辰) **대운에 갑기합**(甲己合), **진유합**(辰酉合)**이 되니 기토용신**(己土用神)**이 합거**(合去)**되고, 진토용신**(辰土用神)**은 합금**(合金)**으로 기신**(忌神)**이 되어 금왕화회**(金旺火晦)**가 되는 형상**(形象)**이니, 심장마비**(心臟痲痺)**로 명**(命)**을 다하였다.**

癸	丁	戊	乙
卯	丑	子	亥

壬	癸	甲	乙	丙	丁
午	未	申	酉	戌	亥

정화일주(丁火日主)**가 자월**(子月)**에 태어나 실령**(失令)**하고 한기**(寒氣)**가 극심**(極甚)**하니 조후**(調候)**로 화기**(火氣)**가 필요**(必要)**하다. 전지지**(全地支)**가 해자축수국**(亥子丑水局)**이 되고 계수**(癸水)**가 투출**(透出)**하여 종살격**(從殺格)**이 될 것 같으나 시지묘목**(時支卯木)**에 절처봉생**(絶處逢生)**하니, 신약**(身弱)**하다. 그러므로 인비**(印比)**가 희신**(喜神)**이고, 식재관**(食財官)**인 토금수**(土金水)**가 기신**(忌神)**이다. 임오**(壬午) **대운에는 정임합**(丁壬合)**으로 정화**(丁火)**가 합거**(合去)**되었고, 자오충**(子午冲)**으로 역시 오화**(午火)**가 피상**(被傷)**되어 있는데, 세운**(歲運)**인 병자년**(丙子年)**에는 해자축합수**(亥子丑合水)**로 기신**(忌神)**이 되고, 자묘형**(子卯刑)**이 되니 수왕화몰**(水旺火沒)**이 되는 형상**(形象)**으로 심근경색수술**(心筋梗塞手術)**을 받았다.**

3. 비 · 위계통(脾 · 胃系統)의 질환

(1) 토일주(土日主)가 태약(太弱)하거나 태왕(太旺)한 경우에 질병(疾病)이 발생하는데, 토일주(土日主)는 무기일간(戊己日干)을 말하며, 태약(太弱)하다는 것은 화토(火土)가 약(弱)하고 금수목(金水木)이 왕성(旺盛)하여 토(土)가 설기(泄氣)되거나 극제(剋制)를 당하고 있다는 뜻이다. 태왕(太旺)하다는 것은 원국(原局)에서 화토(火土)가 왕성(旺盛)한데, 대운(大運)이나 세운(歲運)에서 화토운(火土運)이 들어와 기신(忌神)이 되는 경우에 질병(疾病)이 생긴다는 뜻이다.

(2) 토일주(土日主)가 태약(太弱)한데 일간(日干)이나 일지(日支)를 형충(刑冲)하는 경우에 수술(手術)을 받거나 사망(死亡)하는 경우가 많이 발생한다. 예을 들면 무토일간(戊土日干)이 무갑극(戊甲剋)이 되거나 일지(日支)가 진(辰)이나 축(丑)이 되는데, 원국(原局)에 술(戌)이나 미(未)가 있는 경우와, 유년(流年)에서 다시 술(戌)이나 미(未)가 들어와 축술미삼형살(丑戌未三刑殺)이 되는 경우에 수술(手術)을 받거나 사망(死亡)을 하는 일이 많이 발생한다.

(3) 원국(原局)에 토(土)가 없는데 유년(流年)에서 무기(戊己)나 진술축미(辰戌丑未)가 들어와 목(木)이나 수(水)에 의하여 피상(被傷)되는 경우에 수술(手術)을 받거나 사망(死亡)하는 일이 많이 발생한다.

甲	丙	庚	壬
午	寅	戌	申

甲	乙	丙	丁	戊	己
辰	巳	午	未	申	酉

병화일주(丙火日主)가 지지(地支)에 인오술화국(寅午戌火局)으로 화왕(火旺)하여 신왕(身旺)하다. 신왕(身旺)하면 식재관(食財官)인 토금수(土金水)가 희신(喜神)이고, 인비(印比)인 목화(木火)가 기신(忌神)이다. 원국(原局)에서 식상토(食傷土)는 인오술화국(寅午戌火局)으로 화기(火氣)로 변화(變化)되었고 재성금(財星金)은 신금(申金)이 있으나 인신충(寅申冲)으로 미약(微弱)하고 관성임수(官星壬水)는 금생수(金生水)로 건왕(健旺)하다. 갑진(甲辰) 대운에 갑경충(甲庚冲)으로 경금용신(庚金用神)이 충거(冲去)되었고, 진술충(辰戌冲)으로 미약(微弱)한 토(土)가 발동(發動)하여 화왕토초(火旺土焦)가 되니 위암(胃癌)으로 고생(苦生)하다가 유년(流年)인 정축년(丁丑年) 66세에 정임합(丁壬合)으로 임수(壬水)가 합거(合去)되고 축술형(丑戌刑)이 되어 명(命)을 다하였다.

이와 같이 원국(原局)에서 토(土)가 태약(太弱)하고, 더구나 화왕토초(火旺土焦)가 되어 있는데, 유년(流年)에서 삼형살(三刑殺)이 들어와 수술(手術)을 받거나 사망(死亡)을 하게 되는 것이다.

辛	丁	乙	癸
丑	丑	丑	卯

己	庚	辛	壬	癸	甲
未	申	酉	戌	亥	子

정화일주(丁火日主)가 축월(丑月)에 태어나 실령(失令)하였고 한기(寒氣)가 극심(極甚)하여 조후(調候)로 화기(火氣)가 필요하다. 원국(原局)에서 식재관(食財官)인 토금수(土金水)가 많으니 신약(身弱)하다. 신약(身弱)하면 인비(印比)인 목화(木火)가 희신(喜神)인데 년지묘목(年支卯木)이 뿌리가 되어 절처봉생(絶處逢生)하고 있는 가운데 대운(大運)마저 금수운(金水運)으로 향(向)하여 안타까운 명조(命造)이다. 임술(壬戌) 대운에는 임수(壬水)가 기신(忌神)이고 또한 정임합(丁壬合)으로 정화(丁火)를 합거(合去)하고 축술형(丑戌刑)으로 삼형살(三刑殺)이 중중(重重)하니 토왕발(土旺發)하여 위장병(胃腸病)으로 고생(苦生)하다가 유년(流年)인 경술년(庚戌年)에 을경합금(乙庚合金)이 되고 축술형(丑술刑)을 역시 삼형살(三刑殺)이 들어와 위암수술(胃癌手術)을 받았다.

이와 같이 원국(原局)에서 토(土)가 태왕(太旺)한데 대운(大運)과 세운(歲運)에서 삼형살(三刑殺)이 중첩(重疊)하여 들어오면 수술(手術)을 받거나 사망(死亡)을 하게 된다.

辛	辛	辛	丙
卯	卯	丑	戌

丁	丙	乙	甲	癸	壬
未	午	巳	辰	卯	寅

신금일주(辛金日主)가 축월(丑月)에 태어나 득령(得令)하였으나 천한지동(天寒地凍)으로 우선 조후(調候)로 화기(火氣)가 필요한데 년간병화(年干丙火)가 투출(透出)하여 다행스럽다. 원국(原局)에서 천간(天干)에 신금(辛金)이 3개나 있으니, 삼붕격(三朋格)으로 귀격(貴格)이 되었으나 지지(地支)에 축술형(丑戌刑)이 있어 형액(刑厄)을 암시하고 있다.

병오(丙午) 대운에는 병신합(丙辛合)으로 병화(丙火)가 합거(合去)되고 오술합화(午戌合火)로 용신(用神)이 들어왔으나, 52세인 정축년(丁丑年)에 축술형(丑戌刑)으로 위암수술(胃癌手術)을 받았으나 대운(大運)이 남방화운(南方火運)으로 향(向)하여 5년 만에 완쾌되었다.

癸	庚	丙	乙
未	戌	戌	未

壬	辛	庚	己	戊	丁
辰	卯	寅	丑	子	亥

경금일주(庚金日主)가 술월(戌月)에 태어나 득령(得令), 좌하술토(坐下戌土)에 득지(得地), 전지지(全地支)가 토국(土局)으로 신왕(身旺)하다. 원국(原局)에서 술미형(戌未刑)이 중첩(重疊)되어 다인수(多印綬)로 신왕(身旺)하니, 병약용신(病藥用神)으로 토(土)가 병(病)이고토(土)를 극제(剋制)하는 수목(水木)이 약(藥)이다. 기축(己丑) 대운에 기계충(己癸沖), 축술미삼형살(丑戌未三刑殺)이 들어와 위암(胃癌)으로 고생(苦生)하다가 38세인 세운(歲運) 신미년(辛未年)에 을신충(乙辛沖), 병신합(丙辛合)으로 충중봉합(沖中逢合)이 되고 술미형(戌未刑)이 되어 위암수술(胃癌手術)을 받았으나 명(命)을 다하였다.

丙	庚	甲	甲
戌	辰	戌	戌

庚	己	戊	丁	丙	乙
辰	卯	寅	丑	子	亥

경금일주(庚金日主)가 술월(戌月)에 태어나 득령(得令)하고 전지지(全地支)가 토국(土局)으로 인수(印綬)가 태왕(太旺)하여 신왕(身旺)하다. 원국(原局)에서 신왕(身旺)이면 식재관(食財官)인 수목화(水木火)가 희신(喜神)이고 토금(土金)이 기신(忌神)이다. 경진(庚辰) 대운에 갑경충(甲庚沖), 병경충(丙庚沖)으로 천충(天沖)이 중첩(重疊)되어 있고 진술충(辰戌沖)으로 천충지충(天沖地沖)이 되니 형액(刑厄)을 암시하고 있다. 세운(歲運)인 갑술년(甲戌年)에도 갑경충(甲庚沖), 진술충(辰戌沖)으로 대운(大運)과 세운(歲運)이 중첩(重疊)되어 용신충발(用神沖拔)이 되니 명(命)을 다하였다.

丙	戊	丙	庚
辰	寅	戌	子

庚	辛	壬	癸	甲	乙
辰	巳	午	未	申	酉

무토일주(戊土日主**)가 술월(**戌月**)에 태어나 득령(**得令**), 화토(**火土**)가 태왕(**太旺**)하여 신왕(**身旺**)하다. 식재관(**食財官**)인 금수목(**金水木**)이 희신(**喜神**)이고, 인비(**印比**)인 화토(**火土**)가 기신(**忌神**)이다. 원국(**原局**)에서 월시간병화(**月時干丙火**)가 인중병화(**寅中丙火**)에 뿌리를 두고 화생토(**火生土**)하니 토초(**土焦**)되어 있어 금수(**金水**)로 극제(**剋制**)하기에는 미약(**微弱**)하다. 신사(**辛巳**) 대운에 병신합거(**丙辛合去**)되고 인사형(**寅巳刑**)이 되니 신금(**辛金**)과 인목(**寅木**)이 무력화(**無力化**)되어 있다.**

세운(歲運**)인 임오년(**壬午年**)에 병임충(**丙壬沖**)으로 임수용신(**壬水用神**)이 충발(**沖拔**)되었고 인오술화국(**寅午戌火局**)으로 기신(**忌神**)이 더욱 왕성(**旺盛**)하여 자수(**子水**)마저 충발(**沖拔**)되니 위암수술(**胃癌手術**)을 받았다. 2년 후인 갑신년(**甲申年**)에 갑경충(**甲庚沖**), 인신충(**寅申沖**)으로 천충지충(**天沖地沖**)되어 재차 수술(**手術**)을 받았으나 현재는 건강한 신근희(**申根喜**) 씨의 명조(**命造**)이다.**

戊	己	乙	丙
辰	丑	未	戌

辛	庚	己	戊	丁	丙
丑	子	亥	戌	酉	申

기토일주(己土日主**)가 미월(**未月**)에 태어나 득령(**得令**)하고 전지지(**全地支**)가 토국(**土局**)으로 되어 있고 병화(**丙火**)와 무토(**戊土**)가 투출(**透出**)되어 있어 가색격(**稼穡格**)이 되었다. 가색격(**稼穡格**)의 희신(**喜神**)은 화토금(**火土金**)이고, 기신(**忌神**)은 수목(**水木**)이다.**

대운(大運**)이 신유술금운(**申酉戌金運**)은 대발(**大發**)하였으나 해자축수운(**亥子丑水運**)은 고전(**苦戰**)하였다. 경자(**庚子**) 대운애는 병경충(**丙庚沖**), 을경합(**乙庚合**)으로 충중봉합(**沖中逢合**)이 되어 형액(**刑厄**)을 암시하고 있는데, 세운(**歲運**)인 경진년(**庚辰年**)에는 역시 병경충(**丙庚沖**), 을경합(**乙庚合**)으로 충중봉합(**沖中逢合**)이 대운(**大運**)과 세운(**歲運**)에서 중첩(**重疊**)으로 들어와 위암수술(**胃癌手術**)을 받았다. 그 이듬해인 신사년(**辛巳年**)에도 병신합(**丙辛合**), 을신충(**乙辛沖**)으로 충중봉합(**沖中逢合**)이 되고 사축합금(**巳丑合金**)으로 재수술(**再手術**)을 받고 현재는 건강한 정진원(**鄭鎭元**) 씨의 명조(**命造**)이다.**

壬	癸	辛	丙
戌	丑	丑	戌

丁	丙	乙	甲	癸	壬
未	午	巳	辰	卯	寅

계수일주(癸水日主)가 축월(丑月)에 태어나 한기(寒氣)가 극심(極甚)하여 조후(調候)로 화기(火氣)가 필요하다. 원국(原局)에서 토다(土多)가 병(病)이 되니 토(土)를 극제(剋制)하는 목(木)이 약(藥)이다. 운행(運行)이 동남목화운(東南木火運)으로 향(向)하여 인묘진운(寅卯辰運)은 병약용신(病藥用神),사오미운(巳午未運)은 조후용신(調候用神)으로 대발(大發)하였다. 그러나 정미(丁未) 대운에는 정임합(丁壬合), 정계충(丁癸沖)되어 충중봉합(冲中逢合)이라 형액(刑厄)을 암시하고 있는데, 세운(歲運)인 51세 정축년(丁丑年)에 천간(天干)은 충중봉합(冲中逢合)이 되었고 지지(地支)는 축술형(丑戌刑)으로 유년(流年)이 삼형살(三刑殺)이 되니 위궤양수술(胃潰瘍手術)을 받은 정정호(鄭正浩) 씨의 명조(命造)이다.

4. 폐 · 대장계통(肺 · 大腸系統)의 질환

(1) 금일주(金日主)가 태약(太弱)하거나 태왕(太旺)한 경우에 질병(疾病)이 발생하는데, 금일주(金日主)는 경신(庚辛)을 말하며, 태약(太弱)하다는 것은 토금(土金)이 약(弱)하고 수목화(水木火)가 왕성(旺盛)하여 금(金)이 설기(泄氣)되거나 극제(剋制)를 당하고 있다는 뜻이다. 태왕(太旺)하다는 것은 원국(原局)에서 토금(土金)이 왕성(旺盛)한데 대운(大運)이나 세운(歲運)에서 토금운(土金運)이 들어와 기신(忌神)이 되는 경우에 질병(疾病)이 생긴다는 뜻이다.

(2) 금일주(金日主)가 태약(太弱)한데 일간(日干)이나 일지(日支)가 형충(刑冲)하는 경우에 수술(手術)을 받거나 사망(死亡)하는 일이 많이 발생한다. 예를 들면 일간경금(日干庚金)이 병경충(丙庚冲)이 되거나 갑경충(甲庚冲)이 되는 경우, 또는 일지(日支)가 원국(原局)에 신(申)이나 인(寅)이 있는 경우에 유년(流年)에서 인(寅)이나 신(申)이 되는 경우를 말한다.

(3) 원국(原局)에 금(金)이 없는데 유년(流年)에서 경신(庚辛)이나 신유(申酉)가 들어와 화(火)나 목(木)에 의하여 피상(被傷)하는 경우에 수술(手術)을 받거나 사망(死亡)하는 일이 많이 발생한다.

(4) 원국(原局)에서 금(金)이 태약(太弱)한데 토왕(土旺)하여 토중금매(土重金埋)가 되는 경우에도 질병(疾病)이 발생한다.

壬	戊	丙	壬
戌	戌	午	午

壬	辛	庚	己	戊	丁
子	亥	戌	酉	申	未

무토일주(戊土日主)가 오월(午月)에 태어나 득령(得令)하고 전지지(全地支)가 화토국(火土局)이고 병화(丙火)가 투출(透出)되니 종강격(從强格)이 되었다. 종격(從格)이면 인비식(印比食)인 화토금(火土金)이 희신(喜神)이고, 재관(財官)인 수목(水木)이 기신(忌神)이다. 대운(大運)이 금수운(金水運)으로 향(向)하여 불길(不吉)하다. 신해(辛亥) 대운에 병신합(丙辛合)이 되어 신금(辛金)이 합거(合去)되고 해수(亥水)도 기신(忌神)이 되니 폐암(肺癌)으로 고생하다가 세운(歲運)인 경오년(庚午年)에 병경충(丙庚冲)으로 경금(庚金)이 충발(冲拔)되었고 오오자형(午午自刑)으로 폐암(肺癌)이 악화되어 명(命)을 다하였다. 이것은 금(金)이 약(弱)한데 금운(金運)이 들어와 피상(被傷)된 경우이다.

丙	丁	癸	辛
午	巳	巳	巳

己	戊	丁	丙	乙	甲
亥	戌	酉	申	未	午

정화일주(丁火日主)가 사월(巳月)에 태어나 득령(得令)하고 전지지(全地支)가 화국(火局)이고 병화(丙火)가 투출(透出)되니 염상격(炎上格)이 되었다. 종격(從格)이 되어 인비식(印比食)인 목화토(木火土)가 희신(喜神)이고, 재관(財官)인 금수(金水)가 기신(忌神)이다. 대운(大運)이 금수운(金水運)으로 향(向)하여 불길(不吉)하다. 정유(丁酉) 대운에 정계충(丁癸冲)되고 사유금국(巳酉金局)이 되어 기신(忌神)이 되어 있는데, 세운(歲運)인 경신년(庚申年)에 병경충(丙庚冲), 사신형(巳申刑)으로 천충지형(天冲地刑)이 되어 폐암수술(肺癌手術)을 받았다. 상기명(上記命)과 마찬가지로 금약(金弱)인데 금운(金運)이 들어와 피상(被傷)된 경우이다.

甲	丁	丁	辛
辰	丑	酉	巳

辛	壬	癸	甲	乙	丙
卯	辰	巳	午	未	申

정화일주(丁火日主)가 유월(酉月)에 태어나 실령(失令)하였구, 사유축금국(巳酉丑金局)이 되어 재다신약(財多身弱)이 되었다. 신약(身弱)하면 인비(印比)인 목화(木火)가 희신(喜神)이고, 식재관(食財官)인 토금수(土金水)가 기신(忌神)이다. 대운(大運)이 목화운(木火運)으로 향(向)하여 대길(大吉)한데 신묘(辛卯) 대운에 신금(辛金)이 기신(忌神)이고, 묘유충(卯酉冲)으로 용신묘목(用神卯木)이 충발(冲拔)되었고, 세운(歲運)인 갑술년(甲戌年)에 축술형(丑戌刑)이 되어 폐암수술(肺癌手術)을 하였다. 따라서 이러한 경우는 원국(原局)이 신약(身弱)하고, 금국(金局)이 태왕(太旺)하여 폐암수술(肺癌手術)을 하였다.

辛	戊	乙	己
酉	戌	亥	酉

己	庚	辛	壬	癸	甲
巳	午	未	辛	酉	戌

무토일주(戊土日主)가 해월(亥月)에 태어나 실령(失令)하였고, 좌하술토(坐下戌土)에 득지(得地)하였으나 지지(地支)에 유술금국(酉戌金局)으로 식상(食傷)이 태왕(太旺)하여 신약(身弱)하게 되었다. 신약(身弱)하면 인비(寅比)인 화토(火土)가 희신(喜神)이고, 식재관(食財官)인 금수목(金水木)이 기신(忌神)이다.

대운(大運)이 초년(初年)에는 불길(不吉)한데 임신(壬申) 대운에는 임수(壬水)가 기신(忌神)이고, 신유술금국(申酉戌金局)으로 역시 기신(忌神)인데 세운(歲運)인 을해년(乙亥年)에 을신충(乙申冲), 해해자형(亥亥子刑)으로 기신(忌神)이 되니 폐결핵(肺結核)으로 고생(苦生)하였다.

己	庚	壬	庚
卯	寅	午	寅

戊 丁 丙 乙 甲 癸
子 亥 戌 酉 辛 未

경금일주(庚金日主)**가 오얼**(午月)**에 태어나 지지**(地支)**에 인오화국**(寅午火局)**이 되어 화왕**(火旺)**하고, 경금**(庚金)**이 근**(根)**이 없어 신약**(身弱)**하다. 신약**(身弱)**하여 인비**(印比)**인 토금**(土金)**이 희신**(喜神)**이고, 식재관**(食財官)**인 수목화**(水木火)**가 기신**(忌神)**이다. 병술**(丙戌) **대운에 병경충**(丙庚冲), **병임충**(丙壬冲)**으로 천충**(天冲)**이 중첩**(重疊)**되고, 지지**(地支)**가 인오술화국**(寅午戌火局)**으로 경금**(庚金)**이 피상**(被傷)**되고 있는데 세운**(歲運)**인 경오년**(庚午年)**에 기관지염**(氣管支炎)**으로 명**(命)**을 다하였다.**

庚	甲	甲	辛
午	申	午	卯

戊 己 庚 辛 壬 癸
子 丑 寅 卯 辰 巳

갑목일주(甲木日主)**가 오월**(午月)**에 태어나 실령**(失令)**하고, 좌하신금**(坐下申金)**에 실지**(失地)**하여 신약**(身弱)**하다. 신약**(身弱)**하면 인비**(印比)**인 수목**(水木)**이 희신**(喜神)**이고, 식재관**(食財官)**인 화토금**(火土金)**이 기신**(忌神)**이다. 대운**(大運)**이 수목운**(水木運)**으로 향**(向)**하여 다행스러우나 경인**(庚寅) **대운에는 갑경충**(甲庚冲), **인신충**(寅申冲)**으로 천충지충**(天冲地冲)**으로 용신**(用神)**이 피상**(被傷)**되어 있는데 세운**(歲運)**인 병인년**(丙寅年)**에 병경충**(丙庚冲), **병신합**(丙辛合)**으로 충중봉합**(冲中逢合)**으로 형액**(刑厄)**을 암시하고 있어 폐암수술**(肺癌手術)**을 하였다.**

乙	庚	丁	辛
酉	辰	酉	卯

辛	壬	癸	甲	乙	丙
卯	辰	巳	午	未	申

경금일주(庚金日主)**가 유월**(酉月)**에 태어나 득령**(得令), **좌하진토**(坐下辰土)**에 득지**(得地), **진유합금**(辰酉合金)**과 신금**(辛金)**이 투출**(透出)**하여 신왕**(身旺)**하다. 월시지**(月時支)**에 양인**(羊刃)**이 있어 생살권**(生殺權)**과 인연이 있어 군인**(軍人)**으로 재직**(在職)**하던 중, 계사**(癸巳) **대운에 정계충**(丁癸冲)**으로 정화용신**(丁火用神)**이 충발**(冲拔)**되었고, 사유합금**(巳酉合金)**으로 기신**(忌神)**이 되어있는데 세운**(歲運)**인 병자년**(丙子年)**에 병경충**(丙庚冲), **병신합**(丙辛合)**으로 충중봉합**(冲中逢合)**이 되고, 지지**(地支)**가 자묘형**(子卯刑)**으로 대장암**(大腸癌)**으로 명**(命)**을 다하였다.**

戊	乙	丙	丁
寅	丑	午	亥

庚	辛	壬	癸	甲	乙
子	丑	寅	卯	辰	巳

을목일주(乙木日主)**가 오월**(午月)**에 태어나 실령**(失令), **화토**(火土)**가 왕성**(旺盛)**하여 신약**(身弱)**하다. 신약**(身弱)**하면 인비**(印比)**인 수목**(水木)**이희신**(喜神)**이고, 식재관**(食財官)**인 화토금**(火土金)**이 기신**(忌神)**이다. 대운**(大運)**이 수목운**(水木運)**으로 향**(向)**하여 다행인데 신축**(辛丑) **대운에 을신충**(乙辛冲), **병신합**(丙辛合)**으로 충중봉합**(冲中逢合)**이 되어 형액**(刑厄)**을 암시하고 있고, 세운**(歲運)**인 병자년**(丙子年)**에 병화기신**(丙火忌神)**이고, 자오충**(子午冲), **해자축**(亥子丑)**으로 축중봉합**(丑中逢合)**으로 대장암**(大腸癌) **수술을 하여 현재는 완쾌되었다.**

戊	丙	己	丙
子	申	亥	子

癸	甲	乙	丙	丁	戊
巳	午	未	申	酉	戌

병화일주(丙火日主)가 해월(亥月)에 태어나 실령(失令), 좌하신금(坐下申金)에 실지(失地), 신자합수(申子合水), 해자합수(亥子合水)로 금수(金水)가 태왕(太旺)하여 수화상쟁(水火相爭)의 형상이다. 조후(調喉)로 목화(木火)가 희신(喜神)이고, 금수(金水)가 기신(忌神)이다.

갑오(甲午), 을미(乙未) 대운까지는 부유(富裕)하고, 건강하게 잘 지냈으나 계사(癸巳) 대운에 기계충(己癸冲), 무계합(戊癸合)으로 충중봉합(冲中逢合)으로 형액(刑厄)을 암시하고 있는데 지지(地支)에 사신형(巳申刑), 사해충(巳亥冲)으로 형충(刑冲)이 중첩(重疊)되어 임신년(壬申年)에는 자궁암(子宮癌) 수술을 하였고, 계유년(癸酉年)에는 대장암(大腸癌) 수술을 하였으나 을해년(乙亥年)에 명(命)을 다하였다.

庚	辛	癸	甲
寅	巳	酉	午

己	戊	丁	丙	乙	甲
卯	寅	丑	子	亥	戌

신금일주(辛金日主)가 유월(酉月)에 태어나 득령(得令), 지지(地支)에 사유합금(巳酉合金), 경금(庚金)이 투출(透出)되어 신왕(身旺)하다. 신왕(身旺)하면 식재관(食財官)인 수목화(水木火)가 희신(喜神)이고, 인비(寅比)인 토금(土金)이 기신(忌神)이다. 해자축(亥子丑) 대운에는 사업도 잘 되고, 건강하게 잘 지냈으나 무인(戊寅) 대운에 무계합(戊癸合), 갑무극(甲戊剋)으로 형액(刑厄)을 암시하고 있는데 지지(地支)가 인사형(寅巳刑), 인오합(寅午合)으로 충중봉합(冲中逢合)이 되고, 세운(歲運)인 기묘년(己卯年)에 기계충(己癸冲), 묘유충(卯酉冲)으로 천충지충(天冲地冲)되어 췌장암(膵臟癌) 수술을 하였으나 경진년(庚辰年), 경자월(庚子月)에 명(命)을 다하였다.

5. 신장 · 방광계통(腎臟 · 膀胱系統)의 질환

(1) 수일주(水日主)가 태약(太弱)하거나 태왕(太旺)한 경우에 질병이 발생하는데 수일주(水日主)는 임계일간(壬癸日干)을 말하며, 태약(太弱)하다는 것은 금수(金水)가 약(弱)하고, 오히려 목화토(木火土)가 왕성(旺盛)하여 수(水)가 설기(泄氣)되거나 극제(剋制)를 당하고 있다는 뜻이고, 태왕(太旺)하다는 뜻은 원국(原局)에서 금수(金水)가 왕성(旺盛)한데 대운(大運)이나 세운(歲運)에서 수운(水運)이 들어와 기신(忌神)이 되는 경우에 질병이 생긴다는 뜻이다.

(2) 수일주(水日主)가 태약(太弱)하고 있는데 일간(日干)이나 일지(日支)가 형충(刑冲)하는 경우에 수술(手術)이나 사망(死亡)하는 경우가 많이 발생한다.

예를 들면 임일주(壬日主)가 병임충(丙壬冲)이 되거나 일지(日支)가 자오충(子午冲)이 사해충(巳亥冲)이 되어 있는데 유년(流年)에서 다시 충형(冲刑)이 들어오면 수술(手術)을 하거나 사망(死亡)하게 되는 경우가 많이 발생한다.

(3) 원국(原局)에 수(水)가 없는데 유년(流年)에서 임계해자(壬癸亥子)가 들어와 토극수(土剋水)가 되거나 수극화(水剋火)가 되는 경우인데 수약토왕(水弱土旺), 수약화왕(水弱火旺)이 되는 경우이다.

丙	乙	丙	丁
子	巳	午	未

庚	辛	壬	癸	甲	乙
子	丑	寅	卯	辰	巳

을목일주(乙木日主)가 오월(午月)에 태어나고, 지지(地支)가 사오미화국(巳午未火局)이 되어 너무나 조열(燥熱)하다. 조후용신(調候用神)으로 수(水)가 필요한데, 시지자수(時支子水)로는 역부족(力不足)이다. 격국(格局)으로 보면 제살태과격(制殺太過格)이니 금수목(金水木)이 희신(喜神)이고, 화토(火土)가 기신(忌神)이다. 임인(壬寅) 대운에 병임충(丙壬冲), 정임합(丁壬合)이 되어 충중봉합(冲中逢合)으로 형액(刑厄)을 암시하고 있는데, 지지(地支)에 인사형(寅巳刑), 인오합(寅午合)으로 역시 형중봉합(刑中逢合)으로 신부전증(腎不全症)으로 고생하다가 무인년(戊寅年)에 무토기신(戊土忌神)이 들어오고, 인사형(寅巳刑)으로 대운(大運)과 세운(歲運)이 중첩(重疊)으로 충형(冲刑)이 들어와 불귀객(不歸客)이 된 것이다.

甲	戊	庚	辛
寅	寅	寅	卯

丙 乙 甲 癸 壬 辛
申 未 午 巳 辰 卯

무토일주(戊土日主)**가 전지지**(全地支)**에 인묘목극**(寅卯木剋)**이고, 갑목**(甲木)**이 투출**(透出)**되어 종살격**(從殺格)**이 되었다. 희신**(喜神)**은 수목**(水木)**이고, 기신**(忌神)**은 화토금**(火土金)**이다. 을미**(乙未) **대운에 을경합**(乙庚合), **을신충**(乙辛沖)**으로 충중봉합**(沖中逢合)**으로 형액**(刑厄)**을 암시하고 있는데 세운**(歲運)**인 병술년**(丙戌年)**에 병경충**(丙庚沖), **병신합**(丙辛合)**으로 세운**(歲運) **역시 충중봉합**(沖中逢合)**으로 신장수술**(腎臟手術)**을 하였다. 원국**(原局)**에서 금목상전**(金木相戰)**하고 있는데 유년**(流年)**에서 금목상전**(金木相戰)**이 중첩**(重疊)**되었기 때문이다.**

戊	癸	丁	己
寅	卯	卯	亥

辛 壬 癸 甲 乙 丙
酉 戌 亥 子 丑 寅

계수일주(癸水日主)**가 묘월**(卯月)**에 실령**(失令)**하고, 전지지**(全地支)**가 해묘미목국**(亥卯未木局)**으로 종아격**(從兒格)**이 되었다. 종아격**(從兒格)**은 수목화**(水木火)**가 토금**(土金)**이 기신**(忌神)**이다. 계해**(癸亥) **대운에는 정계충**(丁癸沖), **기계충**(己癸沖), **무계합**(戊癸合)**으로 충중봉합**(沖中逢合)**이 되어 형액**(刑厄)**을 암시하고 있는데 세운**(歲運)**인 계미년**(癸未年)**에 역시 대운**(大運)**과 같이 충중봉합**(沖中逢合)**이 중첩**(重疊)**으로 들어와 신장염**(腎臟炎)**으로 고생하다가 갑신년**(甲申年)**에 갑기합**(甲己合), **인신충**(寅申沖)**으로 명**(命)**을 다하였다.**

甲	己	丙	甲
戌	未	子	午

壬 辛 庚 己 戊 丁
午 巳 辰 卯 寅 丑

기토일주(己土日主)**가 자월**(子月)**에 태어나 실령**(失令)**하였으나 지지**(地支)**가 오술**(午戌), **오미**(午未)**로 화국**(火局)**이 되니 신왕**(身旺)**하다. 신왕**(身旺)**하면 관재식**(官財食)**인 목수금**(木水金)**이 희신**(喜神)**이고, 인비**(印比)**인 화토**(火土)**가 기신**(忌神)**인데 목화운**(木火運)**으로 향**(向)**하여 불길**(不吉)**하다.**

신사(辛巳) 대운에 병신합(丙辛合)으로 용신합거(用神合去)가 되고, 사화(巳火)가 기신(忌神)인데 기묘년(己卯年)에 갑기합토(甲己合土), 자묘형(子卯刑)으로 위암수술(胃癌手術)을 하였고, 임오(壬午) 대운에는 병임충(丙壬冲), 자오충(子午冲)으로 천충지충(天冲地冲)이 되어있는데 세운(歲運)인 병술년(丙戌年)에 기신(忌神)이 들어와 신장암(腎臟癌)으로 고생하고 있다.

癸	戊	庚	壬
丑	子	戌	寅

甲	乙	丙	丁	戊	己
辰	巳	午	未	申	酉

무토일주(戊土日主)가 술월(戌月)에 태어나 득령(得令)하였으나, 지지(地支)에 자축합수(子丑合水)가 되고, 천간(天干)에 금수(金水)가 투출(透出)되어 있어 신약(身弱)하게 되었다. 신약(身弱)하면 인비(印比)인 화토(火土)가 희신(喜神)이고, 식재관(食財官)인 금수목(金水木)이 기신(忌神)인데 정미(丁未) 대운에 정계충(丁癸冲), 정임합(丁壬合)으로 충중봉합(冲中逢合)이 되어 정화용신(丁火用神)이 충발(冲拔)되었고, 지지(地支)는 축술미삼형살(丑戌未三刑殺)이 되니 형액(刑厄)을 암시하고 있는데 세운(歲運)인 기사년(己巳年)에 기계충(己癸冲), 인사형(寅巳刑)으로 천충지형(天冲地刑)이 되어 신장이식(신장이식) 수술을 하였으나, 대운(大運)이 좋게 들어와 건강하게 살아가고 있다.

癸	癸	癸	壬
亥	丑	卯	辰

丁	戊	己	庚	辛	壬
酉	戌	亥	子	丑	寅

계수일주(癸水日主)가 묘월(卯月)에 태어나 실령(失令)하였으나 해축합수(亥丑合水)가 되고, 천간(天干)이 임계수(壬癸水)로 되어 신왕(身旺)하다. 신왕(身旺)하면 식재관(食財官)인 목화토(木火土)가 희신(喜神)이고, 인비(印比)인 금수(金水)가 기신(忌神)인데 대운(大運)이 금수운(金水運)으로 향(向)하여 불길(不吉)하다.

정유(丁酉) 대운에 정계충(丁癸冲)으로 정화용신(丁火用神)이 충발(冲拔)되었고, 지지(地支)는 묘유충(卯酉冲)으로 천충지충(天冲地冲)되어 형액(刑厄)을 암시하고 있다. 세운(歲運)인 계미년(癸未年)에 계수기신(癸水氣神)이 들어오고, 지지(地支)는 축미충(丑未冲), 묘미합(卯未合)으로 충중봉합(冲中逢合)이 되어 신장수술(腎臟手術)을 하였다.

丁	癸	癸	癸
巳	亥	亥	丑

己	戊	丁	丙	乙	甲
巳	辰	卯	寅	丑	子

해월계수(亥月癸水)**로 태어나 지지**(地支)**가 해축합수국**(亥丑合水局)**이고, 천간**(天干)**에 계수**(癸水)**가 투출**(透出)**되어 신왕**(身旺)**하다. 수왕**(水旺)**하여 신장**(腎臟)**이나 방광**(膀胱)**계통에 질병**(疾病)**이 생길 것으로 예측하고 있는데 병인**(丙寅) **대운에 병화용신**(丙火用神)**이 들어왔으나 인사형**(寅巳刑)**으로 형액**(刑厄)**을 암시하고 있다. 세운**(歲運)**인 신사년**(辛巳年)**에 병화대운**(丙火大運)**을 병신합거**(丙辛合去)**하고, 지지사화**(地支巳火)**는 사해충**(巳亥冲)**으로 용신충발**(用神冲拔)**이 되어 신장이식**(腎臟移植) **수술을 하였으나 대운**(大運)**이 좋게 들어와 건강하게 살아가고 있다.**

壬	癸	壬	丙
子	丑	辰	戌

丙	丁	戊	己	庚	辛
戌	亥	子	丑	寅	卯

계수일주(癸水日主)**가 임진월**(壬辰月)**에 태어나 지지**(地支)**는 자축합수**(子丑合水)**, 자진합수**(子辰合水)**가 되고, 임수**(壬水)**가 투출**(透出)**되어 신왕**(身旺)**하다. 수왕**(水旺)**을 제습**(除濕)**하는 화토**(火土)**가 년주**(年柱)**에 있으나 역부족**(力不足)**인데 대운**(大運)**마저 금수운**(金水運)**으로 향**(向)**하여 불길**(不吉)**하다.**

정해(丁亥) **대운에 정계충**(丁癸沖)**, 정임합**(丁壬合)**으로 충중봉합**(冲中逢合)**이 되어 형액**(刑厄)**을 암시하고 있고, 지지**(地支)**는 해자축수국**(亥子丑水局)**으로 대흉**(大凶)**하다. 세운**(歲運)**인 을해년**(乙亥年)**에 을목용신**(乙木用神)**은 부목**(浮木)**이 되고, 역시 지지**(地支)**가 해자축수국**(亥子丑水局)**을 이루니 신장염**(腎臟炎)**으로 고생하고 있다.**

6. 자궁 · 유방계통(子宮 · 乳房癸系通)의 질환

(1) 자궁(子宮)에 관련된 질병은 자궁암(子宮癌)을 비롯하여 유산(流産), 난산(難産), 자궁외임신(子宮外姙娠), 월경분순 생리통, 냉증 등을 말한다.

원국(原局)에서 일반적으로 신약(身弱)한데 식상(食傷)이 태왕(太旺) 경우에 유방(乳房)에도 질병이 발생한다.

(2) 수일주(水日主)가 식재관(食財官)이 태왕(太旺)하여 허약(虛弱)한데 충형(冲刑)이 있는 경우이다. 예를 들면 인신충(寅申冲), 묘유충(卯酉冲)이 되는 경우이다.

(3) 금수냉한(金水冷寒)과 건조(乾燥)한 경우인데 금수냉한(金水冷寒)은 자궁(子宮)이 너무나 차가워 병(病)이 되고, 지나치게 건조(乾燥)하면 수기부족(水氣腑族)으로 병(病)이 된다.

예를 들면 금일간(金日干)이나 수일간(水日干)이 신유술월(申酉戌月)이나 해자축월(亥子丑月)에 태어난 경우이고, 수일간(水日干)이 진수축미월(辰戌丑未月)이나 사오미월(巳午未月)에 태어난 경우를 맒나다.

(4) 인수태왕(印綬太旺)한데 식상(食傷)이 약(弱)한 경우인데 예를 들면 목일주(木日主)가 수인수(水印綬)가 태왕(太旺)한데 화식상(火食傷)이 약(弱)한 경우이다.

丙	壬	丙	丁
午	戌	午	酉

壬	辛	庚	己	戊	丁
子	亥	戌	酉	申	未

임수일주(壬水日主)가 오월(午月)에 테어나 실령(失令)하고 지지(地支)가 오술합화(午戌合火)디고 병정화(丙丁火)가 투출(透出)되어 조후(調候)로 금수(金水)가 필요한데, 년지유금(年支酉金)에 절처봉생(絶處逢生)하고 있으나 다행하게도 대운(大運)이 금수운(金水運)으로 향(向)하고 있다.

경술(庚戌) 대운에 병경충(丙庚冲)으로 용신(用神)인 경금(庚金)이 피상(被傷)되고 술토(戌土)는 오술합화(午戌合火)로 더욱 조열(燥熱)한데 세운(歲運)인 병자년(丙子年)에 병임충(丙壬冲), 자오충(子午冲)으로 천충지충(天冲地冲)으로 수(水)가 피상(被傷)되어 자궁암(子宮癌) 수술을 하였다.

본명(本命)**은 수일간**(水日干)**이 사오미월**(巳午未月)**에 태어나 지나치게 건조**(乾燥)**한데 유년**(流年)**에서 충형**(冲刑)**이 되는 경우이다.**

戊	丙	癸	丙
戌	午	巳	寅

丁	戊	己	庚	辛	壬
亥	子	丑	寅	卯	辰

병화일주(丙火日主)**가 사월**(巳月)**에 태어나 전지지**(全地支)**가 인오술화국**(寅午戌火局)**이 되어 염상격**(炎上格)**이 되었다. 염상격**(炎上格)**은 목화토**(木火土)**가 희신**(喜神)**이고, 금수**(金水)**가 기신**(忌神)**이다. 정해**(丁亥) **대운에 정계충**(丁癸冲), **사해충**(巳亥冲)**으로 천충지충**(天冲地冲)**되어 형액**(刑厄)**을 암시하고 있는데, 세운**(歲運)**인 병자년**(丙子年)**에 자오충**(子午冲)**으로 자수**(子水)**가 충발**(冲拔)**되어 자궁암**(子宮癌)**으로 수술을 받았으나 사망**(死亡)**하였다. 본명**(本命)**은 병화태왕**(丙火太旺)**한데 지나치게 조열**(燥熱)**하여 수기부족**(水氣不足)**으로 질병이 생긴 경우이다.**

戊	丙	辛	辛
戌	辰	卯	丑

丁	丙	乙	甲	癸	壬
酉	申	未	午	巳	辰

병화일주(丙火日主)**가 묘월**(卯月)**에 득령**(得令)**하였으나 토왕**(土旺)**하여 설기**(泄氣)**가 태심**(太甚)**하여 제살태과격**(制殺太過格)**이 되었다. 인비관**(印比官)**인 목화수**(木火水)**가 희신**(喜神)**이고, 식재**(食財)**인 토금**(土金)**이 기신**(忌神)**이다. 원국**(原局)**에서 식상토**(食傷土)**가 진술충**(辰戌冲), **축술형**(丑戌刑)**으로 충형**(冲刑)**이 중첩**(重疊)**되어 형액**(刑厄)**을 암시하니 유산**(流産)**이 많았는데, 을미**(乙未) **대운에 을신충**(乙辛冲), **축술미삼형**(丑戌未三刑)**이 되고 세운**(歲運)**인 경진년**(庚辰年)**에 병경충**(丙庚冲), **진술충**(辰戌冲)**으로 식상토**(食傷土)**가 왕신발**(旺神發)**되어 자궁근종**(子宮筋腫)**으로 수술을 받았다.**

壬	壬	辛	乙
寅	申	巳	巳

丁 丙 乙 甲 癸 壬
亥 戌 酉 申 未 午

임수일주(壬水日主**)가 사월(**巳月**)에 태어나 실령(**失令**)하고 지지(**地支**)에 인사신삼형(**寅巳申三刑**)이 있어 형액(**刑厄**)을 암시하고 있다. 대운(**大運**)이 금수운(**金水運**)으로 향(**向**)하여 다행이지만 갑신(**甲申**) 대운에 인사신삼형(**寅巳申三刑**)이 들어와 충형(**冲刑**)이 중첩(**重疊**)되어 있는데, 세운인(**歲運**)인 무인년(**戊寅年**)에 또다시 인사신삼형(**寅巳申三刑**)이 들어오니 대운(**大運**), 세운(**歲運**)이 동시에 중첩(**重疊**)되어 교통사고(**交通事故**)와 함께 자궁수술(**子宮手術**)을 받았다.**

丁	壬	壬	壬
未	午	寅	子

丙 丁 戊 己 庚 辛
申 酉 戌 亥 子 丑

임수일주(壬水日主**)가 인월(**寅月**)에 태어나 실령(**失令**)하고 지지(**地支**)가 인오(**寅午**), 오미(**午未**)로 화국(**火局**)이 되고 시상정화(**時上丁火**)가 투출(**透出**)하니 신약(**身弱**)하다. 신약(**身弱**)하면 인비(**印比**)인 금수(**金水**)가 희신(**喜神**)이고, 식재관(**食財官**)인 목화토(**木火土**)가 기신(**忌神**)이다.**

대운(大運**)이 금수운(**金水運**)으로 향(**向**)하여 대길(**大吉**)한데, 기해(**己亥**) 대운에 기토(**己土**)가 기신(**忌神**)이고 인해(**寅亥**), 해미(**亥未**)로 목국(**木局**)이 되니 식상(**食傷**)이 태왕(**太旺**)한 가운데 세운(**歲運**)인 갑신년(**甲申年**)에 식상목(**食傷木**)이 기신(**忌神**)이고 지지(**地支**)가 인신충(**寅申冲**)이 되어 유방암(**乳房癌**) 수술을 받았다. 일반적으로 관살(**官殺**) 대운에 식상년(**食傷年**)이 되거나 식상(**食傷**) 대운에 관살년(**官殺年**)이 되는 경우에 수술(**手術**)을 많이 받는다.**

癸	辛	癸	癸
巳	巳	亥	未

己 戊 丁 丙 乙 甲
巳 辰 卯 寅 丑 子

신금일주(辛金日主)**가 해월**(亥月)**에 태어나 한기**(寒氣)**가 있는데 천간**(天干)**에 계수**(癸水)**가 투출**(透出)**하여 설기**(泄氣)**가 태왕**(太旺)**하니 신약**(身弱)**하면서 제살태과격**(制殺太過格)**이 되었다. 희신**(喜神)**은 인비관**(印比官)**인 토금화**(土金火)**이고, 기신**(忌神)**은 식재**(食財)**인 수목**(水木)**이다.**

기사(己巳) **대운에 기계충**(己癸沖), **사해충**(巳亥沖)**으로 천충지충**(天沖地沖)**되어 형액**(刑厄)**을 암시하고 있는데, 세운**(歲運)**인 기축년**(己丑年)**에 또다시 기계충**(己癸沖), **축술형**(丑戌刑)**되어 유방암**(乳房癌) **수술을 받았다. 원국**(原局)**에 충형**(沖刑)**이 있는데 유년**(流年)**에서 충형**(沖刑)**이 들어오면 수술**(手術)**을 받는 경우가 많다.**

己	辛	癸	癸
丑	巳	亥	巳

己 戊 丁 丙 乙 甲
巳 辰 卯 寅 丑 子

신금일주(辛金日主)**가 해월**(亥月)**에 태어나 한랭**(寒冷)**하고, 설기**(泄氣)**가 태심**(太甚)**하여 신약**(身弱)**하고, 제살태과격**(制殺太過格)**이 되었다. 희신**(喜神)**은 토금화**(土金火)**이고, 기신**(忌神)**은 수목**(水木)**이다. 원국**(原局)**에 사해충**(巳亥沖)**이 중첩**(重疊)**되어 해수**(亥水)**가 피상**(被傷)**되어 있는데 병인**(丙寅) **대운에 병신합**(丙辛合)**으로 병화용신**(丙火用神)**이 합거**(合去)**되었고, 지지**(地支)**는 인사형**(寅巳刑)**으로 형액**(刑厄)**을 암시하고 있는데 세운**(歲運)**인 정사년**(丁巳年)**에 정계충**(丁癸沖), **사해충**(巳亥沖)**으로 천충지충**(天沖地沖)**되어 유방암**(乳房癌) **수술을 하였다.**

乙	壬	甲	戊
巳	申	寅	戌

戊	己	庚	辛	壬	癸
申	酉	戌	亥	子	丑

임수일주(壬水日主)**가 인월**(寅月)**이고, 식상목**(食傷木)**이 태왕**(太旺)**하여 신약**(身弱)**하다. 그러나 좌하신금**(坐下申金)**에 의지하고 있지만 인사신삼형**(寅巳申三刑)**으로 형액**(刑厄)**을 암시하고 있다. 신해**(辛亥) **대운에 을신충**(乙辛冲), **사해충**(巳亥冲)**으로 천충지충**(天冲地冲)**되어 식상**(食傷)**이 피상**(被傷)**되고, 세운**(歲運)**인 무신년**(戊申年)**에 무토**(戊土)**가 기신**(忌神)**이고, 인신충**(寅申冲)**되어 약**(弱)**한 식상목**(食傷木)**이 피상**(被傷)**되어 유방암**(乳房癌)**을 수술하였으나 사망**(死亡)**하였다.**

제22장 대운(大運) 세운(歲運) 감정론(鑑定論)

제1절 대운(大運)의 의의

1. 사람의 부귀빈천(富貴貧賤)은 사주원국(四柱原局)에 의하여 정(定)하여져 있으나 인생을 살아가는 과정에서 과거와 현재와 미래에 대한 길흉화복(吉凶禍福)의 변화를 예측하는 것은 행운(行運)에 의하여 이루어지는 것이다.

그래서 고서(古書)에 「명호불여대운호(命好不如大運好), 대운호불여유년호(大運好不如流年好)」라고 하여 명국(命局)이 부귀(富貴)하게 태어났다 하더라도 행운(行運)을 잘 만나지 못하면 한평생 발복(發福)을 하지 못하는 것이고, 행운(行運)이 아무리 좋아도 명국(命局)이 좋지 않으면 근본 자체의 그릇이 있기 때문에 그 이상의 발전에 한계(限界)가 있다는 것이다.

일반적으로 명국(命局)은 자동차로 비유하면 행운(行運)은 도로에 해당하는데 좋은 명국(命局)이 나쁜 행운(行運)을 만나면 좋은 차가 비포장도로를 달리는 것과 같고, 명국(命局)은 나쁘나 행운(行運)이 좋으면 낡은 차로도 고속도로를 달리는 것과 같은 이치로 비유하기도 한다.

한가지 더 예를 들면 명국(命局)이 좋은데 대운(大運)이 나쁠 때는 송백(松柏)이 추운 겨울을 만난 것과 같아 때를 얻지 못하였을 뿐이지 갯버들이 되는 것은 아니라는 것이다. 대운(大運)을 정(定)하는 법은 이미 앞에서 설명하였으나 대운(大運)의 간지(干支)에 대한 비중은 학자들간에 다소 이론이 다르다.

임철초(任鐵樵) 선생은 「운세(運勢)는 내가 처해 있는 땅과 같아 비록 지지(地支)가 중요하다고 하나 천간(天干)을 무시할 수가 없으며, 상생상부(相生相扶)가 되어야 한다. 천간(天干)과 지지(地支)를 끊어서 보는 것은 잘못 보는 것이다」라고 하였다.

위천리(韋千里) 선생은 「간지(干支)를 종합하여 판단하되 앞의 5년은 천간(天干)을 7할(七割), 지지(地支)를 3할(三割)로 보고, 뒤의 5년은 천간(天干)을 3할(三割), 지지(地支)를 7할(七割)로 종합하여 판단하여야 한다」고 하였다.

그러나 대운(大運)이 갑인(甲寅)이나 을묘(乙卯) 또는 경신(庚申)이나 신유(辛酉) 등과 같이 간지(干支)가 동일(同一)한 경우는 똑같이 10년으로 보면 되겠으나, 만약 병자(丙子)나 정해(丁亥) 또는 경오(庚午)나 신사(辛巳) 등과 같이 천간(天干)과 지지(地支)가 서로 오행(五行)이 다르다.

그러므로 병정화(丙丁火)는 수(水) 위에 좌(坐)하고 경신금(庚辛金)은 화(火) 위에 좌(坐)하고 있기 때문에, 화(火)나 금(金)의 힘이 부족하므로 3할(三割) 정도만 발휘할 수 있는 것이고 지지(地支)는 자기의 힘을 백분(百分) 발휘할 수가 있는 것이다. 따라서 천간(天干)도 5년, 지지(地支)도 5년씩 3분하되 천간(天干)만큼은 지지(地支)의 기운(氣運)에 따라 그 작용이 달라지는 것이다.

2. 대운간지(大運干支)가 상생(相生)을 하면 길(吉)하고, 상극(相剋)을 하면 흉(凶)하게 되니, 길흉(吉凶)의 경중(輕重) 관계를 판단하는 데 유념해야 한다.

(1) 천간(天干)이 길(吉)하여도 지지(地支)가 상극(相剋)하면 길(吉)이 감소(減少)하여 매사가 여의치 못하다.

(2) 천간(天干)이 길(吉)하고 지지(地支)에서 상생(相生)하면 길(吉)이 더욱 발복(發福)하고 매사가 원만하게 된다.

(3) 천간(天干)이 흉(凶)하여도 지지(地支)가 상극(相剋)하게 되면 흉(凶)함이 도리어 경(輕)하게 된다.

(4) 천간(天干)이 흉(凶)한데 지지(地支)가 상생(相生)하면 도리어 흉(凶)함이 중(重)하게 된다.

(5) 지지(地支)가 길(吉)하여도 천간(天干)이 상극(相剋)하면 길(吉)이 감소(減少)되고 매사가 여의치 못하다.

(6) 지지(地支)가 길(吉)하여도 천간(天干)에서 상생(相生)하면 길(吉)함이 더욱 발복(發福)하게 된다.

(7) 지지(地支)가 흉(凶)한데 천간(天干)에서 상극(相剋)하면 흉(凶)함이 감소(減少)된다.

(8) 지지(地支)가 흉(凶)한데 천간(天干)에서 상생(相生)하면 흉(凶)함이 중(重)하게 된다.

제2절 대운(大運)과 유년(流年)의 통변(通辯)

1. 비겁대운(比劫大運)

대운(大運)에 비겁운(比劫運)이 왔을 때 신약명(身弱命)은 길(吉)하다고 할 수 있는데, 형제나 친우로부터 유덕(有德)이 있고 은혜(恩惠)를 받게 된다. 건강이 좋아지고 자신감이 생기며, 귀인(貴人)을 만나게 되고 동업(同業)으로 성공하며, 상부상조(相扶相助)하여 명성을 얻을 뿐만 아니라 득재(得財)하거나 득처(得妻)까지 하게 되는 길(吉)하는 일이 발생한다.

만약에 신왕명(身旺命)일 경우에는 흉(凶)한 일이 발생하는데, 부모형제로부터 근심과 걱정이 발생하거나 상처(喪妻)나 극처(剋妻)를 하게 되고, 처첩(妻妾)으로 수난을 겪게 된다. 또한 친우의 배신을 당하기도 하고 방해자가 있어 타인(他人)에게 선수(先手)를 빼앗기게 되고, 실직(失職), 손재(損財), 사업실패(事業失敗) 등이 발생한다. 특히 여명(女命)은 상부(喪夫)나 극부(剋夫)를 하게 되고 남편이 작첩(作妾)을 하는 경우가 생긴다.

2. 식상대운(食傷大運)

대운(大運)에 식상운(食傷運)이 왔을 때 신왕명(身旺命)에는 새로운 일이 생기고 사업이 번창하는데, 육영사업(育英事業)이 더욱 길(吉)하다. 뿐만 아니라 의식(衣食)이 풍족해지고 도처(到處)에서 귀인(貴人)이 도와주며 타인(他人)의 덕(德)으로 성공하고 부하의 덕(德)도 보게 된다. 아울러 건강이 좋아지고 기예(技藝)를 발휘하여 득명(得名)을 하게 된다. 특히 여명(女命)은 귀자(貴子)를 얻게 된다.

반대로 신약명(身弱命)일 경우에는 가정불화(家庭不和)가 생기고 실직(失職)이나 파직(罷職)이 되거나 관재구설(官災口舌)이 따르고 명예손상(名譽損傷)을 당한다. 또한 사업관계(事業關係)로 고민이 생기거나 각종 사고가 발생하여 시비(是非)가 따르고 지출(支出)이 과다(過多)하게 된다.

뿐만 아니라 탐욕(貪慾)이 생겨 도리어 화(禍)를 당하게 되고, 후배나 부하(部下)로부터 배신(背信)을 당하여 건강마저 부실(不實)하게 된다. 특히 여명(女命)은 상부(喪夫)를 하거나 자연유산(自然流産)으로 근심하게 되고, 남편문제로 쓰라린 고통(苦痛)을 겪게 된다.

3. 재성대운(財星大運)

대운(大運)에 재성(財星)이 왔을 때 신왕명(身旺命)은 사업(事業)이나 투자(投資)에서 대성(大成)하게 되고 매사가 순조롭게 이루어지며 명예(名譽)가 상승(上昇)하게 되고 취직도 성사가 이루어진다. 건강도 양호하고 매사에 자신감이 넘치며 자손(子孫)으로 인한 경사가 일어나고 재물(財物)로 출세(出世)를 하게 되어 재정계(財政界)에서도 특출(特出)한 인물로 평가를 받게 된다.

반대로 신약명(身弱命)일 경우에는 사업(事業)이 부도(不渡)가 나거나 계약(契約)이 파기되고 손재(損財)가 발생하게 된다. 뿐만 아니라 관재(官災), 송사(訟事), 명예손상(名譽損傷) 등이 일어난다. 또한 처첩(妻妾)과 분쟁이 일어나고 생사이별(生死離別)하는 경우도 생긴다. 특히 여명(女命)은 시모(媤母)와 불화(不和)가 일어나게 된다.

4. 관살대운(官殺大運)

대운(大運)에 관살(官殺)이 왔을 때 신왕명(身旺命은 명예(名譽)가 따르고 취직이나 승진을 하게 되고 직책(職責)도 고위직(高位職)으로 올라가게 된다. 자신의 학업성적도 올라가고 자손(子孫)의 승진도 따르고 매사에 자신감이 넘치고 건강하여 질병(疾病)도 치료(治療)가 빨라져 회복된다. 특히 여명(女命)은 결혼(結婚)을 하게 되고 남편은 명예(名譽)가 올라가게 된다.

반대로 신약명(身弱命)은 퇴직(退職)하게 되거나 강제로 사표(辭表)를 쓰게 된다. 또한 각종 사고가 연속으로 발생하게 되고 누명(陋名)을 쓰거나 배신(背信)을 당하게 된다. 부부불화(夫婦不和)가 발생하고 처첩(妻妾)으로 인하여 재물(財物)을 잃거나 자식(子息)으로 인한 근심걱정이 있게 된다. 특히 여명(女命)은 남편으로 인한 고민을 하게 되거나 생사이별(生死離別)을 하게 된다.

5. 인수대운(印綬大運)

대운(大運)에 인수운(印綬運)이 왔을 때 신약명(身弱命)은 길(吉)하다고 할 수 있는데, 문서(文書)나 계약(契約) 등의 거래(去來)가 활발하게 되고, 부모나 가정적으로 경사가 일어나고 회사창업(會社創業)도 하게 된다. 또한 학문(學問)과 인연이 있게 되어 새로운 학문에 도전을 하게 되거나 최고학부를 수료하게 된다.

반대로 신왕명(身旺命)은 학업(學業)이 부진하고 명예(名譽)에도 손상(損傷)이 따르고, 문서(文書)나 계약(契約) 등으로 인하여 사기(詐欺)나 부도(不渡)를 당하게 된다. 부모(父母)로 인한 근심걱정이 생기고 충돌(衝突)도 자주 일어난다. 특히 여명(女命)은 자식(子息)으로 인한 근심걱정이 발생한다.

제3절 세운(歲運)의 의미

1. 운명(運命)은 대운(大運)과 세운(歲運)과의 밀접한 관계가 있어 그 때를 안다는 것은 행운(行運)을 안다는 것과도 같은 것이다. 또한 대운(大運)이 중요한지, 세운(歲運)이 중요한지를 비교하게 되면 대운(大運)이 더 중요한 역할(役割)을 하게 된다. 그러나 세운(歲運)도 소홀히 해서는 안된다. 하나하나 꼼꼼하게 분석하여 개척(開拓)해 나아가야 하는 것이 현실이기 때문이다.

행운(行運)을 판단하는 법(法)은 여러 가지가 있으나 앞 절에서 대운(大運)은 지지(地支)를 중요시하고 천간(天干)을 보조작용(補助作用)으로 보며, 세운(歲運)은 대운(大運)과 다르게 천간(天干)을 중요시하고 지지(地支)를 보조작용(補助作用)으로 본다. 그래서 지지(地支)는 형충파해(刑冲破害), 합국(合局), 공망(空亡), 길흉살(吉凶殺)을 잘 살펴서 판단하는 것이다.

2. 대운(大運)이 길(吉)하고 세운(歲運)도 길(吉)하면 발복(發福)이 대단하고, 대운(大運)이 흉(凶)하고 세운(歲運)도 흉(凶)하면 대흉(大凶)하게 되는 것이다.

3. 세운(歲運)이 길(吉)한데 대운(大運)이 생조(生助)하면 더욱 길(吉)하고, 만약 세운(歲運)이 흉(凶)한데 대운(大運)이 이를 생조(生助)하면 더욱 불길(不吉)하게 되는 것이다.

4. 세운(歲運)이 길(吉)한데 대운(大運)이 형충(刑冲)하면 소길(小吉)하고, 세운(歲運)이 흉(凶)한데 대운(大運)이 파극(破剋)하면 오히려 소흉(小凶)하게 된다.

5. 세운(歲運)이 길(吉)한데 대운(大運)이 흉(凶)하면 길(吉)한 중에 소흉(小凶)이 있고, 세운(歲運)이 흉(凶)한데 대운(大運)이 길(吉)하면 흉(凶)한 중에 소길(小吉)이 있다.

6. 세운(歲運)이 원국(原局)의 용신(用神)을 생조(生助)하면 길(吉)하고, 반대로 세운(歲運)이 원국(原局)의 용신(用神)을 파극(破剋)하게 되면 불길(不吉)하게 되는 것이다.

7. 세운(歲運)의 지지(地支)와 원국(原局)의 월지(月支)나 일지(日支)를 형충(刑冲)하게 되면 육친(六親)에게 변동이 있거나 부부이별(夫婦離別)하는 경우가 있고, 관재구설(官災口舌), 직장변동(職場變動), 쟁투(爭鬪) 등의 일이 발생하게 된다.

8. 세운(歲運)의 간지(干支)와 대운(大運)의 간지(干支), 그리고 원국(原局)의 간지(干支)와 삼합(三合)이나 육합(六合)이 되면 타인(他人)과의 융합(融合)과 협력(協力)이 잘 이루어진다.

제4절 세운(歲運)의 래정법(來定法)

1. 비견년운(比肩年運)

비견년운(比肩年運)에는 형제와 친구, 배우자와의 관계, 분가(分家) 및 사업(事業)에 관한 길흉사(吉凶事)가 발생한다. 희신(喜神)이 되는 경우는 형제나 친구의 도움을 얻게 되고 창업(創業)을 하거나 사업(事業)을 확충시키기도 하고 막혀 있던 재정(財政)이 풀리고 빌려간 돈을 받게 되고 부모로부터 유산(遺産)을 받을 수 있다. 기신(忌神)이 되는 경우는 형제나 친구로 인한 손재(損財)를 보거나 배신(背信)을 당하기도 하고, 파산(破産)이 되거나 사업(事業)이 부진하게 되고, 부부애로(夫婦隘路)가 있으며, 질병(疾病)으로 손재(損財)가 발생하게 된다.

2. 겁재년운(劫財年運)

겁재년운(劫財年運)은 부부이별(夫婦離別), 관재구설(官災口舌), 재물손해(財物損害), 투기(投機), 투자(投資)에 관한 길흉사(吉凶事)가 발생한다. 희신(喜神)이 되는 경우는 비견운(比肩運)과 같이 형제나 친구의 도움을 얻게 되고 창업(創業)을 하거나 사업(事業)을 확충시키기도 하고 막혀 있던 재정(財政)이 풀리고 빌려간 돈을 받게 되고 부모로부터 유산(遺産)을 받을 수 있다.

기신(忌神)이 되는 경우는 형제나 친구로 인한 손재(損財)를 보거나 사업(事業)이 부진하게 되고 동업(同業)으로 인한 파재(破財), 부부이별(夫婦離別), 질병(疾病)으로 손재(損財)가 발생하게 된다.

3. 식신년운(食神年運)

식신년운(食神年運)은 재산(財産)이나 건강(健康)에 관한 문제, 창업(創業) 및 기술(技術), 이사나 병동, 자녀나 제자, 공연이나 전시, 결혼이나 약혼 등에 관한 길흉사(吉凶事)가 발생한다. 희신(喜神)이 되는 경우에는 사업(事業)에 대한 기획(企劃)이나 설계(設計)에 대한 효율적인 성과를 이루고 기술 향상으로 인한 명예(名譽)가 올라가고 수입이 늘어난다.

특히 여명(女命)은 결혼(結婚)이나 임신(姙娠), 득자(得子) 등을 하게 된다. 기신(忌神)이 되는 경우에는 사소한 감정으로 쟁투(爭鬪)가 일어나고 관재구설(官災口舌), 부부이별(夫婦離別), 자식(子息)이나 남편에게 불리(不利)한 일이 발생하게 된다.

4. 상관년운(傷官年運)

상관년운(傷官年運)은 식신운(食神運)과 같이 재산(財産)이나 건강(健康), 명예(名譽)나 자식(子息), 관재송사(官災訟事) 등에 관한 길흉사(吉凶事)가 일어난다.

희신(喜神)이 되는 경우에는 사업(事業)에 대한 기획(企劃)이나 설계(設計)에 대한 효율적인 성과를 이루고 총명(聰明)한 능력을 발휘하여 창작이나 발명을 하게 되어 명예(名譽)가 올라가고 의외의 수입이 늘어난다. 특히 여명(女命)은 결혼(結婚)이나 임신(姙娠), 득자(得子)를 하게 된다.

기신(忌神)이 되는 경우에는 부당한 수입으로 재물을 획득하거나 부도(不渡)가 나게 되고 관재송사(官災訟事)가 발생하거나 사소한 일에 시비(是非)가 일어나고 쟁송(爭訟)으로 인한 투옥(投獄)을 당하게 된다.

5. 편재년운(偏財年運)

편재년운(偏財年運)은 투자, 재산, 사업, 무역, 부동산, 매매, 부모, 부부, 결혼, 애인 등에 관한 길흉사(吉凶事)가 발생한다. 희신(喜神)이 되는 경우에는 재운(財運)이 좋아 재물을 획득하고 사업이 번창하여 확장을 하거나 부동산매입을 하게 되고, 부부관계가 원만하여진다. 기신(忌神)이 되는 경우에는 사업이 부진하거나 실패하게 되고 의외의 지출이 많으며 이성(異姓)으로 인한 관재구설(官災口舌)이 생기고 부친(父親)의 건강에도 영향이 미친다.

6. 정재년운(正財年運)

정재년운(正財年運)은 사업의 성패(成敗), 처(妻)나 여자(女子)의 관계, 결혼 등의 길흉사(吉凶事)가 발생하게 된다. 희신(喜神)이 되는 경우에는 재운(財運)이 좋아 재물을 획득하고 사업이 번창하여 확장을 하거나 부부관계가 원만하여지고 미혼남자는 결혼을 하게 된다. 기신(忌神)이 되는 경우에는 처궁(妻宮)이나 부친(父親)의 건강이 약화(弱化)되거나 의외의 지출이 많아지고 이성(異姓)으로 인한 관재구설(官災口舌)이 생긴다.

7. 편관년운(偏官年運)

편관년운(偏官年運)은 명예(名譽), 자녀(子女), 권리투쟁(權利鬪爭), 관재송사(官災訟事), 사업경쟁(事業競爭), 사기(詐欺), 모함(謀陷), 이별(離別) 등의 길흉사(吉凶事)가 발생하게 된다. 희신(喜神)이 되는 경우에는 관재송사(官災訟事)에서 승소(勝訴)하거나 명예(名譽)가 회복(回復되고 사업(事業) 등에서 의외의 사건들이 해결된다.

기신(忌神)이 되는 경우에는 의외의 관재송사(官災訟事)에서 패소(敗訴)되거나 파재(破財)나 손재(損財)가 일어나고 형제자매간의 불화(不和), 이성(異姓)과의 실연, 파혼(破婚), 자식(子息)으로 인한 애로가 발생한다.

8. 정관년운(正官年運)

정관년운(正官年運)은 직위(職位)가 승진(昇進), 고시(考試)의 합격여부, 소송문제의 승패(勝敗), 자식(子息)의 결혼여부 등의 길흉사(吉凶事)가 발생하게 된다. 희신(喜神)이 되는 경우에는 직장(職場)에서 승진(昇進)이 되거나 소송(訴訟)에서 승소(勝訴)하게 되며 자식(子息)에게 경사가 일어난다. 기신(忌神)이 되는 경우에는 직장(職場)에서 관재구설(官災口舌)이 일어나고 소송(訴訟)에서 패소(敗訴)되며, 자식(子息)으로 인한 애로가 발생하게 된다.

9. 편인년운(偏印年運)

편인년운(偏印年運)은 명예손상(名譽損傷), 학술(學術)이나 연구 문제, 사업의 성패(成敗), 질병(疾病)이나 건강 등의 길흉사(吉凶事)가 발생하게 된다. 희신(喜神)이 되는 경우에는 사업(事業)이 안정되고 새로운 창업(創業)을 하거나 학문(學問)의 성과가 호전되고 건강이 회복된다. 기신(忌神)이 되는 경우에는 사업(事業)이 부진하고 학문(學問)의 연구 실적이 부진하며, 질병(疾病) 등 건강이 악화된다.

10. 정인년운(正印年運)

정인년운(正印年運)은 학술(學術), 명예(名譽), 시험(試驗), 승진(昇進), 결혼(結婚), 질병(疾病), 건강(健康)의 길흉사(吉凶事)가 발생하게 된다. 희신(喜神)이 되는 경우에는 학업성적이 우수하여 표창장을 받게 되거나 학술경시대회에서 입상을 하게 되고, 이사를 하거나 임신을 하여 자식을 얻는다거나, 귀인(貴人)으로부터 조력(助力)을 받아 사업이 번창하여지거나, 학업(學業)의 능률이 향상되게 된다.

기신(忌神)이 되는 경우에는 시험(試驗)이나 승진(昇進)에서 탈락(脫落)되거나 부동산 매매 등 재산상의 손재(損財)가 발생하고, 건강(健康)이 약화(弱化)되어 병원(病院)에 입원(入院)하게 되고, 판단착오로 사기(詐欺)를 당하게 된다.

제5절 월운(月運) 및 일진(日辰)

월운(月運)과 일진(日辰)을 판단하는 방법은 세운(歲運)의 길흉(吉凶)을 판단하는 방법과 유사하다. 그러므로 용신(用神)을 생조(生助)하면 길(吉)하게 되고, 반대로 용신(用神)을 파극(破剋)하게 되면 흉(凶)하게 되는 것이다. 여기서 파극(破剋)이라는 것은 용신(用神)을 형충파해(刑冲破害)하는 것이다.

일반적으로 대운(大運)은 지지(地支)를 중심으로 하고, 세운(歲運)과 월운(月運)과 일진(日辰)은 천간(天干)을 중심으로 보는 것이 타당하다고 하나, 간지(干支)를 종합적으로 분석하여 판단하여야 한다. 천간(天干)과 지지(地支)가 왕성(旺盛)하면 천간(天干)이 강력(强力)하게 되고 지지(地支)에서 천간(天干)을 생조(生助)하면 천간(天干)이 강력(强力)하여 지고 지지(地支)는 감소(減少)하게 된다.

지지(地支)에서 천간(天干)을 극(剋)하면 천간(天干)의 힘이 감소(減少)되고, 천간(天干)에서 지지(地支)를 극(剋)하면 지지(地支)의 힘이 감소(減少)하게 된다. 또한 천간(天干)에서 지지(地支)를 생조(生助)하면 천간(天干)의 힘이 감소(減少)되고 지지(地支)의 힘이 강력(强力)하게 된다.

제6절 간지동(干支同) · 간지충(干支冲) · 간지합(干支合)

1. 간지동(干支同)

일주(日柱)의 천간(天干)과 지지(地支)가 동일(同一)하다는 뜻인데 일주(日柱)가 갑인(甲寅)이라면 대운(大運)이나 세운(歲運)이 갑인(甲寅)이 되는 경우를 간동지동(干同支同) 또는 천동지동(天同地凍)이라고도 한다. 동일(同一)한 사람이 나타났으니 주인(主人)이 둘이 되어 관재구설(官災口舌), 누명(陋名), 시비(是非), 사기(詐欺), 중상모략 등이 발생하게 된다.

또한 이동(移動), 이사(移徙), 전직(轉職), 전업(轉業), 유혹(誘惑), 손재(損財), 부부이별(夫婦離別) 등도 하게 된다. 이 외에도 부친(父親)이 불길(不吉)하게 되거나 처액(妻厄)이 있고, 이성(異性)에 대한 애정문제가 발생하게 된다. 그러나 신약(身弱)하여 비겁(比劫)을 용신(用神)으로 하는 경우에는 오히려 발복(發福)하게 된다.

2. 간지충(干支冲)

일주(日柱)의 천간(天干)과 지지(地支)를 대운(大運)이나 세운(歲運)에서 상충(相冲)한다는 뜻으로 천충지충(天冲地冲)이라고도 한다. 일주(日柱)가 갑인(甲寅)이라면 경신년(庚申年), 병오(丙午)이라면 임자년(壬子年), 병신(丙申)이라면 임인년(壬寅年)을 만나는 경우와 같은 것이다.

대적(對敵)을 만난 것과 같으니 필사(必死)의 투쟁(鬪爭)으로 자기 역량을 최대한 발휘(發揮)하지만 관재구설(官災口舌), 형액(刑厄), 교통사고(交通事故), 질병(疾病) 등이 발생하거나 부모(父母), 자식(子息), 배우자(配偶者)의 비운(悲運)을 암시(暗示)하고 있으나 신왕(身旺)하여 관살(官殺)이 용신(用神)이 되는 경우에는 오히려 발복(發福)하게 된다.

3. 간지합(干支合)

일주(日柱)의 천간(天干)과 지지(地支)가 대운(大運)이나 세운(歲運)의 간지(干支)와 상합(相合)한다는 뜻으로 천합지합(天合地合)이라고도 한다. 일주(日柱)가 갑인(甲寅)이라면 기해년(己亥年), 병오(丙午)라면 신미년(辛未年)이 되는 경우와 같은 것이다.

다정(多情)이 병(病)이 되니 유혹(誘惑)을 많이 당하여 애정문제가 발생하게 되는데 합화기(合化忌)가 되느냐, 또는 합화희(合化喜)가 되느냐를 살펴서 판단하여야 한다. 합화기(合化忌)가 되면 관재구설(官災口舌), 재산손재(財産損財), 사기(詐欺) 등이 발생하고, 합화희(合化喜)가 되면 동업(同業)이나 귀인(貴人)이 협조(協助)하게 된다.

4. 간동지충(干同支冲)

일주(日柱)의 천간(天干)이 대운(大運)이나 세운(歲運)의 천간(天干)과 동일(同一)하고, 지지(地支)가 상충(相沖)한다는 뜻으로 천동지충(天同地沖)이라고도 한다. 일주(日柱)가 갑인(甲寅)이라면 갑신년(甲申年), 병오(丙午)라면 병자년(丙子年)을 만나는 경우와 같은 것이다. 동상이몽(同床異夢)과 같은 형상으로 속과 겉이 다르니 자기의 이상(理想)과 기대(期待)가 어긋나는 결과(結果)를 가져온다는 것을 암시(暗示)하고 있는 것이다.

배우자(配偶者)와의 충돌(衝突)로 생사이별(生死離別)하거나 친구나 동료와의 배신(背信), 동업자(同業者)로부터 사기(詐欺)나 손재(損財), 가정적으로는 불안(不安)하거나 좌불안석(坐不安席)한 일이 발생한다. 일반적으로 간동지형(干同支刑)도 간동지충(干同支冲)과 같은 결과가 나타난다.

제23장 암살(暗殺) 및 극형(極刑)의 운명론(運命論)

癸	癸	戊	辛
丑	丑	戊	丑

辛 壬 癸 甲 乙 丙 丁
卯 辰 巳 午 未 申 酉

본명(本命)은 1841년 9월 2일생이며 일본의 유신창시자이고, 하얼빈역(驛)에서 안중근(安重根)의사의 저격으로 1909년 기유년(己酉年)에 69세로 절명(絶命)한 명조(命造)이다. 계수일주(癸水日主)가 술월(戌月)에 태어나고 지지(地支)가 3축토(三丑土)로 한냉(寒冷)하니 조후(調後)가 필요하니 화기(火氣)로 우선 보온(保溫)해야 한다. 격국(格局)을 논(論)하면 계수(癸水)가 축중신금(丑中辛金), 축중정화(丑中丁火)가 있고, 무토정기(戊土正氣)가 투출(透出)되어 있어 잡기재관격(雜氣財官格)과 정관격(正官格)이 성립된다. 또한 년지(年支)의 축중기토(丑中己土)가 직상신금(直上辛金)을 생(生)하고, 신금(辛金)은 계수일간(癸水日干)을 생(生)하니 순생(順生)으로 살인상생격(殺印相生格)이라 하여 귀격(貴格) 중의 하나이다.

신축일생(辛丑日生)과 계축일생(癸丑日生)이 지지(地支)에 축자(丑字)가 많을수록 상격(上格)으로 보는 축요사격(丑遙巳格)으로도 성립된다. 축요사격(丑遙巳格)은 원국(原局)에 관선(官星)이 없어야 하고, 축중계수(丑中癸水)가 사중무토(巳中戊土)를 충동시켜 합(合)을 하니 무토(戊土)는 계수(癸水)의 관성(官星)이 되는 것이다.

뿐만 아니라 현무당권격(玄武當權格)이라고도 하는데 계수일간(癸水日干)이 지지(地支)에 진술축미(辰戌丑未)가 있는 것을 말하며 현무(玄武)는 임계수(壬癸水)를 뜻한다. 따라서 다섯가지의 격국(格局)이 성립되니 귀격(貴格)의 인물이 틀림없다. 그러나 괴강살(魁罡殺)과 삼형살(三刑殺)이 있어 형액(刑厄)을 암시(暗示)하고 있다.

일간계수(日干癸水)는 관살(官殺)이 태왕(太旺)하여 신약(身弱)한 것이 보이나 축중계수(丑中癸水), 축중신금(丑中辛金)이 일간계수(日干癸水)를 생조(生助)하고, 년간신금(年干辛金)이 강(强)한 토기(土氣)를 설기(泄氣)시키고, 일간계수(日干癸水)를 생조(生助)하니 절처봉생(絶處逢生)으로 일간(日干)이 신왕(身旺)한 것이다.

병약(病弱)으로 볼 때 5개의 신금(辛金)이 생조(生助)하고, 술월(戌月)을 금기(金氣)의 계절(季節)이라 금기(金氣)가 병(病)이 되는 것이고, 금기(金氣)를 억제(抑制)하는 화기(火氣)가 필요하다. 다행히 술중정화(戌中丁火)가 있어 미약(微弱)하지만 월중무토(月中戊土)와 무계합(戊癸合)으로 화기(火氣)가 생겨 한습(寒濕)한 것을 제거(除去)시키니 기묘(奇妙)한 명조(命造)이다.

따라서 정화(丁火)가 용신(用神)이니 목(木)이 희신(喜神)이 된다. 대운(大運)마저 화목운(火木運)으로 향(向)하여 대발(大發)하였다. 어려서부터 양자(養子)로 가서 이등준보(伊騰俊輔)로 개명(改名)하였다가 28세에 이등박문(伊騰博文)으로 또 다시 개명(改名)하였다. 1909년 기유년(己酉年) 10월 26일 69세인 신묘대운(辛卯大運)에 안중근(安重根) 의사의 저격으로 절명(絶命)하였다.

신묘(辛卯)는 신금(辛金)이 기신(忌神)이고, 묘(卯)는 유년(流年)과 묘유충(卯酉冲)이 되어 목기(木氣)가 충발(冲拔)되었다. 기토(己土)는 기계충(己癸冲)으로 기토(己土)가 역시 충발(冲拔)되었다.

癸	己	丙	己
酉	未	寅	巳

己	庚	辛	壬	癸	甲	乙
未	申	酉	戌	亥	子	丑

본명(本命)은 1809년 2월 11일생이며 미국의 16대 링컨 대통령의 명조(命造)이다. 기토일주(己土日主)가 인월(寅月)에 태어나 한기(寒氣)가 있으니 우선 조후(調候)로 화기(火氣)를 써야 한다. 좌하미토(坐下未土)가 년간(年干)에 투출(透出)되고, 병화(丙火)가 사화(巳火)에 건록(健祿)으로 득근(得根)하니 화기(火氣)가 왕성(旺盛)하다. 따라서 인비(印比)가 생조(生助)하여 신왕(身旺)하다. 신왕(身旺)하면 식재관(食財官)이 희신(喜神)이고, 인비(印比)가 기신(忌神)이다. 인목관성(寅木官星)은 목생화(木生火)로 설기(泄氣)되어 미약(微弱)하지만 강(强)한 계수(癸水)의 생조(生助)를 받아 다행스럽다.

그러므로 강(强)한 일간(日干)을 자연스럽게 유출(流出)시키는 시지유금(時支酉金)이 가장 유력한 용신(用神)이다. 유금(酉金)은 다시 금생수(金生水)로 시상계수(時上癸水)를 생조(生助)하니 시상편관격(時上偏官格)이며 시상일위귀격(時上一位貴格)도 겸비(兼備)하고 있고, 식신생재격(食神生財格)도 포함되어 있어 귀격(貴格)은 틀림없다.

따라서 희신(喜神)이 금수목(金水木)이 되고, 기신(忌神)은 화토(火土)가 되는 것이다. 행운(行運)이 금수운(金水運)으로 향(向)하여 대발(大發)하였다. 원국(原局)에서 인수(印綬)가 중중(重重)하니 부모덕(父母德)이 없다. 생모(生母)가 10세에 사망(死亡)하고, 11세 때 계모(繼母)가 들어왔다. 10세인 무인년(戊寅年)은 무계합(戊癸合)으로 용신계수(用神癸水)를 합거(合去)하고, 인사형(寅巳刑)으로 인수(印綬)가 형발(刑拔)되어 어머니와 이별(離別)한 것이다.

그 後, 1836년은 28세인 병신년(丙申年), 계해(癸亥) 대운이다. 신유합금(申酉合金), 사신합수(巳申合水), 인해합목(寅亥合木), 해미합목(亥未合木)으로 용신(用神)이 되니 변호사 시험에 합격하였다. 1847년 39세인 정미년 임술(壬戌) 대운에 하원의원(下院議員)이 되었다. 정화기신(丁火忌神)이 대운(大運)과 정임합목(丁壬合木)이 되고, 유술합금(酉戌合金)이 되어 용신(用神)이 되었기 때문이다.

1857년 49세인 정사년(丁巳年)이 되었고, 1860년 52세 때 경신년(庚申年)은 대운(大運)과 세운(歲運)이 용신운(用神運)이니 16대 대통령으로 당선되었다. 1865년 57세인 을축년(乙丑年), 경신(庚申) 대운에 암살(暗殺)당했다. 을축년(乙丑年)은 기을극(己乙剋), 축미충(丑未冲)으로 천극지충(天剋地冲)하고, 축토(丑土)는 금용신(金用神)의 모죠(墓地)에 해당한다.

경신(庚申) 대운은 병경충(丙庚冲), 인사신삼형(寅巳申三刑)으로 천충지형(天冲地刑)으로 대흉(大凶)한 해이다. 그러므로 사람이 죽는 해는 용신(用神)이나 희신(喜神)이 천충지충(天冲地冲)으로 충발(冲拔)이 되거나 묘지(墓地)에 해당하는 해에 사망(死亡)하는 경우가 많다.

己	辛	乙	丁
丑	未	巳	巳

己	庚	辛	壬	癸	甲
亥	子	丑	寅	卯	辰

본명(本命)은 1917년 5월 29일생인 미국의 34대 케네디 대통령의 명조(命造)이다. 신금일주(辛金日主)가 사월(巳月)에 태어나고, 년주(年柱)가 정사(丁巳)이니 화왕(火旺)으로 조후(調候)인 수기(水氣)가 우선 필요(必要)하다. 격국(格局)으로 보면 사화(巳火)가 정관(正官)이니 정관격(正官格)이다.

또한 원국(原局)이 월간을목(月干乙木)이 목생화(木生火)하니 더욱 화기(火氣)가 태왕(太旺)하여 신금일주(辛金日主)가 화다금용(火多金鎔) 직권에 있는 형상이다. 화관살(火官殺)을 수식상(水食傷)으로 제압(制壓)해야 되니 신약(身弱)한 것은 분명하다. 이것을 식신제살격(食神制殺格)이라고 하여 식상운(食傷運)이 들어와 관살(官殺)을 제복(制伏)시키면 오히려 귀격(貴格)이 되는 것이다.

용신(用神)은 인비(印比)와 식상(食傷)인 토금수(土金水)가 되고, 기신(忌神)은 재관(財官)인 목화(木火)이다. 신약(身弱)에는 비겁(比劫)과 인성(印星)이 용신(用神)이 되나 원국(原局)에서는 관성(官星)이 많아 인성(印星)을 생조(生助)함으로써 인성(印星)을 용신(用神)으로 하니 살인상생격(殺印相生格)이라고도 하여 역시 귀격(貴格)으로 보는 것이다. 따라서 축토(丑土)와 미토(未土)가 용신(用神)이니 화기(火氣)는 화생토(火生土)로 기신(忌神)이 희신(喜神)으로 변화(變化)되는 것이다.

인수(印綬)가 용신(用神)이면 부모덕(父母德)이 있고, 끈기와 용기(勇氣)가 대단하며 설득력(說得力)도 있다. 1946년 30세인 병술년(丙戌年), 임인(壬寅) 대운에 하원의원(下院議員)이 되었다. 병화(丙火)는 병신합거(丙辛合去)가 되고, 축술미삼형살(丑戌未三刑殺)이 되어 형액(刑厄)이 될 것 같으나 축중신금(丑中辛金), 축중계수(丑中癸水), 술중신금(戌中辛金)이 개고용신(開庫用神)이 되니 천충지형(天冲地刑)이 되었다 하더라도 흉변위길(凶變爲吉)이 되는 천지조화(天地調和)의 원리(原理)를 터득해야 한다.

1952년 36세인 임진년(壬辰年)은 역시 용신운(用神運)이니 상원의원(上院議員)이 되었다. 38세부터 신축(辛丑) 대운은 대발(大發)하는 시기이다. 1960년 44세인 경자년(庚子年)은 경금(庚金)이 용신(用神)이고, 자축합토(子丑合土)가 되어 토용신(土用神)이 되고, 자축합수(子丑合水) 역시 용신(用神)이 되니 기묘(奇妙)하게 유년(流年)이 들어와 대통령에 당선되었다. 1961년 45세인 신축년(辛丑年)은 소련이 쿠바에 미사일기지 설치 정보를 입수하자 쿠바 봉쇄령을 내려 용기있는 결단을 내린 것도 용신년(用神年)이기 때문이다.

1963년 47세인 계묘년(癸卯年)은 기계충(己癸沖), 정계충(丁癸沖)으로 계수용신(癸水用神)이 충발(沖拔)되었고, 묘목(卯木)은 묘미합목국(卯未合木局)으로 용신미토(用神未土)가 기신목국(忌神木局)으로 되어 저격으로 사망(死亡)하였다. 용신(用神)이 합거(合去)되었다.

辛	己	丙	丙
未	巳	申	子

癸	壬	辛	庚	己	戊	丁
卯	寅	丑	子	亥	戌	酉

본명(本命)은 1876년 7월 11일생인 김구(金九) 선생의 명조(命造)인데 호(號)는 백범(白凡)이고, 본래의 이름은 김창수(金昌洙)이다. 1946년 6월 28일 12시 36분에 안두희(安斗熙)에 의해 서거되었다. 기토일주(己土日主)가 신월(申月)에 태어나 실령(失令)하였으나 일시지(日時支)에 사미(巳未)가 득지(得地)하고, 양병화(兩丙火)가 투출(透出)하니 신왕(身旺)하다. 신왕(身旺)은 식재관(食財官)인 금수목(金水木)이 희신(喜神)이고, 인비(印比)인 화토(火土)가 기신(忌神)이다. 관성목(官星木)은 없으며 식상금(食傷金)은 신금(申金)이 시간(時干)에 신금(辛金)이 투출(透出)하여 왕성(旺盛)한데 신자합수(申子合水)가 재성국(財星局)을 이루고 있어 토금상관격(土金傷官格)에다 식신생재격(食神生財格)도 성립되니 귀격(貴格)이다.

또한 기토일간(己土日干)이 일지사(日支巳)와 시지미(時支未) 사이에 오자(午字)가 있는 것으로 가상(假想)하여 공록격(拱祿格)도 겸비(兼備)하고 있다. 공록격(拱祿格)은 원국(原局)에 건록(健祿)이 없어야 하고, 정편관(正偏官)도 없어야 큰 인물이 되는 것이다.

김구(金九) 선생의 명조(命造)는 공록격(拱祿格)으로서 진격(眞格)이라고 할 수 있다. 토금상관격(土金傷官格)은 육수(育秀)라고 하여 애국지사(愛國志士)가 된 것이다. 1893년 18세인 계사년(癸巳年)에 민비(閔妃) 시해범 일본군 장교를 살해(殺害)하고, 사형선도를 받았다. 무술(戊戌) 대운은 기신(忌神)이고, 기계충(己癸沖), 사신형(巳申刑)으로 천충지형(天沖地刑)이 되어 형액(刑厄)을 면치 못하는 것이다.

1905년 30세인 을사년(乙巳年)에 결혼(結婚)하였으나 1924년 49세인 갑자년(甲子年)에 부인(婦人)이 세상을 떠났다. 이것은 갑기합토(甲己合土)로 기신(忌神)이 되고, 자재처(子財妻)가 자자(子子)로 자형(自形)되고, 대운축토(大運丑土)와 자축합토(子丑合土)로 기신(忌神)이 되니 사별(死別)하게 된 것이다. 1910년 35세인 경술년(庚戌年), 경자(庚子) 대운에 종신형(終身刑)을 받아 1914년 39세인 갑인년(甲寅年)에 출옥(出獄)하여 상해로 망명하는 등 온갖 고초를 겪었다.

이것은 병경충(丙庚冲), 술미형(戌未刑)으로 천충지형(天冲地刑)되어 형액(刑厄)을 암시(暗示)하고 있으나 경자(庚子) 대운이 강(强)한 용신(用神)으로 갑인년(甲寅年)에 풀려나온 것이다. 신축(辛丑) 대운에 윤봉길, 이봉창 의거를 성공리에 완수하였고, 임인(壬寅) 대운은 8. 15 광복으로 인하여 귀국하였으나 71세인 병술년(丙戌年), 갑오월(甲午月), 계유일(癸酉日), 오시(午時)에 안두희(安斗熙)가 쏜 총탄에 사망(死亡)하였다.

계묘(癸卯) 대운은 기계충(己癸冲), 자묘형(子卯刑)으로 천충지형(天冲地刑)으로 형액(刑厄)을 암시(暗示)하고 있으며, 병술년(丙戌年)은 병화기신(丙火忌神)이고, 술미형(戌未刑)이 되고, 갑오월(甲午月)은 갑기합토(甲己合土)로 기신(忌神)이고, 사오미(巳午未)로 화국기신(火局忌神)이 되니 자오충(子午冲)으로 용신자수(用神子水)가 충발(冲拔)되었는데 설상가상(雪上加霜)으로 오시(午時)가 또 다시 자오충(子午冲)을 하여 용신자수(用神子水)가 충발(冲拔)되었으니 세상(世上)을 하직할 수 밖에 없다.

庚	庚	辛	丙
辰	辰	丑	申

戊 丁 丙 乙 甲 癸 壬
申 未 午 巳 辰 卯 寅

본명(本命)은 1896년 12월 20일생으로 자유당 정권시 국회의장과 부통령을 지냈으나 3.15 부정선거에 의해 당선된 이승만 대통령이 하야(下野)와 함께 아들 이강석(李康石)에 의해 부인 박마리아와 함께 자살한 이기붕(李起鵬) 씨의 명조이다.

경금(庚金)이 축월(丑月)로 천한지동(天寒地凍)하여 조후(調候)로 화기(火氣)가 필요(必要)한데 년간병화(年干丙火)가 투간(透干)되어있으나 뿌리가 없어 서운하다. 원국(原局)에서 토금(土金)으로 비겁(比劫)과 인수(印綬)가 많으니 태왕(太旺)하다. 왕(旺)하면 식재관(食財官)인 수목화(水木火)가 희신(喜神)이고, 인비(印比)인 토금(土金)이 기신(忌神)이다.

식상수(食傷水)는 진중계수(辰中癸水)와 축중계수(丑中癸水)에 암장(暗藏)되어있고, 재성목(財星木)은 역시 진중을목(辰中乙木)이 암장(暗藏)되어있어 미약(微弱)하다. 관성화(官星火)는 병화(丙火)가 있으나 목화(木火)의 생조(生助)를 받지 못하지만 대운(大運)이 목화(木火)로 향(向)하여 대발(大發)하였다.

원국(原局)에서 경진일주(庚辰日柱)는 괴강격(魁罡格)이다. 괴강격(魁罡格)은 신왕(身旺)해야 대길(大吉)하고, 신약(身弱)하면 천격(賤格)이 되어 불행(不幸)한 경우가 많이 생긴다. 원국(原局)에서 합작용(合作用)에 의한 변화(變化)로 용신(用神)과의 연관성(連貫性)을 세밀하게 분석(分析)해야 한다. 병화(丙火)는 편관(偏官)이 되어 자식(子息)이 되는데 병신합(丙辛合)으로 수기(水氣)로 변화(變化)하였다.

괴강격(魁强格)은 신강(身强)해야 하고, 경금(庚金)이 태강(太强)하니 화기(火氣)로 제련(製鍊)시켜야 사회에서 존경받고, 쓸모있는 가치관(價値觀)은 가지고 있는데 다행히 병화(丙火)가 용신(用神)이므로 쓸모있는 인물이라 하겠다. 대운(大運)으로 볼 때 초년운(初年運)과 중년운(中年運)은 대발(大發)하였으나 1966년 65세인 경자년(庚子年)은 무신(戊申) 대운은 불운(不運)의 해이다.

무신운(戊申運)은 무토기신(戊土忌神)이고, 신금(申金) 역시 기신(忌神)이다. 특히 남방화운(南方火運)에서 서방금운(西方金運)으로 넘어가는 접목운(接木運)이라 더욱 불길(不吉)하다. 접목운(接木運)이란 대운(大運)에서 계절(季節)이 바뀌는 운(運)을 말한다.

경자년(庚子年)은 경금(庚金)이 기신(忌神)인데 병경충(丙庚沖)하여 용신(用神)인 병화(丙火)가 충발(沖拔)되었고, 신자진삼합(申子辰三合)으로 수국(水局)으로 년지신금(年支申金)도 수기(水氣)로 변화(變化)하여 병화(丙火)를 극제(剋制)되어 자식(子息)인 병화(丙火)가 소멸(消滅)되었다. 또한 부인(婦人)은 진중을목(辰中乙木)이 정처(正妻)인데 금기(金氣)가 왕(旺)하여 절목(節木)이 되니 살아남기가 어렵다.

己	癸	壬	丙
未	巳	辰	午

乙	丙	丁	戊	己	庚	辛
申	戌	亥	子	丑	寅	卯

본명(本命)은 1906년 3월 26일생으로 이기붕(李起鵬) 전 부통령의 부인(夫人)인 박마리아의 명조(命造)이다. 계수일주(癸水日主)가 진중계수(辰中癸水)에 득근(得根)하고 임수(壬水)가 투출(透出)하여 수기(水氣)는 약(弱)하지 않으나 사오미(巳午未)로 남방화국(南方火局)인데, 병화(丙火)까지

투출(透出)하여 염화지상(炎火之象)디다. 그러므로 계수일간(癸水日干)은 증발지세(蒸發之勢)이다. 결과적으로 신약(身弱)이니 재다신약(財多身弱)이 되었다. 비겁(比劫)을 써야 하니 수기(水氣)가 용신(用神)이고, 금기(金氣)는 희신(喜神)이다.

원국(原局)에서 관살혼잡(官殺混雜)이 되니 살인상생(殺印相生)으로 인화(引化)시킬 금기(金氣)가 없으니 부성(夫星)이 기신(忌神)이다. 임수용신(壬水用神)이 백호(白虎)가 되니 형제자매(兄弟姉妹)가 없거나 있다 하여도 화목(和睦)하지 못하다.

여명(女命)은 식상(食傷)이 자식(子息)인데, 진중을목(辰中乙木)과 미중을목(未中乙木)이 암장(暗藏)되어 있어 자식(子息)은 있다 하여도 고(庫)의 자식(子息)은 투출(透出)하지 못하면 양육(養育)이 어렵다. 설상가상(雪上加霜)으로 화기(火氣)가 태왕(太旺)하니 자식목(子息木)은 설기(泄氣)가 심(甚)하여 자식(子息)은 불길(不吉)하다.

운행(運行)이 초년이후(初年以後)는 수금운(水金運)으로 향(向)하여 대길(大吉)하였으나 1960년 55세인 경자년(庚子年), 병술(丙戌) 대운에 일가족(一家族)이 자살(自殺)하였다. 병술운(丙戌運)은 병임충(丙壬冲)으로 임수(壬水)가 충발(冲拔)되었고 진술충(辰戌冲)으로 진중을목(辰中乙木)이 소멸(消滅)되었다. 또한 토기(土氣)가 남편인데 상충(相冲)하고 술미형(戌未刑)하니 토기(土氣)가 붕괴(崩壞)되면서 토극수(土剋水)가 되니 세상(世上)을 하직하였다.경자년(庚子年)은 금수운(金水運)으로 용신(用神)이 들어왔지만 병경충(丙庚冲), 자오충(子午冲)으로 천충지충(天冲地冲)되니 역부족(力不足)으로 용신(用神)이 충발(冲拔)되었다.

戊	戊	戊	辛
午	申	戌	亥

乙	甲	癸	壬	辛	庚	己
巳	辰	卯	寅	丑	子	亥

본명(本命)은 1851년 9월 25일생으로 1895년 44세인 을미년(乙未年)에 일본인에게 학살을 당한 민비(閔妃)의 명조(命造)이다. 무토일주(戊土日主)가 술월(戌月)로 건록격(建祿格)이고 무토(戊土)가 월일시간(月日時干)에 건재(健在)하여 삼붕격(三朋格)이라고도 한다.

시간오화(時干午火)에 양인격(羊刃格)도 성립되며, 신자(申字)와 오자(午字) 사이에 미자(未字)를 가상(假想)하여 공귀격(拱貴格)이라고도 한다. 뿐만 아니라 술중신금(戌中辛金)이 년간(年干)에 투출(透出)하여 상관격(傷官格)도 겸비(兼備)되어 있다. 그러므로 5개의 격국(格局)을 가지고 있다. 무토일주(戊土日主)가 3무토(三戊土)가 투출(透出)하고 지지(地支)에 오술화국(午戌火局)이 되어 생조(生助)하니 신왕(身旺)하다. 신왕(身旺)하면 식재관(食財官)이 희신(喜神)이고, 인비(印比)가 기신(忌神)이다.

관성목(官星木)은 없으며, 재성수(財星水)는 해수(亥水)이고, 식상금(食傷金)은 일지신금(日支申金)이 년간신금(年干辛金)의 뿌리가 되어 왕성(旺盛)하다. 따라서 신금(申金)이 가장 건왕(健旺)한 용신(用神)이다. 상관격(傷官格)은 다재다능(多才多能)하여 두뇌(頭腦)가 민감(敏感)하고 삼붕격(三朋格)은 부하(部下)나 후원자가 많고, 공귀격(拱貴格)은 귀격(貴格)이며, 양인격(羊刃格)은 생살권(生殺權)을 가지고 있으니, 여장부(女丈夫)의 명조(命造)임에는 틀림없다. 비겁(比劫)이 태왕(太旺)하여 고집(固執)이 강(强)하고 추진력이 대단하다.

공귀격(拱貴格)에 의하여 미중을목(未中乙木)이 정관(正官)이 되니 남편(男便)인 고종황제(高宗皇帝)이다. 남편(男便)은 고귀(高貴)하나 고중(庫中)에 있으므로 발복(發福)하기가 어렵다. 1885년은 44세인 을미년(乙未年)이고 임인(壬寅) 대운이다. 임수(壬水)가 인목(寅木)을 생(生)하여 인목(寅木)이 강(强)하지만 일지신금(日支申金)과 인신충(寅申冲)으로 용희신(用喜神)이 충돌(衝突)하여 변화(變化)를 암시(暗示)하고 있는데, 인오술(寅午戌)로 삼합화국(三合火局)이 되어 용신(用神)인 신금(申金)이 충발(冲拔)되었다.

또한 을미년(乙未年)은 을신충(乙辛冲), 술미형(戌未刑)이 되어 천충지충(天冲地冲)으로 형액(刑厄)을 암시(暗示)하니 살해(殺害)되었다. 남편(男便)은 을목(乙木)이 미중(未中)에서 투출(透出)되므로 무고(無故)하였다.

戊	壬	己	己
申	寅	丑	丑

丙 乙 甲 癸 壬 辛 庚
申 未 午 巳 辰 卯 寅

본명(本命)**은 1925년 11월 29일생이며 1974년 50세인 갑인년**(甲寅年) **8월 15일 광복절 행사장에서 문세광**(文世光)**의 총탄에 사망**(死亡)**한 육영수**(陸英修) **여사의 명조**(命造)**이다. 임수일주**(壬水日主)**가 축월**(丑月)**에 태어나 기토**(己土)**가 투출**(透出) **되니 정관격**(正官格)**이다.**

임수(壬水)**가 축월**(丑月)**이니 천한지동**(天寒地凍)**이 되어 조후**(調候)**로 화기**(火氣)**를 용신**(用神)**으로 취용**(取用)**해야 한다. 기토**(己土)**가 남편**(男便)**인데, 축월생**(丑月生)**이라 한기**(寒氣)**가 극심**(極甚)**하여 만물**(萬物)**을 동결**(凍結)**하는데, 인중병화**(寅中丙火)**에 의해 만물**(萬物)**을 양육**(養育)**할 수 있는 능력을 가지고 있다. 다시 말하여 부군**(夫君)**을 생조**(生助)**시킬 수 있다는 뜻이다.**

일반적으로 배우자궁(配偶者宮)**에서 용희신**(用喜神)**이 나타나면 인품**(人品)**이 있고 권위**(權威)**가 있는 배우자**(配偶者)**를 맞이하게 된다. 한편 배우자궁**(配偶者宮)**을 충형**(冲刑)**하면 생사이별**(生死離別)**을 하는 경우가 많다. 또한 관살혼잡**(官殺混雜)**이 되어도 재취**(再娶)**가 아니면 일부종사**(一夫從事)**하기가 어렵다. 관살**(官殺)**이 태과**(太過)**한 경우를 식신제살격**(食神制殺格)**이라 하여 인비**(印比)**와 식상**(食傷)**이 용신**(用神)**이다.**

1974년 50세인 갑인년(甲寅年)**, 임신월**(壬申月)**, 무자일**(戊子日)**이고, 갑오**(甲午) **대운에 사망하였다. 갑인년**(甲寅年)**은 갑목**(甲木)**이 용신**(用神)**인데 갑기합토**(甲己合土)**가 되어 기신**(忌神)**이 되었고, 인목**(寅木)**이 용신**(用神)**인데 인신상충**(寅辛相沖)**이 되어 갑인목**(甲寅木)**은 소멸**(消滅)**되었다.**

갑오(甲午) **대운은 역시 갑기합토**(甲己合土)**로 갑목**(甲木)**이 소멸**(消滅)**되었고, 인오합화**(寅午合火)**로 인목**(寅木)**이 소멸**(消滅)**되었다.임신일**(壬申日)**은 임수**(壬水)**가 용신**(用神)**이지만 인신충**(寅申沖)**이 되었고, 무자일**(戊子日)**은 무토**(戊土)**가 기신**(忌神)**이고, 자축합토**(子丑合土)**가 되어 자수**(子水)**는 기신**(忌神)**으로 변화**(變化)**되었다.**

辛	乙	壬	戊
巳	丑	戌	辰

己 戊 丁 丙 乙 甲 癸
巳 辰 卯 寅 丑 子 亥

을목일주(乙木日主**)가 술월(**戌月**)에 태어나 실령(**失令**)하였고 토기(**土氣**)가 왕성(**旺盛**)하여 재다신약(**財多身弱**)이 되었다. 월지술중(**月支戌中**)에 신금(**辛金**)과 정화(**丁火**), 무토(**戊土**)가 암장(**暗藏**)되어 잡기재관격(**雜氣財官格**)과 편재격(**偏財格**)도 성립된다.**

신약(身弱**)이면 일반적으로 인비(**印比**)가 길신(**吉神**)인데, 월간임수(**月干壬水**)와 목(**木**)이 희신(**喜神**)이고, 화토금(**火土金**)이 기신(**忌神**)이다. 그러나 임수(**壬水**)는 동수(**凍水**)이고 추절(**秋節**)의 을목(**乙木**)은 낙엽(**落葉**)이 지고 동면(**冬眠**)을 해야 하는데, 수분(**水分**)은 오히려 뿌리를 썩게 하니 화기(**火氣**)가 있어야 한다. 따라서 화목(**火木**)이 희신(**喜神**)이고, 토금수(**土金水**)가 기신(**忌神**)이 되는 것이다.**

대운(大運**)이 서방(**西方**)에서 동방(**東方**)으로 향(**向**)하여 다행이다. 1959년은 기해년(**己亥年**)으로 61세이고 대운(**大運**)은 무진(**戊辰**)이며, 7월 31일에 사형(**死刑**)이 집행(**執行**)되었다. 무토기신(**戊土忌神**)이고 진술충(**辰戌冲**)디 되며, 기토(**己土**)가 기신(**忌神**)이고 사해충(**巳亥冲**)으로 천극지충(**天剋地冲**)으로 목화용신(**木火用神**)이 소멸(**消滅**)되었다. 본명(**本命**)은 사형당한 정치가 조봉암(**曺奉岩**) 씨의 명조(**命造**)이다.**

壬	丁	丙	甲
寅	巳	子	戌

癸 壬 辛 庚 己 戊 丁
未 午 巳 辰 卯 寅 丑

본명(本命**)은 1934년 11월 6일생으로 박정희(**朴正熙**) 대통령의 경호실장(**警護室長**) 시절에 중앙정보부장이었던 김재규(**金載圭**)가 쏜 총에 1979년 44세에 저격당한 차지철(**車智澈**) 씨의 명조(**命造**)이다. 정화일주(**丁火日主**)가 자월(**子月**)에 태어나 실령(**失令**)하였고 한기(**寒氣**)가 있어 조후(**調候**)로 화기(**火氣**)가 필요하다. 사중경금(**巳中庚金**)이 장생(**長生**)으로 임수(**壬水**)가 투출(**透出**)하여 자수(**子水**)를 생조(**生助**)하니 화기(**火氣**)는 오히려 태약(**太弱**)하다. 정화일간(**丁火日干**)이 약(**弱**)하면 인비(**印比**)를 써야 한다.**

본명(本命)은 기묘(奇妙)한 격국(格局)으로 이루어져 있다. 갑목(甲木)은 인목(寅木)에 건록(建祿)이고, 병화(丙火)는 사화(巳火)의 건록(建祿)이고, 임수(壬水)는 자수(子水)에 제왕(帝旺)이니, 토금(土金)을 제외(除外)하고는 모두가 건록(建祿)에 속하므로 귀격(貴格)이다.

대운(大運)이 목화운(木火運)으로 향(向)하여 대발(大發)하였다. 국회의원(國會議員)을 네 번이나 역임했고 경호실장(警護室長)까지 지냈다. 1979년 44세인 기미년(己未年), 경진(庚辰) 대운에 저격으로 사망(死亡)하였다. 경진(庚辰) 대운은 갑경충(甲庚沖), 진술충(辰戌沖)으로 목화용신(木火用神)이 소멸(消滅)되었고, 기미년(己未年)은 갑기합토(甲己合土)로 갑목(甲木)이 소멸(消滅)되고, 미토(未土)는 술미형(戌未刑)으로 형액(刑厄)을 면(免)하기 어렵다.

戊	甲	己	癸
辰	戌	未	未

壬	癸	甲	乙	丙	丁	戊
子	丑	寅	卯	辰	巳	午

본명(本命)은 1888년 7월 29일생인 이탈리아의 전 수상 무솔리니의 명조(命造)이다. 1944년 갑신년(甲申年)에 62세로 총살형(銃殺刑)으로 몰사(沒死)하였다. 갑목일주(甲木日主)가 전지지(全地支)에 진술미(辰戌未)로 토국(土局)이고, 일간(日干)이 갑기합화토기격(甲己合化土氣格)이 되었다.

화토금(火土金)이 희신(喜神)이고, 수목(水木)이 기신(忌神)인데, 계축(癸丑) 대운은 무계합(戊癸合), 기계충(己癸沖)으로 충중봉합(沖中逢合)이 되어 형액(刑厄)을 암시(暗示)하고 있으며, 지지(地支)가 축술미삼형살(丑戌未三刑殺)로 충형(沖刑)이 중첩(重疊)되었다.

세운(歲運)이 62세인 갑신년(甲申年)은 갑기합(甲己合), 무갑극(戊甲剋)이니 극중봉합(剋中逢合)으로 형액(刑厄)을 가중(加重)시켰으며, 신진합수(申辰合水)로 기신(忌神)이 되어 극형(極刑)을 당하는 형상이다.

제24장 관재송사(官災訟事) 및 사망시기 감정론(鑑定論)

관재송사(官災訟事)**라고 하는 것은 불의**(不意)**의 사고를 뜻하는데, 재난**(災難)**, 조난**(遭難)**, 사상**(死傷)**, 횡액**(橫厄)**, 교통사고**(交通事故)**, 부부이별**(夫婦離別)**, 질병**(疾病)**, 투옥**(投獄)**, 강제추행**(强制醜行)**, 수술**(手術)**, 부도**(不渡)**, 파산**(破産) **등을 포함하고 있다.**

이러한 재난(災難)**과 재해**(災害)**, 형액**(刑厄)**, 건강문제**(健康問題) **등을 예측하여 사전에 주의**(注意)**하고 조심하면서 취길피흉**(取吉避凶)**하는 것이 지혜로운 삶이라고 할 수 있다.**

(1) **천충극봉지충형운**(天冲剋逢地冲刑運)

사망시기(死亡時期)**는 원국**(原局)**에서 먼저 격국용신**(格局用神)**을 정**(定)**하고 대운**(大運)**과 세운**(歲運)**을 비교하여 판단하는 것이다. 다시 말하여 대운**(大運)**과 세운**(歲運)**에서 원국**(原局)**의 용신**(用神)**을 충형**(冲刑)**하여 파괴**(破壞)**되거나, 일주**(日柱)**를 충형**(冲刑)**하여 천충지충**(天冲地冲)**, 천극지충**(天剋地冲) **또는 천충지형**(天冲地刑)**, 천극지형**(天剋地刑)**이 되는 경우를 말한다. 특히 주의할 것은 유년**(流年)**에서 용신**(用神)**이 들어온다고 하더라도 세력**(勢力)**이 약**(弱)**하면 오히려 왕자충쇠쇠자발**(旺者冲衰衰者拔)**이 되어 흉신**(凶神)**이 되는 경우에 유념해야 한다.**

(2) **신왕봉비겁·인수운**(身旺逢比劫·印綬運)

원국(原局)**에서 인수태왕**(印綬太旺)**이 비겁태왕**(比劫太旺)**으로 신왕**(身旺)**한데 대운**(大運)**이나 세운**(歲運)**에서 인수운**(印綬運)**이나 비겁운**(比劫運)**을 만나는 경우이다.**

(3) **신약봉식재관운**(身弱逢食財官運)

원국(原局)**에 식재관**(食財官)**이 많아서 신약**(身弱)**한데 용신**(用神)**이 비겁**(比劫)**이면 관살운**(官殺運)**, 용신**(用神)**이 인수**(印綬)**이면 재성운**(財星運)**, 용신**(用神)**이 관살**(官殺)**이면 식상운**(食傷運)**이 되는 경우이다.**

(4) 진상관봉식상운(眞傷官逢食傷運)

진상관(眞上官)이란 식신(食神)이나 상관(傷官)이 태왕(太旺)하여 신약(身弱)한데, 대운(大運)이나 세운(歲運)에서 식신(食神)이나 상관운(傷官運)이 되는 경우이다. 이러한 경우를 진법무민(盡法無民)이라고도 한다.

(5) 가상관봉인수운(假傷官逢印綬運)

가상관(假傷官)이란 신왕(身旺)하여 식상(食傷)을 용신(用神)으로 하고 있는데, 대운(大運)이나 세운(歲運)에서 인수운(印綬運)이 되는 경우이다. 이러한 경우를 「가상관(假傷官)이 인수운(印綬運)이면 필사(必死)하고 진상관(眞傷官)이 상관운(傷官運)이면 필멸(必滅)이라」고 하는 것이다.

(6) 식신제살봉관살운(食神制殺逢官殺運)

식신제살(食神制殺)이란 원국(原局)에서 식상(食傷)과 관살(官殺)이 병립(竝立)되어 있는데 관살(官殺)이 태왕(太旺)하여 관살(官殺)을 제압(制壓)하는 식상(食傷)을 용신(用神)으로 할 때 관살운(官殺運)이 다시 들어오는 경우로 상관상진(傷官傷盡)이라고도 한다.

(7) 제살태과봉관살운(制殺太過逢官殺運)

제살태과(制殺太過)란 원국(原局)에서 식상(食傷)과 관살(官殺)이 병립(竝立)되어 있는데 식상(食傷)이 태왕(太旺)하여 식상(食傷)을 제압(制壓)하는 관살(官殺)을 용신(用神)으로 할 때 식상운(食傷運)이 다시 들어오는 경우로 진법무민(盡法無民)이라고도 한다.

(8) 양인다봉양인운(羊刃多逢羊刃運)

원국(原局)에서 양인(羊刃)이 3개 이상 있을 때 대운(大運)이나 세운(歲運)에서 재성운(財星運)을 만나거나 다시 양인(羊刃)을 만나는 경우이다.

(9) 공망다봉공망운(空亡多逢空亡運)

원국(原局)에서 공망(空亡)이 3개 이상 있을 때 대운(大運)이나 세운(歲運)에서 다시 공망(空亡)을 만나는 경우이다.

(10) 삼형봉충이일제삼운(三刑逢冲以一制三運)

삼형(三刑)**은 인사신**(寅巳申)**, 축술미**(丑戌未)**, 자묘형**(子卯刑)**이 되는 경우인데, 형살**(刑殺)**이 되어 불길**(不吉)**하게 해석하고 있지만, 원국**(原局)**이 신왕**(身旺)**하고 청격**(淸格)**이 되면 오히려 희신**(喜神)**으로 작용한다. 그러나 대운**(大運)**이나 세운**(歲運)**에서 다시 삼형**(三刑)**이 들어와 기신**(忌神)**이 되는 경우이다.**

또한 이일제삼(以日制三)**이란 원국**(原局)**이나 유년**(流年)**에서 어느 하나가 다른 세가지를 충형**(冲刑)**하거나 세가지가 어느 하나를 충형**(冲刑)**하는 경우이다. 예를 들면 삼병충일임**(三丙冲一壬)**, 삼경충일갑**(三庚冲一甲)**, 삼을충일신**(三乙冲一辛)**, 삼정충일계**(三丁冲一癸)**, 삼유충일묘**(三酉冲一卯)**, 삼자충일오**(三子冲一午)**, 삼진충일술**(三辰冲一戌)**, 삼인충일사**(三寅冲一巳) **등이다. 적천수천미**(滴天髓闡微)**의 「왕자충쇠쇠자발**(旺者冲衰衰者拔)**」에 해당되는 경우이다.**

戊	戊	辛	乙
午	申	巳	亥

甲	癸	壬	辛	庚	己
子	亥	戌	酉	申	未

무토일주(戊土日主)**가 사월**(巳月)**에 득령**(得令)**, 좌하신금**(坐下申金)**에 실지**(失地)**, 시지오화**(時支午火)**에 득세**(得勢)**로 신왕**(身旺)**하다. 원국**(原局)**에서 지지**(地支)**는 사신형**(巳申刑)**, 사해충**(巳亥冲)**을 충형**(冲刑)**이 중중**(重重)**되어 있는 천간**(天干)**도 을신충**(乙辛冲)**되어 천충지충**(天冲地冲)**, 천충지형**(天冲地刑)**이 되었다.**

임술(壬戌) **대운은 오술화국**(午戌火局)**으로 기신**(忌神)**이 되어 임수**(壬水)**는 희신**(喜神)**이라도 파극**(波剋)**되어 미약**(微弱)**하게 되었다. 세운**(歲運)**인 병오년**(丙午年)**은 병신합**(丙辛合)**으로 신금**(辛金)**이 합거**(合去)**되고 오오자형**(午午自刑)**으로 기신**(忌神)**과 동시에 형살**(刑殺)**로 인하여 사망**(死亡)**하였다.**

癸	壬	壬	壬
卯	子	子	辰

戊	丁	丙	乙	甲	癸
午	巳	辰	卯	寅	丑

임수일주(壬水日主)**가 자월**(子月)**에 태어나 득령**(得令), **좌하자수**(子下子水)**로 득지**(得地), **임계수**(壬癸水) **투출**(透出)**로 신왕**(身旺)**하다. 원국**(原局)**에 임수**(壬水)**가 3개 있으니 삼붕격**(三朋格)**이면서 천원일기**(天元一氣)**가 되어 귀격**(貴格)**이다. 또한 양인**(羊刃)**이 중첩**(重疊)**되어 있고 자자형**(子子刑), **자묘형**(子卯刑)**으로 형살**(刑殺)**도 중첩**(重疊)**되면서 신왕**(身旺)**하다. 신왕**(身旺)**하면 식재관**(食財官)**인 목화토**(木火土)**가 희신**(喜神)**이고, 인비**(印比)**인 금수**(金水)**가 기신**(忌神)**이다. 병진**(丙辰) **대운에 병임충**(丙壬冲)**으로 삼임충일병**(三壬冲一丙)**이 되고 자진합수국**(子辰合水局)**으로 기신**(忌神)**이 되어 있는데, 세운**(歲運)**인 경오년**(庚午年)**에 경금기신**(庚金忌神)**이고 자오충**(子午冲)**으로 오화**(午火)**가 용신충발**(用神冲拔)**이 되어 사망**(死亡)**하였다.**

乙	己	甲	丁
丑	未	辰	酉

庚	己	戊	丁	丙	乙
戌	酉	申	未	午	巳

기토(己土)**가 토왕절**(土旺節)**인 진월**(辰月)**에 태어나 득령**(得令), **좌하미토**(坐下未土)**에 득지**(得地), **축토**(丑土)**와 정화**(丁火)**로 득세**(得勢)**하여 신왕**(身旺)**하다. 신왕**(身旺)**하면 식재관**(食財官)**인 금수목**(金水木)**이 희신**(喜神)**이고, 인비**(印比)**인 화토**(火土)**가 기신**(忌神)**이다. 병오**(丙午) **대운에 화생토**(火生土)**로 토왕**(土旺)**하고 오미합토**(午未合土)**로 기신**(忌神)**이 더욱 왕성**(旺盛)**하게 되었는데, 세운**(歲運)**인 기미년**(己未年)**에 심장수술**(心臟手術)**로 사망**(死亡)**하였다. 본명**(本命)**은 신왕**(身旺)**한데 대운**(大運)**과 세운**(歲運)**에서 인수운**(印綬運)**이나 비겁운**(比劫運)**을 만난 경우이다.**

戊	壬	庚	丁
申	戌	戌	未

丙	乙	甲	癸	壬	辛
辰	卯	寅	丑	子	亥

임수(壬水)**가 화토태왕**(火土太旺)**하여 신약**(身弱)**하다. 토관살**(土官殺)**이 태왕**(太旺)**하다. 토관살**(土官殺)**을 제압**(制壓)**하는 목식상**(木食傷)**이 필요하니 식신제살격**(食神制殺格)**이 성립된다. 희신**(喜神)**은 금수목**(金水木)**이고, 기신**(忌神)**은 화토**(火土)**이다. 계축**(癸丑) **대운에 계수용신**(癸水用神)**이 정계충**(丁癸冲)**, 무계합**(戊癸合)**으로 충중봉합**(冲中逢合)**이 되어 형액**(刑厄)**을 암시하고 있는데, 축술미삼형살**(丑戌未三刑殺)**이 가중**(加重)**되어 신부전증**(腎不全症)**으로 고생**(苦生)**하다가, 세운**(歲運)**인 계축년**(癸丑年)**에 사망**(死亡)**하였다. 본명**(本命)**은 신약**(身弱)**한데 대운**(大運)**이나 세운**(歲運)**에서 용신**(用神)**이 충발**(冲拔)**되고 관살운**(官殺運)**을 만난 경우이다.**

戊	丙	己	丙
子	申	亥	子

癸	甲	乙	丙	丁	戊
巳	午	未	申	酉	戌

병화일주(丙火日主)**가 해월**(亥月)**에 태어나 전지지**(全地支)**가 신자합수**(申子合水)**, 해자합수**(亥子合水)**로 수국**(水局)**을 이루어 관살**(官殺)**이 태왕**(太旺)**하여 수**(水)**를 제압**(制壓)**하는 토**(土)**가 필요하니 식신제살격**(食神制殺格)**이 되었다. 인비식**(印比食)**인 목화토**(木火土)**가 희신**(喜神)**이고, 재관**(財官)**인 금수**(金水)**가 기신**(忌神)**이다. 계사**(癸巳) **대운에 계수관살**(癸水官殺)**이 기신**(忌神)**이면서 기계충**(己癸冲)**, 무계합**(戊癸合)**으로 충중봉합**(冲中逢合)**으로 형액**(刑厄)**을 암시하고, 사화**(巳火)**는 희신**(喜神)**이면서 사해충**(巳亥冲)**, 사신합**(巳申合)**으로 역시 충중봉합**(冲中逢合)**을 이루는 형액**(刑厄)**이 틀림없다. 세운**(歲運)**인 을해년**(乙亥年)**에 대장암**(大腸癌)**으로 사망**(死亡)**하였다. 본명**(本命)**은 식신**(食神)**을 용신**(用神)**으로 하고 있는데 관살운**(官殺運)**이 들어와 상관상진**(傷官傷盡)**된 경우이다.**

辛	壬	己	庚
亥	寅	丑	子

乙	甲	癸	壬	辛	庚
未	午	巳	辰	卯	寅

임수일주(壬水日主)가 축월(丑月)에 태어나 수기(水氣)가 잔여(殘餘)하고 있는데, 해자축수국(亥子丑水局)이 되어 있고 경신금(庚辛金)이 투출(透出)하여 천한지동(天寒地凍)이 되고 신왕(身旺)하다. 신왕(身旺)하면 식재관(食財官)인 목화토(木火土)가 희신(喜神)이고, 인비(印比)인 금수(金水)가 기신(忌神)이다.

계사(癸巳) 대운에 계수(癸水)가 기신(忌神)이고 사화(巳火)는 유(酉)를 만나면 금국(金局)으로 변화하여 옥사(獄死)하였다. 그러므로 사축금국(巳丑金局)이 인수운(印綬運)으로 작용하여 「가상관(假傷官)에 행인수운(行印綬運)이면 필사(必死)요, 파료상관(波了傷官)에 손수원(損壽元)이라」는 원전(原典)에 해당하는 명조(命造)이다.

壬	戊	辛	己
戌	戌	未	丑

乙	丙	丁	戊	己	庚
丑	寅	卯	辰	巳	午

무토(戊土)가 미토(未土), 축토(丑土)가 있어 양인(羊刃)이 중중(重重)하고 축술미삼형살(丑戌未三刑殺)이 있어 생살권(生殺權)과 인연이 있는 직종에 근무하게 되는데, 본명(本命)은 약국(藥局)을 경영하면서 대부(大富)가 되었다. 격국용신법(格局用神法)으로 가색격(稼穡格)이고, 희신(喜神)은 화토금(火土金)이며, 기신(忌神)은 수목(水木)이다. 을축(乙丑) 대운에 을신충(乙辛沖)으로 을목(乙木)이 충발(沖拔)되었고 축술미삼형살(丑戌未三刑殺)이 왕발(旺發)하여 미중을목(未中乙木)까지 암충(暗沖)되어 있다.

세운(歲運)인 53세 신사년(辛巳年)에 사축합금(巳丑合金)이 되어 금왕(金旺)으로 희신(喜神)이 되었지만 을목(乙木)은 극심(極甚)하게 피상되어 담낭수술(膽囊手術)을 받았으나 간암(肝癌)으로 전이되어 55세인 계미년(癸未年)에 기계충(己癸沖), 축미충(丑未沖)으로 천충지충(天沖地沖)되어 사망(死亡)하였다.

辛	辛	乙	癸
卯	酉	卯	巳

己	庚	辛	壬	癸	甲
酉	戌	亥	子	丑	寅

신유일주(辛酉日柱)**가 을묘월**(乙卯月)**에 태어나 목기**(木氣)**가 왕성**(旺盛)**하지만 을신충**(乙辛冲), **묘유충**(卯酉冲)**으로 쇠톱으로 나무를 자르는 형상이다. 이신일을**(二辛一乙), **이묘일유**(二卯一酉)**로 금목상전**(金木相戰)**하고 있어 소통**(疏通)**시켜주는 계수**(癸水)**가 있으나 미약**(微弱)**하다.**

신해(辛亥) **대운에 삼신충일을**(三辛冲一乙), **사해충**(巳亥冲)**으로 천충지충**(天冲地冲)**되어 있는데, 세운**(歲運)**인 43세 을해년**(乙亥年)**에 다시 천충지충**(天冲地冲)**되어 간암**(肝癌)**으로 사망**(死亡)**하였다.**

제25장 수술(手術) 및 교통사고 감정론(鑑定論)

(1) 원국삼형살(原局三刑殺) 및 관살(官殺)이 있는데 관살년(官殺年)이나 상관년운(傷官年運)에 수술(手術), 교통사고(交通事故)가 발생한다. 원국삼형살(原局三刑殺)은 인사신(寅巳申)이나 축술미(丑戌未), 관살(官殺)이 있는데, 대운(大運)이나 세운(歲運)에서 또다시 관살(官殺)이 들어와 일간(日干)을 피상(被傷)시키거나 상관(傷官)이 들어와 관살(官殺)과 쟁투(爭鬪)한다는 뜻이다.

(2) 원국삼형살(原局三刑殺)이 있는데 대운(大運)이나 세운(歲運)에서 충형(冲刑)이 들어올 때 수술(手術), 교통사고(交通事故)가 발생한다.

(3) 원국(原局)에서 삼형살(三刑殺), 관살(官殺), 식상(食傷)이 없을 때 관살대운(官殺大運) 중에 식상세운(食傷歲運)이거나, 식상대운(食傷大運) 중에 관살세운(官殺歲運)이 들어올 때 수술(手術), 교통사고(交通事故)가 발생한다.

(4) 대운(大運)이나 세운(歲運)에서 원국(原局)과 삼형살(三刑殺)이 되거나, 천충지충(天冲地冲), 천충지형(天冲地刑), 천충지합(天冲地合), 천합지충(天合地冲), 천합지형(天合地刑)이 되는 경우에 수술(手術)이나 교통사고(交通事故)를 당하게 된다.

(5) 특히 여명(女命)은 음일간(陰日干)이 대운(大運)에서 양간합(陽干合), 즉 정관합(丁官合)이 되어 있는데, 식상운(食傷運)이 들어올 때 교통사고(交通事故)가 나거나 강제추행(强制醜行)을 당하게 된다. 첫째로, 을목일주(乙木日主)가 경금대운(庚金大運) 중에 병정화운(丙丁火運)일 때, 둘째로, 정화일주(丁火日主)가 임수대운(壬水大運) 중에 무기토운(戊己土運)일 때, 셋째로, 기토일주(己土日主)가 갑목대운(甲木大運) 중에 경신금운(庚辛金運)일 때, 넷째로, 신금일주(辛金日主)가 병화대운(丙火大運) 중에 임계수운(壬癸水運)일 때, 다섯째로, 계수일주(癸水日主)가 무토대운(戊土大運) 중에 갑을목운(甲乙木運)이 들어오는 경우이다.

(6) 복음(伏吟)이나 반복음(反伏吟)이 되는 경우에 질병(疾病)이나 생사이별(生死離別)을 당하게 된다. 복음(伏吟)이란 신음과 고통이 잠복되어 있다는 뜻이며, 복음(伏吟)의 종류에는 년주복음(年柱伏吟), 월주복음(月柱伏吟), 일주복음(日柱伏吟), 시주복음(時柱伏吟)이 있다.

년주간지(年柱干支)와 유년간지(流年干支)가 같은 것을 년상복음(年上伏吟), 월주간지(月柱干支)와 유년간지(流年干支)가 같은 것을 월상복음(月上伏吟), 일주간지(日柱干支)와 유년간지(流年干支)가 같은 것을 일상복음(日上伏吟), 시주간지(時柱干支)와 유년간지(流年干支)가 같은 것을 시상복음(時上伏吟)이라고 한다.

원국(原局)의 간지(干支)와 유년간지(流年干支)를 천충지충(天冲地冲)하는 것을 반목음(反伏吟)이라고 하는데, 복음(伏吟)이나 반복음(反伏吟)이 되는 경우에 불길(不吉)한 일이 많이 발생한다.

乙	庚	丁	辛
酉	辰	酉	卯

辛	壬	癸	甲	乙	丙
卯	辰	巳	午	未	申

경금일주(庚金日主)가 유월(酉月)에 태어나 득령(得令)하고 지지(地支)에 진유합금(辰酉合金), 신금투출(辛金透出)하여 신왕(身旺)하다. 신왕(身旺)하면 식재관(食財官) 수목화(水木火)가 희신(喜神)이고, 인비(印比)인 토금(土金)이 기신(忌神)인데, 대운(大運)이 화목(火木)으로 향(向)하여 아름답다.

계사(癸巳) 대운에 정계충(丁癸冲)으로 정화용신(丁火用神)이 충발(冲拔)되었고, 사유금국(巳酉金局)으로 사화용신(巳火用神)이 기신(忌神)으로 변하였다. 세운(歲運)인 병자년(丙子年)에 병경충(丙庚冲), 병신합(丙辛合)으로 충중봉합(冲中逢合)이 되고, 자묘형(子卯刑)까지 가세(加勢)하여 대장암(大腸癌) 수술을 받았다. 첨언하면 계수(癸水)가 상관(傷官) 대운에 병화(丙火) 세운이 관살년(官殺年)이 되었기 때문이다.

庚	壬	壬	丁
戌	申	寅	亥

戊	丁	丙	乙	甲	癸
申	未	午	巳	辰	卯

임수일주(壬水日主)**가 인신충**(寅申冲)**, 인해합**(寅亥合)**으로 충중봉합**(冲中逢合)**이 되어 있는데, 정미**(丁未) **대운에 정임합**(丁壬合)**, 술미형**(戌未刑)**이면서 상관**(傷官) **대운이다. 세운**(歲運)**인 신미년**(辛未年)**에 신금기신**(辛金忌神)**이고 술미형**(戌未刑)**이 되어 유방암**(乳房癌) **수술을 받았다. 다음해인 임신년**(壬申年)**은 임수기신**(壬水忌神)**이고 인신충**(寅申冲)**되어 재수술을 받았다. 본명**(本命)**은 대운**(大運)**과 세운**(歲運)**에서 인사신**(寅巳申)**이나 축술미**(丑戌未) **등 삼형살**(三刑殺)**이 되기 때문이다.**

戊	乙	丙	丁
寅	丑	午	亥

庚	辛	壬	癸	甲	乙
子	丑	寅	卯	辰	巳

을목일주(乙木日主)**가 오월**(午月)**에 태어나 설기**(泄氣)**하가 태심**(太甚)**하여 신약**(身弱)**하다. 인비**(印比)**인 수목**(水木)**이 희신**(喜神)**이고, 식재관**(食財官)**인 화토금**(火土金)**이 기신**(忌神)**이다. 원국**(原局)**에 관살**(官殺)**이나 삼형살**(三刑殺)**이 없다. 신축**(辛丑) **대운에 을신충**(乙辛冲)**이 되고 관살**(官殺) **대운이 되는데 병자년**(丙子年)**이 상관년**(傷官年)**이 되면서 자수**(子水)**는 용신**(用神)**이 되었으나 자오충**(子午冲)**으로 왕자충쇠자발**(旺者冲衰者拔)**이 되었기 때문에 대장암**(大腸癌) **수술을 받았다.**

辛	丁	甲	甲
亥	酉	戌	辰

戊	己	庚	辛	壬	癸
辰	巳	午	未	申	酉

정화일주(丁火日主)**가 술중정화**(戌中丁火)**에 득근**(得根)**하고 년월간**(年月干)**에 갑목**(甲木)**이 생조**(生助)**하지만 역부족**(力不足)**이라 신약**(身弱)**하다. 임수**(壬水) **대운은 정관**(正官) **대운인데, 세운**(歲運)**인 무오년**(戊午年)**, 무오월**(戊午月)**에 강제추행**(强制醜行)**을 당한 것은 상관년**(傷官年)**이기 때문이다. 또한 정화**(丁火)**의 남**

편관궁(男便官宮)은 해중임수(亥中壬水), 진중계수(辰中癸水)가 암장(暗藏)되어 관살혼잡(官殺混雜)이 되어 부부애로(夫婦隘路)가 있음을 암시(暗示)하고 있다.

庚	甲	己	癸
午	子	未	巳

乙	甲	癸	壬	辛	庚
丑	子	亥	戌	酉	申

갑목일주(甲木日主)가 미월(未月)에 실령(失令)하고 좌하자수(坐下子水)에 득지(得地)하고 화토금(火土金)에 실세(失勢)하니 신약(身弱)하다. 희신(喜神은 인비(印比)이고, 기신(忌神)은 식재관(食財官)이다. 계해(癸亥) 대운에 기계충(己癸冲), 사해충(巳亥冲)으로 천충지충(天冲地冲)되어 형액(刑厄)을 암시(暗示)하고 있는데, 세운(歲運)인 병자년(丙子年)에 병경충(丙庚冲), 자오충(子午冲)으로 역시 천충지충(天冲地冲)되어 충형(冲刑)이 중중(重重)하니 필액(必厄)이 틀림없다. 남편궁(男便宮)인 경금(庚金)이 충발(冲拔)되어 교통사고(交通事故)로 사망(死亡)하였다.

甲	癸	乙	壬
寅	丑	巳	辰

辛	庚	己	戊	丁	丙
亥	戌	酉	申	未	午

계수일주(癸水日主)가 사월(巳月)에 태어나 실령(失令)하고 축중계수(丑中癸水)와 임수(壬水)로 생조(生助)하고 있으나, 식상목(食傷木)이 왕성(旺盛)하여 신약(身弱)하다. 용신격국법(用神格局法)에서는 제살태과격(制殺太過格)이라고 하여 귀격(貴格)에 속한다. 무신(戊申) 대운에 무토(戊土)가 기신(忌神)이고, 인사신삼형살(寅巳申三刑殺)이 되어 형액(刑厄)을 암시(暗示)하고 있다. 세운(歲運)인 경오년(庚午年)에 갑경충(甲庚冲), 을경합(乙庚合)으로 충중봉합(冲中逢合)으로 역시 충중봉합(冲中逢合)이 되어 있는데, 신사월(辛巳月)에 을신충(乙辛冲), 인사형(寅巳刑)으로 교통사고(交通事故)로 사망(死亡)하였다.

庚	庚	庚	庚
辰	午	辰	子

甲	乙	丙	丁	戊	己
戌	亥	子	丑	寅	卯

경금일주(庚金日主)**가 천간**(天干)**이 전부 경금**(庚金)**이니 천원일기격**(天元一氣格)**으로 귀격**(貴格)**이다. 또한 경진**(庚辰)**이 월주**(月柱)**와 시주**(時柱)**에 있어 백호살**(白虎殺)**이 중첩**(重疊)**되어 있고 지지**(地支)**에 자진합**(子辰合), **자오충**(子午冲)**으로 충중봉합**(冲中逢合)**이 되어 형액**(刑厄)**을 암시하고 있다.**

병자(丙子) **대운에 병경충**(丙庚冲), **자오충**(子午冲)**으로 천충지충**(天冲地冲)**이 되고, 세운**(歲運)**인 경오년**(庚午年)**에는 신왕**(身旺)**한데 천동지동**(天同地同)**으로 형액**(刑厄)**을 암시**(暗示)**하고 있으며, 신사월**(辛巳月)**에 교통사고**(交通事故)**로 사망**(死亡)**하였다.**

庚	己	戊	乙
午	丑	子	丑

壬	癸	甲	乙	丙	丁
午	未	申	酉	戌	亥

기토일주(己土日主)**가 자월**(子月)**에 태어나 실령**(失令)**하고 자축합수**(子丑合水)**로 재다신약**(財多身弱)**이 되었다. 희신**(喜神)**은 화토**(火土)**이고, 기신**(忌神)**은 금수목**(金水木)**이다. 정해**(丁亥) **대운에 해자축수국**(亥子丑水局)**으로 기신**(忌神)**이고, 원국**(原局)**에 오화용신**(午火用神)**이 충발**(冲拔)**되었고, 세운**(歲運)**인 경오년**(庚午年)**에는 상관기신년**(傷官忌神年)**인데 오오자형**(午午自刑)**이 되니 한 가족이 교통사고**(交通事故)**로 사망**(死亡)**하였다.**

제26장 부부생사이별(夫婦生死離別) 감정론(鑑定論)

부부이별(夫婦離別)은 남편(男便)과 아내가 사별(死別)한다거나 생이별(生離別)을 하는 경우인데 극부지병(剋夫之命), 극처지명(剋妻之命), 소실지명(小室之命), 재가(再嫁), 취첩(取妾), 독신(獨身)으로 사는 사람도 포함하여 추론(推論)해야 한다.

(1) 원국(原局)에 관살(官殺)이 미약(微弱)하고 재성(財星)이 없는 경우이거나, 재다신약(財多身弱)인 경우에도 극부(剋夫)하거나 재혼(再婚)하게 된다.

(2) 원국(原局)에 관살(官殺)이 미약(微弱)한데 식상태왕(食傷太旺)하면 극부(剋夫)하게 된다.

(3) 원국(原局)에 관살(官殺)이 미약(微弱)한데 비겁태왕(比劫太旺)하면 이별(離別)하게 된다.

(4) 원국(原局)에 인수태왕(印綬太旺)하거나 비겁태왕(比劫太旺)으로 일주태왕(日主太旺)한데 관살(官殺)이 없고 식상(食傷)이 미약(微弱)하면 극부(剋夫)하게 된다.

(5) 원국(原局)에 인수태왕(印綬太旺)이나 비겁태왕(比劫太旺)으로 일주태왕(日主太旺)한데 유년(流年)에서 인수(印綬)나 비겁운(比劫運)을 만나면 이별(離別) 또는 별거(別居)를 하게 된다.

(6) 원국(原局)에 관살(官殺)이 태왕(太旺)한데 식상(食傷)이 미약(微弱)하거나, 식상(食傷)이 태왕(太旺)한데 관살(官殺)이 미약(微弱)할 경우에도 부부이별(夫婦離別)하게 된다.

(7) 원국(原局)에 관성(官星)이 백호(白虎)나 괴강(魁罡)이 되는 경우에 부부해로(夫婦偕老)하기가 어렵다.

(8) 원국(原局)에 쟁합(爭合), 투합(妬合), 또는 천충지충(天冲地冲), 천충지합(天冲地合), 천합지충형(天合地冲刑)이 되는 경우에도 부부이별(夫婦離別)을 하게 된다.

(9) 원국(原局)에 명암부집(明暗夫集)이 되는 경우에 부부이별(夫婦離別)을 하게 된다. 명부(明夫)란 원국(原局)에 나타난 관살(官殺)을 말하고, 암부(暗夫)란 암장(暗藏)된 관살(官殺)을 말하며, 통상 3개 이상 있는 경우이다.

(10) 원국(原局)에 부성입묘(夫星入墓)가 있는 경우에 부부이별(夫婦離別)을 하게 된다. 부성입묘(夫星入墓)란 관성(官星)이 묘궁(墓宮)에 들어 있다는 뜻이다.

가령 갑을일생(甲乙日生)이 원국(原局)에 경진(庚辰)이나 신축(辛丑)이 있으면 성립되는 것이다. 또한 병정일(丙丁日)이 임진(壬辰)이나 계미(癸未), 무기일(戊己日)이 갑술(甲戌)이나 을미(乙未), 경신일(庚辛日)이 병술(丙戌)이나 정축(丁丑), 임계일(壬癸日)이 무술(戊戌)이나 기축(己丑)이 있으면 부성입묘(夫星入墓)가 되어 부성(夫星)인 남편은 이미 불귀객(不歸客)이 되었다는 뜻이다.

(11) 원국(原局)에서 과어유정(過於有情)이 되는 경우에 부부이별(夫婦離別)을 하게 된다. 과어(過於)란 너무지나쳤다는 뜻이니, 합(合)이 너무 많으면 도리어 정(情)에 이끌려 다른 일을 할 수 없다는 뜻에서 불길(不吉)하다고 하는 것이다. 유정(有情)이란 정(情)이 있다는 뜻으로, 원국(原局)에 삼합(三合), 방합(方合), 육합(六合)이 있는 경우이다. 일반적으로 천간(天干)과 지지(地支)에 합(合)이 둘 이상 놓여 있으면 이에 해당된다.

戊	甲	己	乙
辰	午	卯	未

乙	甲	癸	壬	辛	庚
酉	申	未	午	巳	辰

갑목일주(甲木日主)가 묘월(卯月)에 태어나 득령(得令)하였으나 식재(食財)가 왕성(旺盛)하여 재다신약(財多身弱)이 되었다. 여명(女命)인데 원국(原局)에 부성(夫星)인 관살(官殺)은 없고 을미(乙未), 무진(戊辰) 등 백호(白虎)와 괴강(魁罡)이 중중(重重)하여 부부애로(夫婦隘路)가 있음을 암시(暗示)하고 있다.

계미(癸未) 대운에 무계합(戊癸合), 기계충(己癸冲)으로 충중봉합(冲中逢合)이 되어 있는데, 세운(歲運)인 계유년(癸酉年)에 묘유충(卯酉冲)으로 별거(別居)하다가, 갑술년(甲戌年)에 갑기합(甲己合), 술미형(戌未刑)으로 천합지형(天合地刑)이 되니, 부부이별(夫婦離別) 하였다.

본명(本命)은 항공회사 스튜어디스로 근무하였고 재다신약(財多身弱)에 무관성(無官星)이니, 재성(財星)을 부성(夫星)으로 간주(看做)하여 관살혼잡(官殺混雜)이나 부성입묘(夫星入墓)로 추리(推理)할 수도 있다.

己	丁	戊	甲
酉	丑	寅	申

壬	癸	甲	乙	丙	丁
申	酉	戌	亥	子	丑

정화일주(丁火日主)가 토금(土金)이 태왕(太旺)하고 인목(寅木)에 의지(依支)하고 있으나 인신충(寅申冲)으로 절목(折木)이 되니 신약(身弱)하다. 원국(原局)에서 식상(食傷)과 재성(財星)이 왕성(旺盛)하여 재다신약(財多身弱)이 되었고, 관성(官星)인 축중계수(丑中癸水)마저 미약(微弱)하니, 남편궁(男便宮)이 약(弱)한 것은 틀림없다. 을해(乙亥) 대운은 용신운(用神運)으로 결혼(結婚)을 하였으나 갑술(甲戌) 대운에 갑기합(甲己合), 축술형(丑戌刑)으로 천합지형(天合地刑)이 되어 별거(別居)하였다가 계유(癸酉) 대운에 정계충(丁癸冲), 무계합(戊癸合)으로 충중봉합(冲中逢合)이 되어 자궁수술(子宮手術)을 받았다. 본명(本命)은 식상태왕(食傷太旺)에 무관성(無官星)이고 백호(白虎)까지 가세(加勢)하여 부부이별(夫婦離別)을 하게 되었다.

酉	辛	辛	甲
申	酉	未	辰

乙	丙	丁	戊	己	庚
卯	辰	巳	午	未	申

신금일주(辛金日主)가 미월(未月)에 득령(得令), 좌하유금(坐下酉金)에 득지(得地), 신금투출(辛金透出)로 신왕(身旺)하다. 신왕(身旺)하면 식재관(食財官)인 수목화(水木火)가 희신(喜神)이고, 인비(印比)인 토금(土金)이 기신(忌神)이다. 원국(原局)에서 다비겁혼잡(多比劫混雜)으로 부부불화(夫婦不和)가 있음을 암시하고 있는데, 병화관성(丙火官星)이 개두(蓋頭)가 되어 미약(微弱)하다.

정사(丁巳) 대운에 정화(丁火)가 용신(用神)이지만 사유합금(巳酉合金), 사신형(巳申刑)이 되어 있으며, 세운(歲運)인 무인(戊寅年)에 대운(大運)과 인사신삼형살(寅巳申三刑殺)이 되어 별거(別居)하다가, 임오년(壬午年)에 병임충(丙壬冲)으로 부부이별(夫婦離別)을 하였다.

본명(本命)은 대학교수(大學敎授)로 재직하고 있는데, 병화관성(丙火官星)이 있으나 병신합거(丙辛合去)가 되어 부성(夫星)이 무력(無力)하며, 유년(流年)에서마저 삼형살(三刑殺)이 들어와 흉성(凶星)이 되었기 때문이다.

己	丁	庚	丙
酉	未	寅	午

甲	乙	丙	丁	戊	己
申	酉	戌	亥	子	丑

정화일주(丁火日主)가 인월(寅月)에 태어나 득령(得令)하고, 지지(地支)가 인오화국(寅午火局)이고, 병화(丙火)가 투출(透出)하여 득세(得勢)하니 비겁태왕(比劫太旺)으로 신왕(身旺)하다. 신왕(身旺)하면 식재관(食財官)인 토금수(土金水)가 희신(喜神)이고, 인비(印比)인 목화(木火)가 기신(忌神)이다.
병술(丙戌) 대운에 병경충(丙庚冲), 인오술화국(寅午戌火局)으로 천충지합(天冲地合)으로 형액(刑厄)을 암시(暗示)하고 있다. 세운(歲運)인 갑신년(甲申年)에 갑기합(甲己合), 갑경충(甲庚冲)으로 충중봉합(冲中逢合)이니 형액(刑厄)을 암시(暗示)하고 있는데 인신충(寅申冲)으로 천충지충(天冲地冲)으로 부부이별(夫婦離別)을 하였다.

丙	庚	壬	戊
子	辰	戌	戌

丙	丁	戊	己	庚	辛
辰	巳	午	未	辛	酉

경금일주(庚金日主)가 인수태왕(印綬太旺)으로 신왕(身旺)하다. 희신(喜神)은 식재관(食財官)인 수목화(水木火)이고, 기신(忌神)은 인비(印比)인 토금(土金)이다. 시상병화(時上丙火)가 관성(官星)인 남편인데 병경충(丙庚冲), 병임충(丙壬冲)으로 병화(丙火)가 충발(冲拔)되어 남편궁(男便宮)이 미약(微弱)하다.

무오(戊午) 대운에 무토기신(戊土忌神)인 인수운(印綬運)이고, 자오충(子午冲)으로 오화관성(午火官星)이 충발(冲拔)되어 있는데 세운(歲運)인 경진년(庚辰年)에 비겁운(比劫運)을 만나 부부이별(夫婦離別)을 한 대학교수(大學敎授)의 명조(命造)이다.

丙	癸	庚	辛
辰	酉	寅	亥

丙	乙	甲	癸	壬	辛
申	未	午	巳	辰	卯

계수일주(癸水日主)가 인월(寅月)에 태어나 실령(失令)하였으나 인수태왕(印綬太旺)으로 신왕(身旺)하다. 희신(喜神)은 식재관(食財官)인 목화토(木火土)이고, 기신(忌神)은 인비(印比)인 금수(金水)이다. 원국(原局)에서 진토관성(辰土官星)이 진유합금(辰酉合金)이 되어 기신(忌神)으로 변화(變化)되었다.

계사(癸巳) 대운에 계수기신(癸水忌神)이고, 사유합금(巳酉合金), 인사형(寅巳刑), 사해충(巳亥冲)으로 충형합(冲刑合)이 중중(重重)하여 불길(不吉_한데 세운(歲運)인 갑신년(甲申年)에 갑경충(甲庚冲), 인신충(寅申冲)으로 천충지충(天冲地冲)되어 별거(別居)하였다.

戊	壬	己	乙
申	寅	丑	丑

乙	甲	癸	壬	辛	庚
未	午	巳	辰	卯	寅

임수일주(壬水日主)가 토관살(土官殺)이 태왕(太旺)하여 신약(身弱)하지만 식신제살격(食神制殺格)이 되어 귀격(貴格)이다. 희신(喜神)은 인비식(印比食)인 금수목(金水木)이고, 기신(忌神)은 재관(財官)인 화토(火土)이다. 갑오(甲午) 대운은 갑기합(甲己合), 인오합(寅午合)으로 천합지합(天合地合)이 되어 형액(刑厄)을 암시(暗示)하고 있는데 세운(歲運)인 갑인년(甲寅年)에 갑기합(甲己合), 인신충(寅申冲)으로 천합지충(天合地冲)이 되어 부부이별(夫婦離別)하였다. 본명(本命)은 관살(官殺)이 태왕(太旺)한데 식상인목(食傷寅木)이 인신충(寅申冲)으로 식상(食傷)이 미약(微弱)하게 된 경우이다.

庚	乙	丁	丁
辰	巳	未	酉

癸	壬	辛	庚	己	戊
丑	子	亥	戌	酉	申

을목일주(乙木日主)**가 식상**(食傷)**이 태왕**(太旺)**하여 신약**(身弱)**하니 제살태과격**(制殺太過格)**이 되었다. 희신**(喜神)**은 인비관**(印比官)**인 수목금**(水木金)**이기에 기신**(忌神)**은 식재**(食財)**인 화토**(火土)**이다. 원국**(原局)**에서 백호**(白虎)**가 관성**(官星)**이면서 명관**(明官)**인 경금**(庚金)**과 유금**(酉金)**이 있고, 암관**(暗官)**인 사중경금**(巳中庚金)**이 있으니 명암부집**(明暗夫集)**이 되어 형액**(刑厄)**을 암시**(暗示)**하고 있다. 기유**(己酉) **대운에 기토기신**(己土忌神), **진유금**(辰酉金), **사유금**(巳酉金)**으로 유년**(流年)**에 관살**(官殺)**이 태왕**(太旺)**하여 강제결혼**(强制結婚)**을 하였으나 신해**(辛亥) **대운에 을신충**(乙辛冲), **사해충**(巳亥冲)**으로 천충지충**(天冲地冲)**되어 부부이별**(夫婦離別)**을 하였다.**

壬	丙	丁	戊
辰	午	巳	戌

辛	壬	癸	甲	乙	丙
亥	子	丑	寅	卯	辰

병화일주(丙火日主)**가 사월**(巳月)**에 득령**(得令)**하고, 좌하득지**(坐下得地), **정화투출**(丁火透出)**하여 득세**(得勢)**하여 신왕**(身旺)**하다.**
원국(原局)**에서 신왕**(身旺)**하면 식재관**(食財官)**인 토금수**(土金水)**가 희신**(喜神)**이고, 인비**(印比)**인 목화**(木火)**가 기신**(忌神)**이다.**
임자(壬子) **대운에 병임충**(丙壬冲), **정임목**(丁壬木)**으로 충중봉합**(冲中逢合)**이고, 지지**(地支)**가 자오충**(子午冲)**하여 천충지충**(天冲地冲)**으로 불길**(不吉)**한데 세운**(歲運)**인 병술년**(丙戌年)**에 병임충**(丙壬冲), **진술충**(辰戌冲)**으로 천충지충**(天冲地冲)**이 가중**(加重)**되어 있고, 임수관성**(壬水官星)**이 백호**(白虎)**가 되어 부부이별**(夫婦離別)**을 하였다.**

甲	戊	甲	庚
辰	寅	申	子

戊	己	庚	辛	壬	癸
寅	卯	辰	巳	午	未

무토일주(戊土日主)**가 관살태왕**(官殺太旺)**으로 신약**(身弱)**하고, 식신제살격**(食神制殺格)**이 되었다. 천간**(天干)**에 무갑극**(戊甲剋), **갑경충**(甲庚冲), **지지**(地支)**에 자진합**(子辰合), **인신충**(寅申冲)**으로 천충지합**(天冲地合), **천충지충**(天冲地冲)**이 되어 불길**(不吉)**하다. 또한 명암부집**(命暗夫集)**으로 부부해로**(夫婦偕老)**가 어렵다. 경진**(庚辰) **대운에 갑경충**(甲庚冲), **자진합**(子辰合)**으로 천충지합**(天冲地合)**이 되고, 세운**(歲運)**인 임오년**(壬午年)**에 임수기신**(壬水忌神)**이고, 자오충**(子午冲)**되어 부부이별**(夫婦離別)**하였다.**

甲	壬	丁	辛
辰	子	酉	卯

癸	壬	辛	庚	己	戊
卯	寅	丑	子	亥	戌

임수일주(壬水日主)**가 유월**(酉月)**에 태어나 득령**(得令), **좌하자수**(坐下子水)**에 득지**(得地), **자진합수**(子辰合水)**로 득세**(得勢)**하여 신왕**(身旺)**하다. 희신**(喜神)**은 식재관**(食財官)**인 목화토**(木火土)**이고, 기신**(忌神)**은 인비**(印比)**인 금수**(金水)**이다. 원국**(原局)**에 천간**(天干)**에서 정임합**(丁壬合), **지지**(地支)**에 자진합**(子辰合), **묘유충**(卯酉冲)**으로 천합지충**(天合地冲), **천합지합**(天合地合)**으로 불길**(不吉)**하다. 또한 진토관성**(辰土官星)**이 백호**(白虎)**로 부부해로**(夫婦偕老)**하기가 어렵다. 신축**(辛丑) **대운에 신금기신**(辛金忌神)**이고, 유축합**(酉丑合), **자축합**(子丑合)**으로 기신**(忌神)**이 되어있는데 세운**(歲運)**인 기묘년**(己卯年)**에 갑기합**(甲己合), **묘유충**(卯酉冲)**으로 천합지충**(天合地冲)**으로 남편**(男便)**과 사별**(死別)**하였다.**

辛	丁	辛	辛
亥	丑	卯	丑

丁	丙	乙	甲	癸	壬
酉	辛	未	午	巳	辰

정화일주(丁火日主)**가 토금**(土金)**이 왕성**(旺盛)**하여 신약**(身弱)**하다. 금수다봉**(金水多逢)**으로 재다신약**(財多身弱)**이 되었다.**
원국(原局)**에서 명부**(明夫)**인 해수**(亥水)**와 암부**(暗夫)**인 축중계수**(丑中癸水)**가 있어 명암부집**(明暗夫集)**이 되어 부부해로**(夫婦偕老)**가 어렵다.**

계사(癸巳) **대운에 정계충**(丁癸冲), **사해충**(巳亥冲)**으로 천충지충**(天冲地冲)**이 되어 불길**(不吉)**한데 계유년**(癸酉年)**에 정계충**(丁癸冲), **묘유충**(卯酉冲)**되어 부부이별**(夫婦離別)**하였다.**

癸	丙	辛	辛
巳	寅	丑	丑

丁	丙	乙	甲	癸	壬
未	午	巳	辰	卯	寅

병화일주(丙火日主)**가 토금**(土金)**이 왕성**(旺盛)**하여 신약**(身弱)**하다. 원국**(原局)**에 병신합**(丙辛合)**으로 투합**(妬合)**이 되어있고, 지지**(地支)**에 인사형**(寅巳刑)**이 있어 천합지형**(天合地刑)**이 되니 일부종사**(日夫從事)**하기가 어렵다. 을사**(乙巳) **대운에 을신충**(乙辛冲), **인사형**(寅巳刑)**으로 천충지형**(天冲地刑)**이 되어 남편과 별거**(別居)**하여 오다가 세운**(歲運)**인 병술년**(丙戌年)**에 병신합**(丙辛合), **축술형**(丑戌刑)**이 되어 부부이별**(夫婦離別)**하였다.**

乙	甲	庚	辛
丑	辰	子	卯

丙 乙 甲 癸 壬 辛
午 巳 辰 卯 寅 丑

갑목일주(甲木日主)**가 자월**(子月)**에 태어나 득령**(得令), **자진합수**(子辰合水), **자축합수**(子丑合水), **을목투간**(乙木透干)**으로 득지**(得地), **득세**(得勢)**하여 신왕**(身旺)**하다. 식재관**(食財官)**인 화토금**(火土金)**이 희신**(喜神)**인데 화**(火)**는 없고, 토**(土)**는 축진**(丑辰)**이 있고, 금**(金)**은 뿌리가 없어 미약**(微弱)**한데 갑경충**(甲庚冲), **을신충**(乙辛冲)**으로 금목상전**(金木相戰)**하니 부부애로**(夫婦隘路)**가 있음을 암시**(暗示)**하고 있다. 또한 명관**(明官)**이 되는 경금**(庚金), **신금**(辛金)**이 있고, 암관**(暗官)**이 되는 축중신금**(丑中辛金)**이 있어 명암부집**(明暗夫集)**에도 해당한다.**

을사(乙巳) **대운에 을경합**(乙庚合), **을신충**(乙辛冲)**으로 충중봉합**(冲中逢合)**이 되어 불길**(不吉)**한데 세운**(勢運)**인 계유년**(癸酉年)**에 사유축합금**(巳酉丑合金)**으로 사화용신**(巳火用神)**이 기신**(忌神)**이 되어 남편이 교통사고**(交通事故)**로 사망**(死亡)**하였다.**

丙	丁	乙	癸
午	丑	丑	卯

辛 庚 己 戊 丁 丙
未 午 巳 辰 卯 寅

정화일주(丁火日主)**가 축월**(丑月)**에 태어나 한기**(寒氣)**가 있어 조후**(調候)**로 화**(火)**가 필요하다. 원국**(原局)**에 정축일주**(丁丑日柱)**가 백호**(白虎)**이고, 부성**(夫星)**인 계수**(癸水), **축중계수**(丑中癸水)**가 중첩**(重疊)**되어 명암부집**(明暗夫集)**이 되어 부부해로**(夫婦偕老)**가 어렵다.**

경오(庚午) **대운에 병경충**(丙庚冲), **을경합**(乙庚合)**으로 충중봉합**(冲中逢合)**이 되어 불길**(不吉)**한데 지지**(地支)**가 오오자형**(午午自刑)**으로 천충지형**(天冲地刑)**이 되니 더욱 불길**(不吉)**하다. 세운**(歲運)**인 계미년**(癸未年)**에 정계충**(丁癸冲), **축미충**(丑未冲)**으로 천충지충**(天冲地冲)**되어 남편**(男便)**과 사별**(死別)**하였다.**

甲	己	甲	己
子	卯	戌	丑

戊	己	庚	辛	壬	癸
辰	巳	午	未	辛	酉

기토일주(己土日主)**가 술월**(戌月)**에 태어나 득령**(得令)**하고, 비겁**(比劫)**이 태왕**(太旺)**하여 신왕**(身旺)**하다. 천간**(天干)**이 갑기합**(甲己合)**으로 과어유정**(過於有情)**이고, 지지**(地支)**가 자묘형**(子卯刑), **축술형**(丑戌刑)**으로 천합지형**(天合地刑)**이 되어 부부해로**(夫婦偕老)**하기가 어렵다.**

또한 지지(地支)**가 묘술합**(卯戌合), **자축합**(子丑合)**이 되어 천간지지**(天干地支)**가 과어유정**(過於有情)**이 되었다. 원국**(原局)**에서 자수**(子水)**가 처궁**(妻宮)**인데 축중계수**(丑中癸水)**가 암장**(暗藏)**되어있지만 토왕**(土旺)**하여 군겁쟁재**(群劫爭財)**도 성립된다. 재성**(財星)**이 자묘형**(子卯刑), **축술형**(丑戌刑)**이 되니 관재송사**(官災松事)**도 있게 된다.**

경오(庚午) **대운에 갑경충**(甲庚冲), **자오충**(子午冲)**으로 천충지충**(天冲地冲)**되어 있는데 계유년**(癸酉年)**에 부부이별**(夫婦離別)**을 하였다. 본명**(本命)**은 형살**(刑殺)**이 중중**(重重)**하고, 묘술**(卯戌)**이 있으니 의약**(醫藥)**과 관련된 직업을 가지고 있다.**

甲	己	甲	壬
子	丑	辰	子

戊	己	庚	辛	壬	癸
戌	亥	子	丑	寅	卯

기토일주(己土日主)**가 진월**(辰月)**에 태어나 득령**(得令), **좌하축토**(坐下丑土)**에 득지**(得地), **갑기합토**(甲己合土)**로 신왕**(身旺)**한 것 같으나 자진합수**(子辰合水)**가 되어 자축합토**(子丑合土)**가 자축합수**(子丑合水)**로 변화하여 오히려 선상후약**(先强後弱)**이면서 재다신약**(財多身弱)**이 되었다. 여명**(女命)**에 부성목**(夫星木)**이 갑기합**(甲己合), **갑기합**(甲己合)**으로 쟁합**(爭合)**이고, 갑진**(甲辰)**마저 백호**(白虎)**가 되니 부부해로**(夫婦偕老)**하기가 어렵다. 신축**(辛丑) **대운에 자축합수**(子丑合水)**가 기신**(忌神)**인데 세운**(歲運)**인 정해년**(丁亥年)**에 정임합목**(丁壬合木), **해자축합수**(亥子丑合水)**가 되니 수다토류**(水多土流)**가 되고, 수다목부**(水多木浮)**가 되어 관재송사**(官災松事)**가 있었다.**

제27장 현대적 궁합론(宮合論)

궁합(宮合)은 우선적으로 단식판단(單式判斷)과 복식판단(複式判斷)으로 나누어 볼 수 있다. 단식판단은 겉궁합이라고도 하며, 육합(六合), 삼합(三合), 방합(方合)을 활용하는 것인데 생년(生年)의 지지(地支)와 생월(生月)의 지지(地支)를 대조하여 판단하는 것이다.

가령 남자생년(男子生年)과 여자생년(女子生年)을 대조하여 서로 년간충(年干冲)이 되거나 년지형충(年支刑冲)되어서는 아니되는데 이것은 년주(年柱)는 명조(命造)의 뿌리가 되기 때문에 뿌리가 튼튼해야 기초가 튼튼한 것과 같이 우선 년간(年干)끼리 충극(冲剋)이 되지 말고, 간합(干合)이 되어야 길(吉)하고, 다음은 년지(年支)끼리 형충(刑冲)을 하게되면 뿌리가 흔들리는 형상(刑象)이 되어 흉(凶)하게 되니 제합(諸合)을 하는 것이 우선이다.

일반적으로 궁합(宮合)을 판단할 때는 년합(年合), 월합(月合), 일합(日合), 시합(時合)이 되면 길(吉)하다. 그러나 일간(日干)끼리 상충(相冲)이 되지 말아야 하고, 일간합(日干合)이 되면 더욱 길(吉)하다. 또한 일지(日支)끼리 지충(支冲)이 되지 말아야 하고, 일지(日支)끼리 육합(六合)이나 삼합(三合)이 되면 더욱 길(吉)하다.

상대의 월지(月支)에서 삼합(三合)이나 육합(六合)이 되거나 일지(日支)에서 삼합(三合)이나 육합(六合)이 되어야 궁합(宮合)이 길(吉)하다. 여명(女命)을 기준으로 할 때, 관성(官星)이 인수(印綬)나 비겁(比劫)으로 튼튼하게 뿌리가 있어 왕성(旺盛)하면서 형충(刑冲)이나 공망(空亡)이 없으면서 상대와 일간(日干)이 간합(干合)되면서 일지합(日支合), 월지합(月支合), 년지합(年支合)이 되면 최상(最上)의 궁합(宮合)이라고 한다.

만약 지지(地支)끼리 형충파해(刑冲破害)나 공망(空亡)이 있으면 서로가 불합(不合)하여 생사이별(生死離別)을 하거나 고독(孤獨)한 세월을 보내면서 쓸쓸하게 살아가게 되는 것이다. 부부(夫婦)는 서로 다른 환경(環境) 속에서 성장하였기 때문에 각자의 성격대로 특성이 있게 마련이다.

따라서 서로의 성격을 상호보완하여 조화(調和)롭게 살아가기 위해서는 상생상극(相生相剋), 합형충파(合刑冲破)의 관계보다는 상대적으로 없는 오행(五行)을 가지고 있거나 많은 오행(五行)을 극제(剋制)하여주는 오행(五行)을 가지고 있을 때 좋은 궁합(宮合)으로 보는 것이다.

가령 목(木)이 많은 남자는 금(金)이나 토(土)가 많은 여자, 화(火)가 많은 남자는 수(水)나 금(金)이 많은 여자, 토(土)가 많은 남자는 목(木)이나 수(水)가 많은 여자, 금(金)이 많은 남자는 화(火)나 목(木)이 많은 여자, 수(水)가 많은 남자는 토(土)나 화(火)가 많은 여자와 궁합(宮合)이 잘 맞는 것이다.

그리고 궁합(宮合)에 대해서는 여러 가지 학설(學說)이 있는데 예를 들면 육친궁합(六親宮合), 구성궁합(九星宮合), 납음오행궁합(納音五行宮合), 명궁궁합(命宮宮合) 등 수십종이 있지만 한가지로만 일관해서는 많은 오류를 범할 수가 있다.

결론적으로 궁합(宮合)은 어디까지나 첫째로 합(合)을 우선하고, 둘째로 결오행(缺五行)과 다오행(多五行)을 서로 보완(補完)하여 주든가 설기(泄氣)시켜주는 것이 가장 합리적(合理的)이라고 본다. 따라서 같은 합(合)이라도 일간(日干)과 일지(日支)를 중심으로 간합(干合), 육합(六合), 삼합(三合)이 되어야 좋다는 것이다.

예를 들면 갑자일생(甲子日生)을 기일(己日)이나 축일생(丑日生)이라든가 기년(己年)이나 축년(丑年)이 되는 경우이다. 또한 자기가 필요한 오행(五行)을 많이 가지고 있는 상대가 궁합(宮合)이 좋다는 것이다.

예를 들면 자기가 화기(火氣)가 많아 수기(水氣)가 부족하다면 상대자는 임계(壬癸)나 해자(亥子)가 많아야 좋은 궁합(宮合)이라고 하는 것이다. 궁극적으로는 용신(用神)이 되는 상대자를 찾는 것이 가장 현명한 방법이라고 보는 것이다.

● 참 고 서 적

- **연해자평**(淵海子平) : **서대승**(徐大昇)
- **명리가부**(命理歌賦) : **서자평**(徐子平)
- **적 천 수**(滴天髓) : **유백온**(劉伯溫)
- **명리정종**(命理正宗) : **장남**(張楠)
- **자평약언**(子平約言) : **진소암**(陳素庵)
- **자평진전**(子平眞詮) : **심효첨**(沈孝瞻)
- **적천수 천미**(滴天髓闡微) : **임철초**(任鐵樵)
- **삼명통회**(三命通會) : **만육오**(萬育吾)
- **명리탐원**(命理探原) : **원수산**(袁樹珊)
- **명학강의**(命學講義) : **위천리**(韋千里)
- **사주 추명학**(四柱推命學) : **아부희작**(阿部熹作)
- **사주첩경**(四柱捷徑) : **이석영**(李錫暎)
- **명리요강**(命理要講) : **박재완**(朴在玩)
- **사주정설**(四柱精說) : **백영관**(白靈觀)
- **적천수 천미**(滴天髓闡微) : **예광해**(芮光海)
- **적천수 천미 해설강의**(滴天髓闡微解說講義) : **이선종**(李善鍾)
- **자평진전 평주**(子平眞詮評註) : **박영창**(朴永昌)
- **사주정해**(四柱正解) : **최학림**(崔鶴林)
- **사주세상**(四柱世上) : **서준원**(徐俊源)
- **명리대정전**(命理大正傳) : **정수호**
- **연해자평정해**(淵海子平精解) : **심재열**(沈載烈)
- **명리학**(命理學)**과 질병론**(疾病論) : **이정근**(李正根)
- **명리요론**(命理要論) : **김원희**(金元熙)
- **명리요결**(命理要訣) : **김원희**(金元熙)
- **생활역학**(生活易學) : **한중수**(韓重洙), **유방현**(柳方鉉)
- **명리학개론**(命理學概論) : **백민**(白民), **양원석**
- **사주원리요해**(四柱原理要解) : **김영진**(金靈震)
- **심명철학**(心命哲學) : **최봉수**(崔鳳秀)
- **명리학**(命理學)**의 지름길** : **이도경**(李度炅)

命理學通論 II

초판 2쇄 2014년 4월 9일
지은이 정창근
펴낸이 장석홍
펴낸곳 도서출판 장서원
주 소 서울 용산구 남영동 7-1(201호)
전화 703-5362 팩스 797-5362
등록 제 03-01213호
E-mailshjang1011@hanmail.net

정가 30,000원